Internationales Investitionsrecht und lateinamerikanische Regionalintegration

Europäische Hochschulschriften

European University Studies
Publications Universitaires Européennes

Reihe II **Rechtswissenschaft**

Series II Law

Série II Droit

Band/Volume **5599**

Sönke Sievers

Internationales Investitionsrecht und lateinamerikanische Regionalintegration

Können Mercosur und Andengemeinschaft einen Beitrag leisten zum Schutz des deutschen Direktinvestors in Brasilien und Bolivien?

PL ACADEMIC RESEARCH

Bibliografische Information der Deutschen Nationalbibliothek
Die Deutsche Nationalbibliothek verzeichnet diese Publikation in der Deutschen Nationalbibliografie; detaillierte bibliografische Daten sind im Internet über http://dnb.d-nb.de abrufbar.

Zugl.: Münster (Westfalen), Univ., Diss., 2013

Erster Berichterstatter: Prof. Dr. Dirk Ehlers
Zweiter Berichterstatter: Prof. Dr. Hans-Michael Wolffgang
Dekan: Prof. Dr. Thomas Hoeren
Tag der mündlichen Prüfung: 22. Januar 2013

D 6
ISSN 0531-7312
ISBN 978-3-631-65064-6 (Print)
E-ISBN 978-3-653-04185-9 (E-Book)
DOI 10.3726/978-3-653-04185-9

PL Academic Research ist ein Imprint der Peter Lang GmbH.
Peter Lang – Frankfurt am Main · Bern · Bruxelles · New York · Oxford · Warszawa · Wien

Dieses Buch wurde vor Erscheinen peer reviewed.

www.peterlang.com

Vorwort

Die vorliegende Arbeit wurde von der Rechtswissenschaftlichen Fakultät der Westfälischen Wilhelms-Universität Münster im Wintersemester 2012 / 2013 als Dissertation angenommen. Die Arbeit wurde zum Juli 2013 aktualisiert.

Herrn Prof. Dr. Dirk Ehlers danke ich für die Betreuung dieser Arbeit und für die prägende Zeit als Mitarbeiter am Institut für öffentliches Wirtschaftsrecht. Herrn Prof. Dr. Hans-Michael Wolffgang sowie Herrn Dr. Jürgen Samtleben bin ich für die Erstellung des Zweit- und Drittgutachtens dankbar.

Dr. Matthias Bamberger und Dr. Gunnar Törber haben frühere Fassungen dieser Arbeit kritisch durchgesehen. Für ihre wertvollen Anmerkungen bin ich dankbar.

Ein besonderer Dank gebührt Eva Hausmann. Sie hat diese Arbeit mit gutem Rat und großer Geduld begleitet.

Meinen Eltern danke ich dafür, mir Studium und Promotion ermöglicht zu haben. Ohne ihren Zuspruch und ihre Unterstützung wäre diese Arbeit nicht entstanden.

Münster, Dezember 2013 Sönke Sievers

Inhaltsübersicht

Inhaltsverzeichnis

Glossar und Abkürzungsverzeichnis

Bezeichnung / Abkürzung im Text	ggf. spanische Bezeichnung	Erläuterung
a.a.O.		am angegebenen Ort
Abkommen begrenzter Reichweite	Acuerdo de alcance parcial	Instrument der ALADI
Abkommen regionaler Reichweite	Acuerdo de alcance regional	Instrument der ALADI
Abkommen von Cartagena (AvC)	Acuerdo de Cartagena	Gründungsabkommen des Andenpaktes, später Andengemeinschaft
Abl.		Amtsblatt
Abs.		Absatz
ADRDM		American Declaration of the Rights and Duties of Man
a.E.		am Ende
AEMR		Allgemeine Erklärung der Menschenrechte
AEUV		Vertrag über die Arbeitsweise der Europäischen Union
AI		Arbitration International
Akte von Trujillo	Acta de Trujillo	Modifikation des Abkommens von Cartagena 1996
ALADI		siehe: Lateinamerikanische Integrationsgemeinschaft
ALALC		siehe: Lateinamerikanische Freihandelsvereinigung

ALBA		siehe: Bolivarianische Allianz für die Völker unseres Amerika
AMRK		Amerikanische Menschenrechtskonvention
Andengemeinschaft	Comunidad Andina	Begründet durch Abkommen von Cartagena 1969
Andengerichtshof	Tribunal de Justicia de la Comunidad Andina	Rechtsprechungsorgan der Andengemeinschaft
Andenpakt	Pacto Andino	Vorgängerin der Andengemeinschaft, gegründet 1969
Andenparlament	Parlamento Andino	Organ der Andengemeinschaft
ARIA		The American Review of International Arbitration
Art.		Artikel
ASCM		Agreement on Subsidies and Countervailing Measures
Aufl.		Auflage
AvC		siehe: Abkommen von Cartagena
AVR		Archiv des Völkerrechts
AW-Prax		Außenwirtschaftliche Praxis – Zeitschrift für Außenwirtschaft in Recht und Praxis
Bd.		Band
BEV		Beiträge zum Europa- und Völkerrecht
BGBl.		Bundesgesetzblatt
BIT		Bilateral Investment Treaty – Bilaterales Investitionsschutzabkommen

Bolivarianische Allianz für die Völker unseres Amerika (ALBA)	Alianza Bolivariana para los Pueblos de Nuestra América	
BTW		Beiträge zum transnationalen Wirtschaftsrecht
BVerfGE		Entscheidungssammlung des Bundesverfassungsgerichts
ca.		circa
CAN	Comunidad Andina de Naciones	Andengemeinschaft
CELAC		siehe: Gemeinschaft der Lateinamerikanischen und Karibischen Staaten
CEPAL	Comisión Económica para América Latina y el Caribe	Wirtschaftskommission für Lateinamerika und die Karibik
D.		
DEG		Deutsche Gesellschaft für Wirtschaftliche Zusammenarbeit
Deutscher Mustervertrag 2009		deutscher Mustervertrag 2009 über die Förderung und den gegenseitigen Schutz von Kapitalanlagen
DOU	Diário Oficial da União	Brasilianisches Amtsblatt
DS 0861	Decreto Supremo 0861	Bolivianisches Präsidialdekret
DS 21060	Decreto Supremo 21060	Bolivianisches Präsidialdekret
DS 28701	Decreto Supremo 28701	Bolivianisches Präsidialdekret
DSU		Understanding on Rules and Procedures Governing the Settlement of Disputes

EE		Ensaios Econômicos
EG		Europäische Gemeinschaft
Empfehlung	Recomendación	nicht bindender Rechtsakt des Andenparlaments
Entscheidung	Decisión	Rechtsakt des andinen Rats der Außenminister und Rechtsakt der andinen Kommission und siehe: Ratsentscheidung (Mercosur)
Entscheidung N° 220	Decisión N° 220	vormals geltender Rechtsakt der Andengemeinschaft bezüglich Investitionen aus Nicht-Mitgliedstaaten
Entscheidung N° 24	Decisión N° 24	vormals geltender Rechtsakt der Andengemeinschaft bezüglich Investitionen aus Nicht-Mitgliedstaaten
Entscheidung N° 291		siehe: Gemeinsamer Rechtsrahmen für die Behandlung von ausländischem Kapital und bezüglich Marken, Patenten, Lizenzen und Royalties
Entschließung	Resolución	der Mercosur-Gruppe zugeordneter Rechtsakt und Rechtsakt des Generalsekretariats der Andengemeinschaft
Erklärung	Declaración	Rechtsakt des andinen Rats der Außenminister
EU		Europäische Union
EuGH		Europäischer Gerichtshof
EuR		Europarecht

EuR-Beih.		Beiheft Europarecht
EUV		Vertrag über die Europäische Union
EuZW		Europäische Zeitschrift für Wirtschaftsrecht
EWG		Europäische Wirtschaftsgemeinschaft
f. / ff.		folgende
FAZ		Frankfurter Allgemeine Zeitung
FJIL		Florida Journal of International Law
Fn.		Fußnote
FTAA	Free Trade Area of the Americas	Gesamtamerikanische Freihandelszone
GATS		General Agreement on Trade in Services
GD ALBA		Gründungsdokument der ALBA
Gemeinsamer Rechtsrahmen für die Behandlung von ausländischem Kapital und bezüglich Marken, Patenten, Lizenzen und Royalties (Entscheidung N° 291)	Régimen Común de Tratamiento a los Capitales Extranjeros y sobre Marcas, Patentes, Licencias y Regalías	geltender Rechtsakt der Andengemeinschaft bezüglich Investitionen aus Nicht-Mitgliedstaaten
Gemeinschaft der Lateinamerikanischen und Karibischen Staaten (CELAC)	Comunidad de Estados Latinoamericanos y Caribeños	gegründet durch Erklärung von Caracas vom 2. und 3.12.2011
Generalsekretariat (Mercosur oder Andengemeinschaft)	Secretaría General de la Comunidad Andina (bzgl. Andengemeinschaft)	siehe: Verwaltungssekretariat Mercosur und Verwaltungsorgan der Andengemeinschaft

Gesamtamerikanische Freihandelszone		siehe: FTAA
Gesetz 1182 vom 17.9.1990		geltendes bolivianisches Gesetz zum Umgang mit ausländischen Investitionen
Gesetz 4.131/62		brasilianisches Gesetz zu ausländischen Investitionen von 1962
Gesetz 4.390/64		Änderungsgesetz zum brasilianischen Gesetz 4.131/62
Gesetz 9.307/96		brasilianisches Gesetz zur Schiedsgerichtsbarkeit von 1996
GG		Grundgesetz
GmbH		Gesellschaft mit beschränkter Haftung
GP Parlament Mercosur		siehe: Gründungsprotokoll des Parlamentes des Mercosur
GPAP		Gründungsprotokoll des Andenparlaments
GrCh		Charta der Grundrechte der Europäischen Union
Gründungsprotokoll des Parlamentes des Mercosur (GP Parlament Mercosur)	Protocolo Constitutivo del Parlamento del Mercosur	begründet das Mercosurparlament
Gründungsvertrag der Union Südamerikanischer Staaten	Tratado Constitutivo de la Union de Naciones Suramericanas	
Gründungsvertrag des Andengerichtshofs (GVAG)	Tratado de Creación del Tribunal de Justicia de la Comunidad Andina	begründete den Andengerichtshof
Gruppe		siehe: Mercosur-Gruppe

GRUR Int.		Gewerblicher Rechtsschutz und Urheberrecht – Internationaler Teil
GV Unasur		siehe: Gründungsvertrag der Union Südamerikanischer Staaten
GVAG		siehe: Gründungsvertrag des Andengerichtshofs
Handelskommission	Comisión de Comercio	Organ des Mercosur
Hrsg.		Herausgeber/-in
ICSID-Konvention (-Abkommen)		Convention on the Settlement of Investment Disputes between States and Nationals of other States vom 18.3.1965
i.F.		im Folgenden
i.Ü.		im Übrigen
i.V.m.		in Verbindung mit
IBRD		International Bank for Reconstruction and Development
ICC		International Chamber of Commerce
ICLQ		The International and Comparative Law Quarterly
ICSID		International Centre for Settlement of Investment Disputes
IFLR		International Financial Law Review
IGH		Internationaler Gerichtshof
IGH-Statut		Statut des Internationalen Gerichtshofs

ILM		International Legal Materials
IPbpR		Internationaler Pakt über bürgerliche und politische Rechte
IWF		Internationaler Währungsfonds
Jhd.		Jahrhundert
JIA		Journal of International Arbitration
JIEL		Journal of International Economic Law
JWI		Journal of World Investment
JWT		Journal of World Trade
JZ		Juristenzeitung
KiE		Kurzberichte aus der internationalen Entwicklungszusammenarbeit
KJ		Kritische Justiz
Kommission	Comisión de la Comunidad Andina	Organ der Andengemeinschaft
Krit.		kritisch
Lateinamerikanische Freihandelsvereinigung (ALALC)	Asociación Latinoamericana de Libre Comercio	gegründet durch den Vertrag von Montevideo 1960
Lateinamerikanische Integrationsgemeinschaft (ALADI)	Asociación Latinoamericana de Integración	gegründet durch den Vertrag von Montevideo 1980
lit.		littera / Buchstabe
MAI		Multilateral Agreement on Investment
Mercosur	Mercado Común del Sur	Gemeinsamer Markt des Südens – gegründet durch den Vertrag von Asunción 1991
Mercosur-Gruppe	Grupo del Mercado Comun	Organ des Mercosur

Mercosur-Rat	Consejo del Mercado Comun	Oberstes Organ des Mercosur
MIGA		Multilateral Investment Guarantee Agency
Mio.		Million(en)
Mrd.		Milliarde(n)
NAFTA: LBRA		Nafta Law and Business Review of the Americas
New York-Convention		Convention on the Recognition and Enforcement of Foreign Arbitral Awards
NLJ		National Law Journal
Nr. / N°		Nummer
NYLJ		New York Law Journal
OAS		siehe: Organisation Amerikanischer Staaten
OECD		Organisation for Economic Cooperation and Development
Opinión Consultiva		Rechtsgutachten des Ständigen Revisionsgerichts des Mercosur
Organisation Amerikanischer Staaten (OAS)	Organization of American States	gegründet durch Charta of the Organization of American States 1948
POP		siehe: Protokoll von Ouro Preto
Präsidentenrat	Consejo Presidencial Andino	Leitungsorgan der Andengemeinschaft
Protokoll über die Förderung und den Schutz von Investitionen aus Nicht-Mitgliedstaaten des Mercosur (Protokoll von Buenos Aires / PvBA)	Protocolo sobre Promoción y Protección de Inversiones provenientes de Estados no Partes del Mercosur	Rechtsakt des Mercosur bezüglich Investitionen aus Nicht-Mitgliedstaaten

Protokoll von Brasilia (PvB)	Protocolo de Brasilia para la Solución de Controversias	vormals gültiges Protokoll zur Streitbeilegung im Mercosur
Protokoll von Buenos Aires		siehe: Protokoll über die Förderung und den Schutz von Investitionen aus Nicht-Mitgliedstaaten des Mercosur
Protokoll von Colonia über die Förderung und den gegenseitigen Schutz von Investitionen im Mercosur (PvC)	Protocolo de Colonia para la Promoción y Protección reciproca de Inversiones en el Mercosur (Intrazona)	Rechtsakt des Mercosur bezüglich Investitionen aus Mitgliedstaaten
Protokoll von Olivos über die Beilegung von Streitigkeiten im Mercosur (PvO)	Protocolo de Olivos para la Solución de Controversias en el Mercosur	Regelungen zur Streitbeilegung im Mercosur
Protokoll von Ouro Preto (POP)	Protocolo Adicional al Tratado de Asunción sobre la Estructura Institucional del Mercosur – Protocolo de Ouro Preto	Zusatzprotokoll zum Vertrag von Asunción über die institutionelle Struktur des Mercosur – Protokoll von Ouro Preto
Protokoll von Sucre	Protocolo de Sucre	Modifikation des Abkommens von Cartagena 1997
PvB		siehe: Protokoll von Brasilia
PvBA		siehe: Protokoll über die Förderung und den Schutz von Investitionen aus Nicht-Mitgliedstaaten des Mercosur

PvC		siehe: Protokoll von Colonia über die Förderung und den gegenseitigen Schutz von Investitionen im Mercosur
PvO		siehe: Protokoll von Olivos über die Beilegung von Streitigkeiten im Mercosur
RAM		Revista de Arbitragem e Mediação
Rat (Mercosur)		siehe: Mercosur-Rat
Rat der Außenminister	Consejo Andino de Ministros de Relaciones Exteriores	Organ der Andengemeinschaft
Ratsentscheidung	Decisión	Rechtsakt des Mercosur-Rats
RBA		Revista Brasileira de Arbitragem
RDIM		Revista de Derecho Internacional y del Mercosur
RDPU		Revista de Derecho de la Pontífica Universidad Católica de Valparaíso
Richtlinie	Directriz (Andengemeinschaft oder Directiva (Mercosur)	Rechtsakt des andinen Präsidentenrats und Rechtsakt der Handelskommission des Mercosur
RIW		Recht der Internationalen Wirtschaft
RMCCI		Regulamento do Mercado de Cambio de Capitais Internacionais
Rn.		Randnummer(n)
RPDI		Revista Peruana de Derecho Internacional
Rs.		Rechtssache

RTJ		Revista Trimestral de Jurisprudência
Rz.		Randzeichen
S.		Seite
SchiedsVZ		Zeitschrift für Schiedsverfahren
SIE		Studi sull'integrazione Europea
Slg.		Sammlung
Ständiges Revisionsgericht (Mercosur)	Tribunal Permanente de Revisión	
STF	Supremo Tribunal Federal	Brasilianischer Oberster Gerichtshof
STJ		Superior Tribunal de Justiça (Brasilien)
STLR		Suffolk Transnational Law Review
SZ		Süddeutsche Zeitung
TDM		Transnational Dispute Management
TPR	Tribunal Permanente de Revisión	Ständiges Revisionsgericht (des Mercosur)
TRIMs		Agreement on Trade-Related Investment Measures
TRIPs		Agreement on Trade-Related Aspects of Intellectual Property Rights
u.a.		und andere / unter anderem
UA		Unterabsatz
UMIALR		University of Miami Inter-American Law Review
Unasur		siehe: Union Südamerikanischer Staaten

UNCITRAL		United Nations Commission on International Trade
Union Südamerikanischer Staaten (Unasur)	Union de Naciones Suramericanas	Gegründet durch GV Unasur
Urt.		Urteil
US-Mustervertrag 2004		Modellvertrag der Vereinigten Staaten zur Förderung und zum gegenseitigen Schutz von Investitionen
v.		gegen (versus) / vom
Vertrag über die Gründung eines Gemeinsamen Marktes zwischen der Republik Argentinien, der Bundesrepublik Brasilien, der Republik Paraguay und der Republik Östlich des Uruguay (VvA)	Tratado para la Constitución de un Mercado Comun entre la Republica Argentina, la Republica Federativa del Brasil, la Republica del Paraguay y la Republica Oriental del Uruguay	Vertrag von Asuncion, Gründungsvertrag des Mercosur 1991
Vertrag von Montevideo 1960 (VvM 1960)	Tratado de Montevideo 1960	Gründungsabkommen der Lateinamerikanischen Freihandelsvereinigung ALALC
Vertrag von Montevideo 1980 (VvM 1980)	Tratado de Montevideo 1980	Gründungsabkommen der Lateinamerikanischen Integrationsgemeinschaft ALADI
Verwaltungssekretariat Mercosur	Secretaria General del Mercosur	Verwaltungsorgan des Mercosur
Vgl.		vergleiche
VN		Vereinte Nationen
Vol.		Volume (dt.: Band / Heft)
Vorschlag (Mercosur)	Propuesta	Rechtsakt der Handelskommission des Mercosur

VRÜ	Verfassung und Recht in Übersee
VvA	siehe: Vertrag über die Gründung eines Gemeinsamen Marktes zwischen der Republik Argentinien, der Bundesrepublik Brasilien, der Republik Paraguay und der Republik Östlich des Uruguay
VvM 1960	siehe: Vertrag von Montevideo 1960
VvM 1980	siehe: Vertrag von Montevideo 1980
Washingtoner Abkommen	siehe ICSID-Konvention
WiVerw	Wirtschaft und Verwaltung
WM	Wertpapiermitteilungen
WTO	World Trade Organisation
WVK	Wiener Vertragsrechtskonvention
z.B.	zum Beispiel
ZPO	Zivilprozessordnung
ZVglRWiss	Zeitschrift für Vergleichende Rechtswissenschaft

Kapitel 1: Einführung

»Iberdrola in Bolivien verstaatlicht«[1]; »Argentinien verstaatlicht Repsol-Gesellschaft YPF«[2]. Enteignungen ausländischer Unternehmen sind in einigen Staaten Lateinamerikas erschreckend aktuell. Ebenso aktuell ist daher die Frage nach dem Rechtsschutz eines in Lateinamerika von staatlichen Maßnahmen betroffenen Investors.

A. Themenaufriss und Gang der Untersuchung

Rechtsschutz kann in unterschiedlicher Weise gewährt werden. Der im Folgenden näher erläuterte und eingegrenzte Gegenstand dieser Arbeit ist der Schutz eines deutschen Investors durch das spezifische Recht der lateinamerikanischen Integrationsbündnisse »Mercosur« und »Andengemeinschaft«.

I. Problemstellung

Eine natürliche oder juristische Person, die sich mit dem Ziel einer wirtschaftlichen Betätigung ins Ausland begibt, unterliegt als ausländischer Investor der Hoheitsgewalt des jeweiligen Gaststaats. Die Entscheidung zu einer Auslandsinvestition folgt stets der Abwägung von Chancen und Risiken.

Solche Chancen zeigen sich heute vor allem auch in Bolivien und in Brasilien. Beide Staaten bieten aufgrund ihrer umfangreichen Rohstoffressourcen[3] dem Investor nämlich einerseits Gelegenheiten, bergen jedoch auch unterschiedliche rechtliche und politische Risiken. Insbesondere Brasilien befindet sich zudem in einem nachhaltigen wirtschaftlichen Aufschwung.

Diese Entwicklung geht einher mit verstärkten Investitionsgelegenheiten auch für deutsche Investoren. Defizite sind jedoch beim Schutz ausländischer

---

1 *Moses/Wieland*, Iberdrola in Bolivien verstaatlicht, FAZ vom 31.12.2012, S. 13.

2 *Moses*, Argentinien verstaatlicht Repsol-Gesellschaft YPF, FAZ vom 18.04.2012, S. 11.

3 Siehe etwa *Moses*, Ölmacht Brasilien, FAZ vom 3.9.2009, S. 11 sowie *Burghardt*, »Salziges Gold«, SZ vom 21.2.2009, S. 1.

Kapitalgeber zu vermuten: Eine Absicherung gegen die Beeinträchtigung seiner wirtschaftlichen Interessen – insbesondere des Schutzes seines Eigentums – erfährt der ausländische Investor auch in Bolivien und Brasilien zunächst durch das Recht des Gaststaats sowie durch das Völkerrecht. Das nationale Recht kann allerdings unvermittelt durch den Gaststaat nachteilig reformiert werden. Nur schwachen Schutz gewährt – wie gezeigt werden wird – das allgemeine Völkerrecht. Ein modernes Schutzinstrument sind daher bilaterale Investitionsschutzabkommen, die Staaten zum gegenseitigen Schutz ihrer jeweiligen Investoren schließen.

Brasilien hat aber im Gegensatz zu fast allen übrigen industrialisierten und sich entwickelnden Staaten kein einziges bilaterales Investitionsabkommen ratifiziert. Die Effektivität dieses wichtigen Schutzinstruments steht auch in Bolivien in Frage: 2007 kündigte der Andenstaat das Washingtoner Abkommen, einen multilateralen Vertrag, welchem bis dahin in Verbindung mit den bilateralen Abkommen eine grundlegende Schutzfunktion zukam.[4] Seit 2009 gilt in Bolivien außerdem eine Verfassung, die äußerst restriktive Regelungen zum Umgang mit ausländischen Investitionen enthält.

Wirksamen Rechtsschutz könnte der deutsche Investor jedoch auf einer zusätzlichen, einer überstaatlichen Rechtsebene erfahren: Lateinamerika kennt eine Tradition wirtschaftlicher und politischer Integrationsbemühungen. Bolivien und Brasilien können diesen – denkbaren – Schutz exemplarisch verdeutlichen: Brasilien ist heute Mitglied des »Mercosur«. Bolivien gehört der »Andengemeinschaft« an.[5] Diese Staatenbündnisse haben spezifische Rechtsakte hervorgebracht, die sich explizit mit der Behandlung und dem Schutz ausländischer Investitionen befassen. Sie haben darüber hinaus andere Rechtsakte – etwa zur Streitbeilegung – geschaffen, die für das Schutzinteresse eines Investors ebenfalls von Belang sein können. Damit empfehlen sich Bolivien und Brasilien als Untersuchungsgegenstand für eine Arbeit, welche explizit Schutzmechanismen und Schutzpotenzial des Integrationsrechts herauszustellen beabsichtigt.

Angesichts der Defizite des Schutzes durch nationales Recht und durch das Völkerrecht stellt sich die Frage umso dringlicher, ob und in welchem Maße der deutsche Investor in Brasilien und Bolivien Schutz durch das Integrationsrecht von Mercosur und Andengemeinschaft – sei es durch die explizit investitionsschützenden, sei es durch andere Rechtsakte, die möglicherweise zu seinem Schutz beitragen – erfährt. Die Frage nicht nur nach dem Status Quo des Investitionsschutzes durch das Integrationsrecht, sondern auch nach dem Potenzial für

4 Siehe dazu Fn. 46 und 672.

5 Bolivien befindet sich gegenwärtig außerdem im Beitrittsverfahren zum Mercosur, siehe dazu S. 77.

dessen weitere rechtliche Ausgestaltung ist auch deshalb besonders aktuell, weil zum einen gegenwärtig integrations- und investitionsrechtliche Entwicklungen in Südamerika das Thema berühren sowie andererseits erst in jüngster Zeit Enteignungen ausländischer Investoren vorgenommen worden sind.[6]

II. Notwendigkeit und Gang der Untersuchung

Die Frage nach dem Schutz eines Investors durch das Integrationsrecht von Mercosur und Andengemeinschaft ist in der Forschung noch nicht erschöpfend behandelt worden. Das Recht von Mercosur und Andengemeinschaft ist jedoch schon Gegenstand von Untersuchungen zu anderen wirtschaftsrechtlichen Fragen gewesen.[7] Insbesondere die Gegenüberstellung der investitionsrechtlichen Normen beider Bündnisse vor dem Hintergrund des Europäischen Rechts ist aber bislang auch in der ausländischen Forschung noch nicht erfolgt. Reichhaltig ist dagegen die einschlägige, auch deutschsprachige, Literatur, soweit es sich um politikwissenschaftliche oder volkswirtschaftliche Untersuchungen handelt. Diese wurde in der vorliegenden rechtlichen Untersuchung nur dort ergänzend herangezogen, wo dies zum Verständnis entsprechender interdisziplinärer Hintergründe unverzichtbar war. Insgesamt findet sich deutlich mehr deutsche und fremdsprachliche Literatur zum Mercosur als zur Andengemeinschaft.

Die Fragestellung soll in einem Dreischritt behandelt werden: Um die Wirkungen integrationsrechtlicher Rechtsakte einschätzen und in Verbindung zum nationalen Recht setzen zu können, ist in einem ersten Schritt die Erarbeitung des institutionellen Rechts von Mercosur und Andengemeinschaft unabdingbar (Kapitel 2). In einem zweiten Schritt, der den wesentlichen Schwerpunkt dieser Arbeit ausmachen wird, soll dann die investitionsschützende Wirkung dieser Rechtsakte näher untersucht werden. Diese Wirkungen können dadurch verdeutlicht werden, dass zunächst das geltende Normengefüge aus nationalem Recht, Völkerrecht und vertraglichen Vereinbarungen ohne Einbindung des Integrationsrechts betrachtet wird (Kapitel 3) und anschließend das Integrationsrecht – soweit dieses den Schutz von Investoren betrifft – in die Analyse eingebunden wird (Kapitel 4). Hierbei soll eine

---

6 *García-Bolívar*, Sovereignty vs. Investment Protection: Back to Calvo?, ICSID Review 2009, S. 464 (469), spricht von einer »surge of expropriations« und bezieht sich dabei auf Bolivien, Venezuela, Nicaragua und Argentinien.

7 Siehe insbesondere die Reihe »Wirtschaftsrecht im Mercosur«, herausgegeben von *Basedow/Samtleben* und die »Schriftenreihe zum Wirtschaftsrecht Lateinamerikas«, herausgegeben von *Drexl/Schlatter*, jeweils im Verlag Nomos.

vergleichende Betrachtung zum Recht der Europäischen Union erfolgen. In diesem Zusammenhang ist die Untersuchung breit angelegt: Ihr Gegenstand sind sowohl die spezifisch dem Investitionsschutz gewidmeten Rechtsakte als auch solche Normen, die ihrem Inhalt nach zum Schutz des Investors beitragen können. Nachdem zum Abschluss dieses zweiten Schritts feststehen wird, ob und in welcher Weise der deutsche Direktinvestor vom Integrationsrecht in Mercosur und Andengemeinschaft profitiert, widmet sich der dritte Untersuchungsschritt dem rechtlichen Potenzial des Integrationsrechts (Kapitel 5). Im Rahmen der Untersuchung wird insbesondere das interregionale Verhältnis von Mercosur und Andengemeinschaft zur Europäischen Union von Bedeutung sein. Gerade auch vor dem Hintergrund, dass die EU mit Art. 207 Abs. 1 AEUV seit Inkrafttreten des Lissabonvertrages zum 1. Dezember 2009 über eine eigenständige Kompetenz zur Behandlung ausländischer Direktinvestitionen verfügt, soll der Frage nach dem Investitionsschutz auf der interregionalen Rechtsebene vertieft nachgegangen werden.

Die im Rahmen der Untersuchung behandelten nationalen und integrationsrechtlichen Normen liegen nahezu alle nur in spanischer und portugiesischer Sprache vor. Sofern dies nicht ausdrücklich anders gekennzeichnet ist, erfolgten alle Übersetzungen – auch von Zitaten aus fremdsprachlicher Literatur – durch den Verfasser.[8] Auf Normen von Mercosur und Andengemeinschaft kann über die Internetportale dieser Bündnisse zugegriffen werden.[9] Im Nomos-Verlag sind zudem zwei von *Basedow/Samtleben* herausgegebene Bände mit Übersetzungen der wichtigsten Rechtsakte des Mercosur erschienen.[10]

B. »Schutz einer Auslandsinvestition durch Integrationsrecht« – Begriffsklärungen und Eingrenzung

Der Untersuchungsgegenstand »Schutz einer Auslandsinvestition durch Integrationsrecht« erfordert begriffliche Klarstellungen und inhaltliche Eingrenzungen.

---

8 Den Mercosur betreffende Begrifflichkeiten werden im Folgenden unter Auslassung der gleichermaßen gültigen portugiesischen Bezeichnungen nur in spanischer Sprache benannt.

9 www.mercosur.int (dort: »normativa«) und www.comunidadandina.org (dort: »derecho comunitario andino«), zuletzt geprüft am 8.1.2012.

10 *Basedow/Samtleben* (Hrsg.), Rechtsquellen des Mercosur – Spanischer Text und deutsche Übersetzung der wichtigsten Verträge und Rechtsakte: Teilband I – Wirtschaftsverfassung und Rechtssystem; Teilband II – Handel und Verkehr, 2000.

I. Begriff der »Auslandsinvestition« und des »Investors«

Die grundlegenden Elemente einer »Investition im Ausland« stellen der Kapitaltransfer in einen anderen als den Heimatstaat des Investors und die dortige wirtschaftliche Betätigung dieses Kapitals dar.[11] Darüber hinaus wird teilweise noch auf weitere Kriterien wie die Inkaufnahme eines Risikos und die Erwartung eines Gewinns abgestellt.[12] Eine Investition kann vielfältige Formen annehmen und sowohl in Gestalt des vollständigen oder anteiligen Erwerbs eines Unternehmens als auch in dessen Neugründung und Aufbau erfolgen oder durch Zusammenschluss mit einem im Zielland tätigen Unternehmen vollzogen werden.[13] Eine wirtschaftliche Betätigung von Kapital liegt im weiteren Sinne auch in der Vergabe eines Darlehens, einer Lizenzerteilung oder der Gewährung von Markenrechten.[14]

Die Vielzahl möglicher wirtschaftlicher Betätigungen führt zu einer Unterscheidung in »direkte« und »indirekte Investitionen«. Eine Investition ist nach

---

11 Vgl. Art. 1 US-Mustervertrag 2004 (»Treaty between the Government of the United States of America and the Government of [Country] concerning the Encouragement and Reciprocal Protection of Investment – 2004 Model BIT; i.F.: »US-Mustervertrag 2004«): »«covered investment» means, with respect to a Party, an investment in its territory of an investor of the other Party«; vgl. Art. 1 Nr. 1 Deutscher Mustervertrag 2009 über die Förderung und den gegenseitigen Schutz von Kapitalanlagen (i.F.: »Deutscher Mustervertrag 2009«): »umfasst der Begriff »Kapitalanlagen« Vermögenswerte jeder Art, die von Investoren des einen Vertragsstaats direkt oder indirekt im Hoheitsgebiet des anderen Vertragsstaats angelegt werden.«; siehe *Sornarajah*, The International Law on Foreign Investment, 3. Aufl. 2010, S. 8; vgl. *Dolzer/Schreuer*, Principles of International Investment Law, 2012, S. 60 f.; vgl. Hinweis bei *Schlemmer*, Investment, Investor, Nationality, and Shareholders, in: Muchlinski/Ortino/Schreuer (Hrsg.), The Oxford Handbook of International Investment Law, 2008, S. 49 (58); siehe auch bei *Schreuer u. a.*, The ICSID Convention: A Commentary, 2009, Art. 25 Rn. 152 ff., die Schwierigkeiten einer umfassenden Definition betonend.

12 Vgl. Art. 1 US-Mustervertrag 2004: »«investment« means every asset that an investor owns or controls, directly or indirectly, that has the characteristics of an investment, including such characteristics as the commitment of capital or other resources, the expectation of gain or profit, or the assumption of risk.«.

13 In Brasilien kommt dabei grundsätzlich besondere Bedeutung dem Erwerb von und dem Zusammenschluss mit anderen Unternehmen zu, *Laplane/Sarti/Hiratuka/Sabbatini*, El caso brasileño, in: Chudnovsky (Hrsg.), El boom de inversión extranjera directa en el Mercosur, 2001, S. 123 (141); vgl. zu Erscheinungsformen der Direktinvestitionen auch *Sornarajah* (Fn. 11), S. 116 ff.

14 Vgl. Art. 1 (»investment (a)-(h)«) US-Mustervertrag 2004; vgl. auch Art. 1 Nr. 1 Deutscher Mustervertrag 2009.

dem gängigsten Differenzierungskriterium dann direkt, wenn der Investor über die Möglichkeit unmittelbarer Einflussnahme auf das Schicksal seiner Investition, also die Ausübung einer effektiven Kontrolle verfügt.[15] Zur Abgrenzung wird mitunter ergänzend das Element der Dauerhaftigkeit der wirtschaftlichen Betätigung herangezogen.[16] Eine direkte Investition ist jedenfalls gegeben bei einer Neugründung oder einem vollständigen Erwerb eines Unternehmens. Bei einem nur anteilsmäßigen Erwerb oder einem Zusammenschluss mit einem inländischen Partner ohne Erlangung der Kontrolle über das Unternehmen liegt eine bloße Portfolioinvestition vor, welche den indirekten Investitionen, die lediglich auf Gewinnerzielung ohne Ausübung von Kontrolle ausgerichtet sind,[17] zuzuordnen ist.

Ein ausländischer Investor kann dabei jede natürliche oder juristische Person sein, deren Vermögen die Investition zuzuordnen ist und deren Staatsan- oder -zugehörigkeit nicht diejenige des Gaststaats ist.[18]

Im Folgenden werden die Auswirkungen des Integrationsrechts von Mercosur und Andengemeinschaft auf den Investitionsschutz ausschließlich am Beispiel der direkten Investitionen untersucht. Sofern das zu untersuchende Integrationsrecht dem Investor Schutz vermittelt, wird sich dieser Einfluss bei den direkten Investitionen zeigen.

II. Materielle Inhalte von bilateralen Investitionsschutzabkommen – Der »Schutz« einer Auslandsinvestition

Diese Untersuchung wird solche integrationsrechtlichen Normen behandeln, welche Inhalte wiedergeben, die auch von bilateralen Investitionsschutzabkommen

---

15 Siehe OECD Benchmark Definition of Foreign Direct Investment, 4. Aufl. 2008, S. 48 f.; vgl. auch IMF, Balance of Payments and International Investment Position Manual, 6. Aufl. 2009, S. 100 f.

16 Siehe bei *Teixeira Silveira*, A Disciplina Jurídica do Investimento Estrangeiro no Brasil e no Direito Internacional, 2002, S. 34 f.; siehe den Hinweis bei *Schmitt*, Die Kompetenzen der Europäischen Union für ausländische Investitionen in und aus Drittstaaten, 2012, S. 63.

17 Vgl. *Sornarajah* (Fn. 11), S. 8 f., 196 f.; *Griebel*, Internationales Investitionsrecht, 2008, S. 64 f. Die praktische Bedeutung indirekter Investitionen betonen *Perkams/Secomb*, Der Schutz deutscher Auslandsinvestitionen in Lateinamerika, in: Hüpers (Hrsg.), Internationales Investitionsschutzrecht, WiVerw, (1) 2009, S. 31 (39); siehe ausführlich zu dieser Abgrenzung auch bei *Schmitt* (Fn. 16), S. 60 f.

18 Vgl. *Dolzer/Schreuer* (Fn. 11), S. 44 ff.; siehe bei *Schlemmer* (Fn. 11), S. 69 ff.

umfasst sind.[19] Bilaterale Investitionsschutzabkommen sind ein zentrales Regelungselement des klassischen internationalen Investitionsschutzes. Diese zwischen zwei souveränen Staaten geschlossenen Vereinbarungen zur Förderung und zum Schutz von Investitionen sind dem Völkervertragsrecht zuzuordnen.[20] Mit ihrer Ratifizierung nach den jeweiligen innerstaatlichen Verfahren schaffen sie einen zwischenstaatlichen – nicht vom nationalen Recht des Gastlandes abhängigen[21] – Rechtsrahmen für die Vornahme von und den Umgang mit Investitionen von Investoren aus dem jeweils anderen Vertragsstaat. Dieser Rechtsrahmen soll eine Benachteiligung des Ausländers durch hoheitliche Akte des Gaststaats verhindern. Im Falle der Zuwiderhandlung gegen einen der in dem »Bilateral Investment Treaty (BIT)« festgelegten Grundsätze bricht der entsprechende Staat eine völkerrechtliche Verpflichtung gegenüber dem anderen Vertragsstaat. Das erste Abkommen dieser Art wurde bereits 1959 zwischen der Bundesrepublik und Pakistan geschlossen.[22] Nachdem über Jahrzehnte der Schutz von Kapitalanlagen aus kapitalexportierenden Industriestaaten in Entwicklungs- und Schwellenländern im Vordergrund stand, schließen heute auch solche – mittlerweile ebenfalls global agierende – Staaten untereinander BITs ab.[23] Es ist damit ein weltweites Netz aus mehr als 2000 BITs entstanden, wobei die Bundesrepublik und China diejenigen Staaten sind, welche die größte Zahl an Investitionsschutzabkommen geschlossen haben.[24]

---

19 Die nachfolgend erörterten materiellen Schutzstandards sind dabei beständigem Wandel und Fortentwicklung durch schiedsgerichtliche Rechtsprechung und Forschung unterworfen und vielfach miteinander verwoben, vgl. *Schreuer*, Introduction: Interrelationship of Standards, in: Reinisch (Hrsg.), Standards of Investment Protection, 2008, S. 1 ff.

20 Siehe *Griebel* (Fn. 17), S. 38.

21 Vgl. *Banz*, Völkerrechtlicher Eigentumsschutz durch Investitionsabkommen, 1988, S. 24 f.: »allgemeine[r] Rechtsschutzvertrag«.

22 Vertrag zwischen der Bundesrepublik Deutschland und Pakistan zur Förderung und zum Schutz von Kapitalanlagen vom 25.11.1959, veröffentlicht im BGBl. 1961 II, S. 793 ff., in Kraft getreten am 28.4.196, siehe BGBl. 1962 II, S. 172.

23 So schlossen Benin und der Libanon am 15.6.2004, China und Indien am 21.11.2006 ein Investitionsschutzabkommen (siehe ICSID Database of Bilateral Investment Treaties (http://icsid.worldbank.org, zuletzt geprüft am 13.12.2011); vgl. zu den Interessen der beteiligten Staaten auch *Markert*, Streitschlichtungsklauseln in Investitionsschutzabkommen, 2010, S. 47 ff.

24 Die ICSID Database of Bilateral Investment Treaties (zuletzt geprüft am 13.12.2011) verzeichnet für die Volksrepublik China 90, für die Bundesrepublik Deutschland 147 bilaterale Abkommen. Nicht alle dieser Abkommen sind bereits in Kraft getreten. Den

BITs weisen – neben der Beschreibung ihres Anwendungsbereichs und etwaigen Schlussbestimmungen – stets materiellrechtliche Schutzbestimmungen auf und enthalten regelmäßig Vereinbarungen über die Regelung von Streitigkeiten zur Sicherung der materiell gewährten Rechte.[25] Den inhaltlichen Kern dieser materiellen Rechte bilden – wie nachfolgend beschrieben – erstens der Eigentumsschutz, zweitens der Zugriff auf Investitionsschiedsgerichte, drittens die Gewährung freien Kapitalverkehrs und viertens die Gewährung spezifischer Behandlungsstandards. Die Behandlungsstandards umfassen dabei die Grundsätze der Inländerbehandlung, der Meistbegünstigung, der fairen und angemessenen Behandlung sowie des vollen Rechtsschutzes. Wenn im Folgenden vom »Schutz« der Auslandsinvestition die Rede ist, wird die Untersuchung sich ausschließlich diesen unter »erstens« bis »viertens« genannten, den heute gängigen Schutzstandard für Direktinvestitionen im Ausland bildenden Aspekten zuwenden. Sollte das Integrationsrecht von Mercosur und Andengemeinschaft den rechtlichen Schutz eines Direktinvestors fördern, so ließe sich dies jedenfalls an diesen vier Merkmalen feststellen.

Der »Schutz« einer Auslandsinvestition erfolgt einerseits durch Regelungen, die nach ihrem Ursprung spezifisch dem Bereich des Investitionsschutzrechts zuzuordnen sind,[26] kann aber auch durch Rechtsakte erfolgen, die – wie etwa

»Boom« seit den 1990er Jahren verdeutlicht auch die Formulierung bei *Frick*, Bilateraler Investitionsschutz in Entwicklungsländern, 1975, S. 36, der bezüglich bilateraler Schutzabkommen nur von einer »bereits nicht unerhebliche[n] Verbreitung« spricht. Den heutigen Stand beziffert *Griebel* (Fn. 17), S. 40 f. auf ca. 2600 abgeschlossene BITs, von denen ca. drei Viertel in Kraft getreten seien.

25 Siehe etwa Art. 3 ff., 23 ff. US-Mustervertrag 2004 sowie Art. 3 ff., 10 Deutscher Mustervertrag 2009. Einen Überblick über die Regelungsinhalte der deutschen BITs gewähren *Krajewski/Ceyssens*, Internationaler Investitionsschutz und innerstaatliche Regulierung, AVR (45) 2007, S. 180 ff.; siehe auch bei *Markert* (Fn. 23), S. 64 ff.

26 Dies sind im Fall des Mercosur zum Beispiel das »Protokoll von Colonia über die Förderung und den gegenseitigen Schutz von Investitionen im Mercosur« (»Protocolo de Colonia para la Promoción y Protección reciproca de Inversiones en el Mercosur (Intrazona)«) vom 18.1.1994, Ratsentscheidung N° 11/93, (i.F.: »Protokoll von Colonia« oder »PvC«), das »Protokoll über die Förderung und den Schutz von Investitionen aus Nicht-Mitgliedstaaten des Mercosur« (»Protocolo sobre Promoción y Protección de Inversiones provenientes de Estados no Partes del Mercosur«) vom 5.8.1994, Ratsentscheidung N° 11/94 (i.F.: »Protokoll von Buenos Aires« oder »PvBA«) sowie im Fall der Andengemeinschaft der »Gemeinsame Rechtsrahmen für die Behandlung von ausländischem Kapital und bezüglich Marken, Patenten, Lizenzen und Royalties« (»Régimen Común de Tratamiento a los Capitales Extranjeros y

menschenrechtliche Garantien – originär andere Sachverhalte regeln, aber Fragen berühren, welche doch von investitionsschutzrechtlichem Belang sind. Normen beider Art sollen im Folgenden Gegenstand der Untersuchung sein.

Demgegenüber sollen solche Normen, die nicht explizit den Schutz, sondern zunächst die Ermöglichung einer Investition behandeln, also rein investitionsfördernd oder -begünstigend wirken, nicht in die Arbeit einbezogen werden. Investitionsfördernd in diesem Sinne wären schon Vereinbarungen zum Freihandel oder zur Zollreduktion sowie zur steuerlichen Behandlung von ausländischen Investoren zum Beispiel durch zwischenstaatliche Abkommen zur Vermeidung einer Doppelbesteuerung.[27] Wie auch die Bezeichnung der bilateralen Abkommen der Bundesrepublik als »Investitionsförder- und Schutzabkommen« nahelegt, kann es zwischen der Förderung und dem Schutz von Investitionen zu inhaltlichen Überschneidungen kommen.[28]

1. Eigentumsschutz als ursprünglichstes Anliegen des Investitionsschutzes

Der Schutz des Eigentums ist das ursprüngliche, zentrale Anliegen des Investitionsschutzes.[29] Der Begriff des Eigentums wird dabei weit verstanden und umfasst neben Sacheigentum auch immaterielle Werte oder Vertragspositionen, also alle vermögenswerten Güter.[30] Bilaterale Investitionsschutzabkommen weisen stets

sobre Marcas, Patentes, Licencias y Regalías«) vom 21.3.1991, Entscheidung N° 291 (i.F.: »Entscheidung N° 291«).

27 Auch *Häde*, Der völkerrechtliche Schutz von Direktinvestitionen im Ausland – Vom Fremdenrecht zum Multilateralen Investitionsabkommen, AVR 1997, S. 181 (192), spricht den letztgenannten Abkommen nur eine »im weiteren Sinne investitionsschützende Funktion« zu, indem sie die »Profitabilität direkter Auslandsinvestitionen« sichern.

28 Dies betont *Frick* (Fn. 24), S. 35 f.; vgl. auch bei *Pucci*, Arbitragem e Investimentos Estrangeiros, RBA (2) 2004, S. 7 (17).

29 *Reinisch*, Expropriation, in: Muchlinski/Ortino/Schreuer (Fn. 11), S. 407 (408), nennt Beispiele für frühe Beeinträchtigungen dieses Schutzgutes: »The Communist and Mexican nationalization measures in the 1920s, followed by socializations of private property in Eastern European countries after World War II and takings of foreign investments in developing countries in the course of the decolonization process, as well as the oil concession disputes of the 1960s and 1970s, mark the most important waves of expropriations of foreign property.«.

30 Vgl. *Griebel* (Fn. 17), S. 16 und *Reinisch* (Fn. 29), S. 407 (410).

Regelungen auf, die den Schutz von Eigentum und den Umgang mit Entschädigungen im Falle einer Enteignung behandeln.[31]

Der Schutz vor Enteignungen umfasst dabei einerseits den direkten Entzug der Eigentumsposition durch staatlichen Hoheitsakt und andererseits die auf mittelbare Einwirkung erfolgende Entwertung der Investition als sogenannte indirekte Enteignung.[32] Letztere kann beispielsweise durch staatliche Regulierung zum Umwelt- oder Gesundheitsschutz erfolgen, wenn solche Maßnahmen Produktion oder Warenabsatz für den Investor erheblich erschweren oder unmöglich machen, ihm das formale Recht an seinem Eigentum jedoch nicht entzogen wird.[33] Der Begriff der indirekten Enteignung ist noch nicht abschließend bestimmt und damit der vertiefenden Auslegung durch Schiedsgerichte und Wissenschaft überlassen.[34] So ist etwa noch unklar, ob bei deren Ermittlung primär auf den wirtschaftlichen Effekt einer Maßnahme oder auf das (Nicht-)Vorliegen eines Zwecks des Allgemeinwohls abzustellen ist.[35] Wenn ursprünglich allein die direkte Enteignung von Bedeutung war, so rückt die indirekte Enteignung in jüngerer Zeit immer stärker

---

31 Siehe Art. 6 und Annexe A und B US-Mustervertrag 2004; Art. 4 Deutscher Mustervertrag 2009; vgl. auch Art. IV der World Bank Guidelines on the Treatment of Foreign Direct Investment (i.F.: »World Bank Guidelines«, veröffentlicht in 31 ILM (1992), S. 1379 ff.; zu diesen Guidelines der Weltbank *Schlemmer-Schulte*, The World Bank Guidelines on the Treatment of Foreign Direct Investment, in: Bradlow/Escher, Legal Aspects of Foreign Direct Investment, 1999, S. 87 (91 ff.)); vgl. auch *Dolzer/Schreuer* (Fn. 11), S. 98: »all modern agreements on foreign direct investment contain specific provisions covering preconditions for and consequences of expropriation«; *Griebel* (Fn. 17), S. 76: »in allen BITs vorhandene Schutzposition«.

32 Siehe Annex B Nr. 4 des US-Mustervertrages 2004: »indirect expropriation, where an action or series of actions by a Party has an effect equivalent to direct expropriation without formal transfer of title or outright seizure«; zur indirekten Enteignung *Kriebaum*, Eigentumsschutz im Völkerrecht, 2008, S. 238 ff.

33 Auch »de-facto-« oder »schleichende Enteignung«, vgl. bei *Griebel* (Fn. 17), S. 77 ff., der dort auch Kriterien nennt, mittels derer eine indirekte Enteignung bestimmt werden kann. Vgl. auch *Reinisch* (Fn. 29), S. 407 (421 f.).

34 Siehe bei *Knahr*, Indirect Expropriation in Recent Investment Arbitration, TDM (1) 2009, S. 3 ff.

35 Dazu *Reinisch* (Fn. 29), S. 407 (438 ff.), mit Hinweisen auf noch weitere Elemente; vgl. auch *Dolzer/Schreuer* (Fn. 11), S. 112 ff.; und *Hoffmann*, Indirect Expropriation, in: Reinisch (Fn. 19), S. 151 (156 ff.). Siehe auch *Knahr* (Fn. 34), S. 4 ff., die insbesondere die Bedeutung der Intensität des Eingriffs und dessen Auswirkungen betont.

in den Fokus.[36] Als indirekte Enteignung kommt eine Vielzahl von Maßnahmen in Betracht.[37] Maßnahmen, die eine indirekte Enteignung begründen können, sind regelmäßig auch als eine Verletzung anderer materieller Schutzstandards zu qualifizieren.[38]

Das grundsätzliche Recht des Gaststaates, Enteignungen vorzunehmen, stellen Regelungen zum Eigentumsschutz nicht in Frage. Eine Enteignung wird nach investitionsschutzrechtlicher Maßgabe allerdings an enge Voraussetzungen geknüpft, wie zum Beispiel das Nichtvorliegen einer Diskriminierung, die Zahlung einer Entschädigung und die Verfolgung eines öffentlichen Interesses.[39] Besonders die im Enteignungsfall zu leistende Entschädigung war lange Gegenstand von Kontroversen. Heute hat sich die sogenannte »Hull-Formel« als Entschädigungsstandard etabliert, nach der eine Zahlung »sofort, adäquat und effektiv« zu erfolgen hat.[40]

---

36 Zu den indirekten Enteignungen eingehend *Hoffmann* (Fn. 35), S. 151 ff. *Schreuer* (Fn. 19), S. 1, führt eine indirekte Enteignung durch Venezuela an. *Reinisch* (Fn. 29), S. 407 (408 f.), verweist dagegen auf eine zu Direktenteignungen neigende Tendenz in Bolivien und Venezuela. Auf solche Maßnahmen in diesen Staaten weist auch *Weiss*, Trade and Investment, in: Muchlinski/Ortino/Schreuer (Fn. 11), S. 182 (217), hin.

37 *Griebel* (Fn. 17), S. 77, führt die Beeinträchtigung von »Kontroll-, Benutzungs- oder Leitungsmöglichkeiten« an.

38 Vgl. *Hoffmann* (Fn. 35), S. 151 (167); vgl. auch *Yannaca-Small*, Fair and Equitable Treatment Standard: Recent Developments, in: Reinisch (Fn. 19), S. 111 f.

39 Siehe Art. 4 Abs. 2 S. 1 Deutscher Mustervertrag 2009: »Kapitalanlagen von Investoren eines Vertragsstaats dürfen im Hoheitsgebiet des anderen Vertragsstaats nur zum Wohl der Allgemeinheit und gegen Entschädigung direkt oder indirekt enteignet, verstaatlicht oder anderen Maßnahmen unterworfen werden, die in ihren Auswirkungen einer Enteignung oder Verstaatlichung gleichkommen.«; *Griebel* (Fn. 17), S. 76; hierzu *Reinisch*, Legality of Expropriations, in: Reinisch (Fn. 19), S. 171 ff.; *Sornarajah* (Fn. 11), S. 207 ff.

40 Vgl. etwa Art. 6 Nr. 1 (c) US-Mustervertrag 2004: »payment of prompt, adequate, and effective compensation«; siehe auch Art. 4 Abs. 2 S. 2 Deutscher Mustervertrag 2009: »Die Entschädigung muss dem Wert der enteigneten Kapitalanlage unmittelbar vor dem Zeitpunkt entsprechen, in dem die tatsächliche oder drohende Enteignung, Verstaatlichung oder andere Maßnahme öffentlich bekannt wurde. Die Entschädigung muss unverzüglich geleistet werden und ist bis zum Zeitpunkt der Zahlung mit dem üblichen bankmäßigen Zinssatz zu verzinsen; sie muss tatsächlich verwertbar und frei transferierbar sein.«; siehe bei *Griebel* (Fn. 17), S. 18, 76 f.; zweifelnd zur Gültigkeit der Hull-Formel als heute allgemeinem Standard *Reinisch* (Fn. 39), S. 171 (194 f.).

2. Die Möglichkeit der Rechtsdurchsetzung durch Zugang zu internationalen Investitionsschiedsgerichten

Dem Investor zugestandene materielle Schutzstandards bleiben ohne Wirkung, wenn sie nicht auch effektiv gegen den Gaststaat geltend gemacht werden können. Im Falle eines Konflikts stehen dem Investor von jeher grundsätzlich die Gerichte des Gaststaats zur Verfügung.[41] Lange Verfahrensdauern, möglicherweise fehlende Sachkompetenz und nicht zuletzt die Gefahr politischer Einflussnahme auf das Gericht oder »patriotischer« Voreingenommenheit des Richters begründen jedoch oftmals beim Investor eher Bedenken und Sorgen als Vertrauen in eine sachorientierte Konfliktlösung zu wecken.[42]

In modernen Investitionsschutzabkommen stellen Streitbeilegungsklauseln daher ein zentrales Regelungsinstrument dar. Neben der klassischen Streitbeilegung zwischen den Vertragsparteien, also dem Heimat- und dem Gaststaat des Investors, ist heute in BITs regelmäßig eine eigenständige Möglichkeit des Investors vorgesehen, seinen Gaststaat vor einem internationalen Schiedsgericht zu verklagen.[43] Diese Regelungen sind in bilateralen Investitionsschutzabkommen unterschiedlich ausgestaltet. Zum Teil wird das internationale Schiedsverfahren lediglich als Methode zur Streitbeilegung erwähnt, häufiger finden sich jedoch Klauseln, welche den Investoren explizit das genannte eigene Recht zur direkten Anrufung eines Schiedsgerichtes gewähren.[44] Die bilateralen Schutzverträge unterscheiden sich auch hinsichtlich etwaiger Erfordernisse zu vorangehenden Güteverhandlungen und bezüglich der genauen Umstände der Anrufung eines Schiedsgerichts, welche zum Beispiel die Erschöpfung des innerstaatlichen Rechtswegs voraussetzen

---

41 *Reinisch*, Die Beilegung von Investitionsstreitigkeiten, in: Tietje (Hrsg.), Internationales Wirtschaftsrecht, 2009, S. 801 (802 f.), führt aus, dass auch drittstaatliche Gerichte grundsätzlich als Foren zur Streitbeilegung vereinbart werden könnten, diese sich regelmäßig jedoch weigerten, über fremdstaatliche Hoheitsakte zu urteilen.

42 Vgl. auch die Aufzählung bei *Reinisch* (Fn. 41), S. 801 (807 f.); zu den Nachteilen einer Streitbeilegung vor innerstaatlichen Gerichten ausführlich *Tietje*, Internationaler Investitionsrechtsschutz, in: Ehlers/Schoch (Hrsg.), Rechtsschutz im Öffentlichen Recht, 2009, § 4 Rn. 6.

43 Siehe beispielhaft Art. 23 ff. und 37 im US Mustervertrag 2004; Art. 9, 10 Deutscher Mustervertrag 2009; *Griebel* (Fn. 17), S. 93: »Standard eines jeden modernen BITs«.

44 Dazu *Sornarajah* (Fn. 11), S. 216; *Tietje* (Fn. 42), § 4 Rn. 19, weist darauf hin, dass solche Klauseln in frühen BITs lediglich für Streitigkeiten um die Höhe einer Enteignungsentschädigung galten.

können.[45] Die Bedeutung dieses Schutzinstruments belegt auch die in jüngerer Zeit steigende Anzahl an Investitionsstreitigkeiten vor institutionalisierten Schiedsgerichten wie dem der Weltbank angegliederten »International Centre for Settlement of Investment Disputes« (»ISCID«).[46] In diesem Zugeständnis eines eigenständigen Klagerechts liegt ein dogmatischer Bruch mit dem klassischen Verständnis des Völkerrechts als einem Recht unter Staaten.[47]

Gegenstand langjähriger Kontroversen war und ist dieses Schutzinstrument vor allem in den Staaten Lateinamerikas. Ausgehend vom Grundsatz der Gleichheit aller Staaten[48] formulierte der argentinische Diplomat und Jurist Carlos Calvo 1868 angesichts der etablierten Praxis, dass europäische und nordamerikanische Staaten Forderungen ihrer Bürger gegen lateinamerikanische Länder mit diplomatischem und sogar militärischem Druck durchzusetzen pflegten[49], das Prinzip, dass ein Staat ausländischen Bürgern keine materiellen und prozessualen Rechte und Vergünstigungen zugestehen dürfe, die über die Rechte seiner eigenen Staatsangehörigen in vergleichbarer Situation hinausgingen.[50] Er sei zwar verpflichtet, Ausländern denselben Standard wie seinen eigenen Bürgern zuzugestehen, dürfe diesen Standard jedoch frei festlegen.[51] In diesem Sinne sei eine Gleichbehandlung von In- und Ausländern sicherzustellen.[52] Im Gegensatz zu dieser Auffassung steht die insbesondere

---

45 Zur unterschiedlichen Ausgestaltung solcher Streitschlichtungsklauseln *Markert* (Fn. 23); und *Sornarajah* (Fn. 11), S. 219 ff.

46 Die genannte Einrichtung geht zurück auf Art. 1 Abs. 1 des »Übereinkommens vom 18. März 1965 zur Beilegung von Investitionsstreitigkeiten zwischen Staaten und Angehörigen anderer Staaten« (»Convention on the Settlement of Investment Disputes between States and Nationals of Other States«), (siehe BGBl. 1969 II, S. 369 ff.; i.F.: »ICSID-Konvention« oder »Washingtoner Abkommen«).

47 *Griebel* (Fn. 17), S. 93, betont, dass auch im Recht der WTO dem Einzelnen Individualklagerechte nicht zugestanden werden.

48 Siehe bei *Shea*, The Calvo Clause – A Problem of Inter-American and International Law and Diplomacy, 1955, S. 19.

49 *Shea* (Fn. 48), S. 11 ff.; vgl. auch das (sich auf das Jahr 1902 beziehende) Beispiel bei *Oschmann*, Calvo-Doktrin und Calvo-Klauseln, 1993, S. 134 f.

50 Siehe bei *Kleinheisterkamp*, O Brasil e as disputas com investidores estrangeiros, in: Costa Sousa Cherem/Di Sena Júnior, Comércio Internacional e Desenvolvimento: uma perspectiva brasileira, 2004, S. 156 (157).

51 Dazu *Dolzer/Schreuer* (Fn. 11), S. 1 ff.

52 Vgl. bei *Shea* (Fn. 48), S. 19 f.: »Calvo [...] set forth two cardinal principles [...]: First, that sovereign states [...] enjoy the right, on the basis of equality, to freedom from «interference of any sort« [...] by other states [...] and second, that aliens are not entitled to rights and privileges not accorded to nationals, and that therefore they

unter den kapitalexportierenden Industriestaaten verbreitete Ansicht, dass ein völkergewohnheitsrechtlich etablierter »minimaler Behandlungsstandard« bestehe, der den einem Ausländer mindestens und unabhängig von einer Schlechterstellung des Inländers zuzugestehenden Schutz darstelle.[53] Das Verbot weitergehender Vergünstigungen impliziert den Ausschluss internationaler Investitionsschiedsgerichte, da kein Staat seinen eigenen Investoren solche Rechtsschutzmöglichkeiten als Alternative zu den staatlichen Gerichten zur Verfügung stellt. Nachdem sie einst für die Haltung praktisch ganz Lateinamerikas zu Auslandsinvestitionen maßgeblich war, hat die Doktrin in jüngerer Zeit eher an Bedeutung verloren.[54] So sind heute zahlreiche Staaten Lateinamerikas Mitglieder des Washingtoner Abkommens.[55]

---

may seek redress for grievances only before the local authorities.«; vgl. bei *Oschmann* (Fn. 49), S. 25 ff., 29.

53 Dieser Standard ist jedenfalls nicht völlig eindeutig zu bestimmen, vgl. bei *Dolzer/Schreuer* (Fn. 11), S. 3 ff., 134 ff.; zum »international minimum standard treatment« *Sornarajah* (Fn. 11), S. 345 ff.; vgl. auch *Kläger*, Die Entwicklung des allgemeinen völkerrechtlichen Fremdenrechts – unter besonderer Berücksichtigung seiner Wechselwirkungen mit dem internationalen Investitionsschutzrecht, BEV 6, 2011, S. 11 f.

54 Siehe bei *Herdegen*, Investitionsschutz in Lateinamerika – Neuere Entwicklungen im Verfassungs- und Völkervertragsrecht, ZVglRWiss 1995, S. 341 (344): »Mittlerweile ist die *Calvo*-Doktrin selbst in Lateinamerika allmählich zum Anachronismus geworden.«. Selbst traditionell sehr liberale und progressive, da Kapital exportierende Volkswirtschaften wie die Vereinigten Staaten stellen sich jedoch neuerdings – gerade nach Verurteilungen durch Investitionsschiedsgerichte – auf den Standpunkt, dass ausländischen Investoren nicht substanziell mehr Rechte zuzugestehen seien als den inländischen, vgl. dazu den Hinweis bei *Kolo/Wälde*, Capital Transfer Restrictions under Modern Investment Treaties, in: Reinisch (Fn. 19), S. 205 (216, dort Fn. 38). Dass hierin ein Grundgedanke der vermeintlich überwundenen Idee Calvos liegt, ist nicht von der Hand zu weisen. Ein mögliches Wiederaufleben der Calvo-Doktrin kommt auch bei *Pucci* (Fn. 28), S. 7 (9 f.), zur Sprache. *García-Bolívar* (Fn. 6), S. 464 (465 f., 474 ff.), nennt als Gründe für diese Haltung die Furcht vor »neokolonialistischen« Einflüssen, die Absicht, eigene Industrien zu schützen und die Bevorzugung anderer Kapitalquellen wie etwa die Ausbeutung natürlicher Ressourcen und sieht zwar Veränderungen im bestehenden System des internationalen Investitionsschutzes, doch keine tatsächliche »Rückkehr zu Calvo«.

55 U. a. Argentinien, Bahamas, Barbados, Chile, Kolumbien, Costa Rica, El Salvador, Guatemala, Guinea, Guyana, Haiti, Honduras, Jamaica, Nicaragua, Panama, Paraguay, Peru, Sao Tome und Principe, Uruguay sind Mitglieder des Abkommens (Stand 6.6.2013, Quelle: www.icsid.worldbank.org). In einigen Staaten zeigt sich allerdings auch eine Abkehr von diesem Schutzinstrument: So kündigten zwischen 2007 und 2012 Bolivien, Ecuador und Venezuela das Abkommen (vgl. dazu S. 177 ff.).

Neben internationalen Schiedsverfahren, deren Autorität und Verfahrensrecht sich aus internationalen Verträgen ableitet, gewährt staatliches Schiedsrecht die Möglichkeit zu Streitbeilegung im nationalrechtlichen Rahmen.[56] Diese Verfahren basieren auf möglicherweise materiell unzureichenden Normen, welche – wie jede nationale Norm – jederzeit eine Änderung durch den nationalen Gesetzgeber erfahren können.[57]

3. Die Lebensader der Auslandsinvestition: Freier Kapitaltransfer

Jedem Staat steht es grundsätzlich frei, sein Finanzsystem nach eigener Maßgabe zu gestalten.[58] Dadurch kann leicht ein Konflikt mit grundlegenden Interessen des ausländischen Investors entstehen. Diesem ist stets daran gelegen, die mit seiner Investition erwirtschafteten Gewinne ungehindert in sein Heimatland zurückführen zu können.

Dies geschieht einerseits zum Vorteil möglicher Aktionäre und andererseits auch, um finanziellen Verpflichtungen nachzukommen und den Fortbestand der Investition zum Beispiel durch den Ankauf neuer Maschinen oder Ähnlichem zu gewährleisten. Dagegen besitzt der Gaststaat ein Interesse, diese Mittel als Reinvestitionen im Land zu halten.[59] Im Rahmen des zu schützenden »freien Kapitaltransfers« sind dabei sowohl der Transfer von die Investition erweiternden oder stützenden Mitteln als insbesondere auch die Rückführung von gewonnenen Erträgen bedeutsam.[60] Ebenso wichtig ist es für den Investor, im Falle der Beendigung seiner Tätigkeit – beispielsweise durch Verkauf des aufgebauten Unternehmens – das eingesetzte Kapital aus dem Gastland abziehen zu können.

Ein Transfer von Kapital ist nur dann »frei«, wenn dieser unbeschränkt erfolgen kann. Solche Beschränkungen können das Volumen der Rückführung betreffen, sich als zeitliche Verzögerungen oder Genehmigungserfordernisse darstellen, aber auch in Form einer Übertragung in nicht frei konvertierbarer Währung oder zu nicht aktuellen Wechselkursen auftreten.[61] Diese Regelungen zur Zulässigkeit von

---

56 Im Fall der Bundesrepublik sind dies die §§ 1025 ff. ZPO.

57 Auf diese Gefahr weist auch hin *Markert* (Fn. 23), S. 37 f.

58 Vgl. bei *Dolzer/Schreuer* (Fn. 11), S. 213.

59 Darauf weist hin *Griebel* (Fn. 17), S. 91; vgl. auch *Kolo/Wälde* (Fn. 54), S. 205 (213 f.).

60 Vgl. Art. 7 Nr. 1 (a) – (b) US-Mustervertrag 2004; Art. 5 Abs. 1 Nr. 1, 2 Deutscher Mustervertrag 2009; siehe auch III Nr. 6 World Bank Guidelines.

61 Vgl. auch Art. 5 Abs. 2 Deutscher Mustervertrag 2009; vgl. *Dolzer/Schreuer* (Fn. 11), S. 214 f.; *Kolo/Wälde* (Fn. 54), S. 205 (206 ff.), benennen frühe Beispiele einer verweigerten Rückzahlung in Gold, die vereinbart worden war, um Währungs-

Kapitalrückführungen in das Heimatland des Investors sind vor allem dann relevant, wenn aufgrund von Wirtschafts- oder Finanzschwierigkeiten der Gaststaat ein erhöhtes Interesse hat, einen Kapitalabfluss zu verhindern.[62] Gerade Ausnahmen, welche Gaststaaten für diese Fälle formulieren könnten, besitzen das Potenzial, dem Interesse des Investors zu schaden, werden den Gaststaaten in BITs, auch in Übereinstimmung mit Regeln der OECD oder des IWF, jedoch regelmäßig zugestanden oder ergeben sich aus nationalem Recht.[63] Insbesondere im Zusammenhang mit der Argentinien-Krise seit 2001[64] stellen sich – auch im Zusammenhang mit einem denkbaren »Staatsnotstand« – solche Fragen.[65] Überschneidungen mit der Frage nach indirekten Enteignungen oder einer Verletzung des Gebots fairer und angemessener Behandlung sind denkbar.[66] In der investitionsrechtlichen Schiedsrechtsprechung ist dieser Schutzstandard bislang nicht streiterheblich gewesen.[67]

4. Nichtdiskriminierung und Rechtsschutzgarantien: Behandlungsstandards

Investitionsschutzabkommen gewährleisten einen bestimmten Standard für die Behandlung einer Investition oder eines Investors durch das Gastland, wobei folgenden vier spezifischen Schutzinstituten besondere Bedeutung zukommt:[68]

---

wertverlusten entgegenzuwirken; siehe auch den Hinweis zur europäischen Kapitalverkehrsfreiheit bei *Bröhmer*, in: Calliess/Ruffert (Hrsg.), EUV/AEUV – Das Verfassungsrecht der Europäischen Union mit Europäischer Grundrechtecharta – Kommentar, 4. Aufl. 2011, Art. 63 AEUV Rn. 51.

62 *Sornarajah* (Fn. 11), S. 206 f.

63 Vgl. etwa Art 7 c) des OECD Code of Liberalisation of Capital Movements vom 12.12.1961; vgl. auch Art. 14 Sec. 2 Articles of Agreement of the International Monetary Fund, abgedruckt in United Nations Treaty Series, Bd. 2 (1946–47), S. 39 ff., (i.F.: »IMF Agreement«); krit. zu Vorbehalten nach nationalem Recht *Dolzer/Schreuer* (Fn. 11), S. 214; vgl. den Hinweis bei *Kolo/Wälde* (Fn. 54), S. 205 (212).

64 Hierzu *Hynes*, Bilateral Investment Treaty-based Investment Arbitration against Argentina following the Argentina Economic Crisis, TDM (3) 2004, S. 3 ff., der auch explizit die argentinischen Rechtsakte darstellt, welche in nachfolgenden Schiedsverfahren Streitgegenstand waren (S. 6 ff.); zu Hintergründen und Entwicklung dieser Krise *Bickel*, Die Argentinien-Krise aus ökonomischer Sicht: Herausforderungen an Finanzsystem und Kapitalmarkt, BTW 38, 2005, S. 34 ff.

65 Siehe bei *Kolo/Wälde* (Fn. 54), S. 205 (217 ff.).

66 *Kolo/Wälde* (Fn. 54), S. 205 f. (222, 227 ff.); zum Gebot fairer und angemessener Behandlung siehe S. 53 f.

67 Vgl. *Griebel* (Fn. 17), S. 92; *Kolo/Wälde* (Fn. 54), S. 205 (206).

68 Hierzu im Einzelnen *Griebel* (Fn. 17), S. 67 ff.

Inländer(gleich)behandlung, Meistbegünstigung, faire und angemessene Behandlung sowie Gewährleistung vollen Rechtsschutzes.

Die Diskriminierungsverbote gegenüber Inländern in Form des Gebots der Inländergleichbehandlung (»National-Treatment«) und gegenüber Angehörigen dritter Staaten mittels Gewährung einer Meistbegünstigung (»Most-Favored-Nation-Treatment«) beinhalten die Gebote, den Investor rechtlich und faktisch nicht schlechter zu stellen als einen inländischen Investor in vergleichbarer Situation und ihm auch all diejenigen Vorteile und Vergünstigungen zu gewähren, die der Gaststaat Investoren dritter Staaten zugesteht.[69]

Das in fast allen BITs vorhandene und althergebrachte Gebot der Inländergleichbehandlung wird heute allgemein als den Investor begünstigender, eine Besserstellung des Ausländers gegenüber Inländern nicht ausschließender Grundsatz verstanden.[70] Nach der erwähnten »Calvo-Doktrin« ist eine Besserstellung des Ausländers unzulässig: Ihr zufolge muss für Inländer und Ausländer eine rechtliche Gleichbehandlung gelten. Streng genommen ließe sie sogar eine Schlechterstellung des Ausländers nicht zu. Dementsprechend bedürfen auch heute noch Klauseln, welche die Gleichbehandlung von Investoren und Inländern festschreiben, der präzisen Auslegung.[71] Eine Absenkung des Schutzes unter den internationalen minimalen Behandlungsstandard soll jedenfalls auch bei einer identischen Behandlung von Inländern unzulässig sein.[72]

---

69 Siehe auch bei *Acconci,* Most-Favoured-Nation Treatment, in: Muchlinski/Ortino/Schreuer (Fn. 11), S. 363 (364); *Griebel* (Fn. 17), S. 79 ff.; *Schmidt*, Prozessuale Meistbegünstigung im völkerrechtlichen Investitionsschutz, 2009, S. 7 ff., *Sornarajah* (Fn. 11), S. 201 ff.

70 Es heißt deshalb regelmäßig: »treatment no less favourable than that which the host state accords to its own investors«, vgl. Hinweis bei *Dolzer/Schreuer* (Fn. 11), S. 198; *Bjorklund*, National Treatment, in: Reinisch (Fn. 19), S. 29: »nearly all investment treaties« auch verweisend auf das Recht der Hanse im 12. und 13. Jhd., S. 30 f.; vgl. *Dolzer/Schreuer* (Fn. 11), S. 178: »Clauses on national treatment belong to the core and the standard repertoire of BITs.«; siehe auch Art. 3 US-Mustervertrag 2004; Art. 3 Deutscher Mustervertrag 2009, der gleichzeitig auf die Inländerbehandlung und die Meistbegünstigung abstellt; siehe auch I Nr. 3, III Nr. 3 (a) World Bank Guidelines.

71 Zu dem gewandelten Verständnis auch *Herdegen*, Der »Fremde« im Völkerrecht – Wandlungen eines Begriffs, in: Hailbronner (Hrsg.), Die allgemeinen Regeln des völkerrechtlichen Fremdenrechts, 2000, S. 11, (16 f.); vgl. Hinweis bei *Dolzer/Schreuer* (Fn. 11), S. 198 f.

72 So bei *Bjorklund* (Fn. 70), S. 29, (31); zum internationalen Minimalbehandlungsstandard siehe S. 48.

Das Gebot der Meistbegünstigung ist eines der ursprünglichsten und in BITs verbreitetsten Schutzanliegen ausländischer Investoren. Auf der Basis einer Gleichheit der Staaten sollen Benachteiligungen gegenüber Drittstaatlern vermieden werden.[73] Jegliche Dritten eingeräumte Begünstigung gilt hiernach automatisch auch für den betreffenden Investor, sofern vergleichbare Umstände gegeben sind (sogenanntes »ejusdem-generis«-Prinzip).[74] Besonders relevant ist dies hinsichtlich der Übertragbarkeit von verfahrensrechtlichen Regelungen zur Streitbeilegung.[75] Zweck dieses Gebots ist neben der Gewähr einer einheitlichen Behandlung die Schaffung fairer Bedingungen im Markt des Gaststaates.[76]

Eine systematische Schwäche dieser Garantien liegt darin, dass sie als relative Standards stets eine vergleichbare und dabei vorteilhaftere Behandlung eines in- oder ausländischen Dritten voraussetzen. Einen von dem Umgang mit Dritten

---

73 Vgl. Art. 4 US-Mustervertrag 2004; siehe auch Art. 3 Deutscher Mustervertrag 2009; *Prüser*, Die Handelsverträge der Hansestädte Lübeck, Bremen und Hamburg mit überseeischen Staaten im 19. Jahrhundert, 1962, S. 82, benennt solche Ursprünge im »14. und 15. Jahrhundert«; zu diesem Standard auch knapp *Rubins*, Investment Arbitration in Brazil, JWI 2003, S. 1071 (1081); *Dolzer/Schreuer* (Fn. 11), S. 206: »MFN-clauses have formed part of international economic treaties for centuries« sowie »inclusion in most investment treaties (S. 207)«. *Tawil*, Most Favoured Nation Clauses and Jurisdictional Clauses in Investment Treaty Arbitration, in: Binder/Kriebaum/Reinisch/Wittich (Hrsg.), International Investment Law for the 21st Century, 2009, S. 9 (10), verweist auf Ursprünge im 15. Jhd.; zur Ausprägung dieses Standards durch schiedsgerichtliche Rechtsprechung *Ziegler*, The Nascent International Law on Most-Favoured-Nation (MFN) Clauses in Bilateral Investment Treaties (BITs), in: Herrmann/Terhechte (Hrsg.), European Yearbook of International Economic Law, 2010, S. 77 (81 ff.).

74 *Acconci* (Fn. 69), S. 363 (365); *Dolzer/Schreuer* (Fn. 11), S. 206; *Ziegler* (Fn. 73), S. 77 (89 ff.).

75 Ablehnend Telenor Mobile Communications AS v. Republic of Hungary (ICSID Case N° ARB/04/15), Schiedsspruch vom 13.9.2006, Rn. 81 ff., 90 ff.; *Griebel* (Fn. 17), S. 80 f., spricht sich gegen eine zu extensive Ausdehnung des MFN-Grundsatzes aus; vgl. auch *Tawil* (Fn. 73), S. 9 (12 ff.); für eine Anwendung auch auf prozessuale Begünstigungen grundlegend Maffezini v. Spain (ICSID Case N° ARB/97/7), ICSID Reports (5) 2002, S. 396 ff., Rn. 38 ff., 64; für eine weite Auslegung auch *Gaillard*, Establishing Jurisdiction Through a Most-Favored-Nation Clause, NYLJ 2005, S. 2 f.; befürwortend auch *Acconci* (Fn. 69), S. 363 (387 ff., 402); ebenso *Schmidt* (Fn. 69), S. 2 ff., 200 ff.; und *Markert* (Fn. 23), S. 305 ff.; *Hobér*, MFN Clauses and Dispute Resolution in Investment Treaties: Have We Reached the End of the Road?, in: Binder/Kriebaum/Reinisch/Wittich (Fn. 73), S. 31 (41), hebt die Bedeutung der jeweils konkreten Formulierung der Klausel hervor.

76 Vgl. bei *Acconci* (Fn. 69), S. 363 (364).

unabhängigen Schutz kann allein ein absoluter Standard gewährleisten.[77] Zu diesen absoluten Behandlungsstandards zählen das Gebot der gerechten und angemessenen Behandlung (»fair and equitable treatment«)[78] und die Gewährleistung eines vollen Rechtsschutzes (»full protection and security«).

Die genaue Reichweite des schon seit Mitte des letzten Jahrhunderts gängigen und heute in fast allen BITs enthaltenen[79] Fair-and-Equitable-Standards ist noch nicht eindeutig definiert, umfasst aber jedenfalls den international gültigen und aus dem Fremdenrecht abgeleiteten gewohnheitsrechtlichen Behandlungsmindeststandard.[80] Diesem Institut kommt ursprünglich eine Auffangfunktion im

---

77 Dies stellt klar *Acconci* (Fn. 69), S. 363 (366).

78 *Grierson-Weiler/Laird*, Standards of Treatment, in: Muchlinski/Ortino/Schreuer (Fn. 11), S. 259 (263); eingehend *Kläger*, »Fair and Equitable Treatment« in International Investment Law, 2011.

79 Art. 5 Nr. 1, 2 (a) US-Mustervertrag 2004; Art. 2 Abs. 2 Deutscher Mustervertrag 2009; III Nr. 2 World Bank Guidelines. *Dolzer/Schreuer* (Fn. 11), S. 130 f., verweisen auf diverse bi- und multilaterale Abkommen, darunter als früheste Referenz den »Treaty of Friendship, Commerce and Navigation« zwischen den Vereinigten Staaten und der Bundesrepublik vom 29.10.1954; nach *Kolo/Wälde* (Fn. 54), S. 205 (233): »found in almost all investment treaties. It is probably the most important treatment standard in investment disputes«; siehe auch *Yannaca-Small* (Fn. 38), S. 111 f. (113): »included in allmost all investment agreements«, auch verweisend auf frühere FCN-Abkommen (S. 112).

80 Dies wird besonders deutlich in Art. 5 Nr. 1, 2 und Annex A des US-Mustervertrages 2004. *Griebel* (Fn. 17), S. 70 ff., plädiert für einen »eigenständigen Schutzstandard« des FET-Grundsatzes; vgl. bei *Grierson-Weiler/Laird* (Fn. 78), S. 259 (262); *Yannaca-Small* (Fn. 38), S. 111 (112), verweist auf die Draft Convention on the Protection of Foreign Property and Resolution of the Council of the OECD on the Draft Convention von 1967 in 2 ILM (1963), S. 241 ff.: »The phrase »fair and equitable treatment« [...] indicates the standard set by international law for the treatment due by each State with regard to the property of foreign nationals. The standard requires that – subject to essential security interests – protection afforded unter the Convention shall be that generally accorded by the Party concerned to its own nationals, but, being set by international law, the standard may be more exacting where rules of national law or national administrative practices fall short of the requirements of international law. The standard required conforms in effect to the »minimum standard« which forms part of customary international law«; siehe auch *Sornarajah* (Fn. 11), S. 204, 345 ff., 349 ff. Eine häufig zitierte Definition des Standards ist dem Fall TECMED v. Mexico (ICSID Case N° ARB (AF)/00/2, Award, 29.5.2003, 43 ILM (2004) S. 133, Rn. 154, zu entnehmen: »The Arbitral Tribunal considers that this provision of the Agreement, in light of the good faith principle established by international law, requires the Contracting Parties to provide to international investments treatment that

Sinne einer lückenfüllenden Generalklausel zu,[81] doch wird sein Anwendungsbereich in jüngerer Entwicklung regelmäßig erweitert.[82] Der durch sie verkörperte Standard kann auch dann verletzt sein, wenn die betreffende Behandlung anderen Ausländern oder sogar Inländern ebenso zuteil wird, ist also von einer Verletzung des »national-treatment«- und des »most-favored-nation«-Grundsatzes unabhängig.[83] Häufig wird er geltend gemacht, wenn staatlicherseits getätigte Zusagen an den Investor nicht eingehalten oder dessen berechtigte Erwartungen enttäuscht werden, staatliches Handeln intransparent ist, unfaire Verfahrensabläufe den Investor benachteiligen oder ein Verstoß gegen Treu und Glauben (»Good Faith«) vorliegt.[84] Überschneidungen mit anderen Schutzstandards sind eine Folge des

---

does not affect the basic expectations that were taken into account by the foreign investor to make the investment. The foreign investor expects the host State to act in a consistent manner, free from ambiguity and totally transparently in its relations with the foreign investor, so that it may know beforehand any and all rules and regulations that will govern its investments, as well as the goals of the relevant policies and administrative practices or directives, to be able to plan its investment and comply with such regulations. Any and all State actions conforming to such criteria should relate not only to the guidelines, directives or requirements issued, or the resolutions approved thereunder, but also to the goals underlying such regulations. The foreign investor also expects the host State to act consistently, i.e. without arbitrarily revoking any preexisting decisions or permits issued by the State that were relied upon by the investor to assume its commitments as well as to plan and launch its commercial and business activities. The investor also expects the State to use the legal instruments that govern the actions of the investor or the investment in conformity with the function usually assigned to such instruments, and not to deprive the investor of its investment without the required compensation.«; zum internationalen Behandlungsminimalstandard siehe S. 48.

81 *Dolzer/Schreuer* (Fn. 11), S. 132.

82 *Yannaca-Small* (Fn. 38), S. 111: »constantly expanded to include new elements«.

83 *Dolzer/Schreuer* (Fn. 11), S. 133.

84 Siehe TECMED v. Mexico (Fn. 80); Waste Management v. Mexico, (ICSID Case N° ARB (AF)/00/3), Schiedsspruch vom 30.4.2004, 43 ILM (2004) S. 967 ff. Vgl. den entsprechenden Hinweis bei *Dolzer/Schreuer* (Fn. 11), S. 142, die auch auf die genannten einzelnen Elemente unter Heranziehung einer Vielzahl von Beispielen aus der umfangreich ergangenen schiedsgerichtlichen Rechtsprechung eingehen (S. 145 ff.); sowie *Grierson-Weiler/Laird* (Fn. 78), S. 259 (277 ff., 284 ff.); und *Yannaca-Small* (Fn. 38), S. 111 (118 ff.); zu diesen Elementen ausführlich *Diehl*, The Core Standard of International Investment Protection, 2012, S. 338 ff.; auf den Schutz berechtigter Erwartungen geht ausführlich ein *Schernbeck*, Der Fair and Equitable Treatment Standard in internationalen Investitionsschutzabkommen, 2013, S. 101 ff.

weiten – und wegen seiner Weite auch kritisierten[85] – Anwendungsbereichs des »fair and equitable«-Standards.[86]

Die Gewährleistung vollen Rechtsschutzes verpflichtet den Gaststaat insbesondere, seine hoheitlichen Mittel nicht willkürlich gegen den Investor einzusetzen und diesen vor anderen Formen von physischer Gewalt – zum Beispiel seitens Privater – durch die ihm zur Verfügung stehenden staatlichen Mittel zu schützen.[87] Darüber hinaus umfasst der Standard nach modernem, aber teils umstrittenem Verständnis auch einen Schutz gegen Beeinträchtigungen durch legislative oder exekutivische Maßnahmen.[88] Unter diesen Standard werden auch der Zugang zum Rechtsweg, die Wahrung der Grundsätze des fairen Verfahrens und das Recht auf eine richterliche Entscheidung – damit also vor allem prozessuale Fragen – gefasst (»access to justice, fair procedure and denial of justice«).[89] Es treten auch hier Überschneidungen mit dem Grundsatz der gerechten und angemessenen Behandlung auf.[90] Die Gewährung des Zugangs zu internationalen Schiedsgerichten stellt dagegen einen eigenständigen Schutzaspekt dar.

Diese vier Schutzaspekte finden sich heute, auch weil ihr nicht abschließend bestimmter Inhalt vielfältige Auslegungen ermöglicht, in nahezu allen neueren Investitionsschutzabkommen. Ihre spezifische Formulierung kann dabei variieren.[91] Insbesondere dem Gebot der gerechten und angemessenen Behandlung

---

85 Vgl. bei *Yannaca-Small* (Fn. 38), S. 111 (118).

86 *Schreuer*, Fair and Equitable Treatment (FET): Interactions with other Standards, TDM (5) 2007, S. 2 ff., 22 ff., 25 f., betont den eigenständigen Charakter des FET-Grundsatzes, auf den schon isoliert eine Klage gestützt werden könne, beschreibt aber auch die Berührungen mit dem Grundsatz des Enteignungsschutzes oder des vollen Rechtsschutzes. *Yannaca-Small* (Fn. 38), S. 111 (112), spricht vom »invasive character« des Standards; siehe zu diesen Überschneidungen auch *Kläger* (Fn. 78), S. 281 ff.; sowie *Diehl* (Fn. 84), S. 528 ff.

87 Siehe Art. 5 Nr. 1, Nr. 2 (b) US-Mustervertrag 2004; Art. 2 Abs. 2 Deutscher Mustervertrag 2009; Art. 5 USMBIT; III Nr. 3 (a) World Bank Guidelines; *Rubins* (Fn. 73), S. 1071 (1082): »host states must take reasonable steps to prevent or rectify violence against foreigners and the destruction of foreign-owned property by local citizens«; siehe *Cordero Moss*, Full Protection and Security, in: Reinisch (Fn. 19), S. 131 (138 ff.); vgl. auch die Aufstellung bei *Reinisch*, Internationales Investitionsschutzrecht, in: Tietje (Fn. 41), S. 356; *Sornarajah* (Fn. 11), S. 205, 359.

88 *Cordero Moss* (Fn. 87), S. 131 (144 ff.); *Dolzer/Schreuer* (Fn. 11), S. 160 ff.

89 *Dolzer/Schreuer* (Fn. 11), S. 178 ff.

90 *Cordero Moss* (Fn. 87), S. 131 (132, 143, 146 ff.); *Dolzer/Schreuer* (Fn. 11), S. 179.

91 Am Beispiel der Inländerbehandlung vgl. *Bjorklund* (Fn. 70), S. 29 (54 ff.).

wird dabei besondere Bedeutung, oft noch vor allen anderen Schutzstandards, zuerkannt.[92]

5. Weitere Aspekte des Investitionsschutzes

Schließlich behandeln Investitionsschutzabkommen grundsätzlich auch den Umgang mit Personen, die mit der Investition in Zusammenhang stehen.[93] Hiervon sind in erster Linie Angestellte des Investors erfasst. Es finden sich in der Regel auch sogenannte »Umbrella Clauses«, welche die Einhaltung aller im Übrigen zwischen dem Investor und dem Gaststaat getroffenen Vereinbarungen garantieren und diese damit in den Schutzbereich des Abkommens einbeziehen.[94] Moderne BITs enthalten auch Klauseln etwa zum Schutz der Umwelt oder zum Schutz von Menschenrechten, die nicht unmittelbar Fragen des Schutzes einer Investition betreffen, sondern vielmehr deren sozio-ökonomisches Umfeld beschreiben.[95]

III. Begriff des »Integrationsrechts«

Bedeutung kommt auch dem Begriff des »Integrationsrechts« zu, wenn die vorliegende Untersuchung gerade darauf abzielt, die Unterschiede im Investitionsschutz durch das Recht von Mercosur und Andengemeinschaft aufzuzeigen.

Regionale Wirtschaftsintegration ist die mehr oder minder stark institutionalisierte und verrechtlichte Kooperation zweier oder mehrerer Staaten in Fragen der Handels-, Investitions- und Finanzbeziehungen.[96]

---

92 Vgl. *Schreuer* (Fn. 19), S. 2: »The pivotal position, once occupied by protection from expropriation, has been taken over by fair and equitable treatment (FET)« und »FET is currently the most promising standard of protection from the investor's perspective«, der jedoch gleichzeitig die fortdauernde Bedeutung auch des Enteignungsschutzes hervorhebt (S. 2 f.).

93 Etwa Art. 3 Abs. 6 Deutscher Mustervertrag 2009; Art. III Nr. 3 (a), Nr. 5 (b) World Bank Guidelines.

94 Siehe *Besch*, Schutz von Auslandsinvestitionen – Risikovorsorge durch Investitionsverträge, 2008, S. 238 ff.; eingehend *Griebel* (Fn. 17), S. 83 ff., 98 ff.

95 *Muchlinski*, Corporate Social Responsibility, in: Muchlinski/Ortino/Schreuer (Fn. 11), S. 637 ff., beschreibt solche Pflichten eines Investors; siehe auch *Sornarajah* (Fn. 11), S. 224 ff.

96 Siehe ausführlich bei *Meier*, ALCA – Stand und Perspektiven panamerikanischer Integration unter besonderer Berücksichtigung der Subregionen und der Konformität mit dem Welthandelssystem, 2006, S. 30 ff.; *Nowrot*, Steuerungssubjekte und

Ambitioniertes Ziel solcher Integration ist regelmäßig die Bildung eines Gemeinsamen Marktes. Ein Gemeinsamer Markt ist gegeben, wenn einer Ware oder Dienstleistung beziehungsweise auch einer Person oder Kapital aus einem Mitgliedstaat in einem staatenübergreifenden Wirtschaftsraum auch in dessen übrigen Staaten dieselbe rechtliche Behandlung widerfährt, die Staatengrenzen damit aus wirtschaftlicher Sicht inexistent sind.[97] Darüber hinaus muss für aus Drittstaaten eingeführte Waren oder Dienstleistungen in allen dem Gemeinsamen Markt zugehörigen Staaten dieselbe rechtliche Behandlung gelten, so dass zwingend ein gemeinsamer Außenzoll gegeben sein muss.[98] Eine solche Zollunion setzt ihrerseits jedoch den bereits erfolgten binnenstaatlichen Abbau aller Zölle und Handelshemmnisse und damit die Verwirklichung der charakteristischen Merkmale einer Freihandelszone voraus.[99] Anderenfalls könnten für eine einmal in das gemeinsame Zollgebiet eingeführte Ware erneut Zölle oder Abgaben erhoben werden.

Vor diesem Hintergrund werden im Rahmen dieser Arbeit als Integrationsrecht im Gegensatz zum nationalen Recht alle völkerrechtlichen Rechtsakte bezeichnet, welche die behandelten Integrationsbündnisse begründen oder ausformen oder die von deren Organen geschaffen werden. Auch wenn es denkbar ist, selbst nationale Umsetzungsakte als Teil des Integrationsrechts zu verstehen, so kann eine verlässliche Abgrenzung doch nur erfolgen, wenn – abgesehen von originär völkerrechtlichen Verträgen – das Kriterium des Normemittenten, also die Frage nach dem normsetzenden Organ, zugrundegelegt wird. Als Integrationsrechtsakte kommen daher Rechtsakte nationaler Organe, selbst wenn diese dem Zweck der Förderung des Integrationsprojekts oder der Erfüllung einer sich aus Integrationsrechtsakten ergebenden Verpflichtung dienen, im Rahmen dieser Arbeit nicht in Betracht.

-mechanismen im Internationalen Wirtschaftsrecht (einschließlich regionale Wirtschaftsintegration), in: Tietje (Fn. 41), S. 61 (116 ff., 124 ff.), stellt die »gegenwärtig [...] ständig wachsende Bedeutung« regionaler Wirtschaftsintegration heraus und benennt verschiedene, nicht stets streng gegeneinander abgrenzbare Entwicklungsstufen solcher Prozesse.

97 Vgl. bei *Nowrot* (Fn. 96), S. 61 (122).

98 *Fuders*, Die Wirtschaftsverfassung des Mercosur, 2008, S. 229 ff., für einen detaillierten Einblick in das System des gemeinsamen Außenzolls; *Nowrot* (Fn. 96), S. 61 (121), zum Begriff der Zollunion und den Gemeinsamen Markt als jedenfalls »typischerweise« auch eine Zollunion umfassend charakterisierend (S. 122).

99 Vgl. hierzu auch bei *Greiner*, Die Interregionale Assoziierung zwischen der Europäischen Union und dem Mercosur, 2004, S. 62 ff.; siehe auch bei *Nowrot* (Fn. 96), S. 61 (119 ff.).

IV. Zusammenfassung

Damit ist der Rahmen vorgegeben, innerhalb dessen die Untersuchung über den »Investitionsschutz durch Integrationsrecht« vorgenommen werden kann: Primärer Untersuchungsgegenstand sind die den Mercosur und die Andengemeinschaft begründenden und ausgestaltenden völkerrechtlichen Verträge oder von Organen dieser Bündnisse erlassenen Rechtsakte, welche den deutschen Investor vor Enteignung schützen, diesem Zugang zur Investitionsschiedsgerichtsbarkeit gewähren oder ihm das Recht auf freien Kapitaltransfer sowie die benannten Behandlungsstandards (Meistbegünstigung, Inländerbehandlung, faire und angemessene Behandlung, voller Rechtsschutz) zugestehen.

Kapitel 2: Lateinamerikanische Regionalintegration: Unterschiedliche Wege zum selben Ziel und ihre institutionelle Ausgestaltung

Regionale Integration hat in Südamerika Tradition: Im folgenden Teil dieser Untersuchung wird deutlich werden, dass der Mercosur dabei das heute wirtschaftlich erfolgreichste, die Andengemeinschaft das integrationsrechtlich fortgeschrittenste Bündnis darstellt. In ihrer institutionell-rechtlichen Ausgestaltung weisen Mercosur und Andengemeinschaft Parallelen auf. Allein im Rahmen der Andengemeinschaft ist es jedoch zu einer tatsächlichen Übertragung von Hoheitsrechten durch die Mitgliedstaaten gekommen und ein supranationaler Organismus begründet worden. Im Mercosur sind solche Schritte noch nicht erfolgt.

Die Frage nach der rechtlichen Behandlung von Auslandsinvestitionen im Rahmen spezifischen Integrationsrechts kann nicht isoliert im nur streng juristischen Kontext erfolgen. Regionalintegration verfolgt primär politische und wirtschaftliche Ziele, welche durch den Einsatz rechtlicher Instrumente verwirklicht werden sollen. Zum Verständnis der hier allein im Mittelpunkt stehenden rechtlichen Thematik ist daher ein begrenzter Rückgriff auf volkswirtschaftliche und politische Hintergründe unabdingbar:

Der rechtliche Umgang mit ausländischen Investitionen in Bolivien und Brasilien sowie den übrigen Staaten Lateinamerikas reflektiert die politische und wirtschaftliche Reifung dieser Länder von rohstoffreichen, von ihren Mutterländern abhängigen Kolonien zu souveränen und sich zunehmend ihrer eigenen Stärke bewussten Volkswirtschaften. Als Kolonien der spanischen beziehungsweise portugiesischen Krone waren Bolivien und Brasilien von jeher zum Export ihrer Rohstoffe gezwungen. Nach Erlangung der Unabhängigkeit[100] behielt jedoch der Außenhandel mit Agrarprodukten und Rohstoffen auch unter Zulassung ausländischer Investoren seine überragende Bedeutung für die jungen Volkswirtschaften. Dies hatte zwar verschiedentlich einen erheblichen wirtschaftlichen Aufschwung zur Folge, doch wurde hiermit auch eine Abhängigkeit von den Abnehmern der Produkte, den industriell geprägten Volkswirtschaften Europas, Nordamerikas und Japans deutlich.[101]

---

100 Bolivien erlangte seine Unabhängigkeit am 6.8.1825, Brasilien am 7.9.1822, vgl. Brockhaus – Die Enzyklopädie in 30 Bänden, 21. Aufl. 2005/2006 – »Bolivien«, »Brasilien«.

101 Hierzu insgesamt *Zagel*, Auslandsinvestitionen in Lateinamerika – Völkerrechtliche und staatliche Regelungen zwischen Protektionismus und Neoliberalismus, 1999, S. 52 ff.

Man versuchte daher, durch Unterstützung und Diversifizierung der eigenen Industrien eine stärkere Binnenentwicklung zu fördern und die Abhängigkeit vom Export der Rohstoffe und Agrarprodukte zu verringern. Diese in ganz Lateinamerika bis zu den 1980er Jahren praktizierte Politik der »Importsubstitution« war von den Staaten des Subkontinents auch auf Empfehlung der Wirtschaftskommission für Lateinamerika und die Karibik (Comisión Económica para América Latina y el Caribe, i.F.: »CEPAL«)[102] aus dem Jahr 1948 verfolgt worden. Prägendes Element der Importsubstitution war eine Abschottung vom Weltmarkt unter starker Regulierung der Aktivitäten ausländischer Investoren. Eine gleichzeitige regionale Integration sollte eine wirtschaftliche Entwicklung durch den Aufbau eigener Industrien ermöglichen.[103] Tatsächlich trug dieser Protektionismus jedoch dazu bei, dass die lateinamerikanischen Produkte häufig nicht konkurrenzfähig waren und auf dem Weltmarkt nicht bestehen konnten.

Entsprechend änderte auch die CEPAL ihre Strategie und förderte ab den 1990er Jahren das Konzept des sogenannten »offenen Regionalismus«.[104] Wirtschaftliche Integration sollte weiter betrieben werden und vor allem den Abbau von Handelshemmnissen zwischen den Staaten Lateinamerikas erwirken. Die Integrationsbündnisse sollten insgesamt, auch durch ein verbessertes Regelungsumfeld für Investoren aus dritten Staaten, besser in die Weltwirtschaft eingebunden werden. Zwar wurden daraufhin schrittweise Handelspolitiken liberalisiert, doch vernachlässigte man den von der CEPAL gleichfalls empfohlenen Ausbau der gemeinsamen Institutionen und die Verfolgung gemeinsamer Wirtschaftspolitiken.[105] In der Folge blieben auch unter den erneuerten Prämissen wirkliche Erfolge aus. Vorreiter dieser Liberalisierung war Chile, das noch unter dem Militärregime Pinochets Maßnahmen zur Marktöffnung

---

102 Die CEPAL wurde begründet durch Resolution 106 (VI) des Wirtschafts- und Sozialrats der Vereinten Nationen vom 25.2.1948 (doc. E/712/Rev 1). Knapp zur CEPAL *Cason*, The Political Economy of Integration, 2011, S. 33.

103 *Foeth*, Investitionen in Lateinamerika, 1979, S. 48, stellt anschaulich dar, wie die Andenstaaten zwecks Vermeidung von Konkurrenzen untereinander ganze Industriezweige planmäßig auf die einzelnen Staaten aufzuteilen versuchten und benennt ein Beispiel, wonach LKW zwischen 3, 0 und 4, 6 Tonnen Gesamtgewicht ausschließlich in Ecuador, solche bis 6, 2 Tonnen jedoch allein in Peru zu fertigen wären; siehe auch *Cason* (Fn. 102), S. 32 f.

104 Siehe dazu CEPAL, El regionalismo abierto en América Latina y el Caribe, 1994; zu diesem Konzept *Meier* (Fn. 96), S. 112 ff.; und *Torres*, El concepto »Integración latinoamericana«, 2008, S. 111 ff.

105 Die hier beschriebene Entwicklung erörtert und die zuletzt genannten Defizite benennt *Birle*, Zwischen Integration und Fragmentierung: Regionale Zusammenarbeit in Lateinamerika, in: Birle (Hrsg.), Lateinamerika im Wandel, 2010, S. 75 (77 f.).

und Investitionsförderung begründete. Fast alle Staaten Lateinamerikas erkannten in den 1990er Jahren das Potenzial ausländischen Kapitals zur Förderung des Wirtschaftswachstums und der Diversifizierung der eigenen Industrien. Im Sinne des »offenen Regionalismus« erließen sie entsprechende Regelungen.[106] Seit einigen Jahren ist angesichts der immer noch weit verbreiteten Armut großer Bevölkerungsschichten in einigen Staaten – darunter Bolivien – eine wieder weitaus restriktivere Einstellung gegenüber ausländischen Investoren zu beobachten.[107]

A. Institutionen und Illusionen – Integrationsprojekte vor, nach und neben dem Mercosur und der Andengemeinschaft

In der Verfolgung des durch den Freiheitskämpfer Simon Bolívar formulierten Ideals einer »Lateinamerikanischen Nation«[108] sind in Lateinamerika eine Vielzahl von Integrationsprojekten entstanden und zum Teil bereits wieder vergangen. Die Frage nach dem Investitionsschutz durch Integrationsrecht für einen deutschen, in Bolivien beziehungsweise Brasilien tätigen Investor lenkt den Blick auf die Andengemeinschaft und auf den Mercosur. Bei der Schaffung des Mercosur zog man 1991 Lehren aus früheren Integrationsprojekten wie der Lateinamerikanischen Freihandelszone (ALALC), deren Ineffektivität 1969 einige Mitgliedstaaten zur Gründung des Andenpaktes, dem Vorläufer der heutigen Andengemeinschaft, veranlasste. 1980 entstand aus der ALALC die bis heute fortbestehende Lateinamerikanische Integrationsgemeinschaft (ALADI). Seit 2008 besteht außerdem die Union Südamerikanischer Staaten (Unasur). Neben den hier im Mittelpunkt stehenden, nachfolgend ausführlich behandelten Bündnissen Mercosur und Andengemeinschaft sind von – untergeordneter – Bedeutung allein die ALADI und die Unasur. Das Verständnis der Ursprünge und aktueller Tendenzen lateinamerikanischer Regionalintegration erfordert darüber hinaus eine knappe Erläuterung der Organisation Amerikanischer Staaten (OAS), der Bolivarianischen Allianz für die Völker unseres Amerika (ALBA) und der Gemeinschaft der lateinamerikanischen und karibischen Staaten (CELAC).[109]

---

106 Einen detailreichen und umfassenden Überblick über die Geschichte der ausländischen Investitionen in Lateinamerika gewährt *Zagel* (Fn. 101), S. 52 ff.

107 Siehe dazu z.B. unten S. 179 ff.

108 Brockhaus (Fn. 100) – »Bolívar«; vgl. auch *Meier* (Fn. 96), S. 79.

109 Über die hier beschriebenen Mechanismen hinaus sind Bolivien und Brasilien Mitglieder weiterer regionaler Bündnisse, welche hinsichtlich des Schutzes von Investitionen

I. Erste Ansätze lateinamerikanischer Integration: Die ALALC

Ehrgeizige Ziele verbanden sich mit hohen Erwartungen als 1960 durch den Vertrag von Montevideo[110] (i.F.: »VvM 1960«) die »Asociación Latinoamericana de Libre Comercio«, die »Lateinamerikanische Freihandelsvereinigung« (i.F.: »ALALC«) gegründet wurde.[111] Langfristiges Ziel des Bündnisses war die Schaffung eines Gemeinsamen Marktes, das durch zwischenstaatliche Verhandlungen über den schrittweisen Abbau der Handelsbeschränkungen erreicht werden sollte.[112] Das Abkommen sah auch eine Meistbegünstigungsklausel vor, nach der einem bilateral vereinbarten Handelsvorteil stets Wirkung für alle Mitgliedstaaten zukommt.[113] In volkswirtschaftlich-strategischer Hinsicht verfolgte die ALALC die beschriebene Politik der Importsubstitution.[114] Die geschaffenen Organe,[115] welche aus den jeweiligen Staatenvertretern bestanden, hatten rein beratende oder unterstützende Funktion. In der Folgezeit wurden jedoch das Beharren auf protektionistischen Maßnahmen und die Bevorzugung dritter Märkte durch einzelne Staaten zu einer zunehmenden Schwierigkeit. Eine Einigung über den Verzicht auf Handelsbarrieren konnte auch aufgrund der Unterschiedlichkeit der Volkswirtschaften nicht erreicht

aus der Sicht eines deutschen Investors jedoch ohne Bedeutung sind; siehe *Birle* (Fn. 105), S. 75 (81); und *Tondl/Bass*, Integration in Latin America, in: Herrmann/Terhechte (Fn. 73), S. 313 (316 ff.).

110 »Vertrag von Montevideo – Gründungsabkommen der Lateinamerikanischen Freihandelsvereinigung« (»Tratado de Montevideo 1960 – Constitutivo de la Asociación Latinoamericana de Libre Comercio«), unterzeichnet am 18.2.1960, in Kraft getreten am 1.6.1961 (abrufbar unter http://treaties.un.org, zuletzt geprüft am 15.12.11).

111 Gründungsstaaten: Argentinien, Brasilien, Chile, Mexiko, Paraguay, Peru und Uruguay; später traten bei: Kolumbien (1961), Ecuador (1961), Venezuela (1966) und Bolivien (1967); zur ALALC *Vacchino*, Integración Latinoamericana, 1983, S. 27 ff.; *Ruiz Diaz Labrano*, Mercosur – Integración y Derecho, 1998, S. 187 ff.; *Wehner*, Der Mercosur, 1999, S. 30 f.; und ausführlich *Olivares Tramón*, Das Vorabentscheidungsverfahren des EuGH als Vorbild des Mercosur, 2006, S. 24 ff.

112 Vgl. Art. 3, 4 VvM 1960; siehe bei *Bennett*, The Union of South American Nations: The New(est) Regionalism in Latin America, STLR, (1) 2008–2009, S. 103 (109 f.): »LAFTA agreed to agree *in the future* on lowering trade barriers«.

113 Art. 18 VvM 1960; siehe die Vorbehalte in Art. 19 VvM 1960.

114 *Cristini*, Mercosur – Europäische Union, 2003, S. 11; zur Politik der Importsubstitution ausführlich *Guira*, Mercosur, 2003, S. 98 ff.; siehe hierzu S. 60.

115 Vorgesehen waren in Art. 33 ff. VvM 1960 eine »Konferenz der Vertragsparteien« (»Conferencia de las Partes Contratantes«) und ein »Ständiges Exekutivkomitee« (»Comité Ejecutivo Permanente«).

werden.[116] Mit der 1969 erfolgten Gründung des Andenpaktes[117] erfolgte zudem eine dem einheitlichen Integrationsprozess abträgliche Diversifizierung des südamerikanischen Wirtschaftsraums.[118] Die ursprüngliche Erwartung, bis 1972 eine Freihandelszone geschaffen zu haben, wurde den Realitäten angepasst und auf 1980 terminiert. Als erkennbar wurde, dass auch dieses Ziel verfehlt würde, verlor das Projekt der ALALC auch die letzte Dynamik und wurde durch die konzeptionell neue, bis heute fortbestehende »Asociación Latinoamericana de Integración«, die »Lateinamerikanische Integrationsgemeinschaft« (i.F.: »ALADI«) ersetzt.[119]

II. Lehren aus frühen Fehlern: Die Gründung der Lateinamerikanischen Integrationsgemeinschaft

Der Vertrag von Montevideo 1980 (i.F.: »VvM 1980«) ist das Gründungsdokument der ALADI.[120] Nachdem im Rahmen der ALALC die Schwierigkeiten einer alle elf Staaten umfassenden Einigung zutage getreten waren, stützte sich die ALADI auf das Modell der verstärkten bilateralen Zusammenarbeit. War die ALALC noch vom Konzept des »unbedingten Multilateralismus«, also dem Konsensprinzip zwischen ihren Mitgliedstaaten, geprägt gewesen, so zeichnete sich die pragmatischer und flexibler gestaltete ALADI durch die Idee des »beschränkten Multilateralismus« aus. Dies bedeutete den Verzicht auf die zwingende Einbindung aller Staaten in alle Maßnahmen und eine Hinwendung zur »offenen

---

116 Darauf verweist *Guira* (Fn. 114), S. 68 f.; *Cason* (Fn. 102), S. 35 f. nennt verschiedene Aspekte, die zum Scheitern der ALALC beitrugen, darunter die politische Instabilität der Region in den 1960er und -70er Jahren.

117 Siehe dazu unten S. 104.

118 Vgl. bei *Cason* (Fn. 102), S. 36.

119 Mit dem Übergang der ALALC zur ALADI befasst sich *Hummer*, Rechtsfragen aus Anlaß der Sukzession der ALALC durch die ALADI, in: Lüke/Ress/Will (Hrsg.), Rechtsvergleichung, Europarecht und Staatenintegration, 1983, S. 259 ff.

120 »Vertrag von Montevideo 1980 – Lateinamerikanische Integrationsgemeinschaft« (»Asociación Latinoameriana de Integración – Tratado de Montevideo 1980«) vom 12.8.1980, in Kraft getreten am 17.3.1981, 10 ILM (1981), S. 672 ff.; abrufbar unter http://treaties.un.org (letztmalig geprüft am 15.12.2011); zur ALADI ausführlich *Vacchino* (Fn. 111), S. 147 ff.; zur ALADI auch *Wehner* (Fn. 111), S. 31 ff.; *Haller*, Mercosur – Rechtliche Würdigung der außenwirtschaftlichen Beziehungen und Vereinbarkeit mit dem Welthandelssystem, 2001, S. 15 ff.; *Olivares Tramón* (Fn. 111), S. 31 ff.; *Leathley*, International Dispute Resolution in Latin America, 2007, S. 1 ff.; und knapper auch *Cason* (Fn. 102), S. 36 f.

Meistbegünstigung«.[121] Die in ihrem Rahmen durch sogenannte »Präferenzzonen«[122] geschaffenen Handelserleichterungen beschränkten sich auf bestimmte Produkte und erforderten auch keine allgemeine Verringerung der Binnen- oder Anpassung der Außenzölle. Auf starre Fristen zur Umsetzung der Ziele wurde verzichtet. Das Ziel eines Gemeinsamen Marktes blieb eine multilaterale Option zur Integration der Gesamtregion.[123] Bedeutung sollte der ALADI jedoch vor allem als Dachorganisation für alle weiteren in der Region durchzuführenden Integrationsmaßnahmen zukommen.[124] Die ALADI besitzt Rechtspersönlichkeit und ist eigenes Völkerrechtssubjekt.[125]

Das Prinzip der strikten Zwischenstaatlichkeit, also der Verzicht auf eine vom Konsens der Staaten unabhängige Entscheidungsbefugnis, kennzeichnet auch den institutionellen Aufbau der ALADI.[126] Die ALADI stellt die Vertretung eines jeden

---

121 Dieser neue Ansatz zeigt sich deutlich in Art. 3 VvM 1980, welcher den Pluralismus und die Flexibilität als zwei von mehreren Grundprinzipien zur Errichtung der ALADI benennt; zur konzeptionellen Gegenüberstellung von ALALC und ALADI *Hummer* (Fn. 119), S. 259 (281 f.). *Di Masi*, La Contribución del Mercosur a un Proyecto de Integración Regional en América Latina, in: López Villafañe/Di Masi (Hrsg.), Del TLC al Mercosur, 2002, S. 259 (261 f.), beschreibt darüber hinaus eine verstärkte Kooperation der lateinamerikanischen Staaten im »Consenso de Cartagena« und der »Grupo Contadora« beziehungsweise »Grupo de Apoyo a Contadora« im Zusammenhang mit der umfassenden Schuldenkrise dieser Staaten zu Beginn der 1980er Jahre.

122 Zum Begriff der im VvM 1980 nicht ausdrücklich definierten Präferenzzone knapp *Olivares Tramón* (Fn. 111), S. 32.

123 Art. 1 Abs. 2 VvM 1980.

124 Vgl. *Olivares Tramón* (Fn. 111), S. 37; siehe bei *Bennett* (Fn. 112), S. 103 (111): »As compared to a *single* free trade area, ALADI is more of *an association* amongst countries that promotes the creation of trade preferences in the region«.

125 Art. 52 VvM 1980 benennt ausdrücklich die Fähigkeit, Verträge zu schließen, vgl. auch Art. 53 f. VvM 1980.

126 Die ALADI verfügt über drei Hauptorgane, vgl. Art 28 a) – c) VvM 1980: Der »Rat der Außenminister« ist unter diesen das höchste (vgl. Art. 30 VvM 1980 zum »Consejo de Ministros de Relaciones Exteriores«, i.F.: »Rat«). Es obliegt ihm, grundlegende politische Entscheidungen im Sinne des Vertrages zu treffen und hierzu Aufgaben an die übrigen Organe zu delegieren (vgl. Art. 30 Abs. 2 d) VvM 1980). Die »Konferenz zur Bewertung und Angleichung« als weiteres Organ überwacht und untersucht die Einhaltung des VvM 1980 (»Conferencia de Evaluación y Convergencia«, Art. 33 VvM 1980, i.F.: »Konferenz«). Das »Komitee der Vertreter« ist schließlich als ständiges Organ dazu bestimmt, den Abschluss von Abkommen zur Handelsliberalisierung zwischen den Mitgliedstaaten zu fördern und zu betreuen (siehe Art. 35 VvM 1980, »Comité de Representantes«, i.F.: »Komitee«). Diese drei Hauptorgane werden durch das »Generalsekretariat« (»Secretaría General«, Art. 29, 38 VvM 1980) als

Staates in all ihren Organen sicher.[127] Grundsätzlich ist zur Beschlussfassung immer die Zustimmung von zwei Dritteln der Mitgliedstaaten erforderlich.[128] Bei besonders wichtigen Fragen, wie beispielsweise der Änderung des Gründungsvertrages, der Aufnahme neuer Mitgliedstaaten oder grundlegenden integrationspolitischen Beschlüssen steht allerdings jedem Mitgliedstaat ein Vetorecht zu.[129]

Der ALADI stehen mit den »Abkommen regionaler Reichweite«[130] und den »Abkommen begrenzter Reichweite«[131] zwei unterschiedliche Instrumente zur Verfügung. Die »Abkommen regionaler Reichweite« entfalten Wirkung für alle Mitgliedstaaten der ALADI. Nach dem Scheitern der ALALC wurde daneben aus der Erwägung heraus, dass einzelne Staaten den Integrationsprozess zügiger zu intensivieren in der Lage sein könnten als andere, das Instrument der »Abkommen begrenzter Reichweite« geschaffen. Dieses ermöglicht es einzelnen Ländern, Integrationsschritte zu ergreifen, denen sich andere Staaten noch verweigern.[132] Damit soll vermieden werden, dass innerhalb der ALADI Sonderzonen geschaffen werden, welche den Integrationsprozess insgesamt erneut hemmen könnten, wie dies im Rahmen der ALALC mit der Gründung des Andenpaktes 1969 der Fall gewesen war. Durch diese Abkommen »begrenzter« beziehungsweise »regionaler Reichweite« ist es möglich, die Reichweite des im VvM 1980 niedergelegten

---

technisches Verwaltungsorgan und durch weitere zu bildende Hilfsorgane (Art. 35 lit. o, 42 VvM) unterstützt. Ein Organ zur Streitbeilegung zwischen Mitgliedstaaten oder Organen ist nicht vorhanden.

127 Rat und Konferenz fassen Beschlüsse nur bei Anwesenheit aller (Art. 32 Abs. 1 und 34 Abs. 3 VvM 1980), das Komitee bereits bei einer Präsenz von zwei Dritteln seiner Mitglieder (Art. 37 VvM 1980).

128 Art. 43 Abs. 1 VvM 1980. Die ALADI zeigt mit dieser Möglichkeit einer Beschlussfassung auch gegen den Willen eines Mitgliedstaats trotz ihres strikt zwischenstaatlichen Aufbaus Ansätze einer – hier nicht weiter relevanten – supranationalen Prägung. Zum Begriff der Supranationalität siehe S. 119.

129 Art. 43 Abs. 2 VvM 1980.

130 »Acuerdos de alcance regional«, Art. 6 VvM 1980.

131 »Acuerdos de alcance parcial«, Art. 7 VvM 1980.

132 Dies erfolgt nach Maßgabe der Art. 7 – 14 VvM 1980. Demnach müssen diese Abkommen anderen ALADI-Staaten zum Beitritt grundsätzlich offen stehen und eine Mindestgültigkeit von einem Jahr besitzen. Zudem muss die Nachverhandlung der Abkommen für den Fall möglich sein, dass sich ein Staat benachteiligt fühlt. Inhaltlich finden die Abkommen begrenzter Reichweite Anwendung für die Bereiche der Handelspolitik, der wirtschaftlichen Ergänzung, der Handelsförderung und Agrarpolitik, aber auch der wissenschaftlichen oder technologischen Zusammenarbeit sowie der Tourismusförderung und des Schutzes der Umwelt.

Prinzips der Meistbegünstigung[133] einzuschränken. Diese Abkommen sind ein wichtiger Grund dafür, dass die ALADI als Integrationsprojekt nach mehr als 30 Jahren immer noch rechtliche und politische Relevanz besitzt.[134]

Der VvM 1980 trifft keine Aussage zu den Rechtswirkungen der Rechtsakte seiner Organe. Somit kann nicht angenommen werden, dass diesen eine weitergehende Wirkung zukommt, als lediglich eine Verpflichtung der Mitgliedstaaten zu begründen.[135] Insbesondere kommt diesen daher keine unmittelbare Rechtswirkung im innerstaatlichen Rechtskreis zu.[136] Die Abkommen regionaler und begrenzter Reichweite bedürfen als völkerrechtliche Verträge stets eines nationalen Umsetzungsaktes.[137]

Die Möglichkeiten zur rechtlichen und politischen Integration sind nur zum Teil ausgeschöpft worden. Nur sehr wenige Abkommen sind als Abkommen regionaler Reichweite für alle Mitgliedstaaten geschlossen worden. Diese besitzen zudem keine große wirtschaftliche Relevanz.[138]

Die Schaffung eines lateinamerikanischen Gemeinsamen Marktes nach dem Konzept der ALADI liegt derzeit außer Reichweite. Es ist aber anzuerkennen, dass der flexiblere Umgang mit den Ordnungsprinzipien des Abkommens, vor allem der Meistbegünstigungsklausel, zuvor nicht erreichte Integrationsfortschritte ermöglicht hat.[139] Ihr mag angelastet werden, dass ein strukturelles Zuviel an Flexibilität ein Zuwenig an Verbindlichkeit hervorgebracht hat.[140]

---

133 Art. 44 VvM 1980.

134 Siehe auch die positive Einschätzung bei *Wehner* (Fn. 111), S. 34; krit. gegenüber der ALADI aufgrund der Unverbindlichkeit der aus ihr hervorgehenden Verpflichtungen *Haller* (Fn. 120), S. 23; vgl. auch *Olivares Tramón* (Fn. 111), S. 37.

135 So auch bei *Ekmekdjian*, Introducción al Derecho Comúnitario Latinoamericano, 1994, S. 138.

136 Siehe so auch *Magarinos*, El Derecho de la Integración en la ALADI, in: Secretaría General de la Comúnidad Andina y Programa de Cooperación Andina a Bolivia (Hrsg.), Integración y Supranacionalidad – Soberanía y Derecho Comúnitario en los Países Andinos, 2001, S. 88 (90, 94).

137 Vgl. *Hargain/Mihali*, Circulación de Bienes en el Mercosur, 1998, S. 178.

138 Siehe bei *Wehner* (Fn. 111), S. 34; vgl. bei *Olivares Tramón* (Fn. 111), S. 36. Derzeit bestehen lediglich fünf solcher Abkommen, zum Beispiel zur wissenschaftlichen und technischen Zusammenarbeit: »Acuerdo Regional de Cooperación Científica y Tecnológica« vom 19.10.1993, (abrufbar unter www.aladi.org, geprüft zuletzt am 15.12.2011).

139 So auch *Wehner* (Fn. 111), S. 34 f.

140 Krit. in diesem Sinne auch *Haller* (Fn. 120), S. 23.

III. Umfassende Regionalintegration: Die Union Südamerikanischer Nationen

Das noch junge Projekt der »Union Südamerikanischer Nationen«, »Unión de Naciones Suramericanas« (i.F.: »Unasur«), dem bis auf Französisch-Guayana[141] alle Länder des Subkontinents angehören, wurde am 23. Mai 2008 ins Leben gerufen. Am 11. März 2011 trat sein Gründungsvertrag in Kraft.[142]

Die Unasur erwuchs unmittelbar aus der erst 2004 gegründeten »Gemeinschaft Südamerikanischer Staaten«, welche eher eine politische Absichtserklärung als ein tatsächliches Integrationsbündnis darstellte.[143] Die Unasur bezweckt die Schaffung eines Integrationsraumes zur Förderung politischer, wirtschaftlicher, sozialer und kultureller Aspekte. Dazu sollen nach dem Gründungsvertrag unter anderem der politische Dialog zwischen den Mitgliedstaaten verstärkt, die finanzielle und wirtschaftliche Integration betrieben, die Herausbildung einer Unionsbürgerschaft projektiert, die Energiepolitik gefördert, der Ausbau der Infrastruktur vorangetrieben und die justizielle Zusammenarbeit gefördert werden.[144] Bei der Verwirklichung dieser Zielsetzungen soll auf die bestehende Struktur der Integrationsbündnisse Mercosur

---

141 Französisch-Guayana ist dabei kein eigenständiger Staat, sondern als Überseedépartement ein Teil der Französischen Republik, siehe bei Brockhaus (Fn. 100) – »Französisch-Guayana«.

142 Der »Gründungsvertrag der Union Südamerikanischer Staaten« (»Tratado Constitutivo de la Union de Naciones Suramericanas«) wurde am 23.5.2008 in Brasilia unterzeichnet (i.F.: »GV Unasur«), in Kraft seit dem 11.3.2011; abrufbar unter www.unsursg.org (zuletzt geprüft am 15.12.2011).

143 Maßgeblich ist hierbei die »Erklärung von Cusco über die Südamerikanische Gemeinschaft von Nationen« vom 8.12.2004, »Declaración del Cusco sobre la Comúnidad Sudamericana de Naciones – III Cumbre Presidencial Sudamericana«, abrufbar unter www.comunidadandina.org/unasur/documentos.htm, (zuletzt geprüft am 15.12.2011); siehe *Di Filippo*, La Comúnidad Sudamericana de Naciones como Proyecto de Largo Plazo, in: Fairlie (Hrsg.), Países Andinos frente al TLC y la Comúnidad Sudamericana de Naciones, 2006, S. 141 (163 f.); knapp dazu *Bennett* (Fn. 112), S. 103 (123 ff.); ausführlich zu diesem Prozess von der CSN zur Unasur *Piana*, Unasur u otro intento fallido? Sobre las políticas de (no) integración en Sudamérica, SIE 2009, S. 369 (377 ff.). Das Entstehen der Unasur beschreibt *Hummer*, Die »Union Südamerikanischer Staaten«/»Unión de Naciones Suramericanas« (UNASUR), in: Fischer/Karollus/Stadlmeier (Hrsg.), Die Welt im Spannungsfeld zwischen Regionalisierung und Globalisierung, 2009, S. 399 (404 ff.); überblicksartig zur Unasur auch *Edler*, Die Integration der südamerikanischen Staaten durch den Mercosur, 2013, S. 225 ff.

144 Siehe 3. Erwägungsgrund der Präambel und Art. 2, 3 a) – u) GV Unasur.

und Andengemeinschaft aufgebaut werden.[145] Die Unasur besitzt völkerrechtliche Rechtspersönlichkeit.[146] Aus politischer Sicht ist die Unasur einzuordnen als maßgeblich von brasilianischen Interessen getragenes Integrationsprojekt: Nachdem die Vereinigten Staaten seit Beginn der 1990er Jahre wegen der Gründung einer Gesamtamerikanischen Freihandelszone »Free Trade Area of the Americas« (i.F.: »FTAA«)[147] mit den südlicheren Staaten des Kontinents in Verhandlungen stehen, soll der Unasur Bedeutung als Gegengewicht zur nordamerikanischen Hegemonie zukommen.[148]

Die Unasur verfügt über eigenständige Organe: Der Rat der Staats- und Regierungschefs ist das höchste Organ der Unasur und primär der Leistung integrationsfördernder Impulse und der allgemeinen politischen Leitung verpflichtet.[149] Der Außenministerrat ist zur Umsetzung der Entscheidungen des Rats der Staatschefs verpflichtet und behandelt auf seinen halbjährlichen Treffen allgemeine integrationspolitische Fragen.[150] Der Delegiertenrat setzt sich aus je einem akkreditierten

---

145 7. Erwägungsgrund der Präambel GV Unasur: »que la integración suramericana debe ser alcanzada a través de un proceso [...], que incluya todos los logros y lo avanzado por los procesos de MERCOSUR y la CAN [...] yendo más allá de la convergencia de los mismos.« (»dass die südamerikanische Integration durch einen [...] Prozess verwirklicht werden soll, der alle Erfolge und Errungenschaften der Prozesse im Mercosur und in der CAN [...] einschließen und über deren Zusammenführung hinausgehen soll«); siehe dazu auch S. 127.

146 Art. 1 GV Unasur.

147 *Schulze Zumkley*, Das Projekt einer panamerikanischen Freihandelszone ALCA/FTAA, VRÜ (35) 2002, S. 108 (110); und *Meier* (Fn. 96), S. 153 ff., ausführlich auf die FTAA eingehend, benennen als Ausgangspunkt für diesen Prozess die »Enterprise for the Americas-Initiative« des US-amerikanischen Präsidenten George Bush aus dem Juni 1990.

148 Vgl. bei *Meier* (Fn. 96), S. 255, der entsprechende Entwicklungen schon vor Gründung der Unasur beschreibt; siehe bei *Piana* (Fn. 143), S. 369 (377 f.); *Sanahuja*, La construcción de una región: Suramérica y el regionalismo posliberal, in: Cienfuegos/Sanahuja (Hrsg.), Una región en construcción, 2010, S. 87 (102 ff.), der insbesondere vergrößerte Märkte, Zugriff auf Energiereserven und Zugang zu Infrastrukturen herausstellt. Boliviens Interesse an der Unasur gründe sich auf die verbesserten Absatzmärkte für sein Gas (S. 104); auch *Edler* (Fn. 143), S. 228, betont die Dominanz des Mercosur – und damit auch Brasiliens – in der Unasur.

149 »Consejo de Jefas y Jefes de Estado y de Gobierno« (i.F.: »Rat«,), Art. 6 GV Unasur. Der Rat trifft sich mindestens jährlich, Art. 6 Abs. 3 GV Unasur. Die Präsidentschaft der Unasur als bloße Repräsentations- und Verwaltungsaufgabe wechselt in jährlichem Rhythmus, Art. 7 GV Unasur; zu den Organen der Unasur im Überblick auch *Hummer* (Fn. 143), S. 399 (410 ff.); und *Sanahuja* (Fn. 148), S. 87 (109 f.).

150 »Consejo de Ministras y Ministros de Relaciones Exteriores« (i.F.: »Außenministerrat«), Art. 8 GV Unasur, siehe Art. 8 Abs. 1 a) – c), Abs. 2 GV Unasur.

Vertreter jedes Mitgliedstaats zusammen und führt durch Verfügungen die Entscheidungen des Rats der Staatschefs und die Resolutionen des Außenministerrates durch.[151] Ein Generalsekretariat mit Sitz in Quito, Ecuador, ist für die Erledigung aller ihm durch die genannten Organe erteilten Verwaltungsaufgaben zuständig.[152] Es ist vorgesehen, mittels eines Zusatzprotokolls zum Gründungsvertrag ein Parlament der Unasur einzurichten.[153] Es bestehen ein Energie- und ein Verteidigungsrat zur vertieften Zusammenarbeit in entsprechenden strategischen Fragen.[154] Mit Gründungsprotokoll vom 9. Dezember 2007 riefen die Präsidenten von acht Unasurstaaten die Bank des Südens (»Banco del Sur«) als die wirtschaftliche und soziale Entwicklung der unterzeichnenden Unasurstaaten zu fördern bestimmte Finanzinstitution ins Leben.[155]

Zur Erfüllung der umfassenden Zielsetzung der Unasur sind spezifische Rechtsinstrumente vorgesehen. Dem Rat der Staatschefs stehen »Entscheidungen« zur Verfügung, der Außenministerrat setzt »Entschließungen« ein und der Delegiertenrat kann »Verfügungen« geltend machen.[156] Alle Rechtsakte werden einstimmig

---

151 »Consejo de Delegadas y Delegados« (i.F.: »Delegiertenrat«), Art. 9 Abs. 2 GV Unasur, siehe insbesondere auch Art. 9 Abs. 1 a), c), d) GV Unasur.

152 »Secretaría General«, Art. 10 GV Unasur.

153 Art. 17 GV Unasur (»Parlamento Suramericano«) und Übergangsartikel »Artículo Transitorio« a. E. der GV Unasur. Hiernach soll durch eine spezielle Kommission eine Vorlage für ein solches Protokoll erarbeitet werden.

154 »Consejo Energético de Suramerica«, Art. 5 Abs. 3 GV Unasur, eingerichtet durch die »Erklärung von Margarita« vom 17.4.2007 (»Declaración de Margarita Construyendo la Integración Energética del Sur«, abrufbar unter www.comunidadandina.org/unasur/documentos.htm.) Der »Consejo de Defensa Suramericano trat zum ersten Mal zusammen am 9. und 10.3.2009. Sein Statut »Estatuto del Consejo de Defensa Suramericano de la Unasur« wurde am 11.12.2008 geschaffen, abrufbar unter www.unasurcds.org (beide Adressen zuletzt geprüft am 15.12.2011); zu letzterem *Hummer*, Zur Fortentwicklung des lateinamerikanischen Integrationsrechts an der Schwelle einer neuen Dekade, VRÜ (43) 2010, S. 100 (102 ff.); und *Sanahuja* (Fn. 148), S. 87 (111 ff.).

155 Beteiligt waren Argentinien, Bolivien, Brasilien, Kolumbien, Ecuador, Paraguay, Uruguay und Venezuela. Tatsächlich wurde die Bank des Südens noch vor Gründung der Unasur durch Vereinbarung der Staatspräsidenten geschaffen, vgl. *Bacaria Colom*, Fines integracionistas y posibilidades financieras del Banco del Sur, in: Cienfuegos/Sanahuja (Fn. 148), S. 245, ihr Gründungsvertrag wurde jedoch erst 2009 ratifiziert. Die Bank des Südens ist kein unmittelbares Organ der Unasur, steht mit dieser jedoch in enger Verbindung; siehe auch *Hummer* (Fn. 154), S. 100 (128 f.).

156 Art. 11 Nr. 3.–5. GV Unasur führt »Decisiones« des Rates, »Resoluciones« des Außenministerrates und »Disposiciones« des Delegiertenrates an.

bei Anwesenheit von mindestens drei Viertel der Mitgliedstaaten beschlossen.[157] Sie entfalten indes erst nach ihrer Inkorporation in das mitgliedstaatliche Recht Wirkung für die Staaten der Unasur.[158]

IV. Weitere Integrationsbündnisse

Das Bild lateinamerikanischer Integrationsbemühungen vervollständigen drei weitere Projekte:

1. Die OAS als auch Nordamerika einbindendes Integrationsbündnis

Die 1948 gegründete Organisation Amerikanischer Staaten (OAS) ist mit 35 Mitgliedstaaten zwar die größte Organisation auf dem Kontinent, verfolgt nach ihrer Charta jedoch nicht primär wirtschaftliche, sondern vielmehr politische Ziele wie unter anderem die Wahrung politischer Stabilität, die friedliche Beilegung von zwischenstaatlichen Konflikten sowie die Förderung und Wahrung der Menschenrechte.[159] Der im Rahmen der OAS angestoßene Prozess zur Bildung

---

157 Gegebenenfalls bei der Abstimmung abwesende Staaten müssen sich jedoch nachfolgend zu der Abstimmung äußern, so dass gegen ihren Willen ein wirksamer Beschluss nicht erfolgen kann, 12 Abs. 1 – 3 GV Unasur, vgl. auch bei *Piana* (Fn. 143), S. 369 (383).

158 Siehe Art. 12 GV Unasur: »Die Rechtsakte der Organe der Unasur sind verpflichtend für die Mitgliedstaaten sobald sie nach Maßgabe der entsprechenden innerstaatlichen Verfahren in die Rechtsordnung eines jeden von ihnen inkorporiert worden sind« (»Los actos normativos emanados de los órganos de Unasur, serán obligatorios para los Estados Miembros una vez que hayan sido incorporados en el ordenamiento jurídico de cada uno de ellos, de acuerdo a sus respectivos procedimientos internos.)«; wie hier auch *Hummer* (Fn. 143), S. 399 (413 f.). Die Formulierung könnte – insbesondere wegen der Wendung »in die Rechtsordnung eines jeden von ihnen inkorporiert« (»una vez que hayan sido incorporados en el ordenamiento jurídico de cada uno de ellos«) auch so zu verstehen sein, dass hiermit ein Verfahren gemeint ist, das dem »Verfahren der gleichzeitigen Inkraftsetzung« nach Art. 40 POP im Mercosur entspricht, siehe dazu S. 227.

159 »Charta der Organisation Amerikanischer Staaten«, »Charta of The Organization of American States«, vom 30.4.1948, in Kraft seit dem 13.12.1951, zuletzt geändert durch das »Protokoll von Managua« am 10.6.1993, (i.F.: »Charta OAS«); einleitend zur OAS *Leathley* (Fn. 120), S. 55 ff.; siehe insbesondere Art. 2 und 3 Charta OAS. Wirtschaftliche Zielsetzungen finden sich zwar in der Charta, weisen jedoch keine Prominenz auf, vgl. die »Basic Goals« in Art. 34 Charta OAS; zur Entwicklung der OAS *Berndt*, Die Organisation Amerikanischer Staaten (OAS), 2006, S. 9 ff.

einer Gesamtamerikanischen Freihandelszone entwickelt sich nur sehr zögerlich und stößt bei den südamerikanischen Staaten auf deutliche Vorbehalte.[160]

Die Charta nimmt zwar direkt Bezug auf private Investitionen, schreibt aber lediglich fest, dass diese der Jurisdiktion der Gaststaaten unter Zugrundelegung des nationalen Rechts und internationaler Verträge unterliegen sowie nach Maßgabe der jeweiligen nationalen Entwicklungspolitik zu erfolgen haben.[161] Daneben findet sich lediglich die vage Zielsetzung, private Unternehmungen und Investitionen fördern zu wollen.[162] Spezifische Protokolle oder Rechtsakte bezüglich des Schutzes von Investitionen bestehen darüber hinaus nicht.

2. Integration und Ideologie: Die »Bolivarianische Allianz für die Völker unseres Amerika«

Die »Bolivarianische Allianz für die Völker unseres Amerika«, »Alianza Bolivariana para los Pueblos de Nuestra América (i.F.: »ALBA«) wurde 2004 von Kuba und Venezuela gegründet und versteht sich als Gegenprojekt zur von den Vereinigten Staaten projektierten Gesamtamerikanischen Freihandelszone FTAA.[163] Sie propagiert einen auf Wirtschaftsprotektionismus beruhenden und damit deutlich integrationsfeindlichen »Sozialismus des 21. Jahrhunderts«.[164] Bolivien ist einer von gegenwärtig acht Mitgliedstaaten, zu denen Brasilien nicht gehört.[165] Bereits

---

160 Dies zeigt sich exemplarisch in der Gründung der erwähnten »Unasur« und der nachfolgend erläuterten »ALBA«.

161 Art. 36 Charta OAS.

162 Art. 34 m) Charta OAS.

163 Das Gründungsdokument der ALBA ist die »Gemeinsame Erklärung des Präsidenten der Bolivarianischen Republik Venezuela und des Präsidenten des Staatsrats der Republik Kuba zur Errichtung der ALBA« (»Declaración Conjunta entre el Presidente de la República Bolivariana de Venezuela y el Presidente del Consejo de Estado de la Républica de Cuba para la Creación del ALBA« vom 14.12.2004, i.F.: »GD ALBA«), (verfügbar unter www.alianzabolivariana.org, zuletzt geprüft am 15.12.2011).

164 Zum Konzept der ALBA auch *Hummer* (Fn. 143), S. 399 (402 f.). Diese stark politisierte Ausrichtung der ALBA beschreibt auch knapp *Birle* (Fn. 105), S. 75 (90 ff.); eine soziale, partizipative Prägung der ALBA betonend *Fechner*, Die Bolivarianische Allianz ALBA und die sozialen Bewegungen, KJ (2) 2010, S. 46 ff. Hierzu auch *Sanahuja* (Fn. 148), S. 87 (98 ff.), der die ALBA in den Kontext bolivarianischer Integrationskonzepte setzt; vgl. *Sangmeister*, Vorwärts in die Vergangenheit? Lateinamerikas Positionsbestimmung in der Weltwirtschaft des 21. Jahrhunderts, in: Birle (Fn. 105), S. 59 (67).

165 Mitgliedstaaten der ALBA sind Antigua und Barbuda, Bolivien, Dominica, Ecuador, Nicaragua, Kuba, St. Vincent und die Grenadinen sowie Venezuela, vgl. www.alianzabolivariana.org, (zuletzt geprüft am 15.12.2011).

die Gründungserklärung Fidel Castros und Hugo Chavez ist nicht frei von gegen die Vereinigten Staaten gerichteter Polemik.[166] Auch der dem Iran und Syrien eingeräumte Beobachterstatus lässt vermuten, dass trotz diverser gemeinsamer Initiativen und Projekte im Rahmen der ALBA nicht immer die projektbezogene Integrationsarbeit im Vordergrund steht.

Die ALBA verfügt über verschiedene Organe,[167] emittiert jedoch keine eigenen verbindlichen Rechtsnormen, sondern wird gesteuert durch direkte Einflussnahme der mitgliedstaatlichen Regierungschefs. Institutionelle Verbindungen zu Mercosur oder Andengemeinschaft bestehen – anders als bei der Unasur – nicht.[168]

Auf dem Gebiet des Investitionsschutzes bestehen außer einer vagen Initiative, sich von der internationalen Schiedsgerichtsbarkeit im Rahmen der ICSID zurückzuziehen und eine Alternative im Rahmen der ALBA zu entwickeln,[169] keine Aktivitäten.

3. Ein weiteres Projekt: Die CELAC

Im Dezember 2011 erfolgte mit der »Comúnidad de Estados Latinoamericanos y Caribeños«, der »Gemeinschaft der Lateinamerikanischen und Karibischen Staaten« (i.F.: »CELAC«) die Gründung einer weiteren Integrationsorganisation.[170] Diese soll

---

166 In Bezug auf die FTAA ist dort etwa die Rede von »regionalen Herrschaftsgelüsten« (»apetitos de dominación sobre la región«).

167 Unter anderem besteht eine »Bank der ALBA«, vgl. *Sanahuja* (Fn. 148), S. 87 (102).

168 *Sanahuja* (Fn. 148), S. 87 (99), legt vielmehr nahe, dass der ALBA an der Überwindung des durch Mercosur und Andengemeinschaft verkörperten, auf Freihandel basierenden Integrationsansatzes gelegen ist; so auch *Fechner* (Fn. 164), S. 46 (49): »soll die ALBA insbesondere auf den Mercosur einwirken«.

169 Vgl. Hinweis bei *Cabrera Diaz*, South American alternative to ICSID in the works as governments create an Energy Treaty, ITN vom 1.9.2008; und *Cabrera Diaz*, ALBA moves forward with plan to create regional investment arbitration alternative to ICSID at 7th summit, ITN vom November 2009, (jeweils abrufbar unter www.iisd.org/itn, zuletzt geprüft am 29.10.2013); hierzu auch ein knapper Hinweis bei *Nowrot*, International Investment Law and the Republic of Ecuador: From Arbitral Bilaterism to Judicial Regionalism, BTW 96, 2010, S. 8 (43).

170 Die Gründung geht zurück auf die »Erklärung von Cancún« vom 23.2.2010 (»Declaración de Cancún«) und stützt sich im Weiteren auf die »Erklärung von Caracas« vom 2. und 3.12.2011 (»Declaración de Caracas«) und das »Statut zum Verfahren für die institutionelle Funktionsweise der CELAC« vom 2. und 3.12.2011 (»Estatuto de Procedimientos para el Funcionamiento Orgánico de la CELAC«, i.F.: »Verfahrensstatut CELAC«), alle Dokumente abrufbar unter www.celac.gob.ve (zuletzt geprüft am 15.12.2011).

den Vereinigten Staaten und Kanada jedoch nicht zugänglich sein und damit – wie schon Unasur und ALBA – ein Gegengewicht zu deren wirtschaftlicher und politischer Dominanz bilden. Das Projekt baut im Wesentlichen auf der Rio-Gruppe auf, einem Konsultationsbündnis lateinamerikanischer und karibischer Staaten.[171] Geplant sind diverse Organe, die aber die Lenkung durch die Staats- und Regierungschefs nicht in Frage stellen.[172] Konkrete Bestimmungen zu Organrechtsakten und deren Wirkungen bestehen nicht.[173] Sollte dieses Bündnis dauerhaft bestehen bleiben, zöge es die Relevanz der OAS in Zweifel. Einstweilen bleibt die Abgrenzung zur noch jungen Unasur, jedoch auch Sinn und Zweck eines weiteren Bündnisses neben ALADI, Mercosur, Andengemeinschaft und ALBA ebenso unklar wie eine tatsächliche Förderung der lateinamerikanischen Integration unwahrscheinlich.[174]

4. Das jüngste aller Integrationsprojekte: Die Pazifik-Allianz

Im Juni 2012 gründeten Mexiko, Peru, Chile und Kolumbien die »Pazifik-Allianz« (»Alianza del Pacífico«).[175] Ziel dieses Bündnisses ist die Förderung des Freihandels zwischen ihren Mitgliedern.[176] Die Entscheidungen des Ministerrates[177] werden einvernehmlich getroffen und sind Bestandteil der eigenen Rechtsordnung der

---

171 Mit den Staaten der Rio-Gruppe ist auch die Europäische Union in regelmäßigen Konsultationen verbunden. Der CELAC gehören alle unabhängigen Staaten des amerikanischen Kontinents mit Ausnahme der Vereinigten Staaten und Kanadas an.

172 Siehe den Abschnitt »I – Órganos« des Verfahrensstatuts CELAC.

173 Siehe im Abschnitt »I – Órganos« des Verfahrensstatuts CELAC a.E. zu »Entscheidungen« (»Decisiones«) lediglich eine Festlegung des Konsenserfordernisses: »Las decisiones se adoptan por consenso en todas las instancias« (»Entscheidungen werden in allen Instanzen im Konsens getroffen«) sowie im Übrigen eine Aufzählung diverser Bezeichnungen für solche Entscheidungen: »Las decisiones se reflejan por escrito y pueden tomar el formato de declaraciones, decisiones, comunicados conjuntos y especiales resoluciones o cualquier otro instrumento de decisión que, de común acuerdo se determine. Todas tienen el carácter de acuerdos políticos y constituyen mandatos.«.

174 Vgl. auch *Birle* (Fn. 105), S. 75 (90). Zweifel an der Effektivität dieses Bündnisses weckt insbesondere das in Art. 37 POP beschriebene, für die Entscheidungsfindung zwischen den 33 Mitgliedstaaten geltende Konsenserfordernis.

175 Der Gründungsvertrag »Acuerdo Marco de la Alianza del Pacífico« vom 6. Juni 2012 (i.F: »Gründungsvertrag Pazifik-Allianz«, abrufbar unter http://www.sice.oas.org, zuletzt geprüft am 9.10.2013) geht zurück auf die »Präsidiale Erklärung von Lima vom 28. April 2011« (»Declaración Presidencial de Lima de 28 de abril de 2011«).

176 Siehe Art. 3 des Gründungsvertrages Pazifik-Allianz.

177 Siehe Art. 4 des Gründungsvertrages Pazifik-Allianz.

Pazifik-Allianz.[178] Der Mercosur hat den Beobachterstatus bei der Pazifik-Allianz beantragt.[179] Bolivien und Brasilien sind selbst nicht mit der Pazifik-Allianz verbunden.

B. Der Mercosur – Gemeinsamer Markt des Südens?

Mit dem 1991 geschaffenen »Vertrag von Asunción« (i.F.: »VvA«) wurden die rechtlichen und institutionellen Rahmenbedingungen des »Gemeinsamen Marktes des Südens«, des »*MER*cado *CO*mún del *SUR*« verwirklicht.[180] Die nachfolgende Untersuchung wird zeigen, dass der Mercosur in hohem Grade institutionalisiert ist. All seine Organe sind mit Regierungsvertretern der Nationalstaaten besetzt und entscheiden ausnahmslos im Konsens. Private sind vom Integrationsprozess weitgehend ausgeschlossen. Seine wirtschaftlichen und politischen Ziele hat der Mercosur heute nur zum Teil erreicht.

Das Verständnis der den Mercosur betreffenden Rechtsfragen erfordert einen Rückblick auf die Eckdaten der wirtschaftlichen und politischen Entwicklung des Bündnisses: Dem Abschluss des VvA war eine Zeitspanne von etwa sechs Jahren vorausgegangen, während derer sich die bilaterale Zusammenarbeit zwischen Argentinien und Brasilien zunehmend intensiviert hatte.[181] Nach dem fast

---

178 Siehe Art. 5 und 6 des Gründungsvertrages Pazifik-Allianz.

179 Siehe dazu die Ratsentscheidung N° 64/12.

180 »Tratado para la Constitución de un Mercado Común entre la Republica Argentina, la Republica Federativa del Brasil, la Republica del Paraguay y la Republica Oriental del Uruguay« (»Vertrag über die Schaffung eines Gemeinsamen Marktes zwischen der Republik Argentinien, der Bundesrepublik Brasilien, der Republik Paraguay und der Republik Östlich des Uruguay«), i.F. in Übereinstimmung mit Art. 23 des Vertrages: »Vertrag von Asunción« oder »VvA«, vom 26.3.1991, in Kraft getreten am 29.11.1991, englische Übersetzung in 30 ILM (1991), S. 1041 ff.; (spanische und portugiesische Fassungen auch abrufbar unter www.mercosur.int, zuletzt geprüft am 16.12.2011); eine eingehende integrationstheoretische Untersuchung des Mercosur liefert *Küttner*, Zur Zukunft des Mercosur, 2013.

181 Hierzu auch *Early*, Toward the Economic Union of Argentina, Brazil, Paraguay, and Uruguay, in: Gustafson (Hrsg.), Economic Development under Democratic Regimes, 1994, S. 169 (174 f.); *Wehner* (Fn. 111), S. 47 ff.; *Abreu Bonilla*, Mercosur – una década de integración, 2000, S. 25 f. Eine knappe Zusammenfassung der Vorgeschichte des Mercosur findet sich auch bei *von Bernuth*, Lauterkeitsrecht, Kartellrecht und Verbraucherschutz in den Ländern des Mercosul, 2001, S. 27 ff.; *Haller* (Fn. 120), S. 24 ff.; ausführlich *Di Masi* (Fn. 121), S. 259 (264 ff.); und *Gardini*, The Origins of Mercosur, 2010, S. 73 ff.; siehe auch bei *Samtleben*, Vertrag von Asunción, in: Samtleben

gleichzeitigen Ende der jeweiligen Militärdiktaturen setzten die erstmals wieder demokratisch gewählten Präsidenten Brasiliens und Argentiniens, José Sarney und Raúl Alfonsín, damit Impulse für eine Annäherung der traditionell rivalisierenden Staaten.[182] Als sich hierbei erste Erfolge, beispielsweise bei der Bekämpfung der Inflation, einstellten, schlossen sich diesem Kooperationsprozess auch die wirtschaftlich und politisch wesentlich unbedeutenderen Staaten Paraguay und Uruguay an.[183] Mit dem VvA wurden erstmals Organstrukturen geschaffen, die über die bisherige Form der nicht institutionalisierten Zusammenarbeit der Regierungen hinausgingen.

Dieser Prozess der verstärkten Kooperation und Integration war jedoch zu keinem Zeitpunkt eine Annäherung unter Gleichen. Allein die Bevölkerungsdaten verdeutlichen die absolute Dominanz Brasiliens, auch gegenüber dem zweitgrößten Mitglied Argentinien: Während in Uruguay knapp dreieinhalb und in Paraguay sechseinhalb Millionen Menschen leben, wird Argentinien von etwas mehr als 40 Mio. Bürgern bevölkert. Demgegenüber weist die Population Brasiliens eine Stärke von etwa 196 Mio. Menschen, also dem gut 56-fachen der Bevölkerung Uruguays auf. Auch ein Vergleich der jeweiligen Bruttoinlandsprodukte belegt diese Asymmetrie: Im Jahr 2010 erzielte Brasilien ca. 1910 Mrd. US-Dollar, wohingegen Argentinien mit ungefähr 368 Mrd. US-Dollar etwa ein Fünftel dieser Summe, Paraguay und Uruguay mit etwa 17 beziehungsweise gut 40 Mrd. US-Dollar jedoch nur einen Bruchteil derselben erwirtschafteten.[184]

(Hrsg.), Rechtspraxis und Rechtskultur in Brasilien und Lateinamerika, 2010, S. 175 (177 ff.); *Cason* (Fn. 102), S. 37 ff., 45 ff., 57 ff., der die politischen und wirtschaftlichen Hintergründe zur Entstehung des Mercosur beschreibt.

182 Vgl. dazu *Dreyzin de Klor*, The Legal-Institutional Structure of Mercosur, in: Toscano Franca Filho/Lixinski/Belén Olmos Giupponi (Hrsg.), The Law of Mercosur, 2010, S. 29 f; zu diesen Anfängen des Mercosur auch bei *Edler* (Fn. 143), S. 70 ff.

183 Siehe bei *Wehner* (Fn. 111), S. 48 f.; vgl. *Haller* (Fn. 120), S. 28 ff., der auch darauf hinweist, dass Brasilien und Argentinien mit Uruguay bereits bilaterale Wirtschaftsabkommen geschlossen hatten. Paraguay wurde nach dem Ende der Diktatur Alfredo Stroessners 1989 in den multilateralen Prozess einbezogen. Der VvA stellte den ersten Vertrag dar, den alle vier Staaten miteinander schlossen.

184 Alle Daten zu Bevölkerungszahlen und Bruttoinlandsprodukten: www.auswaertiges-amt.de (zuletzt geprüft am 16.12.2011). Die Übermacht Brasiliens erwähnt auch *Schmidt*, Neue Impulse durch institutionelle Reformen – der Mercosur ist wieder auf Kurs, EuZW 2005, S. 139; zu diesen wirtschaftlichen und politischen Asymmetrien im Mercosur *Terra*, Asimetrías en el Mercosur: ¿Un Obstáculo para el Crecimiento?, in: Masi/Terra (Hrsg.), Asimetrías en el Mercosur, 2008, S. 12 (16 ff.).

In jüngster Vergangenheit haben sich Änderungen in der Zusammensetzung der Mitglieder des Mercosur ergeben. Nachdem bereits 2006 ein Protokoll für den Beitritt Venezuelas beschlossen worden war,[185] stand nach dessen Ratifizierung durch Argentinien, Brasilien und Uruguay über längere Zeit das Placet des Senates von Paraguay zum wirksamen Vollzug der Eingliederung Venezuelas noch aus.[186] Nachdem aber im Juni 2012 das paraguayische Parlament ein Amtsenthebungsverfahren gegen den damals amtierenden Präsidenten Fernando Lugo eingeleitet und Vizepräsident Federico Franco die Amtsgeschäfte übernommen hatte,[187] suspendierten Argentinien, Brasilien und Uruguay die Mitgliedschaft – und damit die Mitbestimmungsrechte – Paraguays.[188] Hierbei beriefen sie sich auf die Protokolle von Ushuaia über die demokratischen Verpflichtungen im Mercosur[189] und werteten die Amtsenthebung als Staatsstreich.[190] Diese Protokolle sehen entsprechende Sanktionsmöglichkeiten vor.[191] Während der Suspendierung Paraguays beschlossen die drei Staaten die Aufnahme Venezuelas, das seitdem trotz des Protestes Paraguays[192] als fünftes

185 »Protocolo de Adhesión de la República Bolivariana de Venezuela al Mercosur« vom 4.7.2006 (verfügbar unter www.mercosur.int, zuletzt geprüft am 9.10.2013).

186 Bereits im März 2010 hatte Brasilien nach vorheriger Ratifizierung durch Argentinien und Uruguay dem Beitritt Venezuelas in der erforderlichen Form zugestimmt (siehe die Hinweise auf www.mercosur.int, zuletzt geprüft am 9.10.2013).

187 Das Amtsenthebungsverfahren stand im Zusammenhang mit dem Tod von 17 Menschen bei einer Auseinandersetzung von Polizei und Landbesetzern. Für diese Todesfälle machte das Parlament den Präsidenten verantwortlich, siehe *Oehrlein*, Ein Putsch streng nach Verfassung, FAZ vom 25.6.2012, S. 6.

188 Die Suspendierung beschlossen die Präsidenten von Argentinien, Brasilien und Uruguay am 29.6.2012; siehe dazu den Schiedsspruch N° 01/2012 (Laudo N° 01/2012) des Ständigen Revisionsgerichts des Mercosur, Absätze 7, 10 (verfügbar unter www.tprmercosur.org, zuletzt geprüft am 9.10.2013).

189 »Protocolo de Ushuaia sobre Compromiso Democrático en el Mercosur« vom 24.7.1998, und »Protocolo de Montevideo sobre Compromiso con la Democracia en el Mercosur (Ushuaia II)« vom 20.12.2011, Ratsentscheidung N° 27/11.

190 Siehe die Hinweise in *Oehrlein*, Ein Putsch streng nach Verfassung, FAZ vom 25.6.2012, S. 6 sowie *Oehrlein*, Der sanfte Putsch, FAZ vom 26.6.2012, S. 8; sowie Abs. 10, 25 des Schiedsspruch N° 01/2012 (Laudo N° 01/2012) des Ständigen Revisionsgerichts des Mercosur.

191 Etwa Art. 5 Abs. 2 des »Protocolo de Ushuaia sobre Compromiso Democrático en el Mercosur« vom 24.7.1998 und Art. 6 Buchst. a) des »Protocolo de Montevideo sobre Compromiso con la Democracia en el Mercosur (Ushuaia II)« vom 20.12.2011.

192 Siehe dazu vor allem den Schiedsspruch N° 01/2012 des von Paraguay angerufenen Ständigen Revisionsgerichts des Mercosur (vgl. Fn. 188).

Vollmitglied geführt wird.[193] Durch Entscheidung der Präsidenten Argentiniens, Brasiliens, Uruguays und Venezuelas wurde die Suspendierung Paraguays im Juli 2013 wieder aufgehoben.[194]

Inzwischen hat außerdem Bolivien die Mitgliedschaft im Mercosur beantragt. Das Beitrittsprotokoll[195] ist bislang aber von keinem der Mitgliedstaaten ratifiziert worden, das Beitrittsverfahren also noch nicht abgeschlossen.

I. Der Vertrag von Asunción und das Protokoll von Ouro Preto als Gründungsverträge des Mercosur

Bereits der Titel des VvA als eines »Vertrag[es] zur Schaffung eines Gemeinsamen Marktes« macht das Ziel dieses zwischenstaatlichen Abkommens deutlich.[196] Hierbei knüpfte man ausdrücklich an die vorangegangenen Integrationsbemühungen an: Das neue Projekt wurde als Abkommen mit begrenzter Reichweite in die Struktur der oben dargestellten ALADI eingegliedert.[197] Heute bildet dieser

---

193 Maßgeblich: Ratsentscheidung N° 27/12. Dazu *Oehrlein*, Mercosur nimmt Venezuela auf, FAZ vom 2.7.2012, S. 5 sowie *Oehrlein*, Zutritt für Chávez, FAZ vom 31.7.2012, S. 6.

194 Siehe die »Decisión sobre el cese de la suspensión del Paraguay en el Mercosur en aplicación del Protocolo de Ushuaia sobre Compromiso Democrático« vom 12.7.2013 (verfügbar unter www.mercosur.int, zuletzt geprüft am 9.10.2013). Aus demselben Anlass wurde auch die Mitgliedschaft Paraguays in der Unasur (zu dieser siehe S. 67) suspendiert, siehe dazu die Decisión N° 26/2012 der »Reunión extraordinaria del consejo de jefas y jefes de Estado y de Gobierno de Unasur« vom 29.6.2012 (abrufbar unter www.unasursg.org, zuletzt geprüft am 17.10.2013).

195 Ratsentscheidung N° 68/12 enthält das »Protocolo de Adhesión del Estado Plurinacional de Bolivia al Mercosur«.

196 Den VvA beschreiben ausführlich *Alterini/Boldorini*, El Sistema Jurídico en el Mercosur – Estructura General – Instrumentos Fundacionales y Complementários, 1994, S. 73 ff.; *Fuders* (Fn. 98), S. 34 ff.; und *Gari*, The Liberalisation of Trade in Services in Mercosur, 2009, S. 48 ff., der darauf hinweist, dass auch andere als rein ökonomische Motivationen – so zum Beispiel private Interessen der beteiligten Entscheidungsträger – die Gründung des Mercosur beeinflussten (S. 47); sowie *Samtleben* (Fn. 181), S. 175 ff.

197 »Acuerdo de Complementación Económica N° 18« (»Abkommen zur Wirtschaftlichen Ergänzung N° 18«); vom 29.11.1991, in Kraft getreten am selben Tage (abrufbar unter www.aladi.org, zuletzt geprüft am 17.12.2011); siehe auch die Bezugnahme im 5. Erwägungsgrund der Präambel des VvA; siehe auch *Basaldúa*, Mercosur y Derecho de la Integración, 1999, S. 86 ff.; *Abreu Bonilla* (Fn. 181), S. 107 f.; *Baptista*, Le Mercosul, 2001, S. 113 ff.

Vertrag in Verbindung mit dem 1994 geschaffenen »Protokoll von Ouro Preto«[198] (i.F.: »POP«) das rechtliche Fundament des Mercosur.[199]

Die Schaffung dieses Gemeinsamen Marktes sollte binnen einer »Übergangszeit« von knapp vier Jahren bis zum 31. Dezember 1994 abgeschlossen sein, setzte jedoch als Zwischenziel die Errichtung einer Freihandelszone, gefolgt von dem Aufbau einer Zollunion, voraus.[200] Der VvA selbst stellte hierfür nur den »Ausgangspunkt« dar.[201] Die wichtigsten Instrumente auf dem Weg zu diesem ehrgeizigen Ziel sind ein Programm zur Handelsliberalisierung sowie eine Koordinierung der Wirtschaftspolitiken.[202] Freiheiten der Marktteilnehmer sollen Grundpfeiler der rechtlichen Ausgestaltung des Prozesses darstellen. Der VvA benennt dabei einerseits den freien Verkehr von Gütern, Dienstleistungen und Produktionsfaktoren und verbietet andererseits tarifäre und nichttarifäre Handelsbeschränkungen sowie alle Maßnahmen gleicher Wirkung.[203] Es wird die Bedeutung des gemeinsamen

---

198 »Protocolo Adicional al Tratado de Asunción sobre la Estructura Institucional del Mercosur – Protocolo de Ouro Preto« (»Zusatzprotokoll zum Vertrag von Asunción über die institutionelle Struktur des Mercosur – Protokoll von Ouro Preto«) vom 17.12.1994, in Kraft seit dem 16.2.1996, englische Fassung in 34 ILM (1995), S. 1248 ff.; spanische und portugiesische Fassungen abrufbar unter www.mercosur.int (zuletzt geprüft am 16.12.2011).

199 Die institutionellen Veränderungen durch das POP beschreiben *Rimoldi de Ladmann*, La estructura institucional a partir del protocolo de Ouro Preto, in: Rimoldi de Ladmann (Hrsg.), Mercosur y Comúnidad Europea, 1995, S. 205 ff.; und *Samtleben*, Protokoll von Ouro Preto, in: Samtleben (Fn. 181), S. 202 ff. (identisch: *Samtleben*, Der Südamerikanische Gemeinsame Markt (MERCOSUR) und seine neue Verfassung, WM 1996, S. 1997 ff.) und *Cason* (Fn. 102), S. 81: »the Protocol of Ouro Preto marked the high point of Mercosur [...]. [I]t moved far beyond anything that had been accomplished in Latin America to date.«.

200 Siehe Art. 1 Abs. 1 VvA. Die Entwicklung des Binnenmarkts während dieser Übergangszeit beschreibt *Samtleben* (Fn. 199), S. 202 (210 ff.); hierzu auch *Fuders* (Fn. 98), S. 225 ff.

201 *Fuders* (Fn. 98), S. 37: »Rahmenvertrag«; *Dreyzin de Klor* (Fn. 182), S. 29 (34): »It is important to understand that the TA retains the quality of a framework agreement, designed as a platform to launch the bloc.«; siehe *Samtleben* (Fn. 181), S. 175 (200): »als ein Provisorium konzipiert«.

202 Siehe Art. 5 a), b) und Annex I zum VvA: »Programa de Liberación Comercial«; *Baptista*, O Impacto do Mercosul sobre o Sistema Legislativo Brasileiro, RT 1993, S. 39 (43 f.), stellt die einzelnen Maßnahmen vor, welche im Rahmen einer Handelsliberalisierung zu ergreifen seien; siehe auch bei *Ekmekdjian* (Fn. 135), S. 196 ff.; vgl. auch *Abreu Bonilla* (Fn. 181), S. 28; vgl. bei *Samtleben* (Fn. 181), S. 175 (185 f.).

203 Art. 1 Abs. 2 UA 1: »Este Mercado Comum implica: La libre circulación de bienes, servicios y factores productivos entre los países, a trávés, entre otros, de la eliminación

Außenzolls und der Förderung sektorenspezifischer Abkommen zur optimierten Nutzung der Produktionsfaktoren hervorgehoben.[204] Eine rechtliche Gleichbehandlung aller mitgliedstaatlichen mit jeweils inländischen Produkten ist vorgesehen.[205] Die durch den VvA errichtete Organstruktur sowie das Verfahren zur Streitbeilegung sollten mit der Verwirklichung des Gemeinsamen Marktes zum 31. Dezember 1994, dem Ende der Übergangszeit, durch ständige Institutionen ersetzt werden.[206] Alle Rechte und Pflichten des Abkommens gelten wechselseitig zwischen den Mitgliedstaaten, was eine Sonderbehandlung der wirtschaftlich schwächeren Staaten grundsätzlich ausschließt.[207] Es wird zudem eine Meistbegünstigung in dem Sinne vereinbart, dass jegliche Dritten eingeräumte Vergünstigung sich automatisch auch für die übrigen Staaten des Mercosur auswirkt.[208] Mit dem zum Ende der Übergangszeit erlassenen Protokoll von Ouro Preto wurden die institutionelle Struktur des Mercosur erweitert und die Kompetenzen der einzelnen Organe rechtlich verfestigt.[209] Das POP wurde geschaffen als Zusatzprotokoll zum VvA, stellt aber ein eigenständiges völkerrechtliches Abkommen dar.

---

de los derechos aduaneros y restricciones no arancelarias a la circulación de mercaderías y de cualquier otra medida equivalente:« (»Dieser Gemeinsame Markt umfasst: Den freien Verkehr von Gütern, Dienstleistungen und Produktionsfaktoren unter den Staaten, mittels, unter anderem, des Abbaus der Zölle und nichttarifären Beschränkungen des Güterverkehrs und jeglicher anderen gleichartigen Maßnahme:«).

204 Art. 1 Abs. 2 UA 2 und 3 VvA.

205 Art. 7 VvA.

206 Siehe Art. 18, Kapitel II (»Estructura Orgánica«) und Annex III zum VvA (»Solución de Controversías«); *Fuders* (Fn. 98), S. 39 ff., zum »transitorische[n] Charakter« des Mercosur.

207 Art. 2 VvA; *Gari* (Fn. 196), S. 50 f. Allerdings erkennt Art. 6 VvA »diferencias puntuales« (»vereinzelte Unterschiede«) gegenüber Paraguay und Uruguay an. Diese Unterschiede wirken sich beispielsweise auch auf den gemeinsamen Außenzoll aus, vgl. Art. 20, 21 der Ratsentscheidung N° 56/10.

208 Art. 8 d) VvA; *de Santis Basso*, As Decisões Arbitrais do Mercosul e os Princípios da Integração no Bloco, in: Basso (Hrsg.), Mercosul – Mercosur, 2007, S. 207 (229 ff.), benennt weitere Charakteristika des Integrationskonzepts des Mercosur wie die graduelle Entwicklung, die Flexibilität oder die Wechselseitigkeit der eingegangenen Verpflichtungen.

209 Hierzu Kapitel I POP (»Estructura del Mercosur«). Die übrigen Kapitel behandeln Fragen zum Rechtscharakter des Mercosur (Kapitel II – »Personalidad Jurídica«), zur Umsetzung der durch die Mercosurorgane erlassenen Rechtsakte durch die Mitgliedstaaten (Kapitel IV – »Aplicación Interna de las Normas Emanadas de los Órganos del Mercosur«), zu den Rechtsquellen des Mercosur (Kapitel V – »Fuentes Jurídicas del Mercosur«) oder zur Streitbeilegung (Kapitel VI – »Sistema de Solución de Controversias«).

II. Strikte Zwischenstaatlichkeit: Die institutionelle Struktur des Mercosur

Die Organe des Mercosur lassen sich unterscheiden anhand ihrer jeweiligen Befugnis, andere Mercosurorgane oder sogar die Mitgliedstaaten rechtlich zu verpflichten. Zu solchen Entscheidungen sind in unterschiedlichem Maße befugt der Mercosur-Rat, die Mercosur-Gruppe und die Handelskommission.[210] Lediglich unterstützenden oder beratenden Charakters sind das Parlament des Mercosur, das Verwaltungssekretariat, das Wirtschafts- und Sozialforum sowie deren diverse Unterorgane.[211]

1. Das oberste Organ: Der entscheidungsbefugte Mercosur-Rat

Der Mercosur-Rat (»Consejo del Mercado Común«, i.F.: »Rat«) galt bereits in der Übergangszeit als das höchste Organ im Mercosur, dem die politische Führung zusteht und die Befugnis zukommt, durch seine Entscheidungen die Verwirklichung der Vertragsziele sicherzustellen.[212] Er setzt sich aus den Außen- und Wirtschaftsministern der Mitgliedstaaten zusammen, wobei die Präsidenten der Mitgliedstaaten in Ermangelung eines separaten Organs zur Versammlung der Staatsoberhäupter und Regierungschefs den Treffen des Rates halbjährlich beiwohnen.[213] Beschlüsse werden im Rat, wie in allen Organen des Mercosur, durch Einstimmigkeit bei Anwesenheit aller Mitgliedstaaten getroffen.[214] Dem Rat steht der Rechtsakt der »Entscheidung« (»Decisión«) als Mittel zur Durchsetzung seiner Aufgaben zur Verfügung.[215] Der Rat wacht über die Einhaltung des VvA, der Zusatzprotokolle sowie aller anderen im Rahmen des VvA geschlossenen Übereinkünfte. Seine Aufgabe ist es auch, Impulse für die Entwicklung des Mercosur zu schaffen. Er setzt hierzu

---

210 Art. 2 POP: »órganos con capacidad decisoria«.

211 Das Parlament des Mercosur wurde erst 2005 geschaffen und ist in VvA und POP noch nicht genannt (dazu S. 84 f.); *Dreyzin de Klor* (Fn. 182), S. 29, 38 ff., beschreibt die Organstruktur; ausführlich dazu auch *Edler* (Fn. 143), S. 87 ff.

212 Art. 9 a), 10 ff. VvA; heute Art. 3 ff. POP.

213 Art. 4, 6 POP. Der Ratsvorsitz rotiert in sechsmonatigem Turnus zwischen den Mitgliedstaaten, Art. 5 POP.

214 Art. 37 POP: »Las decisiones de los órganos del MERCOSUR serán tomadas por consenso y con la presencia de todos los Estados Partes.« (»Die Entscheidungen der Organe des Mercosur werden im Konsens und bei Anwesenheit aller Mitgliedstaaten getroffen.«).

215 Art. 9 POP; zu den verschiedenen Rechtsakten der Mercosur-Organe *Ekmekdjian* (Fn. 135), S. 264 ff.

politische Konzepte fest und ergreift die zur Stärkung des Gemeinsamen Marktes erforderlichen Maßnahmen. Ihm kommt auch die Aufgabe zu, den Mercosur als juristische Person gegenüber dritten Staaten, Staatenverbindungen oder internationalen Organisationen zu vertreten. Der Rat ist zur Schaffung oder Aufhebung anderer Organe befähigt. Schließlich kommen ihm auch Verwaltungsfunktionen zu. In deren Rahmen ernennt er den Direktor des Verwaltungssekretariats nach dessen Wahl durch die Mercosur-Gruppe, trifft haushaltstechnische Entscheidungen und erkennt die Geschäftsordnung der Mercosur-Gruppe an.[216]

2. Das Exekutivorgan: Die entscheidungsbefugte Mercosur-Gruppe

In der Mercosur-Gruppe (»Grupo del Mercado Común«, i.F.: »Gruppe«) als dem »Exekutivorgan« des Mercosur ist jeder Mitgliedstaat durch eine Ländergruppe aus vier Mitgliedern und vier Stellvertretern repräsentiert, unter denen sich zwingend je ein Vertreter des Außen- und des Wirtschaftsministeriums sowie ein Abgesandter der Zentralbank befinden.[217] Die Gruppe äußert sich durch »Entschließungen« (»Resoluciones«), welche nur einstimmig und bei Anwesenheit aller Mitgliedstaaten getroffen werden können.[218] Die Gruppe ist »in den Grenzen ihrer Kompetenz«[219] zur Kontrolle des Mercosurrechts einschließlich aller Zusatzprotokolle und weiteren Übereinkünfte berufen. Die Gruppe setzt Ratsentscheidungen, auch durch Formulierung von Arbeitsprogrammen und die Schaffung von Hilfsorganen, um. Sie kontrolliert die Tätigkeit des Verwaltungssekretariats, bestätigt dessen Haushaltsplan und trifft nach Maßgabe des Rats weitere finanzielle und haushaltstechnische Beschlüsse. Die Gruppe legt dem Rat die eigene Geschäftsordnung zwecks Anerkennung vor und erkennt ihrerseits die Geschäftsordnungen von Handelskommission sowie Wirtschafts- und Sozialforum an.[220] Als Unterorgan der Gruppe existiert eine »Arbeitsgruppe-12 Investitionen«.[221]

---

216 Zu den hier genannten Kompetenzen siehe Art. 8 lit. I – IV, VII, IX – XI POP; vgl. Art. 10 VvA zur vormals vageren Umschreibung der Kompetenzen des Rates.

217 Art. 10 POP: »órgano ejecutivo«; Art. 11 POP; vgl. auch Art. 9 b) VvA; die Gruppe versammelt sich nach Erforderlichkeit, Art. 13 POP.

218 Vgl. Art. 15, 37 POP.

219 Art. 14 lit. I POP.

220 Zu den hier besprochenen Kompetenzen siehe Art. 14 lit. I, III – V, VIII – X, XIII, XIV POP.

221 Vgl. Art. 6 A Ratsentscheidung N° 59/00 sowie Entschließung der Gruppe N° 13/00; zu den »Subgrupos de Trabajo« *Bouzas/Gratius/Soltz/Sberro*, Teoría y práctica de las instituciones y procesos de decisión, in: Gratius (Hrsg.), Mercosur y NAFTA, 2008,

3. Das handelspolitische Expertengremium: Die entscheidungsbefugte Handelskommission

Die Handelskommission (»Comisión de Comercio del Mercosur«) wurde als Hilfsorgan der Gruppe bereits vor Inkrafttreten des POP durch eine Ratsentscheidung ins Leben gerufen.[222] Das POP schrieb ihre Existenz und ihre Aufgaben auf staatsvertraglicher Ebene dann endgültig fest.[223] Die Handelskommission setzt sich, wie auch die Gruppe, aus je vier Repräsentanten der Staaten und deren Stellvertretern zusammen, die sich mindestens einmal monatlich versammeln.[224] Der Handelskommission stehen mit Richtlinien (Directivas) und Vorschlägen (Propuestas) zwei Handlungsinstrumente zur Verfügung.[225] Zentrale Aufgabe der Handelskommission ist es, die Anwendung der im Rahmen der Zollunion geschaffenen handelspolitischen Instrumente – auch im Verhältnis zu dritten Staaten und internationalen Organisationen – sicherzustellen und sich mit allen handelsbezogenen Fragen und Anfragen auseinanderzusetzen. Sie kann auch der Gruppe Vorschläge zur Fortentwicklung der handels- oder zollrechtlichen Instrumente unterbreiten. Wenn sie auch selbst lediglich ein Hilfsorgan ist, so steht es ihr doch zu, eigenständig weitere eigene Unterorgane einzusetzen. Darüber hinaus ist die Handelskommission für die Behandlung aller Beschwerden zuständig, die im Bereich ihrer Kompetenz durch die Mitglieder ihrer Ländergruppen als Anliegen der Staaten oder Privater vorgebracht werden.[226] Aufgrund ihrer handels- und zollrechtlichen Kompetenz wird die Handelskommission als ein Schlüsselorgan des Mercosur angesehen, von dem entscheidende Impulse für die Weiterentwicklung des Integrationsprojekts zu erwarten seien.[227]

S. 33 (42 f.); zur Entwicklung der Arbeitsgruppe 12 auch knapp bei *Fry/Stampalija*, Towards an Agreement on Investment in Mercosur, JWI 2012, S. 556 (559).

222 Ratsentscheidung N° 9/94 richtete die Handelskommission zum 1.10.1994 ein. Dem vorausgegangen war eine entsprechende Agenda zur Verwirklichung der Zollunion in Ratsentscheidung N° 13/93; zu diesem Organ *Bouzas/Gratius/Soltz/Sberro* (Fn. 221), S. 33 (45 ff.).

223 Art. 16 POP.

224 Art. 17, 18 POP.

225 Art. 20 POP.

226 Zu den hier genannten Aufgaben der Handelskommission siehe Art. 16, 19 lit. I – IV, VII – X, 21 Abs. 1 POP; vgl. Richtlinien 13/95, 6/96 und 17/99 der Handelskommission.

227 Vgl. *Moavro/Orieta/Parera*, Las instituciones del Mercosur, 1997, S. 16; siehe auch *Haller* (Fn. 120), S. 103.

4. Organe zur Streitbeilegung: Die (Schieds-)Gerichte

Der Mercosur verfügt seit Inkrafttreten des Protokolls von Olivos 2004 (i.F.: »PvO«) über ein Ständiges Revisionsgericht (»Tribunal Permanente de Revisión«) mit Sitz in Asunción, Paraguay.[228] Das Ständige Revisionsgericht prüft die Anwendung und Umsetzung sowohl der Gründungsverträge als auch der Rechtsakte der entscheidungsbefugten Organe des Mercosur.[229] Es kann nur im Zusammenhang mit zwei Verfahren angerufen werden: Zum einen kann das Ständige Revisionsgericht in einem Vorlageverfahren auf Anfrage der gemeinsam handelnden Mitgliedstaaten, der entscheidungsbefugten Organe des Mercosur, eines der höchsten Gerichte der Mitgliedstaaten oder des Parlaments des Mercosur ein – unverbindliches – Rechtsgutachten (»Opinión Consultiva«) erstellen.[230] Zum anderen ist das

---

228 »Protocolo de Olivos para la Solución de Controversias en el Mercosur« (»Protokoll von Olivos über die Beilegung von Streitigkeiten im Mercosur«), vom 18.2.2002, in Kraft getreten am 1.1.2004, englische Fassung in 42 ILM (2003), S. 2 ff.; (portugiesische und spanische Versionen abrufbar unter www.mercosur.int, zuletzt geprüft am 17.12.2011); siehe zum Ständigen Revisionsgericht Art. 17 ff. PvO. Das Gericht ist aktiv seit dem 13.8.2004, hierzu eingehend *Pizzolo*, Solución de Controversías – Mercosur, 2008, S. 137 ff. Die Ratsentscheidung N° 30/05 legt die Verfahrensregeln für das Ständige Revisionsgericht fest. Es besteht im Übrigen ein Gericht zur Behandlung arbeitsrechtlicher Fragen betreffend die Beschäftigten der Gemeinschaftsorgane (»Tribunal Administrativo-Laboral del Mercosur«, geschaffen durch Entschließung der Gruppe 54/03). Zum PvO existiert ein ergänzendes Reglement in Ratsentscheidung N° 37/03 (»Reglamento del Protocolo de Olivos para la Solución de Controversias en el Mercosur«).

229 Art. 1 Abs. 1 PvO; zur Zusammensetzung des Gerichts siehe Art. 18 PvO. Die ernannten Richter haben sich während ihrer zwei- bis sechsjährigen Amtszeit ständig zur Verfügung des Gerichts zu halten, Art. 19 PvO. Sind mehr als zwei Mitgliedstaaten am Verfahren beteiligt, urteilen fünf, anderenfalls lediglich drei Richter, Art. 20 Abs. 1 und 2 PvO.

230 Dieses Verfahren findet sich im Protokoll von Olivos nur als noch einzurichtende Option beschrieben und wurde nachfolgend durch Ratsentscheidung N° 37/03, Art. 2 ff. etabliert; siehe auch Ratsentscheidung N° 02/07 zu den entsprechenden Verfahrensregeln (»Reglamento del Procedimiento para la Solicitud de Opiniones Consultivas al Tribunal Permanente de Revisión por los Tribunales Superiores de Justicia de los Estados Partes del Mercosur«); zu den im Rahmen dieses Verfahrens Vorlageberechtigten *Susani*, El Alcance del Procedimiento de Opiniones Consultivas establecido por el Reglamento del Protocolo de Olivos, RDIM 2004 (1), S. 66 (68 ff.); *Czar de Zalduendo*, La Reglamentación de las Opiniones Consultivas en el Mercosur, in: Basso (Fn. 208), S. 99 (107 ff.), behandelt die »Opinión Consultiva« aus rechtsvergleichender Sicht und stellt dabei die Besonderheiten im Mercosur heraus. Ausführlich auch *Pizzolo*

Gericht in die Streitbeilegung zwischen Mitgliedstaaten eingebunden, an der auch Ad-Hoc-Schiedsgerichte mitwirken.[231]

Nicht vom institutionellen Rahmen nach VvA und POP umfasst ist das »Forum der Höchsten Gerichte des Mercosur«. Hierbei handelt es sich um eine eigenständig verfasste Konferenz der Höchsten Gerichte, welche die einheitliche Anwendung des Mercosurrechts in den Nationalstaaten fördern soll.[232]

5. Kein Legislativorgan: Das nicht entscheidungsbefugte Parlament des Mercosur

Mit einem Zusatzprotokoll zu den Gründungsverträgen wurde 2005 das Parlament des Mercosur (»Parlamento del Mercosur«, i.F.: »Parlament«) geschaffen.[233] Am 7. Mai 2007 fand die erste Sitzung des neuen Organs statt. Bereits im VvA war dessen Vorgängerinstitution, die »Gemeinsame Parlamentarische Kommission«, im Grundsatz angelegt. Erst mit dem POP wurde diese jedoch näher ausgestaltet.[234] Das Mercosur-Parlament ersetzte dann die Gemeinsame Parlamentarische

---

(Fn. 228), S. 203 ff.; krit. zur gegenwärtigen Ausgestaltung dieses Verfahrens *Gari* (Fn. 196), S. 91 ff.; vgl. auch *Susani*, Dispute Settlement, in: Toscano Franca Filho/ Lixinski/Belén Olmos Giupponi (Fn. 182), S. 73 (82 ff.); siehe dazu auch Fn. 279.

231 Art. 17, 22, 23 PvO; zur Ad-Hoc-Streitbeilegung *Pizzolo* (Fn. 228), S. 93 ff.; sowie S. 88 ff.

232 Foro de Cortes Supremas del Mercosur, begründet durch die »Charta von Brasilia 2004« (»Carta de Brasilia 2004«) vom 30.11.2004, abrufbar unter www.cortesmercosul.jus.br (zuletzt geprüft am 17.12.2011). Ausführlich *Dreyzin de Klor/Perotti*, El Rol de los Tribunales Nacionales de los Estados del Mercosur, 2009, S. 27 ff., 36 ff.

233 »Gründungsprotokoll des Parlamentes des Mercosur« (»Protocolo Constitutivo del Parlamento del Mercosur«) vom 9.12.2005, in Kraft getreten am 24.2.2007, (i.F.: »GP Parlament Mercosur«), abrufbar unter www.mercosur.int, siehe auch www.parlamentodelmercosur.org (zuletzt geprüft am 17.12.2011); ausführliche Darstellung auch bei *Küttner* (Fn. 180), S. 144 ff.

234 Art. 24 VvA (»Comisión Parlamentaria Conjunta«); siehe Art. 22 – 27 POP: Als Repräsentationsorgan der jeweiligen nationalen Volksvertretungen setzte sich die Gemeinsame Parlamentarische Kommission aus Entsandten der Parlamente zusammen. Eine direkte Wahl dieser Vertreter war nicht vorgesehen. Aufgabe dieser Einrichtung war es, die Harmonisierung des nationalen Rechts unter Zugrundelegung der Rechtsakte des Rates, der Gruppe und der Handelskommission zu beschleunigen. Des Weiteren sollte sie die Umsetzung dieser Rechtsakte im jeweiligen nationalen Rahmen fördern. Sie war befugt, durch Vermittlung der Mercosur-Gruppe ausschließlich nicht verbindliche Empfehlungen an den Mercosur-Rat zu richten. Es handelte sich bei der Gemeinsamen Parlamentarischen Kommission damit um ein beratendes

Kommission.[235] Ab dem Jahr 2014 sollen die Mitglieder des Parlaments in direkter, allgemeiner und geheimer Wahl in allen Mercosurstaaten gleichzeitig bestimmt werden.[236] Das Parlament soll Demokratie, Freiheit und Frieden fördern, den Integrationsprozess auch durch Einbindung der Zivilgesellschaft vertiefen und ist dabei den Prinzipien der Toleranz, des Pluralismus, der Transparenz und der Kooperation mit den anderen Mercosurorganen verpflichtet.

Hierzu wurden dem neuen Organ eine Fülle von Aufgaben, jedoch keine Entscheidungsbefugnisse übertragen, welche die Kompetenzen des Rates, der Gruppe oder der Handelskommission schmälern könnten. Seine Funktion ist vielmehr die eines öffentlichen Diskussionsforums ohne legislative Kompetenzen.[237] Es kann unter Umständen zwar in die Umsetzung von Integrationsrechtsakten in nationales Recht eingebunden werden, bleibt jedoch auch in diesem Verfahren ohne Einfluss auf den materiellen Inhalt einer solchen Umsetzung.[238] Das Parlament ist befugt, zwecks einer Kontrolle der Wahrung des Mercosurrechts von anderen Organen Berichte und Stellungnahmen hinsichtlich des Fortschritts des Integrationsprozesses, insbesondere zur menschenrechtlichen Situation in den Mitgliedstaaten, anzufordern und hierüber zu berichten. Es kann in diesem Zusammenhang auch Vertreter anderer Organe laden. Es dient zudem der Kommunikation zwischen dem Mercosur und Dritten wie Privaten oder drittstaatlichen Parlamenten und

---

Organ, kein legislativ tätiges Parlament; zu dieser Entwicklung *Dreyzin de Klor* (Fn. 182), S. 29 (46 ff.).

235 Art. 1 Abs. 2 GP Parlament Mercosur.

236 Es sind zwei Übergangsphasen, vom 31.12.2006 bis zum 31.12.2010 einerseits und vom 1.1.2011 bis zum 31.12.2014 andererseits, zu unterscheiden: Während der ersten Übergangsphase wurden je 18 Mitglieder des Parlaments von den nationalen Volksvertretungen bestimmt, nicht jedoch direkt gewählt. Bis zum Ende der ersten Phase mussten die Staaten direkte, allgemeine und geheime Wahlen zum Parlament des Mercosur nach Maßgabe ihres jeweiligen Wahlkalenders durchgeführt haben. Diese erstmalige Wahl ermöglichte es, das Parlament ab dem 1.1.2011 mit direkt gewählten Abgeordneten unter Wahrung eines Bevölkerungsproporzes zu besetzen. Im letzten Jahr der zweiten Übergangsphase sollen dann erstmalig Wahlen stattfinden, die in direkter, allgemeiner und geheimer Weise in allen Mitgliedstaaten erstmalig, wie andere Parlamentswahlen auch, simultan abgehalten werden; siehe hierzu insgesamt: GP Parlament Mercosur: »Disposiciones Transitórias« insbesondere: »Primera: Etapas«, »Segunda: Integración«, »Tercera: Elección«; hierzu *Caetano/Vásquez/Ventura*, Reforma institucional del Mercosur. Análisis de un reto, in: Caetano (Hrsg.), La reforma institucional del Mercosur, 2009, S. 21 (64 f.); eingehend auch *Hummer* (Fn. 154), S. 100 (110 f.).

237 So auch *Gari* (Fn. 196), S. 67 f.; *Hummer* (Fn. 154), S. 100 (114): »Kompetenzausstattung […] ausgesprochen schwach«, »Legislativkompetenzen nicht einmal im Ansatz«.

238 *Küttner* (Fn. 180), S. 149 zum Mercosur-Parlament insgesamt: »zahnloser Papiertiger«.

kann mit diesen unter Umständen auch konkrete Vereinbarungen treffen. Darüber hinaus besitzt das Parlament das Recht auf die Erarbeitung und eigenständige Genehmigung seines Haushalts sowie die Befugnis, die eigene Geschäftsordnung festzulegen. Es ist in seiner Selbstverwaltung also weitgehend frei und an Weisungen des Rates nur bedingt gebunden.[239]

6. Die Verwaltung: Das nicht entscheidungsbefugte Sekretariat des Mercosur

Das Verwaltungssekretariat[240] ist als allgemeines Hilfsorgan aller anderen Organe hauptsächlich mit logistischer Unterstützung hinsichtlich der Treffen von Rat, Gruppe und Handelskommission sowie Veröffentlichungen zur Geltung und Umsetzung des Mercosurrechts (insbesondere dem Amtsblatt des Mercosur)[241] betraut. Ihm kommt auch eine beschränkt fachlich beratende Funktion zu.[242] Es ist auch in die Verfahren zur Streitbeilegung eingebunden.[243] Als einziges Organ des Mercosur setzt sich das Sekretariat nicht aus Repräsentanten der Mitgliedstaaten zusammen, sondern wird geleitet durch einen für zwei Jahre von der Gruppe gewählten und durch den Rat ernannten Direktor.[244]

7. Weitere nicht entscheidungsbefugte Organe

Das Wirtschafts- und Sozialforum (»Foro Consultivo Económico-Social«) setzt sich aus Vertretern von Wirtschaft und Zivilgesellschaft in den Mitgliedstaaten zusammen. Seine Funktion ist nicht genauer beschrieben, aber auf die bloße Beratung der Gruppe beschränkt. Das Forum kann lediglich unverbindliche Empfehlungen an die Gruppe richten.[245]

Im Übrigen bestehen im Mercosur noch weitere Hilfs- und Unterorgane. Teilweise sind diese einem Organ direkt untergeordnet, wie zum Beispiel die »Kommission

239 Vgl. zu den hier genannten Aufgaben und Befugnissen Art. 2 Nr. 2, 4 – 6, 12 GP Parlament Mercosur, Art. 4 Nr. 1 – 7, 9 – 11, 16 – 19 GP Parlament Mercosur; zur Mitwirkung am Verfahren der Normsetzung siehe unten S. 237.

240 Auch »Technisches Sekretariat« (»Secretaría Técnica«) oder nur »Sekretariat«, vgl. Ratsentscheidung N° 30/02.

241 Art 32 lit. II ii) POP.

242 Art. 32 lit. VI POP.

243 Siehe etwa Art. 9, 10 PvO.

244 Zu den hier angeführten Spezifika siehe Art. 32 lit. II, IV, 33 POP; siehe auch Ratsentscheidung N° 30/02, insbesondere Anhang I.

245 Art. 28, 29 POP.

der ständigen Vertreter des Mercosur« als Unterorgan des Rates.[246] Diesem Hilfsorgan kommt insbesondere die durch den Rat mandatierte Vertretung des Mercosur gegenüber dritten Staaten und internationalen Organisationen zu.[247] Andere Hilfsorgane wenden sich zwecks Unterstützung aller Hauptorgane einem speziellen thematischen Fokus zu. Dies ist etwa der Fall bei dem »Bildungsinstitut des Mercosur«.[248]

8. Klare Hierarchien: Das Verhältnis der Organe zueinander

Rat, Gruppe und Handelskommission sind zum Erlass eigener Rechtsakte befugt. Der im Mercosur tätige Investor muss diese Rechtsakte jedoch hierarchisch einordnen können – zumal die Kompetenzen der Mercosurorgane, zum Beispiel hinsichtlich der »Kontrolle des Mercosurrechts« sich teilweise überschneiden.

Eine Hierarchie der Rechtsakte lässt sich ableiten aus einer Hierarchie der Organe zueinander. Das Verhältnis der Organe zueinander lässt sich anhand des Umfangs der Kompetenzen sowie der Weisungsberechtigung beziehungsweise Rechenschaftspflicht gegenüber anderen Organen bestimmen. Die Kompetenzen des Rates als ausdrücklich höchstem Organ des Mercosur sind als Aufgaben der politischen Führung und der Berechtigung, mittels geeigneter Instrumente die Stärkung des Gemeinsamen Marktes zu fördern, sehr weit gefasst.[249] Eine Verpflichtung des Rats gegenüber einem anderen Organ ist im POP nicht erwähnt. Die Gruppe ist zur Kontrolle der Einhaltung des Mercosurrechts ausdrücklich nur im Rahmen ihrer Kompetenzen befugt, dagegen aber verpflichtet, die Entscheidungen des Rates durch geeignete Maßnahmen umzusetzen. Die Gruppe kann dem Rat zwar Entscheidungsvorschläge unterbreiten, diesen aber nicht verpflichten. Sofern die Gruppe in finanziellen Fragen Beschlüsse fasst, muss sie sich an Leitlinien des Rates orientieren. Die Arbeit der Gruppe wird durch die Außenministerien der Mitgliedstaaten, deren Leiter den Rat mit bilden, koordiniert. Die hierarchisch klar untergeordnete Stellung im Verhältnis zum Rat wird schließlich auch dadurch verdeutlicht,

246 Ratsentscheidung N° 11/03 ruft die »Comisión de Representantes Permanentes del Mercosur« ins Leben. Deren Bedeutung für die Außenrepräsentation des Mercosur hebt hervor *Schmidt* (Fn. 184), S. 139 (140); hierzu auch *Caetano/Vásquez/Ventura* (Fn. 236), S. 21 (40).

247 Art. 5 Ratsentscheidung N° 11/03.

248 »Instituto Mercosur de Formación« (»IMEF«), Ratsentscheidung N° 04/07. Dieses dient der akademischen Schulung aller mit den Angelegenheiten des Mercosur befassten Berufstätigen. Einen Überblick über die den entscheidungsbefugten Organen zugeordneten Hilfsorgane vermitteln *Caetano/Vásquez/Ventura* (Fn. 236), S. 21 (29 ff.).

249 Siehe Art. 3: »órgano superior«, Art. 8 lit. II POP.

dass die Gruppe diesem ihre Geschäftsordnung zur Genehmigung vorlegen muss.[250] Befugnisse kommen der Gruppe indes gegenüber dem Sekretariat zu, dessen Direktor sie auswählt, deren Aktivitäten sie überwacht und dessen jährlichen Etat sie bewilligt.[251] Die Handelskommission ist Gruppe und Rat klar untergeordnet. Jegliche Kompetenz der Handelskommission ist auf den eng begrenzten Bereich der gemeinsamen Handelspolitik beschränkt. Sie ist als zur Unterstützung der Gruppe berufenes Organ konzipiert und tritt auch nach deren Verlangen zusammen. Ihre Arbeit wird ebenfalls von den Außenministerien der Mitgliedstaaten koordiniert. Gegenüber der Gruppe ist die Handelskommission zur Berichterstattung über die Entwicklung der gemeinsamen Handelspolitik verpflichtet, kann aber lediglich Vorschläge zu deren Weiterentwicklung formulieren. Die Gruppe kann der Handelskommission auch näher zu bestimmende Aufgaben im Bereich der gemeinsamen Handelspolitik übertragen. Die Geschäftsordnung ist von der Gruppe zu genehmigen.[252] Zwischen den genannten Organen ist damit die erläuterte, aus dem POP abzuleitende Hierarchie auszumachen, an deren Spitze der Rat steht.[253]

III. Ad-Hoc-Schiedsgerichte und das Ständige Revisionsgericht

Der Mercosur hat ein differenziertes System zur Beilegung von Streitigkeiten hervorgebracht.[254] Dieses stützt sich auf jeweils nur für einen konkreten Streitfall einzurichtende Ad-Hoc-Tribunale und das bereits angesprochene Ständige Revisionsgericht. Es ist, wie nachfolgend verdeutlicht, fast ausschließlich auf zwischen-

---

250 Zu den hier angesprochenen Merkmalen vgl. Art. 14 lit. I – III, VIII, X; 8 lit. XI; 4; 11 S. 2, POP; vgl. Art. 8 Ratsentscheidung N° 23/00 als Beispiel für eine Verpflichtung der Gruppe durch den Rat.

251 Siehe Art. 14 lit. VIII, XII, XIII POP.

252 Siehe hierzu Art. 16 – 18, 19 lit. I, IV, VII, X, XI POP. Zum Verhältnis der Rechtsakte dieser Organe siehe S. 222.

253 So auch *Prada*, Wettbewerbspolitik und Wirtschaftsintegration in den Amerikas, 2001, S. 77; und *Dörner*, Der Vertragsgerichtsstand nach dem Protokoll von Buenos Aires, 2004, S. 5.

254 Zum geltenden Streitbeilegungssystem *Deluca*, Unión Europea y Mercosur, 2003, S. 131 ff.; *Lehmann*, Wirtschaftsintegration und Streitbeilegung außerhalb Europas, 2004, S. 104 ff., die auch inhaltlich auf die einzelnen Schiedssprüche eingeht; *Feder*, El Protocolo de Olivos: Profundización Institucional y Régimen Renovado de Solución de Controversias en el Mercosur, in: Fernández Arroyo/Opertti Badán (Hrsg.), Liber Amicorum en Homenaje al Profesor Dr. Didier Opertti Baldán, 2005, S. 835 ff.; ausführlich *Olivares Tramón* (Fn. 111), S. 196 ff.; *Pizzolo* (Fn. 228); sowie *Susani* (Fn. 230 [2]), S. 73 ff.

staatliche Konflikte ausgerichtet. Die selbständige Beteiligung Privater ist nicht möglich.

1. Rechtliche Grundlagen

Das System zur Streitbeilegung nach dem Protokoll von Olivos soll in seiner Geltung bis zur Schaffung eines gemeinsamen Außenzolls beschränkt sein.[255] Vor Inkrafttreten des PvO galten die Regelungen zur Streitbeilegung nach dem »Protokoll von Brasilia« (i.F.: »PvB«).[256] Das PvB sah als Kernelement zur Lösung von Konflikten – wie auch das PvO – die Einschaltung von Ad-Hoc-Schiedsgerichten vor.[257] Für Beschwerden von Privaten war ein Verfahren vorhanden, dessen Steuerung ausschließlich in der Hand der Mitgliedstaaten verblieb und keinen effektiven Rechtsschutz ermöglichte.[258] Mit Inkrafttreten des POP 1996 wurde für Private eine – im Weiteren beschriebene – Möglichkeit zur Beschwerde bei der Handelskommission geschaffen.[259]

2. Zwischenstaatliche Streitbeilegung bei nur marginaler Beteiligung Privater

Das PvO gilt für Streitigkeiten über die Interpretation, die Anwendung oder die Erfüllung des VvA, des POP, der übrigen, auf den VvA zurückgehenden Protokolle und Abkommen, der Entscheidungen des Rates, der Entschließungen der Gruppe sowie der Richtlinien der Handelskommission.[260] Es findet indes keine Anwendung, wenn sich die das Verfahren einleitende Partei für einen anderen Streitbeilegungsmechanismus, zum Beispiel ein Verfahren nach den Regeln der Welthandelsorganisation, entscheidet.[261] Die Mitgliedstaaten erkennen die Kompetenz der im Protokoll benannten Schiedsgerichte vorbehaltlos an, welche in ihren Entscheidungen neben den oben genannten Rechtsakten auch die Grundsätze und Prinzipien des allgemeinen Völkerrechts zugrunde legen.[262] Das PvO kennt einerseits ein Verfahren für Strei-

---

255 Siehe Art. 53 PvO und Art. 44 POP.

256 »Protokoll von Brasilia zur Beilegung von Streitigkeiten« (»Protocolo de Brasilia para la Solución de Controversias«), auch Ratsentscheidung N° 1/91 vom 17.12.1991, in Kraft seit dem 22.4.1993. Das PvO ersetzte ausdrücklich das Regelungssystem des PvB, Art. 55 Abs. 1 PvO.

257 Art. 7 ff. PvB.

258 Art. 25 ff. PvB.

259 Art. 21 POP; siehe hierzu S. 98.

260 Art. 1 Abs. 1 PvO.

261 Art. 1 Abs. 2 PvO.

262 Art. 33, 34 PvO.

tigkeiten zwischen den Mitgliedstaaten, andererseits ein Beschwerdeverfahren für Private.[263] Die Mercosurstaaten können – nach erfolglosen bilateralen Verhandlungen – nach dem PvO ad hoc zu bildende, nicht ständige Schiedsgerichte anrufen.[264] Diese erlassen binnen kurzer Frist einen Schiedsspruch und ergreifen gegebenenfalls auch einstweilige Maßnahmen.[265] Der Schiedsspruch des Ad-Hoc-Schiedsgerichts kann durch das Ständige Revisionsgericht mittels – weiteren Rechtsmittels nicht zugänglichen – Urteils bestätigt, geändert oder aufgehoben werden.[266] Alternativ zu diesem mehrstufigen Verfahren verfügen die Streitparteien über die Möglichkeit, das Ständige Revisionsgericht nach vorangegangenen bilateralen Gesprächen durch gemeinsamen Entschluss direkt als erste und einzige Instanz anzurufen.[267]

Im Rahmen des Beschwerdeverfahrens für Private können sich natürliche und juristische Personen auf den Erlass oder die Anwendung einer gesetzlichen oder verwaltenden Maßnahme mit beschränkender, diskriminierender oder widerrechtlicher Wirkung berufen, die zu einer Verletzung des VvA, des POP, der anderen Protokolle, der Ratsentscheidungen, der Entschließungen der Gruppe sowie der Richtlinien der Handelskommission durch die Mitgliedstaaten führt, sofern ihnen durch die Anwendung dieser Rechtsakte ein Nachteil entstanden ist oder nur zu entstehen droht.[268] Die unmittelbare Verfahrensbeteiligung des betroffenen Privaten

---

263 Art. 4 ff.; 39 ff. PvO.

264 Art. 4 – 6, 9 PvO. Der Streitgegenstand vor dem Ad-Hoc-Schiedsgericht ergibt sich aus den schriftlichen Einlassungen der Parteien und kann nachträglich nicht erweitert werden, Art. 14 PvO. Ein solches Schiedsgericht setzt sich zusammen aus drei Richtern, von denen die Streitparteien je einen und gemeinsam den Vorsitzenden aus einer vom Verwaltungssekretariat vorgehaltenen Liste berufen, Art. 10, 11 PvO. Die Schiedssprüche ergehen sowohl in den Ad-Hoc-Schiedsgerichten als auch im Ständigen Revisionsgericht durch Mehrheitsbeschluss, Art. 25 S. 1 PvO; zu dem zwischenstaatlichen Verfahren auch *Baptista/Accioly*, Solução de Divergências no Mercosul, in: Basso (Fn. 208), S. 125 (143 ff.); zur Beschlussfassung, den Rechtsfolgen und zum Verfahren mit den Schiedssprüchen *Pizzolo* (Fn. 228), S. 171 ff.

265 Art. 16, 15 PvO.

266 Siehe insbesondere Art. 17; 21 Abs. 2; 22; 26 POP. Dessen Entscheidung kann dabei allein die im Streit bereits behandelten Rechtsfragen und Rechtsauffassungen zum Gegenstand haben, Art. 17 Abs. 2 PvO. Es äußert sich dabei auch zur Auslegung des Mercosurrechts.

267 Art. 23 PvO. *Susani* (Fn. 230 [2]), S. 73 (75), kritisiert, dass nach den geltenden Mechanismen zur Streitbeilegung aus dem europäischen Recht bekannte Verfahren zur Feststellung von Vertragsverletzungen oder der Nichtigkeit staatlicher Rechtsakte im Mercosur fehlen.

268 Art. 39, 40 Abs. 2 PvO: »Los particulares deberán aportar elementos que permitan determinar la verosimilitud de la violación y la existencia o amenaza de un perjuicio, para que el reclamo sea admitido« (»Die Privaten müssen Nachweise erbringen, die

beschränkt sich indes darauf, der jeweiligen Ländergruppe in der Gruppe des Gemeinsamen Marktes die mögliche Verletzung darzulegen.[269] Nach ihrem Ermessen wird diese Ländergruppe mit der Gruppe des gerügten Mitgliedstaats eine gütliche Einigung mittels direkter Verhandlungen zu erzielen versuchen. Sollte hierbei nicht binnen 15 Tagen eine Lösung gefunden werden, legt die Ländergruppe des betroffenen Privaten die Streitfrage der Mercosur-Gruppe selbst vor. Die Gruppe kann die Beschwerde durch einstimmigen Beschluss zurückweisen oder eine dreiköpfige Expertengruppe einberufen, welche innerhalb einer 30-tägigen Frist ein Gutachten zur Lösung der Streitfrage erarbeitet und währenddessen dem betroffenen Privaten und den Staaten die Anhörung ermöglicht. Sollte dieses Gutachten eine Verletzung der oben genannten Rechtsakte feststellen, ist jeder andere Mitgliedstaat berechtigt, den betreffenden Staat zur Beseitigung dieser Verletzung aufzufordern. Sofern der beschuldigte Staat die Verletzung nicht binnen 15 Tagen beseitigt, kann ohne Weiteres ein Schiedsverfahren nach Kapitel VI des PvO eingeleitet werden. Die Beschwerde wird dagegen nicht weiter behandelt, falls die Expertengruppe nicht einstimmig eine Verletzung der beschriebenen Rechtsakte feststellt.[270] Davon unabhängig steht den Mitgliedstaaten in diesem Falle weiterhin die Einleitung eines gewöhnlichen Schiedsverfahrens offen. Die Beschwerde stellt damit schon kein auf konkreten subjektiven Rechtsschutz ausgerichtetes und ausgestaltetes Verfahren dar.[271] Im Übrigen beinhaltet sie die angeführten Hürden,

---

es ermöglichen, das Vorliegen einer Rechtsverletzung oder eines drohenden Nachteils anzunehmen, damit ihre Beschwerde zugelassen wird«); siehe für weitere Details des Verfahrens auch Art. 46 ff. der Ratsentscheidung N° 37/03; krit. zu diesem Verfahren und eine direkte Beteiligung Privater fordernd *Bloch/Iglesias*, Solución de Controversias en el Mercosur, 1995, S. 72, 81 f.; ausführlich *Baptista/Accioly* (Fn. 264), S. 125 (139 ff., 165 ff.); krit. zu den beschränkten Möglichkeiten im Rahmen dieses Verfahrens *Pizzolo* (Fn. 228), S. 185 ff.; *Gari* (Fn. 196), S. 88 f.

269 Art. 40 PvO; krit. zu dieser mangelhaften Berücksichtigung des Privaten *Schmidt* (Fn. 184), S. 139 (141), der dessen Rolle als die des »Denunzianten« beschreibt.

270 Das hier zusammenfassend beschriebene Verfahren gründet sich auf die Art. 40; 41 Abs. 1; 42; 43; 44 Abs. 1 PvO.

271 *Gonzalez-Oldekop*, La Integración y Sus Instituciones, 1997, S. 271 f., spricht sogar von der »Hilflosigkeit« der Privaten (»La indefensión de los particulares«) bezüglich des Verfahrens vor der Gruppe, die sich besonders im Falle mittelständischer Unternehmen zeige; noch zur (vergleichbaren) Rechtslage nach dem PvB *Guira*, State-to-State Arbitration under Mercosur, in: Blackaby/Lindsey/Spinillo (Hrsg.), International Arbitration in Latin America, 2002, S. 295 (301 ff.), mit dem expliziten Hinweis auf den Zugang auch für Personen aus Drittstaaten: »Nothing seems to prevent local subsidiaries or branches of foreign companies from non-Mercosur countries from taking advantage of this system.«; krit. zum gegenwärtigen Modell *Opertti Badán*, Sistema de Solución de Controversias en el Mercosur, in: Kleinheisterkamp/

welche das Schutzansinnen des Betroffenen leicht vereiteln können, und erfasst auch nur einen Teil desjenigen Handelns, das einen Privaten belasten kann.[272] Praktisch stellt sie auch nur ein Mittel gegen das Handeln eines anderen als des eigenen Staates des Betroffenen dar und kann nicht als Instrument dienen, den eigenen Staat zu rechtskonformem Verhalten zu veranlassen.[273] Theoretisch können Private im Rahmen eines Vorlageverfahrens vor dem Revisionsgericht (indirekt) an einem Verfahren vor einem Mercosurgericht beteiligt werden.[274] Die Wahrscheinlichkeit hierfür ist jedoch gering.[275]

3. Nur beschränkte Rechtsfolgen der Schiedssprüche

Nachdem unter dem Protokoll von Brasilia insgesamt zehn Schiedssprüche[276] ergangen waren, sind seit Inkrafttreten des Protokolls von Olivos bislang zwei Schiedssprüche durch Ad-Hoc-Schiedsgerichte[277] und sechs Entscheidungen durch das Ständige Revisionsgericht[278] erfolgt sowie drei Rechtsgutachten[279] erstellt worden.[280]

Lorenzo Idiarte (Hrsg.), Avances del Derecho Internacional Privado en América Latina, 2002, S. 457 (460 f.). Das Verfahren erläutert auch *Leathley* (Fn. 120), S. 172 f.; *Gama Sá Cabral/Lucarelli de Salvio*, Considerations on the Mercosur Dispute Settlement Mechanism and the Impact of its Decisions in the WTO Dispute Resolution System, JWT (6) 2008, S. 1013 (1023), stellen Unterschiede zum europäischen Recht heraus. *Dreyzin de Klor/Perotti* (Fn. 232), S. 79, betonen, dass Uruguay bei der Verhandlung des PvO erfolglos dafür plädiert habe, den schon im PvB vorhandenen Streitbeilegungsmechanismus unter Beteiligung Privater effektiver zu gestalten.

272 *Basso*, Mercosul: do Passado ao Futuro, in: Basso (Fn. 208), S. 23 (27 f.), kritisiert den unzureichend ausgestalteten Schutz für Private und benennt dabei insbesondere den Umstand, dass selbst bei einer Verurteilung des beklagten Staates der Private nicht selbst einen Vorteil oder Ausgleich erlangen könnte; *Pizzolo* (Fn. 228), S. 187, verweist darauf, dass zum Beispiel Unterlassungen oder Gerichtsurteile nicht erwähnt sind. Krit. auch *Susani* (Fn. 230 [2]), S. 73 f., die anführt, dass bis dato nur fünf von 33 Fällen der Verhandlung von Streitigkeiten durch Private initiiert worden seien.

273 Vgl. bei *Alves de Oliveira*, Mercosul – História – Direito – Economia, 2002, S. 63.

274 Sehr optimistisch bewertet diese Möglichkeit *Susani* (Fn. 230 [1]), S. 66 (70): »gran potencialidad para la protección de los particulares« (»großes Potenzial für den Schutz Privater«), die jedoch auch auf die erforderliche Regulierung des weiteren Verfahrens verweist; ausführlich zu dieser Möglichkeit auch *Dreyzin de Klor/Perotti* (Fn. 232), S. 95 ff.

275 Vgl. bei *Baptista/Accioly* (Fn. 264), S. 125 (167); ebenso *Klumpp*, La Efectividad del Sistema Jurídico del Mercosur, in: Basso (Fn. 208), S. 53 (88).

276 »Schiedsspruch vom 28.4.1999 zwischen Argentinien und Brasilien zur Anwendung handelsbeschränkender Maßnahmen«, »Controversia sobre Comúnicados Nº 37 del 17 de diciembre de 1997 y Nº 7 del 20 de febrero de 1998 del Departamento de Operaciones

de Comercio Exterior (DECEX) de la Secretaría de Comercio Exterior (SECEX): Aplicación de Medidas Restrictivas al Comercio Recíproco« (i.F.: »Schiedsspruch Ad-Hoc N° 1/1999 »handelsbeschränkende Maßnahmen« – Argentinien/Brasilien«);

»Schiedsspruch vom 27.9.1999 zwischen Argentinien und Brasilien zum Export von Schweinefleisch«, »Subsídios a la producción y exportación de carne de cerdo« (i.F.: »Schiedsspruch Ad-Hoc N° 2/1999 »Export von Schweinefleisch« – Argentinien/Brasilien«);

»Schiedsspruch vom 27.10.1999 zwischen Argentinien und Brasilien zum Export von Schweinefleisch«, »Subsídios a la producción y exportación de carne de cerdo« (i.F.: »Schiedsspruch Ad-Hoc N° 3/1999 »Export von Schweinefleisch« – Argentinien/Brasilien«) – dieser Schiedsspruch ergänzte auf Anfrage Argentiniens den zuvor ergangenen »Schiedsspruch Ad-Hoc N° 2/1999 »Export von Schweinefleisch« – Argentinien/Brasilien«;

»Schiedsspruch vom 10.3.2000 zwischen Brasilien und Argentinien zu Schutzklauseln für Textilprodukte«, »Aplicación de Medidas de Salvaguardia sobre Productos Textiles (Res. 861/99) del Ministerio de Economia y Obras y Servicios Públicos« (i.F.: »Schiedsspruch Ad-Hoc N° 1/2000 »Schutzklauseln für Textilprodukte« – Brasilien/Argentinien«);

»Schiedsspruch vom 7.4.2000 zwischen Brasilien und Argentinien zu Schutzklauseln für Textilprodukte«, »Aplicación de Medidas de Salvaguardia sobre Productos Textiles (Res. 861/99) del Ministerio de Economia y Obras y Servicios Públicos« (i.F.: »Schiedsspruch Ad-Hoc N° 2/2000 »Schutzklauseln für Textilprodukte« – Brasilien/Argentinien«) – dieser Schiedsspruch stellt eine Klarstellung zum zuvor ergangenen »Schiedsspruch Ad-Hoc N° 1/2000 »Schutzklauseln für Textilprodukte« – Brasilien/Argentinien« dar;

»Schiedsspruch vom 21.5.2001 zwischen Brasilien und Argentinien zum Export von Hühnern«, »Aplicación de Medidas Antidumping contra la exportación de pollos enteros, provenientes de Brasil, Resolución N° 574/2000 del Ministerio de Economía de la República Argentina« (i.F.: »Schiedsspruch Ad-Hoc N° 1/2001 »Export von Hühnern« – Brasilien/Argentinien«);

»Schiedsspruch vom 18.6.2001 zwischen Brasilien und Argentinien zum Export von Hühnern«, »Aplicación de Medidas Antidumping contra la exportación de pollos enteros, provenientes de Brasil, Resolución N° 574/2000 del Ministerio de Economía de la República Argentina« (i.F.: »Schiedsspruch Ad-Hoc N° 2/2001 »Export von Hühnern« – Brasilien/Argentinien«) – dieser Schiedsspruch stellt eine Klarstellung zum zuvor ergangenen Schiedsspruch »Schiedsspruch Ad-Hoc N° 1/2001 »Export von Hühnern« – Brasilien/Argentinien« dar;

»Schiedsspruch vom 29.9.2001 zwischen Uruguay und Argentinien zum Marktzugang für Fahrräder«, »Restricciones de Acceso al Mercado Argentino de Bicicletas de Origen Uruguayo« (i.F.: »Schiedsspruch Ad-Hoc N° 3/2001 »Marktzugang für Fahrräder« – Uruguay/Argentinien«); »Schiedsspruch zwischen Uruguay und Argentinien zum Marktzugang für Fahrräder«, »Restricciones de Acceso al Mercado Argentino de Bicicletas de Origen Uruguayo« (i.F.: »Schiedsspruch Ad-Hoc N° 4/2001 »Marktzugang für Fahrräder« – Uruguay/Argentinien«) – dieser Schiedsspruch stellt eine Klarstellung zum zuvor ergangenen »Schiedsspruch Ad-Hoc N° 3/2001 »Marktzugang für Fahrräder« – Uruguay/Argentinien« dar;

»Schiedsspruch vom 9.1.2002 zwischen Uruguay und Brasilien zur Einfuhr aufbereiteter Reifen«, »Prohibición de Importación de Neumáticos Remoldeados Procedentes de Uruguay« (i.F.: »Schiedsspruch Ad-Hoc N° 1/2002 »Einfuhr aufbereiteter Reifen« – Uruguay/Brasilien«);

»Schiedsspruch vom 19.4.2002 zwischen Argentinien und Brasilien zum Marktzugang für Pflanzenschutzmittel«, »Obstáculos al ingreso de productos fitosanitarios argentinos en el mercado brasileño. No incorporación de las Resoluciones GMC N° 48/96, 87/96, 149/96, 156/96 y 71/98 lo que impide su entrada en vigencia en el MERCOSUR« (i.F.: »Schiedsspruch Ad-Hoc N° 2/2002 »Marktzugang für Pflanzenschutzmittel« – Argentinien/Brasilien«);

»Schiedsspruch vom 21.5.2002 zwischen Paraguay und Uruguay zur Besteuerung von Zigaretten«, »Aplicación del IMESI (Impuesto Específico Interno) a la Comercialización de Cigarillos« (i.F.: »Schiedsspruch Ad-Hoc N° 3/2002 »Besteuerung von Zigaretten« – Paraguay/Uruguay«);

»Schiedsspruch vom 19.6.2002 zwischen Paraguay und Uruguay zur Besteuerung von Zigaretten«, »Aplicación del IMESI (Impuesto Específico Interno) a la Comercialización de Cigarillos« (i.F.: »Schiedsspruch Ad-Hoc N° 4/2002 »Besteuerung von Zigaretten« – Paraguay/Uruguay«) – dieser Schiedsspruch enthält Klarstellungen zum vorherigen »Schiedsspruch Ad-Hoc N° 3/2002 »Besteuerung von Zigaretten« – Paraguay/Uruguay«;

»Schiedsspruch vom 4.4.2003 zwischen Argentinien und Uruguay zur Industriefertigung von Wolle«, »Estímulo a la industrialización de lana« (i.F.: »Schiedsspruch Ad-Hoc N° 1/2003 »Industriefertigung von Wolle« – Argentinien/Uruguay«);

»Schiedsspruch vom 5.8.2005 zwischen Uruguay und Brasilien zur Einschränkung des Tabakhandels«, »Medidas discriminatorias y restrictivas al comercio de tabaco y productos derivados del tabaco« (i.F.: »Schiedsspruch Ad-Hoc N° 1/2005 »Einschränkung des Tabakhandels« – Uruguay/Brasilien«). Alle Schiedssprüche sind verfügbar unter www.tprmercosur.org, zuletzt geprüft am 17.12.2011.

277 »Schiedsspruch vom 25.10.2005 zwischen Uruguay und Argentinien zur Einfuhr wiederaufbereiteter Reifen«, »Prohibición de Importación de Neumáticos Remoldeados« (i.F.: »Schiedsspruch Ad-Hoc vom 25.10.2005 »wiederaufbereitete Reifen« – Uruguay/Argentinien«);

»Schiedsspruch vom 21.6.2006 zwischen Uruguay und Argentinien zur Sperrung einer Brücke zwischen diesen Staaten«, »Omisión del Estado Argentino en adoptar medidas apropiadas para prevenir y/o hacer cesar los impedimentos a la libre circulación derivados de los cortes en territorio argentino de vías de acceso a los puentes internacionales Gral. San Martín y Gral. Artigas que unen la República Argentina con la República Oriental del Uruguay« (i.F.: »Schiedsspruch Ad-Hoc vom 21.6.2006 »Brückensperrung« – Uruguay/Argentinien«), jeweils abrufbar unter www.tprmercosur.org (zuletzt am 17.12.2011 geprüft).

278 »Schiedsspruch vom 20.12.2005 zwischen Uruguay und Argentinien zur Einfuhr wiederaufbereiteter Reifen«, »Prohibición de Importación de Neumáticos Remoldeados procedentes del Uruguay« (i.F.: »Schiedsspruch TPR N° 1/2005, »wiederaufbereitete

Reifen« – Uruguay/Argentinien«), dieser Schiedsspruch hob den »Schiedsspruch Ad-Hoc vom 25.10.2005 »wiederaufbereitete Reifen« – Uruguay/Argentinien« auf;

»Schiedsspruch vom 13.1.2006 zwischen Uruguay und Argentinien zur Einfuhr wiederaufbereiteter Reifen«, »Prohibición de Importación de Neumáticos Remoldeados procedentes del Uruguay« (i.F.: »Schiedsspruch TPR N° 1/2006, »wiederaufbereitete Reifen« – Uruguay/Argentinien«) – dieser Schiedsspruch enthielt ergänzende Ausführungen zum »Schiedsspruch TPR N° 1/2005, »wiederaufbereitete Reifen« – Uruguay/Argentinien«;

»Schiedsspruch vom 6.7.2006 zwischen Uruguay und Argentinien zur Sperrung einer Brücke zwischen diesen Staaten«, »Impedimentos a la libre Circulación derivado de los Cortes en Territorio Argentino de vias de Acceso a los Puentes Internacionales Gral. San Martín y Gral. Artigas« (i.F.: »Schiedsspruch TPR N° 2/2006, »Brückensperrung« – Uruguay/Argentinien«) – dieser Schiedsspruch erging im Rahmen der Revision zum »Schiedsspruch Ad-Hoc vom 21.6.2006 »Brückensperrung« – Uruguay/Argentinien«;

»Schiedsspruch vom 8.6.2007 zwischen Uruguay und Argentinien zur Einfuhr wiederaufbereiteter Reifen«, »Prohibición de Importación de Neumáticos Remoldeados procedentes del Uruguay« (i.F.: »Schiedsspruch TPR N° 1/2007, »wiederaufbereitete Reifen« – Uruguay/Argentinien«), – dieser Schiedsspruch behandelte die Verhältnismäßigkeit von Repressalien, die Uruguay infolge des »Schiedsspruch[s] TPR N° 1/2006, »wiederaufbereitete Reifen« – Uruguay/Argentinien« ergriffen hatte;

»Schiedsspruch vom 25.4.2008 zwischen Uruguay und Argentinien zur Einfuhr wiederaufbereiteter Reifen«, »Prohibición de Importación de Neumáticos Remoldeados procedentes del Uruguay« (i.F.: »Schiedsspruch TPR N° 1/2008, »wiederaufbereitete Reifen« – Uruguay/Argentinien«), dieser Schiedsspruch hatte die Erfüllung des »Schiedsspruch[s] TPR N° 1/2005, »wiederaufbereitete Reifen« – Uruguay/Argentinien« zum Gegenstand;

»Schiedsspruch vom 21.7.2012 zum durch die Republik Paraguay beantragten einstweiligen Rechtsschutz gegen ihre Suspendierung in den Organen des Mercosur sowie gegen die Aufnahme Venezuelas als Vollmitglied«, »Procedimiento Excepcional de Urgencia solicitado por la República del Paraguay en relación con la suspensión de su participación en los Órganos del Mercado Común del Sur (Mercosur) y la incorporación de Venezuela como Miembro Pleno« (i.F.: »Schiedsspruch TPR N° 1/2012, »Suspendierung Paraguays«); jeweils unter www.tprmercosur.org abrufbar (zuletzt geprüft am 10.10.2013).

279 »Opinión Consultiva N° 1/2007 vom 3.4.2007 – Norte S.A. Imp. Exp. c/ Laboratorios Northia Sociedad Anónima, Comercial, Industrial, Financiera, Inmobiliaria y Agropeciaria« (i.F.: »Opinión Consultiva N° 1/2007«);

»Opinión Consultiva N° 1/2008 vom 24.4.2009 – Sucesión Carlos Schneck y otros c/ Ministerio de Economia y Finanzas y otros« (i.F.: »Opinión Consultiva N° 1/2008«);

»Opinión Consultiva N° 1/2009 vom 15.6.2009 – Frigorífico Centenario S.A. c/ Ministerio de Economía y Finanzas y Otros« (i.F.: »Opinión Consultiva N° 1/2009«); jeweils abrufbar unter www.tprmercosur.org, zuletzt geprüft am 10.10.2013.

280 Zu den soweit ergangenen Schiedssprüchen im Einzelnen *Calderón Vico de Della Savia/Molina/Villa*, El Arbitraje en el Mercosur, 2004, S. 27 ff. *Samtleben*, La Solución de

Die Schiedssprüche der Ad-Hoc-Schiedsgerichte entfalten Rechtskraft für die Streitparteien mit Ablauf der Revisionsfrist.[281] Mangels weiteren Rechtsmittels entfalten die Schiedssprüche des Ständigen Revisionsgerichts unmittelbar Rechtswirkung für die Parteien.[282] Die Staaten sind zur Befolgung dieser Urteile verpflichtet, können zu Fragen der Umsetzung das Schiedsgericht jedoch um kurzfristige Klarstellung anrufen.[283] Sollte der durch das Urteil verpflichtete Staat die Umsetzung nicht entsprechend vornehmen, kann die andere Streitpartei erneut das Ad-Hoc-Schiedsgericht oder das Ständige Revisionsgericht mit der Situation befassen.[284] Bei Nichtumsetzung eines Schiedsspruchs steht es dem begünstigten Staat ausdrücklich frei, gegenüber der anderen Partei zu Repressalien zu greifen.[285] Als solche sind die Aussetzung von Zugeständnissen und anderen gegenseitigen Verpflichtungen genannt, welche primär den im Schiedsspruch behandelten Wirtschaftssektor betreffen sollen, gegebenenfalls aber auf andere Sektoren ausgeweitet werden können.[286] Sofern der betreffende Staat das ihn verpflichtende Urteil als umgesetzt und diese Repressalien als unangemessen betrachtet, kann er erneut das Ad-Hoc-Schiedsgericht oder das Ständige Revisionsgericht mit der Frage der Verhältnismäßigkeit der Maßnahmen befassen. Gegebenenfalls sind die Repressalien dann nach Maßgabe des Schiedsgerichts anzupassen.[287] Den Schiedssprüchen kommt eine Funktion als Rechtserkenntnis- und Auslegungs-

---

Controversias en la Union Europea y en el Mercosur, in: Fernández Arroyo/Opertti Badán (Fn. 254), S. 947 (962), macht deutlich, dass auch das System unter dem PvO nur als vorübergehendes betrachtet wird; ausführlich auch *Bertoni*, Laudos Arbitrales en el Mercosur, 2006, S. 109 ff., 121 ff.; *de Santis Basso* (Fn. 208), S. 207 (232 ff.), gewährt Einblicke in die einzelnen Entscheidungen und zeigt den Einfluss von Grundsätzen des Völkerrechts auf (S. 242 ff.). *Susani* (Fn. 230 [2]), S. 73 ff., gewährt einen detaillierten Einblick in bisherige Verfahren nach dem Streitbeilegungssystem des Mercosur. Alle Schiedssprüche und Rechtsgutachten werden auch veröffentlicht im nur teilweise unter www.mercosur.int frei zugänglichen Amtsblatt des Mercosur, Art. 13, 40 Abs. 4 des Anhangs zur Ratsentscheidung N° 37/03.

281 Art. 26 Abs. 1, 17 Abs. 1 PvO.

282 Art. 26 Abs. 2 PvO.

283 Art. 26, 27, 29 PvO, Art. 28 PvO.

284 Art. 30 PvO.

285 Art. 31, 32 PvO; hierzu *Susani* (Fn. 230 [2]), S. 73 (80 f.); zum Begriff der Repressalie vgl. *Herdegen*, Völkerrecht, 12. Auf. 2013, § 59 Rn. 6 ff.

286 Art. 31 Abs. 1, 2 PvO.

287 Art. 32 Abs. 1 und 3 PvO.

quelle in Hinblick auf das Integrationsrecht zu.[288] Den im Vorlageverfahren ergangenen Rechtsgutachten des Revisionsgerichts (»Opiniones Consultivas«) kommt ausdrücklich keine Rechtswirkung zu.[289]

Als Konsequenz eines Schiedsspruchs kommt es nicht zu einer Revision des nationalen Rechts. Sowohl Ad-Hoc-Schiedsgericht als auch Ständiges Revisionsgericht stellen lediglich das (Nicht-)Vorliegen eines Verstoßes gegen Mercosurrecht fest, greifen aber nicht – etwa durch die Aufhebung eines nationalen Rechtsaktes – in die nationale Rechtssphäre ein.[290]

Angesichts der zahlreichen Konflikte zwischen den Staaten des Mercosur über Fragen der Integration verwundert die geringe Anzahl der Schiedssprüche und kann als Beleg dafür interpretiert werden, dass die Mitgliedstaaten die Konfliktbeilegung auf diplomatischem Wege bevorzugen.[291] Gegenstand intensiver Diskussion ist die Gründung eines mit weiter reichenden Kompetenzen ausgestatteten »Ständigen Gerichtshofs des Mercosur«.[292]

---

288 Dies beschreibt *Klumpp* (Fn. 275), S. 53 (80 ff.); Secretaría del Mercosur/Konrad-Adenauer-Stiftung, Tercer Informe sobre la Aplicación del Derecho del Mercosur por los Tribunales Nacionales, 2010, S. 102 ff., lassen jedoch erkennen, dass sich nationale Gerichte in ihrer Spruchpraxis an den Schiedssprüchen der Ad-Hoc-Tribunale orientieren.

289 Siehe Art. 11 des »Reglamento del Protocolo de Olivos para la Solución de Controversias en el Mercosur« in Ratsentscheidung N°37/03: »Las opiniones consultivas emitidas por el TPR no serán vinculantes ni obligatorias.« (»Die durch das TPR erstellten Rechtsgutachten sind weder bindend noch verpflichtend.«); vgl. dazu auch *Susani* (Fn. 230 [1]), S. 66 (78 f.); *Gama Sá Cabral/Lucarelli de Salvio* (Fn. 271), S. 1013 (1023), benennen dies als einen der Unterschiede zum europäischen Vorabentscheidungsverfahren (siehe dazu Art. 267 AEUV).

290 Vgl. ausführlich und eindeutig »Opinión Consultiva N° 1/2008« (Fn. 279), anders jedoch »Schiedsspruch Ad-Hoc N° 3/2001 »Marktzugang für Fahrräder« – Uruguay/Argentinien« (Fn. 276), siehe hierzu S. 235; *Gama Sá Cabral/Lucarelli de Salvio* (Fn. 271), S. 1013 (1026), sehen das Mercosur-Streitbeilegungssystem eng an das entsprechende Verfahren nach den Regeln der WTO angelehnt: »The WTO seems to be one important source of inspiration for the Mercosur DSM«, benennen aber auch Unterschiede im Detail.

291 *Baptista/Accioly* (Fn. 264), S. 125 (137), betonen, dass das Verfahren zur Streitbeilegung im Mercosur stärker durch diplomatische als rein gerichtliche Eigenschaften gekennzeichnet sei; *Gari* (Fn. 196), S. 89; *Susani* (Fn. 230 [2]), S. 73, führt aus, dass dies der hergebrachten Tradition aller Mercosurstaaten entspreche.

292 Dazu *Meira Mattos*, Reflexões sobre o Mercosul, in: Borba Casella/Celli Junior/de Almeida Meirelles/Bertini Pasquot Polido (Hrsg.), Direito Internacional, Humanismo e Globalidade, 2008, S. 338 (347); dessen nähere Ausgestaltung entwerfend, *Perotti*, Elementos básicos para la constitución de un Tribunal de Justicia del Mercosur, in: Caetano (Fn. 236), S. 199 (203 ff.); befürwortend auch *Susani* (Fn. 230 [2]), S. 73 (85). *Baptista/*

4. Nur wenig hilfreich: Die Beschwerdemöglichkeit Privater vor der Handelskommission

Neben dem beschriebenen Beschwerdeverfahren vor der Gruppe besteht für Private (und die Staaten) zusätzlich die Möglichkeit, die Handelskommission anzurufen. Sofern eine Streitigkeit über die Interpretation, die Anwendung oder die Nichterfüllung des VvA, des POP, der anderen Protokolle, der Ratsentscheidungen oder der Entschließungen der Gruppe den Zuständigkeitsbereich der Handelskommission berührt, kann Beschwerde vor diesem Organ erhoben werden.[293] Dies gilt ebenso für staatliche Maßnahmen, welche zum Nachteil eines Privaten den VvA, das POP, die übrigen Protokolle, die Ratsentscheidungen, die Entschließungen der Gruppe sowie die Richtlinien der Handelskommission verletzen.[294] Eine derartige Beschwerde wird auf der folgenden Sitzung der Handelskommission behandelt und, sofern nicht bereits eine Lösung erzielt wird, einem Fachkomitee zugewiesen. Sollte basierend auf dem von diesem Komitee erarbeiteten Gutachten nicht innerhalb der Handelskommission der Streit beigelegt werden können, leitet diese die Problematik an die Mercosur-Gruppe weiter. Wenn die Beschwerde einstimmig als begründet erachtet wird, ist der beklagte Staat verpflichtet, die von der Handelskommission oder der Gruppe ihm auferlegten Maßnahmen umzusetzen. Geschieht dies nicht innerhalb einer festzusetzenden Frist, kann der klagende

---

Accioly (Fn. 264), S. 125 (144 ff.), bewerten die Debatte um eine Reform des Streitbeilegungsmechanismus als »rein akademisch und von der politischen und wirtschaftlichen Realität des Mercosur abgekoppelt« (»O debate até agora tem sido meramente acadêmico, e totalmente desligado da realidade política e econômica do Mercosul«), da das derzeit vorhandene Potenzial noch nicht ausgeschöpft sei und die gegebenen Strukturen ihre Aufgaben bewältigten. Ihrer Ansicht nach könnte sich ein Gerichtshof mit weitergehenden Kompetenzen angesichts des derzeit nicht gegebenen Willens zu vertiefter Integration auch als Hindernis für weitere Integration, nicht als deren Motor zeigen (S. 147), und plädieren daher für die Einrichtung eines dauerhaften Mercosur-Schiedsgerichts (»Corte Arbitral Permanente«), (S. 148 ff.). Siehe dazu auch *Dreyzin de Klor/ Perotti* (Fn. 232), S. 50 ff., welche die Diskussion im Permanenten Forum der Höchsten Gerichte des Mercosur darstellen; und *Hummer* (Fn. 154), S. 100 (107 ff.).

293 Art. 21 POP i.V.m. Art. 1 und 25 PvB und dem Annex zum POP »Procedimiento General para Reclamaciones ante la Comisión de Comercio del Mercosur« (»Allgemeines Verfahren für Beschwerden vor der Handelskommission des Mercosur«) und Ratsentscheidung N° 18/02, welche Einzelheiten des Verfahrens, etwa zum Austausch von Dokumenten, regelt. Ausführlich auch *Pizzolo* (Fn. 228), S. 195 ff.; dazu *Gari* (Fn. 196), S. 90 f.

294 Siehe Art. 1 des Annex zum POP »Procedimiento General para Reclamaciones ante la Comisión de Comercio del Mercosur« i.V.m. Art. 21 POP, Art. 1, 25 PvB.

Staat direkt ein Schiedsverfahren einleiten.[295] Die Rolle des Privaten in diesem Verfahren ähnelt sehr derjenigen in dem beschriebenen Verfahren vor der Gruppe.[296] Der Private ist auch hier nur durch die Einleitung des Verfahrens beteiligt.

IV. Der Mercosur heute: Kein Gemeinsamer Markt – Das Überwiegen nationaler Egoismen

Mehr als zwanzig Jahre nach seiner Gründung, während derer der Mercosur auch schwerwiegende Krisen durchlebt hat,[297] müssen sich die durch VvA und POP geweckten Erwartungen an eine verstärkte Wirtschaftsintegration – namentlich die angestrebte Schaffung eines Gemeinsamen Marktes – an der Realität messen lassen. Es zeigt sich, dass dieses Ziel nicht erreicht wurde und die Mitgliedstaaten zu häufig nationalen Interessen den Vorrang vor gemeinschaftlichen Zielen einräumen:

Eine Freihandelszone beabsichtigte der VvA mittels eines detaillierten Programms zur Handelsliberalisierung innerhalb der Übergangszeit bis zum 31. Dezember 1994 zu realisieren.[298] Tatsächlich gelang es den Mitgliedstaaten, für den Großteil der Wirtschaftsgüter zwischenstaatliche Zölle und Handelshemmnisse progressiv zu beseitigen. In besonders sensiblen Sektoren wie beispielsweise der Zucker- und der Automobilindustrie bestehen jedoch nach wie vor Ausnahmen.[299] Diese rechtfertigen es jedoch nicht, die grundsätzliche Verwirklichung einer Freihandelszone zwischen den Staaten des Mercosur in Frage zu stellen. Dennoch verfallen die Mitgliedstaaten – darunter vor allem Argentinien – zum Vorteil nationaler und zum Nachteil ausländischer Produzenten häufig auf die Anwendung nichttarifärer Handelshemmnisse.[300] Prominentestes Beispiel ist die sich über Monate dehnende und von der argentinischen Regierung geduldete Sperrung einer argentinisch-uruguayischen Verbindungsbrücke durch argentinische Demonstranten.[301] Argentinien hat 2011 außerdem strenge Kontrollen für den Devisenverkehr

295 Zum beschriebenen Verfahren siehe Art. 2 – 7 Annex zum POP »Procedimiento General para Reclamaciones ante la Comisión de Comercio del Mercosur«.

296 Zu geringfügigen Unterschieden siehe *Pizzolo* (Fn. 228), S. 197 f.

297 *Cason* (Fn. 102), S. 85 ff., stellt insbesondere die brasilianische und argentinische Wirtschaftskrise um die Jahrtausendwende heraus.

298 Siehe S. 78.

299 Vgl. die Darstellung bei *Taalouch*, Der Außenhandel des Mercosur, 2007, S. 26 f.; zu solchen Ausnahmen auch *Fuders* (Fn. 98), S. 228 f.

300 Zu den nichttarifären Handelshemmnissen *Fuders* (Fn. 98), S. 245 ff.

301 Dieser Sperrung lag ein jahrelanger Streit zwischen Argentinien und Uruguay um eine Papierfabrik am Grenzfluss Rio Uruguay zugrunde, welcher letztlich sogar vom IGH

und die Einfuhr von Handelsgütern erlassen.[302] Beleg für das Fortbestehen solcher Handelshemmnisse ist auch die Ende 2010 beschlossene Einrichtung einer Arbeitsgruppe zu Fragen der nichttarifären Handelsbeschränkungen.[303] Prinzipiell stellt der Mercosur also zunächst eine Freihandelszone dar, doch bestehen in der Praxis zahlreiche damit grundsätzlich unvereinbare Handelshemmnisse, so dass der Mercosur zu Recht häufig als »unvollständige Freihandelszone« bezeichnet wird.[304]

Auch die Schaffung einer Zollunion ist bislang nicht vollständig erfolgt. Zwar setzte bereits die Ratsentscheidung N° 1/92 einen Zeitplan fest, wonach bis zum Juli 1994 ein gemeinsamer Außenzoll verwirklicht werden sollte, doch erwies sich die Verteilung der fortan gemeinsamen Zolleinnahmen zwischen den Staaten als lange unüberwindbares Problem.[305] Dennoch wurde im Grundsatz ein einheitlicher Außenzoll bereits 1994 etabliert.[306] Die Staaten stellten jedoch sicher, dass jeder Mercosurstaat von ihm zu bestimmende Produkte über Listen von diesem grundsätzlichen Außenzoll ausnehmen dürfe.[307] Ziel und Zweck des gemeinsamen Zolles wurden hierdurch nachhaltig vereitelt. Aufgrund dieser unterschiedlichen Zölle war die zusätzliche Verzollung an Mercosur-Binnengrenzen ein häufiges Hindernis für aus Drittstaaten eingeführte Produkte.[308] Wenn auch im Dezember 2010 schließlich eine Einigung über die Verteilung der Zolleinnahmen erreicht

---

entschieden werden musste (IGH, Case Concerning Pulp Mills on the River Uruguay, Argentina v. Uruguay, Urteil v. 20.4.2010), zu jüngstem Streit aus diesem Anlass *Oehrlein*, Die Nöte des kleinen Nachbarn, FAZ vom 19.10.2013, S. 7.

302 Das kommt zur Sprache bei *Moses*, Südamerikas Handelsverband ist wirtschaftlich abgehängt, FAZ vom 14.8.2013, S. 10; sowie *Moses/Kafsack*, Brasilien dringt auf Freihandel zwischen Europa und Mercosur, FAZ vom 13.8.2013, S. 11 und *Oehrlein*, Die Nöte des kleinen Nachbarn, FAZ vom 19.10.2013, S. 7.

303 Art. 54 Ratsentscheidung N° 56/10.

304 Optimistisch *Greiner* (Fn. 99), S. 84 f.; zurückhaltend *Alvez Mesa*, Der Zollkodex des Mercosur, 2009, S. 13; weitgehende Liberalisierungen führt auch an *Then de Lammerskötter*, WTO und Regional Trade Agreements (RTAs), 2004, S. 68 ff.; vgl. *Gari* (Fn. 196), S. 53, 56; und so auch *Bohn*, Parallelimportregelungen im Patent- und Markenrecht in Lateinamerika, 2010, S. 167: »unvollkommene Freihandelszone«; so auch *Küttner* (Fn. 180), S. 173.

305 Vgl. etwa Ratsentscheidung N° 26/03 und Ratsentscheidung N° 54/04 als Versuche, dieses Problem zu lösen.

306 Art. 1 Ratsentscheidung N° 22/94, zurückgehend auf Ratsentscheidung N° 7/94; *Cason* (Fn. 102), S. 63, bezeichnet diesen Zeitraum wegen der vermeintlichen Fortschritte als »golden age« des Mercosur und bewertet die (unvollständige) Zollunion sehr positiv.

307 Art. 2 – 4 der Ratsentscheidung N° 22/94 i.V.m. Entschließung der Gruppe N° 47/94.

308 Die problematische Doppelverzollung beschreibt *Fuders* (Fn. 98), S. 234 ff.

wurde, so besteht das System der Ausnahmelisten doch fort, ist der Mercosur heute nach überwiegender und berechtigter Bewertung bestenfalls eine »unvollständige Zollunion«.[309]

Die beschriebenen Defizite hinsichtlich der Verwirklichung des Freihandels und vor allem der Realisierung eines gemeinsamen Außenzolles erlauben es derzeit nicht, von einem tatsächlichen »Mercado Común del Sur«, dem Gemeinsamen Markt des Südens, zu sprechen, zumal es an einer Koordination der makroökonomischen Politiken durch die sehr auf nationale Interessen fixierten Einzelstaaten weitgehend fehlt.[310] Die soeben behandelten, durch VvA und POP klar definierten rechtlichen Ziele hat der Mercosur damit bislang nicht erfüllen können.[311]

---

309 Art. 23 – 31 der Ratsentscheidung N° 56/10, zurückgehend auf Ratsentscheidung N° 10/10; vgl. auch Ratsentscheidungen N° 58/10, N° 60/10, N° 36/11 und N° 37/11. Allerdings soll das System des Außenzolles evaluiert werden, vgl. Art. 35 f. Ratsentscheidung N° 56/10; zum Fortbestehen der Ausnahmelisten vgl. Art. 46 ff. Ratsentscheidung N° 56/10; so auch *Greiner* (Fn. 99), S. 85, 117; die Unvollständigkeit der Zollunion hervorhebend auch *de Santis Basso* (Fn. 208), S. 207 (228); so auch *Wachendorfer*, Der Mercosur in der Ära progressiver Regierungen, KiE März 2007, S. 1 (4); *Torres* (Fn. 104), S. 72; *Alvez Mesa* (Fn. 304), S. 13, die aber auch betont, dass die »Ausgestaltung der Zollunion [...] größtenteils realisiert« sei; und *Piana* (Fn. 143), S. 369 (376), der die Unvollständigkeit von Freihandelszone und Zollunion hervorhebt; *Bohn* (Fn. 304), S 167: »unvollständige Zollunion«; ähnlich auch *Samtleben*, Mercosur und Europa, in: Samtleben (Fn. 181), S. 173 (174).

Inzwischen ist es den Staaten gelungen, ein einheitliches Zollgesetz zu entwickeln, das bislang jedoch noch nicht in Kraft getreten ist. Bereits Ratsentscheidung N° 25/94 enthielt einen Entwurf für ein einheitliches Zollgesetz, welches jedoch nicht durch die Staaten umgesetzt wurde und scheiterte. Zurückgehend auf Ratsentscheidung N° 25/06 wurde dann durch Ratsentscheidung N° 17/10 ein einheitliches Zolldokument und durch Ratsentscheidung N° 27/10 ein einheitliches Zollgesetz verabschiedet; siehe dazu auch Ratsentscheidung N° 34/11; zum Zollkodex des Mercosur (vor Erlass der Ratsentscheidung N° 17/10) *Alvez Mesa* (Fn. 304), S. 33 ff.

310 So auch *Greiner* (Fn. 99), S. 117 f.; Von einem »unvollständigen Gemeinsamen Markt« (»mercado comum imperfeito«) spricht dennoch *Jaguaribe*, Problemas e Perspectivas do Mercosul, in: Basso (Fn. 208), S. 3 (4); hierzu *Fuders* (Fn. 98), S. 252 ff. Von einem bestehenden »common market« scheint dagegen auszugehen *Bennett* (Fn. 112), S. 103 (117); sehr skeptisch dagegen auch *Moses* (Fn. 302).

311 Krit. auch *Birle* (Fn. 105), S. 75 (82); *Dreyzin de Klor* (Fn. 182), S. 29 (55): »a testimony to the failure to create supranational bodies with decision-making powers«; ähnlich auch *Olivar Jimenez*, The Law of Mercosur and International Law: The Struggle for Independence, in: Toscano Franca Filho/Lixinski/Belén Olmos Giupponi (Fn. 182), S. 191: »the objectives proposed by the founding Treaties have not been

Indem also schon die rechtlichen Instrumente als Hilfsmittel zur Gestaltung politischer und wirtschaftlicher Ziele nicht verwirklicht werden konnten, bleiben einstweilen auch die letztgenannten unerreicht: In politischer Hinsicht wird kritisiert, dass der Mercosur nach außen nicht als Block auftrete und zum Beispiel in Gesprächen mit der EU nicht mit einer Stimme spreche.[312] Häufig wird ein fehlender politischer Wille zur vertieften Integration vermutet und eine Diskrepanz zwischen integrationsbezogener Rhetorik und tatsächlichem Handeln beklagt.[313] Die starken wirtschaftlichen Asymmetrien zwischen den Mitgliedstaaten führen faktisch auch dazu, dass Uruguay und Paraguay nur eine geringe Mitentscheidungsbefugnis zugestanden wird und die großen Partner Argentinien und Brasilien auch außerhalb des Bündnisses mercosur-relevante Fragen behandeln.[314] Es bleibt abzuwarten, wie sich die Balance im Mercosur durch den Beitritt Venezuelas verändern wird. Es ist zudem fraglich, inwiefern das Ziel des vervollständigten Gemeinsamen Marktes für alle Mitgliedstaaten gleichermaßen von Interesse ist. So würden zwar Uruguay und Paraguay von einer Verwirklichung dieser Ziele durch freien Zugang auf den argentinischen und vor allem den brasilianischen Markt immens profitieren, doch gilt andersherum, vor allem im Falle Brasiliens, dass die verschwindend geringen Märkte der beiden kleinsten Mitgliedstaaten nur wenig Anreiz bieten, eine eigene vollständige Öffnung effektiv voranzutreiben.[315] Für das auf seine Souveränität in höchstem Maße bedachte Brasilien ist die Vorstellung, von seinen Mercosur-Partnern in

---

achieved and […] the process of completion of the common market is still far from attaining the desired goal.«.

312 Vgl. auch *Di Masi* (Fn. 121), S. 259 (286); *Amadeo*, ¿Quo vadis, Mercosur?, La Nación 2008, S. 17.

313 *Birle* (Fn. 105), S. 75 (83 f.); *Dreyzin de Klor* (Fn. 182), S. 29 (55); *Susani* (Fn. 230 [2]), S. 73 (76), kritisiert, dass Argentinien – zulässigerweise, vgl. Art. 1 Abs. 2 PvO – einen Rechtsstreit mit Brasilien nicht vor den Mercosur-Schiedsgerichten, sondern im Rahmen der WTO ausgetragen hat.

314 Auf die bilaterale Umgehung der Mercosurprozesse verweisen auch *Cristini/Amal*, Inversión Extranjera Directa en el Mercosur: el papel de Europa, 2006, S. 179; vgl. *Gari* (Fn. 196), S. 225, der auf das Abkommen beschränkter Reichweite N° 14 ALADI (Acuerdo de Complementación Económica N° 14) vom 20.12.1990 verweist, innerhalb dessen Brasilien und Argentinien Fragen zum freien Personenverkehr verhandeln.

315 *Gratius*, Posibilidades y Límites para Profundizar la Integración, in: Gratius (Fn. 221), S. 301 (324): »en Brasil, los benefícios son mínimos, debido al tamaño limitado del mercado« (»in Brasilien sind wegen der geringen Größe des Marktes die Vorteile minimal«).

seiner Außen- und Wirtschaftspolitik verbindliche Vorgaben zu erhalten, problematisch.[316] Das brasilianische Interesse am Mercosur gründet sich auch auf eine mögliche Stärkung der eigenen Verhandlungsposition in internationalen Foren und gegenüber Dritten.[317] Die Bedeutung Brasiliens ist für den Mercosur unvergleichlich größer als die Bedeutung des Mercosur für Brasilien. Die wohl dringendste derzeitige Frage ist aber, welche Folgen der umstrittene, aber vollzogene Beitritt Venezuelas und die mehr als einjährige Suspendierung Paraguays noch zeigen werden.[318]

C. Institutionelle Gemeinsamkeiten und konzeptionelle Unterschiede zum Mercosur: Die Andengemeinschaft

Im nachfolgenden Abschnitt der Untersuchung werden institutionelle Gemeinsamkeiten von Mercosur und Andengemeinschaft herausgearbeitet werden. Im Rahmen des andinen Integrationssystems haben die Mitgliedstaaten dem Integrationsbündnis jedoch eigene Hoheitsrechte eingeräumt. Das im Folgenden behandelte Bündnis kennt zudem einen dauerhaft eingerichteten Gerichtshof, der auch Privaten zugänglich ist. Ihre wirtschaftlichen und politischen Ziele hat die Andengemeinschaft allerdings in noch geringerem Maße erreicht als der Mercosur.

---

316 *Birle* (Fn. 105), S. 75 (96); siehe auch *Cason* (Fn. 102), S. 118 f.; und *Gari* (Fn. 196), S. 95 f.

317 Hierauf verweisen *Coronado/Gratius*, Las Asimetrías de Poder entre Países Pequenos y Grandes: Intereses, Alianzas y Conflictos, in: Gratius (Fn. 221), S. 207 (211); vgl. *Gari* (Fn. 196), S. 47; zu den diversen Interessen Brasiliens am Mercosur auch *Cason* (Fn. 102), S. 117 ff.

318 Hierzu oben S. 77. Siehe zur Aufnahme Venezuelas bereits Ratsentscheidung N° 29/05; zum Beitritt Venezuelas allgemein *Magnoli/Jácome/Puente/Rios/Maduro*, Venezuelas Beitritt zum Mercosur, 2007; *Preusse*, Consecuencias de la Salida de Venezuela de la CAN y su Entrada en el Mercosur, in: Drnas de Clément/Hummer (Hrsg.), Segundas Jornadas Científicas de EULATIN II, 2008, S. 181 (187 ff.), der Folgen jedoch eher politischer als rechtlicher Art ausmacht; dem Beitritt Venezuelas stehen verhalten positiv gegenüber *Lixinski/de Andrade Correa*, The Legal Future of Mercosur, in: Toscano Franca Filho/Lixinski/Belén Olmos Giupponi (Fn. 182), S. 413 (416 ff.); siehe hierzu auch unten Fn. 861.

Die Andengemeinschaft[319] in ihrer heutigen Verfassung gründet sich primär auf das »Abkommen von Cartagena« (i.F.: »AvC«) von 1969, reformiert durch die »Akte von Trujillo« aus dem Jahr 1996 und zuletzt 2003 geändert durch das »Protokoll von Sucre«.[320] Die rechtliche Verwirklichung der Andengemeinschaft beruht auf politischen und wirtschaftlichen Entwicklungen, die bereits in den 1970er Jahren ihren Anbeginn nahmen: Nachdem die im Rahmen der ALALC erarbeiteten wirtschaftlichen Vorteile hauptsächlich den bereits entwickelteren Staaten Argentinien, Brasilien und Mexiko zugutegekommen waren und die andinen Länder ihren Entwicklungsrückstand nicht wie erhofft ausgleichen konnten, entschlossen sich diese Staaten zum andinen Sonderweg, der mit selbständigen Politiken größere Fortschritte bewirken sollte.[321] Dennoch wurde das neue Integrationsprojekt im Rahmen der ALALC unter der Bezeichnung »Andenpakt« als wirtschaftliche Präferenzzone errichtet.[322] Das Bündnis stellte anfangs einen Zusammenschluss von Bolivien, Kolumbien, Chile, Peru und Ecuador dar, das 1973 auch Venezuela in seine Reihen aufnahm. Chile trat aus dem Integrationsbündnis 1976 hauptsächlich wegen Differenzen über den Umgang mit ausländischen Investitionen wieder aus.[323] Institutionelle und konzeptionelle Reformen erfolgten 1987 ebenso wie die Umbenennung zur »Andengemeinschaft«.[324] Venezuela zog sich 2006 zurück, nachdem Peru und

319 Geläufig ist ebenso die Bezeichnung als »Andines Integrationssystem« oder »Sistema de Integración Andino«.

320 »Acuerdo de Integración Subregional Andino – Acuerdo de Cartagena« (»Abkommen zur Subregionalen Andinen Integration – Abkommen von Cartagena«), vom 26.5.1969, in Kraft getreten am 16.10.1969, englische Fassung in 8 ILM (1969), S. 910 ff.; »Acta de Trujillo« (»Akte von Trujillo«), vom 10.3.1996, in Kraft getreten am 3.6.1997 (siehe dazu die konsolidierende Kommissionsentscheidung N° 406); »Protocolo de Sucre« (»Protokoll von Sucre«), vom 25.6.1997, in Kraft seit dem 14.4.2003. Die Kommissionsentscheidung N° 563 vom 25. und 26.6.2003 dokumentiert das nach heutigem Stand konsolidierte »Abkommen von Cartagena« (alle abrufbar unter www.comunidadandina.org, letztmalig geprüft am 18.12.2011).

321 Vgl. dazu Art. 1 Abs. 2, 2 AvC; hierauf weist *Zagel* (Fn. 101), S. 90 f., hin; siehe auch bei *Magarinos* (Fn. 136), S. 88 (92); siehe auch bei *Bennett* (Fn. 112), S. 103 (108 f.).

322 Knapp dazu *Hummer* (Fn. 143), S. 399 (401 f.).

323 Die Militärregierung unter Diktator Pinochet beabsichtigte die Privatisierung von Staatsbetrieben mittels ausländischen Kapitals, was sich mit dem damaligen Investitionskonzept des Andenpaktes nicht vereinbaren ließ; siehe dazu S. 307.

324 »Protocolo de Quito« vom 12.5.1987, in Kraft seit 25.5.1988. Die weitere politische Entwicklung des Integrationsbündnisses war zeitweilig von schweren Krisen begleitet. Der Austritt von Chile und Venezuela bedeutete den Verlust zweier wirtschaftsmächtiger Bündnispartner, welcher nur zum Teil dadurch kompensiert

Kolumbien individuelle Freihandelsabkommen mit den Vereinigten Staaten geschlossen hatten.[325] Aus volkswirtschaftlicher Sicht stellt das Andenbündnis heute mit den verbleibenden Staaten Bolivien, Peru, Ecuador und Kolumbien einen Zusammenschluss der ärmsten Länder Südamerikas dar.[326]

I. Der Gründungsvertrag: Das Abkommen von Cartagena

Das reformierte Abkommen von Cartagena stellt das zentrale Fundament der Rechtsordnung der Andengemeinschaft dar. Ergänzt wird dieses durch den 1996 ebenfalls reformierten Gründungsvertrag des Andengerichtshofs (i.F.: »GVAG«), der nähere Bestimmungen zum andinen Rechtssystem trifft.[327] Die Andengemeinschaft verfolgt

---

wurde, dass verschiedene Staaten Südamerikas sich dem Bündnis als assoziierte Partnerländer zuwandten (Dies sind seit dem 7.7.2005 auch alle Staaten des Mercosur – siehe dazu S. 126 – sowie seit dem 20.9.2006 erneut Chile). Der Tiefpunkt der andinen Beziehungen war 1992 erreicht, als es trotz aller Integrationsrhetorik wegen Grenzstreitigkeiten zu einem kurzen bewaffneten Konflikt zwischen Peru und Ecuador kam, welcher erst 1998 durch formellen Friedensschluss beigelegt wurde. Peru war ab 1992 zudem gezwungen, seine aktive Mitgliedschaft ruhen zu lassen, nachdem der damalige Präsident Fujimori das nationale Parlament aufgelöst hatte. Erst fünf Jahre später wurde die Wiederannäherung Perus erfolgreich abgeschlossen; zur Wiedereingliederung Perus vgl. Entscheidung der Kommission N° 353; zu den Hintergründen der Entstehung der Andengemeinschaft *Unterguggenberger*, Das Urheberrecht in der Andengemeinschaft, 1999, S. 19 ff. Die mangelnde Kohärenz des Integrationsprozesses zeigt sich auch darin, dass als »Gruppe der Drei« Kolumbien, Venezuela und Mexiko eine separate Freihandelszone mit Wirkung zum Jahr 1995 schufen. Venezuela hat dieses Bündnis mittlerweile jedoch wieder verlassen.

325 Siehe etwa das »United States – Peru Trade Promotion Agreement« vom 12.4.2006, verfügbar unter www.ustr.gov (geprüft zuletzt am 18.12.2011). Der Austritt Venezuelas wurde wirksam zum 21.4.2011. Venezuela wandte sich kurz darauf dem Mercosur zu und ist heute dessen Vollmitglied (siehe S. 76).

326 Bolivien hat bei etwa 10, 5 Mio. Einwohnern ein Bruttoinlandsprodukt von ca. 22 Mrd. US-Dollar, Kolumbien erwirtschaftet mit ca. 45, 5 Mio. Menschen gut 270 Mrd. US-Dollar, ca. 30 Mio. Peruaner erreichen ungefähr 157 Mrd. US-Dollar und das ecuadorianische BIP in Höhe von gut 58 Mrd. US-Dollar steht im Verhältnis zu 14, 5 Mio. Einwohnern (Daten für 2010, abrufbar unter www.auswaertiges-amt.de, zuletzt geprüft am 18.12.2011).

327 »Tratado de Creación del Tribunal de Justicia de la Comúnidad Andina« (»Vertrag zur Gründung des Gerichtshofs der Andengemeinschaft«) vom 28.5.1996, in Kraft getreten am 25.8.1999; vgl. auch Entscheidung der Kommission N° 472; sowie S. 293 ff.

das Ziel des Gemeinsamen Andinen Marktes.[328] Die Kooperation mit anderen Integrationsbündnissen und die Angleichung der wirtschaftspolitischen Konzepte und wirtschaftsrechtlichen Bedingungen sowie sektorenspezifische Entwicklungsprogramme sollen die Verwirklichung dieser Ziele unterstützen.[329]

II. Parallelen zum Mercosur: Die institutionelle Struktur der Andengemeinschaft

Die Andengemeinschaft verfügt über sechs Haupt-[330] und diverse Nebenorgane[331]. Wie der Mercosur weist die Andengemeinschaft einerseits Organe auf, die andere Organe oder Dritte zu verpflichten berechtigt, also entscheidungsbefugt sind und eigene Rechtsakte erlassen können, verfügt andererseits aber auch über Organe, deren Funktion sich auf bloß beratende Tätigkeiten beschränkt.[332]

1. Das höchste Organ: Der entscheidungsbefugte Präsidentenrat

Der Präsidentenrat setzt sich zusammen aus den Staatschefs der Mitgliedstaaten, welche sich in diesem Rahmen mindestens einmal jährlich versammeln. Es ist

328 Dies schließt die Schaffung einer Zollunion und einer Freihandelszone ein; vgl. Art. 1 Abs. 1, 3 Abs. 1 d), e) AvC.

329 Vgl. im Einzelnen Art. 3 Abs. 1. a) – j) AvC.

330 Präsidentenrat (Consejo Presidencial Andino, Art. 6, 11 – 14 AvC), Rat der Außenminister (Consejo Andino de Ministros de Relaciones Exteriores, Art. 6, 15 – 20 AvC), Kommission (Comisión de la Comúnidad Andina, Art. 6, 21 – 28 AvC), Generalsekretariat (Secretaría General de la Comúnidad Andina, Art. 6, 29 – 39 AvC), Andengerichtshof (Tribunal de Justicia de la Comúnidad Andina, Art. 6, 40 f. AvC) und Andenparlament (Parlamento Andino, Art. 6, 42 f. AvC); eine sorgfältige Beschreibung der andinen Organe liefern auch *Lehmann* (Fn. 254), S. 138 ff.; und *Moya Domínguez*, Derecho de la Integración, 2006, S. 115 ff.; sowie knapper *Leathley* (Fn. 120), S. 109 ff.

331 Unternehmerrat (Consejo Consultivo Empresarial, Art. 6, 44) und Arbeitnehmerrat (Consejo Consultivo Laboral, Art. 6, 44 AvC) sowie als Finanzinstitutionen die Andine Unterstützungsgesellschaft (Corporación Andina de Fomento), Art. 6, 45 f. AvC und den Lateinamerikanischen Reservefonds (Fondo Latinoamericano de Reservas), Art. 6, 45 f. AvC. Auf die Bedeutung der Andinen Unterstützungsgesellschaft für die Förderung von Investitionen geht ein *Hummer*, Investment Rules in Regional Integration Agreements in Latin America: The Case of the Andean Pact/Andean Community, in: Binder/Kriebaum/Reinisch/Wittich (Fn. 73), S. 561 (582 f.).

332 *Unterguggenberger* (Fn. 324), S. 23 ff., zeigt Bezüge zur Organstruktur vor der Reform durch das Protokoll von Trujillo auf.

Aufgabe des Präsidentenrats, politische Leitlinien, Impulse und Orientierungen für die Entwicklung des Integrationsprozesses zu schaffen und den Verlauf der Integration zu überwachen und zu evaluieren. Hinsichtlich dieser Funktion ist er dem Rat des Mercosur vergleichbar. Solche Impulse werden mittels des ihm zugeordneten Handlungsinstruments der Richtlinie (Directriz) zur Umsetzung und als Handlungsvorgabe an die übrigen Organe geleitet.[333]

2. Der entscheidungsbefugte Rat der Außenminister

Der Rat der Außenminister setzt sich zusammen aus den Außenministern der Mitgliedstaaten. Diese versammeln sich grundsätzlich in halbjährlichem Rhythmus, dabei regelmäßig auch in erweiterter Runde mit Vertretern der Kommission. Der Rat der Außenminister handelt mittels Erklärungen (Declaraciones) und Entscheidungen (Decisiones). Beide kommen nur bei Einstimmigkeit zustande, letztere sind ausdrücklich Teil der »Rechtsordnung der Andengemeinschaft«.[334] Der Rat der Außenminister ist zuständig für alle außenpolitischen Fragen der Andengemeinschaft, insbesondere die Vertretung gegenüber dritten Staaten und internationalen Organisationen. Zudem bestimmt er, basierend auf den Richtlinien des Präsidentenrats, die allgemeine Integrationspolitik der Gemeinschaft und überwacht den Fortgang der Integration.[335]

3. Die entscheidungsbefugte Kommission

Die Kommission setzt sich zusammen aus je einem Bevollmächtigten jedes Mitgliedstaates. Sie trifft sich unter Anwesenheitspflicht mindestens dreimal jährlich.

---

333 »Consejo Presidencial Andino«, siehe insbesondere Art. 11 Abs. 1 S. 1; 12; 13 Abs. 1 AvC. Der Präsidentenrat verfügt selbst noch über einen Vorsitzenden, welcher in jährlicher Rotation wechselt. Diesem kommen hauptsächlich Repräsentationsfunktionen zu, Art. 14 AvC. Erst seit der Reform durch die Akte von Trujillo 1996 besteht dieses politisch geprägte Führungsorgan, vgl. *Unterguggenberger* (Fn. 324), S. 24; zu diesem Organ auch *Frischhut*, Die Rolle der Judikative in der Ausformung der Verbandsgewalt supranationaler Organisationen, 2003, S. 231 ff.; und *Kühn*, Die Andengemeinschaft, 2003, S. 150 ff. (dort: »Andenpräsidentenrat«).

334 Art. 17 S. 2 AvC.

335 »Consejo Andino de Ministros de Relaciones Exteriores«, Art. 15 AvC; siehe insbesondere zu den hier beschriebenen Merkmalen Art. 16; 17; 18 S. 1; Art. 20; der Rat der Außenminister wird vertreten durch dessen Vorsitzenden, welcher stets der Außenminister des Landes ist, das auch den Vorsitzenden des Präsidentenrats stellt, Art. 19 Abs. 1 AvC; zu diesem Organ auch *Frischhut* (Fn. 333), S. 233 ff.; und *Kühn* (Fn. 333), S. 152 ff.

Als Erweiterte Kommission tritt das Organ unter Einbindung der jeweiligen Fachminister zusammen, wenn spezifische Thematiken behandelt werden, welche die Region als Ganzes betreffen. Die Kommission handelt mittels Entscheidungen (Decisiones) und ist das zentrale normsetzende Organ der Andengemeinschaft. Die Entscheidungen werden grundsätzlich – und hierin liegt schon ein wichtiger Unterschied zum Mercosur – bereits mit der Mehrheit der abgegebenen Stimmen, gegebenenfalls also auch gegen den Willen eines Staates, beschlossen.[336] Ein Initiativrecht kommt der Kommission allerdings nicht zu. Vielmehr werden Beschlüsse nur nach Vorlage durch die Mitgliedstaaten oder das Generalsekretariat gefasst. Die Kompetenzen der Kommission betreffen die handels- und investitionsbezogenen Aspekte der regionalen Integration, die diesbezügliche Vertretung der Gemeinschaft in internationalen Foren, die Beschlussfassung über Vorschläge des Generalsekretariats oder der Mitgliedstaaten sowie die Festlegung der jährlich zu leistenden Beiträge der Mitgliedstaaten und der Budgets von Generalsekretariat und Andengerichtshof.[337]

336 Art. 26 AvC. Davon abweichend gilt jedoch für alle im Annex I des AvC angeführten Sachfragen (dies betrifft etwa Vorschläge zur Änderung des AvC oder dessen Annexen, die Ausprägung von Kompetenzen des Generalsekretariats oder die Korrektur von Vorschlägen des Generalsekretariats) das Erfordernis einer absoluten Stimmenmehrheit ohne Gegenstimmen, siehe Art. 26 lit. a) AvC. Für alle in Annex II des AvC angeführten Materien – dies betrifft zum Beispiel die Behandlung von Warenursprungsregeln – gilt, dass hier zwar eine Beschlussfassung gegen die Stimme eines Mitgliedstaats erfolgen kann, dies jedoch nur dann geschieht, wenn die Vorlage bereits zuvor behandelt und nach der Gegenstimme desselben Staates durch das Generalsekretariat inhaltlich überarbeitet worden ist, um den vorgebrachten Bedenken Rechnung zu tragen, siehe Art. 26 lit. b) AvC.

337 »Comisión de la Comúnidad Andina«, Art. 21 Abs. 1 AvC; siehe zum hier Erläuterten insbesondere Art. 21 Abs. 2; 22 Abs. 1; 24; 25 AvC. Die Vertretung der Kommission obliegt deren Vorsitzenden, welcher dem Land entstammt, das auch den Vorsitzenden des Präsidentenrats stellt, Art. 23 AvC. Damit wird deutlich, dass dem Präsidentenrat, dem Rat der Außenminister und der Kommission stets Personen aus demselben Land gleichzeitig vorstehen. Zum fehlenden Initiativrecht siehe Art. 22 Abs. 1 f) und 27 AvC. Dies ergibt sich auch aus dem »Reglement zum Verwaltungsverfahren bei dem Generalsekretariat der Andengemeinschaft« (»Reglamento de Procedimientos Administrativos de la Secretaría General de la Comúnidad Andina«), Entscheidung der Kommission N° 425; zu diesem Organ *Frischhut* (Fn. 333), S. 235 ff.; und *Kühn* (Fn. 333), S. 155 ff. (dort: »Comisión«).

4. Die Verwaltung: Das entscheidungsbefugte Generalsekretariat

Das Generalsekretariat als »exekutivisches Organ« der Andengemeinschaft wird geleitet von dem auf fünf Jahre gewählten Generalsekretär.[338] Dem Generalsekretariat ist der Rechtsakt der Entschließung (Resolución) zugeordnet. Diesen Akten kommt individueller Charakter zu. Sie können gegenüber einzelnen Personen oder Staaten erlassen werden.[339] Solche Entschließungen kann das Sekretariat im Rahmen seiner Befugnisse oder im Rahmen derjenigen Kompetenzen erlassen, die ihm von anderen Organen explizit übertragen werden. Das Generalsekretariat hat seine Aufgaben allein zur Förderung des Gemeinschaftsinteresses wahrzunehmen. Es überwacht die Anwendung und Einhaltung des AvC und aller anderen Normen des Rechts der Andengemeinschaft und erstattet hierüber Bericht. Es kommt allen Anliegen und Aufträgen des Rates der Außenminister und der Kommission nach, kann diesen Organen aber auch Entscheidungsvorschläge unterbreiten. Es koordiniert die Integrationsbemühungen zwischen Mitgliedstaaten und mit anderen Integrationsbündnissen. Darüber hinaus gibt es das Amtsblatt »Gaceta Oficial del Acuerdo de Cartagena« heraus. Dem Sekretariat kommt darüber hinaus eine Rolle im Verfahren der Streitbeilegung zu.[340]

5. Institutionelle Anlehnung an den Europäischen Gerichtshof: Der Andengerichtshof und die wichtigsten Verfahrensarten

Die bedeutendste institutionelle Besonderheit der Andengemeinschaft ist der in seiner verfahrensrechtlichen Ausgestaltung an den Europäischen Gerichtshof angelehnte Andengerichtshof. Das AvC verweist auf den Gründungsvertrag des Andengerichtshofs, der heute in der reformierten Fassung von 1996 gilt.[341] Der

---

338 »Secretaría General de la Comúnidad Andina«, Art. 32, 34 AvC. Diesem sind verschiedene Generaldirektoren sowie technisches und mit Verwaltungsaufgaben betrautes Personal zugeordnet, Art. 35 AvC, Art. 29 Abs. 2 AvC; zum Generalsekretariat auch *Frischhut* (Fn. 333), S. 237 ff.; und *Kühn* (Fn. 333), S. 157 ff.

339 Siehe Art. 39 Abs., 1 AvC. Dies betont *Kühn* (Fn. 333), S. 208 f.

340 Siehe insbesondere zu den hier angeführten Funktionen Art. 29 Abs. 2 S. 2; 30, 39 AvC; zur Beteiligung am Verfahren zur Streitbeilegung siehe Art. 46 ff. des »Reglement zum Verwaltungsverfahren bei dem Generalsekretariat der Andengemeinschaft« (»Reglamento de Procedimientos Administrativos de la Secretaría General de la Comúnidad Andina«), Entscheidung der Kommission N° 425; siehe auch *Ayuso*, Integración con equidad: instrumentos para el tratamiento de las asimetrías en América del Sur, in: Cienfuegos/Sanahuja (Fn. 148), S. 137 (161 f.).

341 Siehe Fn. 327. Der Gerichtshof setzt sich zusammen aus fünf Richtern mit je zwei Stellvertretern, bei einmalig möglicher Wiederwahl auf sechs Jahre bestimmt. Diese

Gerichtshof mit Sitz in Quito, Ecuador,[342] kennt fünf verschiedene Verfahrensarten: Das Nichtigkeitsverfahren[343], das Vertragsverletzungsverfahren[344], das Vorabentscheidungsverfahren[345], das Untätigkeitsverfahren[346] sowie das Schiedsverfahren[347]. Alle Urteile des Gerichtshofs sind unmittelbar vollstreckbar und bedürfen keiner weiteren Anerkennung durch die Mitgliedstaaten.[348] Es ist den Mitgliedstaaten – anders als im Mercosur – untersagt, für Streitigkeiten über das Recht der Andengemeinschaft andere als die Verfahren vor dem Andengerichtshof in Anspruch zu nehmen.[349] Es ist vielmehr möglich, auch Streitigkeiten mit nicht der Andengemeinschaft zugehörigen Dritten über das Recht der Andengemeinschaft vor dem Gerichtshof auszutragen.[350] Im Gegensatz zum Streitbeilegungsverfahren im Mercosur, welches auf der Einrichtung von Ad-Hoc-Schiedsgerichten basiert, ist in der Andengemeinschaft damit ein ausdifferenziertes Rechtsschutzsystem vorhanden, welches sich durchaus eng am europäischen Vorbild orientiert:

a) Das Nichtigkeitsverfahren

Gegenstand eines Nichtigkeitsverfahrens können alle Entscheidungen des Rates der Außenminister oder der Kommission, alle Entschließungen des Generalsekretariats und alle zwischen den Mitgliedstaaten geschlossenen Abkommen zur

---

genießen volle Unabhängigkeit von und Immunität in allen Mitgliedstaaten der Andengemeinschaft, vgl. Art. 6 Abs. 1, 2; 8; 9; 12 GVAG; die ausführliche Untersuchung von *Marwege*, Der Andengerichtshof, 1995, behandelt die Regelungen unter Geltung des nicht reformierten GVAG und kann hier daher nur eingeschränkt Verwendung finden. Eine gründliche Darstellung des Andengerichtshofs findet sich bei *Lehmann* (Fn. 254), S. 154 ff., und knapper *Bertoni* (Fn. 280), S. 49 ff.; zur Konstitution und zu anderen allgemeinen Fragen zum Andengerichtshof sehr ausführlich *Frischhut* (Fn. 333), S. 252 ff.; sowie *Kühn* (Fn. 333), S. 159 ff.; siehe auch das »Statut des Gerichtshofs der Andengemeinschaft« (»Estatuto del Tribunal de Justicia de la Comúnidad Andina«) vom 22.6.2001, Entscheidung der Kommission N° 500, (i.F.: »Statut des Gerichtshofs«).

342 Art. 5 Abs. 2 GVAG.

343 »Acción de Nulidad«, Art. 17 ff. GVAG; zu den verschiedenen Verfahren auch *Leathley* (Fn. 120), S. 121 ff. Der Andengerichtshof ist außerdem zuständig auch für arbeitsgerichtliche Streitigkeiten bezüglich aller Organe der Gemeinschaft, »Jurisdicción Laboral«, Art. 40 GVAG; siehe bei *Frischhut* (Fn. 333), S. 292 ff.

344 »Acción de Incumplimiento«, Art. 23 ff. GVAG.

345 »Interpretación Prejudicial«, Art. 32 ff. GVAG.

346 »Recurso por Omisión o Inactividad«, Art. 37 GVAG.

347 »Función Arbitral«, Art. 38 f. GVAG.

348 Art. 41 GVAG.

349 Art. 42 Abs. 1 GVAG; vgl. dagegen Art. 1 Abs. 2 PvO.

350 Art. 42 Abs. 2 GVAG.

wirtschaftlichen Ergänzung sein.[351] Eine Nichtigkeit dieser Normen aufgrund Unvereinbarkeit mit dem Recht der Andengemeinschaft können die Mitgliedstaaten, der Außenministerrat, die Kommission, das Generalsekretariat sowie – dies ist bedeutsam aus Sicht des deutschen Investors – alle natürlichen und juristischen Personen geltend machen.[352] Letztere müssen hierbei eine Verletzung ihrer subjektiven Rechte oder legitimen Interessen vorbringen können.[353] Es gilt insgesamt eine Frist von zwei Jahren ab Inkrafttreten der Norm. Eine Entscheidung über die Gültigkeit einer Norm kann selbst nach Verstreichen der genannten Frist noch dadurch herbeigeführt werden, dass ein nationales Gericht auf Antrag einer der Streitparteien dem Andengerichtshof eine andine Rechtsnorm vorlegt.[354] Dieser Antrag auf eine dann zwingend verbindliche Entscheidung des Gerichtshofs über die Gültigkeit der Norm kann durch das nationale Gericht nur gestellt werden, wenn die Norm für das konkrete Verfahren relevant und ihre Rechtmäßigkeit für das Verfahren erheblich ist.[355] Das Nichtigkeitsverfahren berührt bis zur Entscheidung die Anwendbarkeit einer Norm nicht.[356] Der Gerichtshof kann allerdings einstweilige Anordnungen treffen oder die Anwendung der Norm aussetzen, falls dem Antragsteller anderenfalls irreparable Schäden drohen.[357] Als Folge der vollständigen oder teilweisen Nichtigerklärung einer Norm durch den Gerichtshof ist das emittierende Organ verpflichtet, alle Maßnahmen zur Umsetzung des Urteils und damit zur Aufhebung oder Änderung der Norm zu ergreifen.[358]

b) Das Vertragsverletzungsverfahren

Primär berechtigter Antragsteller im Verfahren einer Vertragsverletzung[359] ist das Generalsekretariat. Bei möglichem Vorliegen eines durch einen Mitgliedstaat begangenen Verstoßes gegen das Recht der Andengemeinschaft fordert dieses

---

351 Art. 17 GVAG; hierzu ausführlich *Frischhut* (Fn. 333), S. 274 ff.; vgl. auch *Kühn* (Fn. 333), S. 163 f.; *Toledo*, El Ordenamiento Jurídico de la Comúnidad Andina y la Declaración del Derecho Comúnitario, RPDI 2003, S. 110 (122 ff.).

352 Art. 17 GVAG. Dies ist den Mitgliedstaaten dann nicht möglich, wenn sie der Schaffung der betreffenden Norm selbst zugestimmt haben, Art. 18 GVAG.

353 Art. 19 GVAG.

354 Zur Frist Art. 20 GVAG.

355 Art. 20 Abs. 2, 3 GVAG.

356 Art. 21 Abs. 1 GVAG.

357 Art. 21 Abs. 2 GVAG.

358 Art. 22 GVAG.

359 Art. 23 ff. GVAG; ausführlich dazu *Frischhut* (Fn. 333), S. 280 ff. (dort: »Nichterfüllungsklage«); und *Kühn* (Fn. 333), S. 164 ff.; *Toledo* (Fn. 351), S. 110 (124 ff.).

den Staat schriftlich zu einer Stellungnahme auf. Nach Erhalt einer solchen erarbeitet das Generalsekretariat ein Gutachten, auf Grundlage dessen – sofern der Staat an dem betreffenden Verhalten festhält – es den Andengerichtshof um eine Stellungnahme anruft. Sofern ein Mitgliedstaat einem anderen einen Rechtsverstoß vorwirft, wendet sich dieser an das Generalsekretariat, welches dann in der beschriebenen Weise verfährt.[360] Dieses Verfahren ist gleichermaßen natürlichen oder juristischen Personen zugänglich, wenn diese in ihren Rechten verletzt sind.[361] Ein im Verfahren vor dem Andengerichtshof erworbener Titel berechtigt unmittelbar zu einer durch das nationale Gericht festzulegenden Entschädigung des Klägers.[362] Natürlichen oder juristischen Personen ist es auch möglich, direkt vor nationalen Gerichten zu klagen, wenn ein Mitgliedstaat Handlungen unterlässt, die das Recht der Andengemeinschaft zwingend erfordert, oder Handlungen vornimmt, welche es zu unterlassen zwingend gebietet.[363] Mit der Feststellung einer Rechtsverletzung durch den Gerichtshof entsteht für den beklagten Staat die Verpflichtung, dieselbe binnen kurzer Frist abzustellen. Erfolgt dies nicht, kann der Gerichtshof für den betreffenden Staat die Anwendung des AvC teilweise aussetzen oder, falls dies nicht zweckmäßig sein sollte, andere Maßnahmen ergreifen, um die Durchsetzung des Urteils zu erzwingen. Bei drohenden irreparablen Schäden kann der Gerichtshof bereits vor Erlass eines Urteils vorläufige Maßnahmen treffen.[364] Eine Revision des Urteils kann nur beantragt werden, falls nachträglich bislang unbeachtete Sachumstände bekannt werden.[365]

c) Das Vorabentscheidungsverfahren

Sollte in einem nationalen Gerichtsverfahren Streit oder Unklarheit über die Interpretation einer andinen Rechtsnorm bestehen, kann der nationale Richter das Verfahren aussetzen und die andine Norm dem Andengerichtshof vorlegen.[366] Er muss die Norm vorlegen, wenn es sich um eine letztinstanzliche Entscheidung handelt.[367] Der Gerichtshof beschränkt sich in seiner Interpretation der Norm auf

360 Art. 23, 24 Abs. 1 GVAG. Bei Untätigkeit des Generalsekretariats kann der Mitgliedstaat schließlich selbst den Gerichtshof anrufen, Art. 24 Abs. 2 S. 2, Abs. 3 GVAG.

361 Art. 25 Abs. 1 GVAG.

362 Art. 30 GVAG.

363 Art. 31 i.V.m. Art. 4 GVAG.

364 Siehe zu den beschriebenen Rechtsfolgen Art. 27, 28 GVAG.

365 Art. 29 GVAG.

366 Art. 33 Abs. 1 GVAG; *Frischhut* (Fn. 333), S. 295 ff.; *Kühn* (Fn. 333), S. 167 ff.; *Toledo* (Fn. 351), S. 110 (127 ff.).

367 Art. 33 Abs. 2 GVAG.

Rechtsakte der Andengemeinschaft und beurteilt weder nationales Recht noch tatsächliche Fragen.[368] Die Auslegung des Gerichtshofs ist für den nationalen Richter zwingend.[369]

d) Das Untätigkeitsverfahren

Bei Untätigkeit des Außenministerrats, der Kommission oder des Generalsekretariats trotz Bestehens einer Handlungspflicht aus dem Recht der Andengemeinschaft können diese Organe, die Mitgliedstaaten und – bei einer Geltendmachung der eigenen Rechte oder berechtigten Interessen – auch natürliche oder juristische Personen die Erfüllung dieser Handlungspflicht verlangen.[370] Kommt das betreffende Organ dem nicht nach, kann der Andengerichtshof aussprechen, in welcher Weise die Verpflichtung zu erfüllen ist.[371]

e) Das Schiedsverfahren

Auf Grundlage entsprechender Parteivereinbarung kann der Andengerichtshof schiedsgerichtlich tätig werden, wenn Organe der Gemeinschaft untereinander oder mit Dritten vertragliche Streitigkeiten oder Dispute über geschlossene Abkommen führen.[372] Auch Privaten steht es frei, über in privatrechtlichen Verträgen enthaltene Fragen des andinen Rechts den Andengerichtshof als Schiedsgericht anzurufen.[373] In allen Fällen kann der Gerichtshof den Schiedsspruch nach Maßgabe des Rechts oder nach billigem Ermessen treffen, wobei jede Entscheidung unanfechtbar und direkt vollstreckbar ist.[374]

6. Das Andenparlament: Beratungsorgan, keine Volksvertretung

Das Andenparlament mit Sitz im kolumbianischen Santafé de Bogotá ist auf Grundlage des 1997 reformierten Gründungsprotokolles (i.F.: »GPAP«) von 1979

---

368 Art. 34 GVAG.
369 Art. 35 GVAG.
370 Art. 37 Abs. 1 GVAG; ausführlich *Frischhut* (Fn. 333), S. 278 ff.; *Kühn* (Fn. 333), S. 169 f.; *Toledo* (Fn. 351), S. 110 (129 f.).
371 Art. 37 Abs. 3 GVAG.
372 Art. 38 Abs. 1 GVAG; vgl. auch *Kühn* (Fn. 333), S. 170 f.; *Frischhut* (Fn. 333), S. 290 f.; *Toledo* (Fn. 351), S. 110 (130 f.).
373 Art. 38 Abs. 2 GVAG.
374 Art. 38 Abs. 3 GVAG.

sowie der Art. 42 f. AvC verfasst.[375] Es ist das zentrale Beratungsorgan[376] der Andengemeinschaft, welches sich aus direkt und allgemein auf zwei Jahre gewählten Vertretern der Mitgliedstaaten zusammensetzt.[377] Das Parlament soll den Integrationsprozess begleiten und fördern, für soziale und gesellschaftliche Belange eintreten sowie demokratiefördernde Wirkung entfalten und den entscheidungsbefugten Organen Entscheidungsvorschläge unterbreiten. Es kann zwar von rechtlich unverbindlichen Empfehlungen (»recomendaciónes«) Gebrauch machen, doch kommt ihm eine Rechtsetzungsbefugnis nicht zu. Das Andenparlament ist also nur dem Namen nach ein legislatives Organ. Seine Kompetenzen reichen noch weniger weit als diejenigen des Mercosurparlaments, welchem jedenfalls eine untergeordnete Rolle im Verfahren der Gesetzgebung zukommen kann.[378]

7. Weitere Organe

Der Unternehmerrat sowie der Arbeitnehmerrat setzen sich zusammen aus Vertretern der jeweiligen nationalen Verbände. Ihre Funktion beschränkt sich darauf, vor den übrigen Organen zu fachspezifischen Fragen angehört zu werden.[379]

Die Andine Unterstützungsgesellschaft und der Lateinamerikanische Reservefonds sollen den andinen Integrationsprozess fördern und unterstützen.[380] Die Andine Unterstützungsgesellschaft bezweckt als regionale Entwicklungsbank eine Förderung der wirtschaftlichen Entwicklung. Sie vergibt zu diesem Zweck

---

375 »Tratado Constitutivo del Parlamento Andino« (»Gründungsvertrag des Andinen Parlaments«), vom 25.10.1979, ersetzt durch das »Protocolo Adicional al Tratado Constitutivo del Parlamento Andino« (»Zusatzprotokoll zum Gründungsvertrag des Andinen Parlaments«), vom 23.4.1997; hierzu *Frischhut* (Fn. 333), S. 241 f.; *Kühn* (Fn. 333), S. 171 ff.; das Andenparlament hat sich mit Datum vom 29.8.2006 zudem eine Geschäftsordnung gegeben (»Reglamento General del Parlamento Andino«), abrufbar unter www.parlamentoandino.org, (zuletzt geprüft am 18.12.2011).

376 Art. 42 Abs. 1 AvC: »órgano deliberante«; Art. 1; 2 Abs. 1 GPAP.

377 Art. 2 Abs. 1; 5 GPAP; Art. 42 Abs. 2 AvC. Näheres regelt das zeitgleich mit dem reformierten Protokoll beschlossene »Protocolo Adicional al Tratado Constitutivo del Parlamento Andino sobre Elecciones Directas y Universales de sus Representantes« vom 23.4.1997. Das Parlament versammelt sich mindestens zwei Mal jährlich, Art. 4 Abs. 1 GPAP. Dem Parlament selbst kommt Völkerrechtspersönlichkeit, seinen Mitgliedern Immunität zu, Art. 9, 10 GPAP.

378 Siehe zu den angeführten Merkmalen insbesondere Art. 11, 12, 13 GPAP sowie Art. 43 AvC; siehe hierzu auch S. 237.

379 »Consejo Consultivo Empresarial« und »Consejo Consultivo Laboral«, Art. 44 AvC.

380 »Corporación Andina de Fomento« und »Fondo Latinoamericano de Reservas«, Art. 45, 46 AvC.

Darlehen an den öffentlichen und privaten Sektor.[381] Ihre Teilhaber sind sowohl Staaten als auch private Banken aus der Region. Der Lateinamerikanische Reservefonds bezweckt die wechselseitige Unterstützung seiner Mitgliedstaaten beim Ausgleich ihrer Zahlungsbilanzen und bei der Stabilisierung der Wechselkurse.[382]

8. Parallelen zum Mercosur: Das Verhältnis der entscheidungsbefugten Organe zueinander

Das AvC trifft mit der Feststellung, dass der mit den jeweiligen Staatspräsidenten besetzte Präsidentenrat das »höchste Organ« sei, eine eindeutige Aussage zu dessen herausgehobener Stellung.[383] Dies unterstreicht der Umstand, dass alle anderen Organe dazu berufen sind, die Richtlinien des Präsidentenrats im Einzelnen umzusetzen.[384] Demgegenüber sind im Rat der Außenminister und in der Kommission höchstens Vertreter der ministerialen Ebene vorhanden. Die Kompetenzen dieser Organe sind fachlich beschränkt.[385] Der Außenministerrat wacht darüber, dass die übrigen Organe den Verpflichtungen aus an sie ergangenen Richtlinien nachkommen.[386] Es finden sich keine Belege dafür, dass Außenministerrat und Kommission zueinander in einem hierarchisch geordneten Verhältnis stehen. Insbesondere ist keines der Organe dem anderen zur Rechenschaft verpflichtet, ihm gegenüber weisungsbefugt oder zur Entscheidung über dessen Geschäftsordnung berechtigt.[387] Vielmehr stehen sie in einem sich gegenseitig ergänzenden Verhältnis zueinander, wobei dem Außenministerrat eine eher exekutive, der Kommission

---

381 Art. 3 des Gründungsdokumentes »Convenio Constitutivo de la Corporación Andina de Fomento« vom 7.2.1968, zugänglich unter www.caf.com (zuletzt geprüft am 18.12.2011).

382 Art. 3 des »Convenio para el establecimiento del Fondo Latinoamericano de Reservas« vom 10.6.1988, zugänglich unter www.flar.net (letztmalig geprüft am 19.12.2011). Neben den Staaten der Andengemeinschaft sind zugehörig Costa Rica, Uruguay und Venezuela.

383 Art. 11 Abs. 1 S. 1 AvC: »máximo órgano«; *Meira Mattos* (Fn. 292), S. 338 (350), sieht dagegen in der Kommission das höchste Organ.

384 Art. 11 Abs. 2; 16 lit c); 22 Abs. 1 b) AvC.

385 Der Rat der Außenminister ist hauptsächlich für außenpolitische, die Kommission im Wesentlichen für Handelsfragen zuständig, Art. 16 lit. a), d), e); Art. 22 Abs. 1 a), c), h) AvC.

386 Art. 16 lit. c) a. E. AvC.

387 *Kühn* (Fn. 333), S. 154 f., kritisiert eine unklare Abgrenzung der Kompetenzen dieser Organe.

eine eher normsetzende Funktion zukommt.[388] Beiden gemeinsam steht es auch zu, die Geschäftsordnung des Generalsekretariats zu genehmigen.[389] Das Generalsekretariat ist explizit zur Befolgung aller Weisungen von Außenministerrat und Kommission verpflichtet, kann diesen gegenüber jedoch nur Vorschläge für Entscheidungen unterbreiten.[390] Seine Befugnisse sind im Allgemeinen lediglich verwaltenden, nicht gestaltenden Charakters – wenn ihm auch eine begrenzte eigene Entscheidungsbefugnis zusteht. Zwischen dem Präsidentenrat als eindeutig ranghöchstem und dem Generalsekretariat als unzweifelhaft rangniederstem Entscheidungsorgan stehen also im beschriebenen Verhältnis Außenministerrat und Kommission, welche beide dem Präsidentenrat verpflichtet, gegenüber dem Generalsekretariat aber weisungsbefugt sind.

III. Der Status Quo der Andengemeinschaft: Wunschdenken und Wirklichkeit

Die Andengemeinschaft ist heute weit davon entfernt, die Ziele ihres Gründungsvertrags zu verwirklichen. Vorherrschende nationalstaatliche Egoismen lassen auch ein endgültiges Scheitern des andinen Projekts nicht ausgeschlossen erscheinen:

Die graduelle Schaffung eines Gemeinsamen Lateinamerikanischen Marktes ist das ambitionierte wirtschaftliche und politische Ziel der Andengemeinschaft, die Liberalisierung des Handels zur Schaffung einer Freihandelszone hierzu ein erster rechtlicher Schritt.[391] Die Notwendigkeit, 2005 einen Arbeitsplan zur Vervollkommnung der schon im AvC selbst angelegten Freihandelszone zu entwickeln, verdeutlicht die bis dahin fehlenden Erfolge.[392]

---

388 *Frischhut* (Fn. 333), S. 237.

389 Art. 16 lit. j); 22 Abs. 1 j) AvC.

390 Art. 30 lit. b), c) AvC; Art. 29 Abs. 1 S. 2 AvC bestimmt, dass das Generalsekretariat allen anderen Organen technische Unterstützung zukommen lässt. Eine teilweise Eigenständigkeit des Generalsekretariats bei der Ausführung von Integrationsnormen heben *Kühn* (Fn. 333), S. 212; und *Lehmann* (Fn. 254), S. 150 f., hervor.

391 Art. 3 lit. d) AvC.

392 Siehe zu diesem Arbeitsplan das »Documento de Trabajo – Programa de Trabajo para la Profundización de la Integración Comercial Andina« SG/dt 292 des Generalsekretariats vom 25.5.2005 sowie die Pressemitteilung »Comunidad Andina adopta Plan de Trabajo para profundizar la integración comercial« vom 30.3.2005 (abrufbar unter www.comunidadandina.org, zuletzt geprüft am 29.10.2013).

Ein gemeinsamer Außenzoll[393] wurde 1995 normativ realisiert, wobei das auch im Mercosur angewandte System von Ausnahmelisten Anwendung fand.[394] 2002 einigten sich die Andenstaaten mit Wirkung für den 1. Januar 2004 auf einen reformierten gemeinsamen Außenzoll, welcher für einen Großteil der gehandelten Güter spezifische Zollsätze vorschrieb. Seit dem 1. August 2007 ist dieser gemeinsame Außenzoll jedoch vorübergehend ausgesetzt und dessen Suspendierung mehrfach, zuletzt bis zum 31. Dezember 2011, verlängert worden.[395] Damit besteht derzeit kein funktionierender gemeinsamer Außenzoll.

Die rechtlichen Instrumente sind also auch hier – wie im Mercosur – nicht verwirklicht. Die Schaffung des Gemeinsamen Marktes ist nicht absehbar.[396] Mit diesen Defiziten geht auch eine allgemein sehr kritische Bewertung der Andengemeinschaft einher in Bezug auf den politischen und wirtschaftlichen Zustand des Integrationsprozesses, wobei sogar von einer rückschreitenden Integration oder deren Scheitern gesprochen wird.[397] Dessen sind sich offensichtlich auch die Staaten selbst bewusst, die im Februar 2010 eine strategische Agenda zur Fortentwicklung des Integrationsprojektes verabschiedeten. Diese enthält indes eine Fülle vager Aufgabenbeschreibungen, jedoch keine konkreten Maßnahmen und setzt auch nicht Prioritäten oder Fristen.[398]

---

393 Art. 3 lit. e) AvC.

394 Entscheidung der Kommission N° 370.

395 Vgl. Entscheidungen der Kommission N° 669, 679, 688, 693, 695, 717 und 771.

396 Siehe *Rojas Arroyo/Roth*, The History and Development of the Andean Community, in: Ott/Vos (Hrsg.), Fifty Years of European Integration: Foundations and Perspectives, 2009, S. 349 (351): »still concentrating on strengthening its free trade zone.«; *Bohn* (Fn. 304), S. 120.

397 Vgl. auch *Sola*, La jerarquía de las leyes y reglamentos nacionales con las normas del Mercosur, La Ley 1996, S. 739 (743): »fracaso del Pacto Andino«; siehe auch *Borba Casella*, Integração nas Américas: uma visão de conjunto, in: Borba Casella (Hrsg.), Mercosul: Integração Regional e Globalização, 2000, S. 235 (253); *Escobar Riaño*, La Integración financiera en la Comúnidad Andina, 2007, S. 340 f.; *Wachendorfer* (Fn. 309), S. 4, spricht von einer »Identitätskrise«; *Gratius* (Fn. 315), S. 301 (328): »países miembro [...] frágiles«. *Preusse* (Fn. 318), S. 181 (186), geht sogar davon aus, dass sich die Andengemeinschaft in absehbarer Zeit auflösen, zumindest völlige Bedeutungslosigkeit erlangen wird; sehr kritisch zur Situation der Andengemeinschaft auch *Tondl/Bass* (Fn. 109), S. 313 (321): »CAN is still facing a big crisis«.

398 »Principios Orientadores y Agenda Estratégica Andina – Documento Aprobado por el Consejo Andino de Ministros de Relaciones Exteriores en Forma Ampliada con la Comisión de la Comúnidad Andina« vom 5.2.2010, zugänglich unter www.comunidadandina.org (zuletzt geprüft am 19.12.2011).

Ein grundlegendes Problem ist dabei die Uneinigkeit der Mitgliedstaaten hinsichtlich der Gestaltung nationaler Wirtschaftspolitiken.[399] Während Peru und Kolumbien eine marktwirtschaftliche und auch im Verhältnis zu dritten Staaten freihandelsorientierte Politik verfolgen, plädieren Bolivien und Ecuador vehement für einen restriktiveren und staatlich gelenkten Umgang mit Ressourcen, Unternehmen und ausländischen Investitionen.[400] Diese Dissonanzen zeigen sich auch in der kürzlich erfolgten Gründung der bereits erwähnten »Pazifik-Allianz«[401] durch Peru, Kolumbien, Chile und Mexiko, welche einer verstärkten Kooperation zur Förderung des Freihandels dienen soll, nicht jedoch die Andengemeinschaft als Ganzes einbindet. Dem dauerhaften Fortbestand der Andengemeinschaft könnte auch die von Bolivien beantragte, aber noch nicht abgeschlossene Aufnahme in den Mercosur abträglich sein.[402] Hemmschuh für die Weiterentwicklung der Integration zwischen den andinen Staaten sei der fehlende tatsächliche Wille zur Integration, welcher die Umsetzung der zahlreich abgegebenen Versprechungen verhindere.[403] Zu den wirtschaftlichen Differenzen kommen auch aktuelle politische Konflikte, die sich zum Beispiel an einer eigenmächtigen Anti-Guerilla-Aktion des kolumbianischen Militärs auf ecuadorianischem Staatsgebiet zeigen.[404]

IV. Ähnliche Strukturen, vergleichbare Defizite, aber ein grundlegender Unterschied: Mercosur und Andengemeinschaft im wertenden Vergleich

Damit wird klar, dass keines der beiden hier untersuchten Bündnisse bislang die selbst formulierten Ziele und Erwartungen umsetzen konnte. In ihrer institutionellen Struktur sind beide Projekte zunächst vergleichbar. Die Anden-

399 Vgl. *Mendoza Nava*, TLC: Blindando la Inversión Extranjera, 2008, S. 43 f; *Birle* (Fn. 105), S. 75 (85 f.).

400 Darauf weisen auch hin: *Tondl/Bass* (Fn. 109), S. 313 (320); zur Kündigung der ICSID-Konvention durch diese beiden Staaten siehe S. 177.

401 Siehe dazu oben S. 73.

402 Siehe dazu oben S. 77.

403 Siehe bei *Markowski*, Der gewerbliche Rechtsschutz in den Ländern der Andengemeinschaft, 2004, S. 32 f.; *Escobar Riaño* (Fn. 397), S. 336 ff., belegt dies am das Beispiel der Vereinheitlichung der Finanzmärkte; siehe auch *Bennett* (Fn. 112), S. 103 (114), der von »distrust in the general public« und »frustration in interest groups« spricht.

404 Siehe *Oehrlein*, Kolumbiens Militär tötet weiteren Farc-Führer, FAZ vom 8.3.2008, S. 7. Auf politische Spannungen als Integrationshindernis weist auch *Bohn* (Fn. 304), S. 120, hin.

gemeinschaft weist jedoch Integrationsschritte auf, die im Mercosur noch nicht unternommen wurden. Insbesondere ist sie – wie nachfolgend erläutert – als supranationales Bündnis einzuordnen:

Mercosur und Andengemeinschaft verfolgen gleichermaßen das politisch-wirtschaftliche Ziel eines Gemeinsamen Marktes. In rechtlicher Hinsicht verfügen beide Bündnisse über zumindest teilweise präsidiale Leitungsgremien und untergeordnete Fachorgane für die Umsetzung konkreter Vorhaben. Sowohl bei der Umsetzung der rechtlichen Instrumente des Freihandels als auch bei der Etablierung eines gemeinsamen Außenzolls zur Herstellung der Zollunion zeigen sich bedeutende Schwierigkeiten beziehungsweise handeln die Staaten in beiden Bündnissen entgegen den eigentlich vereinbarten Grundsätzen. Dabei ist die Lage in der Andengemeinschaft noch verfahrener als im Mercosur. Während in Letzterem erst kürzlich eine Einigung bezüglich eines gemeinsamen Außenzolls erzielt werden konnte, sind die geltenden gemeinschaftlichen Einfuhrtarife in der Andengemeinschaft seit Jahren außer Kraft gesetzt, ist das rechtliche Instrument also faktisch ohne Funktion. Im Grundsatz stimmen die Staaten des Mercosur auch in der Abstimmung ihrer Wirtschaftspolitiken überein, wohingegen in der Andengemeinschaft ein solcher Konsens nicht besteht. Aus der Sicht des deutschen Investors weist die Andengemeinschaft dagegen einen deutlichen Vorteil auf: Diese ermöglicht ihm – unter der Voraussetzung, dass ein materielles Recht verletzt ist – die selbständige Anrufung des Andengerichtshofs, wohingegen er im Mercosur lediglich auf nicht weiter von ihm selbst zu beeinflussende Beschwerdeverfahren verwiesen wird.[405]

Abgesehen von der vergleichbaren Organstruktur unterscheiden sich die untersuchten Bündnisse in ihrer rechtlichen Ausprägung fundamental. Dies verdeutlicht die Frage nach ihrer Supranationalität: Ein Zusammenschluss von Staaten kann – in Abgrenzung zu den internationalen Organisationen im Allgemeinen[406] – nur dann als supranational zu verstehen sein, wenn eine Übertragung von Hoheitsrechten erfolgt ist, der Organisation damit auch gegen den Willen

405 Siehe S. 90 und S. 98.

406 Hierzu eingehend *Seidl-Hohenveldern/Loibl*, Das Recht der Internationalen Organisationen einschließlich der Supranationalen Gemeinschaften, 7. Aufl., 2000, S. 1 ff.; *Nowrot* (Fn. 96), S. 61 (72 f.), bezeichnet als internationale Organisationen »einen Zusammenschluss von zwei oder mehreren Staaten, internationalen Organisationen oder anderen Völkerrechtssubjekten auf völkervertragsrechtlicher Basis durch die auf Dauer angelegte Erreichung einer mit mindestens einem handlungsfähigen Organ ausgestatteten Organisationsstruktur zur Verfolgung gemeinsamer Zwecke.«; *Klein/Schmahl*, Die Internationalen und die Supranationalen Organisationen, in: Graf Vitzthum (Hrsg.), Völkerrecht, 5. Aufl. 2010, S. 263 (305 ff.).

einzelner Mitgliedstaaten die Gesetzgebung in Bereichen zusteht, die vormals ausschließlich diesen vorbehalten waren.[407] Eine solche Befugnis kann sich aus Kompetenzen unabhängiger Organe der Organisation oder der Unterwerfung unter ein durch Mehrheitsbeschlüsse geprägtes Entscheidungssystem ergeben.[408]

An prominentester Stelle unterstreicht das POP jedoch gerade den zwischenstaatlichen, intergouvernementalen Charakter des Mercosur, dessen entscheidungsbefugte Organe nach primärrechtlicher Maßgabe nicht befugt sind, unabhängig vom Willen der Mitgliedstaaten Entscheidungen zu treffen.[409] Das POP hebt das Erfordernis einer Beschlussfassung im Konsens hervor, spricht also noch in der geringsten Sachfrage jedem Mitgliedstaat ein Vetorecht zu.[410] Der Mercosur ist somit nicht als supranationale, sondern vielmehr als eine Organisation zu verstehen, deren Zwischenstaatlichkeit besonders ausgeprägt ist.[411]

---

407 Vgl. bei *Wehner* (Fn. 111), S. 125; siehe hierzu *Seidl-Hohenveldern/Loibl* (Fn. 406), S. 8 f.; *Haller* (Fn. 120), S. 285 ff.; *Fuders* (Fn. 98), S. 143; siehe auch *Streinz*, Europarecht, 9. Aufl. 2012, S. 50 f. Die Kompetenz zur Setzung von Rechtsakten mit unmittelbarer Wirkung als Kennzeichen supranationaler Organisationen stellt auch heraus *Nowrot* (Fn. 96), S. 61 (73); *Klein/Schmahl* (Fn. 406), S. 263 (381 f.).

408 Vgl. *Seidl-Hohenveldern/Loibl* (Fn. 406), S. 8; knapp bei *Duina*, The Social Construction of Free Trade, 2006, S. 43; *Fuders* (Fn. 98), S. 143.

409 Art. 2 POP. Dies macht vor allem deren stets paritätische Zusammensetzung durch Vertreter der Mitgliedstaaten deutlich (Art. 4, 11 Abs. 1, 17 POP); so auch *Haller* (Fn. 120), S. 288 f.

410 Art. 37 POP; krit. hierzu *Cristini/Amal* (Fn. 314), S. 170 (174 f.); und *Kegel*, Estado e condicionantes constitucionais nos processos de integração regional, in: de Rezende/ Martins (Hrsg.), Brasil – União Europeia – América do Sul, 2009, S. 244 (257).

411 Eine fehlende Supranationaliät andeutend »Schiedsspruch Ad-Hoc N° 1/1999 »handelsbeschränkende Maßnahmen« – Argentinien/Brasilien«, Conclusiones Rn. 85 iii) (Fn. 276); deutlich auch Sondervotum »Garcia« zur »Opinión Consultiva N° 1/2007« (Fn. 279), Rn. 11 mit Fn. 31; eine Supranationalität ablehnend auch *Ruiz Díaz Labrano*, Naturaleza Juridica del Mercosur, in: Arbuet Vignali u.a. (Hrsg.), Mercosur – Balance y Perspectivas, 1996, S. 13 (22); *Wehner* (Fn. 111), S. 128: »besonders gefestigte Zwischenstaatlichkeit«; *Rocha de Mello Martins*, Verfassungskonformität des Mercosur in Brasilien, 2002, S. 46; *Fuders* (Fn. 98), S. 144 f, 147 f. Die Vorteile der intergouvernementalen Struktur betonen *Marcondes de Carvalho/Benjamin*, Supranacionalidade ou Efetividade? A dimensão Jurídico Institucional do Mercosul, in: Barbosa (Hrsg.), Mercosul – quinze anos, 2007, S. 101 (108 ff.); *Schreiber*, Das argentinische Gesetz 25.156 zum Schutz des Wettbewerbs, 2003, S. 41; *Bouzas/ Gratius/Soltz/Sberro* (Fn. 221), S. 33 (62 f.), sprechen sich gegen die Schaffung supranationaler Elemente und für die Stärkung des intergouvernementalen Verfahrens aus; *Menem*, ¿Qué es el Mercosur?, 1996, S. 64 ff., 69, lässt die hier genannten Kriterien außer Acht und gelangt damit zu einer Annahme von Supranationalität.

An diesem Befund ändert auch das beschriebene System der Schiedsgerichtsbarkeit nichts.[412] Indes scheinen vor allem die drei kleinen Staaten angesichts der

---

412 Abwägend, im Ergebnis aber wie hier ablehnend, *Wehner* (Fn. 111), S. 128 f. Den Schiedsgerichten kommt zwar die Befugnis zu, per Mehrheitsvotum (Art. 25 S. 1 PvO) Streitigkeiten zwischen den Mitgliedstaaten über die Interpretation, Anwendung oder Verletzung des Mercosurrechts verbindlich (Art. 26 Abs. 1 PvO) zu entscheiden, doch unterliegen dem materiellen Inhalt der Schiedssprüche allein solche Rechtsakte, die zuvor jedenfalls im Konsens der Mitgliedstaaten beschlossen worden sind (Art. 1 PvO). Auf den Charakter der zu untersuchenden Normen verweist auch *Wehner* (Fn. 111), 129; vgl. auch *Fuders* (Fn. 98), S. 147 f. Damit entfaltet die Entscheidung eines Schiedsgerichts nicht in einer Rechtssphäre Wirkung, in der die Mitgliedstaaten in einen Verzicht auf Hoheitsgewalt eingewilligt hätten. Dieser Befund wird dadurch unterstrichen, dass es den Schiedsgerichten hinsichtlich der Rechtswirkung ihrer Urteile lediglich zusteht, eine Feststellung in Bezug auf eine Mercosurnorm zu treffen. Eine darüber hinausgehende, die Entscheidungsgewalt der Mitgliedstaaten beschränkende Rechtsfolge ist nicht vorgesehen. Repressalien, die nach dem PvO in Betracht kommen, wenn ein Schiedsurteil nicht befolgt wird, werden gegebenenfalls vom obsiegenden Staat selber, nicht jedoch vom Schiedsgericht verhängt, welches höchstens über deren Unverhältnismäßigkeit urteilt (Art. 31 f. PvO).

In einem im Rahmen des Vorlageverfahrens erstellten Rechtsgutachten befand das Ständige Revisionsgericht allerdings, dass die Erklärung einer Unvereinbarkeit von sekundärem mit primärem Mercosurrecht dessen Unanwendbarkeit zur Folge haben müsse, vgl. »Opinión Consultiva N° 1/2007«, Abschnitt G.4 (Fn. 279). Hierfür besteht jedoch schon keine normative Grundlage. Dies wurde auch in einem nachfolgenden Verfahren vom Ständigen Revisionsgericht in anderer Besetzung betont: »Opinión Consultiva N° 1/2008«, Rn. 33: »Es importante recordar que en la actual etapa del proceso de integración, tanto los Tribunales Ad Hoc como el TPR carecen de competencia para declarar de forma directa la nulidad o la inaplicabilidad de la norma interna aún cuando, como resultado del análisis y consideraciones jurídicas, pueden declarar la incompatibilidad de la norma interna con el derecho del Mercosur.« (»Es ist wichtig, sich daran zu erinnern, dass nach dem gegenwärtigen Stand der Integration weder die Ad-Hoc-Schiedsgerichte noch das Ständige Revisionsgericht die Kompetenz besitzen, direkt die Nichtigkeit oder Unanwendbarkeit einer nationalen Norm zu erklären, wenn sie auch dazu berechtigt sind, als Ergebnis ihrer Untersuchung und rechtlichen Überlegungen die Unvereinbarkeit der mitgliedstaatlichen Norm mit dem Recht des Mercosur festzustellen.«), (siehe Fn. 279).

Insgesamt stellt sich die Schiedsgerichtsbarkeit im Mercosur damit nicht als ein Element mit supranationalem Charakter dar. So auch schon »Schiedsspruch TPR N° 1/2005, »wiederaufbereitete Reifen« – Uruguay/Argentinien« Rn. 9 (Fn. 278). Das Sondervotum »Moreno Ruffinelli und Grandino Rodas« zur »Opinión Consultiva N° 1/2007« (Fn. 279) spricht zurückhaltend von einer »Supranationalität in gewissem Sinne« und einer »Atmosphäre der Supranationalität«. Angesichts der Schaffung des

Dominanz Brasiliens einer zukünftigen Etablierung supranationaler Elemente gegenüber aufgeschlossen.[413]

Die Andengemeinschaft unterscheidet sich vom nicht supranational konzipierten Mercosur dadurch, dass jedenfalls in der Kommission Beschlüsse auch gegen den Willen eines Mitgliedstaats per Mehrheitsvotum erfolgen können.[414] In den der Kommission zugeordneten Kompetenzfeldern, welche vorwiegend solche wirtschaftlichen Charakters sind, haben die Mitgliedstaaten damit in eine umfassende Beschränkung ihrer originären Hoheitsrechte eingewilligt. Art. 5 AvC betont einen herausgehobenen, über eine bloße Zwischenstaatlichkeit hinausgehenden Charakter der Gemeinschaftsorgane bereits dadurch, dass die Andengemeinschaft nicht nur durch die Staaten, sondern vielmehr auch durch die im AvC geschaffenen Organe gebildet werde. Indiz für eine Supranationalität ist auch das Bestehen des Andengerichtshofs, dessen Satzung ihm jedenfalls begrifflich eindeutig Supranationalität zuspricht.[415] Diesem Organ werden zwar auch lediglich Rechtsakte der andinen Rechtsordnung vorgelegt, doch kommt diesen eine weitergehende Rechtswirkung zu als dies im Mercosur der Fall ist.[416] Es spricht damit vieles dafür, die Andengemeinschaft als eine supranationale Organisation oder als ein Integrationsgebilde auf dem Weg zu einer solchen zu verstehen.[417]

Weiterer bedeutender – nicht rechtlicher, sondern wirtschaftlich-politischer – Unterschied zwischen den Bündnissen ist, dass im Mercosur mit Brasilien ein

Ständigen Revisionsgerichts spricht *Dreyzin de Klor* (Fn. 182), S. 29 (53), dennoch von der Einführung supranationaler Elemente in den Mercosur, räumt aber ein: »we are currently unable to determine with any certainty whether or not the PRC could be considered a supranational legal body.«; *Dreyzin de Klor/Perotti* (Fn. 232), S. 78, sehen in den Ad-Hoc-Schiedsgerichten dagegen einen »Keim der Supranationalität« (»un germen de supranacionalidad«); *Bohn* (Fn. 304), S. 166, spricht von dem »TPR als supranationale[m] Gericht«, macht aber auch deutlich, dass die Umsetzung von dessen Entscheidungen vom Willen der Staaten abhängt.

413 *Coronado/Gratius* (Fn. 317), S. 207 (218, 233 f.), verweisen hierauf; siehe auch bei *Cason* (Fn. 102), S. 26 f.

414 Siehe hierzu S. 107.

415 Art. 4 des Statuts des Gerichtshofs: »de carácter supranacional y comunitario« (»supranationalen und gemeinschaftlichen Charakters«). Die Supranationalität des Andengerichtshofs stellt heraus *Calle y Calle*, La Supranacionalidad y la Jurisdicción del Tribunal de Justicia de la Comúnidad Andina, RPDI 2000, S. 53 (57 ff.); ebenso *Kühn* (Fn. 333), S. 160.

416 Vgl. etwa Art. 35 GVAG.

417 Siehe *Unterguggenberger* (Fn. 324), S. 42; so auch *Frischhut* (Fn. 333), S. 223 f.; *Lehmann* (Fn. 254), S. 151.

Staat die übrigen wirtschaftlich und politisch dominiert, wohingegen die Staaten der Andengemeinschaft aus volkswirtschaftlicher Sicht weitaus vergleichbarer sind. Es ist daher zu vermuten, dass im Falle des andinen Integrationsprojekts grundsätzlich leichter eine Konvergenz von nationalen und gemeinschaftlichen Interessen hergestellt werden kann als im Falle des strukturell ungleichen Mercosur. Es liegt die Annahme nahe, dass der größte und wirtschaftsmächtigste Staat Brasilien auch zukünftig seine Entscheidungshoheit und Souveränität nicht in die Hände weniger bedeutender Staaten zu geben bereit sein wird. Im weiteren Verlauf dieser Untersuchung wird sich zeigen, dass sich aus diesen Umständen auch konkrete Folgen für den Schutz von Auslandsinvestitionen im Mercosur ergeben.

D. Bestehende Ordnung und neue Fragen: Das Verhältnis der beschriebenen Integrationsbündnisse zueinander

Mercosur und Andengemeinschaft stehen grundsätzlich in einem Konkurrenzverhältnis zueinander, sind jedoch auch durch die nachfolgend erläuterte politische und wirtschaftliche Kooperation verbunden. Beide Bündnisse sind zudem in das Integrationssystem der ALADI eingegliedert. Die Gründung der Unasur wirkt sich – wie gezeigt werden wird – auf dieses Gefüge rechtlich jedoch nicht aus.

I. Die ALADI als etablierte Dachorganisation lateinamerikanischer Integration

Die ALADI orientiert sich an dem Gebot der Meistbegünstigung, also der automatischen Gewährung eines zwischen zwei Staaten vereinbarten Vorteils für alle anderen Mitgliedstaaten.[418] Die »Abkommen mit begrenzter Reichweite« stellen eine Ausnahme von diesem Mechanismus dar, sind dabei aber stets dem Beitritt anderer Staaten offen.[419] Nach Maßgabe dieser Vorschriften und auch der

418 Art. 44 VvM 1980.

419 Art. 7 ff. VvM 1980; vgl. auch *Gros Espiell*, Naturaleza Jurídica del Tratado de Asunción y de sus Protocolos, in: Gros Espiell/Delpiazzo/Rotondo/Vásquez/Brito (Hrsg.), El Derecho de la Integración del Mercosur, 1999, S. 35 (53); siehe hierzu S. 65.

Präambel des neuen Integrationsvertrags wurde der Mercosur im Rahmen des geltenden Rechts der ALADI errichtet.[420]

Die Andengemeinschaft war ursprünglich noch im Rahmen der ALALC als Andenpakt gegründet und von dieser auch anerkannt worden.[421] Als 1980 die ALADI die Rechtsnachfolge der ALALC antrat, behielten die geltenden Regelungen und Akte ihre Gültigkeit. Der Andenpakt stellte damit bereits frühzeitig einen im Rahmen der ALADI akzeptierten Submechanismus dar. Das AvC betont wiederholt, dass auch im Rahmen des andinen Rechts die sich aus der ALADI ergebenden Verpflichtungen gewahrt werden müssen.[422] Im Übrigen bedient sich die Andengemeinschaft auch der rechtlichen Instrumente der ALADI.[423]

Die ALADI stellt damit den integrationsrechtlichen Hintergrund dar, vor dem sich Mercosur und Andengemeinschaft entwickeln können.[424] Zum Bereich des Investitionsschutzes verbleibt die ALADI ohne Regelungen.

---

420 5. Erwägungsgrund in der Präambel des VvA; siehe auch den Acuerdo de Alcance Parcial – Complementación Económica N° 18 (siehe hierzu S. 77). Nach Art. 20 VvA steht der Beitritt den ALADI-Staaten grundsätzlich offen; zum Verhältnis von Mercosur und ALADI auch *Mansi*, El Relacionamiento Externo del Mercosur, AADI 1999, S. 123 (125 f.); *Samtleben* (Fn. 181), S. 175 (190 ff.).

421 Vgl. *Tellechea Bergman*, La Cooperación Juridica Internacional en el Mercosur – El Protocolo de Las Leñas sobre Cooperación y Asistencia Jurisdiccional en Materia Civil, Comercial, Laboral y Administrativa, in: Arbuet Vignali u.a. (Fn. 411), S. 111 (112), verweist auf die Resolución 179 des Comité Ejecutivo Permanente der ALALC vom 9.7.1969.

422 Vgl. Art. 16 lit. h); 22 Abs. 1 d); 78 sowie für Bezug im Übrigen Art. 3 lit. d) und 76 Abs. 2 b) AvC.

423 Vgl. etwa Acuerdo de Complementación Económica N° 56 vom 6.12.2002.

424 Diese Bewertung findet sich auch bei *Cason* (Fn. 102), S. 36 f. Bisweilen erweist sich das Verhältnis von Mercosur und ALADI insofern als problematisch, als der parlamentarischen Zustimmung bedürftige Mercosurrechtsakte mitunter durch die jeweiligen Regierungen schlicht als Verwaltungsabkommen (Acuerdos de Alcance Parcial oder Regional) bei der ALADI registriert werden, wenn der Kompetenzbereich der ALADI berührt ist. Dieses Verfahren ist an sich nur für regierungseigene Kompetenzbereiche vorgesehen, wird zwecks Umgehung der mit einer Parlamentsbeteiligung verbundenen Unwägbarkeiten zum Teil aber auch dann angewendet, wenn eigentlich ein Zustimmungsrecht der Parlamente besteht. Dazu *Hargain/Mihali* (Fn. 137), S. 178, die darauf verweisen, dass die nationalen Parlamente mit der Ratifizierung des VvM 1980 eine entsprechende allgemeine Ermächtigung der Exekutive abgegeben hätten; siehe auch *Samtleben*, Der Mercosur als Rechtssystem, in: Basedow/Samtleben (Hrsg.), Wirtschaftsrecht des Mercosur – Horizont 2000, 2001, S. 51 (54 f., 66 f.); und *Rocha de Mello Martins* (Fn. 411), S. 179 f.

II. Konkurrenz und Kooperation: Das Verhältnis von Mercosur und Andengemeinschaft

Bislang ist kein Staat gleichzeitig sowohl Andengemeinschaft als auch Mercosur voll verbunden. Eine solche doppelte Mitgliedschaft könnte aber dann eintreten, wenn Boliviens beantragter Beitritt zum Mercosur wirksam werden sollte.[425] Es bestehen jedoch verschiedene außenrechtliche Verschränkungen zwischen den Integrationsprojekten.

Bereits 1998 initiierten Mercosur und Andengemeinschaft Gespräche zur Bildung einer umfassenden Freihandelszone und schufen ein vorbereitendes Rahmenabkommen.[426] Schon nach kurzer Zeit gab Brasilien jedoch der eigenständigen Verhandlung mit den andinen Staaten den Vorzug und konnte so noch 1999 ein Abkommen über vorübergehende Handelserleichterungen – wenn auch noch kein Freihandelsabkommen – schließen.[427] Argentinien erreichte eine solche Einigung ein Jahr später.[428] Auch Bolivien war frühzeitig aus dem ursprünglich alle Staaten beider Bündnisse umfassenden Prozess ausgeschieden und verabschiedete schon 1999 ein Abkommen über die Errichtung einer Freihandelszone mit den Staaten des Mercosur.[429] Eine Zeitlang verhandelte Bolivien auch über einen parallelen Beitritt zum Mercosur und beabsichtigte, als »Brücke« zwischen den Integrationsbündnissen eine Sonderstellung zu

---

425 Siehe dazu S. 77.

426 »Acuerdo Marco para la Creación de la Zona de Libre Comercio entre el Mercosur y la Comúnidad Andina« (»Rahmenabkommen über die Schaffung einer Freihandelszone zwischen dem Mercosur und der Andengemeinschaft«), Acuerdo de Alcance Parcial N° 11 vom 16.4.1998, nach dem bis Ende 1999 eine Einigung über die Bildung einer Freihandelszone erreicht sein sollte (abrufbar unter www.aladi.org, zuletzt geprüft am 19.12.2011); zum völkerrechtlichen Begriff des »Rahmenabkommens« vgl. *Nowrot* (Fn. 96), S. 61 (88): »Kennzeichnend für diesen Vertragstypus ist, dass seine Bestimmungen lediglich eine Reihe weit gefasster Rechtsprinzipien im Hinblick auf die mit dem Vertragsregime verfolgte Zwecksetzung enthalten.«; zu diesem Rahmenabkommen und den nachfolgenden Abkommen *Olivar*, El Perfeccionamiento del Mercosur como Condición Esencial de la Relación con la Unión Europea, in: Basso (Fn. 208), S. 339 (361); und *Dreyzin de Klor* (Fn. 182), S. 29 (34).

427 »Acuerdo de Complementación Económica N° 39« vom 12.8.99; *Mansi* (Fn. 420), S. 123 (134), beschreibt die bereits anfänglich gegebenen Schwierigkeiten im Rahmen dieser Verhandlungen.

428 »Acuerdo de Complementación Económica N° 48« vom 29.6.2000.

429 »Acuerdo de Complementación Económica N° 36« vom 17.12.96; zu den Details dieses Abkommens *Porrata-Doria*, Mercosur, 2005, S. 130 ff.

erlangen, was zum damaligen Zeitpunkt jedoch nicht zu greifbaren Ergebnissen führte.[430] 2001 wurden die Gespräche zum Freihandel zwischen den übrigen andinen Ländern und dem Mercosur mit der Verabschiedung eines zweiten Rahmenabkommens wieder aufgenommen.[431] Kolumbien, Ecuador und Venezuela konnten schließlich 2004 die rechtlich verwirklichte Freihandelszone mit den Mercosurstaaten in Kraft setzen.[432] Dagegen entschied sich Peru 2005 für den Abschluss eines separaten Vertrags mit den Staaten des Mercosur.[433] Damit bestehen heute Freihandelsabkommen zwischen allen beteiligten Staaten beider Bündnisse.

Der Abschluss solcher Freihandelsabkommen ist die Voraussetzung für eine assoziierte Mitgliedschaft eines Staates zur Andengemeinschaft beziehungsweise zum Mercosur.[434] Alle Staaten des Mercosur sind mit der Andengemeinschaft durch Assoziationsabkommen verknüpft.[435] Dies gilt ebenso für die Staaten der Andengemeinschaft gegenüber dem Mercosur.[436] Die Assoziation eines Staates berechtigt diesen jedoch nicht, an der Entscheidungsfindung in den jeweiligen Organen von Mercosur oder Andengemeinschaft mitzuwirken. Insbesondere finden die hier zu untersuchenden Rechtsakte zum Investitionsschutz keine Anwendung auf assoziierte Staaten. Sich aus ihnen ergebende Verpflichtungen richten sich an die mitspracheberechtigten Vollmitglieder.

---

430 Zum Verhältnis Boliviens zum Mercosur *Mansi* (Fn. 420), S. 123, (132 f.); vgl. auch *Unterguggenberger* (Fn. 324), S. 31 f.; hierauf weist hin *Kühn* (Fn. 333), S. 273 f.; kurz dazu auch *Porrata-Doria* (Fn. 429), S. 135.

431 »Acuerdo de Complementación Económica N° 56« vom 6.12.2002. Die Schwierigkeiten der Verhandlungen zwischen Andengemeinschaft und Mercosur beschreibt *Bouzas*, Mercosur's External Trade Negotiations: Dealing with a Congested Agenda, in: Roett (Hrsg.), Mercosur – Regional Integration, World Markets, 1999, S. 81 (84 ff.).

432 »Acuerdo de Complementación Económica N° 59« vom 18.10.2004; hierzu *Cienfuegos Mateo*, ¿Es la Unión de Naciones Sudamericanas un proyecto viable?, in: Drnas de Clément/Hummer (Fn. 318), S. 101 (116 ff.).

433 »Acuerdo de Complementación Económica N° 58« vom 30.11.2005.

434 Vgl. Art. 136 AvC; hierzu *Leathley* (Fn. 120), S. 120.

435 Siehe Entscheidung N° 613 des Außenministerrates; Art. 136 f. AvC.

436 *Guira*, Mercosur: The Emergence of a Working System of Dispute Resolution, NAFTA LBRA (2) 2000, S. 255 (260), geht auf die Assoziierung Boliviens näher ein, in die vor allem die Mercosur-Gruppe organisatorisch eingebunden ist.

III. Die Unasur als neues Element im Zusammenspiel der Integrationsbündnisse

Mit Gründung der Unasur ist ein Mechanismus entstanden, der in seiner regionalen Ausdehnung Mercosur und Andengemeinschaft bei Weitem übertrifft. Der sich hierdurch manifestierende politische Wille zur Integration könnte die Prozesse in Mercosur und Andengemeinschaft als überflüssig, als gegenüber der Unasur überholt und nachrangig erscheinen lassen.

Im Gründungsvertrag zur Unasur findet sich hinsichtlich Mercosur und Andengemeinschaft die Aussage, die südamerikanische Integration müsse einen Prozess darstellen, in welchen alle Erfolge und Errungenschaften von Mercosur und Andengemeinschaft einzubeziehen seien. Es wird betont, dass hierbei über die bloße Zusammenführung (»Konvergenz«) derselben hinausgegangen werden solle.[437] Nach diesem Wortlaut bleibt Raum für verschiedene Interpretationen über das Verhältnis von Unasur einerseits und Mercosur sowie Andengemeinschaft andererseits.

Ziele und Instrumente der Integrationsprojekte können zur näheren Betrachtung dieses Verhältnisses herangezogen werden: VvA und AvC zeigen deutlich die Einrichtung von Mercosur und Andengemeinschaft als Integrationsbündnissen, welche die wirtschaftliche Integration priorisieren. Dies geht bereits aus dem ersten Erwägungsgrund der Präambel des VvA hervor, welcher die Erweiterung der nationalen Märkte betont[438] beziehungsweise aus dem ersten Artikel des AvC, der die Errichtung eines Gemeinsamen Marktes als Ziel der Gemeinschaft

---

437 Vgl. siebter Erwägungsgrund der Präambel zum Gründungsvertrag der Unasur: »que la integración suramericana debe ser alcanzada a través de un proceso innovador, que incluya todos los logros y lo avanzado por los procesos de MERCOSUR y la CAN, así como la experiencia de Chile, Guyana y Suriname, yendo más allá de la convergencia de los mismos« ([überzeugt,] »dass die südamerikanische Integration durch einen neuartigen Prozess erreicht werden muss, der alle Erfolge und Errungenschaften der Prozesse im Mercosur und in der Andengemeinschaft umfasst, ebenso wie die Erfahrung Chiles, Guyanas und Surinams, und dabei über eine Konvergenz derselben hinausgeht.«). Die »Erklärung von Cusco« (siehe S. 67) zur Gründung der erwähnten »Gemeinschaft der Südamerikanischen Nationen« benannte bereits die Vertiefung der Zusammenführung von Mercosur, Andengemeinschaft und Chile als eines der Mittel zur Verwirklichung einer besseren Integration der Staaten. Hierbei sollte insbesondere auf dem Acuerdo de Complementación N° 59 aufgebaut werden, vgl. Art. II Abs. 2 der Erklärung von Cusco.

438 Vgl. auch *Abreu Bonilla* (Fn. 181), S. 27 f.

beschreibt.[439] Soziale oder andere Zielsetzungen werden im VvA insgesamt nur am Rande erwähnt[440] und auch im POP wird auf diese nicht maßgeblich abgestellt. Im AvC widmet sich lediglich ein Kapitel teilweise auch sozialen Fragen wie Verbesserungen im Bildungssystem oder der Einbindung der Bürger in den Integrationsprozess.[441] Die Zielsetzung der Unasur umfasst dagegen ausdrücklich nicht allein wirtschaftliche, sondern auch soziale, ökologische, infrastrukturelle, energiepolitische und kulturelle Aspekte.[442] Diese werden nicht lediglich als allgemeine Orientierungen in der Präambel formuliert, sondern als eigene »Spezielle Zielsetzungen« im Gründungsprotokoll herausgestellt.[443] Auch wirtschaftliche Aspekte und Ziele finden hervorgehobene Erwähnung,[444] werden jedoch ausdrücklich als Mittel zur Steigerung des Wohlstands und der Verringerung der Armut eingeordnet.[445]

---

439 Art. 1 Abs. 1 AvC.

440 Im ersten Erwägungsgrund der Präambel wird die wirtschaftliche Entwicklung mit der Gewährung sozialer Gerechtigkeit verbunden. Im sechsten Erwägungsgrund wird die Verbesserung der Lebensbedingungen in den Staaten des Mercosur angeführt.

441 Art. 129 – 132 AvC. Diese Ausrichtung auf rein wirtschaftliche Ziele wird durch die Einrichtung des nicht zu Entscheidungen befugten Wirtschafts- und Sozialforums oder des Mercosur-Parlaments ebenso wenig berührt wie durch die Existenz der Andenuniversität oder des andinen »Convenio Simón Rodriguez«, vgl. Art. 6 AvC.

442 Vgl. nur Art. 2 GV Unasur; siehe *Gajate*, Hacia la Construcción de la Unasul – Institucionalidad y Convergencia, in: Drnas de Clément/Hummer (Fn. 318), S. 139 (142 f.); *Hummer* (Fn. 143), S. 399 (402, 408 f.), ausführlich zu Zielen und Tätigkeitsbereichen, die Unasur an der »Schnittstelle zwischen wirtschaftlicher und politischer Integration« verortend. Diese breitere Zielsetzung der Unasur gegenüber den grundsätzlich streng ökonomisch ausgerichteten Bündnissen Mercosur und Andengemeinschaft betont auch *Piana* (Fn. 143), S. 369 (371 f., 375, 382 f.); siehe auch *Lixinski/de Andrade Correa* (Fn. 318), S. 413 (419 f.).

443 Art. 3 lit. b) GV Unasur stellt die soziale Entwicklung mit dem Ziel der Armutsbekämpfung heraus, um die sozialen Ungleichheiten in der Region zu beseitigen. Art. 3 lit. c) spricht die Beseitigung des Analphabetismus an, Art. 3 lit. g) benennt den Erhalt der biologischen Vielfalt und den Kampf gegen den Klimawandel. Nach Art. 3 lit. i) soll sogar die Entwicklung einer südamerikanischen Identität und Staatsbürgerschaft gefördert werden. Art. 3 lit. j) stellt den Zugang zu Sozialversicherungen und Gesundheitsdienstleistungen heraus.

444 Art. 3 lit. d) spricht die Energieversorgung an, Art. 3 lit. e) erwähnt infrastrukturelle Verbesserungen und Art. 3 lit. l) betont die wirtschaftliche und kommerzielle Zusammenarbeit.

445 Vgl. etwa Art. 3 lit. l) a. E.

Zur Umsetzung dieser Ziele fehlt es in der Satzung der Unasur jedoch an den aus VvA, POP oder AvC bekannten vergleichbaren Mitteln: Programme und Instrumente zur Verfolgung wirtschaftlicher Ziele, wie beispielsweise die Einführung eines gemeinsamen Außenzolles oder eine Handelsliberalisierung, werden nicht geregelt.[446] Damit mag die Unasur zwar wirtschaftliche Ziele in allgemeiner Weise verfolgen, sie ist jedoch schon aufgrund fehlender normativer Grundlagen und institutioneller Instrumente außerstande, konkrete Integrationsfortschritte zu bewirken.[447] Spezifische Mittel oder Schritte zur Erreichung ihrer hehren Ziele werden nicht genannt. Die Aufgaben der vorgesehenen Organe sind zudem sehr allgemein gehalten und lassen keine konkrete Ausrichtung auf den Ausbau einer wirtschaftlichen Integration erkennen.[448] Verbindliche Rechtsakte können diese Organe nicht erlassen.

Nach ihren Mitteln und Instrumenten ist die Unasur daher nach heutigem Stand nicht zur Verwirklichung eines Gemeinsamen Marktes geeignet. Wenn sich auch die politisch-wirtschaftlichen Zielsetzungen der Unasur mit denen von Mercosur und Andengemeinschaft teilweise decken, so ist heute nicht anzunehmen, dass die Unasur jene ersetzen oder verdrängen könnte.[449] Dies erscheint auch deswegen begründet, weil der Ecuadorianer Rodrigo Borja als designierter Generalsekretär sein Amt nicht antreten konnte, nachdem er sich nachdrücklich dafür ausgesprochen hatte, Mercosur und Andengemeinschaft unter dem Dach der Unasur zusammenzuschließen. Dieser Vorschlag zu Lasten einer Eigenständigkeit der bestehenden Integrationsprojekte und damit auch die Kandidatur Borjas wurde von einigen Staatschefs zurückgewiesen.[450]

---

446 In der Erklärung von Cusco zur Gründung der Gemeinschaft Südamerikanischer Nationen (siehe Fn. 143), aus der sich die Unasur entwickelte, war dagegen noch ausdrücklich die Bildung einer umfassenden Freihandelszone erwähnt worden, vgl. Art. II Abs. 2 der Erklärung von Cusco; vgl. *Cienfuegos Mateo* (Fn. 432), S. 101 (108).

447 In diesem Sinne kritisch auch *Bennett* (Fn. 112), S. 103 (104, 130 f.).

448 Vgl. *Cienfuegos Mateo* (Fn. 432), S. 101 (111); vgl. dagegen nur die Einrichtung der Handelskommission im Mercosur, Art. 16 ff. POP; siehe hierzu S. 82.

449 *Hummer* (Fn. 143), S. 399 (409), spricht das denkbare Konkurrenzverhältnis zwischen den bestehenden Bündnissen an; krit. auch *Birle* (Fn. 105), S. 75 (89); und *Lixinski/de Andrade Correa* (Fn. 318), S. 413 (419).

450 Vgl. hierzu *Hummer*, Von der »Gemeinschaft« zur »Union« Südamerikanischer Nationen, VRÜ (42) 2009, S. 7 (11); *Hummer* (Fn. 143), S. 399 (407); und *Sanahuja* (Fn. 148), S. 87 (107 f.).

Eine »Konvergenz« im Sinne der Unasur-Charta wird also auf absehbare Zeit nicht zu einer Verdrängung von Mercosur und Andengemeinschaft führen.[451] Die Unasur ist vielmehr als ein lediglich programmatischer Rahmen für die Durchführung weiterer, heute noch unbestimmter Integrationsmaßnahmen zu verstehen und gleicht insofern der ALADI.[452] Damit wirkt sich die Gründung der Unasur auf das Bestehen und das institutionell-rechtliche Gefüge sowohl des Mercosur als auch der Andengemeinschaft nicht aus.

E. Florierender Handel und stagnierende Verhandlungen – Die Beziehungen von Mercosur und Andengemeinschaft zu Deutschland und der Europäischen Union

Der deutsche Direktinvestor im Mercosur oder der Andengemeinschaft agiert im Rechtsraum zwischen seinem Heimatstaat und dem Gastland sowie der Europäischen Union und dem respektiven Integrationsbündnis. Rechtliche Relevanz hat für ihn daher auch die interregionale Rechtsebene – etwa Abkommen

---

451 Skeptisch hinsichtlich der Verwirklichung der Ziele der Unasur bleiben *Cienfuegos Mateo* (Fn. 432), S. 101 (123 ff.); und *Gajate* (Fn. 442), S. 139 (143); vgl. auch *Hummer* (Fn. 450), S. 7 (21); vgl. *Peña*, La integración del espacio sudamericano – ¿La Unasur y el Mercosur pueden complementarse?, Nueva Sociedad (219) 2009, S. 46 (57); vgl. *Birle* (Fn. 105), S. 75 (89); so wohl auch *Peña*, Integración regional y estabilidad sistémica en Suramérica, in: Cienfuegos/Sanahuja (Fn. 148), S. 23 (37); *Sanahuja* (Fn. 148), S. 87 (106 f.); auch *Meier* (Fn. 96), S. 255 ff., verbleibt skeptisch in Bezug auf die Erfolgsaussichten einer alle Staaten Südamerikas umfassenden Integration.

452 In diesem Sinne auch *Hummer* (Fn. 450), S. 7 (21); und *Hummer* (Fn. 143), S. 399 (422 f.): »zwar rechtsfähig, aber nur sehr beschränkt handlungsfähig.« beziehungsweise »lediglich ein Mechanismus zur Harmonisierung und Abgleichung gewisser Politikbereiche im Vorfeld wirtschaftlicher und politischer Integrationsbemühungen«; siehe auch *Sanahuja* (Fn. 148), S. 87 (108), der den Begriff des »Postliberalen Regionalismus« (»regionalismo posliberal«) nutzt und den fast vollständig fehlenden Bezug auf Andengemeinschaft und Mercosur kritisiert; sehr weitgehend dagegen *Hemmerling*, Vergangenheitsaufarbeitung im postautoritären Argentinien, 2010, S. 131: »hat der […] UNASUR/UNASUL […] den Mercosur als wohl bedeutendste Organisation südamerikanischer Integration abgelöst«; Ratsentscheidung N° 24/12 greift das Anliegen auf, die Zusammenarbeit und gegenseitige Ergänzung von Mercosur und Unasur zu verbessern.

zwischen den beteiligten Staaten oder Bündnissen. Rechtliche Verpflichtungen oder Berechtigungen können sich dabei aus wirtschaftspolitischen Vereinbarungen zwischen den Genannten ergeben, so dass die Darstellung dieser Rechtsbeziehungen in angemessenem Umfang unverzichtbar ist. Konkrete Rechtspositionen kann der Investor, wie sich nachfolgend zeigen wird, aus ihnen allerdings nicht herleiten.

I. Die stagnierenden Verhandlungen zum Freihandelsabkommen zwischen der Europäischen Union und dem Mercosur sowie: Die besondere Rolle Brasiliens

Die Beziehungen zwischen dem Mercosur und der Europäischen Union sind heute geprägt durch die bereits seit dem Jahr 2000 andauernden Verhandlungen über ein umfassendes Freihandelsabkommen und die damit einhergehende Ausgestaltung des interregionalen Rechtsrahmens.[453] Die Verhandlungen stagnieren jedoch wegen wirtschaftspolitischer Differenzen: Nachdem über die Öffnung des europäischen Agrarmarktes und die Einfuhr europäischer Industrieprodukte keine Einigung erzielt werden konnte, wurden diese Verhandlungen 2004 unterbrochen und erst 2010 wieder aufgenommen.[454] Die Gespräche stützen sich auf ein 1995 beschlossenes vorbereitendes »Rahmenabkommen«.[455] In den jüngsten

---

453 *Cristini* (Fn. 114), zu den Anfängen dieser Verhandlungen; krit. *Vaillant*, Objetivos, Resultados y Restricciones de la Negociación Común con Terceros en el Mercosur, in: Barbosa (Fn. 411), S. 179 (189): »ningún resultado hasta el presente« (»bislang keinerlei Ergebnis«); ausführlich auch *Drnas de Clément*, El Transregionalismo en las Relaciones Unión Europea-Mercosur, in: Drnas de Clément/Hummer (Fn. 318), S. 65 ff.

454 Die besondere Problematik des Agrarsektors betont bereits *Mansi* (Fn. 420), S. 123 (144). Die konfligierenden Interessen von EU und Mercosur stellt dar *Greiner* (Fn. 99), S. 150 ff.; zu den Schwierigkeiten dieser Verhandlungen *de Almeida Medeiros/Leitão*, Bridge over trouble [sic] waters: Brasil, Mercosul e União Europeia (1980 – 2008), in: de Rezende/Martins (Fn. 410), S. 12 (33 ff.); und *Cienfuegos*, Comercio, inversiones y los otros pilares de las relaciones eurosuramericanas: ¿hacia un espacio común de integración?, in: Cienfuegos/Sanahuja (Fn. 148), S. 275 (312 ff.).

455 »Interregionales Rahmenabkommen über die Zusammenarbeit zwischen der Europäischen Gemeinschaft und ihren Mitgliedstaaten einerseits und dem Mercado Común del Sur und seinen Teilnehmerstaaten andererseits«, unterzeichnet am 15.3.1995, in Kraft getreten am 1.7.1999, vgl. Abl. der EG Nr. L 069 vom 19.3.1996,

Verhandlungsrunden zeigten sich erneut die beschriebenen Schwierigkeiten.[456] Auch die von Argentinien gegenwärtig angewandten Handelshemmnisse stellen ein Problem der Verhandlungen dar.[457] Ob das angestrebte Abkommen tatsächlich in absehbarer Zeit geschlossen werden kann, ist daher äußerst fraglich.[458] Vielmehr erscheint es denkbar, dass aufgrund des langen Stillstandes die Europäische Union zu individuellen Verhandlungen mit den einzelnen Mercosur-Staaten übergeht.[459]

Die Europäische Union verwaltet zudem ein sich über die Jahre 2007 bis 2013 erstreckendes Regionalförderprogramm, welches eine Stärkung und Unterstützung des Integrationsprozesses im Mercosur bezweckt.[460]

Seit 2007 tritt im Rahmen dieser Beziehungen aufgrund der Uneinigkeit im Mercosur die Bedeutung der aufstrebenden Regionalmacht Brasilien deutlicher hervor.[461] In Brasilien sind hunderte deutscher Unternehmen vertreten.[462] So wurde auf seit 2007 jährlich veranstalteten EU-Brasilien-Gipfeltreffen eine verstärkte Kooperation als »Strategische Partnerschaft« zwischen EU und Brasilien verein-

---

S. 4 ff. (i.F.: »Rahmenabkommen Mercosur-EU 1995«); hierzu *Dromi/Molina del Pozo*, Acuerdo Mercosur – Union Europea, 1996; und *Abreu Bonilla* (Fn. 181), S. 132 ff.; eingehend *Greiner* (Fn. 99), S. 131 ff.; sowie *Toscano Franca Filho*, External Relations, in: Toscano Franca Filho/Lixinski/Belén Olmos Giupponi (Fn. 182), S. 147 (153 ff.): »The treaty is a highly programmatic piece, born to be transitory and provisory, and neither contains any concrete easing of conditions of trade liberalisation nor sets any definite date for the intended transatlantic free trade area«.

456 Dazu *Toscano Franca Filho* (Fn. 455), S. 147 (156). Diese Probleme beschreibt detailliert *Kuhs*, EU-Mercosur: Größte Freihandelszone der Welt, AW-Prax 2011, S. 39 (40 f.); siehe auch *Moses/Kafsack* (Fn. 302): »Die 1995 begonnenen Handelsgespräche [...] kommen seit Jahren nicht voran.«.

457 Siehe dazu die Hinweise in Fn. 302.

458 Zweifelnd auch *Cienfuegos* (Fn. 454), S. 275 (335 ff.); skeptisch ebenso *Messerlin*, The Mercosur-EU Preferential Trade Agreement, 2013, S. 4 f.

459 Das deuten an *Moses/Kafsack* (Fn. 302).

460 Vgl. Dokument der Kommission E/2007/1640 vom 2.8.2007.

461 *de Almeida Medeiros/Leitão* (Fn. 454), S. 12 (16 ff., 29), beleuchten die Beziehungen zwischen Brasilien und der EWG, EG und EU; zur besonderen Rolle Brasiliens auch *Gratius*, La Unión Europea y Brasil: entre el biregionalismo y el bilateralismo, in: de Rezende/Martins (Fn. 410), S. 40 ff. (46 ff.); die besondere Bedeutung Brasiliens betont ebenfalls *Messerlin* (Fn. 458), S. 2 f.

462 Einen Überblick über das Engagement deutscher Industrie in Brasilien gibt die Studie der Deutsch-Brasilianischen Industrie- und Handelskammer »Acreditando no Brasil – Von Brasilien überzeugt«, 2011.

bart, was gerade auch angesichts der stagnierenden Verhandlungen mit dem Mercosur keine Stärkung des Integrationsbündnisses bedeutet. Zuvor bestand bereits ein Rahmenabkommen über die beidseitige Zusammenarbeit der EU und Brasiliens[463] und für die Jahre 2007 – 2013 ist auch für Brasilien ein konkreter Entwicklungs- und Förderplan vorgesehen, der vor allem in den Bereichen Handel und Umweltschutz Fortschritte bewirken soll.[464] Zwischen Deutschland und Brasilien wurde 1995 ein bilaterales Investitionsschutzabkommen geschlossen, das jedoch bis heute von Brasilien nicht ratifiziert wurde.[465]

Das wirtschaftliche Potenzial der geplanten interregionalen Assoziation verdeutlicht ein Blick auf die Handelsbilanz zwischen EU und Mercosur: 2010 fand ein Warenaustausch im Wert von mehr als 84 Mrd. Euro statt, wobei der Anteil der Exporte des Mercosur nach Europa etwa 44 Mrd. Euro betrug. Der Anteil Brasiliens an diesem Handelsvolumen betrug dabei fast 64 Mrd. Euro, wobei der Exportanteil Brasiliens an dieser Summe mehr als 31 Mrd. Euro betrug. 2010 flossen mehr als 21 Mrd. Euro an Direktinvestitionen aus der EU nach Brasilien und brasilianische Unternehmen investierten mehr als sieben Mrd. Euro in den Staaten der EU.[466]

---

463 »Rahmenabkommen über die Zusammenarbeit zwischen der Europäischen Wirtschaftsgemeinschaft und der Föderativen Republik Brasilien« vom 29.6.1992, in Kraft seit dem 1.11.1999, vgl. Abl. der EG Nr. L 262 vom 1.11.1995, S. 54 ff.

464 Vgl. Dokument der Kommission E/2007/889, vom 14.5.2007. Hierauf verweist auch *Sester*, Brasilianisches Handels- und Wirtschaftsrecht, 2010, S. 10.

465 Siehe den »Vertrag vom 21. September 1995 zwischen der Bundesrepublik Deutschland und der Föderativen Republik Brasilien über die Förderung und den gegenseitigen Schutz von Kapitalanlagen«, BGBl. 1998 II, S. 602. Unter dem Datum vom 4.9.1953 besteht zudem ein Briefwechsel zwischen dem deutschen Botschafter in Brasilien und dem brasilianischen Botschafter in Deutschland unter dem Titel »Acordo de Investimentos e Financiamentos« (»Vereinbarung über Investitionen und Finanzierungen«), hierauf verweisen *Giusti/Drummond C. Trindade*, As Arbitragens Internacionais Relacionadas a Investimentos: a Convenção de Washington, o ICSID e a Posição do Brasil, RAM (7) 2005, S. 49 (57). Diesem Abkommen lassen sich jedoch schon inhaltlich keine konkreten, hier relevanten Schutzpositionen entnehmen (abrufbar unter www.brasil.diplo.de, zuletzt geprüft am 19.12.2011).

466 Quelle: Eurostat, Veröffentlichung GD Handel vom 10.1.2012.

II. Die rechtlichen und wirtschaftspolitischen Beziehungen zwischen der Europäischen Union und der Andengemeinschaft, insbesondere Bolivien

Seit 1993 besteht zwischen Europäischer Union und Andengemeinschaft ein Rahmenabkommen über die Kooperation zwischen den Gemeinschaften.[467] 1996 wurde mit der Erklärung von Rom der Dialog von Union und Andengemeinschaft auf eine neue Grundlage gestellt.[468] Seit 2003 existiert ein – noch nicht ratifiziertes – Abkommen über politischen Dialog und Zusammenarbeit.[469] 2005 ist zudem ein Prozess mit dem langfristigen Ziel eines interregionalen Freihandelsabkommens begründet worden. War dieser Prozess ursprünglich mit der Andengemeinschaft als Ganzem begonnen worden, so entschied man Ende 2008, die ins Stocken geratenen Verhandlungen hinsichtlich der kontrovers diskutierten Handelsfragen mit den einzelnen Andenstaaten zu führen und interregional die Verhandlungen auf Fragen des politischen Dialogs und der Zusammenarbeit zu beschränken.[470] Peru, Kolumbien und Ecuador führten diese Verhandlungen mit der EU fort, wobei Ecuador im Juli 2009 den Prozess aussetzte und lediglich mit Peru und Kolumbien im März 2010 ein Freihandelsabkommen unterzeichnet werden konnte, das mittlerweile vorläufig in Kraft getreten ist.[471]

---

467 »Rahmenabkommen über die Zusammenarbeit zwischen der Europäischen Wirtschaftsgemeinschaft und dem Abkommen von Cartagena und seinen Mitgliedstaaten, der Republik Bolivien, der Republik Ecuador, der Republik Kolumbien, der Republik Peru und der Republik Venezuela«, in Kraft seit dem 1.5.1998, siehe Abl. der EG Nr. L 127 vom 29.4.1998; siehe auch Entscheidung der Kommission N° 329.

468 Siehe »Gemeinsame Erklärung zum Politischen Dialog zwischen der Europäischen Union und der Andengemeinschaft«, Dokument PRES/96/191 vom 1.7.1996.

469 »Political dialogue and Cooperation Agreement between the European Community and its Member States, of the one part, and the Andean Community and its Member Countries (Bolivia, Colombia, Ecuador, Peru and Venezuela), of the other part«, vom 15.12.2003 (i.F. »Abkommen EU-Andengemeinschaft 2003«).

470 Dazu *Mendoza Nava* (Fn. 399), S. 47 f. Diese Verhandlungen erläutert auch *Cienfuegos* (Fn. 454), S. 275 (320 ff.); siehe den Hinweis bei *Tondl/Bass* (Fn. 109), S. 313 (321).

471 Der Text des Abkommens »Trade Agreement between the European Union and Colombia and Peru« (i.F.: »Abkommen EU-Kolumbien/Peru«) ist abrufbar unter http://trade.ec.europa.eu, (zuletzt geprüft am 20.12.2011). Bolivien verlangte weitreichende Ausnahmeregelungen hinsichtlich bestimmter Industriesektoren, zu denen sich die Europäische Union nicht bereit erklärte, vgl. bei *Mendoza Nava* (Fn. 399), S. 48 f.; kurz zu diesem Abkommen *Brown*, The European Union and Regional Trade Agreements,

Zwischen dem wirtschaftlich und politisch weniger bedeutenden Bolivien und der Union bestehen darüber hinaus keine besonderen Verbindungen wie sie etwa mit Brasilien gegeben sind. Der interregionale Handel belief sich 2010 auf gut 20 Mrd. Euro, wobei die EU Waren im Wert von acht Mrd. Euro in die Staaten der Andengemeinschaft einführte, Bolivien dabei insgesamt einen Anteil von 600 Mio. Euro am Handel insgesamt hatte und hiervon die Hälfte Exporte in die EU waren.[472] Diese Zahlen verdeutlichen, dass im Vergleich zu anderen Märkten die Andenstaaten für die Europäische Union nur von geringer Bedeutung sind.[473]

---

in: Herrmann/Terhechte (Hrsg.), European Yearbook of International Economic Law, 2012, S. 445 (451); und insbesondere zu Aspekten der unionsrechtlichen Kompetenzen *Tuis/Brown*, The European Union and Regional Trade Agreements, in: Herrmann/Krajewski/Terhechte (Hrsg.), European Yearbook of International Economic Law, 2013, S. 253 (256 f.); zum vorläufigen Inkrafttreten des Abkommens siehe die Pressemitteilungen der Europäischen Kommission IP-13-173 vom 28.2.2013 und IP-13-749 vom 26.7.2013.

472 Siehe dazu die Handelsberichte der Europäischen Kommission »DG Trade Statistics – Bolivia – EU-Bilateral Trade and Trade with the World« vom 5.7.2013 und »DG Trade Statistics – Andean Community – EU-Bilateral Trade and Trade with the World« vom 23.5.2013, verfügbar unter http://ec.europa.eu/trade (zuletzt geprüft am 29.10.2013).

473 Das kommentiert auch *Mendoza Nava* (Fn. 399), S. 51 ff.

Kapitel 3: Investitionsschutz in Brasilien und Bolivien unter Ausblendung des Integrationsrechts

Die Auswirkungen des Integrationsrechts, also die sich aus ihm konkret für den deutschen Investor ergebenden Vorteile, werden gegebenenfalls dann sichtbar, wenn zunächst das Regelungsgefüge ohne Einbindung des Integrationsrechts beschrieben und erst dann in einer vergleichenden Gegenüberstellung das Integrationsrecht in die Betrachtung eingebunden wird. Das folgende Kapitel behandelt daher völkerrechtliche Normen und nationales Recht in Brasilien und Bolivien soweit diese dem deutschen Investor Schutz gewähren. Dabei wird sich zeigen, dass eine Absicherung gegen andere als kommerzielle Risiken nur in beschränktem Maße gegeben ist.

A. Investitionsschutz im Völkerrecht: Mangelhafter Schutz – Keine Absicherung des Investors

Der Rechtsrahmen für die Aktivitäten eines Investors im Gaststaat ergibt sich nicht allein aus nationalem Recht, sondern bezieht – wie bereits angesprochen – völkerrechtliche Normen mit ein. Anknüpfungspunkte an die vorgenannten, aus bilateralen Investitionsabkommen bekannten Schutzaspekte[474] ergeben sich aus dem sogenannten Fremdenrecht als Teil des Völkergewohnheitsrechts[475] und völkervertragsrechtlich[476] vermittelten Rechtspositionen.

---

474 Siehe oben S. 40 ff.

475 Nach Art. 38 Abs. 1 lit. b IGH-Statut ist (Völker-)Gewohnheitsrecht der »Ausdruck einer allgemeinen, als Recht anerkannten Übung« (»international custom, as evidence of a general practice accepted as law«) und setzt damit das Bestehen einer entsprechenden allgemeinen Praxis der Staaten voraus, die von der Überzeugung getragen wird, dass eine korrespondierende Handlungspflicht bestehe; siehe *Crawford*, Brownlie's Principles of Public International Law, 8. Aufl., 2012, S. 23 ff.; vgl. bei *Nowrot* (Fn. 96), S. 61 (90); *Graf Vitzthum*, Begriff, Geschichte und Rechtsquellen des Völkerrechts, in: Graf Vitzthum (Fn. 406), S. 1 (60 ff.).

476 Siehe Art. 38 Abs. 1 lit a) IGH-Statut: »international conventions, whether general or particular, establishing rules expressly recognized by the contesting states«; *Crawford* (Fn. 475), S. 13 f., 367 ff.; nach *Nowrot* (Fn. 96), S. 61 (86), sind völkerrechtliche

Der Rechtsstatus von Ausländern ist seit jeher Gegenstand des sogenannten Fremdenrechts.[477] Als Fremdenrecht werden diejenigen Behandlungsstandards verstanden, welche Staaten den sich auf ihrem Territorium aufhaltenden Ausländern völkergewohnheitsrechtlich zugestehen.[478] Rechtsbeziehungen im Fremdenrecht entstehen zwischen den die Gebiets- beziehungsweise die Personalhoheit ausübenden Staaten, nicht jedoch zwischen dem Fremden selbst und dem Gaststaat.[479] Das Fremdenrecht verleiht insofern keine subjektiven Rechte.[480] Das Fremdenrecht entspricht materiell weitgehend dem bereits angesprochenen internationalen Behandlungsmindeststandard, ist also Teil des Völkergewohnheitsrechts.[481]

Zwischen den beschriebenen, im Rahmen des Investitionsschutzes relevanten Rechtsfragen und dem klassischen völkerrechtlichen Menschenrechtsschutz besteht eine enge Verbindung. Enteignungsfragen, der Standard der angemessenen und fairen Behandlung oder andere allgemeine Behandlungsstandards lassen sich unmittelbar auf menschenrechtliche Rechtspositionen wie beispielsweise das Recht auf ein faires Verfahren, die Rechtsschutzgewährleistung oder die Unabhängigkeit und Unparteilichkeit der Justiz zurückführen.[482]

Verträge »Vereinbarungen zwischen zwei oder mehreren Staaten bzw anderen vertragsschlussfähigen Völkerrechtssubjekten wie internationalen Organisationen, welche in rechtlich verbindlicher Weise auf die Begründung, Änderung oder Aufhebung von Rechten und Pflichten der Vertragsparteien gerichtet und von ihnen dem Völkerrecht unterstellt sind.«; *Graf Vitzthum* (Fn. 475), S. 1 (50 ff.).

477 Ein Überblick über die historische Entwicklung des Fremdenrechts findet sich bei *Kläger* (Fn. 53), S. 5 ff.

478 Dazu *Griebel* (Fn. 17), S. 14 ff.; vgl. auch *Herdegen* (Fn. 285), § 27 Rn. 1.

479 Hierauf verweist *Görs*, Internationales Investitionsrecht, 2004, S. 26; vgl. auch bei *Pfaff*, Investment Protection by Other Mechanism: The Role of Human Rights Institutions and the WTO, in: Hofmann/Tams (Hrsg.) The International Convention on the Settlement of Investment Disputes (ICSID), 2007, S. 267 (272 f.).

480 Siehe IGH, Urteil v. 5.2.1970, Case Concerning the Barcelona Traction, Light and Power Company, Ltd, 9 ILM (1970), S. 227 (271): »rule that in inter-State relations, whether claims are made on behalf of a State's national or on behalf of the State itself, they are always the claims of the State.«; siehe bei *Bleckmann*, Völkerrecht, 2001, S. 281; anders jedenfalls für »absolute« völkerrechtliche Menschenrechte *Doehring*, Handelt es sich bei einem Recht, das durch diplomatischen Schutz eingefordert wird, um ein solches, das dem die Protektion ausübenden Staat zusteht, oder geht es um die Erzwingung von Rechten des betroffenen Individuums?, in: Ress/Stein (Hrsg.), Der diplomatische Schutz im Völker- und Europarecht, 1996, S. 13 (20).

481 Vgl. S. 48.

482 Hierauf verweist *Leathley* (Fn. 120), S. 58; zu den normativen Bezügen siehe unten S. 141.

Eine umfassende multilaterale Regelung des Rechts der Auslandsinvestitionen (als »Multilateral Agreement on Investment« oder »MAI«) wurde im Rahmen der OECD bis 1998 verhandelt, führte jedoch nicht zu einem Erfolg.[483] Dies war insofern nicht verwunderlich, als bereits bei den Verhandlungen zum GATT im Ergebnis keine Einigkeit über die Einbeziehung dieser Materie erzielt werden konnte.[484] Auch im Rahmen der Doha-Runde war der Themenkomplex der Investitionen ein inhaltliches Element, das nunmehr endgültig[485] aus den Verhandlungen entlassen wurde, um im Übrigen Fortschritte zu ermöglichen.[486]

Dennoch bestehen im Rahmen der WTO[487] heute mit dem »Agreement on Trade-Related Investment Measures« (i.F.: »TRIMs«)[488], dem »General Agreement on Trade in Services« (i.F.: »GATS«)[489], dem »Agreement on Trade-Related Aspects of Intellectual Property Rights« (i.F.: »TRIPs«)[490], dem »Agreement on Subsidies and Countervailing Measures« (i.F.: »ASCM«)[491] und dem »Understanding

---

483 Vgl. etwa bei *Häde* (Fn. 27), S. 181 (210 ff.); und *Karl*, Das Multilaterale Investitionsabkommen (MAI), RIW 1998, S. 432 (438, 440), der insbesondere das komplementäre Verhältnis eines solchen Abkommens zu den verbreiteten BITs betont; dazu auch *Malanczuk*, State-State and Investor-State Dispute Settlement in the OECD Draft Multilateral Investment Agreement, JIEL 2000, S. 417 ff. *Braun*, Investment Protection under WTO Law – New Developments in the Aftermath of Cancún, in: Tietje (Hrsg.), International Investment Protection and Arbitration – Theoretical and Practical Perspectives, 2008, S. 65 (68 f.), zeigt sich kritisch bezüglich theoretisch denkbarer, neuer multi- oder plurilateraler Verhandlungen zu einem Investitionsabkommen; ebenso zweifelnd *Wolf*, The Regulation of Foreign Direct Investment under Selected WTO Agreements – Is there still a Case for a Multilateral Agreement on Investment?, in: Tietje (a.a.O.), S. 71 (104 f.); eingehend *Ziegler*, Multilateraler Investitionsschutz im Wirtschaftsrecht, in: Ehlers/Wolffgang/Schröder (Hrsg.), Rechtsfragen internationaler Investitionen, 2009, S. 63 ff.

484 Siehe bei *Sauvé*, Trade and investment rules: Latin American perspectives, Serie Comercio Internacional Nr. 66, United Nations Publication 2006, S. 9; siehe auch die Hinweise bei *Braun* (Fn. 483), S. 65 (66); und *Wolf* (Fn. 483), S. 71 (74 f.).

485 Vgl. *Wolf* (Fn. 483), S. 71 (80).

486 Siehe bei *Wolf* (Fn. 483), S. 71 (73, 75 ff.).

487 Siehe das »Agreement Establishing the World Trade Organization« vom 15.4.1994, 33 ILM (1994), S. 1144 ff. (i.F.: »WTO-Abkommen«).

488 Abgedruckt in United Nations Treaty Series, Bd. 1868 (1995), S. 186 ff.

489 Anhang 1B zum WTO-Abkommen, 33 ILM (1994), S. 1168 ff.

490 Anhang 1C zum WTO-Abkommen, 33 ILM (1994), S. 1197 ff.; knapp zum TRIPS und dessen Schutz geistigen Eigentums auch *Wolf* (Fn. 483), S. 71 (87).

491 Abgedruckt in United Nations Treaty Series, Bd. 1869 (1995), S. 14 ff.; zum ASCM *Wolf* (Fn. 483), S. 71 (85 f.).

on Rules and Procedures Governing the Settlement of Disputes« (i.F.: »DSU«)[492] multilaterale Regelungen, welche den Themenbereich des Investitionsrechts zum Teil erfassen.[493] Diese Abkommen erfassen jedoch grundsätzlich spezifische Arten von Investitionen – wie etwa mit der Erbringung von Dienstleistungen verbundene oder mit dem Warenhandel in Zusammenhang stehende Investitionen – und sind prinzipiell ausgerichtet auf die Zulassung, also den Marktzutritt von Investitionen und nicht deren Schutz.[494] Wo doch Schutzaspekte am Rande erwähnt werden, sind grundsätzlich breite Ausnahmen vorgesehen.[495]

Darüber hinaus besteht für den Bereich des Energierechts mit dem »Vertrag über die Energiecharta« eine wegen ihrer praktischen Bedeutung bemerkenswerte, aufgrund des engen Anwendungsbereichs aber nicht zu verallgemeinernde Ausnahme.[496]

In unmittelbarem Zusammenhang mit Auslandsinvestitionen steht die 1985 geschaffene Multilateral Investment Guarantee Agency (i.F.: »MIGA«).[497] Diese betreibt als internationale Organisation die Versicherung von Investitionsrisiken. Als Organ der Weltbank kann sie auf Antrag Investoren aus den Unterzeichnerstaaten der MIGA-Konvention eine vertragliche Absicherung gegen die angeführten klassischen Investitionsrisiken erteilen.[498] Auf diese Versicherungen und Garantien besteht kein Anspruch. Es handelt sich um Einzelfalllösungen,[499] nicht um einen etablierten allgemeinen Standard. Zudem stellen diese Instrumente keine Hand-

---

492 Anhang 2 zum WTO-Abkommen, 33 ILM (1994), S. 1226 ff.

493 Siehe hierzu die Aufzählung bei *Sauvé* (Fn. 484), S. 9 f.

494 Vgl. etwa Art. 1 TRIMs; Art. 1 Abs. 1 GATS; siehe die Untersuchung bei *Sauvé* (Fn. 484), S. 10 ff. Die kaum maßgebliche Bedeutung des auf handelsbezogene Investitionen gerichteten TRIMs für übrige Direktinvestitionen betont auch *Wolf* (Fn. 483), S. 71 (97 f.). *Tietje*, WTO und Recht des Warenhandels, in: Tietje (Fn. 41), S. 145 (198 f.), bewertet die Bedeutung des TRIMS entsprechend als »eher gering«. Auf den beschränkten Anwendungsbereich des GATS verweist auch *Weiss*, Internationaler Dienstleistungshandel, in: Tietje (Fn. 41), S. 215 (219 f.).

495 Vgl. etwa Art. XI, XII, XIV GATS; siehe bei *Sauvé* (Fn. 484), S. 14; *Wolf* (Fn. 483), S. 71 (101 f.), bewertet das GATS dennoch als »a promising first step in the […] area of the development of investment protection on a multilateral level.«.

496 »Energy Charter Treaty« vom 17.12.1994, 34 ILM (1995), S. 381 ff.; vgl. Art. 2 des Vertrages über die Energiecharta.

497 Convention Establishing the Multilateral Investment Guarantee Agency vom 11.10.1985, in Kraft getreten am 12.4.1988, erweitert zum 14.11.2010 (i.F.: »MIGA-Konvention«), 24 ILM (1985) S. 1605; zur MIGA *Leathley* (Fn. 120), S. 261 ff.

498 Art. 11, 13 MIGA-Konvention.

499 Art. 16 MIGA-Konvention.

lungs- und Unterlassungspflichten für den Gaststaat dar, sondern sichern nur sekundär die finanziellen Nachteile ab, welche den Investor bei Verwirklichung des Investitionsrisikos belasten könnten.[500] In die vorliegende Untersuchung wird die MIGA daher ebenso wenig weiter einbezogen wie die vorgestellten Ansätze zur multilateralen Regelung internationaler Investitionen.[501]

I. Materielle Inhalte von bilateralen Investitionsabkommen als Schutzaspekte im Rahmen des Völkerrechts

Die in dieser Untersuchung zugrunde gelegten Schutzaspekte sind im herkömmlichen Völkerrecht unterschiedlich ausgeprägt. Einen verlässlichen, umfassenden Schutz des Investors kann das allgemeine Völkerrecht dabei – wie im Folgenden gezeigt werden wird – nicht gewährleisten. Gerade diese Defizite im herkömmlichen Völkerrecht veranlassen Staaten aber zum Abschluss bilateraler Investitionsabkommen.

1. Eigentumsschutz nur im Völkergewohnheitsrecht

Staaten können ihre Bürger und Ausländer enteignen. Wenn »Eigentumsschutz« im Zusammenhang mit Investitionen diskutiert wird, sind damit stets die rechtlichen Hürden für eine Enteignung und die Frage nach den rechtlichen Folgen einer solchen Entziehung dieser Rechtsposition, vor allem nach einer Entschädigung, verbunden.[502]

Hinsichtlich der in Bolivien und Brasilien geltenden völkerrechtlichen Verträge findet sich das Eigentum in der Allgemeinen Erklärung der Menschenrechte von 1948 (i.F.: »AEMR«)[503] benannt, doch ist dessen Schutz auf eine willkürliche

500 Vgl. bei *Markert* (Fn. 23), S. 38 f.

501 Das gilt im Übrigen auch für die durch das Bundesministerium für Wirtschaft und Technologie angebotenen Auslandsinvestitionsgarantien zugunsten deutscher Unternehmer. Diese Absicherung ergibt sich allein aus deutschem Recht. *Prechtl*, Investitionsabsicherung des Bundes, in: Ehlers/Wolffgang/Schröder (Fn. 483), S. 131 ff.; sowie den »Jahresbericht 2010 – Investitionsgarantien der Bundesrepublik Deutschland (Direktinvestitionen Ausland)«, herausgegeben vom Bundesministerium für Wirtschaft und Technologie und PricewaterhouseCoopers, abrufbar unter www.agaportal.de, (zuletzt geprüft am 24.12.2011).

502 Siehe bei *Kriebaum* (Fn. 32), S. 23 f.

503 Dokument der VN – Resolution 217A (III) der Generalversammlung vom 10.12.1948.

Entziehung beschränkt und eine entschädigungslose Enteignung nicht explizit ausgeschlossen.[504] Die American Declaration of the Rights and Duties of Man von 1948 (i.F.: »ADRDM«)[505] erachtet als zwingend dem Einzelnen zustehendes Privateigentum nur das, was zum elementaren Lebensunterhalt gehört und zur Wahrung der persönlichen Würde erforderlich ist, grenzt also schon den Schutzbereich sehr weit ein.[506] Die Amerikanische Menschenrechtskonvention von 1969 (i.F.: »AMRK«)[507] unterwirft die Nutzung des Privateigentums explizit dem Vorbehalt einer gesetzlichen Maßregelung im Interesse der Allgemeinheit.[508] Darüber hinaus legt sie ausdrücklich fest, dass ein Entzug des Eigentums nur bei Zahlung einer gerechten (»just«) Entschädigung und nur zu einem öffentlichen Interesse oder sozialen Nutzen sowie unter Wahrung aller durch das Gesetz bestimmten Erfordernisse vorgenommen werden darf.[509] Im Internationalen Pakt über wirtschaftliche,

---

504 Art. 17 Abs. 1 AEMR: »Everyone has the right to own property alone as well as in association with others.«, Art. 17 Abs. 2 AEMR: »No one shall be arbitrarily deprived of his property.«. *Kempen*, Eigentum: ein universelles Menschenrecht?, in: Hüpers (Fn. 17), S. 19 (21), stellt die Uneinigkeit der beschließenden Staaten bezüglich der Reichweite des Eigentumsschutzes dar und führt aus, dass aufgrund dieser Uneinigkeit weder der »Internationale Pakt über bürgerliche und politische Rechte« noch der »Internationale Pakt über wirtschaftliche, soziale und kulturelle Rechte« Bezug auf das Eigentum enthalten (S. 25 f.). Zu den Rechtswirkungen der grundsätzlich nicht rechtsverbindlichen, in Teilen aber wohl gewohnheitsrechtlich anerkannten AEMR siehe *Hailbronner/Kau*, Der Staat und der Einzelne als Völkerrechtssubjekte, in: Graf Vitzthum (Fn. 406), S. 227 f. und *v. Arnauld*, Völkerrecht, 2012, § 9 Rn. 601.

505 American Declaration of the Rights and Duties of Man vom 2.5.1948; siehe *Nacimiento*, Die Amerikanische Deklaration der Rechte und Pflichten des Menschen, 1997, S. 60 ff.; *Leathley* (Fn. 120), S. 60 ff., 76 ff.

506 Art. XXIII ADRDM: »Every person has a right to own such private property as meets the essential needs of decent living and helps to maintain the dignity of the individual and of the home.«.

507 American Convention on Human Rights vom 22.11.1969, 9 ILM (1970) S. 99 ff.; *Leathley* (Fn. 120), S. 60 ff., 74 ff.

508 Art. 21 Abs. 1 AMRK: »Everyone has the right to the use and enjoyment of his property. The law may subordinate such use and enjoyment to the interest of society.«; knapp einführend zur AMRK auch *Hemmerling* (Fn. 452), S. 100 ff.

509 Art. 21 Abs. 2 AMRK: »No one shall be deprived of his property except upon payment of just compensation, for reasons of public utility or social interest, and in the cases and according to the forms established by law.«; hierzu *Dolzer*, Eigentum, Enteignung und Entschädigung im geltenden Völkerrecht, 1985, S. 103 f.

soziale und kulturelle Rechte von 1966 ist das Eigentum nicht enthalten.[510] Im völkervertraglichen Kontext der Menschenrechte findet sich damit nur eine vage Beschreibung des Schutzbereichs und darüber hinaus – trotz der Aussagen der auf regionaler Ebene geltenden AMRK – kein einheitlich definierter Standard zum Umgang mit Enteignungen.[511]

Dagegen wird dem völkergewohnheitsrechtlichen Fremdenrecht allgemein entnommen, dass eine Enteignung nur unter bestimmten Voraussetzungen – wie beispielsweise der Zahlung einer Entschädigung – erfolgen kann.[512] Insofern kommt dem Fremdenrecht gegenüber dem allgemeinen Völkergewohnheitsrecht noch eine Sonderrolle zu, da dieser spezifische Eigentumsschutz völkergewohnheitsrechtlich

---

510 Erläuternd dazu *Görs* (Fn. 479), S. 55.

511 Vgl. Fn. 504. *Dolzer* (Fn. 509), S. 300 f., stellt krit. fest, dass in völkerrechtlichen Verträgen hinsichtlich Fragen des Eigentums vielfach eine Verweisung auf Grundsätze des Völkergewohnheitsrechts erfolge; vgl. *Kriebaum* (Fn. 32), S. 33; *Kempen* (Fn. 504), S. 19 (30), stellt fest, »dass eine eindeutige, völkerrechtlich »harte«, textliche Verankerung bis heute fehlt.«.

512 Siehe die Resolution 1803 der Generalversammlung der Vereinten Nationen vom 14.12.1962, »Permanent Sovereignty over Natural Resources«, 2 ILM (1963), S. 223 ff., dort »4.«: »Nationalization, expropriation or requisitioning shall be based on grounds or reasons of public utility, security or the national interest which are recognized as overriding purely individual or private interests, both domestic and foreign. In such cases the owner shall be paid appropriate compensation, in accordance with the rules in force in the State taking such measures in the exercise of its sovereignty and in accordance with international law.«; siehe auch die Resolution 3281 der Generalversammlung der Vereinten Nationen vom 12.12.1974, »Charter of Economic Rights and Duties of States«, Art. 2 Abs. 2 lit c): »[Each State has the right:] To nationalize, expropriate or transfer ownership of foreign property, in which case appropriate compensation should be paid by the State adopting such measures, taking into account its relevant laws and regulations and all circumstances that the State considers pertinent.«; *Häde* (Fn. 27), S. 181 (202), sieht die Verpflichtung, Enteignungen nur gegen Entschädigungen vorzunehmen, als vom Völkergewohnheitsrecht erfasst, deren weitere Modalitäten aber als umstritten an und verweist auch auf die genannte Resolution 1803 (S. 196); grundsätzlich wie hier, aber aufgrund sich ändernder Staatenpraxis kritisch *Bleckmann* (Fn. 480), S. 282 f.; *Görs* (Fn. 479), S. 25, benennt die Allgemeine Erklärung der Menschenrechte von 1789 als frühen Ausdruck des individuellen, staatlich zu schützenden Rechts auf Eigentum; *Schwartmann*, Private im Wirtschaftsvölkerrecht, 2005, S. 145; vgl. *Griebel* (Fn. 17), S. 15 f.: »menschenrechtlicher Schutz des Eigentums nur bedingt gegeben«; *Sornarajah* (Fn. 11), S. 82; *Herdegen* (Fn. 285), § 54 Rn. 1.

nicht etabliert ist.[513] Das Fremdenrecht gewährt diesbezüglich also einen weitergehenden Schutz.

2. Kein Anspruch auf Zugang zu Schiedsgerichten – Rechtsdurchsetzung insbesondere durch ICSID nicht garantiert

Es besteht, wie sich nachfolgend zeigen wird, kein aus dem Völkerrecht abzuleitender Grundsatz auf Zugang zu einem investitionsrechtlichen Schiedsgericht. Die Gewährung dieser Rechtsposition ist dem individuellen Zugeständnis durch den Gaststaat vorbehalten.

Unter Leitung der Weltbank wurde am 18. März 1965 das »Übereinkommen zur Beilegung von Investitionsstreitigkeiten zwischen Staaten und Angehörigen anderer Staaten« verabschiedet (sogenannte »ICSID-Konvention«). Seit seinem Inkrafttreten am 14. Oktober 1966 bietet es den heute 157 Signatarstaaten die Möglichkeit, von einem durch das Abkommen errichteten ständigen »Internationalen Zentrum zur Beilegung von Investitionsstreitigkeiten«[514] Gebrauch zu machen. Nachdem von 1966 bis einschließlich 1991 insgesamt nur 26 Verfahren unter Heranziehung der ICSID-Konvention behandelt worden waren, wird in jüngerer Zeit das Zentrum wesentlich stärker in Anspruch genommen.[515] Seit 1997

---

513 Siehe auch *Herdegen* (Fn. 71), S. 11 (17): »Der Eigentumsschutz bildet die letzte praktisch bedeutsame Domäne des (gewohnheitsrechtlich anerkannten) fremdenrechtlichen Mindeststandards.«; vgl. *Griebel* (Fn. 17), S. 14 f., 16 ff.: für den Fall, dass menschenrechtliche Schutzsysteme nicht greifen, seien diese »hinsichtlich staatlicher Enteignungsmaßnahmen das einzige völkerrechtliche Korrektiv.« (S. 17); *Kriebaum* (Fn. 32), S. 25 ff., beschreibt die gegensätzlichen Auffassungen von westlich und sozialistisch orientierten Staaten seit den 1960er Jahren; vgl. auch *Kempen* (Fn. 504), S. 19, den bestimmten Bedingungen entsprechenden Eigentumsschutz dem fremdenrechtlichen Mindeststandard zuordnend, und (S. 22), bezweifelnd, dass aus der AEMR ein völkergewohnheitsrechtlicher Schutz abzuleiten sei; *Tietje* (Fn. 42), § 4 Rn. 7, prägnant zur beschränkten materiellen Reichweite: »aus klassischer völkerrechtlicher Perspektive bietet in erster Linie nur eine entschädigungslose Enteignung die Möglichkeit, diplomatischen Schutz zu aktivieren.«; siehe auch *Kläger* (Fn. 53), S. 20; *Herdegen* (Fn. 285), § 27 Rn. 5.

514 Siehe oben S. 47. Die Einrichtung dieses Zentrums geht auf eine Initiative des damaligen »General Counsel« Aron Broches zurück, vgl. Hinweise bei *Kleinheisterkamp* (Fn. 50), S. 156 (158); einführend hierzu *Reinisch* (Fn. 41), S. 801 (809 ff.).

515 Siehe aus dem Jahr 1979 *Foeth* (Fn. 103), S. 265: »Seine [des ICSID, Anm. d. Verf.] Dienste sind bisher nur sehr zögernd angenommen worden, was sicher auch an den hohen Kosten für die Prozeßvertretung liegt [...]. Eine echte Bewährungsprobe steht für das Zentrum also noch aus.«.

wurde das Zentrum in 313 Fällen zur Streitschlichtung angerufen. Allein 2010 wurden 26 neue Verfahren anhängig gemacht.[516] Dieses Zentrum mit Hauptsitz in Washington D.C. verfügt über einen Verwaltungsrat und einen für die praktische Arbeit des Zentrums verantwortlichen Generalsekretär und bietet die Möglichkeit, in einem standardisierten Verfahren Streitigkeiten zwischen Gaststaaten und Investoren beizulegen. Das Abkommen sieht selbst keine materiellen Regelungen vor, sondern beschränkt sich darauf, den verfahrensrechtlichen Rahmen für die Bildung der jeweils entscheidenden Ad-Hoc-Schiedsgerichte zur Verfügung zu stellen.[517] Mit der Unterzeichnung der ICSID-Konvention begründen die Signatarstaaten nicht nur das eigene Recht, das Zentrum anzurufen, sondern erklären sich grundsätzlich bereit, auch Klagen vor diesem Zentrum zu verhandeln, die Investoren aus dritten Staaten auf eigene Initiative unabhängig von ihren Heimatstaaten vor dem Zentrum erheben.

Allein die Ratifizierung des Abkommens genügt aber grundsätzlich nicht, um das Zentrum auf Grundlage der Konvention anzurufen. Diese Möglichkeit besteht für Investoren (und auch Staaten) nur, wenn die Zuständigkeit des Zentrums für die konkrete Streitigkeit ausdrücklich vereinbart wurde. Dies geschieht vor allem durch die erwähnten bilateralen Investitionsabkommen, welche dann materiellrechtliche Grundlage des Streits sind, kann aber auch durch individuelle Verträge zwischen Gaststaat und Investor erfolgen.[518] Diese völkerrechtlich zugestandene, eigene Klagemöglichkeit der Investoren stellt eine Besonderheit in der Dogmatik des Völkerrechts als »Staatenrecht«[519] dar. Diese Berechtigung dient nicht nur dem Interesse des Investors, sondern ist auch für die beteiligten Staaten vorteilhaft, da Streitigkeiten so »entpolitisiert« werden.[520]

---

516 Diese Angaben beruhen auf den »ICSID Caseload-Statistics (Issue 2011–2)«, S. 7, mit Stand vom 30.6.2011; abrufbar unter http://icsid.worldbank.org (zuletzt geprüft am 21.12.2011).

517 Vgl. bei *Markert* (Fn. 23), S. 39 f.

518 Siehe Art. 25 Abs. 1 S. 1 ICSID-Konvention: »The jurisdiction of the Centre shall extend to any legal dispute […] which the parties […] consent in writing to submit to the Centre«; vgl. nur *Schreuer u.a.* (Fn. 11), Preamble Rn. 35 f. und Art. 25 Rn. 374 ff.

519 Zum in diesem Sinne zu verstehenden grundlegenden Charakter des Völkerrechts *Grzeszick*, Rechte des Einzelnen im Völkerrecht, AVR (43) 2005, S. 312 (313, 334); *Graf Vitzthum* (Fn. 475), S. 1 (7). Individuelle Klagerechte bestehen allerdings auch aufgrund der EMRK vor dem EGMR, dazu *Kadelbach*, Rechtsschutz durch den Europäischen Gerichtshof für Menschenrechte, in: Ehlers/Schoch (Fn. 42), § 5 Rn. 25, 28 ff., 37 ff.

520 *Markert* (Fn. 23), S. 61 f.

Der Grundgedanke hinter der Einrichtung des Zentrums ist, dass Auslandsinvestitionen wirtschaftliche Entwicklung fördern können, hierzu jedoch Rechts- und Planungssicherheit erfordern und solche Sicherheit durch schiedsrechtliche Vereinbarungen gewährleistet werden kann.[521] Um der Investitionsschiedsgerichtsbarkeit gegenüber skeptischen Staaten die Möglichkeit zu bieten, die Streitbeilegung durch das Zentrum vor einer dauerhaften Bindung zu testen, wurden 1978 die sogenannten »Additional Facility Rules«[522] geschaffen. Sie ermöglichen es, eine Investitionsstreitigkeit nach dem übereinstimmenden Willen der Streitparteien auch dann vor das Zentrum zu bringen, wenn der streitbeteiligte Staat die Konvention gerade nicht unterzeichnet hat, sich aber im Einzelfall zu ihrer Anwendung bereit erklärt.[523] Auf diese Erklärung des ausdrücklichen Einverständnisses mit der Anwendung der »Additional Facility Rules« kann aber nicht verzichtet werden. Eine für den Investor verlässliche und allgemeine, vom Einzelfall unabhängige Verfügbarkeit der genannten Regelungen ist damit nicht gegeben.

Neben diesem spezifisch investitionschutzrechtlichen Abkommen bestehen institutionalisierte Handelsschiedsgerichte zur Beilegung von privatrechtlichen Handelsstreitigkeiten.[524] Im Unterschied zur Investitionsschiedsgerichtsbarkeit, in welcher stets das hoheitliche Handeln des Gaststaats Streitgegenstand ist, kann im Rahmen der Handelsschiedsgerichtsbarkeit ein Staat zwar als Partei auftreten, dort aber nur sein privatrechtliches Handeln gegenüber dem Investor vom Schiedsgericht untersucht werden. Materiell wird in der Handelsschiedsgerichtsbarkeit auch kein zwischenstaatliches Völkerrecht verhandelt – wie eben materielle Schutzgewährungen aus BITs – sondern es liegen kauf- und handelsrechtliche Normen des Gaststaates, eines dritten Staates oder etwa des UN-Kaufrechts

---

521 Dies stellt dar *Kleinheisterkamp* (Fn. 50), S. 156 (159).

522 »ICSID Additional Facility Rules«, 21 ILM (1982), S. 1445 ff., zuletzt geändert am 10.4.2006 (abrufbar unter http://icsid.worldbank.org, zuletzt geprüft am 21.12.2011); dazu bei *Griebel* (Fn. 17), S. 133 f.

523 Vgl. *Schreuer u.a.* (Fn. 11), Art. 6 Rn. 25, Art. 25 Rn. 9 ff.

524 Etwa vor der United Nations Commission on International Trade (UNCITRAL), geschaffen durch die Resolution 2205 der Generalversammlung der Vereinten Nationen vom 17.12.1966; dem Arbitration Institute of the Stockholm Chamber of Commerce oder vor der International Chamber of Commerce (Paris); einführend zur investitionsschiedsrechtlichen Streitbeilegung unter den Regelungen der UNCITRAL *Grigera Naón*, The Settlement of Investment Disputes between States and Private Parties, JWI (1) 2000, S. 59 (83 ff.), und unter den Regeln der International Chamber of Commerce (ICC), (S. 88 ff., 98 ff.); knapp zu Investitionsstreitigkeiten vor ICC, der Stockholmer Handelskammer oder nach den UNCITRAL Arbitration Rules *Tietje* (Fn. 42), § 4 Rn. 30 ff.

zugrunde.[525] Handelsschiedsgerichtsbarkeit und Investitionsschiedsgerichtsbarkeit sind damit an sich zwar grundverschieden, doch finden sich in vielen BITs die erwähnten Handelsschiedsgerichte als Alternativen zur ICSID erwähnt.[526] Da vor allem hinsichtlich der Transparenz des Verfahrens und des öffentlichen Interesses am Schiedsspruch wesentliche Unterschiede bestehen, werden die Verfahrensregeln dieser Institutionen bei investitionsrechtlichen Streitigkeiten entsprechend angepasst.[527] Im Unterschied zur ICSID-Konvention, die auf völkerrechtlicher Basis eine vollständige Loslösung von nationalem Recht erreicht, knüpfen solche Verfahren an das nationale Recht des Schiedsortes an und lassen zum Beispiel eine Kontrolle durch staatliche Gerichte zu.[528] Auch wenn damit ein Investitionsstreit grundsätzlich vor einem Handelsschiedsgericht ausgetragen werden kann, so setzt der Zugang zu einem solchen Gericht stets noch das Vorliegen einer Schiedsklausel oder einer Schiedsvereinbarung und damit das erklärte Einverständnis des betreffenden Staates in jedem Einzelfall unabdingbar voraus. Daher kann in keinem Fall von einer generellen Regel ausgegangen werden, derzufolge sich ein Investor darauf verlassen könnte, dass ihm die Handelsschiedsgerichtsbarkeit in Investitionsfragen zur Verfügung stehe. Tatsächlich besteht gerade in dieser generellen Verfügbarkeit die Besonderheit der ICSID-Konvention – sofern die Erklärung des grundlegenden Einverständnisses, zum Beispiel durch einen BIT, vorliegt.

Erst recht nicht lässt sich ein solches Recht aus einem der zahlreichen in Lateinamerika geltenden Abkommen über die Vollstreckung von (Handels-)Schiedssprüchen ableiten.[529] Diese Abkommen setzen die Existenz eines Schiedsspruchs vielmehr gerade voraus. Ein darüber hinausgehendes, per se verbrieftes Recht

---

525 *Cordero Moss*, Commercial Arbitration and Investment Arbitration: Fertile Soil for False Friends?, in: Binder/Kriebaum/Reinisch/Wittich (Fn. 73), S. 782 (784 f., 791 ff.), beschreibt diese grundlegenden Unterschiede.

526 Siehe etwa Art. 10 Abs. 2 Nr. 3, 4 Deutscher Mustervertrag 2009.

527 *Cordero Moss* (Fn. 525), S. 782 (793 f.).

528 Als Nachteil der Handelsschiedsgerichtsbarkeit betont dies *Escher*, Investitionsschiedsverfahren: Grundstrukturen und aktuelle Herausforderungen, in: Tietje (Fn. 483), S. 35 (48). Das hier Beschriebene streicht heraus *Markert* (Fn. 23), S. 40 f.

529 Die größte Bedeutung kommt zu der »Convention on the Recognition and Enforcement of Foreign Arbitral Awards« (i.F.: »New York Convention«) vom 10.6.1958, in Kraft seit dem 7.6.1959, 7 ILM (1968), S. 1046; siehe auch die »Inter-American Convention on International Commercial Arbitration« vom 30.1.1975, in Kraft seit dem 16.6.1976, 14 ILM (1975), S. 336 ff.; und die »Inter-American Convention on Extraterritorial Validity of Foreign Judgments and Arbitral Awards« vom 8.5.1979, in Kraft seit dem 14.6.1980, 18 ILM (1979), S. 1224 ff. Zum Abkommen über die Internationale Handelsschiedsgerichtsbarkeit im Mercosur siehe S. 289 ff.

auf Zugang zu einem Schiedsgericht wird auch vom völkergewohnheitsrechtlichen Fremdenrecht nicht zugestanden. Allein der Umstand, dass heute in einem Großteil der bilateralen Investitionsabkommen ein Zugang zu internationalen Schiedsgerichten auch für den Investor vorgesehen ist, kann nicht als die Herausbildung eines neuen Völkergewohnheitsrechts gewertet werden. Dem steht insbesondere entgegen, dass es an der erforderlichen dahingehenden Rechtsüberzeugung fehlt. Dies verdeutlicht der Widerstand einiger lateinamerikanischer Staaten.[530]

3. Keine Berücksichtigung des freien Kapitaltransfers

Der freie Transfer von Kapital ist weder völkervertragsrechtlich geschützt noch findet er im Rahmen des völkergewohnheitsrechtlichen Fremdenrechts Berücksichtigung.[531]

4. Behandlungsstandards – nur vage Verbürgungen

Es ist nicht abschließend geklärt, inwiefern auch die angeführten Behandlungsstandards – die beschriebenen Diskriminierungsverbote sowie die Schutzgebote der fairen und billigen Behandlung und des vollen Rechtsschutzes – völkerrechtlich verankert sind:

In völkerrechtlichen Verträgen finden sich hinsichtlich der einem ausländischen Investor zu gewährenden Behandlungsstandards nur vage, teilweise im strafverfahrensrechtlichen Zusammenhang stehende Anhaltspunkte. Die AEMR benennt ein allgemeines Diskriminierungsverbot und einen Anspruch auf einen wirksamen Rechtsbehelf gegen Handlungen, die nach innerstaatlichem Recht gewährte Rechte verletzen.[532] Ein Gebot der allgemeinen Gleichbehandlung sowie den Grundsatz des fairen Verfahrens formuliert auch die ADRDM.[533] Der AMRK sind Grundsätze zum fairen Verfahren zu entnehmen sowie zur

---

530 Es bestehen gerade im brasilianischen Kongress erhebliche Vorbehalte gegenüber der Unterwerfung unter internationale Investitionsschiedsgerichte, siehe dazu unten S. 154. Negative Erfahrungen hat in den letzten Jahren vor allem das in über 40 Fällen verklagte Argentinien gemacht. Bolivien und Ecuador haben im Jahr 2007 beziehungsweise 2009 die ICSID-Konvention gekündigt; 2012 erfolgte eine Kündigung durch Venezuela, siehe dazu unten S. 177 ff.

531 *Griebel* (Fn. 17), S. 18 f.

532 Art. 7 S. 2; 8 AEMR.

533 Art. II; XVIII ADRDM.

Gleichheit vor dem Gesetz, also dem Verbot einer Diskriminierung. Garantiert wird auch der Rechtsschutz durch die Gerichte.[534] Das im Rahmen der ALADI formulierte Meistbegünstigungsgebot gilt allein für Kapital aus Staaten der ALADI im Vergleich zu Kapital aus Drittstaaten, ist für den deutschen Investor also unerheblich.[535]

Die Reichweite des völkergewohnheitsrechtlichen Fremdenrechts ist hinsichtlich dieser Behandlungsstandards nicht abschließend bestimmt: Zum Teil werden auch weiterreichende Schutzaspekte als erfasst angesehen und eine diskriminierungsfreie Behandlung sowie das Recht auf ein geordnetes Verfahren und auf rechtliches Gehör einbezogen.[536] Sehr weit gehen Auffassungen, die sogar das Gebot der Inländerbehandlung und der fairen und angemessenen Behandlung als gewohnheitsrechtlich etabliert verstehen.[537] Tatsächlich bedeutete dies eine zu weitgehende Beschränkung der Regelungsmöglichkeiten des Gaststaats, welchem es grundsätzlich freistehen muss, seinen Staatsangehörigen eine bevorzugte Behandlung zu gewähren, solange nichts Entgegenstehendes explizit vereinbart ist.[538] Im Übrigen wird es hier an etablierter Rechtspraxis und Rechtsüberzeugung der Staaten fehlen. Hinsichtlich des Grundsatzes der Meistbegünstigung ist nicht von einer gewohnheitsrechtlichen Verankerung auszugehen.[539] Das Fremdenrecht wird mitunter nur als Gewährleistung der »primitiven Grundsätze der Menschlichkeit und der menschlichen Würde« verstanden und dementsprechend auf die Anerkennung des Einzelnen als Rechtssubjekt, den Schutz erworbener Privatrechte und den Zugang zum Rechtsschutz beschränkt.[540]

---

534 Art. 8; 24; 25 AMRK.

535 Art. 48 VvM 1980.

536 So *Griebel* (Fn. 17), S. 15. Hierauf verweist auch *Reinisch* (Fn. 87), S. 358; vgl. auch *Herdegen* (Fn. 285), § 27 Rn. 4 f. Eine enge Reichweite befürwortet auch *Kläger* (Fn. 53), S. 11 (19).

537 *Häde* (Fn. 27), S. 180 (185), scheint den Grundsatz der Inländergleichbehandlung als erfasst anzusehen; krit. *Griebel* (Fn. 17), S. 15 f.

538 So *Griebel* (Fn. 17), S. 15.

539 *Dolzer/Schreuer* (Fn. 11), S. 206.

540 Zit. nach *Bleckmann* (Fn. 480), S. 282; krit. grundsätzlich gegenüber der Reichweite eines solchen Minimalstandards im Bereich des Investitionsrechts *Sornarajah* (Fn. 11), S. 346: »One knows that there is such a standard, but what the standard contains and what its modern limits are, are unclear«, diesen jedoch zurückhaltend beurteilend, (vgl. S. 348); vgl. *Kläger* (Fn. 53), S. 11.

5. Die erschwerte individuelle Durchsetzbarkeit dieser materiell-völkerrechtlichen Positionen auf der Ebene des Völkerrechts

Damit ist festzuhalten, dass nur wenige Normen und Rechtssätze aus dem Bereich des Völkervertragsrechts und des gewohnheitsrechtlichen Fremdenrechts als im Zusammenhang mit dem Investitionsschutz einschlägige Regelungen herangezogen werden können. Wenn der Zugang zu Investitionsschiedsgerichten und der freie Transfer von Kapital nicht Gegenstand solcher Regelungen sind, so benennen immerhin die AEMR und auch die AMRK eigentumsrechtlichen Schutz. Grundsätze zum Schutz des Eigentums lassen sich auch dem völkergewohnheitsrechtlichen Fremdenrecht entnehmen. Darüber hinaus kommen die angeführten Rechte zur Gewährung eines Rechtsschutzes und zum Verbot von Diskriminierungen auf völkervertrags- und gewohnheitsrechtlicher Grundlage in Betracht.

Sofern der Investor nicht in Gestalt einer natürlichen, sondern – wie meistens – als juristische Person auftritt, ist zu fragen, ob dieser die erwähnten Rechte überhaupt geltend machen kann. Da hinter juristischen Personen des Privatrechts regelmäßig natürliche Personen stehen, ist der Menschenrechtsschutz dann übertragbar, wenn dies nach Art und Wesen der konkreten Rechtsposition vorstellbar ist. Jedenfalls der Schutz des Eigentums und auch die angesprochenen Verfahrensgrundsätze können daher von juristischen Personen des Privatrechts geltend gemacht werden.[541] Ein Recht auf Zugang zu einem Schiedsgericht kann auch von diesen in Anspruch genommen werden.

Das Fremdenrecht als ursprünglichste Absicherung des Ausländers kann durch den Privaten nicht völkerrechtlich autonom, sondern lediglich als dem Heimatstaat eigenes Recht im Rahmen des diplomatischen Schutzes durch diesen Heimatstaat selbst geltend gemacht werden. Einen Anspruch auf Ausübung des diplomatischen Schutzes durch den Heimatstaat hat der Private nicht.[542] Ohnehin setzt der diplomatische Schutz die vorherige Erschöpfung des innerstaatlichen Rechtswegs stets voraus.[543] Der dem Fremdenrecht immanente internationale Mindestbehandlungsstandard ist seit dem 19. Jahrhundert sich

541 So hinsichtlich des Eigentums eindeutig *Bleckmann* (Fn. 480), S. 48; siehe zur Geltendmachung von Rechten aus der EMRK durch juristische Personen des Privatrechts auch den Hinweis bei *Gornig*, Äußerungsfreiheit und Informationsfreiheit als Menschenrechte, 1988, S. 284; und *Ehlers*, Allgemeine Lehren der EMRK, in: Ehlers (Hrsg.), Europäische Grundrechte und Grundfreiheiten, 3. Aufl. 2009, § 2 Rn. 34.

542 *Reinisch* (Fn. 41), S. 801 (803).

543 Zu diesen Defiziten auch *Schwartmann* (Fn. 512), S. 92; *Tietje* (Fn. 42), § 4 Rn. 7.

wandelnden Interpretationen unterlegen.[544] Auch das Fremdenrecht kann von einem Heimatstaat nicht allein zugunsten natürlicher, sondern auch zugunsten juristischer Personen ausgeübt werden.[545] Das Fremdenrecht allein genügt damit weder in materieller noch in prozessualer Hinsicht dem Schutzbedürfnis des Investors.[546]

Auf der völkerrechtlichen Ebene kann der Private Rechte nur unter zwei Voraussetzungen geltend machen: Die konkrete Rechtsposition muss einerseits so bestimmt und präzise formuliert sein, dass ihr individualschützender Charakter deutlich hervortritt und in ihr nicht lediglich eine Bindung der Staaten beabsichtigt ist.[547] Andererseits muss bereits ein eigenständiger völkerrechtlicher Rechtsbehelf zur Geltendmachung dieser Rechtsposition gegeben sein.[548] Einen solchen Rechtsbehelf stellt etwa die – in Bezug auf den südamerikanischen Kontext irrelevante – Individualbeschwerde vor dem Europäischen Gerichtshof für Menschenrechte (i.F.: »EGMR«) dar.[549] Eine weitere Möglichkeit ergibt sich aus dem Zusatzprotokoll zum Internationalen Pakt über bürgerliche und politische Rechte.[550]

Auch die in Bolivien und Brasilien geltende AMRK sieht für einen Privaten die Möglichkeit vor, durch sie gewährte Rechte völkerrechtlich geltend zu machen: Rechte aus der AMRK können durch eine Petition des Privaten der Interamerikanischen Kommission für Menschenrechte vorgelegt werden,[551] doch

544 *Reinisch* (Fn. 87), S. 358 f., weist darauf hin, dass heute sogar das Gebot der gerechten und billigen Behandlung hierunter gefasst wird, somit sehr hohe Ansprüche gestellt werden.

545 Siehe *Seidl-Hohenveldern*, Der diplomatische Schutz für juristische Personen und Aktionäre, in: Ress/Stein (Fn. 480), S. 115 ff., unter Verweis auch auf IGH, Barcelona-Traction, Entscheidung vom 5.2.1970, (siehe oben S. 138), S. 33 ff., Z. 33, Z. 48.

546 Vgl. *Griebel* (Fn. 17), S. 19. *Gundel*, Vom diplomatischen Schutz zum Recht der Investitionsschutzabkommen, AVR 2013, S. 108 (140), hält das Modell des diplomatischen Schutzes daher auch jedenfalls dann für verzichtbar, wenn etwa Investitionsschutzverträge greifen. Der diplomatische Schutz stelle bestenfalls ein »letztes Sicherheitsnetz« dar (S. 141).

547 Vgl. BGHZ 169, S. 348 (dort Rz. 8).

548 Siehe bei *Grzeszick* (Fn. 519), S. 312 (318, 328), der insbesondere das Urteil des IGH im Fall LaGrand herausstellt, (S. 312 ff.), vgl. IGH, Urteil v. 27.6.2001, ILM (40) S. 1069 ff.; vgl. bei *Stein/v. Buttlar*, Völkerrecht, 13. Aufl. 2012, S. 176.

549 Siehe dazu unten S. 212.

550 Fakultativprotokoll vom 19.12.1966, siehe BGBl. 1992 II, S. 1246; vgl. *Ipsen*, Völkerrecht, 5. Aufl., 2004, S. 793 f.

551 Art. 44 AMRK, siehe zur Kommission das »Statute of the Inter-American Commission on Human Rights« vom 1.10.1979, in Kraft seit dem 1.11.1979; sowie die »Rules

liegt es in deren Ermessen, ob sie auf dieser Grundlage ein Verfahren vor dem Interamerikanischen Menschenrechtsgerichtshof einleitet.[552] Selbst kann ein Individuum den Gerichtshof nicht anrufen.[553] Aus einer solchen Individualpetition vor der Kommission folgt auch bestenfalls ein Bericht über die Sachlage, nicht aber eine Verurteilung des betreffenden Staates.[554] Weitere Folgen ergeben sich höchstens, wenn der Gerichtshof selbst nach Vorlage durch die Kommission den Fall beurteilt.[555]

Wo die zwei genannten Voraussetzungen nicht gegeben sind, ist das betreffende Recht lediglich als Vereinbarung zwischen den Staaten zu verstehen, der Einzelne nur von einem »Rechtsreflex« ohne weitere Folgen betroffen.[556] Es ist dabei nicht unbestritten, dass menschenrechtliche Rechtspositionen überhaupt originäre Rechte der Individuen und nicht eigene Rechte ihrer Heimatstaaten sind.[557] Nach

of Procedure of the Inter-American Court of Human Rights« vom 24.11.2009. Auf die Kommission geht ein *Leathley* (Fn. 120), S. 61 ff.; zur Petition des Verletzten vor der Kommission ausführlich *Pizzolo*, Sistema Interamericano, 2007, S. 72 ff., 93 ff.; zur Kommission einführend *Hemmerling* (Fn. 452), S. 102 ff.; knapp zum Verfahren der Kommission auch *Blome*, Wie erfolgversprechend ist die Reproduktion institutionellen Designs? Individualbeschwerden im Kontext des Inter-Amerikanischen Menschenrechtssystems sowie des juristischen Systems der Andengemeinschaft, 2011, S. 5 f., die auch einen Überblick über die Rechtsprechungspraxis des Gerichtshofs gewährt (S. 6 ff.).

552 Vgl. Art. 50, 51 AMR. Dieses Ermessen ist nach Auffassung des Interamerikanischen Gerichtshofs allerdings dahingehend beschränkt, dass die bestmögliche Wahrung der Rechte der Konvention sichergestellt wird. Hierauf weist hin *Pizzolo* (Fn. 551), S. 194, 197 f., und verweist auf das Rechtsgutachten des Interamerikanischen Gerichtshofs für Menschenrechte »Opinión Consultiva OC-13/93 vom 16.7.1993 – Ciertas Atribuciones de la Comisión Interamericana de Derechos Humanos« (dort Rn. 50), Fall abrufbar unter www.corteidh.or.cr (zuletzt geprüft am 25.12.2011); ausführlich zum Verfahren vor der Kommission *Kokott*, Das interamerikanische System zum Schutz der Menschenrechte, 1986, S. 47 ff.

553 Art. 61 Abs. 1 AMRK; siehe auch *Leathley* (Fn. 120), S. 72: »There is no […] direct recourse of individual petitioners to the Court.«; zur Beteiligung des Geschädigten auch *Pizzolo* (Fn. 551), S. 291 f.

554 Art. 51 AMRK; siehe bei *Pizzolo* (Fn. 551), S. 194 ff.; vgl. *Kokott* (Fn. 552), S. 86 ff.

555 Der Gerichtshof kann neben der Feststellung einer Rechtsverletzung Schadensersatz bestimmen (Art. 63 Abs. 1 AMRK) und auch einstweilige Maßnahmen verfügen (Art. 63 Abs. 2); zu den sich aus einem Urteil ergebenden Folgen *Pizzolo* (Fn. 551), S. 347 ff.

556 Zit. nach BGHZ 169, S. 348 (dort Rz. 8); *Stein/v. Buttlar* (Fn. 548), S. 176.

557 Im erstgenannten Sinne jedenfalls BGHZ 169, S. 348 (dort Rz. 7); *Stein/v. Buttlar* (Fn. 548), S. 175 f.; und *Hailbronner/Kau* (Fn. 504), S. 159.

klassischem, an den Staaten orientiertem Verständnis wird der Einzelne stets nur als durch die Staaten »mediatisiert« betrachtet, womit selbst »Individualrechte« dann nur Rechte des Staates sind und auch nur Pflichten des Staates schaffen. Die Verletzung eines solchen Rechts stellt dann keine Rechtsverletzung des Einzelnen, sondern seines Heimatstaates dar.[558] Ist durch völkerrechtlichen Vertrag jedoch die Möglichkeit zur Geltendmachung eines völkervertraglich zugestandenen Rechts eingeräumt worden, so ist der Private auch als – partielles – Völkerrechtssubjekt anerkannt.[559]

II. Zusammenfassung

Sowohl der materielle als auch der prozessuale Schutz einer Auslandsinvestition ist im Völkerrecht damit so schwach ausgeprägt, dass eine effektive Absicherung des Investors gegen nicht kommerzielle Risiken nicht gegeben ist.

B. Schutzdefizite bei alleiniger Berücksichtigung von in Brasilien und Bolivien geltendem Völkerrecht und nationalem Recht

Gegenstand der Untersuchung sind zunächst das in Bolivien und Brasilien geltende Völkerrecht sowie die nationalrechtlichen Regelungen in diesen Staaten:

I. Defizite im brasilianischen Rechtskreis

Die Untersuchung wird zeigen, dass sich Schutzdefizite in Brasilien vor allem aufgrund der ablehnenden Haltung Brasiliens zur internationalen Investitionsschiedsgerichtsbarkeit zeigen. Das nationale Recht gewährt nur wenige konkrete Schutzpositionen.

---

558 Hierzu *Ipsen* (Fn. 550), S. 96; und *Herdegen* (Fn. 285), § 12 Rn. 1.

559 BVerfGK 7, S. 303 (308); siehe *Bleckmann* (Fn. 480), S. 46; *Ipsen* (Fn. 550), S. 96; *Herdegen* (Fn. 285), § 12 Rn. 2; siehe dazu *Braun*, Ausprägungen der Globalisierung: Der Investor als partielles Subjekt im Internationalen Investitionsrecht, 2012, S. 162: »gekorenes partielles Völkerrechtssubjekt« sowie »völkerrechtliche[r] Vertrag als zentrale Primärquelle«, siehe eingehend auch S. 162 ff.

1. Die Ebene des Völkerrechts: Ablehnung internationaler Investitionsschiedsgerichtsbarkeit und bilateraler Investitionsabkommen

Neben den angeführten, allgemein geltenden Verbürgungen des Völkerrechts sind in Brasilien vor allem hinsichtlich des Zugangs zu Schiedsgerichten Besonderheiten zu beachten: Es besteht ein brasilianisch-deutsches Investitionsschutzabkommen von 1995, das auch eine Klausel enthält, welche die Anrufung eines ICSID-Schiedsgerichts ermöglicht.[560] Dieses Abkommen ist jedoch bis heute nicht in Kraft getreten.[561]

Brasilien ist das einzige unter den bedeutenden Schwellen- und Industrieländern, das auf die Anwendung des Schutzinstruments bilateraler Investitionsabkommen vollständig verzichtet. Die Hintergründe für diese Sonderstellung liegen in einer bald 20 Jahre andauernden Kontroverse zwischen brasilianischer Legislative und Exekutive begründet: BITs waren in der Zeit von 1994 bis 1999 vor allem durch die Regierung Fernando Henrique Cardosos (1995–2002) abgeschlossen worden, ohne dass im Folgenden jedoch das erforderliche Einverständnis des brasilianischen Kongresses zur Ratifikation der Abkommen und der ICSID-Konvention erwirkt werden konnte.[562] Dessen Skepsis gründet sich bis heute darauf, dass vor allem in dem Zugeständnis an den Investor, ein internationales Investitionsschiedsgericht gegen Maßnahmen des Gaststaats Brasilien anrufen zu können, einerseits ein Verstoß gegen das Prinzip des gesetzlichen Richters und andererseits eine Verletzung staatlicher Souveränität sowie des allgemeinen

---

560 Siehe Art. 10 Abs. 4 des »Vertrag[es] vom 21. September 1995 zwischen der Bundesrepublik Deutschland und der Föderativen Republik Brasilien über die Förderung und den gegenseitigen Schutz von Kapitalanlagen«, BGBl. 1998 II, S. 602 ff.

561 Siehe dazu schon S. 133.

562 Brasilien hat folgende weitere BITs geschlossen: 1994 mit Chile, Portugal und dem Vereinigten Königreich, 1995 mit Dänemark, Finnland, Frankreich, Italien, Korea und Venezuela, 1997 mit Kuba, 1998 mit den Niederlanden und 1999 mit Belgien und Luxemburg; zur Rücknahme aus dem legislativen Prozess der bereits in das Gesetzgebungsverfahren eingebrachten Abkommen ausführlich *Kleinheisterkamp* (Fn. 50), S. 156 (181), und ausführlich zur Behandlung der bilateralen Investitionsabkommen im brasilianischen Kongress (S. 173 ff.); *Pucci* (Fn. 28), S. 7 (18), führt an, dass zwar sechs dieser Abkommen dem Kongress zur Ratifizierung zugeleitet worden waren, durch den Präsidenten Cardoso jedoch noch vor der Abstimmung zurückgezogen wurden; siehe auch *Giusti/Drummond C. Trindade* (Fn. 465), S. 49 (58), an; auf die brasilianischen BITs verweist auch *Schreuer u.a.* (Fn. 11), Art. 68 Rn. 10.

Gleichheitsrechts in Art. 5 der Verfassung Brasiliens von 1988 gesehen wird.[563] Die Kontrolle von Maßnahmen der brasilianischen Verwaltung solle allein der brasilianischen Justiz vorbehalten bleiben. Es sei damit schon einem brasilianischen Schiedsgericht nicht möglich, über solche Akte zu befinden. Umso weniger komme es in Betracht, einem ausländischen, nicht nach brasilianischem Recht zustande gekommenen Schiedsgericht ein solches Recht zuzugestehen.[564] Es sei

563 Zum Gleichheitssatz siehe Art. 5 der »Constituição da República Federativa do Brasil« vom 5.10.1988, zuletzt geändert am 21.12.2011 durch Verfassungsänderung »Emenda Constitucional N° 68« (i.F.: »Verfassung Brasiliens 1988«): »Todos são iguais perante a lei, sem distinção de qualquer natureza, garantindo se aos brasileiros e aos estrangeiros residentes no País a inviolabilidade do direito à vida, à liberdade, à igualdade, à segurança e à propriedade, nos termos seguintes:« (»Alle sind gleich vor dem Gesetz, ohne Unterscheidung irgendeiner Art, wobei den Brasilianern und den im Land sesshaften Ausländern garantiert werden die Unverletzlichkeit des Lebens, der Freiheit, der Gleichheit, der Sicherheit und des Eigentums, nach folgender Maßgabe:«); Art. 5 XXXV Verfassung Brasiliens von 1988 bestimmt: »a lei não excluirá da apreciação do Poder Judiciário lesão ou ameaça a direito« (»Das Gesetz entzieht keine Verletzung oder Bedrohung eines Rechts der gerichtlichen Kontrolle«); *Oschmann* (Fn. 49), S. 328 f., legt dar, weshalb eine solche Ungleichbehandlung eines ausländischen mit einem inländischen Investor ein nicht korrekter Vorwurf sei: Der (hier brasilianische) Investor könne seinerseits im Heimatstaat des betreffenden Investors klagen und der betreffende Investor selbst könne vor einem ICSID-Schiedsgericht auch vom Gaststaat selbst verklagt werden. Von der ICSID-Konvention seien per se nur Auslandsinvestitionen erfasst, so dass eine Diskriminierung zwischen in- und ausländischem Investor nicht von der ICSID ausgehen könne. Bei *Baptista*, Investimentos Internacionais, 1998, S. 93, klingt diese Problematik an: »a submissão à uma regulamentação internacional é uma perda de soberania« (»Die Unterwerfung unter eine internationale Regelung ist ein Verlust von Souveränität.«). Die hier genannten Vorbehalte kommen auch deutlich zum Ausdruck in einer vom brasilianischen Kongress veröffentlichten Studie: *Bithiah de Azevedo*, Os Acordos para a Promoção e a Proteção Recíproca de Investimentos assinados pelo Brasil, 2001, S. 8 ff. Der Oberste Gerichtshof entschied, dass ein Verstoß gegen das Gebot des gesetzlichen Richters nicht vorliege, da die Parteien aus freiem Willen sich für ein Schiedsgericht entschieden, vgl. bei *Giusti/Drummond C. Trindade* (Fn. 465), S. 49 (72); zu den Gründen der brasilianischen Position *Kalicki/Medeiros*, Investment Arbitration in Brazil – Revisiting Brazil's Traditional Reluctance Towards ICSID, BITs and Investor-State Arbitration, AI (3) 2008, S. 423 (432 f.).

564 *Kalicki/Medeiros* (Fn. 563), S. 423 (431 f.), verweisen auf den brasilianischen Gesandten zur Weltbank Francisco da Cunha Ribeiro, der bereits 1964 anlässlich der Ausarbeitung der ICSID-Konvention die genannten Bedenken geäußert habe.

unzulässig, den ausländischen Investor im Vergleich zum brasilianischen besserzustellen.[565]

Neben den genannten rechtlichen Gründen werden auch politisch-wirtschaftliche Bedenken erhoben: So seien seit jeher Klagen ausländischer Investoren erfolgreich durch die brasilianische Justiz oder durch diplomatische Verhandlungen beigelegt worden, der Zugriff auf die internationale Schiedsgerichtsbarkeit könne als Eingeständnis von Defiziten der brasilianischen Justiz verstanden werden und sei insgesamt überflüssig. Darüber hinaus fürchtete man eine Benachteiligung sich entwickelnder gegenüber entwickelten Volkswirtschaften.[566]

Diese Argumente wurden im Wesentlichen auch gegenüber der reinen Handelsschiedsgerichtsbarkeit ins Feld geführt. Diese Vorbehalte galten auch vor dem Hintergrund der erwähnten Calvo-Doktrin über Jahrzehnte, finden jedoch in jüngerer Zeit immer weniger Rückhalt.[567] Insbesondere hat der brasilianische Verfassungsgerichtshof in seinem Urteil von 2001 über die Verfassungskonformität eines neuen brasilianischen Gesetzes über die Schiedsgerichtsbarkeit diese rechtlichen Bedenken weitgehend ausgeräumt und jedenfalls für den Bereich der Handelsschiedsgerichte damit neue Horizonte eröffnet.[568] Diese Änderung in der

---

565 Die hier angeführten Argumente referiert auch *Kleinheisterkamp* (Fn. 50), S. 156 (177 f.), aus einem Beitrag eines Kongressabgeordneten zur Diskussion um die Ratifizierung der Abkommen durch die brasilianische Legislative; siehe auch *Kalicki/Medeiros* (Fn. 563), S. 423 (432); *García-Bolívar* (Fn. 6), S. 464 (468), nennt darüber hinaus die nicht hinreichend klar definierten und die in ihrer Anwendung durch Schiedsgerichte nicht stets vorhersehbaren Schutzstandards und Termini im internationalen Investitionsschutzrecht als weiteren Grund für die Haltung Brasiliens.

566 *Kalicki/Medeiros* (Fn. 563), S. 423 (432), verweisen bezüglich des Angeführten auf vom früheren Rechtsberater des brasilianischen Außenministeriums Augusto de Resende Rocha vorgebrachte Argumente.

567 *Mason/Gomm-Santos*, New Keys to Arbitration in Latin America, JIA 2008, S. 31, 44 ff., stellen diesen Wandel in den Kontext vergleichbarer Entwicklungen in anderen Staaten Lateinamerikas und betonen, dass insbesondere im Rahmen der internationalen (Investitions-)Schiedsverfahren lateinamerikanische Staaten überdurchschnittlich häufig beteiligt sind, (S. 47 ff.).

568 Gesetz 9.307 »Lei de Arbitragem« vom 23.9.1996 (i.F.: »Gesetz 9.307/96«), englischer Text in 36 ILM (1997) S. 1565 ff.; siehe den Fall vor dem »Supremo Tribunal Federal« (Art. 92 lit. I; 101 ff. Verfassung Brasiliens 1988) »MBV Commercial and Export Management Establishment v. Resil Industria e Comercio Ltda, STF, Agravo Reg. Sentença Estrangeira N° 5.206-7, vom 12.12.2001, abrufbar unter www.stf.jus.br (zuletzt geprüft am 25.12.2011); zur vorherigen Diskussion um die Verfassungskonformität des Gesetzes siehe *Wald/Schellenberg/Rosenn*, Some Controversial Aspects

brasilianischen Rechtsprechung bezüglich nationaler Schiedsgerichte führte bislang jedoch nicht zu einer Abkehr von den rechtlichen und politischen Bedenken gegenüber internationalen Schiedsverfahren.[569] Es ist auch nicht zu vermuten, dass die bald 20 Jahre alten BITs noch jemals in Kraft treten werden. Sollte sich die Haltung des brasilianischen Parlaments ändern – was vor dem Hintergrund einer zunehmend stärkeren Aktivität brasilianischer Unternehmen als Investoren in dritten Staaten durchaus denkbar ist – so würde Brasilien, auch angesichts seiner heute wesentlich stärkeren Volkswirtschaft, sicherlich neue Abkommen aushandeln.[570]

Denkbar wäre allein die Anwendung der »Additional Facility Rules«.[571] Sowohl aus dem Völkervertragsrecht als auch aus dem Völkergewohnheitsrecht lässt sich im Falle Brasiliens daher für den deutschen Investor kein Recht auf Anrufung eines investitionsschutzrechtlichen Schiedsgerichts herleiten.

2. Brasilianisches Recht und Völkerrecht: Der Vorrang der Verfassung

Die Geltung und der Rang einer völkerrechtlichen Norm im innerstaatlichen Recht orientieren sich daran, ob die betreffende Verfassung Völkerrecht und nationales Recht als Einheit oder als zwei getrennte Rechtsordnungen versteht, also monistisch oder dualistisch geprägt ist.[572] Im ersten Falle gilt die völkerrechtliche Norm unmittelbar im innerstaatlichen Rechtskreis und benötigt keinen nationalen Transformationsakt. Ihr wird lediglich der konkrete Stellenwert durch die

---

of the New Brazilian Arbitration Law, UMIALR (2) 2000, S. 223 (226 ff.); vgl. auch *Rubins* (Fn. 73), S. 1071 (1085); diesen Wandel im brasilianischen Umgang mit Fragen der Schiedsgerichtsbarkeit stellen auch *Giusti/Drummond C. Trindade* (Fn. 465), S. 49 (50, 72), heraus; ausführlich *Benevenuto*, Recognition and Enforcement of Foreign Arbitral Awards in Brazil, 2010, S. 26 ff.; dazu auch knapp *Sester* (Fn. 464), S. 267.

569 Hierauf verweisen *Kalicki/Medeiros* (Fn. 563), S. 423 (433 f.), (dort Fn. 41).

570 Auf das verstärkte Schutzbedürfnis brasilianischer Investoren im Ausland verweisen auch *Giusti/Drummond C. Trindade* (Fn. 465), S. 49 (59, 75), die insbesondere den Umgang mit brasilianischen Investitionen im Energiesektor in Bolivien nennen; siehe auch *Kalicki/Medeiros* (Fn. 563), S. 423 (434, 441).

571 Siehe dazu S. 146.

572 Vgl. *Amrhein-Hofmann*, Monismus und Dualismus, 2003. Eine knappe Darstellung hierzu gewährt auch *Ceia*, Die verfassungsgerichtliche Kontrolle völkerrechtlicher Verträge, 2011, S. 22 ff.

Verfassung zugewiesen.[573] Ein Transformationsakt ist hingegen unverzichtbar, wenn die Verfassung dualistisch geprägt ist. Hier kann die völkerrechtliche Norm erst mit ihrer Inkorporation mittels Transformationsakts oder durch Erteilung eines Rechtsanwendungsbefehls Geltung im nationalen Rechtskreis entfalten.[574] Die Verfassung weist diesem Transformationsakt einen Stellenwert innerhalb der nationalen Normenhierarchie zu. Eine nationale Verfassung kann dabei – wie das Grundgesetz – sowohl monistische als auch dualistische Elemente enthalten.[575]

Eine Aussage zum Verhältnis von nationalem und internationalem Recht findet sich in der brasilianischen Verfassung von 1988 in Art. 5 § 3: »Die internationalen Abkommen und Übereinkünfte über Menschenrechte, die in jeder Kammer des Nationalkongresses in zwei Wahlgängen mit drei Fünfteln der Stimmen beziehungsweise der Mitglieder angenommen werden, sind den verfassungsändernden Gesetzen gleichgestellt.«[576] Die Norm gesteht entsprechend ratifizierten internationalen Menschenrechtsverträgen also Verfassungsrang zu.[577]

Hieraus lässt sich umgekehrt folgern, dass internationale Verträge anderer Sachgebiete auch bei ordnungsgemäßer Ratifizierung keinesfalls einen solchen Stellenwert besitzen. Entsprechend lehnt auch der brasilianische Oberste Gerichtshof jeglichen Vorrang internationalen Rechts grundsätzlich ab und geht – unter Inkaufnahme der Verletzung einer völkerrechtlichen Pflicht durch Brasilien – davon aus, dass ein nachträgliches einfaches Gesetz die Wirkung einer transformierten

---

573 Dazu bei *Bleckmann* (Fn. 480), S. 139 ff., der betont, dass in der Praxis »alle Staaten der Welt« dem dualistischen System folgten; *Stein/v. Buttlar* (Fn. 548), S. 55 f.; siehe auch *Kunig*, Völkerrecht und staatliches Recht, in: Graf Vitzthum (Fn. 406), S. 73 (91).

574 Vgl. bei *Bleckmann* (Fn. 480), S. 135 ff.; und *Stein/v. Buttlar* (Fn. 548), S. 56 f.; und *Kunig* (Fn. 573), S. 73 (91).

575 Vgl. *Kunig* (Fn. 573), S. 73 (127) zu Art. 25 GG.

576 »Os tratados e convenções internacionais sobre direitos humanos que forem aprovados, em cada Casa do Congresso Nacional, em dois turnos, por três quintos dos votos dos respectivos membros, serão equivalentes às emendas constitucionais«, Art. 5 § 3 Verfassung Brasiliens 1988.

577 Die im Übrigen fehlende Aussage betont auch *Rocha de Mello Martins* (Fn. 411), S. 88; *Bohomoletz de Abreu Dallari*, O Mercosul perante o Sistema Constitucional Brasileiro, in: Basso (Fn. 208), S. 39 (45), verweist darauf, dass vor der 2004 erfolgten Einfügung dieser Norm aus Art. 5 § 2 Verfassung Brasiliens von 1988 teilweise ein vergleichbares Ergebnis hergeleitet wurde; siehe zur Nichtregelung auch bei *Ceia* (Fn. 572), S. 25, welche zudem näher eingeht auf die Stellung der menschenrechtlichen Abkommen, (S. 30 ff.), und darlegt, dass die menschenrechtlichen Abkommen Teil des »bloc de constitutionnalité« werden (S. 32); siehe zum Verfassungsrang dieser Abkommen auch *de Moraes*, Direito Constitucional, 2011, S. 764 ff.

völkerrechtlichen Norm aufheben kann.[578] Das bedeutet aber, dass die transformierte völkerrechtliche Norm dann bestenfalls im Rang eines einfachen Gesetzes stehen kann. Dies wird im Schrifttum auch mit der verfassungsrechtlich geregelten Kompetenz des Obersten Gerichtshofs zur Kontrolle solcher Verträge begründet.[579] Die heutige Wertung durch den Obersten Gerichtshof ist insbesondere bemerkenswert, weil dieser ursprünglich den Vorrang der Völkervertragsnorm vor dem Bundesgesetz anzuerkennen pflegte.[580] Dies wird auch heute noch von Teilen des Schrifttums so gesehen.[581] Aufgrund fehlender entgegenstehender Aussage in der Verfassung muss also angenommen werden, dass die Verfassung einer völkervertragsrechtlichen Norm, die im Rang eines einfachen Gesetzes gilt, grundsätzlich vorgeht.[582]

---

578 Hierzu grundlegend das Urteil »Recurso Extraordinário N° 80.004 – SE« vom 1.6.1977, veröffentlicht in der Revista Trimestral de Jurisprudência (RTJ) N° 83 (1978), S. 809 ff.; *Baptista*, Inserção dos tratados no direito brasileiro, RIL 1996, S. 71 (74), stellt die Geltung des inkorporierten Vertrags auf Ebene des Gesetzes klar und lässt auch keinen Zweifel daran, dass ein Gesetz ein inkorporiertes Abkommen ändern, jedoch auch die Inkorporation eines Abkommens ein Gesetz ersetzen könne. Die Position des Obersten Gerichtshofs benennt auch *de Azevedo Mercadante*, A »Processualística dos Atos Internacionais«: Constituição de 1988 e Mercosul, in: Borba Casella (Hrsg.), Contratos Internacionais e Direito Econômico no Mercosul após o Término do Período de Transição, 1996, S. 458, (487 f.), schließt sich ihr jedoch nicht an; hierzu auch *Haller* (Fn. 120), S. 141; siehe *de Itapema Grau Kuntz*, Urheberrecht in den Ländern des Mercosul, 2005, S. 38: »völkerrechtliche [...] Verträge der Verfassung untergeordnet«; krit. *Herrera Bertone Gussi*, Soberania e Supranacionalidade, in: Borba Casella/Viegas Liquidato (Hrsg.), Direito da Integração, 2006, S. 107 (128); krit. zur genannten Rechtsprechung des Obersten Gerichtshofs *Kegel* (Fn. 410), S. 244 (259 f.); vgl. auch *Ceia* (Fn. 572), S. 27 ff.; von einem Vorrang des späteren einfachen Gesetzes vor dem völkerrechtlichen Vertrag geht auch aus *Edler* (Fn. 143), S. 128.

579 Siehe die Hinweise bei *Rocha de Mello Martins* (Fn. 411), S. 95 f. und bei *Edler* (Fn. 143), S. 128.

580 Vgl. dazu den Hinweis bei *de Azevedo Mercadante* (Fn. 578), S. 458 (487); und *Rocha de Mello Martins* (Fn. 411), S. 96; *Ceia* (Fn. 572), S. 158 ff., geht näher ein auf die Rechtsprechung des Obersten Gerichtshofs zur Vereinbarkeit völkerrechtlicher Verträge mit der brasilianischen Verfassung und stellt heraus, dass eine Unvereinbarkeit bislang erst in einem Fall festgestellt wurde (S. 159).

581 Vgl. etwa *de Azevedo Mercadante* (Fn. 578), S. 458, 487 f., die sich auf den Grundsatz »pacta sunt servanda« und das Verbot gemäß Art. 27 WVK beruft, völkerrechtlichen Verpflichtungen aufgrund nationaler Normen nicht nachzukommen.

582 So auch *Assis de Almeida*, As Normas do Mercosul e a Ordem Jurídica Brasileira, in: Estoup/Reyes (Hrsg.), Derecho Vigente del Mercosur, 2001, S. 111 (117 f.); und *Baptista* (Fn. 197), S. 67; sowie *de Moraes* (Fn. 577), S. 764 ff.; Secretaría del Mercosur/Konrad-Adenauer-Stiftung (Fn. 288), S. 49 ff., verdeutlichen, dass auch in

Keine explizite Aussage trifft die Verfassung dagegen zum Verhältnis von nationalem Recht und Völkergewohnheitsrecht. Art. 5 § 1 bestimmt jedoch: »Die Grundrechte und Garantien bestimmenden Normen gelten unmittelbar.«[583] Art. 5 § 1 lässt nach seinem Wortlaut den Schluss zu, dass der Verzicht auf einen Inkorporationsakt hier auch für Normen des Völkergewohnheitsrechts angeordnet wird. Angesichts expliziter Bezüge auf das Völkerrecht in Art. 5 §§ 2 und 3 liegt es jedoch näher, in Art. 5 § 1 lediglich die Aussage zu sehen, dass die in der Verfassung selbst unmittelbar zuvor (Art. 5 vor § 1) aufgeführten Rechte direkt geltend gemacht werden können und diese Rechte nicht bloße Programmsätze darstellen sollen. Dies legt auch die identische Formulierung »direitos e garantias fundamentais« in Art. 5 § 1 selbst und in der Überschrift zu dem hier einschlägigen »Título II – Dos Direitos e Garantias Fundamentais« der Verfassung nahe. Eine dem deutschen Art. 25 GG vergleichbare Bestimmung findet sich damit in der – ersichtlich streng dualistisch geprägten – Verfassung Brasiliens nicht.[584]

Es verbleibt für den am praktischen Rechtsschutz orientierten Investor das Ergebnis, dass unter Geltung der brasilianischen Verfassung Rechte aus menschenrechtlichen Abkommen Verfassungsrang besitzen und gegebenenfalls vor

---

der Rechtsanwendung durch brasilianische Gerichte derart mit inkorporierten Normen des Mercosur verfahren wird.

583 »As normas definidoras dos direitos e garantias fundamentais têm aplicação imediata«, Art. 5 § 1 Verfassung Brasiliens 1988.

584 Das Grundgesetz ermöglicht die Geltung der »allgemeinen Regeln des Völkerrechts« im innerstaatlichen Rechtskreis als »Bestandteil des Bundesrechtes« (Art. 25 S. 1 GG). Diese »gehen den Gesetzen vor und erzeugen Rechte und Pflichte unmittelbar für die Bewohner des Bundesgebietes« (Art. 25 S. 2 GG). Als »allgemeine Regeln des Völkerrechts« sind insbesondere die Regeln des Völkergewohnheitsrechts erfasst. Sofern diese Regeln einen Charakter aufweisen, der sich als »self-executing« umschreiben lässt, sie also vor allem bestimmt genug sind und ihren Adressaten klar erkennen lassen, können sie vor deutschen Gerichten unmittelbar geltend gemacht werden. Mitunter wird vertreten, dass dies auch der Fall sei, wenn die völkerrechtliche Norm ursprünglich nur zur Geltung zwischen Staaten bestimmt sei; insgesamt hierzu *Pernice*, in: Dreier (Hrsg.), Grundgesetz, Bd. II, 2. Aufl. 2006, Art. 25 Rn. 27 ff.; *Streinz*, in: Sachs (Hrsg.), Grundgesetz, 6. Aufl. 2011, Art. 25 Rn. 46 ff.; *Kunig* (Fn. 573), S. 73 (127 ff., 132 ff.); siehe bei *de Azevedo Mercadante* (Fn. 578), S. 458 (485), die auch darauf hinweist, dass es im Zusammenhang mit früheren Verfassungsentwürfen in Brasilien durchaus Überlegungen gegeben habe, die – dem deutschen Art. 25 GG vergleichbar – eine direkte Einwirkung des Völkerrechts in das brasilianische Recht befürworteten. Die Verfassung Brasiliens treffe keine explizite Aussage zum Zusammenspiel von Völkerrecht und nationalem Recht, doch ließe sich aus den Regelungen zum Abschluss von Staatsverträgen das Erfordernis von deren Inkorporation ableiten.

brasilianischen Gerichten geltend gemacht werden können, dies mangels einer Bestimmung durch die Verfassung jedoch nicht für aus dem Völkergewohnheitsrecht abgeleitete Rechtspositionen gilt.[585]

3. Markante Defizite und ausgeprägtes Souveränitätsdenken – Die nationalrechtliche Ebene in Brasilien

Wie im Folgenden gezeigt werden wird, gewährt das nationale Recht in Brasilien Eigentumsschutz durch die Verfassung und postuliert die grundsätzliche Gleichbehandlung in- und ausländischer Investoren. Der Kapitalverkehr ist frei von erheblichen Restriktionen. Schiedsverfahren gegen den brasilianischen Staat sind nur sehr eingeschränkt möglich.

Der nationalgesetzliche, den Schutz ausländischer Investitionen betreffende Rechtsrahmen ergibt sich aus dem auf Grundlage des Art. 172[586] der brasilianischen Verfassung von 1988 erlassenen Gesetz 4.131/62 und dem zugehörigen Änderungsgesetz 4.390/64 zum Umgang mit ausländischem Kapital. Das Präsidialdekret 55.762/65 setzte das Gesetz von 1962 in Kraft und traf konkretisierende Bestimmungen.[587] Die wesentlichen einfachgesetzlichen Bestimmungen sind

---

585 Als Letzteres können insbesondere die in der AEMR verkörperten Grundsätze sowie die Rechtspositionen des Fremdenrechts gelten; zur bestenfalls auf gewohnheitsrechtliche Verpflichtungen beschränkten Rechtsverbindlichkeit der AEMR *Stein/v. Buttlar* (Fn. 548), S. 367.

586 Art. 172 Verfassung Brasiliens 1988: »A lei disciplinará, com base no interese nacional, os investimentos de capital estrangeiro, incentivará os reinvestimentos e regulará a remessa de lucros« (»Das Gesetz bestimmt, auf Grundlage des nationalen Interesses, über die Investitionen durch ausländisches Kapital, fördert die Reinvestitionen und regelt die Rückübertragung von Gewinnen«); zu Art. 172 der Verfassung *Ribeiro Bastos*, Art. 172, in: Ribeiro Bastos/Gandra Martins (Hrsg.), Comentários à Constituição do Brasil, 7° Vol. Arts. 170 a 192, 1990, S. 63 ff. Das hier nur am Rande zu erwähnende brasilianische Finanzsystem beschreibt *Sester*, Institutionelle Reformen in heranreifenden Kapitalmärkten: Der brasilianische Aktienmarkt, 2009, S. 186 ff.

587 »Lei de Remessa de Lucros«, Gesetz 4.131 vom 3.9.1962, veröffentlicht im Amtsblatt »Diário Oficial da União« (i.F.: »DOU«) vom 27.9.1962 (i.F.: »Gesetz 4.131/62«); Ergänzungsgesetz 4.390 zum Gesetz 4.131/62 vom 29.8.1964 (i.F.: »Gesetz 4.390/64«); »Decreto 55.762« vom 17.2.1965, DOU vom 18.2.1965; DOU vom 11.9.1964 (i.F.: »Dekret 55.762/65«). *Zagel* (Fn. 101), S. 49, weist darauf hin, dass aufgrund der verbesserten Übersichtlichkeit der Rechtslage der Erlass von Investitionsgesetzen per se schon investitionsfördernd wirkt; zu den nationalen brasilianischen Regelungen *Teshima*, Investimentos no Mercosul & Sua Proteção, 2003, S. 117 ff. Einen knappen Überblick gewährt auch *Niaradi*, Investimentos Estrangeiros, 2008, S. 11.

damit mehr als 50 Jahre alt.[588] Teilweise Bedeutung kommt allerdings auch dem modernen Gesetz über die Schiedsgerichtsbarkeit 9.307/96 zu.[589]

a) Eigentumsschutz durch die brasilianische Verfassung

Die brasilianische Verfassung schützt das Eigentum als »unverletzlich« auch für ansässige Ausländer.[590] Das Merkmal der Ansässigkeit[591] dürfte bei einem außerhalb Brasiliens lebenden Ausländer fraglich sein, selbst wenn dieser in Brasilien eine direkte Investition hielte. Andererseits legt das Verständnis der Grundrechte als freiheitsgewährende Rechte es nahe, die Norm weit zu verstehen und einen außerhalb des Landes lebenden Direktinvestor hierunter zu fassen, sofern er nur von brasilianischer Hoheitsgewalt berührt wird. Die Nutzung des Eigentums ist sozialgebunden.[592] Enteignungen sind nach einfachgesetzlicher Maßgabe möglich, wenn dies zu einem sozialen Nutzen oder aus sozialem Interesse erfolgt sowie eine gerechte und vorherige Entschädigung gezahlt wird, wobei hiervon nach Maßgabe der Verfassung Ausnahmen bestehen können.[593] Für Sonderfälle von

---

588 *de Moura Borges/Pereira Valadão/Ward Sá,* The BRIC Context in a Globalized World and Foreign Direct Investment in Brazil, Law and Business Review of the Americas, 2012, S. 329 (361 f.), führen noch weitere, auch untergesetzliche Normen an.

589 Siehe Fn. 568. In der Art eines Kommentars zu diesem Gesetz: *Batista Martins*, Apontamentos sobre a Lei de Arbitragem, 2008.

590 Für den Wortlaut des Art. 5 Verfassung Brasiliens von 1988 siehe oben Fn. 563; siehe auch Art. 5 XXII Verfassung Brasiliens 1988: »é garantido o direito de propriedade« (»das Eigentumsrecht wird garantiert«); sowie Art. 5 LIV Verfassung Brasiliens 1988, der bestimmt, dass »niemandem seine Freiheit oder seine Güter ohne rechtmäßiges Verfahren« entzogen werden sollen (»ninguém será privado da liberdade ou de seus bens sem o devido processo legal«).

591 »[E]strangeiros residentes«, Art. 5 Verfassung Brasiliens 1988; *Junqueira Ferreira*, Comentários à Constituição de 1988, Bd. 1 1989, S. 117, kritisiert, dass hierdurch alle sich nur vorübergehend im Staatsgebiet aufhaltenden Ausländer ausgeschlossen seien. Dagegen spricht sich *de Moraes* (Fn. 577), S. 38 f., explizit dafür aus, die Einschränkung »residentes« nur so zu verstehen, dass die Verfassung Rechte nur in Brasilien selbst garantieren könne, nicht aber beabsichtige, sich nur kurzfristig in Brasilien aufhaltende Ausländer von ihrem Schutz auszunehmen.

592 Vgl. Art. 5 XXIII Verfassung Brasiliens 1988.

593 Art. 5 XXIV (»a lei estabelecerá o procedimento para desapropriação por necessidade ou utilidade pública, ou por interesse social, mediante justa e prévia indenização em dinheiro, ressalvados os casos previstos nesta Constituição«) Verfassung Brasiliens 1988: »das Gesetz gewährleistet das Verfahren für Enteignungen in Fällen öffentlichen Nutzens oder zu öffentlichem Zweck, oder aus sozialem Interesse, unter Gewährung einer gerechten und vorherigen Entschädigung in Geld, vorbehaltlich der in dieser

Enteignungen trifft die Verfassung spezielle Regelungen.[594] Grundsätzlich kommt jedoch dem Schutz des Eigentums in der brasilianischen Verfassung ein herausgehobener Rang zu: Es ist festgeschrieben, dass durch einfaches Gesetz »erworbene Rechte« und »abgeschlossene Rechtsakte« nicht beseitigt werden können, also deren Bestand garantiert wird.[595] Wenn man diese Norm als Garantie von Individualrechten versteht, so ist sie darüber hinaus einer Änderung durch Verfassungsreform aufgrund einer »Ewigkeitsgarantie« vorenthalten.[596]

In der einfachrechtlichen Gesetzgebung findet sich zu Fragen der Enteignung keine Aussage.

b) Zugang zu nationalen Schiedsgerichten

Es besteht in Brasilien, wie gezeigt, keine Möglichkeit, ein auf dem Völkerrecht fußendes internationales Investitionsschiedsgericht anzurufen. Im Rahmen des bereits angesprochenen Wandlungsprozesses Brasiliens von einer schiedsrechtsfeindlichen Rechtsordnung[597] zu einem diesem Institut gegenüber aufgeschlossenen Rechtssystem bestehen heute jedoch nach nationalem Recht vereinzelt

---

Verfassung vorgesehenen Fälle.«; hierzu *Junqueira Ferreira* (Fn. 591), S. 149 ff.; *Ribeiro Bastos,* Art. 5, in: Ribeiro Bastos/Gandra Martins (Hrsg.), Comentários à Constituição do Brasil, 2° Vol. Arts. 5° a 17, 1989, S. 129 ff.; zum Eigentumsschutz durch die brasilianische Verfassung auch *de Moura Borges/Pereira Valadão/Ward Sá* (Fn. 588), S. 329 (357 ff.).

594 Zum Beispiel Art. 182 § 3 und § 4 III für den Bereich der urbanen Planung, dazu *Ribeiro Bastos*, Art. 182, in: Ribeiro Bastos/Gandra Martins (Fn. 586), S. 218 ff., 225; oder für Agrarreformen, Art. 184 ff. Verfassung Brasiliens 1988; dazu *Ribeiro Bastos*, Art. 184, caput, in: Ribeiro Bastos/Gandra Martins (Fn. 586), S. 250 ff. Im Falle des Anbaus von Drogen ist eine entschädigungslose Enteignung möglich, Art. 243 Verfassung Brasiliens 1988.

595 Art. 5 XXXVI Verfassung Brasiliens 1988: »a lei não prejudicará o direito adquirido, o ato jurídico perfeito e a coisa julgada« (»das Gesetz entwertet nicht das erworbene Recht, den bestandskräftigen Rechtsakt oder ein bestandskräftiges Urteil«); zu diesen Begrifflichkeiten eingehend *Ribeiro Bastos* (Fn. 593), S. 184 ff.

596 Art. 60 § 4 IV Verfassung Brasiliens 1988: »Não será objeto de deliberação a proposta de emenda tendente a abolir [...] IV. os direitos e garantias individuais.« (»Gegenstand einer Beratung über eine Verfassungsänderung kann kein Vorschlag sein, der darauf abzielt [...] IV. individuelle Rechte und Garantien [abzuschaffen]«; siehe so bei *Sester* (Fn. 586), S. 181 f.

597 Siehe die Hinweise bei *Wald/Kalicki*, The Settlement of Disputes between the Public Administration and Private Companies by Arbitration under Brazilian Law, JIA 2009, S. 557 (566).

Möglichkeiten, selbst gegenüber staatlichen Stellen ein schiedsrechtliches Verfahren zu vereinbaren.[598]

Augenfälligster Ausdruck dieses Prozesses, der sich lediglich auf der einfachrechtlichen Ebene zeigt, ist das erwähnte Gesetz über die Schiedsgerichtsbarkeit 9.307/96.[599] Die weitreichendste Änderung brachte dieses Gesetz mit der Durchsetzbarkeit einer bereits vor Entstehung einer Streitigkeit geschlossenen Schiedsklausel oder Schiedserklärung.[600] Zuvor waren Schiedsklauseln und Schiedsvereinbarungen wegen vermeintlicher Unbestimmtheit und Unbegrenztheit nur dann als zulässig anerkannt worden, wenn sie nach dem Entstehen einer Streitigkeit von den Parteien vereinbart worden waren.[601] Erleichtert wurde auch die Anerkennung ausländischer

---

598 *da Cunha*, A Arbitragem como Método de Solução de Controvérsias sobre Investimentos Estrangeiros, in: Borba Casella (Hrsg.), Arbitragem – Lei Brasileira e Praxe Internacional, 1999, S. 453, spricht von einem »Mentalitätswandel« (»alteração da mentalidade nacional«); *Kleinheisterkamp*, Conflict of Treaties on International Arbitration in the Southern Cone, in: Kleinheisterkamp/Lorenzo Idiarte (Fn. 271), S. 667 (668), erwähnt, dass eine solche Wandlung viele lateinamerikanische Staaten in den 1990er Jahren durchgemacht haben. *Mason/Gomm-Santos* (Fn. 567), S. 31 (51 ff.), gewähren einen Einblick in den Gebrauch der Schiedsgerichtsbarkeit in spezifischen Wirtschaftssektoren.

599 Siehe S. 157; zu diesem Gesetz *Bosco Lee*, Brazil, in: Blackaby/Lindsey/Spinillo (Fn. 271), S. 61 ff.; und *de Araújo*, A Arbitragem Internacional nos Contextos Interamericano e Brasileiro, in: Fernández Arroyo/Opertti Badán (Fn. 254), S. 97 (106 ff.). *Giusti/Drummond C. Trindade* (Fn. 465), S. 49 (71), beschreiben anschaulich einen »Kulturwandel« im brasilianischen Rechtssystem. *Wald/Kalicki* (Fn. 597), S. 557 (558), stellen die auch im globalen Maßstab mittlerweile bedeutende Beteiligung Brasiliens an internationalen Schiedsverhandlungen heraus und betonen als die »three cornerstones of the institutionalization of arbitration in Brazil« das »1996 Arbitration Law«, die »2001 Supreme Court decision upholding the constitutionality of the Arbitration Law« und die »ratification of the New York Convention in 2002«. *Benevenuto* (Fn. 568), S. 13 ff., 23 f., gibt auch einen Einblick in vorangegangene Versuche zur Reform des brasilianischen Schiedsrechts. Das Gesetz 9.307/96 und den Ablauf von Schiedsverfahren nach seinen Regelungen behandelt auch *Samtleben*, Schiedsgerichtsbarkeit, in: Samtleben (Fn. 181), S. 61.

600 Art. 3; 6; 7 Gesetz 9.307/96; vgl. bei *Giusti/Drummond C. Trindade* (Fn. 465), S. 49 (71); dazu *Mason/Gomm-Santos* (Fn. 567), S. 31 (45 ff.); ausführlich hierzu *Gomm-Santos*, Arbitration: Brazil swimming against the tide, RAM (17) 2008, S. 164 (166 ff.).

601 Noch auf dem Stand vor Entscheidung durch das Oberste Gericht *Rocha de Mello Martins* (Fn. 411), S. 173 ff.; die Entscheidung des Obersten Gerichtshofs behandelt dagegen – dem Ergebnis zustimmend – *Bosco Lee* (Fn. 599), S. 61 (63 ff.); *Benevenuto* (Fn. 568), S. 24 ff., macht auch Vorbehalte der konservativ geprägten, einen Bedeutungsverlust fürchtenden Richterschaft und die langjährige Prägung durch die

Schiedssprüche, indem auf das Erfordernis der doppelten Anerkennung (»double exequatur«), also der gerichtlichen Anerkennung des Schiedsspruchs im Ursprungsstaat und im Vollstreckungsstaat Brasilien, verzichtet wurde.[602]

Das Gesetz spricht subjektive Schiedsfähigkeit vor brasilianischen Schiedsgerichten grundsätzlich natürlichen und juristischen Personen des Privatrechts zu, welche – in objektiver Hinsicht – über vermögensrechtliche Ansprüche streiten.[603] Darüber hinaus – und dies ist für den Investor von elementarer Bedeutung – kann auch juristischen Personen des öffentlichen Rechts sowie staatlichen und staatskontrollierten Unternehmen Schiedsfähigkeit zukommen.[604] Dem wird mitunter – auch in der Rechtsprechung[605] – entgegengehalten, dass einer Schiedsfähigkeit der Vorbehalt des Gesetzes entgegenstehe, da es an einer expliziten gesetzlichen Grundlage fehle und dass Fragen des öffentlichen Interesses nicht Gegenstand von Schiedsvereinbarungen sein könnten.[606]

---

von 1964 bis 1985 bestehende Militärdiktatur verantwortlich; vgl. bei *Samtleben* (Fn. 599), S. 61 (62, 67); vgl. auch *Sester* (Fn. 464), S. 266 f.

602 Vgl. *Rubins* (Fn. 73), S. 1071 (1085); siehe dazu *Samtleben*, Zur Anerkennung ausländischer Schiedssprüche in Brasilien, in: Samtleben (Fn. 181), S. 67 ff. (identisch: *Samtleben*, Zur Anerkennung ausländischer Schiedssprüche in Brasilien, SchiedsVZ 2009, S. 109 ff.).

603 Art. 1 Gesetz 9307/96; *Wald/Kalicki* (Fn. 597), S. 557 (568), weisen darauf hin, dass dieses Gesetz nicht zwischen privaten und öffentlich-rechtlichen Personen unterscheidet; vgl. auch *Sester* (Fn. 464), S. 268 ff., unter ergänzendem Verweis auf das brasilianische Zivilgesetzbuch.

604 Die Schiedsfähigkeit staatlicher Stellen scheint auch anzuerkennen *Batista Martins* (Fn. 589), S. 3; *Sester* (Fn. 464), S. 269, verweist u.a. auf die Entscheidung des Obersten Bundesgerichthofs (»Superior Tribunal de Justiça«, i.F.: »STJ«, vgl. Art. 92 II, 104 ff. Verfassung Brasiliens 1988), STJ Recurso Especial N° 612.439 vom 25.10.2005, AES Uruguaiana Empreendimentos Ltda – Companhia Estadual de Energia Elétrica CEEE, siehe dort »Ementa 4.« (i.F.: »AES Uruguaiana – CEEE«), (abrufbar unter www.stj.jus.br, zuletzt geprüft am 26.12.11).

605 *Valença Filho/Bosco Lee*, Brazil's New Public-Private Partnership Law: One Step Forward, Two Steps Back JIA 2005, S. 419 (420 f.), benennen Fälle, in denen brasilianische Gerichte die Durchführbarkeit eines solchen Schiedsverfahrens ablehnten, beispielsweise: Copel v. UEG Araucária, 3. Vara de Fazenda Pública, Falências e Concordatas da Comarca de Curitiba, Estado do Paraná, Ação Declaratória N° 24.334 vom 3.6.2003 und N° 24.331 vom 15.3.2004 (i.F.: »Copel – UEG Araucária«); vgl. auch die Hinweise bei *Kleinheisterkamp*, International Commercial Arbitration in Latin America, 2005, S. 102 ff.

606 Dieses Problem sprechen an *Giusti/Drummond C. Trindade* (Fn. 465), S. 49 (73), stellen aber auch darauf ab, dass das Schiedsgesetz Schiedsfähigkeit allen »zum

Der Anwendungsbereich des Gesetzes erfasst »direitos patrimoniais«, also Vermögensrechte.[607] In objektiver Hinsicht sei insbesondere problematisch, dass öffentliche Interessen und Güter nicht »frei verfügbar« und damit nicht schiedsfähig seien.[608] Sollte der Investor sich durch das Handeln einer der genannten Personen verletzt sehen, stünde ihm im beschriebenen Rahmen der Weg zu einem Schiedsgericht offen.

Daneben ist teilweise spezialgesetzlich der Zugang zur – regelmäßig portugiesischsprachigen und auf brasilianischem Recht beruhenden –[609] Schiedsgerichtsbarkeit auch gegenüber öffentlich-rechtlichen Beteiligten vorgesehen. Beispiele dafür sind das

---

Vertragsschluss fähigen« (»pessoas capazes de contratar«) Personen zuspreche und hiermit die gesetzliche Ermächtigung gegeben sei; siehe auch *Mason/Gomm-Santos* (Fn. 567), S. 31 (34 f.).

607 Art. 1 Gesetz 9.307/96.

608 *Rubins* (Fn. 73), S. 1071 (1086), merkt an, dass der weite Begriff der »frei verfügbaren Vermögensrechte« ohne Weiteres zum Nachteil des Investors dahingehend einschränkend ausgelegt werden könne, dass eine der Parteien nicht in der Lage sei, über den Streitgegenstand frei zu verfügen. *Giusti/Drummond C. Trindade* (Fn. 465), S. 49 (73 f.), wenden ein, dass im Falle der bloß privatwirtschaftlichen Tätigkeit öffentlicher Unternehmen oder gemischtwirtschaftlicher Betriebe öffentliche Interessen nicht im Vordergrund stünden und eine Schiedsfähigkeit gegeben sein müsse; siehe hierzu auch *Grigera Naón*, Arbitration and Latin America: Progress and Setbacks, AI (2) 2005, S. 127 (165), der auf den Fall »Copel – UEG Araucária« (siehe Fn. 605) verweist; siehe *Kleinheisterkamp* (Fn. 605), S. 94, grundsätzlich die Schiedsfähigkeit des Staates bejahend, aber Einschränkungen zugestehend und unter Hinweis auf die praktische Bedeutung dieser Frage für den eine Vereinbarung mit dem Gaststaat treffenden Investor (S. 98) sowie zum Fall »Copel – UEG Araucária«, (S. 102 f.). In diesem Fall war Streitgegenstand sogar eine Schiedsgerichtsbarkeit in Paris, also außerhalb des brasilianischen nationalen Rechtsraums. Mitunter wird bei der hier behandelten Frage unterschieden nach »primärem« und »sekundärem öffentlichen Interesse«, wobei bei vertraglichen Streitigkeiten mit Investoren regelmäßig nur das sekundäre Interesse betroffen sei, vgl. Hinweis bei *Valença Filho/Bosco Lee* (Fn. 605), S. 419 (421); siehe auch *Kalicki/Medeiros* (Fn. 563), S. 423 (435) (dort Fn. 48), insbesondere auch auf den Fall »Copel – UEG Araucária«. Die hier genannten Vorbehalte schildern auch *Wald/Kalicki* (Fn. 597), S. 557 (568).

609 Auf die mit einer Beschränkung auf brasilianische und portugiesischsprachige Tribunale verbundenen Nachteile weisen *Valença Filho/Bosco Lee* (Fn. 605), S. 419 (424 ff.), hin: So stünden nur wenige nicht brasilianische portugiesischsprachige »Arbitrators« zur Verfügung und es könne ein Schiedsspruch nach den Regeln der New York Convention nur am Ort des Schiedsgerichts angefochten werden – womit der Investor gegebenenfalls wieder vor den brasilianischen Gerichten stehe, die er eigentlich vermeiden wollte.

Gesetz über Public-Private-Partnerships oder das Gesetz über Konzessionen.[610] Auch im Falle von Verträgen über Auslandsschulden ist dies möglich.[611] Jüngere Urteile[612]

610 Art. 11 III Gesetz 11.079/04 über Public-Private-Partnerships vom 30.12.2004 erlaubt ausdrücklich: »o emprego dos mecanismos privados de resolução de disputas, inclusive a arbitragem, a ser realizada no Brasil e em língua portuguesa, nos termos da Lei no 9.307, de 23 de setembro de 1996, para dirimir conflitos decorrentes ou relacionados ao contrato« (also »den Gebrauch von privaten Verfahren zur Beilegung von Streitigkeiten, einschließlich von Schiedsverfahren, durchzuführen in Brasilien und in portugiesischer Sprache, nach Maßgabe des Gesetzes 9.307/96 vom 23. September 1996, um Konflikte zu lösen die sich aus einem Vertrag ergeben oder mit diesem verbunden sind«); und Art. 23-A XV des Gesetzes zur Vergabe von Konzessionen 8.987/95 vom 13.2.1995, der einen fast identischen Wortlaut aufweist. Auf das »decreto-lei« 1.312 vom 15.2.1974 verweisen *Wald/Schellenberg/Rosenn* (Fn. 568), S. 22 (25 f.), siehe dort Art. 11. Auf das PPP-Gesetz verweist auch *Pucci* (Fn. 28), S. 7 (10). Weitere Beispiele nennen *Kalicki/Medeiros* (Fn. 563), S. 423 (436): Art. 93 XV des Gesetzes 9.472/97 vom 16.7.1997 zum Telekommunikationssektor, Art. 43 X des Gesetzes 9.478/97 vom 6.8.1997 zum Erdölsektor (sogar unter explizitem Bezug auf die »arbitragem internacional«, die »internationale Schiedsgerichtsbarkeit«) und Art. 4 §§ 5, 6 des Gesetzes 10.848/04 vom 15.3.2004 zum Stromsektor; siehe auch die entsprechenden Hinweise bei *Mason/Gomm-Santos* (Fn. 567), S. 31 (47). Auf das genannte PPP-Gesetz und das Änderungsgesetz zum Gesetz über Konzessionen 11.196 vom 21.11.2005 weisen hin *Wald/Kalicki* (Fn. 597), S. 557 (574), betonen aber auch, dass hier enge Voraussetzungen an die Durchführung des Schiedsverfahrens gestellt werden (Schiedsort Brasilien, Verfahren in portugiesischer Sprache, Übereinstimmung mit dem Gesetz 9.307/96), wobei nicht grundsätzlich die Anwendung etwa von ICC-Schiedsregeln ausgeschlossen sei; vgl. auch den Hinweis bei *Sester* (Fn. 464), S. 270.

611 »Contratos de dívida externa«; siehe den Hinweis bei *Kleinheisterkamp* (Fn. 50), S. 156 (184), auf das in Fn. 610 genannte »decreto-lei« 1.312 vom 15.2.1974 sowie, als weiteres Beispiel, auf Streitigkeiten mit öffentlichen Bahngesellschaften, Art. 1 § 8 lei 8.693 vom 3.8.1993.

612 Fall »AES Uruguaiana – CEEE« (siehe Fn. 604), vgl. den Hinweis bei *Kalicki/Medeiros* (Fn. 563), S. 423 (437); *Mason/Gomm-Santos* (Fn. 567), S. 31 (35 ff.), sprechen von einem »trend« und führen entsprechende Urteile brasilianischer Gerichte an: »Copel – UEG Araucária« (siehe Fn. 605); »Copel« v. Energetica Rio Pedrinho S.A.« vom 11.5.2005 sowie »Companhia Paranaense de Gas (»Compagás«) v. Carioca Passarelli Consortium (»Consortium«)« vom 11.2.2004 und »AES Uruguaiana – CEEE«; siehe zu diesen grundlegenden Entscheidungen die Darstellung bei *Wald/Kalicki* (Fn. 597), S. 557 (568 ff.), die auch betonen, dass sogar der brasilianische Oberste Gerichtshof ausdrücklich die Schiedsfähigkeit staatlicher Stellen anerkannt habe: »In 2005/2006, the two chambers of the Public Law Department of the Superior Court of Justice [...] faced proceedings regarding the validity of arbitration agreements in contracts between a state entity and a private party. In both cases, judgements

sowie die überwiegenden Stimmen in der Literatur[613] und der Umstand, dass explizite gesetzliche Ausnahmen bestehen, überzeugen von der Schiedsfähigkeit staatlicher Stellen in Brasilien.[614] Es kommt hinzu, dass 2004 eine geplante Verfassungsänderung scheiterte, die das explizite Verbot einer Schiedsfähigkeit staatlicher Stellen beabsichtigte.[615]

Der Zugang zu einem derart nach brasilianischem Recht konstituierten Schiedsgericht eröffnet auch die im Rahmen des brasilianischen Ordre Public freie Wahl des anzuwendenden materiellen Rechts.[616] Voraussetzung für die Berufung auf ein brasilianisches Schiedsgericht ist natürlich stets eine gültige Schiedsklausel oder -vereinbarung. Es liegt damit am Investor, eine solche mit seinem Vertragspartner im Rahmen eines Investor-Staat-Vertrags auszuhandeln. Dies wird dem Investor in der Regel nur dann gelingen, wenn er wegen des Umfangs seiner Investition über entsprechenden Einfluss verfügt.[617] Selbst wenn ihm dies gelingt, kann er im Zweifel lediglich vertraglich relevantes Fehlverhalten des

---

were rendered by unamity [...]. The decisions made clear that the court was reversing its prior position opposing arbitration by state entities, and attempting to settle past uncertainty by providing new uniform and consistent case law.« Zur letzteren dieser beiden Entscheidungen, »Federal Union v. TCM Terminal Multimodal de Coroa Grande SPE S/A« vom 9.4.2008, (S. 572): »it recognized the validity of arbitration agreements included in any type of contract concluded with a state entity, whether a state-owned company, an agency or the state itself.«.

613 *Grigera Naón* (Fn. 608), S. 127 (174), äußert sich grundsätzlich optimistisch und versteht den genannten Fall »Copel« (siehe Fn. 605) als eine Ausnahme; siehe auch *Valença Filho/Bosco Lee* (Fn. 605), S. 419 (426); *Wald/Kalicki* (Fn. 597), S. 557 (559): »Today, it is possible to say that Brazilian law firmly supports arbitrability of disputes involving state companies.«, (siehe auch S. 573, 578), die dort auch anmerken, dass sich diese Fortschritte noch nicht unmittelbar auf die Ratifizierung der völkerrechtlichen BITs ausgewirkt haben.

614 *Pucci* (Fn. 28), S. 7 (10), spricht von ersten Streitigkeiten zwischen Investoren und dem Staat (»estão surgindo no País as primeiras controvérsias entre Estado e investidores estrangeiros«), ohne dies aber weiter zu konkretisieren. *Giusti/Drummond C. Trindade* (Fn. 465), S. 49 (74), führen aus, dass nach den Regelungen des Schiedsgesetzes (Art. 20 Gesetz 9.307/96) das Schiedsgericht selbst entscheidet, ob subjektive und objektive Schiedsfähigkeit gegeben sind; vgl. auch bei *Kalicki/Medeiros* (Fn. 563), S. 423 (437 f.).

615 *Pucci* (Fn. 28), S. 7 (11), geht noch davon aus, dass das explizite Verbot Aufnahme in die Verfassung finden werde; ausführlich bei *Kleinheisterkamp* (Fn. 605), S. 99 f.; siehe *Kalicki/Medeiros* (Fn. 563), S. 423 (436).

616 Art. 2 § 1 Gesetz 9.307/96; vgl. Hinweis bei *Sester* (Fn. 464), S. 272.

617 Vgl. bei *Kleinheisterkamp* (Fn. 50), S. 156 (157).

Vertragspartners – sei dieser auch eine staatliche oder staatlich kontrollierte Stelle – geltend machen, ist aber nicht gegen Beeinträchtigungen durch hoheitliches Handeln – also das typische nichtkommerzielle Risiko – gefeit, wie dies der Fall wäre, wenn umfänglicher Schutz durch einen BIT bestünde.[618]

Ein brasilianisches inländisches Schiedsurteil kann nach dem Gesetz 9.307/96 auch wie ein Gerichtstitel vollstreckt werden.[619] Weiterer Ausdruck dieses schiedsrechtlichen Öffnungsprozesses ist, dass Brasilien 2002 die New Yorker Konvention über die Anerkennung und Vollstreckung von ausländischen Schiedsurteilen ratifiziert hat, welche auch die Vollstreckung ausländischer Schiedssprüche in Brasilien ermöglicht.[620]

In Brasilien ist man sich heute der Bedeutung von Schiedsgerichten für die Gewinnung ausländischer Investoren durchaus bewusst.[621] Als zu Beginn des vergangenen Jahrzehnts die brasilianischen Aktienmärkte reorganisiert und modernisiert wurden, wurde es den emittierenden Unternehmen verbindlich vorgeschrieben, allen Investoren den Zugang zu einem bestimmten brasilianischen Marktschiedsgericht zuzugestehen.[622] Dies betrifft allerdings allein den Bereich der indirekten Portfolioinvestitionen, liegt also – abgesehen davon, dass es dort lediglich um

---

618 *Kalicki/Medeiros* (Fn. 563), S. 423 (438): »without an investment treaty providing for investor-state arbitration, a foreign investor in Brazil will be limited to raising contractual claims against the party with whom its contract was concluded, with no possibility of recourse against the state for non-contractual (e.g. regulatory) infringements of investor rights.«.

619 Art. 34 ff. Gesetz 9.307/96. *Rubins* (Fn. 73), S. 1071 (1087), ist wegen im Gesetz enthaltener Vorbehalte kritisch, ob unter dem Gesetz 9.307/96 tatsächlich ein investitionsrechtlicher Schiedsspruch gegen den brasilianischen Staat durchgesetzt werden könnte.

620 Siehe oben S. 147; hierzu *Samtleben* (Fn. 599), S. 61 (67 ff.).

621 *Delaume*, The ICSID and the Banker, IFLR (9) 1983, S. 9 (13), stellt dar, dass Brasilien sich mitunter gegenüber ausländischen Kreditgebern verpflichtet habe, Streitigkeiten nach Verfahrensregeln der ICSID und auch unter eventueller Einbindung des ICSID-Generalsekretariats zu behandeln; siehe *Pucci* (Fn. 28), S. 7 (30). *Kleinheisterkamp* (Fn. 50), S. 156 (184 f.), merkt an, dass Brasilien sich vereinzelt in Streitigkeiten an Verfahren nach der ICSID-Konvention anlehne und auch durch die Mitgliedschaft in der MIGA zur eventuellen schiedsgerichtlichen Streitbeilegung (mit der MIGA) verpflichtet sei. *Giusti/Drummond C. Trindade* (Fn. 465), S. 49 (74 f.), plädieren für eine Ratifizierung der ICSID-Konvention durch Brasilien.

622 Dazu *do Vale de Almeida Guilherme*, As Novas Formas de Atuação do Advogado no Mundo Globalizado Empresarial – A Arbitragem no Mercado de Capitais, in: Rocha do Bomfim/Ferreira de Menezes (Hrsg.), Dez Anos da Lei de Arbitragem, 2007, S. 103 (109 ff.); *Sester* (Fn. 586), S. 267 ff.

Streitigkeiten zwischen Privaten geht – außerhalb des Fokus dieser Arbeit. Den »antiquierten«[623] Gesetzen 4.131/62 und 4.390/64 kommt zu Fragen der Schiedsgerichtsbarkeit keine Bedeutung zu.

c) Registrierung und Regulierung: Die Frage des freien Kapitaltransfers

Die brasilianische Verfassung weist keine ausdrückliche Regelung zum Transfer von Kapital ins Ausland auf. Zwar bestehen die angesprochenen Regelungen zum Umgang mit Eigentum und es wird betont, dass grundsätzlich »jedermann das Land mit seinen Gütern verlassen« könne, doch gilt auch dies nur nach Maßgabe des Gesetzes.[624] Art. 172 der Verfassung Brasiliens verweist im Zusammenhang mit den Regeln zum Investitionsschutz ausdrücklich auch für den Transfer von Kapital auf das einfache Recht.

Das Recht zum freien Transfer von Kapital unterliegt in Brasilien den sich aus den Gesetzen 4131/62 und 4390/64 ergebenden Beschränkungen.[625] Nach diesen Gesetzen ist für jede Form von Kapital, die nach Brasilien transferiert wird, zwingend eine Registrierung – auch des Investors selbst – bei der Zentralbank

---

623 *Kalicki/Medeiros* (Fn. 563), S. 423 (435): »Brazils antiquated Foreign Investment Law«.

624 Art. 5 XV Verfassung Brasiliens 1988: »é livre a locomoção no território nacional em tempo de paz, podendo qualquer pessoa, nos termos da lei, nele entrar, permanecer ou dele sair com seus bens.« (»Der Verkehr im Staatsgebiet in Friedenszeiten ist frei und es kann jede Person, nach Maßgabe des Gesetzes, einreisen, sich in ihm aufhalten oder es mit ihren Gütern verlassen.«).

625 *Baptista* (Fn. 563), S. 64, hebt hervor, dass das nationale Gesetz auf die Herkunft des Kapitals, nicht jedoch primär auf die Nationalität des Investors abstelle, so dass auch der brasilianische, im Ausland lebende Investor erfasst sei; zur Regulierung des Zahlungsverkehrs mit Brasilien auch *Sester* (Fn. 464), S. 35 f. In Brasilien existiert ein spezifischer »Mercado de Cambio«, der als Handelsplatz für allen Verkehr mit ausländischen Währungen funktioniert; siehe dazu *Sester* (Fn. 464), S. 35 f. Dieser »Mercado de Cambio« wird im Einzelnen reguliert durch die Bestimmungen des Regulamento do Mercado de Cambio de Capitais Internacionais (RMCCI), geschaffen durch den regelmäßig aktualisierten »Circular 3.280/2005« vom 9.3.2005, insbesondere bedeutsam auch für Zahlungen im Zusammenhang mit Investitionen in Brasilien, siehe *Sester* (Fn. 464), S. 36. Eine jüngere Aktualisierung hat das RMCCI erfahren durch Circular 3.533 vom 26.4.2011 (vgl. dort vor allem »Título 3«). Darüber hinaus erlässt die Zentralbank Resoluções, die spezifische ausführende Bestimmungen zu diesen Fragen treffen, vgl. etwa Resolução 3.844/2010 der Zentralbank vom 23.3.2010.

erforderlich.[626] Im Rahmen einer solchen – heute elektronischen[627] – Registrierung wird die Transaktion zwischen in- und ausländischem Unternehmen mit einer Kennziffer identifiziert. Zweck der Registrierung sind unter anderem die Schaffung einer verlässlichen Datengrundlage zur Besteuerung der Investition und die Sicherstellung der Befriedigung inländischer Gläubiger. Erfolgt eine Registrierung, so ist es dem Investor jederzeit möglich, Profite, Dividenden und auch den insgesamt registrierten Betrag zurückzuführen.[628] Erfolgt eine solche Registrierung nicht, kommt eine legale Rückführung der Mittel in das Heimatland nicht mehr in Betracht.[629] Es können dann erhebliche Sanktionen gegenüber dem Investor erlassen werden.[630] Für bestimmte Fälle und Sektoren bestehen allerdings generelle Beschränkungen, welche die Höhe der transferierbaren Beträge von vornherein auf einen bestimmten Prozentsatz des registrierten Kapitals limitieren.[631] Insbesondere können aber im Falle von Zahlungsbilanzdefiziten strenge Maßnahmen bezüglich der Rückführung von Kapital erlassen werden.[632]

Von einfachgesetzlichen Regulierungen machte Brasilien bis vor einigen Jahren sehr starken Gebrauch. Maßgeblich war das Ziel, die in Brasilien traditionell virulente Inflation zurückzuführen. Zudem sollte eine Abwanderung ausländischen Kapitals erschwert werden.[633] Solche Restriktionen waren aber auch den vormals

---

626 Art. 3 Gesetz 4131/62; *Mayorga Lorca*, Foreign Investment Regimes in the Americas – Legal Challenges, in: OECD (Hrsg.), OECD Proceedings – Investment Policies in Latin America and Multilateral Rules on Investment, 1997, S. 45 (47), weist darauf hin, dass solche Mechanismen in Lateinamerika allgemein verbreitet sind. Detaillierte Ausführungen zur Registrierung finden sich auch im »Anexo I« der Resolução 3.844/2010 der Zentralbank. Insofern sind die Ausführungen bei *Baptista* (Fn. 563), S. 70, zum grundlegenden Verständnis hilfreich, jedoch teilweise überholt; knapp zum Erfordernis der Registrierung auch *Niaradi* (Fn. 587), S. 15 ff.; zu Details der Registrierung siehe auch *de Moura Borges/Pereira Valadão/Ward Sá* (Fn. 588), S. 329 (362 ff.).

627 Vgl. Circular der Zentralbank 2.997/00 vom 2.8.2000.

628 Vgl. bei *Baptista* (Fn. 563), S. 92 f., der auch betont, dass die freie Konvertibilität und Rückführung den Grundsätzen des Bretton-Woods-Abkommens entspricht.

629 Vgl. *Baptista* (Fn. 563), S. 82.

630 Siehe Art. 58 Gesetz 4131/61.

631 Siehe Art. 2 Gesetz 4390/64.

632 Art. 28 Gesetz 4131/62; vgl. Art. 22 – 25 des Gesetzes 4728/65 vom 14.7.1965; vgl. dazu aber auch entsprechende Möglichkeiten im Recht der Europäischen Union, etwa Art. 66 AEUV; solche Fälle spricht an *Ribeiro Bastos* (Fn. 586), S. 66; *Hynes* (Fn. 64), S. 6, benennt für den Fall Argentiniens in der schweren Krise 2001 das Dekret 1570/2001, welches die Rückführbarkeit von Gewinnen einschränkte.

633 So *Laplane/Sarti/Hiratuka/Sabbatini* (Fn. 13), S. 123 (156 f.).

negativen Zahlungsbilanzen Brasiliens geschuldet.[634] In jüngster Zeit hat Brasilien angesichts einer ansteigenden Inflationsrate vereinzelt von solchen Steuerungsinstrumenten wieder Gebrauch gemacht.[635]

Eine vorangehende Genehmigung von Direktinvestitionen ist grundsätzlich nicht erforderlich. Alle Finanzaktivitäten werden über den »Single Exchange Market« getätigt.[636]

Zusammenfassend bedeutet dies, dass zwar eine Registrierung der Investition erforderlich ist, diese jedoch im Folgenden die freie Verfügung über die investierte Summe sicherstellt und keine schwerwiegenden Beschränkungen geschaffen werden. Insbesondere ist nicht ersichtlich, dass diese Mechanismen regelmäßig zu einer Verzögerung der Rückführung des eingebrachten Kapitals oder von Gewinnen führen könnten, die freie Konvertierbarkeit nicht gewährleistet oder die Rückführung in der vollen Höhe nicht möglich sein könnte.

d) Behandlungsstandards – Grundsätzliche Gleichbehandlung nationaler und internationaler Investoren

Die brasilianische Verfassung von 1988 kannte bis 1995 eine in Art. 171 festgeschriebene Unterscheidung von »Brasilianischen Unternehmen ausländischen Kapitals« und »Brasilianischen Unternehmen nationalen Kapitals«.[637] Auf diese Differenzierung stützten sich zum Beispiel steuerrechtliche Vergünstigungen für nationale Unternehmen.[638] Heute besteht diese Ungleichbehandlung ausländischer und inländischer Investoren nicht mehr. Die Verfassung Brasiliens zeigt vielmehr ein allgemeines Diskriminierungsverbot auf, welchem aber nicht ohne Weiteres ein Inhalt zugewiesen werden kann, der die Spezifika der Inländergleichbehandlung

634 *Sester* (Fn. 464), S. 35.

635 Siehe dazu auch die Agenturmeldung in der Frankfurter Allgemeine Zeitung vom 6.6.2013, S. 19, »Brasilien schafft Steuer für Investoren ab«.

636 Vgl. Circular der Zentralbank 3.280/05 vom 9.3.2005.

637 *Baptista* (Fn. 202), S. 39 (45), hebt hervor, dass diese Unterscheidung mit Grundprinzipien des Mercosur nicht vereinbar, da diskriminierend [gewesen, Anm. d. Verf.] sei; *Laplane/Sarti/Hiratuka/Sabbatini* (Fn. 13), S. 123 (156 f.): »empresa brasileira de capital estrangeiro« und »empresa brasileira de capital nacional«; dazu knapp *de Moura Borges/Pereira Valadão/Ward Sá* (Fn. 588), S. 329 (359).

638 Einen Einblick in die vormals bestehenden Benachteiligungen ausländischer Investoren gewährt *Pinheiro Neto*, Die Rechte der Ausländer in Brasilien und die Tendenzen der neuen Verfassung, in: Paul (Hrsg.), Die Brasilianische Verfassung von 1988, 1989, S. 71 ff.

und der Meistbegünstigung umfasst.[639] Es findet sich auch der Grundsatz, dass »alle«, also auch Ausländer, grundsätzlich zur freien Entfaltung wirtschaftlicher Aktivitäten berechtigt sind.[640] Eine Vorzugsbehandlung können grundsätzlich auch Kleinunternehmen mit Sitz in Brasilien – seien diese einem brasilianischen Eigentümer oder einem ausländischen Investor zugehörig – erfahren.[641] Die Verfassung kennt zudem verschiedene Rechtsschutzgarantien und Verfahrensprinzipien, welche Aspekte des Grundsatzes des »vollen Rechtsschutzes« und der »fairen und angemessenen Behandlung« ausfüllen.[642] Eine spezifische Beschreibung der ausländischen Investoren zuteilwerdenden Behandlung findet sich in der Verfassung indes nicht. Insofern ist auch hier der oben genannte Verweis auf die Investitionsgesetze maßgeblich:

Im einfachen Recht findet sich im Gesetz 4131/62 das ausdrückliche Gebot der Inländergleichbehandlung für ausländisches gegenüber brasilianischem Kapital. Jegliche Diskriminierungen, die nicht aus dem Gesetz 4131/62 selbst hervorgehen, sind danach verboten.[643] Darüber hinaus können jedenfalls den in Brasilien tätigen ausländischen Banken diejenigen Beschränkungen auferlegt

---

639 Art. 3 IV: »Constituem objetivos fundamentais da República Federativa do Brasil: [...] IV – promover o bem de todos, sem preconceitos de origem, raça, sexo, cor, idade e quaisquer outras formas de discriminação« (»Es sind grundlegende Ziele der Föderativen Republik Brasilien: [...] IV – das Wohl aller zu fördern, ohne Ansehung von Herkunft, Rasse, Geschlecht, Hautfarbe, Alter oder jeder anderen Form der Diskriminierung«) und Art. 5 Verfassung Brasiliens 1988 (siehe S. 155).

640 Art. 170 »parágrafo único« Verfassung Brasiliens 1988: »É assegurado a todos o livre exercício de qualquer atividade econômica, independentemente de autorização de órgãos públicos, salvo nos casos previstos em lei.« (»Es wird jedermann die freie Ausübung jeglicher wirtschaftlicher Betätigung zugesichert, unabhängig von einer behördlichen Genehmigung, außer in den durch das Gesetz bestimmten Fällen.«). Zu dieser Norm aufgrund der gesetzlichen Einschränkungsmöglichkeiten krit. *Ribeiro Bastos*, Art. 170, parágrafo único, in: Ribeiro Bastos/Gandra Martins (Fn. 586), S. 38 f.

641 Art. 170 IX Verfassung Brasiliens von 1988.

642 So etwa Art. 5 XXXV, XXXVI, XXXVII, LIII, LIV, LV, LXXVIII Verfassung Brasiliens 1988; vgl. auch bei *Rocha de Mello Martins* (Fn. 411), S. 168, die auf Art. 5 XXXV Verfassung Brasiliens 1988, den Grundsatz der Unentbehrlichkeit der richterlichen Kontrolle, näher eingeht.

643 Art. 2 Gesetz 4131/62. Solche zulässigen Benachteiligungen finden sich etwa in den Art. 37 – 39 des Gesetzes. Auf Art. 2 des Gesetzes 4131/62 weist auch hin *Niaradi* (Fn. 587), S. 13.

werden, die auch für brasilianische Institute im Heimatland derselben gelten.[644] Eine sogar bevorzugte Behandlung ausländischen Kapitals ist indes dann möglich, wenn dies ein ministerieller Beschluss vorsieht.[645] Im brasilianischen Investitionsgesetz findet sich jedenfalls auch ein Auftrag an den brasilianischen »Conselho de Ministros«, mit anderen Staaten Lateinamerikas gemeinsame Standards zur Behandlung ausländischer Investitionen auszuarbeiten.[646] Es findet sich auch im einfachen Recht keine ausdrückliche Garantie des Grundsatzes der Meistbegünstigung.[647]

4. Außerhalb dieser Untersuchung: Staat-Investor-Verträge als sinnvolle Ergänzung des Schutzes

Eine zusätzliche Regelungsebene im Bereich des Investitionsschutzes zeigt sich in direkt zwischen dem Investor und dem Gaststaat ausgehandelten Investitionsverträgen (sogenannte »state-contracts«).[648] Diese Verträge, zum Beispiel als Konzessionen zur Förderung von Rohstoffen oder der Errichtung und dem Betrieb von Infrastruktur, ermöglichen eine weitgehend einzelfallorientierte Behandlung der konkreten Investition.[649] Eine solche Vereinbarung können Gaststaat und

---

644 Art. 50 Gesetz 4131/62. Diesen Banken ist zudem nur ein beschränkter Erwerb von Anteilen brasilianischer Banken möglich, Art. 51 Gesetz 4131/62.

645 Art. 53 Gesetz 4131/62.

646 Art. 54 Gesetz 4131/62 nennt dabei noch die 1962 bestehende ALALC, muss heute aber als auf deren Nachfolgerin ALADI bezogen verstanden werden.

647 *Mayorga Lorca* (Fn. 626), S. 45 (52), nimmt einen solchen grundsätzlich – ohne weiteren Hinweis, jedoch möglicherweise unter Zugrundelegung alten Rechts – an.

648 Hierzu *Spenrath*, Die Vertragsgestaltung bei der Beteiligung deutscher Investoren an Unternehmen in Entwicklungsländern, 2000, S. 67 ff.; *Besch* (Fn. 94); *Nowrot* (Fn. 96), S. 61 (99 ff.); siehe auch *Markert* (Fn. 23), 33 ff.

649 Zu solchen Konzessionen *Herdegen*, Rechtsprobleme des internationalen Konzessionswesens – inbesondere aus völkerrechtlicher Sicht, in: Baur/Hobe (Hrsg.), Rechtsprobleme von Auslandsinvestitionen, 2003, S. 13 ff.; *Rubins* (Fn. 73), S. 1071 (1088), prägnant am Beispiel der Verfügbarkeit der Schiedsgerichtsbarkeit: »investors who wish to gain access to international investment arbitration in connection with their investments in Brazil have only one option open for the time being – signing an agreement on arbitration directly with the Government of Brazil.«; *Schöbener*, Der Rechtsrahmen des Internationalen Investitionsrechts: ein Überblick zu den bilateralen Investitionsschutzabkommen, in: Hüpers (Fn. 17), S. 3 (4), spricht den Konzessionsvertrag, die Vereinbarung von Joint Ventures mit inländischen Unternehmen und den Dienstleistungsvertrag als »wichtigste Erscheinungsformen« der Investor-Staat-Verträge an.

Investor der Rechtsordnung des Gaststaates unterstellen.[650] Über die sogenannten »Umbrella-Clauses«[651] kann eine Verbindung zwischen Investitionsvertrag und zwischenstaatlichem Investitionsabkommen hergestellt werden.[652] Diese kann sich schon deswegen als unverzichtbar erweisen, weil der regelmäßig nach nationalem Recht geschlossene Vertrag zwischen Investor und Gaststaat grundsätzlich nachteiligen Rechtsänderungen ausgesetzt sein kann.[653]

5. Zwischenergebnis: Vertrauen, aber wenig konkret ausgestalteter Schutz

Das in Brasilien geltende Normengefüge bietet dem Investor wenig konkreten Schutz. Der immense Zufluss ausländischen Kapitals[654] erklärt sich vielmehr aus einer weitgehend verlässlichen, die Eigentumsrechte der Investoren achtenden tatsächlichen Behandlung. Hierdurch hat sich der brasilianische Staat Vertrauen der Investoren erarbeitet.[655]

Völkerrechtliche Verträge zu den Menschenrechten besitzen in Brasilien Verfassungsrang. Ihre Gewährleistungen können gegebenenfalls vor brasilianischen Gerichten geltend gemacht werden. Die Betrachtung des nationalen Rechts in Brasilien führt zu einem recht ernüchternden Ergebnis: Die Verfassung

---

650 Siehe bei *Häde* (Fn. 27), S. 181 (190), der auch die denkbare völkerrechtliche Einordnung dieser Verträge anspricht (S. 188 ff.).

651 Siehe S. 56.

652 Siehe dazu *Griebel* (Fn. 17), S. 83 ff., 98 ff.; zum Problem der »Internationalisierung« der Vereinbarungen in state-contracts, also deren Behandlung auf der völkerrechtlichen, nicht nationalrechtlichen Ebene auch *Nowrot* (Fn. 96), S. 61 (100 ff.).

653 Das stellt *Frick* (Fn. 24), S. 52 f., heraus: »Der Sondervertrag ist [...] ein auf den Einzelfall hin konkretisiertes Gesetz des Entwicklungslandes, das der einseitigen Disposition der innerstaatlichen Legislative unterliegt. Daraus ergibt sich die Notwendigkeit durch völkerrechtliche Mantel- oder Abschirmverträge [...] den Schutz des Investors [...] bilateral zu verbessern«. Solchen Nachteilen kann aber gegebenenfalls dadurch entgegengewirkt werden, dass sogenannte »Stabilisierungsklauseln« vereinbart werden. Diesen zufolge ist das bei Vertragsschluss geltende staatliche Recht auch dann auf Dauer unverändert für den Vertrag anwendbar, wenn sich Rechtsänderungen ergeben, dazu *Griebel* (Fn. 17), S. 29 f.

654 Für 2010 wurde ein Zufluss von mehr als 48 Mrd. US-Dollar verzeichnet (siehe www.unctad.org, zuletzt geprüft am 25.1.2012); einen Überblick über die Entwicklung der ausländischen Direktinvestitionen in Brasilien gewähren *de Moura Borges/Pereira Valadão/Ward Sá* (Fn. 588), S. 329 (351 ff.).

655 So auch *García-Bolívar* (Fn. 6), S. 464 (474).

schützt explizit das Eigentum und gewährleistet im Falle einer Enteignung die Zahlung einer entsprechenden Entschädigung. Indes ist nicht garantiert, dass die Verwaltung auch entsprechend handelt und die nationale Gerichtsbarkeit in angemessener Zeit solche Fragen entscheidet.[656] Der Zugang zu Investitionsschiedsgerichten ist stark beschränkt. Internationalen Investitionsschiedsverfahren unterwirft sich der brasilianische Staat nicht, was insbesondere die fehlende Ratifizierung des ICSID-Abkommens unterstreicht. Die teilweise mögliche Vereinbarung eines brasilianischen Schiedsgerichts kann dem Interesse des Investors nicht abhelfen.[657] Der Kapitaltransfer ist grundsätzlich frei von Hindernissen, vor allem frei von unbegründeten oder ungerechtfertigten Verzögerungen. Das Registrierungserfordernis bezüglich allen zu- oder abgeführten Kapitals behindert den Verkehr nicht in signifikanter Weise, sondern stellt vielmehr eine verwaltungstechnische Grundlage für den Umgang mit der Investition dar. Das brasilianische Investitionsgesetz schreibt bezüglich der Behandlungsstandards fest, dass ausländischem Kapital grundsätzlich dieselbe rechtliche Behandlung widerfahren soll, die auch für inländisches Kapital gilt. Der Grundsatz der Inländerbehandlung ist damit explizit als solcher bestimmt. Dies gilt indes nicht für das in der investitionsschutzrechtlichen Praxis wichtige Meistbegünstigungsprinzip. Der Grundsatz vollen Rechtsschutzes kann bestenfalls aus den allgemein geltenden Bestimmungen zu rechtlichem Gehör oder Ähnlichem abgeleitet werden. Dasselbe gilt für das Gebot der gerechten und billigen Behandlung. Es ist damit festzuhalten, dass bei rein normativer Betrachtung der in Brasilien gültige Rechtsrahmen nur teilweise mit dem international gültigen Investitionsstandard übereinstimmt.[658]

---

656 *Baptista* (Fn. 563), S. 96, merkt an, dass in der Praxis selten eine Entschädigung vor, sondern regelmäßig erst nach der Enteignung gezahlt werde: »quase nunca é prévia«; sehr skeptisch auch *Kleinheisterkamp* (Fn. 50), S. 156 (186 f.).

657 *Rubins* (Fn. 73), S. 1071 (1084), verweist darauf, dass theoretisch immer noch die Additional Facility Rules nach ICSID oder UNCITRAL-Arbitration sowie andere Schiedsverfahren mögliche Optionen seien.

658 Vgl. bei *Rubins* (Fn. 73), S. 1071 (1078 f.): »Brazil's antiquated Foreign Investment Law […] sets a tone quite hostile to investment arbitration. The Law […] contains few protections for foreign capital and imposes a range of registration requirements and other restrictions for foreign-controlled businesses.«; sowie *Kalicki/Medeiros* (Fn. 563), S. 423 (435): »Brazil's antiquated Foreign Investment Law«; auch *Fraga Lerner*, The Protection of Foreign Direct Investment in Mercosur, in: Toscano Franca Filho/Lixinski/Belén Olmos Giupponi (Fn. 182), S. 277 (290), charakterisiert die bestehenden Protokolle als »outdated«.

II. Unsicherheiten nach konstitutionellen Reformen: Die Rechtslage in Bolivien als Staat der Andengemeinschaft

Die Betrachtung des Regelungsgefüges in Bolivien führt zunächst ebenfalls zu einer Untersuchung der völkerrechtlichen, dann der nationalrechtlichen Ebene. Besondere Schwierigkeiten weist hierbei der Zugang eines Investors zu Investitionsschiedsgerichten nach der Washingtoner Konvention auf. Seit der Verfassungsreform 2009[659] ist das nationale Recht ausländischen Investoren gegenüber abweisend, fast feindlich eingestellt.

1. Die Ebene des Völkerrechts – Vertraute Erkenntnisse

Zu Fragen des Eigentumsschutzes, des Kapitaltransfers und der Behandlungsstandards durch Völkervertrags- oder Völkergewohnheitsrecht gilt das oben bezüglich Brasiliens Gesagte: Die wenigen materiell einschlägigen Normen sind auf völkerrechtlicher Ebene nicht unmittelbar einklagbar.

2. Die bolivianische Kündigung des ICSID-Abkommens: Kein Zugriff auf ICSID trotz anderslautendem BIT

Im Gegensatz zum Mercosurstaat Brasilien hat der Andenstaat Bolivien eine Vielzahl von bilateralen Investitionsabkommen geschlossen und in Kraft gesetzt.[660] Die ICSID-Konvention hatte Bolivien 1995 ratifiziert. Auch im Verhältnis zur Bundesrepublik gilt ein BIT.[661] Dieser Vertrag folgt dem klassischen Regelungsmuster und behandelt – nach einleitender Definition seines Anwendungsbereichs[662] – die Entschädigung im Enteignungsfall nach Maßgabe der Hull-Formel[663], den

---

659 Siehe dazu S. 192.

660 Zwischen März 1987 und Oktober 2002 hat Bolivien 23 Abkommen geschlossen, von denen 19 in Kraft gesetzt wurden – das letzte im Jahre 2004, siehe unter http://icsid.worldbank.org (zuletzt geprüft am 25.12.2011).

661 »Vertrag vom 23. März 1987 zwischen der Bundesrepublik Deutschland und der Republik Bolivien über die Förderung und den gegenseitigen Schutz von Kapitalanlagen«, in Kraft gesetzt durch Gesetz vom 10.3.1988, BGBl. 1988 II, S. 254 ff. (i.F.: »BIT Bolivien-Deutschland 1987«).

662 Art. 1 BIT Bolivien-Deutschland 1987.

663 Art. 4 Abs. 2 BIT Bolivien-Deutschland 1987: »Kapitalanlagen von Staatsangehörigen oder Gesellschaften einer Vertragspartei dürfen im Hoheitsgebiet der anderen Vertragspartei nur zum allgemeinen Wohl und gegen Entschädigung enteignet, verstaatlicht oder anderen Maßnahmen unterworfen werden, die in ihren Auswirkungen

freien Transfer von Kapital[664] sowie für die Behandlung der Investition geltende Standards. Dabei finden im Abkommen ein Willkür- und Diskriminierungsverbot[665] sowie ausdrücklich der »volle[n] Schutz und Sicherheit« der Kapitalanlage und deren »gerechte und billige Behandlung« Erwähnung.[666] Festgeschrieben sind auch die Meistbegünstigung gegenüber Drittstaaten und die im Vergleich zu Inländern »nicht weniger günstige« Behandlung des Investors.[667] Es finden sich weitere elementare Regelungen wie eine Bezugnahme auf im Übrigen getroffene rechtliche Vereinbarungen[668] (»Umbrella Clause«) und das Versprechen, vom Investor gegebenenfalls an eine Investitionsversicherung abgetretene Ansprüche auch

---

einer Enteignung oder Verstaatlichung gleichkommen. Die Entschädigung muss dem Wert der enteigneten Kapitalanlage unmittelbar vor dem Zeitpunkt entsprechen, in dem die tatsächliche oder drohende Enteignung, Verstaatlichung oder vergleichbare Maßnahme öffentlich bekannt wurde. Die Entschädigung muss unverzüglich geleistet werden und ist bis zum Zeitpunkt der Zahlung mit dem üblichen bankmäßigen Zinssatz zu verzinsen; sie muss tatsächlich verwertbar und frei transferierbar sein. Spätestens im Zeitpunkt der Enteignung, Verstaatlichung oder vergleichbarer Maßnahmen muß in geeigneter Weise für die Festsetzung und Leistung der Entschädigung Vorsorge getroffen sein. Die Rechtmäßigkeit der Enteignung, Verstaatlichung oder vergleichbarer Maßnahmen und die Höhe der Entschädigung müssen in einem ordentlichen Rechtsverfahren nachgeprüft werden können.«.

664 Art. 5 BIT Bolivien-Deutschland 1987: »Jede Vertragspartei gewährleistet […] den freien Transfer der im Zusammenhang mit einer Kapitalanlage stehenden Zahlungen, insbesondere […].«.

665 Art. 2 Abs. 2 BIT Bolivien-Deutschland 1987: »Keine Vertragspartei soll in irgendeiner Weise durch willkürliche oder diskriminierende Maßnahmen die Verwaltung, die Verwendung, den Gebrauch oder die Nutzung der Kapitalanlagen […] beeinträchtigen.«.

666 Art. 4 Abs. 1: »Kapitalanlagen […] genießen […] vollen Schutz und Sicherheit.« sowie Art. 2 Abs. 1 BIT Bolivien-Deutschland 1987: »Jede Vertragspartei wird […] Kapitalanlagen nach Möglichkeit fördern und diese Kapitalanlagen in Übereinstimmung mit ihren Rechtsvorschriften zulassen. Sie wird Kapitalanlagen in jedem Fall gerecht und billig behandeln.«.

667 Art. 3 Abs. 1 BIT Bolivien-Deutschland 1987: »Jede Vertragspartei behandelt Kapitalanlagen […] nicht weniger günstig als Kapitalanlagen der eigenen Staatsangehörigen und Gesellschaften oder Kapitalanlagen von Staatsangehörigen und Gesellschaften dritter Staaten.«; vgl. Art. 3 Abs. 2 mit identischem Wortlaut bezüglich nicht der »Kapitalanlagen«, sondern der »Staatsangehörigen« und »Gesellschaften« sowie Art. 3 Abs. 3 und 4 BIT Bolivien-Deutschland 1987 hinsichtlich (allgemein gängiger) Vorbehalte zu diesen Gewährleistungen.

668 Art. 8 Abs. 2 BIT Bolivien-Deutschland 1987: »Jede Vertragspartei wird jede andere Verpflichtung einhalten, die sie in bezug auf Kapitalanlagen von Staatsangehörigen oder Gesellschaften der anderen Vertragspartei in ihrem Hoheitsgebiet übernommen hat.«.

weiterhin anzuerkennen.[669] Das Abkommen kennt auch Regelungen zur Streitbeilegung zwischen den Vertragsstaaten und zur Streitbeilegung zwischen einem Vertragsstaat und einem Investor aus einem anderen Mitgliedstaat.[670]

a) Die politisch motivierte Kündigung der ICSID-Konvention

Problematisch ist jedoch die Anwendbarkeit der für den Investor überragend bedeutsamen Regelung über den Zugang zu einem Investitionsschiedsgericht nach Maßgabe der ICSID-Konvention, auf welche das deutsch-bolivianische Abkommen ausdrücklich Bezug nimmt.[671] Bolivien kündigte das Washingtoner Abkommen in Übereinstimmung mit dessen Art. 71 mit Wirkung zum 3. November 2007.[672]

Diese Kündigung beruhte auf politischen Motiven, die darzustellen das Verständnis erleichtert: Die Kündigung erfolgte nicht als isolierte Maßnahme Boliviens, sondern wurde vorgenommen in Absprache mit den ALBA-Staaten Venezuela und Nicaragua im Rahmen gemeinsamer Bemühungen um eine selbständigere

669 Art. 6 BIT Bolivien-Deutschland 1987.

670 Art. 10 BIT Bolivien-Deutschland 1987 sieht zur Streitbeilegung zwischen den Vertragsparteien zunächst die bilaterale Verhandlung vor, dann die Einrichtung eines Schiedsgerichts. Für Streitigkeiten zwischen einem Vertragsstaat und einem Angehörigen des anderen Vertragsstaats sieht Art. 11 Abs. 1 zunächst die gütliche Verhandlung, dann in Art. 11 Abs. 2 die Einrichtung eines Schiedsgerichts vor: »Kann die Meinungsverschiedenheit nicht innerhalb einer Frist von sechs Monaten ab dem Zeitpunkt ihrer Geltendmachung durch eine der beiden Parteien beigelegt werden, so ist sie auf Verlangen einer der beiden Streitparteien einem Schiedsgericht zu unterbreiten.«.

671 Art. 11 Abs. 3 BIT Bolivien-Deutschland 1987: »Für den Fall, daß beide Vertragsparteien Mitglieder des Übereinkommens vom 18. März 1965 zur Beilegung von Investitionsstreitigkeiten zwischen Staaten und Angehörigen anderer Staaten geworden sind, werden Meinungsverschiedenheiten nach diesem Artikel zwischen einer Vertragspartei und einem Investor gemäß den Regelungen dieses Übereinkommens zur Vermittlung und Schiedsgerichtsbarkeit dem Internationalen Zentrum zur Beilegung von Investitionsstreitigkeiten unterbreitet werden.«. Die Formulierung »Für den Fall, daß [...]« erklärt sich durch den erst 1995 vollzogenen Beitritt Boliviens zur ICSID-Konvention.

672 Am 3.5.1991 signierte Bolivien die ICSID-Konvention und hinterlegte die Ratifizierungsurkunde am 23.6.1995, was zu einem Inkrafttreten für Bolivien am 23.7.1995 führte. Am 2.5.2007 erklärte Bolivien die Kündigung, welche mit Wirkung zum 3.11.2007 vollzogen wurde. *Kleinheisterkamp* (Fn. 50), S. 156 (162), weist darauf hin, dass zwischen Unterzeichnung und Ratifizierung der Konvention durch Bolivien vier Jahre vergingen.

und von auswärtigen Einflüssen unabhängigere Wirtschaftspolitik.[673] Insbesondere beabsichtigten die Staaten, den Einfluss multinationaler Unternehmen, der diesen durch solche Schiedsverfahren zugebilligt werde, einzudämmen. Darüber hinaus wurde die Kündigung auch mit angeblichen Unzulänglichkeiten des ICSID-Systems, wie einer fehlenden Berufungsinstanz[674] oder der Vertraulichkeit der Verhandlungen auch im Falle großen öffentlichen Interesses begründet sowie durch eine vermeintliche Voreingenommenheit der Tribunale zugunsten privater Investoren.[675]

---

673 *García-Bolívar* (Fn. 6), S. 464 (475 f.), betont, dass diese Staaten auch nach dieser Ankündigung sich aktiv an Verfahren im Rahmen der ICSID beteiligt haben und von Nicaragua sogar noch eine Klage gegen einen ausländischen Investor vor dem ICSID anhängig gemacht wurde. Auf den angeführten Motiven basiert auch die Kündigung des bilateralen Investitionsschutzvertrages zwischen den Vereinigten Staaten von Amerika und Bolivien (»Treaty between the Government of the United States of America and the Government of the Republic of Bolivia concerning the encouragement and reciprocal protection of investment«). Der Vertrag war am 17.4.1998 unterzeichnet und am 6.6.2001 in Kraft gesetzt worden. Am 10.6.2011 kündigte Bolivien mit Wirkung zum 10.6.2012 diesen Vertrag, siehe dazu die amtliche Mitteilung des us-amerikanischen Außenministeriums »Public Notice 7893 – Notice of Termination of United States-Bolivia Bilateral Investment Treaty« vom 14.5.2012 im Federal Register, Vol. 77, No. 100, S. 30584 vom 23.5.2012 (www.federalregister.gov, zuletzt geprüft am 14.10.2013).

674 Zu dieser viel diskutierten Frage krit. *Tams*, Is There A Need for an ICSID Appellate Structure?, in: Hofmann/Tams (Fn. 479), S. 223 (250); zurückhaltend auch *Qureshi*, A Development Perspective to the Introduction of an Appellate Process in International Investment Arbitration, in: Hofmann/Tams (Fn. 479), S. 251 ff.; ebenfalls eher ablehnend *Kreindler*, Inconsistent ICSID Awards – Is There a Need for an Appellate Structure?, in: Hofmann/Tams (Fn. 479), S. 255 (262 ff.).

675 Vgl. auch *Vis-Dunbar/Peterson/Cabrera Diaz,* Bolivia notifies World Bank of withdrawal from ICSID, pursues BIT revisions, ITN vom 9.5.2007 (abrufbar unter www.iisd.org/itn; zuletzt geprüft am 29.10.2013); *Cabrera-Diaz*, Bolivia expounds on reasons for withdrawing from ICSID arbitration system, ITN vom 27.5.2007 (abrufbar unter www.iisd.org/itn, zuletzt geprüft am 29.10.2013), der auch auf vehemente Kritik seitens der bolivianischen Wirtschaft verweist. Auf diese Hintergründe und Motive verweisen *Tietje/Nowrot/Wackernagel*, Once and Forever? The Legal Effects of a Denunciation of ICSID, BTW 2008 (74), S. 5; für die ICSID-kritische Haltung Boliviens und anderer Staaten führt *García-Bolívar* (Fn. 6), S. 464 (470 ff., 484), auch die Inkonsistenz unterschiedlicher Schiedssprüche, vor allem im Rahmen der Argentinien betreffenden Verfahren an.

In einem früheren ICSID-Schiedsfall hatte Bolivien insbesondere die Geltendmachung einer Klage auf der Basis eines BIT der Niederlande kritisiert, die zustande

Im Vergleich mit anderen südamerikanischen Staaten wie vor allem Argentinien, das bis Ende 2010 in insgesamt mindestens 49 Fällen vor ICSID-Schiedsgerichten verklagt wurde, sind die tatsächlichen Erfahrungen Boliviens beschränkt. Insgesamt waren bis zum Eintritt der Wirksamkeit der Kündigung in zwölf Jahren lediglich drei Klagen erhoben worden, von denen eine durch Vereinbarung der Parteien beigelegt, eine vom klagenden Investor zurückgenommen wurde und die dritte noch anhängig ist.[676] Eine weitere Klage wurde nach Wirksamkeit der Kündigung am ICSID registriert.[677] In keiner der Klagen kam es damit bisher zu einer Verurteilung Boliviens. Dem bolivianischen Beispiel folgend haben auch Ecuador und Venezuela die ICSID-Konvention gekündigt.[678]

---

gekommen war, obwohl die einzige Verbindung des Klägers zu den Niederlanden der formale Unternehmenssitz gewesen, die Kontrolle aber durch einen Investor aus den Vereinigten Staaten ausgeübt worden sei (Aguas del Tunari S.A. v. Republic of Bolivia (ICSID Case N° ARB/02/3), registriert am 25.2.2002, im März 2006 nach einer Einigung der Parteien ohne Schiedsspruch eingestellt; vgl. dazu *Vis-Dunbar/ Peterson*, Bolivian water dispute settled, Bechtel forgoes compensation, ITN vom 20.1.2006 (abrufbar unter www.iisd.org/itn, zuletzt geprüft am 29.10.2013). Kurz zum Inhalt dieses Falles *Kriebaum*, Privatizing Human Rights – The Interface between International Investment Protection and Human Rights, in: Reinisch/Kriebaum (Hrsg.), The Law of International Relations, 2007, S. 165 (169); vgl. zu Vorbehalten auch Ecuadors zu dieser juristischen Konstruktion *Peterson*, Ecuador will denounce at least nine bilateral investment treaties, ITN vom 5.2.2008 (abrufbar unter www.iisd.org/itn, zuletzt geprüft am 29.10.2013. *García-Bolívar* (Fn. 6), S. 464 (480), erwähnt, dass auch das brasilianische Energieunternehmen Petrobras die Geltendmachung von Ansprüchen gegen Bolivien mittels eines argentinischen oder niederländischen Tochterunternehmens erwogen habe, nachdem es 2006 Enteignungen hinzunehmen gehabt habe; vgl. auch *Mason/Gomm-Santos* (Fn. 567), S. 31 (39).

676 Aguas del Tunari S.A. v. Republic of Bolivia (siehe Fn. 675); Quiborax S.A., Non-Metallic Minerals S.A. & Allan Fosk Kaplún v. Plurinational State of Bolivia (ICSID Case N° ARB/06/2), registriert am 6.2.2006, noch anhängig; sowie E.T.I. Euro Telecom International N.V. v. Plurinational State of Bolivia (ICSID Case N° ARB/07/28), registriert am 31.10.2007, im Oktober 2009 vom Kläger zurückgezogen; hierzu *Vis-Dunbar/Cabrera Diaz/Peterson*, ICSID registers arbitration claim in face of Bolivian objections, ITN vom 15.11.2007 (abrufbar unter www.iisd.org/itn, zuletzt geprüft am 29.10.2013).

677 Pan American Energy LLC v. Plurinational State of Bolivia (ICSID Case N° ARB/10/8), registriert am 12.4.2010.

678 Die Erklärung Venezuelas vom 24.1.2012 wurde wirksam am 25.7.2012. Ecuador hatte die Konvention am 15.1.1986 unterzeichnet und am selben Tag die Ratifizierungsurkunde hinterlegt. Die Bindung an die Konvention bestand seit dem 14.2.1986 bis sie am 7.1.2010, sechs Monate nach der entsprechenden Mitteilung Ecuadors am

b) Ungewisse Rechtsfolgen: Vorliegen eines »consent«?

Diese Kündigung der ICSID-Konvention stellt einen völkerrechtlichen Präzedenzfall dar, über dessen Folgen keine abschließende Klarheit besteht.[679] Sie stellt den Investor vor die Frage, ob er noch mit Aussicht auf Erfolg eine Streitigkeit gegen Bolivien vor dem ICSID führen kann – wie ihm dies der BIT nahelegt – oder ob ihm diese Option nach der Kündigung der Konvention verwehrt ist. Aus der Kündigung könnte eine Unzuständigkeit des ICSID folgen:

Grundsätzlich ist nach Art. 25 ICSID die Zuständigkeit des Zentrums gegeben, wenn einerseits sowohl der Gaststaat als auch der Heimatstaat des Investors das ICSID-Abkommen ratifiziert haben und andererseits Zustimmung (»consent«) zum konkreten Schiedsverfahren sowohl durch den Gaststaat als auch durch den Investor vorliegt.[680] Diese Zustimmung des Gaststaats findet als Angebot zum Schiedsverfahren regelmäßig Ausdruck in Form einer ICSID-Klausel im bilateralen Investitionsabkommen, die Zustimmung des Investors – als Annahme des

6.7.2009, endete; vgl. Hinweis bei *Cabrera Diaz*, Ecuador continues exit from ICSID, ITN vom Juni 2009 (abrufbar unter www.iisd.org/itn, zuletzt geprüft am 29.10.2013); ausführlich *Nowrot* (Fn. 169), der den Ausstieg Ecuadors als Teil einer größeren »destroy-&-rebuild-strategy« bewertet (S. 6), und auch auf Normen der ecuadorianischen Verfassung von 2008 verweist (S. 7), welche den Vorrang nationalen Kapitals vor ausländischen Investitionen festschreiben (Art. 339 Abs. 1 und 2) und einer internationalen Investitionsschiedsgerichtsbarkeit explizit entgegenstehen (Art. 422 Abs. 1) sowie auf die Kündigung weiterer BITs durch Ecuador eingeht (S. 6 f.). Art. 422 der ecuadorianischen Verfassung von 2008 sprechen auch an *Perkams/Secomb* (Fn. 17), S. 31 (32), und stellen zudem ecuadorianische Maßnahmen hinsichtlich bilateraler Investitionsabkommen, die teils gekündigt, teils nicht verlängert wurden, dar (S. 33 f.) und führen an, dass Ecuador 2007, vor der Kündigung der ICSID-Konvention, deren Anwendungsbereich durch Mitteilung an das ICSID-Sekretariat derart eingrenzte, dass Streitigkeiten über natürliche Ressourcen nicht mehr der Zuständigkeit des ICSID unterfielen, vgl. Art. 25 Abs. 4 ICSID (S. 34).

679 So auch *Perkams/Secomb* (Fn. 17), S. 31 (43).

680 Art. 25 Abs. 1 S. 1 ICSID-Konvention: »The jurisdiction of the Centre shall extend to any legal dispute arising directly out of an investment, between a Contracting State (or any constituent subdivision or agency of a Contracting State designated to the Centre by that State) and a national of another Contracting State, which the parties to the dispute consent in writing to submit to the Centre.«; vgl. dazu *Tietje/Nowrot/Wackernagel* (Fn. 675), S. 7; *Schreuer u.a.* (Fn. 11), Preamble Rn. 35 f. und Art. 25 Rn. 374 ff.

Schiedsangebotes des Gaststaates – besteht zumindest in der Klageerhebung vor dem Schiedsgericht.[681]

Im Falle Boliviens fehlt es damit seit dem 3. November 2007 an dem Erfordernis, dass der Gaststaat Mitglied der ICSID-Konvention sein muss. Art. 71 und 72 ICSID-Konvention, welche die Rechtsfolgen der Notifikation einer Kündigung der Konvention behandeln, bestimmen jedoch, dass durch eine Kündigung nicht »die auf diesem Übereinkommen beruhenden Rechte und Pflichten des betreffenden Staates [...], die sich aus einer vor Eingang dieser Notifikation [...] erteilten Zustimmung zur Zuständigkeit des Zentrums ergeben« berührt werden.[682] Damit statuiert Art. 72 ICSID eine Ausnahme vom in Art. 25 ICSID genannten Erfordernis beidseitiger Mitgliedschaft unter dem Washingtoner Abkommen für den Fall einer Kündigung der Konvention durch den Gaststaat, sofern zwischen den Parteien die stets erforderliche »Zustimmung« oder »consent« gegeben ist.[683]

Welche Rechtsfolgen sich aus dieser Ausnahme ergeben, also mit einer solchen Kündigung verbunden sind, hängt davon ab, wie das Tatbestandsmerkmal des »consent« in Art. 72 ICSID zu verstehen ist und ob dieses mit einer Kündigung der Konvention durch den Gaststaat entfällt.[684] Der Wortlaut der einzig verbindlichen englischen Fassung des Abkommens lässt dabei verschiedene Deutungen zu:

---

681 *Schreuer*, Consent to Arbitration, in: Muchlinski/Ortino/Schreuer (Fn. 11), S. 830 (837); *Garibaldi*, On the Denunciation of the ICSID Convention, Consent to ICSID Jurisdiction, and the Limits of the Contract Analogy, TDM 2009, S. 16 ff., zu verschiedenen Formen des »consent« des Gaststaats, die Zustimmung in Form eines BIT jedoch als »the most common form of consent to ICSID jurisdiction« herausstellend (S. 25); *Schreuer u.a.* (Fn. 11), Art. 25 Rn. 431, 448.

682 Art. 71 ICSID-Konvention: »Any Contracting State may denounce this Convention by written notice to the depositary of this Convention. The denunciation shall take effect six months after receipt of such notice«; Art. 72 ICSID-Konvention: »Notice by a Contracting State pursuant to Articles 70 or 71 shall not affect the rights or obligations under this Convention of that State or of any of its constituent subdivisions or agencies or of any national of that State arising out of consent to the jurisdiction of the Centre given by one of them before such notice was received by the depositary.«.

683 Vgl. bei *Schreuer* (Fn. 681), S. 830 (831): »Consent to arbitration by the host State and by the investor is an indispensable requirement for a tribunal's jurisdiction.«; vgl. bei *Tietje/Nowrot/Wackernagel* (Fn. 675), S. 7; vgl. auch bei *Garibaldi* (Fn. 681), S. 13: »Article 72 introduces an important exception to the requirement of Article 25(1)«.

684 Hierzu schon *Montanes*, Introductory Note to Bolivia's Denunciation of the Convention on the Settlement of Investment Disputes between States and Nationals of other States, ILM 2007, S. 969 (970); und *Gaillard*, The Denunciation of the ICSID-Convention, NYLJ 2007, S. 2: »The notion of »consent to the jurisdiction of

aa) »Consent« als zweiseitige Übereinstimmung

»Consent« könnte einerseits als eine zweiseitige, durch Gaststaat und Investor übereinstimmend abgegebene Erklärung mit dem Inhalt, die konkrete Streitigkeit einem ICSID-Schiedsgericht zuzuweisen, verstanden werden (etwa: »Übereinstimmung«).[685] Liege nur ein Angebot des Gaststaates in Form einer ICSID-Klausel in einem BIT vor, sei dies nicht ausreichend, da die Annahme durch den Investor noch fehle.[686] Die Kündigung der Konvention würde dann dieses Angebot durch den Gaststaat gegenstandslos machen. Dies habe zur Folge, dass bereits mit Eingang der Kündigung beim Depositarstaat der Konvention kein »consent« mehr gegeben sein könne, dieses Tatbestandsmerkmal der Ausnahme nach Art. 72 ICSID nicht gegeben sei und damit bereits ab diesem Zeitpunkt für den Investor die Möglichkeit zur Anrufung des Schiedsgerichts nach ICSID entfiele.[687] Im Falle Boliviens hieße dies, dass ein deutscher Investor heute – nach Eingang der Kündigung – sich auf die Streitbeilegung nach ICSID trotz anderslautendem BIT nicht berufen könnte.

bb) Berufung auf sechsmonatige Karenzfrist

Etwas weitergehend wird zudem vertreten, die in Art. 71 S. 2 ICSID benannte Sechsmonatsfrist, welche zwischen Ausspruch der Kündigung und deren Inkrafttreten gilt, als eine Karenzfrist auch für die Möglichkeit der Anrufung des

---

the Centre« is […] at the heart of this derogatory regime.«; eingehend auch *Tietje/Nowrot/Wackernagel* (Fn. 675), S. 8 ff.; und *Perkams/Secomb* (Fn. 17), S. 31 (44), die jedoch die Bewertung im Ergebnis offen lassen.

685 Im so bezeichneten Sinne scheinen den Begriff zu verstehen *Reed/Paulsson/Blackaby*, Guide To ICSID Arbitration, 2004, S. 22: »Consent is the explicit expression of both parties' acceptance of ICSID arbitration.«; so auch *Fouret*, Denunciation of the Washington Convention and Non-Contractual Investment Arbitration: »Manufacturing Consent« to ICSID-Arbitration?«, JIA 2008, S. 71 (75, 84), der dafür plädiert, hier allein auf die ICSID-Konvention abzustellen und eine Betrachtung der BITs weitgehend außen vor zu lassen (S. 83 f.) und im Übrigen den Grundsatz von Treu und Glauben heranzieht (»good faith principle«) (S. 84); im beschriebenen Sinne *Schreuer u.a.* (Fn. 11), Art. 72 Rn. 6; vgl. den Hinweis auf diese Auslegung bei *Tietje/Nowrot/Wackernagel* (Fn. 675), S. 8.

686 Auf diesen Standpunkt verweisen *Nolan/Sourgens*, The Interplay Between State Consent to ICSID Arbitration and Denunciation of the ICSID Convention: The (Possible) Venezuela Case Study, TDM 2007, S. 17 ff.; vgl. auch bei *Schreuer* (Fn. 681), S. 830 (831): »*Offers* of consent« [Kursivstellung durch d. Verf.] und S. 836; *Schreuer u.a.* (Fn. 11), Art. 72 Rn. 6.

687 *Schreuer u.a.* (Fn. 11), Art. 72 Rn. 6.

Schiedsgerichts zu betrachten.[688] Solange die Kündigung des Gaststaates keine Rechtswirksamkeit erlangt habe, sei dieser noch Mitglied der Konvention und der Investor könne sich auf sein Recht, den Staat vor einem ICSID-Schiedsgericht zu verklagen, weiterhin berufen. Auch bei Zugrundelegung dieses Verständnisses wäre dem deutschen Investor heute nicht mehr geholfen, da die Kündigung durch Bolivien seit dem 3. November 2007 wirksam ist.

cc) »Consent« als individuelle Erklärung

Am weitestgehenden ist die – als dritte Alternative diskutierte – Interpretation des »consent« nicht im Sinne einer zweiseitigen Übereinkunft, sondern als jeweils einseitige, individuelle Erklärung (etwa: »Zustimmung«) des Gaststaates beziehungsweise des Investors.[689] Den erforderlichen »consent« habe der Gaststaat in Form der Zubilligung der ICSID-Schiedsgerichtsbarkeit im BIT mit dem Heimatstaat erklärt und sei damit, da er diesen Vertrag nicht einseitig zu widerrufen in der Lage sei, bis zum Außerkrafttreten des BIT an seinen »consent« gebunden. Es liege hierin keine widerrufbare Erklärung, sondern bereits eine eigenständige rechtliche Verpflichtung.[690] Die Sechsmonatsfrist sei nicht vorgesehen, um neue Verfahren zu eröffnen, sondern um die Kündigung allen Mitgliedstaaten bekannt zu machen und laufende Verfahren zum Abschluss zu bringen.[691] Diese Interpretation des »consent« würde dem Investor grundsätzlich die Möglichkeit eröffnen, jedenfalls bis zum Außerkrafttreten des bilateralen Abkommens eine Klage vor ICSID zu erheben.[692] Im konkreten Fall ist dabei einerseits die individuelle Formulierung

688 Dies hält für möglich *Gaillard* (Fn. 684), S. 2: »When the investor has accepted the state's general consent prior to the receipt of the notice of denunciation by the centre or within the six-month period set forth in Article 72, the effectiveness of the existing rights and obligations should raise little difficulty as the host state is still a contracting party at those times«. Zu diesem Standpunkt scheinen auch *Perkams/Secomb* (Fn. 17), S. 31 (45), zu tendieren; vgl. den Hinweis bei *Tietje/Nowrot/Wackernagel* (Fn. 675), S. 8.

689 So *Mourre*, Perspectives of International Arbitration in Latin America, ARIA 2006, S. 597 (613); auch *Nolan/Sourgens* (Fn. 686), S. 22; und *Tietje/Nowrot/Wackernagel* (Fn. 675), S. 9, 22; sowie *Garibaldi* (Fn. 681), S. 10 f., 33, der dies mit der Verwendung des Begriffes »consent« in anderen Normen der ICSID-Konvention erklärt und darin »overwhelming evidence« für seine Interpretation erkennt. Ohne ihr zuzustimmen verweist *Schreuer u.a.* (Fn. 11), Art. 72 Rn. 8 f., auf diese Ansicht.

690 Vgl. bei *Tietje/Nowrot/Wackernagel* (Fn. 675), S. 9.

691 *Fouret* (Fn. 685), S. 71 (75).

692 Dieser Ansicht ist auch *Gaillard* (Fn. 684), S. 3; *Schnabl/Bédard*, The wrong kind of »interesting«, NLJ 2007, S. 1 (3), neigen dieser Ansicht zu, sprechen aber auch von »unexplored legal territory«. Sie argumentieren, dass es wenig Sinn ergebe, das

der ICSID-Klausel im BIT zu untersuchen sowie die Einschlägigkeit einer sogenannten »survival-clause« zu prüfen, welche die im BIT zugesprochenen Rechte und Garantien auch über den Zeitpunkt von dessen Inkrafttreten hinaus für eine bestimmte Zeitspanne aufrecht erhält.[693] Der deutsch-bolivianische BIT formuliert den Zugang zu ICSID schlicht und ohne weiteren Vorbehalt.[694] Für bereits erfolgte Investitionen erstreckt sich der gewährte Schutz selbst nach einer Kündigung des BITs noch über weitere 20 Jahre.[695] Beide Parteien des Abkommens waren vor der Kündigung Boliviens Parteien der ICSID-Konvention. Damit könne der deutsche Investor auf Grundlage des letztgenannten Verständnisses davon ausgehen, dass der »consent« des Gaststaats noch fortbestehe und eine Klage vor ICSID anhängig machen.[696]

dd) Bewertung: Verpflichtungen und Verpflichtete

Alle drei Auffassungen erkennen an, dass vermittels eines BIT ein »consent« gebildet werden kann. Der Unterschied zwischen den Standpunkten liegt im Kern in der Frage, ob die Kündigung der ICSID-Konvention die Zusicherung des Gaststaats in einem BIT, dass er der ICSID-Schiedsgerichtsbarkeit zustimme, tatsächlich gegenstandslos macht.

Der Wortlaut des Art. 72 »consent […] given by one of them« und des Art. 25 Abs. 2 »When the parties have given their consent, no party may withdraw *its* consent unilaterally.«[697] legt zunächst nahe, dass »consent« als einseitige Erklärung zu verstehen sein könnte. Tatsächlich nimmt der Wortlaut »one of them« jedoch nur Bezug auf verschiedene, zuvor genannte für den Staat handelnde Organe oder

---

Fehlen einer Zuständigkeit anzunehmen, wenn doch der »consent« noch gegeben sei: (»it would make little sense for ICSID jurisdiction to end when the consent […] remains in force.«). Dieses Argument setzt sich indes der Gefahr eines Zirkelschlusses aus; siehe auch *Garibaldi* (Fn. 681), S. 28 f., wobei dieser feststellt, dass der BIT abweichende Regelungen über den Widerruf des »consent« treffen könne; auch *Rodner/Martínez Estévez*, BITs in Pieces: The Effectiveness of ICSID Jurisdiction after the ICSID Convention has been Denounced, JIA 2012, S. 437 (447 f.), gehen davon aus, dass für die Dauer des BIT noch Klagen anhängig gemacht werden könnten.

693 Darauf weisen hin *Tietje/Nowrot/Wackernagel* (Fn. 675), S. 9.

694 Art. 11 Abs. 3 BIT Deutschland-Bolivien 1987 (siehe oben Fn. 671).

695 Art. 14 Abs. 3 BIT Deutschland-Bolivien 1987.

696 Vgl. auch bei *Gaillard* (Fn. 684), S. 3; *Tietje/Nowrot/Wackernagel* (Fn. 675), S. 29.

697 Kursivstellung durch d. Verf.

Personen und stellt nicht auf Investor oder Staat ab.[698] Das Problem lässt sich nur durch eine systematische Trennung der eingegangenen Verpflichtungen und der Verpflichteten auflösen: Zu unterscheiden ist vor allem zwischen den Verpflichtungen des Gaststaats gegenüber dem Investor und gegenüber dem Heimatstaat des Investors. Die Verpflichtung des Gaststaats gegenüber dem Investor, zukünftige Streitigkeiten vor einem ICSID-Schiedsgericht zu verhandeln, wurde historisch zumeist in einer vertraglichen Übereinkunft zwischen diesen Parteien vereinbart.[699] Neben diese unmittelbare Möglichkeit zur Vereinbarung einer ICSID-Zuständigkeit ist in jüngerer Zeit die Möglichkeit zum Zugriff auf ICSID mittels eines Versprechens des Gaststaats in einem zwischenstaatlichen BIT getreten.[700] Anders als bei der unmittelbaren Einigung mit dem Investor gibt der Gaststaat hierbei aber nur ein Versprechen gegenüber dem Heimatstaat ab. Daran ändert auch der Umstand nichts, dass der Investor mittelbar durch dieses Versprechen begünstigt und zur eigenständigen Klage berechtigt wird. Inhalt dieses Versprechens gegenüber dem anderen Staat ist lediglich, den Investoren des anderen Staats nach den Regeln der ICSID-Konvention Zugang zu einem entsprechenden Schiedsgericht zu ermöglichen. Wenn der versprechende Staat jedoch nach Abgabe dieses Versprechens die ICSID-Konvention nach deren Regeln kündigt, so besteht keine Möglichkeit mehr, das gegebene Versprechen gegenüber dem Gaststaat einzulösen. Auf der völkerrechtlichen Ebene des BIT begeht der kündigende Staat durch die Kündigung der ICSID-Konvention einen Verstoß gegen die gegenüber dem anderen Staat eingegangenen Verpflichtungen. Diesen Verstoß kann der Heimatstaat des Investors – gegebenenfalls auch der Investor selbst –geltend machen. Nach Kündigung der ICSID-Konvention dem klagenden Investor Zugriff auf ein ICSID-Schiedsgericht zuzugestehen, hieße jedoch, entgegen den Regeln der Konvention eine Zuständigkeit zu begründen und eine multilaterale Konvention anhand bilateraler Abkommen auszulegen. Die Rechtsebenen der ICSID-Konvention und des BIT sind deshalb voneinander getrennt zu betrachten. Das Versprechen im BIT kann die Regelungen der Konvention nicht unterlaufen. Die Bindung an die Konvention lässt aber auch das Versprechen im BIT nicht entfallen, macht es jedoch um den Preis einer Vertragsverletzung gegenstandslos. Der Investor wäre damit angewiesen auf übrige im BIT ihm zugestandene Klagemöglichkeiten.

---

698 Für den genauen Wortlaut siehe oben Fn. 682; vgl. auch *Schreuer u.a.* (Fn. 11), Art. 72 Rn. 10.

699 Siehe bei *Schreuer* (Fn. 681), S. 830 (832).

700 *Schreuer* (Fn. 681), S. 830 (866), spricht von einem »dramatic development over time«.

Der letztgenannten Ansicht ist allerdings zuzugestehen, dass der Rückgriff auf die Entstehungsgeschichte der ICSID-Konvention beide Interpretationen als denkbar erscheinen lässt.[701]

Es spricht jedoch aus systematischer Sicht gegen die letztgenannte Ansicht, dass diese ihr Ergebnis auf eine »dynamic treaty interpretation«, wie sie aus anderen Gebieten des Völkerrechts bekannt sei, stützt.[702] Damit wird zugestanden, dass ohne eine solche Fortentwicklung der normativen Grundlagen das Tatbestandsmerkmal des »consent« als zweiseitige, übereinstimmende Erklärung verstanden werden muss.[703]

Die Vertreter letztgenannter Ansicht argumentieren zudem, dass sich seit dem Entstehen der ICSID-Konvention die Form der Vereinbarung einer ICSID-Schiedsgerichtsbarkeit in der beschriebenen Weise – früher Investorenverträge, heute BITs – geändert habe.[704] Dieses Argument übersieht jedoch, dass – wie soeben beschrieben – das Versprechen in einem BIT gegenüber dem Heimatstaat des Investors anderen Inhalts ist als das Versprechen direkt gegenüber dem Investor. Insofern kann hieraus kein Rückschluss auf das Wesen des »consent« gezogen werden.

Es überzeugt auch nicht das Argument, dass es anderenfalls den Gaststaaten offenstehe, sich ihren Verpflichtungen durch Kündigung der Konvention kurzerhand zu entziehen. Tatsächlich kann der Investor jederzeit – noch vor Entstehen einer Streitigkeit – durch Erklärung gegenüber dem Gaststaat das in einem BIT unterbreitete Angebot zur Streitbeilegung vor einem ICSID-Schiedsgericht annehmen und damit den »consent« für alle zukünftigen Streitigkeiten herstellen.[705] Ist dies einmal geschehen, findet Art. 72 ICSID Anwendung und kann sich der Investor – nach den originären Regeln der ICSID-Konvention – auch nach deren Kündigung durch den Gaststaat oder der Kündigung des BIT noch an ein ICSID-Schiedsgericht wenden.[706] Ein denkbares Rechtsschutzdefizit erwüchse also jedenfalls aus einem selbstverschuldeten Versäumnis des Investors.

---

701 Dies belegen *Nolan/Sourgens* (Fn. 686), S. 13 ff.; und *Tietje/Nowrot/Wackernagel* (Fn. 675), S. 16 ff., 25.

702 Vgl. bei *Tietje/Nowrot/Wackernagel* (Fn. 675), S. 22; gegen eine solche Vorgehensweise *Fouret* (Fn. 685), S. 71 (82); zur »dynamischen Interpretation« völkerrechtlicher Verträge *Ipsen* (Fn. 550), S. 122 f.

703 Krit. auch *Garibaldi* (Fn. 681), S. 5 f.

704 *Tietje/Nowrot/Wackernagel* (Fn. 675), S. 18 f.

705 *Schreuer* (Fn. 681), S. 830 (837). Diese Möglichkeit sprechen auch *Perkams/Secomb* (Fn. 17), S. 31 (45 f.), an, äußern aber Zweifel an ihrer Zulässigkeit; sowie *Schreuer u.a.* (Fn. 11), Art. 72 Rn. 7.

706 Siehe den Hinweis bei *Garibaldi* (Fn. 681), S. 13; vgl. auch bei *Schreuer u.a.* (Fn. 11), Art. 72 Rn. 3 f.

Diesem Ergebnis steht auch nicht der bisherige Umgang des ICSID-Sekretariats oder der Schiedsgerichte mit der Kündigung durch Bolivien entgegen: In einem Bolivien selbst betreffenden Fall hatte das ICSID-Sekretariat zwar eine – später zurückgenommene – Klage registriert, die nach Ausspruch der Kündigung, aber noch vor deren Wirksamkeit anhängig gemacht worden war,[707] doch lässt sich aufgrund des sehr niedrigen materiellen Prüfungsmaßstabs des Sekretariats hieraus kein Rückschluss ziehen: Das Sekretariat prüft nach Art. 36 Abs. 3 S. 1 ICSID lediglich, ob die Klage offensichtlich außerhalb der Kompetenz des Zentrums liegt. Ein derzeit noch anhängiger Fall gegen Bolivien war bereits vor dem Rückzug von der ICSID-Konvention anhängig gemacht worden.

Der hier bevorzugten Interpretation kann indes mit einiger Berechtigung vorgehalten werden, dass die sechsmonatige Frist aus Art. 72 ICSID nicht vollständig zu erklären ist.[708] Als »Karenzzeit« kann sie nach dem Gesagten aber nicht in Betracht kommen.

c) Ergebnis

Durch die Kündigung der ICSID-Konvention durch Bolivien ist für den deutschen Investor die Möglichkeit entfallen, seinen Gaststaat vor einem ICSID-Schiedsgericht mit Aussicht auf Erfolg zu verklagen. Den damit verbundenen Bruch der völkerrechtlichen Verpflichtung kann der Investor aber grundsätzlich vor einem anders konstituierten Schiedsgericht – etwa der Stockholmer Handelskammer –geltend machen, sofern er darlegt, dass er in einem eigenen Recht verletzt ist. Dies könnte hinsichtlich der fairen und billigen Behandlung der Fall sein.

Von der Kündigung der ICSID-Konvention bleiben die übrigen oben angesprochenen Verpflichtungen aus dem BIT unberührt.

3. Konstitutionelle Offenheit für völkerrechtliche Einflüsse – Das Konzept des bolivianischen »Bloque de Constitucionalidad«

Die Geltung von Völkervertrags- und Völkergewohnheitsrecht in Bolivien wird geregelt durch das Zusammenspiel verschiedener Verfassungsnormen:

Die Verfassung beinhaltet das Konzept eines »Verfassungs-Blocks« (»bloque de constitucionalidad«).[709] Dieser umfasst neben dem Inhalt der Verfassungsurkunde

---

707 E.T.I. Euro Telecom International (siehe Fn. 676).

708 Dies kritisieren auch *Schnabl/Bédard* (Fn. 692), S. 1 (2).

709 Diesen Begriff führt – im Zusammenhang mit der argentinischen Verfassung – für die Gesamtheit aus originären Verfassungsnormen und durch die Verfassung inkorporierten völkerrechtlichen Verträgen auch *Hemmerling* (Fn. 452), S. 92, an.

als solcher auch durch Bolivien ratifizierte internationale Verträge und Abkommen im Bereich der Menschenrechte sowie – von besonderer Bedeutung für diese Untersuchung – Normen des Gemeinschaftsrechts.[710] Für diesen »Verfassungsblock« ist kennzeichnend, dass er diese originär verfassungsexternen Normen in den Geltungsrang der Verfassung erhebt.

Im Weiteren zeigt die Verfassung eine ausdrückliche Hierarchie auf, an deren Spitze die Verfassung (»Constitución Política del Estado«) – und mit dieser auch der Verfassungsblock – steht, der sich die internationalen Verträge (»Los tratados internacionales«) und das einfache Recht auf nächster Stufe anschließen.[711] Art. 257 Abs. 1

---

710 Siehe Art. 410 Abs. 2 S. 2 Verfassung Boliviens 2009, wonach diese Verträge in Abgrenzung zu anderen internationalen Verträgen zum »Bloque de Constitucionalidad« zählen: »El bloque de constitucionalidad está integrado por los Tratados y Convenios internacionales en materia de Derechos Humanos y las normas de Derecho Comúnitario, ratificados por el país.« (»Der Verfassungsblock umfasst die internationalen Verträge und Abkommen im Bereich der Menschenrechte und die Normen des Gemeinschaftsrechts, sofern diese durch den Staat ratifiziert worden sind.«); *Manili*, El Bloque de Constitucionalidad, 2003, S. 300, beschreibt dieses Konzept als »normas fuera de la constitución formal pero que comparten con ella su máxima jerarquía y que sirven conjuntamente con ella como parámetros de la constitucionalidad de las normas inferiores« (»Normen von außerhalb der formalen Verfassung, die mit dieser jedoch den höchsten Geltungsrang teilen und die mit dieser zusammen den Maßstab für die Verfassungsmäßigkeit der übrigen Normen darstellen«) und stellt in einem rechtsvergleichenden Rahmen Bezüge zum französischen und zum spanischen Recht her, (S. 283 ff.); dazu auch *Andaluz*, La Estructura del Sistema Jurídico Boliviano y las Relaciones entre las Fuentes de su Derecho según la »Constitución« Vigente, RDPU 2009, S. 455 (468 f., 494), der auch nahelegt, dass das Konzept des »bloque de constitucionalidad« bereits im Rahmen der vormals geltenden Verfassung bestand.

711 Art. 410 Abs. 2 S. 1 Verfassung Boliviens 2009: »La Constitución es la norma suprema del ordenamiento jurídico boliviano y goza de primacía frente a cualquier otra disposición normativa.« (»Die Verfassung ist die höchste Norm der bolivianischen Rechtsordnung und genießt Vorrang vor jeder anderen Norm.«).

Art. 410 Abs. 2 S. 3 Verfassung Boliviens 2009: »La aplicación de las normas jurídicas se regirá por la siguiente jerarquía, de acuerdo a las competencias de las entidades territoriales:

Constitucion Política del Estado

Los tratados internacionales

Las leyes nacionales, los estatutos autonómicos, las cartas orgánicas y el resto de legislación departamental, municipal y indígena

Los decretos, reglamentos y demás resoluciones emanadas de los órganos ejecutivos correspondientes.«

der Verfassung benennt für die internationalen Verträge lediglich den Gesetzesrang und steht insoweit nicht in Übereinstimmung mit Art. 410 Abs. 2, der einen Rang zwischen Gesetz und Verfassung nahelegt. Art. 410 Abs. 2 ist jedoch die speziellere Regelung, da diese Norm sich im Abschnitt »Normenhierarchie und Verfassungsreform« im Titel »Vorrang und Reform der Verfassung« findet, wohingegen Art. 257 im allgemeineren Kapitel »Internationale Beziehungen« verortet ist.

Damit ist auch bereits eine Aussage über den Geltungsrang der internationalen Verträge (insbesondere derjenigen zu Fragen der Menschenrechte) getroffen. Sofern diese hinreichend konkret ausgestaltet sind, können sie auch vor nationalen Gerichten Boliviens geltend gemacht werden.

Das Völkergewohnheitsrecht findet keine explizite Erwähnung. In Ermangelung einer Art. 25 GG vergleichbaren Norm kann daher nicht angenommen werden, dass völkergewohnheitsrechtliche Rechtspositionen vor bolivianischen Gerichten geltend gemacht werden können. Dies legt insbesondere der häufige explizite Bezug auf völkerrechtliche Verträge nahe.[712]

4. Rückkehr zu alten Dogmen – Die nationalrechtliche Ebene in Bolivien

Die Verfassung von 2009 und das aus ihr abgeleitete einfache Recht formulieren deutliche Einschränkungen betreffend den Schutz eines in Bolivien tätigen

---

(»Die Anwendung der rechtlichen Normen bestimmt sich nach der folgenden Hierarchie, nach Maßgabe der Kompetenzen der jeweiligen Gebietskörperschaften:

Die »Constitución Política« des Staates

Die internationalen Abkommen

Die nationalen Gesetze [...]

Die Dekrete, »Reglamentos« und die übrigen Entscheidungen der jeweils zuständigen Verwaltungsorgane.«

sowie Art. 257 Abs. 1 Verfassung Boliviens 2009: »Los tratados internacionales ratificados forman parte del ordenamiento jurídico interno con rango de ley.« (»Die ratifizierten internationalen Abkommen sind Bestandteil der nationalen Rechtsordnung im Rang des Gesetzes.«).

Andaluz (Fn. 710), S. 455 (480 ff.), weist darauf hin, dass Art. 257 Abs. 1 den ratifizierten internationalen Abkommen lediglich den Gesetzesrang zuweise, Art. 410 Abs. 2 S. 3 diese jedoch zwischen Gesetz und Verfassung einordne und will diesen Widerspruch dadurch lösen, dass den internationalen Abkommen zwar formal stets Gesetzesrang zukomme, diese aber durch einfache Gesetze in ihrer Geltung nicht beschränkt werden können.

712 Art. 13 Abs. 4; 14 Abs. 3; 257 Abs. 1; 410 Verfassung Boliviens 2009.

Investors. Die einem ausländischen Investor widerfahrende rechtliche Behandlung erklärt sich vor dem Hintergrund einer historischen Rückblende, die insbesondere politische und wirtschaftliche Entwicklungen zu berücksichtigen gezwungen ist:

Als Anfang der 1980er Jahre das Scheitern der Politik der Importsubstitution und der Abschottung vom Weltmarkt auch angesichts horrender Inflationsraten deutlich und die Auslandsverschuldung Boliviens volkswirtschaftlich untragbar wurde, ergriff der damalige Präsident Victor Paz Estenssoro radikale Maßnahmen: Mit dem Decreto Supremo 21060 vom 29. August 1985 (i.F.: »DS 21060«) richtete er die bolivianische Wirtschaftspolitik grundlegend nach marktliberalen Grundsätzen aus. So wurden unter anderem der bolivianische Peso an den US-Dollar gekoppelt, die Warenein- und -ausfuhr liberalisiert, jegliche gesetzliche Preisbindung grundsätzlich aufgehoben, der Bestand an staatlich Beschäftigten abgebaut, die Ausbeutung der Bodenschätze dezentralisiert und diverse staatliche Großunternehmen aufgelöst sowie die Zahlung der öffentlichen Schulden ausgesetzt.[713]

Die auch zu Beginn des neuen Jahrtausends noch allgegenwärtige Arbeitslosigkeit und Unterentwicklung im ärmsten[714] Staat Südamerikas brachten 2006 den Indioführer Evo Morales an die Macht.[715] In Anlehnung an den 2013 verstorbenen venezolanischen Präsidenten Hugo Chavez verfolgt dieser seit jeher eine Wirtschaftspolitik, welche darauf abzielt, die Profite aus der Verwertung der Bodenschätze Bolivien selbst zugutekommen zu lassen und den Einfluss ausländischer Unternehmen in diesen Sektoren zurückzudrängen.[716]

Dieses Vorhaben fand Ausdruck in der 2009 neu geschaffenen Landesverfassung, der »Constitución Política del Estado«.[717] Im Abschnitt zur Wirtschaftspolitik

---

713 Siehe im Einzelnen Art. 1 ff.; 42 ff.; 49 ff.; 72 ff.; 78 ff.; 86 ff.; 102 ff.; 118 ff.; 122 ff.; 135 DS 21060.

714 Bolivien verfügte 2010 lediglich über ein BIP/Einwohner von 2130 US-Dollar (www.auswaertiges-amt.de, zuletzt geprüft am 26.12.2011).

715 Zu den Entwicklungen bis zur Wahl Morales *Jost*, Wahlen und Parteiensystem in Bolivien zwischen 1982 und 2005, in: Birle (Fn. 105), S. 189 ff.; und *Wolff*, Umbruch in Bolivien. Vom Zusammenbruch der »paktierten Demokratie« zur Regierung Morales, in: Birle (Fn. 105), S. 211 ff.

716 Vgl. Decreto Supremo N° 28701 vom 1.5.2006 zur Nationalisierung von fossilen Ressourcen, veröffentlicht in der Gaceta N° 2883 vom 1.5.2006, in englischer Fassung in 45 ILM (2006), S. 1020 ff. (i.F.: »DS 28701«); dazu *Calvo*, Die bolivianische Umwelt- und Ressourcenpolitik, in: Ernst/Schmalz (Hrsg.), Die Neugründung Boliviens? – Die Regierung Morales, 2009, S. 155 (159 ff.); *Radhuber*, Staatliche Reorganisation und Erdgaspolitik, in: Ernst/Schmalz (a.a.O.), S. 109 (115 ff.).

717 Siehe zum Prozess der Verfassungsgebung *Jost*, Kritische Anmerkungen zum bolivianischen Verfassungsgebungsprozess, in: Ernst/Schmalz (Fn. 716), S. 33 ff.; und *Vega*,

werden die Grundsätze zum Umgang mit ausländischen Investitionen dargelegt.[718] Hinsichtlich der wirtschaftlichen Nutzung von Bodenschätzen finden sich spezifische Regelungen, dem Umgang mit fossilen Energieträgern ist darüber hinaus ein eigenes Kapitel gewidmet.[719] Angesichts einer mit der neuen Verfassung auch beabsichtigten Umverteilung des Landbesitzes sind auch Eigentumsfragen ausführlich und wiederholt Gegenstand des Verfassungstextes.[720] Die neue Verfassung Boliviens berücksichtigt insbesondere Traditionen und politische Systeme der indigenen Völker.[721] Dies spiegelt sich auch in der Ausgestaltung der Staatsorgane wider.[722]

Wichtiges Element der wirtschaftlichen Neuausrichtung war die durch das Decreto Supremo 0861 vom 1. Mai 2011 (i.F.: »DS 0861«)[723] erfolgte Aufhebung des erwähnten DS 21060 von 1985. Bereits zuvor hatte die Regierung Morales viele der Charakteristika der vorherigen Wirtschaftsverfassung rückgängig gemacht.[724] Nach Maßgabe des Art. 2 des DS 0861 wird eine Regierungskommission alle »dem Konzept und dem Geist« des DS 21060 entsprechenden Regelungen reformieren. Ausdrücklich genannt wird dabei das liberale Investitionsgesetz 1182 vom 17. September 1990.[725] Dieses Gesetz normiert den Grundsatz der Inländerbehandlung, bestätigt das Recht auf Eigentum, den freien Zu- und Abfluss von Kapital, Zugang zu Schiedsgerichten und weitere für Vornahme, Durchführung

---

Wege zum guten Leben. Der bolivianische Verfassungsgebungsprozess, in: Ernst/Schmalz (Fn. 716), S. 17 (22 ff.); aus verfassungsgeschichtlicher Sicht *Garcia*, La Bolivie, 2010, S. 223, 225 ff.; *Wolff*, Postneoliberal verfasst? – Ein vergleichender Blick auf die neuen Verfassungen in Bolivien und Ecuador, KJ 2010, S. 407 (408 f.), stellt die Schwierigkeiten im Rahmen der Einigung auf eine neue Verfassung heraus.

718 Art. 320 Verfassung Boliviens 2009.

719 Art. 351 und 359 ff. Verfassung Boliviens 2009.

720 Vgl. Art. 393 ff. Verfassung Boliviens 2009; *Wolff* (Fn. 717), S. 407 (411), hebt die mit dem Privateigentum verbundenen Verpflichtungen hervor.

721 Dazu *Wolff*, Boliviens neue Verfassung: Ein demokratietheoretischer Kommentar, in: Ernst/Schmalz (Fn. 716), S. 47 ff. (50 f., 52 ff.); und *Schilling-Vacaflor*, Recht als umkämpftes Terrain, 2010, S. 133 ff.

722 *Schilling-Vacaflor* (Fn. 721), S. 111 ff.; siehe dazu auch *Wolff* (Fn. 717), S. 407 (409 f.); dazu auch *Aguirre B.*, Bolivia, in: Hamilton/García-Bolívar/Otero, Latin American Investment Protections, 2012, S. 53 ff. (54).

723 »Decreto Supremo N° 0861 vom 1.5.2011«, veröffentlicht in der Gaceta N° 0251 vom 3.5.2011.

724 Vgl. die Erwägungsgründe des DS 0861.

725 »Gesetz N° 1182 vom 17.9.1990«, veröffentlicht in Gaceta N° 1662 vom 17.9.1990« (i.F.: »Gesetz 1182/1990«); vgl. Art. 1 und 2 DS 0861.

und Schutz einer Investition relevante Aspekte.[726] Dieses Gesetz weist damit alle Charakteristika eines auf Marktöffnung und Attraktion von Fremdinvestitionen genormten Regelungskomplexes auf und steht daher in deutlichem Gegensatz zu Grundsätzen und Aussagen der Verfassung von 2009. Gegenstand dieser Untersuchung kann damit, solange nicht ein der geltenden Verfassung entsprechendes Investitionsgesetz geschaffen und in Kraft gesetzt worden ist, lediglich das Verfassungsrecht selbst sein. Seit Januar 2013 existiert allerdings ein offizieller Entwurf für ein neues Investitionsgesetz.[727] Dieser wird im Anschluss an die Betrachtung des geltenden Rechts ergänzend behandelt.[728]

a) Eigentumsschutz und Enteignungen

Die Frage nach Eigentumsschutz im bolivianischen Recht ist angesichts der schon 2006 vorgenommenen Nationalisierung der Erdgas- und Erdölindustrie des Landes von höchster Aktualität.[729] Als Mittel wurden der (erzwungene) Rückkauf von Förderanteilen durch den Staat und die Aushandlung neuer Förderverträge gewählt, um die gewünschte Beteiligung des Staates an der gesamten Wertschöpfung sicherzustellen.[730] Art. 14 Abs. 6 der Verfassung Boliviens von 2009 garantiert die verfassungsmäßigen Rechte grundsätzlich auch allen Ausländern. Die Verfassung erkennt das Recht auf individuelles oder kollektives Eigentum an, stellt dieses aber unter den vagen Vorbehalt, dass es einer »sozialen Funktion« zu dienen habe. Darüber hinaus darf der Gebrauch des individuellen Eigentums nicht dem kollektiven Interesse zuwiderlaufen.[731] Enteignungen sind zulässig bei öffentlichem Erfordernis oder

---

726 Vgl. Art. 1, 2, 4 – 6 Gesetz 1182/1990. Art. 10 erfasst wegen des weiten Wortlauts auch Investitionsschiedsgerichte, ist allerdings durch Art. 98 Nr. 3 des Gesetzes 1770 vom 10.3.1997, siehe Gaceta N° 1983 vom 10.3.1997 (i.F.: »Gesetz 1770/1997«) außer Kraft gesetzt worden.

727 Verfügbar unter http://www.cedib.org/wp-content/uploads/2013/01/anteproyectoley inversionesenero2013.pdf, »Versión final 29 de enero de 2013« (zuletzt geprüft am 16.07.2013).

728 Siehe unten S. 199.

729 Siehe das erwähnte DS 28701 (siehe Fn. 716); *Schnabl/Bédard* (Fn. 692), S. 1 (2), gehen auf diese Verstaatlichungen ein und benennen parallele Ereignisse in Venezuela; vgl. bei *Perkams/Secomb* (Fn. 17), S. 31 (33).

730 Siehe etwa »Gesetz 3665 vom 23.4.2007« veröffentlicht in der »Gaceta N° 2989 vom 24.4.2007«; vgl. den Hinweis bei *Schilling-Vacaflor* (Fn. 721), S. 130 ff.

731 Art. 56 Abs. 1 Verfassung Boliviens 2009: »Toda persona tiene derecho a la propiedad privada individual o colectiva, siempre que ésta cumpla una función social.« (»Jede Person hat das Recht auf privates oder gemeinschaftliches Eigentum, solange dieses eine soziale Funktion erfüllt.«); Art. 56 Abs. 2 Verfassung Boliviens 2009:

zwecks öffentlichen Nutzens, näher zu bestimmen durch das Gesetz, und unter Wahrung einer vorherigen »gerechten« Entschädigung.[732] Im Rahmen der Nationalisierung der fossilen Ressourcen vorgenommene Enteignungen betrafen auch deutsche Unternehmen. Die Regierung Boliviens ordnete durch Dekret im September 2010 die Zahlung einer »einzigen, totalen und definitiven« Entschädigung an, deren Wert jedoch im Dekret selbst nicht abschließend beziffert wurde.[733]

b) Kein Zugang zu Investitionsschiedsgerichten – Ein verfassungsrechtlicher Grundsatz in Bolivien

Die Verfassung Boliviens spricht sich in aller Deutlichkeit gegen einen Zugang zu Investitionsschiedsgerichten für den ausländischen Investor aus: Explizit hält sie fest, dass jede ausländische Investition der Gerichtsbarkeit, den Gesetzen und den Autoritäten Boliviens unterworfen ist und niemand sich zur Erlangung einer vorteilhaften Behandlung auf eine Ausnahme berufen oder diplomatischen Schutz in Anspruch nehmen kann.[734] Darüber hinaus ist es – in Rückgriff auf die altbekannte

---

»Se garantiza la propiedad privada siempre que el uso que se haga de ella no sea perjudicial al interés colectivo.« (»Das private Eigentum ist garantiert, soweit dessen Gebrauch dem Gemeinwohl nicht schadet.«).

732 Art 57 S. 1 Verfassung Boliviens 2009: »La expropiación se impondrá por causa de necesidad o utilidad pública, calificada conforme con la ley y previa indemnización justa.« (»Die Enteignung wird vorgenommen bei öffentlichem Erfordernis oder zwecks öffentlichen Nutzens, nach Maßgabe des Gesetzes, und bei vorheriger gerechter Entschädigung.«); beziehungsweise der speziellere Art. 401 Verfassung Boliviens 2009: »El incumplimiento de la función económica social o la tenencia latifundista de la tierra, serán causales de reversión y la tierra pasará a dominio y propiedad del pueblo boliviano.« (»Die Missachtung der wirtschaftlich sozialen Funktion des Bodens oder der Großgrundbesitz sind Gründe für einen Heimfall [des Bodens an den Staat, Anm. d. Verf.] und der Boden geht in Eigentum und Besitz des bolivianischen Volkes über.«), Art. 410 Abs. 2 Verfassung Boliviens 2009: »La expropiación de la tierra procederá por causa de necesidad y utilidad pública, y previo pago de una indemnización justa.« (»Die Enteignung des Bodens wird vorgenommen aus Gründen des öffentlichen Nutzens und nach vorheriger Zahlung einer gerechten Entschädigung.«), siehe außerdem Art. 298 Abs. 2 Nr. 26, Art. 300 Abs. 1 Nr. 25, Art. 302 Abs. 1 Nr. 22 Verfassung Boliviens 2009.

733 Vgl. Decreto Supremo 0621 vom 2.9.2010 betreffend die Enteignung auch der deutschen Oiltanking GmbH.

734 Art. 320 Abs. 2 Verfassung Boliviens 2009: »Toda inversión extranjera estará sometida a la jurisdicción, a las leyes y a las autoridades bolivianas, y nadie podrá invocar situación de excepción, ni apelar a reclamaciones diplomáticas para obtener un tratamiento más favorable.« (»Jede ausländische Investition unterliegt der Gerichtsbarkeit,

Calvo-Doktrin – untersagt, ausländische Unternehmen besser zu stellen als bolivianische.[735] Dies wäre jedoch mit der Einräumung des Rechts, ein internationales Investitionsschiedsgericht anzurufen, möglicherweise der Fall. Auch die Betonung der Unabhängigkeit des bolivianischen Staates in der Gestaltung seiner inneren wirtschaftlichen Angelegenheiten[736] ist als auf die Konflikte zwischen Schiedssprüchen und nationalrechtlicher Gestaltung zum Beispiel arbeits- oder umweltrechtlicher Fragen bezogen zu verstehen. Die genannten Regelungen besagen zum Teil nichts anderes als das, was sich direkt aus der Souveränität eines Staates ableiten lässt. Wäre hiermit nicht eine deutliche Ablehnung von Investitionsschiedsgerichten beabsichtigt, wären die Regelungen zum Teil überflüssig. Hinsichtlich einer Betätigung ausländischer Unternehmen im Bereich fossiler Energieträger ist die Vereinbarung solcher Schiedsgerichte sogar ausdrücklich untersagt.[737] Ein Rückschluss dahingehend, dass, wenn im Bereich Energie ein

den Gesetzen und den bolivianischen Autoritäten, und niemand darf sich auf eine Ausnahme berufen oder diplomatische Schritte einleiten um eine Vorzugsbehandlung zu erlangen.«).

735 Art. 320 Abs. 3 S. 2 Verfassung Boliviens 2009: »No se podrá otorgar a Estados o empresas extranjeras condiciones más beneficiosas que las establecidas para los bolivianos.« (»Es dürfen ausländischen Staaten oder Unternehmen keine vorteilhafteren Bedingungen eingeräumt werden als diejenigen, die für die Bolivianer gelten.«).

736 Art. 320 Abs. 4 Verfassung Boliviens 2009: »El Estado es independiente en todas las decisiones de política económica interna, y no aceptará imposiciones ni condicionamientos sobre esta política por parte de estados, bancos o instituciones financieras bolivianas o extranjeras, entidades multilaterales ni empresas transnacionales.« (»Der Staat ist unabhängig in allen Entscheidungen der internen Wirtschaftspolitik und akzeptiert keine Auflagen oder Bedingungen bezüglich dieser Politik von Staaten, Banken oder bolivianischen oder ausländischen Finanzinstitutionen, multilateralen Organisationen sowie transnationalen Unternehmen.«).

737 Art. 366 Verfassung Boliviens 2009: »Todas las empresas extranjeras que realicen actividades en la cadena productiva hidrocarburífera en nombre y representación del Estado estarán sometidas a la soberanía del Estado, a la dependencia de las leyes y de las autoridades del Estado. No se reconocerá en ningún caso tribunal ni jurisdicción extranjera y no podrán invocar situación excepcional alguna de arbitraje internacional, ni recurrir a reclamaciones diplomáticas.« (»Alle ausländischen Unternehmen, die in der Wertschöpfungskette fossiler Energieträger im Namen des Staates und in dessen Vertretung aktiv sind, sind der Souveränität des Staates, der Abhängigkeit von den Gesetzen und den Autoritäten des Staates unterworfen. In keinem Fall wird ein ausländisches Gericht oder eine ausländische Gerichtsbarkeit anerkannt werden und die ausnahmsweise Berufung auf die internationale Schiedsgerichtsbarkeit ist nicht zulässig, ebensowenig die Geltendmachung diplomatischer Mittel.«).

Ausschluss explizit geregelt ist, die Vereinbarung eines Schiedsgerichts in anderen Bereichen grundsätzlich zulässig sein müsse, kommt hier wegen der deutlichen Aussagen in Art. 320 der Verfassung nicht in Betracht.

Das derzeit geltende Gesetz über die Handelsschiedsgerichtsbarkeit[738] lässt ausdrücklich die staatliche Beteiligung an Schiedsverfahren zu und nimmt sogar Bezug auf die ICSID-Konvention, indem es deren Vorgaben ausdrücklich nicht einschränkt.[739] Nach Maßgabe des DS 0861 dürfte demnächst auch diese Regelung in Einklang mit den Bestimmungen der Verfassung gebracht werden.

Damit besteht ein Konflikt zwischen den durch Bolivien eingegangenen völkerrechtlichen Verpflichtungen in BITs, dem Investor einen Zugriff zu Investitionsschiedsgerichten einzuräumen und den Normen der bolivianischen Verfassung, welche den Zugang zu Investitionsschiedsgerichten verbieten. Schon nach der Wiener Vertragsrechtskonvention kann jedoch eine völkerrechtliche Verpflichtung nicht durch eine innerstaatliche Norm relativiert werden.[740] Dieser gewohnheitsrechtliche Grundsatz bindet Bolivien, obwohl das Land 1969 die Wiener Vertragsrechtskonvention zwar unterzeichnet, sie bislang aber nicht ratifiziert hat.[741] Sollte dem Investor unter Hinweis auf die bolivianische Verfassung die Berufung auf eine solche Klausel in einem bestehenden BIT verweigert werden, stellte dies die Verletzung einer völkerrechtlichen Verpflichtung dar. Aus Sicht der bolivianischen Verfassung wäre der Konflikt leichter aufzulösen, da ratifizierten internationalen Verträgen nur der Rang eines einfachen Gesetzes zukommt.[742]

Den Bruch dieser völkerrechtlichen Verpflichtung könnte der Investor möglicherweise selbst – vorausgesetzt, ein ICSID-Schiedsgericht nähme seine Zuständigkeit noch an – als Verstoß gegen den »fair and equitable treatment«-Grundsatz geltend machen. Jedenfalls könnte diese Verletzung des Völkervertragsrechts aber trotz Art. 27 Abs. 1 ICSID-Konvention, wonach die Geltendmachung diplomatischen Schutzes ausgeschlossen ist, durch den Heimatstaat des Investors gerügt werden. In der Sache wäre nicht eine materielle Schutzposition des Investors, sondern vielmehr das bilateral vereinbarte Schutzinstrument in seinem Kern betroffen.

---

738 Gesetz 1770/1997 (Fn. 726); hierzu *Samtleben*, Die Reform der Schiedsgerichtsbarkeit in den Mitgliedstaaten der Andengemeinschaft, in: Samtleben (Fn. 181), S. 505 (509 f.).

739 Art. 72 Abs. 1 Nr. 4 Gesetz 1770/1997.

740 Art. 27 S. 1 WVK: »Eine Vertragspartei kann sich nicht auf ihr innerstaatliches Recht berufen, um die Nichterfüllung eines Vertrags zu rechtfertigen.«.

741 Die Unterzeichnung erfolgte am 23.5.1969 (siehe http://treaties.un.org, zuletzt geprüft am 3.1.2012).

742 Siehe oben S. 191.

c) Keine Aussagen zum freien Kapitaltransfer

In der Verfassung finden sich keine Aussagen zu Beschränkungen oder Gewährleistungen hinsichtlich des Verkehrs von Kapital. Es bleibt abzuwarten, welche endgültigen Regelungen nach Maßgabe des DS 0861 getroffen werden.

d) Behandlungsstandards – Die explizite Bevorzugung bolivianischer Investoren

Entgegen aller primär durch die Gebote der Inländerbehandlung und der Meistbegünstigung verkörperten Bemühungen, Diskriminierungen zwischen Investoren unterschiedlicher Staatszugehörigkeiten zu vermeiden, trifft die Verfassung Boliviens die ebenso einfache wie weitreichende Aussage, dass der bolivianischen Investition Vorrang vor der ausländischen Investition zukomme.[743] Ausdrücklich untersagt ist es sogar, ausländische Unternehmen oder andere Staaten gegenüber bolivianischen Unternehmen vorteilhaft zu behandeln.[744] Dass zumindest eine Gleichbehandlung der ausländischen Investoren untereinander gewährleistet würde, lässt die Verfassung nicht erkennen. Im Gegensatz auch zum etablierten investitionsrechtlichen Grundsatz, einem Investor keine »Performance-Requirements« vorzuschreiben, bestimmt die Verfassung jedenfalls, dass der Konsum in Bolivien gefertigter Produkte gefördert werden solle.[745] Dies lässt Raum für einfachrechtliche Normen, nach denen dem Investor zwecks Schonung der bolivianischen Konkurrenz bestimmte Exportquoten auferlegt oder eine bestimmte Wertschöpfung im Inland vorgeschrieben wird. Verfahrensrechtliche Grundsätze zur Gewährung von Rechtsschutz benennt die Verfassung mit der Garantie einer Rechtswegeröffnung und der Gewährung

---

743 Art. 320 Abs. 1 Verfassung Boliviens 2009: »La inversión boliviana se priorizará frente a la inversión extranjera.« (»Die bolivianische Investition hat Vorrang vor der ausländischen Investition.«).

744 Siehe Art. 320 Abs. 3 S. 2 Verfassung Boliviens 2009. Siehe dagegen den allgemeineren Art. 14 Abs. 6 der Verfassung Boliviens 2009: »Las extranjeras y los extranjeros en el territorio boliviano tienen los derechos y deben cumplir los deberes establecidos en la Constitución, salvo las restricciones que ésta contenga.« (»Die Ausländer im bolivianischen Staatsgebiet besitzen die Rechte und unterliegen den Pflichten aus dieser Verfassung, vorbehaltlich der in dieser enthaltenen Einschränkungen.«).

745 Art. 320 Abs. 5 Verfassung Boliviens 2009: »Las políticas públicas promocionarán el consumo interno de productos hechos en Bolivia.« (»Die Politik fördert den Binnenkonsum von in Bolivien hergestellten Produkten.«; vgl. zum Begriff der »Performance Requirements« knapp *Amarasinha/Kokott*, Multilateral Investment Rules Revisited, in: Muchlinski/Ortino/Schreuer (Fn. 11), S. 119 (145).

einer nach rechtsstaatlichen Grundsätzen – beispielsweise der Garantie rechtlichen Gehörs – eingerichteten Justiz.[746]

e) Der Vorschlag für das reformierte Investitionsgesetz vom Januar 2013

Im Januar 2013 stellte die bolivianische Regierung einen Entwurf für ein neues Investitionsgesetz vor.[747] Dieser Entwurf stellt eine Abkehr vom liberal geprägten Gesetz 1182 dar. Er versucht, in Übereinstimmung mit den Vorgaben der Verfassung von 2009 einen Rechtsrahmen für ausländische Investitionen zu zeichnen. Dabei definiert er das Ziel, die Investitionen in Bolivien zu fördern, damit diese zu Wachstum sowie wirtschaftlicher und sozialer Entwicklung beitragen können.[748] Er soll Anwendung finden auf in- und ausländische Investitionen.[749] Der Gesetzentwurf listet verschiedene Grundprinzipien auf, die er als für alle Investitionen maßgeblich festschreibt: »Souveränität und Würde«[750], »Entwicklung der Exportwirtschaft«[751],

746 Siehe etwa Art. 115 – 117, 120, 122, 123 Verfassung Boliviens 2009.

747 Siehe (Fn. 727).

748 Art. 1 Gesetzentwurf 2013: »El objeto de la presente Ley es promover las inversiones en el Estado Plurinacional de Bolivia, para contribuir al crecimiento y desarallo económico y social del país.«.

749 Art. 2 Gesetzentwurf 2013: »La presente Ley se aplica a las inversiones bolivianas y extranjeras que se realicen en el territorio del Estado Plurinacional de Bolivia.«.

750 »Soberanía y Dignidad: El Estado conduce el proceso de planificación económica y social, dirige la economía y ejerce el control y dirección de las áreas y sectores estratégicos establecidos en la Constitución Política del Estado y el Plan de Desarollo Económico y Social – PDES. El Estado, siendo promotor y protagonista del desarollo económico y social del país, orienta las inversiones hacia actividades económicas que contribuyan a la erradicación de la pobreza y a la reducción de desigualdades económicas, sociales y regionales.« (»Souveränität und Würde: Der Staat führt den wirtschaftlichen und sozialen Planungsprozess, lenkt die Wirtschaft und übt die Kontrolle und Steuerung derjenigen Bereiche und strategischen Sektoren aus, die in der Verfassung und dem Plan für Wirtschaftliche und Soziale Entwicklung – PDES – besonders ausgewiesen sind. Als Förderer und Hauptakteur der wirtschaftlichen und sozialen Entwicklung des Landes lenkt der Staat die Investitionen in wirtschaftliche Aktivitäten, die beitragen zur Bekämpfung der Armut und der Verringerung der wirtschaftlichen, sozialen und regionalen Ungleichheiten.«).

751 »Cambio del Patrón Primario Exportador: El Estado promueve la inversión con soberanía y dignidad para el desarollo de áreas productivas que coadyuven a los procesos de industrialización y al cambio de la matriz productiva.« (»Entwicklung der Exportwirtschaft: Der Staat unterstützt die Investition mit Souveränität und Würde zur Entwicklung derjenigen Wirtschaftszweige, welche die Entwicklung der Industrialisierung und der Exportwirtschaft unterstützen.«).

»Gegenseitiger Respekt und Fairness«[752], »Diversifizierung der Wirtschaft«[753], »Rechtssicherheit«[754], »Einfachheit«[755] und »Transparenz«[756]. Der Gesetzentwurf widmet sich im Wesentlichen den Umständen, unter denen Investitionen durch

---

752 »Respeto Mutuo y Equidad: La inversión contribuye a la implementación del modelo económico productivo plural, donde el Estado como administrador del derecho proprietario de los recursos naturales, ejerce el control estratégico de los complejos productivos y genera procesos de industrialización a gran escala, relacionándose con inversionistas en condiciones de independencia, respeto mutuo y equidad.« (»Gegenseitiger Respekt und Fairness: Die Investition trägt bei zur Verwirklichung des Wirtschaftsmodells der pluralistischen Produktion, in dem der Staat als Verwalter der Eigentumsrechte an den Rohstoffen die Kontrolle an den Wertschöpfungsprozessen ausübt und die Entwicklung der systematischen Industrialisierung fördert.«).

753 »Economía Plural: Las formas de organización económica estatal, privada, social cooperativa y comunitaria que integran la economía plural, se articulan en el marco de los principios de complementariedad, reciprocidad, solidaridad, redistribución, igualdad, seguridad jurídica, sustentabilidad, equilibrio, justicia y transparencia. Las inversiones que se realicen en el Estado, contribuyen al desarollo de las formas de organización económica.« (»Pluralistische Wirtschaft: Die Formen der Organisation staatlicher, privater, sozialkooperativer und gemeinschaftlicher Wirtschaft, die zusammen die pluralistische Wirtschaft bilden, entfalten sich im Rahmen der Grundsätze gegenseitiger Ergänzung, wechselseitiger Bezogenheit, Solidarität, Umverteilung, Gleichheit, Rechtssicherheit, Nachhaltigkeit, Ausgewogenheit, Gerechtigkeit und Transparenz. Im Staat verwirklichte Investitionen tragen bei zur Entwicklung dieser Formen der wirtschaftlichen Organisation.«).

754 »Seguridad Jurídica: Las relaciones jurídicas dentro de todas las formas de organización económica reconocidas en la Constitución Política del Estado, y de la inversión boliviana y extranjera y el Estado, se basan en la seguridad jurídica de las partes asegurando siempre la protección del interés colectivo sobre el interés individual.« (»Rechtssicherheit: Die Rechtsbeziehungen hinsichtlich aller nach der Verfassung anerkannten Formen der Wirtschaftsorganisation sowie der bolivianischen, ausländischen und staatlichen Investitionen gründen sich auf den Grundsatz der Rechtssicherheit für die Beteiligten, wobei immer sichergestellt wird, dass das Gemeinschaftsinteresse Vorrang hat vor dem Individualinteresse.«).

755 »Simplicidad: El Estado establece procedimientos y plazos breves, y sencillos para la tramitación y consolidación de la inversión.« (»Einfachheit: Der Staat schafft rasche und einfache Verfahren und Fristen für die Zulassung und den Ausbau der Investition.«).

756 »Transparencia: Las formas de organización económica establecidas en la Constitución Política del Estado asi como la inversión boliviana o extranjera se basan fundamentalmente en los principios de transparencia y lucha contra la corrupción.« (»Transparenz: Die nach der Verfassung geschaffenen Formen der Wirtschaftsorganisation

Private und den Staat vorgenommen werden dürfen sowie den Voraussetzungen und Bedingungen, die für Investitionen gelten.[757] Auch behördliche Befugnisse und Investitionsanreize werden behandelt.[758]

Konkreten Schutz bietet der Gesetzentwurf für die ausländische Investition faktisch nicht:

So findet sich zum Eigentumsschutz lediglich der Hinweis, dass die private Unternehmung anerkannt und respektiert werde.[759] Im Zusammenhang mit den Regeln zur Streitbeilegung wird eine gerechte und angemessene Entschädigung in frei konvertibler Landeswährung versprochen.[760]

Soweit der Gesetzesvorschlag Regelungen zur Streitbeilegung vorsieht, dürften diese für den ausländischen Investor nur von begrenztem Nutzen sein. Der Gesetzesvorschlag sieht nämlich spezifische Bestimmungen für zwei Arten von Streitigkeiten vor: Er erfasst einerseits Streitigkeiten bei Investitionen unter Beteiligung des Staates[761] und andererseits Streitigkeiten, die zwischen verschiedenen Investoren entstehen.[762] Der aber für den ausländischen Investor in erster Linie relevante Fall der Streitigkeit mit dem Gaststaat selbst lässt sich lediglich den in Art. 27

---

sowie die bolivianische oder ausländische Investition beruhen auf den Grundsätzen der Transparenz sowie des Kampfes gegen die Korruption.«).

757 Siehe etwa Art. 11 »Condiciones para la Inversión« (»Voraussetzungen der Investition«), Art. 13 »Registro de la Inversión« (»Registrierung der Investition«) oder Art. 14 »Transferencia Tecnológica« (»Technologietransfer«).

758 Siehe Art. 20 f. »Capítulo 4 – Ministerio de Planificación del Desarollo« (»Kapitel 4 – Ministerium zur Planung der Entwicklung«) und Art. 22 ff. »Capítulo 5 – Incentivos a la Inversión« (»Kapitel 5 – Investitionsanreize«).

759 Art. 7 »Inversion con Compromiso Social: El Estado […] reconoce y respeta la iniciativa privada […]« (»Investition mit sozialer Verpflichtung: Der Staat […] erkennt die private Unternehmung an und respektiert sie […]«).

760 Siehe dazu (Fn. 763).

761 Art. 26 Abs. 2. a): »[…] controversias que surjan de las relaciones entre el Estado como inversionista y el inversionista extranjero […]« (»[…] Streitigkeiten, die sich ergeben aus den Beziehungen zwischen dem Staat als Investor und dem ausländischen Investor […]«) sowie Art. 26 Abs. 2 b): »[…] controversias que surjan entre el Estado como inversionista y otros inversionistas bolivianos o extranjeros […]« (»[…] Streitigkeiten, die entstehen zwischen dem Staat als Investor und anderen bolivianischen oder ausländischen Investoren […]«).

762 Art. 26 Abs. 3: »[…] conflictos que surjan de las relaciones entre inversionistas privados bolivianos y extranjeros […]« (»[…] Konflikte, die entstehen aus den Beziehungen zwischen privaten bolivianischen und ausländischen Investoren […]«).

des Entwurfes geregelten »Anderen Streitigkeiten« zuordnen.[763] Dieser Artikel trifft aber eine Regelung nur für den Fall einer Enteignung. Diese sei vor einem nach genauerer Maßgabe zu konstituierendem Schiedsgericht zu verhandeln. Damit aber bleibt offen, wie etwa Verletzungen des Fair and Equitable Standards oder der Inländerbehandlung geltend gemacht werden könnten.

Dieser Mangel könnte sich aber insofern als nur konsequent zeigen, als der Gesetzentwurf im Übrigen schon kaum konkrete Schutzstandards für den Investor definiert.

Die grundsätzlich freie Rückführbarkeit der eingesetzten Investition dürfte die einzig konkrete Schutzmaßnahme sein.[764]

Es findet sich keine Bestimmung, die eine Gleichbehandlung von in- und ausländischen Investoren oder eine Meistbegünstigung für das Verhältnis zu anderen ausländischen Investoren beschreibt. Vielmehr legt der Gesetzentwurf ausdrücklich fest, dass in bestimmten Fällen sowohl die staatliche gegenüber der privaten[765]

---

763 Art. 27: »Otras Controversias: Las controversias que surjan por efecto de nacionalizaciones asumidas en ejercicio de la soberania del estado se solucionarán por la via arbitral conforme a lo establecido en los parágrafos IV y V del artículo precedente [...]. La solución de controversias observará lo siguiente: a) El Estado reconocerá un pago justo y oportuno por las inversiones realizadas. b) El pago justo descontará deudas tributarias, laborales, sociales ni pasivos ambientales y se realizará en el país, en moneda nacional garantizándose su libre convertibilidad y transferencia al extranjero.« (»Andere Streitigkeiten: Die Streitigkeiten, die entstehen aufgrund einer in Ausübung der staatlichen Souveränität vorgenommenen Enteignung werden im Wege des Schiedsverfahrens nach Maßgabe der Absätze IV und V des vorstehenden Artikels beigelegt [...]. Die Streitbeilegung beachtet das Nachstehende: a) Der Staat ist zur Zahlung einer gerechten und angemessenen Zahlung für die vorgenommenen Investitionen verpflichtet. b) Von der gerechten Zahlung sind steuerliche, arbeitsrechtliche, soziale und umweltrechtliche Verpflichtungen abzurechnen und sie ist im Inland zu leisten in einheimischer Währung, deren freie Konvertibilität und Übertragbarkeit ins Ausland gewährleistet ist.«).

764 Art. 15: »Transferencias al Exterior: I. Los inversionistas extranjeros, podrán transferir al exterior, en divisas libremente convertibles por medio del sistema bancario, previo cumplimiento de las obligaciones tributarias y otras establecidas en normativa vigente, lo sigiuente [...]« (»Übertragungen ins Ausland: I. Ausländische Investoren können in frei konvertiblen Devisen durch das Banksystem nach vorheriger Erfüllung der steuerlichen und anderer gesetzlicher Verpflichtungen das Folgende ins Ausland übertragen: [...]«).

765 Art. 16: »Priorización de la Inversión Estatal: La inversión estatal destinada a inversiones preferentes deberá ser atendida prioritariamente por las instancias públicas competentes, en lo referido a la elaboración, aprobación, financiamiento y ejecución de la

als auch die inländische gegenüber der ausländischen[766] Investition bevorzugt zu behandeln sind.

Einen Verlust von Rechtssicherheit dürfte es im Übrigen auch darstellen, dass der Gesetzentwurf an verschiedenen Stellen offensichtlich unkonkrete und unbestimmte Vorbehalte und Einschränkungsmöglichkeiten enthält. Dies zeigt sich zum einen schon in den bereits genannten, für den Umgang mit den Investitionen geltenden Grundprinzipien, tritt aber auch in weiteren Bestimmungen zutage: So soll die Vornahme einer Investition nach Art. 5 Abs. 2 des Entwurfes nur unter Wahrung der Prinzipien von »Souveränität und Würde« sowie »Gegenseitigem Respekt und Fairness« zulässig sein.[767] Art. 10 des Entwurfes bestimmt zudem, dass alle Beziehungen zwischen Investoren und dem Staat den eingangs genannten Grundsätzen von »Souveränität und Würde«, »Rechtssicherheit« sowie »Gegenseitigem Respekt und Fairness« unterzuordnen sind.[768] Es liegt auf der Hand, dass die Handhabung dieser

---

inversión, en el marco de las normas aplicables, asi como de la normativa ambiental y social.« (»Vorrang der staatlichen Investition: Die staatliche Investition in bevorzugte Investitionsprojekte muss durch die zuständigen Behörden im Hinblick auf die Konzeption, Zulassung, Finanzierung und Durchführung der Investition im Rahmen des anzuwendenden, die umweltrechtlichen und sozialen Normen einschließenden Rechts vorrangig behandelt werden.«).

766 Art. 23: »Inversiones Preferentes: […] Par. 3: En caso que las acciones referidas en el Parágrafo anterior requeriesen la realización de convocatorias públicas o licitaciones internacionales, se dará prioridad a la propuesta del inversionista boliviano frente a la propuesta del inversionista extranjero, siempre y cuando la propuesta presente similares características. […]« (»Bevorzugte Investitionsprojekte: […] Abs. 3: Wenn die im vorstehenden Absatz beschriebenen Maßnahmen öffentliche Ausschreibungen oder internationale Auftragsvergaben erfordern, dann hat die Bewerbung des bolivianischen Investors Vorrang vor der Bewerbung des ausländischen Investors, sofern diese Bewerbungen vergleichbare Merkmale aufweisen. […]«).

767 Art. 5 Abs. 2: »Las inversiones podrán efectuarse […] observando los principios de Soberanía y Dignidad y de Respeto Mutuo y Equidad.« (»Investitionen können vorgenommen werden […] unter Wahrung der Grundsätze der Souveränität und Würde und des gegenseitigen Respekts und der Fairness.«).

768 Art. 10 »Relaciones con Respeto Mutuo y Equidad: Las relaciones emergentes de las inversiones entre los inversionistas y con el Estado, se sujetarán a los principios de Soberanía y Dignidad, Seguridad Jurídica, Respeto Mutuo y Equidad establecidos en el Artículo 3 de la presente Ley.« (»Beziehungen unter Wahrung gegenseitigen Respekts und der Fairness: Die sich aus den Investitionen ergebenden Beziehungen zwischen den Investoren und dem Staat sind den Grundsätzen von Souveränität und Würde, Rechtssicherheit, gegenseitigem Respekt und Fairness, die in Artikel 3 dieses Gesetzes beschrieben sind, unterworfen.«).

Begriffe durch Verwaltung und Rechtsprechung für den Investor – mit Ausnahme der »Rechtssicherheit« nicht vorhersehbar sind.

Der Gesetzesvorschlag betont das Bestreben, die wirtschaftliche Betätigung Privater der Planung und Lenkung durch den Staat unterzuordnen.[769] Er postuliert auch den Vorrang des gemeinschaftlichen vor dem individuellen Interesse.[770]

Im Übrigen bestimmt der Gesetzesentwurf, dass alle bestehenden bilateralen Investitionsabkommen nach deren vorzunehmender Neuverhandlung sich an den Bestimmungen des neuen Investitionsgesetzes zu orientieren hätten.[771] Dies gilt auch für neu abzuschließende Abkommen.[772] Investitionen im Rahmen solcher Integrationsbündnisse, denen Bolivien zugehört, sollen ebenfalls durch das neue Investitionsgesetz und die entsprechenden »supranationalen« Bestimmungen geregelt werden.[773]

---

769 Siehe etwa Art. 1 Abs. 1: »El Estado [...] orienta las inversiones hacia actividades económicas que contribuyan a la erradicación de la pobreza [...]« (»Der Staat lenkt die Investitionen in wirtschaftliche Betätigungen, die zur Auslöschung der Armut [...] beitragen«).

770 Siehe bei (Fn. 754).

771 Disposición Adicional Segunda Abs. 1: »Los Tratados a los que hace referencia la Disposición Transitória Novena de la Constitución Política del Estado en lo concerniente a inversiones extranjeras deberán adecuarse a las regulaciones establecidas en la presente Ley.« und Abs. 2 »Los Tratados concernientes a inversiones extranjeras que sean renegociados conforme a lo dispuesto a la Disposición Transitoria Novena de la Constitución Política del Estado, deberán adecuarse a las regulaciones establecidas en la presente Ley y formalizarse a través de acuerdos marco de inversión.« (Abs. 1: »Die in der Neunten Übergangsvorschrift der Verfassung in Bezug auf ausländische Investitionen erwähnten Abkommen sind den Vorschriften dieses Gesetzes anzupassen.« und Abs. 2: »Die Abkommen in Bezug auf ausländische Investitionen, die neu zu verhandeln sein werden nach Maßgabe der Neunten Übergangsvorschrift der Verfassung, sind den Vorschriften dieses Gesetzes anzupassen und in Form von Investitionsrahmenabkommen abzuschließen.«).

772 Disposición Adicional Segunda Abs. 3: »A partir de la publicación de la presente Ley, todo acuerdo marco de inversión o acuerdo comercial internacional sobre inversiones que suscriba el país, se fundamentará en las disposiciones establecidas en la presente Ley.« (»Ab der Veröffentlichung dieses Gesetzes gründet sich jedes Investitionsrahmenabkommen und jedes internationale Handelsabkommen über Investitionen, welches das Land ratifiziert, auf die Vorschriften dieses Gesetzes.«).

773 Disposición Adicional Segunda Abs. 4: »El tratamiento a las inversiones en los acuerdos de integración en los que participa el país, se regirán a la presente norma o conforme a lo dispuesto por la normativa supranacional que guía el funcionamiento de estos acuerdos, y que hayan sido ratificados por el Estado boliviano, según correspon-

Insgesamt stellt der Gesetzesvorschlag eine konsequente Umsetzung der verfassungsrechtlichen Vorgaben dar. Er regelt aber vor allem den Umgang mit und die Verwaltung von in- und ausländischen Investitionen. Konkrete Schutzstandards etabliert der Gesetzentwurf faktisch nicht. Es dürften sich bis zum Inkrafttreten des Gesetzes noch Änderungen am Entwurf ergeben, doch ist angesichts der verfassungsrechtlichen Vorgaben kaum zu erwarten, dass sich wesentliche Verbesserungen für den ausländischen Investor zeigen.

f) Fazit: Rechtsunsicherheit und materielle Defizite

Der ausländische Investor sieht durch das geltende nationale bolivianische Recht auf Grundlage der Verfassung von 2009 seine Interessen kaum gewahrt. Enteignungen stellen ein Instrument zur Verwirklichung der neuen Wirtschaftspolitik dar und werden tatsächlich auch durchgeführt. Den Schutzgewährleistungen in der Verfassung kommt daher nur geringe praktische Bedeutung zu. Der Gesetzentwurf vom Januar 2013 für ein neues Investitionsgesetz lässt effektiven Schutz nicht erwarten. Dem wichtigsten Instrument zum Schutz des Investors, der Schiedsgerichtsbarkeit, wird eine pauschale Absage erteilt. Schwer wiegt auch der Umstand, dass jegliche Besserstellung des ausländischen Investors untersagt, eine Gleichstellung mit Drittstaatlern nicht vorgeschrieben und die Bevorzugung inländischer Investitionen Verfassungsgebot ist. Trotz der Nichtanwendbarkeit der ICSID-Klausel bietet das bilaterale Investitionsabkommen zwischen Bolivien und der Bundesrepublik dem Investor den im Übrigen vereinbarten, beschriebenen Schutz.

III. Zusammenfassung: Vertrauen in Brasilien und Verunsicherung in Bolivien – Materielle Schutzdefizite ohne Integrationsrecht

In beiden hier untersuchten Staaten ist der Schutz eines Investors mangelhaft ausgestaltet. Während– das belegt der tatsächliche Zufluss an Investitionen – Investoren in die brasilianische Verwaltung jedoch ein grundsätzliches Vertrauen besitzen, sind die normativen Defizite in Bolivien Ausdruck einer bewussten

da.« (»Die Behandlung der Investitionen in den Integrationsabkommen, denen das Land zugehört, richtet sich nach Maßgabe dieses Gesetzes oder der supranationalen Vorschriften, die das Funktionieren dieser Abkommen bestimmen und die ordnungsgemäß durch den bolivianischen Staat ratifiziert worden sind.«).

Politik, einer gezielt nicht dem internationalen Standard entsprechenden Behandlung ausländischer Investoren.

Sowohl Bolivien als auch Brasilien verweigern es dem ausländischen Investor, ihm zugestandene Rechte vor internationalen Schiedsgerichten geltend zu machen. Während allerdings in Bolivien auf absehbare Zeit diese Abkehr vom System des internationalen Investitionsschutzes zementiert zu sein scheint, so ist es im Falle Brasiliens denkbar, dass sich die Haltung ändert. Hierfür sprechen sowohl der Erfolg des neuen Gesetzes zur Schiedsgerichtsbarkeit als auch die wachsenden globalen Aktivitäten brasilianischer Unternehmen.

Enteignungen sind in Bolivien gängiges Mittel zur Umsetzung politischer Ziele. In Brasilien kann der deutsche Investor darauf vertrauen, dass ihm sein Eigentum grundsätzlich nicht genommen wird. Seit langer Zeit sind dort keine Fälle von Enteignungen bekannt.

Während die Rückführung von Kapital in Brasilien nach erfolgter Registrierung grundsätzlich frei erfolgen kann, ist nicht auszuschließen, dass auf Grundlage des in Ausarbeitung befindlichen neuen bolivianischen Investitionsgesetzes in Übereinstimmung mit der investorenfeindlichen Ausprägung der neuen Verfassung der Kapitaltransfer nicht ungehindert zugestanden wird.

Die Verfassung Boliviens verweigert auch andere materielle Schutzstandards wie das Gebot der Inländerbehandlung oder der Meistbegünstigung gegenüber Drittstaatlern. Rechtsschutzgewährungen, deren Wert sich noch in der Praxis zu erweisen hat, kennt die Verfassung. Das brasilianische Recht setzt dagegen die inländische und die ausländische Investition rechtlich gleich.

Bei reiner Betrachtung des nationalen Rechts und Völkerrechts ohne Berücksichtigung der Einflüsse des jeweiligen Integrationsrechts zeigen sich also beiderseits Defizite. Ob diese Defizite einen Ausgleich durch das Integrationsrecht erfahren, ist Gegenstand des folgenden Kapitels.

Kapitel 4: Rhetorik und Realität: Investitionsschutz durch Integrationsrecht im Mercosurstaat Brasilien und in Bolivien als Mitgliedstaat der Andengemeinschaft

Das einen deutschen Investor betreffende Regelungsgefüge wird sowohl in Brasilien als auch in Bolivien ergänzt durch den Einfluss des jeweiligen regionalen Integrationsrechts.[774]

Sowohl aus dem Mercosur als auch aus der Andengemeinschaft sind auf der Grundlage des beschriebenen institutionellen Rechts Normen mit investitionsschützendem Bezug hervorgegangen. Es wird sich zeigen, dass nur in der Andengemeinschaft Integrationsrechtsakten Wirkungen zukommen können, die denjenigen des Rechts der Europäischen Union vergleichbar sind. Solche Wirkungen, darunter insbesondere die unmittelbare Geltung und der Vorrang vor nationalem Recht, sind im Mercosur nicht vorgesehen. Die Betrachtung des konkret investitionsschützenden Integrationsrechts wird in diesem Abschnitt der Untersuchung sowohl im Mercosur als auch in der Andengemeinschaft zu der Erkenntnis führen, dass der Investor keine rechtlichen Vorteile erlangt, die ihm nicht bereits durch nationales und Völkerrecht gegeben wären.

A. Kein effektiver Schutz des Investors selbst bei Berücksichtigung des Integrationsrechts

Als Vergleichsmaßstab für den durch das Integrationsrecht von Mercosur und Andengemeinschaft vermittelten Schutz eines drittstaatlichen Investors ist in Grundzügen das Integrationsrecht der Europäischen Union heranzuziehen.

---

774 Das Beitrittsverfahren Boliviens zum Mercosur ist noch nicht abgeschlossen (dazu S. 77). Die Begutachtung richtet sich im Falle Boliviens daher nur auf das Integrationsrecht der Andengemeinschaft. Das Integrationsrecht des Mercosur wird anhand des Beispiels Brasiliens untersucht.

I. Der Schutz eines drittstaatlichen Direktinvestors durch das Integrationsrecht der Europäischen Union – Ein Vergleichsmaßstab

Hinsichtlich der im folgenden Abschnitt untersuchten Schutzelemente aus dem europäischen Recht kommen zunächst die Grundfreiheiten als individualschützende Rechtsnormen in Betracht. Durch den Vertrag von Lissabon wurde zum 1. Dezember 2009 außerdem eine ausschließliche Kompetenz der Union für ausländische Direktinvestitionen begründet. Dies wirft Fragen auch für den Schutz des Drittstaatinvestors in der EU auf. Darüber hinaus wurde durch den Vertrag von Lissabon der Grundrechtsschutz durch das unionale Recht erheblich ausgebaut.[775]

1. Die Grundfreiheiten als das zentrale Schutzinstrument

Die Grundfreiheiten im Recht der Europäischen Union sind ursprünglich ausgestaltet als Verbote von Diskriminierungen durch nationale Rechtsakte. Eine Diskriminierung liegt vor, »wenn das nationale Recht oder der Rechtsanwender einen grenzüberschreitenden Vorgang notwendig oder typischerweise schlechter als einen rein internen behandelt«, also die »Schlechterstellung« des (EU-)Ausländers erfolgt.[776] Da jedoch auch unterschiedslos auf In- und Ausländer anwendbare nationale Regelungen die Ausübung der Grundfreiheiten beeinträchtigen können, erkennt der EuGH heute für alle Grundfreiheiten eine Geltung als grundsätzliches Verbot jeglicher Beschränkungen, nicht allein von Diskriminierungen, an.[777] Eine Beschränkung liegt schon vor, »wenn nationale Maßnahmen die Ausübung

775 Siehe *Kingreen*, in: Calliess/Ruffert (Fn. 61), Art. 6 EUV Rn. 3 ff.

776 Zitiert nach *Ehlers*, Allgemeine Lehren, in: Ehlers (Fn. 541), § 7 Rn. 77; siehe dazu auch bei *Streinz* (Fn. 407), S. 302 f.

777 Siehe EuGH, Rs. C 8/74, Dassonville, Slg. 1974, S. 837, Rn. 5; EuGH, Rs. 33/74, van Binsbergen, Slg. 1974, S. 1299, Rn. 10 ff.; EuGH Rs. C-415/93, Bosman, Slg. 1995, I-4921, Rn. 94 ff.; EuGH, Rs. C-55/94, Gebhard, Slg. 1995, I-4165, Rn. 34 ff.; siehe Hinweise bei *Streinz* (Fn. 407), S. 304 ff.; und vertiefend *Ehlers* (Fn. 776), § 7 Rn. 28; *Becker*, Arbeitnehmerfreizügigkeit, in: Ehlers (Fn. 541), § 9 Rn. 41 ff.; *Pache*, Dienstleistungsfreiheit, in: Ehlers (Fn. 541), § 11 Rn. 59 ff.; *Tietje*, Niederlassungsfreiheit, in: Ehlers (Fn. 541), § 10 Rn. 53; *v. Wilmowsky*, Freiheit des Kapital- und Zahlungsverkehrs, in: Ehlers (Fn. 541), § 12 Rn. 7 ff.; *Pache*, Grundfreiheiten, in: Schulze/Zuleeg/Kadelbach (Hrsg.), Europarecht – Handbuch für die deutsche Rechtspraxis, 2. Aufl. 2010, § 10 Rn. 21 ff.; siehe auch *Kingreen* (Fn. 775), Art. 34 – 36 AEUV Rn. 57 ff.

dieser »Freiheiten behindern oder weniger attraktiv machen können««.[778] Das Verbot von Beschränkungen ist auch bereits im Wortlaut der Grundfreiheiten – unterschiedlich deutlich – angelegt.[779] Die Abgrenzung von Beschränkungen zu Diskriminierungen ist teilweise schwierig und auch die Prüfung durch die europäischen Gerichte variiert.[780]

Den Grundfreiheiten kommt als Beschränkungsverboten auch ein freiheitsrechtlicher, damit originär grundrechtlicher Charakter zu.[781] Dies hängt unmittelbar damit zusammen, dass alle Grundfreiheiten auch direkt individualschützend wirken. Sie gelten nicht nur als zur Umsetzung durch die Mitgliedstaaten bestimmte Programmsätze, sondern räumen dem Einzelnen konkret eine subjektive Rechtsposition, ein subjektiv-öffentliches Recht ein.[782]

In sachlicher Hinsicht ist der Direktinvestor auf Schutz durch die Freiheit der Niederlassung und des Kapitalverkehrs angewiesen.[783] Erstere ist einschlägig, wo der Investor »in stabiler und kontinuierlicher Weise am Wirtschaftsleben eines [...] Mitgliedstaats [...] teilzunehmen und daraus Nutzen zu ziehen« beabsichtigt.[784] Letztere ist anwendbar im Falle »jede[r] über die Grenzen eines Mitgliedstaates der Gemeinschaft hinweg stattfindende[n] Übertragung von Geld- oder

---

778 Zitiert nach *Ehlers* (Fn. 776), § 7 Rn. 28.

779 Art. 34/35 AEUV: »mengenmäßige [Einfuhr-/Ausfuhr-]beschränkungen«; Art. 49 Abs. 1 S. 1 AEUV: »Die Beschränkungen der freien Niederlassung«; Art. 56 Abs. 1 AEUV: »Die Beschränkungen des freien Dienstleistungsverkehrs«; Art. 63 AEUV: »alle Beschränkungen des Kapitalverkehrs«.

780 Siehe dazu bei *Ehlers* (Fn. 776), § 7 Rn. 89; *Kingreen* (Fn. 775), Art. 34 – 36 AEUV Rn. 57.

781 *Ehlers* (Fn. 776), § 7 Rn. 29; krit. *Kingreen* (Fn. 775), Art. 34 – 36 AEUV Rn. 66 ff.

782 Siehe EuGH, Rs. C-26/62, van Gend & Loos, Slg. 1963, S. 3 (25); dazu *Ehlers* (Fn. 776), § 7 Rn. 10; *Kingreen* (Fn. 775), Art. 34 – 36 AEUV Rn. 9.

783 Siehe *Hindelang*, Wie viel Freiheit wagen? Das Verhältnis von EG Kapitalverkehrs- und Niederlassungsfreiheit und die Reglementierung von Direktinvestitionen in und aus Drittstaaten, in: Reinisch/Knahr (Hrsg.), Aktuelle Probleme und Entwicklungen im Internationalen Investitionsrecht, 2008, S. 79 (81); zur Niederlassungsfreiheit *Tietje* (Fn. 777), § 10, insbesondere zur Abgrenzung derselben zur Kapitalverkehrsfreiheit und möglichen Folgen für Drittstaatsangehörige, § 10 Rn. 33; siehe auch *Hindelang*, Direktinvestitionen und die Europäische Kapitalverkehrsfreiheit im Drittstaatenverhältnis, JZ 2009, S. 829 ff.; hierzu auch *Hindelang/Maydell*, The EU's Common Investment Policy – Connecting the Dots, in: Bungenberg/Griebel/Hindelang (Hrsg.), European Yearbook of International Economic Law – Special Issue: International Investment Law and EU Law, 2011, S. 1 (2 ff.).

784 EuGH, Rs. C-55/94, Gebhard, Slg. 1995, I-4165, Rn. 25; siehe auch *Herdegen*, Europarecht, 15. Aufl. 2013, § 16 Rn. 22.

Sachkapital [...], die primär zu Anlagezwecken erfolgt.«.[785] Eine trennscharfe, im Fall der Direktinvestitionen sinnvolle Abgrenzung der beiden Freiheiten steht bislang noch aus.[786] Im Rahmen der Kapitalverkehrsfreiheit sollen jedenfalls auch Direktinvestitionen sachlich erfasst sein.[787] Damit kann die Direktinvestition dem sachlichen Anwendungsbereich beider Freiheiten zugeordnet werden.

In persönlicher Hinsicht gelten die Grundfreiheiten grundsätzlich für alle natürlichen und juristischen Personen aus den Mitgliedstaaten der Union.[788] Der Anwendungsbereich der Kapitalverkehrsfreiheit umfasst darüber hinaus alle Beschränkungen, die »zwischen den Mitgliedstaaten und dritten Ländern« bestehen (Art. 63 Abs. 1 AEUV) schützt also im Sinne eines einseitigen Zugeständnisses auch Drittstaatsangehörige.[789] Dies gilt nicht für die Niederlassungsfreiheit nach Art. 49 AEUV, deren Schutz dem – nicht bereits in der Union niedergelassenen – Drittstaatsinvestor damit verschlossen bleibt.[790] Entgegenstehende Ansichten plädieren für eine parallele Anwendbarkeit beider Freiheiten und ermöglichen damit dem Drittstaatsinvestor auch die Berufung auf die Niederlassungsfreiheit.[791] Welche der beiden Freiheiten (vorrangig) auf den Fall des Direktinvestors Anwendung

785 Zitiert nach *Bröhmer* (Fn. 61), Art. 63 AEUV Rn. 8; siehe auch *Müller*, Kapitalverkehrsfreiheit in der Europäischen Union, 2000, S. 158; zum Schutzbereich und dessen Beschränkungsmöglichkeiten auch *v. Wilmowsky* (Fn. 777), § 12 Rn. 2 ff., 41 ff.

786 Vgl. bei *Hindelang/Maydell*, Die Gemeinsame Europäische Investitionspolitik – Alter Wein in neuen Schläuchen?, in: Bungenberg/Griebel/Hindelang (Hrsg.), Internationaler Investitionsschutz und Europarecht, 2010, S. 11 (15 ff.).

787 So *Müller* (Fn. 785), S. 193; *Hindelang/Maydell* (Fn. 786), S. 11 f. (15).

788 *Kingreen* (Fn. 775), Art. 34 – 36 AEUV Rn. 32 ff.

789 So auch *Müller* (Fn. 785), S. 149; *Hindelang* (Fn. 783 [2]), S. 829 ff. (832), der insbesondere die wirtschaftliche Notwendigkeit einer Anwendbarkeit für Drittstaatler herausstellt; *Hindelang*, The Free Movement of Capital and Foreign Direct Investment – The Scope of Protection in EU Law, 2009, S. 204 ff.; *v. Wilmowsky* (Fn. 777), § 12 Rn. 5; sowie *Bröhmer* (Fn. 61), Art. 63 AEUV Rn. 5 ff.; und *Hindelang/Maydell* (Fn. 783), S. 1 (2); so auch *Ehlers* (Fn. 776), § 7 Rn. 46; krit. mit dem Hinweis auf die praktisch schwierige rechtliche Aufspaltung ganzheitlicher wirtschaftlicher Vorgänge *Kingreen* (Fn. 775), Art. 34 – 36 AEUV Rn. 32 f.

790 *Tietje* (Fn. 777), § 10, Rn. 15; *Hindelang/Maydell* (Fn. 783), S. 1 (3 ff.), verweisen auf die »Schwerpunkt«-Rechtsprechung des EuGH zur Unterscheidung von Niederlassungs- und Kapitalverkehrsfreiheit; so scheint dies auch *Dimopoulos,* EU Foreign Investment Law, 2011, S. 84, zu werten.

791 *Hindelang* (Fn. 783 [1]), S. 79 (99 ff.), stellt die verschiedenen Ansätze vor, plädiert jedoch für eine parallele Anwendung der Grundfreiheiten; *Hindelang* (Fn. 789), S. 113 f.; so auch grundsätzlich *v. Wilmowsky* (Fn. 777), § 12 Rn. 3; so *Hindelang/Maydell* (Fn. 783), S. 1 (5 f.).

findet, braucht im Rahmen dieses Überblicks zur Regelungssystematik im Unionsrecht nicht entschieden werden. Es erscheint aber überzeugend, dass jedenfalls einem ausländischen Investor nach seiner Niederlassung in der Union die Berufung auf Art. 49 AEUV möglich sein muss.[792]

Neben dem Schutz des von Art. 56 AEUV erfassten freien Kapitalverkehrs dienen die Grundfreiheiten auch dem Schutz der hier untersuchten Behandlungsstandards. Als Beschränkungs- und gegebenenfalls Diskriminierungsverbote gewähren die Grundfreiheiten in ihrem Anwendungsbereich damit für den drittstaatlichen Investor die Inländerbehandlung und verbieten auch die Schlechterstellung gegenüber einem Investor aus einem anderen außereuropäischen Staat.[793] Das allgemeine Diskriminierungsverbot aus Art. 18 AEUV findet gegenüber Drittstaatlern jedoch keine Anwendung.[794] Aus den Beschränkungsverboten kann der Investor konkrete Unterlassungs- und Beseitigungsansprüche herleiten.[795] Die Grundfreiheiten gewähren ihm – in ihrem Anwendungsbereich – auch Verfahrensgarantien.[796]

2. Die Auswirkungen des Lissabon-Vertrages: Grundrechtsschutz durch die Europäische Union anhand von Grundrechtecharta und Europäischer Menschenrechtskonvention

Mit dem Inkrafttreten des Vertrags von Lissabon zum 1. Dezember 2009 hat die vormals nicht rechtsverbindliche Charta der Grundrechte der Europäischen Union[797] (i.F.: »GrCh«) Rechtsgeltung im Rang des unionalen Primärrechts erhalten (Art. 6 Abs. 1 UA 1 EUV).[798] Sofern ein ausländischer Investor sich durch die Ausführung von Rechtsakten der Union oder unionsrechtlich veranlassten Rechtsakten eines Mitgliedstaats beeinträchtigt sieht, steht es ihm – vorbehaltlich der Anforderungen der Charta selbst, die etwa die Unionsbürgerrechte ausdrücklich den

792 So auch wohl *Dimopoulos* (Fn. 790), S. 96.

793 Vgl. auch *Ehlers* (Fn. 776), § 7 Rn. 77; *Hindelang* (Fn. 783 [2]), S. 829 (834 ff.).

794 *Epiney*, in: Calliess/Ruffert (Fn. 61), Art. 18 AEUV Rn. 45. Dies zeigen im Übrigen schon die hinsichtlich der Kapitalverkehrsfreiheit möglichen Beschränkungen für Drittstaatler.

795 Vgl. *Ehlers* (Fn. 776), § 7 Rn. 30.

796 *Ehlers* (Fn. 776), § 7 Rn. 38.

797 Charta der Grundrechte der Europäischen Union, Abl. der EU C 303/1 vom 14.12.2007.

798 *Kingreen* (Fn. 775), Art. 6 EUV Rn. 8 ff.

Unionsbürgern vorbehält – nunmehr frei, vor europäischen Gerichten diese Verletzung der Charta zu rügen.[799]

Die Union tritt, dies bestimmt Art. 6 Abs. 2 EUV, der Europäischen Menschenrechtskonvention (i.F.: »EMRK«)[800] bei.[801] Nach Inkrafttreten des 14. Zusatzprotokolls zur EMRK ist der Beitritt der Union auch konventionsrechtlich möglich, bislang aber noch nicht erfolgt. Sobald dies der Fall ist, würde es dem ausländischen Direktinvestor über Art. 6 Abs. 2 EUV mittelbar ermöglicht, Rechtsverletzungen – hier insbesondere des 1. Zusatzprotokolls zur EMRK[802] – durch Individualbeschwerde nach Art. 34 EMRK auch vor dem EGMR zu rügen.[803] Diese Beschwerdemöglichkeit setzt die Erschöpfung des innerstaatlichen Rechtswegs voraus.[804]

Darüber hinaus gelten die in der EMRK formulierten Grundrechte und Grundfreiheiten nach Art. 6 Abs. 3 EUV als allgemeine Grundsätze des Unionsrechts, sind als solche also im Umgang mit dem Investor grundsätzlich zu achten.

Die Frage nach dem investitionsrechtlich relevanten Schutz des Eigentums durch das Recht der Union führt über Art. 6 Abs. 1 und 2 EUV zunächst zur Charta der Grundrechte und zur EMRK.[805] Nach Art 17 Abs. 1 der Grundrechtecharta ist

---

799 Vgl. zur Klageberechtigung natürlicher und juristischer Personen hinsichtlich EMRK und GrCh *Ehlers*, Allgemeine Lehren der Unionsgrundrechte, in: Ehlers (Fn. 541), § 14 Rn. 42 ff.

800 Konvention zum Schutze der Menschenrechte und Grundfreiheiten vom 5.11.1950, BGBl. 1952 II, S. 686 ff., siehe die heute gültige Fassung nach BGBl. 2010 II, S. 1198 ff.

801 *Kingreen* (Fn. 775), Art. 6 EUV Rn. 19, 24 ff.

802 Zusatzprotokoll zur Konvention zum Schutze der Menschenrechte und Grundfreiheiten vom 20.3.1952, BGBl. 1956 II, S. 1880 ff. (i.F.: »Zusatzprotokoll EMRK«); zur den Eigentumsbegriff dieses Zusatzprotokolls prägenden Rechtsprechung knapp *Dolzer* (Fn. 509), S. 170.

803 Zu einem entsprechenden Fallbeispiel einer investitionsrechtlichen Streitigkeit vor dem EGMR *Emberland*, The European Convention of Human Rights as a Means for the Protection of Foreign Direct Investment: A Look at Sovtransavto Holding v. Ukraine, in: Tietje (Fn. 483), S. 107 ff.; *Pfaff*, Investitionsschutz durch regionalen menschenrechtlichen Eigentumsschutz am Beispiel der Europäischen Menschenrechtskonvention (EMRK), in: Reinisch/Knahr (Fn. 783), S. 163 (189 ff.), stellt heraus, dass die EMRK sowohl materiell als auch prozessual dem ausländischen Direktinvestor Schutz zu gewährleisten in der Lage ist; zur Individualbeschwerde vor dem EGMR auch *Kadelbach* (Fn. 519), § 5 Rn. 25, 28 ff., 37 ff.; *Kingreen* (Fn. 775), Art. 6 EUV Rn. 27, zum Rang der EMRK innerhalb des unionalen Rechts und zur Möglichkeit der Individualbeschwerde gegen Maßnahmen der Union vor dem EGMR (Rn. 35).

804 Art. 35 Abs. 1 EMRK, vgl. *Kadelbach* (Fn. 519), § 5 Rn. 47 ff.

805 Eingehend *Calliess*, Eigentumsgrundrecht, in: Ehlers (Fn. 541), § 16.4.

der Schutz des Eigentums umfassend geregelt,[806] Art. 16 schützt zudem die »Unternehmerische Freiheit«. Nach dem Ersten Zusatzprotokoll zur EMRK von 1952 ist auch der Eigentumsschutz – explizit auch für juristische Personen – Gegenstand der Konvention.[807]

3. Kein Schutz durch die »EU Minimum Platform on Investment«

Im Jahr 2007 einigten sich die Mitgliedstaaten der damaligen Gemeinschaft auf den Entwurf einer »EU Minimum Platform on Investment«.[808] Dieses Dokument stellt eine unverbindliche Einigung, einen Minimalkonsens über den Inhalt von durch die Union zukünftig abzuschließenden Freihandelsabkommen dar, sofern diese Auslandsinvestitionen betreffen. Es sollte hierdurch vermieden werden, diese heikle Problematik vor dem Abschluss solcher Abkommen jeweils erneut intern verhandeln zu müssen.[809] Selbst wenn sich aus der »Platform« konkrete

---

806 »Jede Person hat das Recht, ihr rechtmäßig erworbenes Eigentum zu besitzen, zu nutzen, darüber zu verfügen und es zu vererben. Niemandem darf sein Eigentum entzogen werden, es sei denn aus Gründen des öffentlichen Interesses in den Fällen und unter den Bedingungen, die in einem Gesetz vorgesehen sind, sowie gegen eine rechtzeitige angemessene Entschädigung für den Verlust des Eigentums. Die Nutzung des Eigentums kann gesetzlich geregelt werden, soweit dies für das Wohl der Allgemeinheit erforderlich ist.«.

807 Art. 1 Zusatzprotokoll EMRK: »Jede natürliche oder juristische Person hat das Recht auf Achtung ihres Eigentums. Niemandem darf sein Eigentum entzogen werden, es sei denn, daß das öffentliche Interesse es verlangt, und nur unter den durch Gesetz und durch die allgemeinen Grundsätze des Völkerrechts vorgesehenen Bedingungen. – Absatz 1 beeinträchtigt jedoch nicht das Recht des Staates, diejenigen Gesetze anzuwenden, die er für die Regelung der Benutzung des Eigentums im Einklang mit dem Allgemeininteresse oder zur Sicherung der Zahlung der Steuern oder sonstigen Abgaben oder von Geldstrafen für erforderlich hält.«.

808 Ausführlich dazu *Maydell*, The European Community's Minimum Platform on Investment or the Trojan Horse of Investment Competence, in: Reinisch/Knahr (Hrsg.), Investment Law in Context, 2008, S. 73 ff.; und *Burgstaller*, European Law and Investment Treaties, JIA 2009 (26-2), S. 181 (204 ff.). Der Entwurf wurde 2009 überarbeitet, vgl. Hinweis bei *Braun*, For a Complementary European Investment Protection, in: Bungenberg/Griebel/Hindelang (Fn. 783), S. 95 (101).

809 *Bungenberg*, Going Global? The EU Common Commercial Policy After Lisbon, in: Herrmann/Terhechte (Fn. 73), S. 123 (140 f.), vergleicht die »Platform« mit einem nationalen »Model BIT«. Die »Platform« kam zum Beispiel im 2011 in Kraft getretenen Freihandelsabkommen zwischen der EU und Südkorea (siehe unten Fn. 1304) zur Anwendung, vgl. *Brown*, The European Union and Regional Trade Agreements: A Case

Rechtswirkungen ergäben, wäre dies für den Investor nur von bedingtem Vorteil: Regelungen über Enteignungen und zum Zugang zu Schiedsgerichten enthält das Dokument nicht.[810] Ohnehin ist fraglich, in welchem Umfang nach der durch den Lissabonvertrag begründeten Kompetenzverlagerung zugunsten der Union die »Platform« weiterhin relevant sein wird.

4. Die Unionskompetenz für Direktinvestitionen, Art. 207 Abs. 1 AEUV – Instrument für zukünftige Normierung

Art. 207 Abs. 1 AEUV bestimmt: »Die gemeinsame Handelspolitik wird nach einheitlichen Grundsätzen gestaltet; dies gilt insbesondere für [...] die ausländischen Direktinvestitionen«. Eine solche ausschließliche Kompetenz bestand vor dem 1. Dezember 2009 nicht, was das umfassende Netz der durch die Mitgliedstaaten selbständig geschlossenen BITs eindrucksvoll belegt.[811] Dennoch kam der Union schon zuvor eine begrenzte Kompetenz im Bereich der Investitionen zu.[812] Im Einzelnen sind zur Reichweite und Ausgestaltung der Kompetenz aus Art. 207 Abs. 1 AEUV noch Fragen offen:[813]

Study of the EU-Korea FTA, in: Herrmann/Terhechte (Hrsg.), European Yearbook of International Economic Law, 2011, S. 297 (302); siehe auch die Erläuterungen von *Schmitt* (Fn. 16), S. 44 ff.

810 Vgl. bei *Maydell* (Fn. 808), S. 73 (76).

811 Siehe auch *Bungenberg* (Fn. 809), S. 123 (137); *Hahn*, in: Calliess/Ruffert (Fn. 61), Art. 207 AEUV Rn. 18, verweist auf vorherige Aktivitäten der Union in diesem Bereich, die sich etwa auf die seit dem Vertrag von Nizza gegebene Kompetenz für den Dienstleistungshandel stützten.

812 Im Übrigen hat auch der EuGH sich bereits mit der Unvereinbarkeit von Bestimmungen in BITs mit dem europäischen Recht beschäftigen müssen, vgl. Hinweis bei *Herrmann*, Die Zukunft der mitgliedstaatlichen Investitionspolitik nach dem Vertrag von Lissabon, EuZW 2010, S. 207 (208), auf die Urteile EuGH, Urt. v. 3.3.2009, C-205/06 Kommission/Österreich; EuGH, Urt. v. 3.3.2009, C-249/06, Kommission/Schweden; EuGH, Urt. v. 19.11.2009, C-118/07, Kommission/Finnland, der auch die EG-Kompetenz für den Dienstleistungshandel unter Verweis auf das WTO GATS-Abkommen benennt, den Art. 57 Abs. 2 EGV, der zu Maßnahmen für den Kapitalverkehr mit dritten Ländern bezüglich Direktinvestitionen berechtigte sowie die Kompetenz aus Art. 310 EGV hinsichtlich Assoziationsabkommen mit Drittstaaten; ausführlich zur Vorgeschichte der neuen Kompetenz auch *Hindelang/Maydell* (Fn. 786), S. 11 (49 ff.).

813 In seinem »Lissabon-Urteil« beschäftigte auch das Bundesverfassungsgericht sich mit dieser neuen Kompetenz, BVerfGE 123, S. 267 ff., Rn. 377 ff.; hierzu sehr krit. *Herrmann*, Die gemeinsame Handelspolitik der Europäischen Union im Lissabon-Urteil,

So ist zum Beispiel umstritten, ob auch Portfolioinvestitionen unter die neue Kompetenz fallen. Nach dem Wortlaut des Art. 207 Abs. 1 AEUV dürfte dies nicht der Fall sein.[814] Es wird auch dafür plädiert, dass diese Kompetenz nicht auf das Tätigwerden im Außenverhältnis beschränkt sei, sondern auch die Befugnis zum Erlass autonomer Maßnahmen innerhalb des Unionsrechts umfasse.[815] Sicher ist jedenfalls, dass diese Kompetenz die im Kontext dieser Arbeit relevanten Direktinvestitionen erfasst und es den Mitgliedstaaten fortan verwehrt ist, wie bisher selbständig Investitionsabkommen mit Drittstaaten zu schließen.[816] Zukünftig wird die Europäische Union vielmehr gemeinschaftlich mit den Mitgliedstaaten gemischte Abkommen zu Fragen des Investitionsschutzes zu schließen haben.[817]

EuR-Beih. 1 2010, S. 193 ff.; umfassend und über Art. 107 AEUV hinausgehend zu Fragen der Kompetenz ebenso *Dimopoulos* (Fn. 790), S. 65 ff., 111 ff.; zur Reichweite des Art. 207 Abs. 1 AEUV auch *Schmidt*, Der Enteignungsschutz im internationalen Investitionsschutzrecht in Hinblick auf das europäische Umweltrecht, 2012, S. 47 ff.; siehe die ausführliche Darstellung von Schmitt (Fn. 16) S. 54 ff.

814 Hierzu tendierend BVerfGE 123, S. 267 ff., Rn. 379; krit., aber in der Sache dafür *Bungenberg* (Fn. 809), S. 123 (146 ff.).

815 *Herrmann* (Fn. 812), S. 207 (209 f.).

816 Siehe BVerfGE 123, S. 267 ff., Rn. 379; *Hahn* (Fn. 811), Art. 207 AEUV Rn. 19 f., 43, 84; siehe auch bei *Mestmäcker*, Die Wirtschaftsverfassung der EU im globalen Systemwettbewerb, BTW 100, 2011, S. 32 f.

817 Für eine geteilte Wahrnehmung der Kompetenz *Bungenberg*, Außenbeziehungen und Außenhandelspolitik, in: Schwarze/Hatje (Hrsg.), EuR-Beih. 1 2009, S. 195 (209); vgl. auch bei *Johannsen*, Die Kompetenz der Europäischen Union für ausländische Direktinvestitionen nach dem Vertrag von Lissabon, BTW (90) 2009, S. 31; so *Tietje*, Die Außenwirtschaftsverfassung der EU nach dem Vertrag von Lissabon, BTW (83), 2009, S. 16 f.; *Burgstaller*, The Future of Bilateral Investment Treaties of EU Member States, in: Bungenberg/Griebel/Hindelang (Fn. 783), S. 55 (70); *Bungenberg*, The Division of Competences Between the EU and Its Member States in the Area of Investment Politics, in: Bungenberg/Griebel/Hindelang (Fn. 783), S. 29 (40 ff.); *Braun* (Fn. 808), S. 95 (98 f.); *Hindelang/Maydell* (Fn. 783), S. 1 (23 ff.), erkennen dagegen eine vollständige Kompetenz der EU an und leiten diese bezüglich Portfolioinvestitionen aus schon vor Inkrafttreten den Lissabonvertrages bestehenden Binnenkompetenzen her; so auch *Klamert/Maydell*, Rechtsfragen der impliziten Außenkompetenz der EG illustriert am Beispiel der Dienstleistungsrichtlinie und der Minimum Platform on Investment, EuR 2008, S. 589 (600 f.); und in diese Richtung tendierend auch *Herrmann* (Fn. 812), S. 207 (209), der ergänzend auf die Kapitalverkehrsfreiheit abstellt; vom Abschluss gemischter Abkommen geht auch aus *Schmidt* (Fn. 813), S. 69; ebenso *Schmitt* (Fn. 16), S. 363.

Die Gültigkeit bestehender Verträge wird zwar durch die Kompetenzerweiterung nicht unmittelbar berührt,[818] doch könnte es sich als erforderlich erweisen, diese Abkommen dem geltenden Unionsrecht anzupassen.[819] Eine konkrete Übergangsregelung bis zum Abschluss entsprechender EU-Abkommen ist im AEUV nicht vorhanden,[820] dochist im Dezember 2012 auf entsprechenden Vorschlag der Kommission[821] eine Verordnung von Parlament und Rat erlassen worden.[822] Diese Verordnung bestimmt, dass bestehende Abkommen fortbestehen sollen, aber der Kommission notifiziert werden müssen.[823] Zukünftige Abkommen dürfen aufgrund ausdrücklicher Ermächtigung durch die Union von den Mitgliedstaaten geschlossen werden.[824] Darüber hinaus wird in der Literatur gefordert, die investitionsschutzrechtliche Kompetenz der EU in den Verträgen noch auszuweiten.[825] Im Juli 2010 erging außerdem eine Mitteilung der Kommission hinsichtlich des zukünftigen Umgangs mit ausländischen Direktinvestitionen und zur Verwirklichung der neuen Unionskompetenz.[826] Konkrete Rechtswirkungen ergeben sich aus dieser nicht.

---

818 BVerfGE 123, S. 267 ff., Rn. 380; *Hahn* (Fn. 811), Art. 207 AEUV Rn. 80 ff.

819 Für eine Anpassungspflicht auch *Bungenberg* (Fn. 817 [1]), S. 195 (209); *Johannsen* (Fn. 817), S. 23 ff. (31); *Bungenberg* (Fn. 809), S. 123 (145 f.); *Burgstaller* (Fn. 817), S. 55 (67 f.); und *Terhechte*, Art. 351 TFEU, the Principle of Loyalty and the Future Role of the Member States' Bilateral Investment Treaties, in: Bungenberg/Griebel/Hindelang (Fn. 783), S. 79 (85 f.).

820 Darauf weist auch hin *Bungenberg* (Fn. 817 [1]), S. 195 (209).

821 Siehe den »Vorschlag für eine Verordnung des Europäischen Parlaments und des Rates zur Einführung einer Übergangsregelung für bilaterale Investitionsabkommen zwischen Mitgliedstaaten und Drittländern«, KOM(2010)344 endgültig, vom 7.7.2010 (i.F.: »KOM(2010)344«).

822 Verordnung 1219/2012 des Europäischen Parlaments und des Rates vom 12.12.2012 zur Einführung einer Übergangsregelung für bilaterale Investitionsschutzabkommen zwischen den Mitgliedstaaten und Drittländern, Abl. der EU v. 20.12.2012, L 351/40.

823 Siehe dazu Kapitel II der VO 1219/2012 des Europäischen Parlaments und des Rates vom 12.12.2012.

824 Siehe dazu Kapitel III, insb. Art. 8 – 11 der VO 1219/2012 des Europäischen Parlaments und des Rates vom 12.12.2012.

825 *Bungenberg* (Fn. 809), S. 123 (135); *Bungenberg* (Fn. 817 [2]), S. 29 (40 ff.).

826 »Mitteilung der Kommission an den Rat, das Europäische Parlament, den Europäischen Wirtschafts- und Sozialausschuss und den Ausschuss der Regionen – Auf dem Weg zu einer umfassenden europäischen Auslandsinvestitionspolitik«, KOM(2010)343 endgültig, 7.7.2010 (i.F.: »KOM(2010)343«); siehe hierzu auch die Stellungnahme des Europäischen Wirtschafts- und Sozialausschusses vom 13.7.2011, Abl. der EU C 318/150 vom 29.10.2011; zur Kommissionsmitteilung *Tietje*, EU-Investitionsschutz

Darüber hinaus ist nicht abschließend geklärt, ob der Schutz des Eigentums auch im Rahmen von durch die Union zu schließenden Abkommen mit dritten Staaten vereinbart werden und der Investor also durch solche Rechtsakte Schutz erfahren könnte. Wenn hierfür angeführt wird, dass der Union die weitgehende Gestaltungsfreiheit für BIT-ähnliche Abkommen übertragen werden sollte und dies eben auch den Schutz des Eigentums umfasse,[827] so steht dem vor allem entgegen, dass Art. 345 AEUV besagt: »Die Verträge lassen die Eigentumsordnung in den verschiedenen Staaten unberührt«. Demnach könnte eine Enteignungen betreffende Regelung nicht von der Union vereinbart werden.[828] Dies steht in Einklang mit den Vereinbarungen auf Basis der Minimum Platform on Investment, welche den Schutz des Eigentums ebenfalls unberührt lassen. Jedenfalls fehlt es bislang an konkreter Rechtsprechung des EuGH zu Eigentumsentziehungen.[829] Es dürfte aber schon aus Gründen der Praktikabilität naheliegen, von einer möglichst umfassenden Reichweite der neuen Kompetenz auszugehen.[830]

5. Gerichte, keine Schiedsgerichte

Die Wahrung einer fairen und angemessenen Behandlung sowie die Gewährleistung eines vollen Rechtsschutzes obliegt – soweit Unionsrecht betroffen ist – auch den europäischen Gerichten und – über Art. 6 Abs. 2 AEUV – dem EGMR. Nach Art. 263 Abs. 4 AEUV steht es auch dem drittstaatlichen Investor grundsätzlich frei, gegen ihn unmittelbar und individuell belastende, also die Anforderungen des genannten Artikels erfüllende Handlungen der Union sowie – auf Grundlage derselben Norm – gegen Rechtsakte mit Verordnungscharakter Klage zu erheben.[831]

---

und -förderung zwischen Übergangsregelungen und umfassender europäischer Auslandsinvestitionspolitik, EuZW 2010, S. 647 ff.

827 So die Ansicht der Kommission in KOM(2010)343, S. 10; so auch *Bungenberg* (Fn. 809), S. 123 (144); *Herrmann* (Fn. 812), S. 207 (210 f.); *Bungenberg* (Fn. 817 [2]), S. 29 (36 f.); *Mestmäcker* (Fn. 816), 2011, S. 33; *Reinisch*, The Division of Powers Between the EU and Its Member States »After Lisbon«, in: Bungenberg/Griebel/Hindelang (Fn. 783), S. 43 (54).

828 *Calliess* (Fn. 805), § 16.4 Rn. 3 ff., zur Reichweite des Art. 345 AEUV; den Enteignungsschutz ausschließend auch *Johannsen* (Fn. 817), S. 16 f.; *Tietje* (Fn. 817), S. 14 f.; *Herrmann* (Fn. 812), S. 207 (211), argumentiert, dass die Union mittels Grundrechten und Grundfreiheiten auch Einfluss auf das nationale Konzept des Eigentums nimmt.

829 Dies stellt fest *Calliess* (Fn. 805), § 16.4 Rn. 29.

830 So auch Schmitt (Fn. 16), S. 181 f., 284 ff.

831 *Cremer*, in: Calliess/Ruffert (Fn. 61), Art. 263 AEUV Rn. 26 ff., 33 ff., zu Rechtsakten mit Verordnungscharakter Rn. 54 ff.

Den Zugang zu einem ICSID-basierten Investitionsschiedsgericht kann die Europäische Union einem Investor nicht gewähren. Diese Möglichkeit ist nach der ICSID-Konvention nur Mitgliedern der Weltbank und damit nur Staaten eröffnet.[832] Möglich bleibt dennoch die Einrichtung anderer institutionalisierter oder ad hoc einzurichtender Schiedsgerichte.[833] Hierbei müsste aber Rücksicht darauf genommen werden, dass durch die Begründung der ausschließlichen Zuständigkeit eines Schiedsgerichts dem Investor die Anrufung von EuGH und EGMR unmöglich gemacht werden könnte. Davon abgesehen ist nicht ersichtlich, dass die Gewährung von Rechtsschutz durch Schiedsgerichte in Konflikt mit unionalem Recht stehen könnte oder durch dieses besonders gefördert würde. Nach Art. 272 AEUV kann auch der Gerichtshof selbst für Entscheidungen zuständig sein, die aufgrund einer Schiedsklausel in einem von der Union abgeschlossenen Vertrag ergehen sollen.[834] Soweit man als spezifischen Vorteil eines internationalen Schiedsgerichts dessen Unabhängigkeit von Interessen des Gaststaats ansieht, gewähren diese Garantie auch die Europäischen Gerichte.

6. Zusammenfassung

Das Recht der Europäischen Union setzt für den nachfolgend zu unternehmenden Vergleich mit dem Integrationsrecht von Andengemeinschaft und Mercosur

832 Siehe Art. 67 S. 1 i.V.m. Art. 1 (a) der IBRD (International Bank for Reconstruction and Development) Articles of Agreement (abgedruckt in United Nations Treaty Series, Bd. 2 (1946–47), S. 134 ff.), i.V.m. Art. II IMF Agreement (siehe auch Fn. 63); siehe auch *Bungenberg* (Fn. 809), S. 123 (149), der darauf hinweist, dass eine entsprechende Änderung der Weltbankstatuten wohl am Widerstand auch der Vereinigten Staaten scheitern würde; vgl. auch *Braun* (Fn. 808), S. 95 (102). *Burgstaller* (Fn. 817), S. 55 (71), sieht darin einen schwerwiegenden Nachteil für drittstaatliche Investoren.

833 Krit. auch *Griebel*, Überlegungen zur Wahrnehmung der neuen EU-Kompetenz für ausländische Direktinvestitionen nach Inkrafttreten des Vertrags von Lissabon, RIW 2009, S. 469 (471); *Bungenberg* (Fn. 817 [2]), S. 29 (41 f.); zweifelnd *Reinisch* (Fn. 827), S. 43 (53); *Hoffmeister/Ünüvar*, From BITS and Pieces towards European Investment Agreements, in: Bungenberg/Reinisch/Tietje (Hrsg.), EU and Investment Agreements, 2013, S. 57 (78), schlagen zudem vor, dass die EU – eine entsprechende, vergleichsweise leichter zu erreichende Änderung der ICSID Additional Facility Rules vorausgesetzt – diese Regeln in zukünftigen BITs berücksichtigen möge.

834 Vgl. dazu *Cremer* (Fn. 831), Art. 272 AEUV.

Maßstäbe. Wenn auch kein explizites Regime zum Schutz von drittstaatlichen Direktinvestoren besteht, so gewähren doch die Grundfreiheiten – soweit sie anwendbar sind – Freiheit und Schutz. In deren Anwendungsbereich kann sich der Investor auch auf die Grundrechtecharta und – sobald ein Beitritt der Union zur EMRK erfolgt ist – auch auf diese Konvention berufen. Grundsätzlich ist der drittstaatliche Investor auch klagebefugt vor den Gerichten der Union. Schließlich genießt er aufgrund der Verordnung 1219/2012 des Parlaments und des Rates Vertrauensschutz hinsichtlich des Fortbestands der schon existierenden mitgliedstaatlichen Investitionsschutzabkommen.

II. Integration unter strikter Wahrung einzelstaatlicher Souveränität: Das Integrationsrecht des Mercosur

Das Verständnis des Zusammenwirkens von Integrationsrecht und den bereits erwähnten Rechtsquellen erfordert die rechtliche Einordnung des »Integrationsrechts des Mercosur« und die – sich dem folgenden Abschnitt anschließende – Herausarbeitung der einschlägigen investitionsschützenden Rechtsakte. Die Wirkungen für den Investor aus investitionsschützenden Rechtsakten können nämlich nur dann richtig eingeschätzt werden, wenn überhaupt klar ist, wie das Mercosurrecht entsteht und welche Eigenschaften ihm zukommen.

Die folgende Untersuchung wird zeigen, dass das Integrationsrecht des Mercosur ausnahmslos das Erfordernis des Konsenses aller Mitgliedstaaten wahrt. Jeder Organakt ist durch die Mitgliedstaaten in nationales Recht umzusetzen. Dem europäischen Recht vergleichbare Rechtswirkungen wie die unmittelbare Geltung und der Vorrang vor nationalem Recht existieren daher nicht.

1. Struktur und Entstehungsweise des Integrationsrechts im Mercosur

VvA und POP regeln die Systematik und die Entstehung der integrationsrechtlichen Normen:

a) Rechtsquellen des Integrationsrechts nach dem Protokoll von Ouro Preto

Das Protokoll von Ouro Preto benennt ausdrücklich die »Rechtsquellen des Mercosur«, also die Gesamtheit der Rechtsregeln, welche für das Funktionieren des Mercosur maßgeblich sind.[835] Als solche werden angeführt: erstens der Vertrag von

835 Art. 41, 43 Abs. 1 POP. Der VvA trifft zu dieser Frage keine Aussage.

Asunción, dessen Protokolle und die ihn ergänzenden oder vervollständigenden Instrumente, zweitens die im Rahmen des VvA und seiner Protokolle geschlossenen Abkommen und drittens die seit Inkrafttreten des VvA ergangenen Entscheidungen des Rates, Entschließungen der Gruppe und Richtlinien der Handelskommission.[836] Als Rechtsquellen des Mercosur kommen darüber hinaus die allgemeinen Regeln und Prinzipien des internationalen Rechts und die Schiedssprüche nach dem PvO[837] in Betracht. Damit ist auch das völkerrechtliche Gewohnheitsrecht erfasst.[838] Die bislang ergangenen Schiedsgerichtsurteile betonten dabei den völkergewohnheitsrechtlich etablierten Verhältnismäßigkeitsgrundsatz, das Prinzip des Vertrauensschutzes und den Gleichheitsgrundsatz.[839] Die weder im VvA noch im POP als Rechtsquellen erwähnten Schiedssprüche sind lediglich für die Streitparteien bindend.[840] Ihnen kann damit keine allgemeinverbindliche, sondern höchstens eine interpretationsleitende Wirkung als »Hilfsquellen« zukommen.[841]

b) *Systematisierung der Rechtsakte des Integrationsrechts: Normenhierarchie zwischen primärem und sekundärem Recht*

Im Rahmen der Systematisierung des Mercosur-Integrationsrechts kann nur das Recht der Europäischen Union den Maßstab für Vergleich und Bewertung bilden. Dabei bleibt es unverzichtbar, die dem Mercosur eigenen Besonderheiten herauszustellen:

aa) Einteilung in Primärrecht und Sekundärrecht

Die angeführten Rechtsakte sind, abgesehen von den allgemeinen Regeln und Prinzipien des Völkerrechts, einerseits auf direkten Vertragsschluss zwischen den

---

836 Die genannten Normen finden sich bereits in Art. 1, 19 Abs. 1, 25 PvB und in Art. 1 Abs. 1, 34 Abs. 1, 39 PvO als diejenigen Rechtsakte benannt, welche allein Gegenstand eines Streitbeilegungsverfahrens sein können; zu den Rechtsquellen *Samtleben* (Fn. 424), S. 51 (52 ff.). Die Rechtsakte der Handelskommission finden im POP keine Erwähnung, da dieses Organ erst zu einem späteren Zeitpunkt eingerichtet wurde.

837 Art. 34 Abs. 1 PvO; beziehungsweise nach dem Protokoll von Brasilia.

838 Hierzu *Menem* (Fn. 411), S. 143 f.

839 Zum Verhältnismäßigkeitsgrundsatz und zum Vertrauensschutz: Schiedsspruch »Ad-Hoc N° 1/2002 »Einfuhr aufbereiteter Reifen« – Uruguay/Brasilien«, II. B. 1. C; zum Gleichheitsgrundsatz: »Schiedsspruch Ad-Hoc N° 3/2002 »Besteuerung von Zigaretten« – Paraguay/Uruguay«, unter »Considerando« (siehe für beide Fn. 276). Weitere Hinweise finden sich bei *Fuders* (Fn. 98), S. 63 f.

840 Art. 26 PvO (Art. 21 Abs. 1 PvB).

841 Siehe bei *Haller* (Fn. 120), S. 113.

Mitgliedstaaten zurückzuführen oder stellen andererseits Normen dar, welche erst durch nach Maßgabe dieser Verträge geschaffene Organe erlassen wurden. In Anlehnung an die Begrifflichkeiten im Recht der Europäischen Union bietet sich auch für die rechtlichen Zusammenhänge im Mercosur die Qualifizierung als »primäres« oder »originäres Recht« für die vertraglich zwischen den Staaten vereinbarten Rechtsakte und »sekundäres« oder »abgeleitetes Recht« hinsichtlich derjenigen Rechtsakte an, die von durch Primärrecht geschaffenen Organen erlassen werden.[842]

Diese Termini werden sowohl in der Literatur übernommen[843] als auch von den Schiedsgerichten des Mercosur verwendet.[844]

Einer Einordung der Rechtsakte als »primär« oder »sekundär« nach dem genannten Unterscheidungskriterium könnte jedoch entgegenstehen, dass ein Mercosur-Organ nur dann einen Rechtsakt erlassen kann, wenn die an der Willensbildung stets beteiligten Vertreter der Mitgliedstaaten dies nicht durch Verweigerung der Zustimmung verhindern. Wegen des bei der Beschlussfassung in allen Mercosur-Organen stets geltenden Konsensprinzips ist eine solche Blockade immer möglich.[845] Da es insoweit an einem von dem Willen der Mitgliedstaaten unabhängig gebildeten Willen fehlt, könnte man auch »Sekundärrechtsakte« als durch staatliche Repräsentanten geschlossene Übereinkünfte einer internationalen diplomatischen Konferenz und damit eben als »Primärrecht« verstehen.[846] Die paritätische Zusammensetzung aller Mercosur-Organe stellt jedoch ein bloßes Organinternum dar. Sie berührt nicht die Tatsache, dass ein auf Grundlage des Gründungsvertrags geschaffenes Organ einen Rechtsakt erlässt. Im Übrigen

---

842 Siehe zu den europarechtlichen Begrifflichkeiten *Streinz* (Fn. 407), S. 2 f.; *Ruffert*, in: Calliess/Ruffert (Fn. 61), Art. 288 AEUV Rn. 7 ff.

843 *Wehner* (Fn. 111), S. 73, 80; *Haller* (Fn. 120), S. 113 f.; *Deluca* (Fn. 254), S. 76 ff.; *Fuders* (Fn. 98), S. 65 ff.; *Belén Olmos Giupponi*, Sources of Law in Mercosur, in: Toscano Franca Filho/Lixinski/Belén Olmos Giupponi (Fn. 182), S. 57 (58 ff.); krit. hierzu allerdings *Lehmann* (Fn. 254), S. 102.

844 Siehe nur »Schiedsspruch Ad-Hoc N° 2/1999 »Export von Schweinefleisch« – Argentinien/Brasilien«, Rn. 53; »Schiedsspruch Ad-Hoc N° 1/2000 »Schutzklauseln für Textilprodukte« – Brasilien/Argentinien« unter III. »Considerando« C und H; »Schiedsspruch Ad-Hoc N° 1/2002 »Einfuhr aufbereiteter Reifen« – Uruguay/ Brasilien«, B.1.a) (siehe jeweils Fn. 276); vgl. auch »Opinión Consultiva N° 1/2007«, unter G.2.i); »Opinión Consultiva N° 1/2008«, Rn. 24 (siehe unter Fn. 279).

845 Art. 37 POP: »Las decisiones de los órganos del Mercosur serán tomadas por consenso y con la presencia de todos los Estados Partes.« (»Die Entscheidungen der Organe des Mercosur werden getroffen im Konsens und in Anwesenheit aller Mitgliedstaaten.«).

846 Krit. auch *Haller* (Fn. 120), S. 114; vgl. auch *Fuders* (Fn. 98), S. 66.

fassen die Staatenvertreter in diesen Organen nur Beschlüsse, soweit sie hierzu nach Maßgabe des Primärrechts befugt sind.

Im Ergebnis steht einer Unterscheidung der Normen des Integrationsrechts in primär- und sekundärrechtliche Rechtsakte daher nichts entgegen.[847]

bb) Vorliegen einer Normenhierarchie

Im Weiteren stellt sich die Frage nach einer hierarchischen Struktur der Normen des Mercosurrechts. Als speziell gesetztes Recht geht das Mercosurrecht jeder Ebene den allgemeinen Regeln und Prinzipien des Völkerrechts vor. Das Zusammenwirken der Normen des Primärrechts wird durch den Grundsatz vom Vorrang des späteren Gesetzes bestimmt.[848] Dies entspricht auch dem Umstand, dass der VvA lediglich einen Rechtsrahmen schaffen sollte, welcher durch nachfolgende Verträge zu erweitern und zu verfeinern war.[849]

Eine hierarchische Ordnung der sekundärrechtlichen Normen ist im Primärrecht nicht beschrieben. Aus der strikt hierarchischen Organstruktur des Mercosur ergibt sich aber, dass die Entscheidungen des Rates den Entschließungen der Gruppe und diese wiederum den Richtlinien der Handelskommission übergeordnet sein

---

847 Krit. *Lehmann*, Neues von der Schiedsgerichtsbarkeit des Mercosur – ein Integrationsmotor à la Luxemburg?, EuZW 2001, S. 622 (624), die die Einordnung in »primäres« und »sekundäres« Recht für »nicht ganz gerechtfertigt« erachtet. Wenn mitunter die integrationsrechtlichen Primärnormen in »Direktives Recht« als programmatische Zielvorgaben und »Operatives Recht« als die Modalitäten der Umsetzung dieser Vorgaben beschreibendes Recht unterteilt werden, so berührt diese Unterscheidung die Abgrenzung von Primär- und Sekundärrecht nicht und führt auch zu keinem funktionalen Unterschied (siehe beim »Schiedsspruch Ad-Hoc N° 1/1999 »handelsbeschränkende Maßnahmen« – Argentinien/Brasilien«, Rn. 64, siehe Fn. 276); mitunter finden sich auch weitere Differenzierungen zwischen dem VvA und den ihn ergänzenden Protokollen, die aber funktional ohne Bedeutung sind, vgl. *Martinez Puñal*, En Torno a las Normas del Mercosur: Clasificación y Jerarquía, Incorporación, Vigencia, (Simultánea) y Dificultades Constitucionales, in: Drnas de Clément/Hummer (Fn. 318), S. 223 (225, 229): »derecho complementario«.

848 Vgl. *Borba Casella*, Mercosul: Exigências e Perspectivas, 1996, S. 51; vgl. *Fuders* (Fn. 98), S. 82; anders aber *Freeland López Lecube*, Manual de derecho comunitario – Análisis comparativo de la Unión Europea y el Mercosur, 1996, S. 214, der verlangt, dass nachfolgende Staatsverträge den Maßgaben des VvA zu entsprechen hätten.

849 Vgl. Art. 9, 18 VvA und Präambel Art. 8 Abs. 1 POP. Dies betonen auch *Alterini/ Boldorini* (Fn. 196), S. 78: »Tratado marco«; *Haller* (Fn. 120), S. 136.

müssen.[850] In der Praxis setzt der Rat daher auch Entschließungen der Gruppe außer Kraft.[851]

Eine hierarchische Überordnung des Primärrechts gegenüber dem sekundären Recht lässt sich aber dann nicht ohne Weiteres feststellen, wenn – anders als im Recht der Europäischen Union – letzteres die unmittelbar zwischen den Mitgliedstaaten vereinbarten Rechtsakte abzuändern vermag. Eben dies sieht Art. 53 POP vor, der allen mit den Regeln des VvA unvereinbaren Ratsentscheidungen der Vorrang vor dem eigentlichen Primärrecht einräumt, wenn diese in der Übergangszeit bis zur Schaffung des POP – also bis zum 31. Dezember 1994 – erlassen wurden.[852] Hierin wird teilweise die Bestätigung einer allgemeinen Gleichrangigkeit von primärem und sekundärem Recht gesehen.[853] Es muss aber bedacht werden, dass Art. 53 POP überflüssig wäre, wenn Organrechtsakte allgemein das Primärrecht als zeitlich nachfolgende Rechtsakte abändern könnten. Die spezifische Festschreibung des Vorrangs der Ratsentscheidungen aus der Übergangszeit war nur erforderlich, weil im Übrigen bei der Schaffung des POP von dem Grundsatz ausgegangen wurde, dass Organrechtsakte dem Primärrecht nicht gleichrangig seien und Art. 53 POP damit eine strikte Ausnahmevorschrift darstelle.[854]

---

850 Art. 9, 15, 20 POP; so auch *Baptista* (Fn. 578), S. 71 (79); *Freeland López Lecube* (Fn. 848), S. 212; *Hargain/Mihali* (Fn. 137), S. 174; *Delpiazzo*, Fuentes del Derecho de la Integración, in: Gros Espiell/Delpiazzo/Rotondo/Vásquez/Brito (Fn. 419), S. 67 (75); *Baptista* (Fn. 197), S. 123; *Haller* (Fn. 120), S. 137; *Deluca* (Fn. 254), S. 84 ff.; *Klumpp* (Fn. 275), S. 53 (58) und *Fuders* (Fn. 98), S. 82. Siehe hierzu auch oben S. 87.

851 Vgl. Art. 12 der Ratsentscheidung N° 31/04 bezüglich Entschließung der Gruppe N° 60/00; *Edler* (Fn. 143), S. 122, lehnt dagegen eine Hierarchie innerhalb des Sekundärrechts ab.

852 Art. 53 POP lautet: »Quedan derogadas todas las disposiciones del Tratado de Asunción, del 26 de marzo de 1991, que estén en conflicto con los términos del presente Protocolo y con el contenido de las Decisiones aprobadas por el Consejo del Mercado Común durante el período de transición.« (»Es treten außer Kraft alle Verfügungen des Vertrages von Asunción […], die in Konflikt stehen mit den Regelungen dieses Protokolls und mit dem Inhalt der Entscheidungen, die der Mercosur-Rat während der Übergangszeit angenommen hat.«); ausführlich *Fuders* (Fn. 98), S. 79 ff.

853 Gegen eine Normenhierarchie und für die Geltung des Prinzips »lex posterior derogat lege priori« spricht sich aus *Samtleben* (Fn. 424), S. 51 (59 f.). Von einer Gleichrangigkeit der Normen gehen aus *Rocha de Mello Martins* (Fn. 411), 45 f.; und *Olivares Tramón* (Fn. 111), 75 f.

854 Wenn mitunter normative Beispiele für eine praktische Durchbrechung dieses Grundsatzes angeführt werden, so erscheinen Zweifel angebracht: Die Ratsentscheidungen N° 18/03 und N° 6/94, zitiert bei *Fuders* (Fn. 98), S. 79, fallen zeitlich gerade unter die Ausnahmevorschrift des Art. 53 POP. Ratsentscheidungen N° 6/97 und N° 15/99,

Dies steht auch mit dem Umstand in Einklang, dass Organrechtsakte erst durch das Primärrecht überhaupt ermöglicht werden und diesen durch das Primärrecht auch gleichzeitig eine inhaltliche Grenze gesetzt wird.[855] Darüber hinaus kommt dem Primärrecht die Funktion eines Leitbildes zu, an dem sich Schaffung und Auslegung der untergeordneten Sekundärrechtsakte orientieren müssen.[856] Häufig werden zwischen den Mitgliedstaaten ausgehandelte Protokolle zudem im Normtext selbst als integrale Bestandteile des VvA bezeichnet, was nur sinnvoll ist, wenn mit dieser Bezeichnung auch eine Zuordnung zu einer qualifizierten Normebene erfolgt.[857]

Als ein Argument für eine Gleichrangigkeit der Rechtsebenen wird des Weiteren die analytische Vorgehensweise des Schiedsspruchs »Ad-Hoc N° 1/2000 »Schutzklauseln für Textilprodukte« – Brasilien/Argentinien« angeführt. Dieses suche für eine im Primärrecht benannte Regel nach einer im Sekundärrecht verfassten Ausnahmeregelung und bestätige damit den Grundsatz, dass Organrechtsakte dem Primärrecht nicht untergeordnet seien, sondern als leges speciales sogar vorrangig anzuwenden sein könnten.[858] In seinen Ausführungen bezieht sich das Schiedsgericht indes ausdrücklich auch auf den genannten Art. 53 POP und untersucht zudem hauptsächlich Normen, die zeitlich in den Anwendungsbereich dieser Vorschrift fallen.[859] Die Aussagen des Schiedsgerichts lassen sich damit eher als Argument für als gegen eine Unterscheidung zweier Normebenen verstehen.[860]

---

zitiert bei *Olivares Tramón* (Fn. 111), S. 75, betreffen lediglich die Korrektur von Redaktionsfehlern in vorangegangenen Rechtsakten und treffen damit keine eigene rechtliche Aussage, sondern orientieren sich an dem primärrechtlich klar geäußerten Willen der Vertragsstaaten. Als »regla específica« (»spezifische Regel«, also etwa »Ausnahme«) bezeichnet auch der »Schiedsspruch Ad-Hoc N° 1/2000 »Schutzklauseln für Textilprodukte« – Brasilien/Argentinien« den Art. 53 POP, vgl. Punkt III »Considerando« D. 2, (siehe Fn. 276).

855 Vgl. die Kompetenzbeschreibungen und -begrenzungen etwa in Art. 8, 14, 19 POP; so auch *Haller* (Fn. 120), S. 135.

856 Vgl. hierzu »Schiedsspruch Ad-Hoc N° 1/2000 »Schutzklauseln für Textilprodukte« – Brasilien/Argentinien«, Punkt III »Considerando« C, (siehe Fn. 276).

857 Vgl. nur Art. 4 Abs. 1 PvBA; dazu *Fuders* (Fn. 98), S. 79.

858 So *Fuders* (Fn. 98), S. 80.

859 »Schiedsspruch Ad-Hoc N° 1/2000 »Schutzklauseln für Textilprodukte« – Brasilien/Argentinien«, Punkt III »Considerando« D. 2., G. 1., H. 1, (siehe Fn. 276).

860 Dass die Untersuchung des Gerichts maßgeblich auf Art. 53 POP basiert, legen auch die Klarstellungen zum genannten Schiedsspruch im »Schiedsspruch Ad-Hoc N° 2/2000 »Schutzklauseln für Textilprodukte« – Brasilien/Argentinien«, Punkt 1. 3. (siehe Fn. 276) nahe: »norma subsiguente« (»nachfolgende Norm«). Das hier gefundene Ergebnis wird auch gestützt durch die weitere Rechtsprechung der Schiedsgerichte,

Der Umgang mit dem Recht des Mercosur mag bisweilen, wie Art. 53 POP belegt, von pragmatischen Erwägungen nicht ganz frei sein,[861] doch ändert dies nichts daran, dass bei systematischer Betrachtung das primäre Recht des Mercosur über dem sekundären Recht steht.[862]

c) Die Beschlussfassung über Integrationsnormen des Mercosurrechts

An die Feststellung, dass im Mercosur mit primärem und sekundärem Recht zwei hierarchisch geordnete Normebenen bestehen, schließt sich die Frage nach dem Entstehungsprozess einer solchen integrationsrechtlichen Norm primären oder sekundären Charakters an.

Die primärrechtlichen Normen des Mercosurrechts entstehen als zwischenstaatliche Verträge durch direkte Verhandlungen von Delegationen der beteiligten Regierungen und Staaten.[863] Im Rahmen des Mercosur zeigen sich hierbei keine Besonderheiten.

---

die eine Unterordnung des Sekundärrechts unter das Primärrecht zum Teil implizit annehmen – »Schiedsspruch Ad-Hoc N° 1/1999 »handelsbeschränkende Maßnahmen« – Argentinien/Brasilien«, Rn. 60; »Schiedsspruch Ad-Hoc N° 1/2001 »Export von Hühnern« – Brasilien/Argentinien«, Rn. 28 (Vorbringen Brasiliens), (siehe jeweils Fn. 276) – zum Teil, beispielsweise gerade bei der Prüfung der Vereinbarkeit einer sekundären Norm mit dem Primärrecht, ausdrücklich eine solche feststellen: »Opinión Consultiva N° 1/2007«, Punkt G.2.i (vgl. Fn. 279), spricht unter anderem von der »escala normativa«, der »Normenstufung«. In keinem der schiedsgerichtlichen Urteile wird jedoch eine Gleichrangigkeit von Primär- und Sekundärrecht ausdrücklich bestätigt oder impliziert.

861 *Toscano Franca Filho* (Fn. 455), S. 147 (149), spricht – in anderem Zusammenhang – von einer »tradition of giving priority to the function or end result, over that of stable forms or more solid institutionalisation«. Ein aktuelles Beispiel hierfür waren Beratungen der Mercosur-Staatschefs auf dem Mercosurgipfel in Montevideo im Dezember 2011, wie das primärrechtlich festgeschriebene Erfordernis der Zustimmung des paraguayischen Parlaments umgangen werden könnte, um die seit langem angestrebte Eingliederung Venezuelas zu ermöglichen.

862 So auch *Menem* (Fn. 411), S. 26, 135 f. und *Prada* (Fn. 253), S. 80 sowie *Edler* (Fn. 143), S. 119 f. Eine Normenhierarchie lehnt, abstellend auf den zuletzt erlassenen Rechtsakt, ab *Bischoff-Everding*, Wettbewerbsrecht im Mercosur, 2003, S. 255. I. Ü. kann als Argument für eine Gleichrangigkeit der Normebenen nicht gelten, dass das Mercosurrecht strukturell nicht dem europäischen Recht entspreche und daher die völkerrechtlich allgemein gültige Regel vom Vorrang der späteren Norm nicht explizit abgeändert habe; so aber *Olivares Tramón* (Fn. 111), S. 74 f. Eine solche strukturelle Identität mit dem europäischen Recht ist schon keine Voraussetzung dafür, dass nicht andere als die Regeln des allgemeinen Völkerrechts gelten könnten.

863 So auch *Ramos*, Das Wettbewerbsschutz-Protokoll des Mercosur, 2000, 21; *Belén Olmos Giupponi* (Fn. 843), S. 57 (59).

Die entscheidungsbefugten Organe Rat, Gruppe und Handelskommission stützen sich vor dem Erlass eines sekundären Rechtsakts in der Regel auf Beratungen von Fachgremien, welche als zugeordnete Unter- oder Hilfsorgane tätig werden.[864] Die Beschlussfassung in allen Organen richtet sich nach dem Einstimmigkeitsprinzip, weshalb jeder Mitgliedstaat eine solche Entscheidung durch Verweigerung der Zustimmung blockieren kann, ihm faktisch also ein Vetorecht gegen alle Entscheidungen zusteht.[865] Vor der endgültigen Beschlussfassung über ein Normenprojekt sind in jedem Staat Prüfungen über dessen Vereinbarkeit mit der nationalen Rechtsordnung vorzunehmen und technische sowie rechtliche Hürden zu identifizieren. Die Beschlussfassung selbst setzt die Versicherung der Mitgliedstaaten voraus, zur Inkorporation der Norm durch einen Akt der Exekutive oder durch Weiterleitung an die Legislative bereit zu sein.[866]

d) Keine unmittelbare Geltung der Mercosur-Rechtsakte

Einem wie beschrieben geschaffenen Rechtsakt kommt nur dann schon im Zeitpunkt seiner Verabschiedung durch das Mercosurorgan rechtliche Verbindlichkeit auch im innerstaatlichen Rechtskreis zu, wenn er unmittelbare Geltung besitzt. Unmittelbare Geltung liegt nach der Begrifflichkeit des Rechts der Europäischen Union vor, wenn ein Rechtsakt auch im innerstaatlichen Rechtskreis als Recht anerkannt wird, ohne dass es eines weiteren mitgliedstaatlichen Akts bedarf.[867] Die Bestimmungen des Unionsrechts entfalten ihre volle Wirkung dann einheitlich in sämtlichen Mitgliedstaaten vom Zeitpunkt ihres Inkrafttretens an und während der gesamten Dauer ihrer Gültigkeit.[868]

---

864 Vgl. hierzu *Wehner* (Fn. 111), S. 95 f.

865 Art. 37 POP; hierzu *Wehner* (Fn. 111), S. 96.

866 Siehe vor allem Art. 1 – 3 der Ratsentscheidung N° 20/02. Art. 1, 2 der Ratsentscheidung N° 31/04 formulieren eine Ausnahme für Fragen des Außenzolls betreffende Fälle.

867 Siehe *Ehlers*, Verhältnis des Unionsrechts zu dem Recht der Mitgliedstaaten, in: Schulze/Zuleeg/Kadelbach (Fn. 777), § 11 Rn. 2, der auch darauf verweist, dass die Terminologie zur »unmittelbaren Geltung«, »unmittelbaren Anwendbarkeit« und zur »unmittelbaren Wirksamkeit« variierend gebraucht wird, § 11 Rn. 8; siehe zur Unterschiedlichkeit der Begrifflichkeiten auch *Schweitzer/Hummer/Obwexer*, Europarecht – Das Recht der Europäischen Union, 2007, S. 44; eingehend *Schroeder*, in: Streinz (Hrsg.), EUV/AEUV, 2. Aufl. 2011, Art. 288 AEUV, Rn. 37 ff.

868 Vgl. EuGH, Urteil v. 5.2.1963, Rs. C-26/62 (van Gend & Loos), Slg. 1963, S. 3 (25).

Ein von den entscheidungsbefugten Organen des Mercosur geschaffener Sekundärrechtsakt erlangt normative Kraft nach Maßgabe eines im POP vorgeschriebenen mehrstufigen Verfahrens.[869]

aa) Das Verfahren der gleichzeitigen Inkraftsetzung nach Art. 40 POP

Maßgebend für die Geltung des Integrationsrechts im nationalen Recht ist das in Art. 40 POP beschriebene Verfahren. Die Norm setzt die Inkorporation des integrationsrechtlichen Akts in nationales Recht voraus. Diese kann dabei entweder durch vollständige Übernahme des Norminhalts in das staatliche Recht oder durch Erteilung eines Rechtsanwendungsbefehls mittels Verweises auf die zu inkorporierende Norm erfolgen. Diese Inkorporation kann durch die Exekutive oder durch die Legislative vorgenommen werden. Die Mitgliedstaaten sind nach dem POP völkerrechtlich verpflichtet, die zur Inkorporation erforderlichen Maßnahmen vorzunehmen und diese dem Sekretariat des Mercosur bekanntzugeben. Die durch alle Mitgliedstaaten vorgenommene Inkorporation wird vom Sekretariat schließlich den Staaten bekannt gemacht. 30 Tage nach dieser Bekanntgabe erlangen die zuvor inkorporierten, aber von den Mitgliedstaaten aufschiebend bedingt noch nicht in Kraft gesetzten nationalen Rechtsakte gemeinsam Rechtswirkung.[870]

---

869 Art. 40 POP; zu dem Umgang mit Organrechtsakten vor Inkrafttreten des POP *Olivar Jimenez* (Fn. 311), S. 191 (193), und zu dem heutigen Verfahren nach Art. 40 POP (S. 195).

870 Siehe hierzu Art. 40 POP: »Con la finalidad de garantizar la vigencia simultánea en los Estados Partes de las normas emanadas de los órganos del Mercosur previstos en el Artículo 2 de este Protocolo, deberá seguirse el siguiente procedimiento:
i) Una vez aprobada la norma, los Estados Partes adoptarán las medidas necesarias para su incorporación al ordenamiento jurídico nacional y comunicarán las mismas a la Secretaría Administrativa del Mercosur;
ii) Cuando todos los Estados Partes hubieren informado la incorporación a sus respectivos ordenamientos jurídicos internos, la Secretaría Administrativa del Mercosur comunicará el hecho a cada Estado Parte;
iii) Las normas entrarán en vigor simultáneamente en los Estados Partes 30 días después de la fecha de comunicación efectuada por la Secretaría Administrativa del Mercosur, en los términos del literal anterior. Con ese objetivo, los Estados Partes, dentro del plazo mencionado, darán publicidad del inicio de la vigencia de las referidas normas por intermedio de sus respectivos diarios oficiales.« (»Mit dem Ziel, das gleichzeitige Inkrafttreten der durch die in Artikel 2 dieses Protokolls vorgesehenen Mercosurorgane beschlossenen Normen in den Mitgliedstaaten sicherzustellen, ist das folgende Verfahren zu befolgen:

Dieses »Verfahren der gleichzeitigen Inkraftsetzung«[871] stellt sicher, dass von den Mitgliedstaaten gemeinschaftlich vereinbarte vor- oder nachteilige Rechtswirkungen für alle beteiligten Rechtsordnungen im selben Zeitpunkt Gültigkeit erlangen.[872] Das primärrechtlich festgeschriebene, auf dem Erfordernis der mitgliedstaatlichen Umsetzung basierende Verfahren ist zugleich Ausdruck einer bewussten Verhinderung der unmittelbaren Geltung mercosurrechtlicher Normen.

Das POP selbst weckt jedoch Zweifel an dieser vermeintlich eindeutigen Aussage.[873] Art. 42 POP beschreibt die von entscheidungsbefugten Organen erlassenen Akte als »verpflichtend«, die, wenn es »erforderlich« sein sollte, durch die nationalrechtlich vorgesehenen Verfahren in die nationalen Rechtsordnungen »inkorporiert« werden müssen.[874] Sowohl die Bezeichnung als »verpflichtend«,

---

i) Sobald eine Norm beschlossenen ist, nehmen die Mitgliedstaaten die erforderlichen Maßnahmen zu ihrer Inkorporation in die nationale Rechtsordnung vor und teilen diese dem Generalsekretariat des Mercosur mit;

ii) Sobald alle Mitgliedstaaten von der Inkorporation in die jeweiligen nationalen Rechtsordnungen Mitteilung gemacht haben, teilt das Generalsekretariat diese Tatsache allen Mitgliedstaaten mit;

iii) Die Normen treten gleichzeitig in den Mitgliedstaaten 30 Tage nachdem das Generalsekretariat den Mitgliedstaaten Mitteilung gemacht hat, in Kraft, nach Maßgabe des vorangegangenen Absatzes. Zu diesem Zweck verkünden die Mitgliedstaaten innerhalb dieser Frist den Geltungsbeginn der betreffenden Normen anhand ihrer jeweiligen Amtsblätter.«).

871 Art. 40 POP benennt die »vigencia simultánea«; auch gebräuchlich: »alplicación simultánea«; beschrieben bei *Abreu Bonilla* (Fn. 181), S. 87 f.; zu diesem Verfahren krit. *Bischoff-Everding* (Fn. 862), S. 257: »theoretisches Konstrukt [...], das einer Durchsetzung der Mercosur-Rechtsakte im Wege steht« und *Rocha de Mello Martins* (Fn. 411), S. 47.

872 *Freeland López Lecube* (Fn. 848), S. 272, weist darauf hin, dass dieses Verfahren im Völkervertragsrecht nicht unüblich ist. *Olivar Jimenez* (Fn. 311), S. 191 (195), erwähnt, dass die Staaten mitunter Rechtsakte vorzeitig in Kraft setzen und es in der Folge nicht zu dem beabsichtigten simultanen Inkrafttreten komme.

873 Siehe auch bei *Pallarés*, Interrogantes acerca de las Relaciones entre el Derecho Interno y el Derecho Internacional, la Soberanía y la Seguridad Jurídica, in: Fernández Arroyo/Opertti Badán (Fn. 254), S. 705 (724); und *Fuders* (Fn. 98), S. 108; zu Art. 42 POP *Belén Olmos Giupponi* (Fn. 843), S. 57 (67): »this provision is extremely confusing«; vgl. auch bei *Olivar Jimenez* (Fn. 311), S. 191 (194 f.).

874 Art. 42 POP: »Las normas emanadas de los órganos del Mercosur previstos en el Artículo 2 de este protocolo tendrán carácter obligatorio y, cuando sea necesario, deberán ser incorporadas a los ordenamientos jurídicos nacionales mediante los procedimientos previstos por la legislación de cada país.« (»Die von den Organen des Mercosur erlassenen, in Art. 2 dieses Protokolles benannten Normen sind verpflichtenden

als auch das benannte Kriterium der Erforderlichkeit einer Umsetzung lassen den mitgliedstaatlichen Umsetzungsakt verzichtbar erscheinen. Im Zusammenspiel mit dem beschriebenen »Verfahren der gleichzeitigen Inkraftsetzung« ist die hier benannte »Verpflichtung« aus den Organrechtsakten allerdings als eine lediglich an die Mitgliedstaaten gerichtete zu verstehen.[875]

Die Schiedsgerichte sehen hierin die Verpflichtungen, einerseits die Norm aktiv umzusetzen und andererseits alle Akte zu unterlassen, die Sinn und Zweck der Norm untergraben könnten.[876] Einzig eine solche Auslegung – die keinen Raum lässt für die Annahme unmittelbarer Geltung – harmoniert mit dem beschriebenen »Verfahren der gleichzeitigen Inkraftsetzung«.[877]

Es erscheinen aber Zweifel begründet, dass die Erforderlichkeit der mitgliedstaatlichen Umsetzung absolut gilt, wenn der Wortlaut des Art. 42 POP nahelegt, dass es Fälle geben kann, in denen eine Umsetzung nicht »erforderlich« ist. Dieser ohne Weiteres nicht aufzulösende Widerspruch erscheint in anderem Licht, wenn berücksichtigt wird, dass der Mercosur von Beginn an als ein zur Fortentwicklung konzipiertes Integrationsprojekt verstanden wurde. So wie der VvA lediglich als Rahmenvertrag späteren Präzisierungen und Vertiefungen der Integration zugänglich sein sollte, beabsichtigt auch das POP einen weiteren Ausbau der Integration.[878] Die im Grundsatz als unverzichtbar festgeschriebene Erforderlichkeit der

---

Charakters und müssen, wenn erforderlich, in die nationalen Rechtsordnungen anhand der Verfahren inkorporiert werden, die das Recht des jeweiligen Landes vorsieht.«).

875 Siehe im »Schiedsspruch Ad-Hoc N° 1/2001 »Export von Hühnern« – Brasilien/Argentinien«, Rn. 71, 117; so auch »Schiedsspruch Ad-Hoc N° 2/2002 »Marktzugang für Pflanzenschutzmittel« – Argentinien/Brasilien«, Rn. 7.3 ff. (siehe für beide Fn. 276); siehe *Wehner* (Fn. 111), S. 117; sowie *Haller* (Fn. 120), S. 128; ebenso *Samtleben* (Fn. 424), S. 51 (68 f.); und *Bischoff-Everding* (Fn. 862), S. 257; vgl. auch bei *Schreiber* (Fn. 411), S. 41.

876 Zum Beispiel »Schiedsspruch Ad-Hoc N° 2/2002 »Marktzugang für Pflanzenschutzmittel« – Argentinien/Brasilien«, Rn. 7.7., (siehe Fn. 276).

877 Zum Teil wird aus dieser Verbindlichkeit dennoch direkt eine umittelbare Geltung gefolgert. Auf entsprechende Ansichten verweist *Haller* (Fn. 120), S. 123. Das Regel-Ausnahme-Verhältnis von Art. 40 und 42 POP wird mitunter auch dahingehend umgekehrt, dass Rechtsakten immer dann unmittelbare Geltung zukommen solle, wenn nicht ausdrücklich das Erfordernis der Umsetzung in der Norm selbst bezeichnet sei; so etwa: *Sola* (Fn. 397), S. 739 (742); und *Basaldúa* (Fn. 197), S. 661 f. Auf diese Sichtweise verweist *Fuders* (Fn. 98), S. 107. Für eine solche Annahme finden sich allerdings keine normativen Anhaltspunkte. Aus den genannten Gründen gilt das Umsetzungserfordernis grundsätzlich absolut.

878 Dies betont bereits der »Schiedsspruch Ad-Hoc N° 1/1999 »handelsbeschränkende Maßnahmen« – Argentinien/Brasilien«, Rn. 57, (Fn. 276); vgl. auch *Abreu Bonilla* (Fn. 181), S. 27.

Umsetzung könnte somit zu einem späteren Zeitpunkt anhand des durch Art. 42 POP primärrechtlich eröffneten Spielraums einer unmittelbaren Geltung von Integrationsnormen weichen.[879] Bis dahin bleibt diese aber grundsätzlich immer erforderlich.

Mehr als fünf Jahre nach dem Inkrafttreten des POP trafen die Mitgliedstaaten mittels der Ratsentscheidungen N° 23/00 und N° 20/02 weitergehende Regelungen bezüglich des Erfordernisses mitgliedstaatlicher Umsetzung.[880] Die Verbindlichkeit der Organnormen gemäß Art. 42 POP als Verbindlichkeit gegenüber den Mitgliedstaaten wurde dabei sekundärrechtlich hervorgehoben. Das im POP festgelegte Verfahren der gleichzeitigen Inkraftsetzung und damit die Ablehnung einer unmittelbaren Geltung wird durch die Entscheidung N° 23/00 explizit bestätigt.[881] Allerdings präzisiert diese ausdrücklich das in Art. 42 POP genannte Kriterium der Umsetzungserforderlichkeit. Nationalrechtliche Umsetzungsmaßnahmen müssen nur dann nicht ergriffen werden, wenn nach übereinstimmender Auffassung der Mitgliedstaaten die betreffende Norm lediglich Fragen der internen Funktionsweise des Mercosur behandelt.[882] Dieser Ausnahmefall ist im Mercosurrechtsakt ausdrücklich zu bezeichnen. Die betreffenden Normen treten in diesem Sonderfall in Kraft im Zeitpunkt ihrer Annahme durch das Mercosurorgan.[883] Eine nationalrechtliche Umsetzung ist zudem dann nicht erforderlich, wenn die Regelung in der nationalen Rechtsordnung bereits in identischem Wortlaut gilt.[884]

Dieser Verzicht auf das Erfordernis der Umsetzung führt jedoch nicht dazu, dass in den beiden genannten Fällen eine Norm des Mercosurrechts auch im innerstaatlichen Rechtskreis als Recht anerkannt wird, also unmittelbare Geltung vorliegt. Wenn

---

879 So auch *Pallarés* (Fn. 873), S. 705 (727); vgl. den Hinweis bei *Fuders* (Fn. 98), S. 110.

880 Ratsentscheidungen N° 23/00 (»Incorporación de la Normativa Mercosur al Ordenamiento Jurídico de los Estados Partes«) (»Inkorporation der Mercosur-Normen in die Rechtsordnungen der Mitgliedstaaten«) und N° 20/02 (»Perfeccionamiento del Sistema de Incorporación de la Normativa Mercosur al Ordenamiento Jurídico de los Estados Partes«) (»Vervollständigung des Systems der Inkorporation der Mercosur-Normen in die Rechtsordnungen der Mitgliedstaaten«). Diese Maßnahmen beschreibt *Olivar Jimenez* (Fn. 311), S. 191 (197 ff.); zu deren Ratio auch *Edler* (Fn. 143), S. 117.

881 Art. 1 – 3 Ratsentscheidung N° 23/00; hierzu *Martinez Puñal* (Fn. 847), S. 223 (242 ff.); und *Olivar Jimenez* (Fn. 311), S. 191 (197).

882 Art. 5 a) Ratsentscheidung N° 23/00.

883 *Klumpp* (Fn. 275), S. 53 (62), betont, dass sich bei der Umsetzung der Mercosurakte die Mitgliedstaaten häufig nicht an das vereinbarte System hielten und die Rechtsakte zu unterschiedlichen Zeitpunkten in den Mitgliedstaaten in Kraft träten, was zu Rechtsunsicherheit führte; siehe auch *Fuders* (Fn. 98), S. 116.

884 Art. 10 Ratsentscheidung N° 20/02 präzisiert den hier einschlägigen Art. 5 b) Ratsentscheidung N° 23/00.

lediglich Funktionsinterna geregelt werden, überschreiten die Rechtsfolgen das mercosurrechtliche Regelungsgefüge nicht. Der innerstaatliche Rechtskreis wird nicht berührt.[885] Sofern eine identische Regelung bereits im nationalen Recht vorhanden ist, hat der Integrationsrechtsakt keinerlei eigenständige rechtliche Regelungswirkung.

Die Ratsentscheidung N° 20/02 sieht für den Fall, dass ein Mitgliedstaat einen Umsetzungsakt nach seinem nationalen Recht grundsätzlich für entbehrlich hält, die Möglichkeit eines unmittelbaren Inkrafttretens in dessen innerstaatlichem Rechtskreis ausdrücklich vor.[886] Mit dieser Ausnahme, die zunächst voraussetzt, dass ein Mitgliedstaat bereit ist, auf das souveränitätswahrende Element des Umsetzungsakts allgemein zu verzichten, wird von der primärrechtlichen Grundregel des Umsetzungserfordernisses aber nicht abgewichen. Vielmehr wird anerkannt, dass ein Staat verfassungsrechtlich auf den ihm zugutekommenden Schutz durch das Umsetzungserfordernis auch verzichten kann. Das Erforderlichkeitskriterium in Art. 42 POP deckt unproblematisch auch diesen – derzeit noch nicht gegebenen und völlig unwahrscheinlichen – Fall des durch eine nationale Verfassung begründeten Souveränitätsverzichts ab.[887]

Häufig setzen die Mitgliedstaaten die Integrationsnormen nicht wie gefordert um. Daher wird zuweilen argumentiert, die Einheitlichkeit und Effektivität des Mercosurrechts seien nur gesichert, wenn ein innerstaatlicher Wille das Integrationsrecht nicht konterkarieren könne. Es sei daher zwingend, dass den Integrationsnormen unmittelbare Geltung zukomme.[888] Ähnlich argumentiert zur Frage nach dem Vorrang des Unionsrechts der EuGH, der im Zusammenhang mit dem »effet

---

885 Siehe auch *Abreu Bonilla* (Fn. 181), S. 85; und *Klumpp* (Fn. 275), S. 53 (61 f.).

886 Art. 11, 12 Ratsentscheidung N° 20/02; in diese Richtung auch *Dörner* (Fn. 253), S. 6, der sich jedoch allein auf Art. 42 POP stützt; siehe auch *Fuders* (Fn. 98), S. 114.

887 Vgl. auch *Abreu Bonilla* (Fn. 181), S. 84 f.

888 So etwa *Cassagne*, El Mercosur y las relaciones con el derecho interno, La Ley 1995, S. 875 (882 f.), der im Wesentlichen auch auf die Kompetenz der Mercosurorgane zum Erlass von Normen abstellt: »los órganos del Tratado se encuentran habilitados para adoptar una serie de decisiones que repercuten en el ordenamiento interno [...]. El dictado de esa clase de medidas sólo tiene sentido si resultan operativas y no dependen de un acto legislativo posterior de incorporación a los ordenamientos internos de los Estados, todo ello como consecuencia de aplicar la doctrina del llamado efecto útil de los Tratados« (»die Organe des Abkommens sind befähigt, Entscheidungen zu treffen, die Wirkungen in der innerstaatlichen Rechtsordnung haben [...]. Die Vornahme solcher Maßnahmen hat nur dann Sinn, wenn diese anwendbar sind und nicht von einem nachfolgenden internen Inkorporationsakt der Staaten abhängen, was alles eine Folge der Lehre vom sogenannten »effet utile« im Rahmen der Verträge ist«). Auf diese Sichtweise verweist *Fuders* (Fn. 98), S. 107 f.

utile« insbesondere den Charakter des europäischen Rechts als eigenständige Rechtsordnung betont.[889]

Der Mercosur ist jedoch durch die beschriebene, streng zwischenstaatliche und intergouvernementale Ausrichtung gekennzeichnet, deren Hintergrund gerade der Verbleib aller Souveränität bei den Mitgliedstaaten ist. Bereits in der streng paritätischen Besetzung der Gemeinschaftsorgane ist angelegt, dass eine Rechtsfolge gegen den ausdrücklichen Willen der Mitgliedstaaten nicht eintreten soll. Der Gedanke des »effet utile« ist damit nicht in einer Weise auf den Mercosur übertragbar, dass hieraus das Bestehen unmittelbarer Geltung gefolgert werden könnte.[890]

Damit lässt sich festhalten, dass aus normativer Sicht zum heutigen Zeitpunkt eine unmittelbare Geltung mercosurrechtlicher Akte nicht angenommen werden kann und das Verfahren zur gleichzeitigen Inkraftsetzung sogar als deutliche Ablehnung einer solchen verstanden werden muss.[891] Vereinzelte Initiativen aus der

---

889 Vgl. EuGH, Rs. 6-64, Costa-ENEL, Slg. 1964, S. 1253 (1269 ff.); siehe *Streinz*, Der »effet utile« in der Rechtsprechung des Gerichtshofs der Europäischen Gemeinschaften, in: Due/Lutter/Schwarze (Hrsg.), Festschrift Everling, 1995, Bd. II, S. 1491 (1498 f.); vgl. *Wegener*, in: Calliess/Ruffert (Fn. 61), Art 19 EUV Rn. 15.

890 Auf diese Argumente stützt sich auch der »Schiedsspruch Ad-Hoc N° 1/2001 »Export von Hühnern« – Brasilien/Argentinien«, Rn. 114 (Fn. 276); so auch *Haller* (Fn. 120), S. 126 f.: »Wunschdenken«; und *Fuders* (Fn. 98), S. 109.

891 Das Erfordernis der Umsetzung hebt auch der »Schiedsspruch Ad-Hoc N° 2/1999 »Export von Schweinefleisch« – Argentinien/Brasilien«, Rn. 55, hervor. Indem das Schiedsgericht betont, dass noch nicht umgesetzte Normen »nicht völlig ohne Wert« seien, impliziert es das Fehlen unmittelbarer Geltung. Aus »Schiedsspruch Ad-Hoc N° 2/2000 »Schutzklauseln für Textilprodukte« – Brasilien/Argentinien«, Punkt 1. 2. geht dies ebenso hervor. »Schiedsspruch Ad-Hoc N° 1/2001 »Export von Hühnern« – Brasilien/Argentinien«, Rn. 114, 116 betont dies ebenfalls (zu diesen Schiedssprüchen siehe Fn. 276); deutlich so auch der brasilianische Oberste Gerichtshof STF, Beschluss Carta Rog. N° 8279 vom 17.6.1998, in RTJ, Bd. 174, S. 463 (476): »não se pode desconhecer que [...] tornar-se-á inviável pretender que as convenções celebradas pelo Brasil no âmbito do Mercosul revistam-se de eficácia direta e de aplicabilidade imediata, prescindindo, em conseqüência, do mecanismo tradicional de incorporação« (»es darf nicht verkannt werden, dass es unmöglich ist, vorzugeben, dass den durch Brasilien im Rahmen des Mercosul geschlossenen Abkommen unmittelbare Geltung und unmittelbare Anwendbarkeit zukomme und auf das traditionelle Verfahren der Inkorporation verzichtet würde.«. Eine unmittelbare Geltung lehnen auch ab *Arbuet Vignali*, El Protocolo de Ouro Preto – Una excusa para hablar de integración, in: Arbuet Vignali u.a. (Fn. 411), S. 33 (51); *Baptista* (Fn. 578), S. 71 (79); *Wehner* (Fn. 111), S. 116; *Abreu Bonilla* (Fn. 181), S. 84 f.; *Haller* (Fn. 120), S. 125 f.; *Samtleben* (Fn. 424), S. 51 (69); *Alves de Oliveira* (Fn. 273), S. 97; *Porrata-Doria*

Wissenschaft, dieses System durch Änderung nationaler Normen zu reformieren, hatten keine Auswirkungen auf das geltende Recht.[892]

bb) Ablehnung unmittelbarer Geltung auch durch die Schiedsgerichte

Die Auslegung des Mercosurrechts durch die Schiedsgerichte bestätigt diesen Befund:

Das Schiedsgericht »Ad-Hoc N° 1/1999 »handelsbeschränkende Maßnahmen« – Argentinien/Brasilien« erwähnt Normen, die »selbst ausführend« seien und ohne das Erfordernis nationaler Rechtsakte den Mitgliedstaaten Pflichten auferlegten.[893] Hierbei bezieht sich das Schiedsgericht jedoch ausdrücklich auf den VvA und dabei primär auf dessen Annexe, beispielsweise zum Programm

---

(Fn. 429), S. 78; *Fuders* (Fn. 98), S. 105 f., 109; *Martinez Puñal* (Fn. 847), S. 223 ff. (237); *Ekmekdjian* (Fn. 135), S. 265, legt jedoch nahe, dass er hinsichtlich einiger Entscheidungen des Rats und Entschließungen der Gruppe von einer den europäischen Verordnungen vergleichbaren Rechtswirkungen ausgeht, stellt jedoch auch klar, dass ein solches Regelungsinstrument im Mercosur noch nicht geschaffen wurde: »En el derecho comunitario europeo son normas de alcance general,« [die »reglamentos«] »que implican el ejercicio de los poderes legislativos comunitarios. Son directamente aplicables en el territorio de los Estados miembros, sin necessidad de *exequátur* alguno. Si bien no existen con ese nombre en el derecho comunitario del Mercosur, muchas de las decisiones del C.M.C. y de las resoluciones del G.M.C. tienen ese alcance general.« (»Im europäischen Gemeinschaftsrecht sind Verordnungen Normen mit unmittelbarer Geltung, die die Ausübung legislativer Kompetenz umfassen. Sie sind ohne Erfordernis eines Ausführungsaktes auf dem Gebiet der Mitgliedstaaten unmittelbar anwendbar. Wenn sie auch im Gemeinschaftsrecht des Mercosur nicht unter diesem Namen existieren, so haben doch viele der Entscheidungen des Rates und der Entschließungen der Gruppe diese unmittelbare Geltung.«. Es werden nachfolgend Beispiele genannt, die zum Teil aber nur interne Abläufe in den Organen des Mercosur betreffen. *Menem* (Fn. 411), S. 22 f., 30, 64, sieht das ohne Angabe von Gründen anders und nimmt eine unmittelbare Geltung (und darüber hinaus auch Vorrang und umittelbare Anwendbarkeit) an. Andererseits geht derselbe Autor hinsichtlich der Resolutionen der Mercosur-Gruppe doch von einem Erfordernis der Inkorporation aus (a.a.O. S. 140).

892 Vgl. etwa *Freeland López Lecube* (Fn. 848), S. 272: »el artículo 40 es un atentado a la viabilidad futura del Mercosur« (»Art. 40 ist ein Attentat auf die zukünftige Funktionsfähigkeit des Mercosur«); und bei *Assis de Almeida* (Fn. 582), S. 111 (116).

893 »Schiedsspruch Ad-Hoc N° 1/1999 »handelsbeschränkende Maßnahmen« – Argentinien/Brasilien«, Rn. 64: »[H]ay […] disposiciones que son por si mismas ejecutables, imponiendo obligaciones concretas a las Partes, sin necesidad de nuevos actos jurídicos por los Estados« (»Es gibt Normen, die selbstausführend sind

der Handelsliberalisierung. Eine unmittelbare Geltung dieser Normen begründete sich gegebenenfalls auf die direkte Vereinbarung der den VvA unterzeichnenden Mitgliedstaaten, wäre jedoch nicht in dem Sinne verallgemeinerungsfähig, dass anderen, vor allem sekundären Mercosurrechtsakten ebenfalls eine unmittelbare Geltung zuerkannt werden müsste. Solche Pflichten können auch bloße Umsetzungspflichten sein. Insofern ergibt sich aus diesem Schiedsurteil kein weitergehender Erkenntnisgewinn.[894]

Im Schiedsspruch »Ad-Hoc N° 1/2001 »Export von Hühnern« – Brasilien/Argentinien« war zwingend zu entscheiden, ob einer nicht nach Art. 40 POP umgesetzten Norm Rechtswirkung zukomme. Den Einwand einer der Parteien, die Norm müsse aus Gründen des Gutglaubensschutzes und um den beabsichtigten Regelungszweck nicht zu vereiteln, zumindest teilweise Anwendung auch vor ihrer Umsetzung durch alle Mitgliedstaaten finden, wies das Gericht zurück. Die in VvA und POP vorgesehene Umsetzung durch die Mitgliedstaaten sei unabdingbare Voraussetzung für jegliche Rechtsfolgen, die über die Umsetzungsverpflichtung für die Staaten hinausgingen und auch eine nur teilweise Anwendung komme nicht in Betracht. Allenfalls könne man nicht umgesetzte Integrationsnormen als Ausdruck eines politischen Willens verstehen und diese zur Auslegung anderer Normen heranziehen.[895]

Im Schiedsgericht »Ad-Hoc N° 3/2002 »Besteuerung von Zigaretten« – Paraguay/Uruguay« wurde in Reaktion auf das Vorbringen einer der Streitparteien eine Norm des VvA insofern als »auto-ejecutable«, also als »selbstausführend« verstanden, als sie den Mitgliedstaaten die Pflicht zur Änderung ihrer Rechtsordnungen auferlege.[896] Hieraus ergebe sich jedoch ausdrücklich keine unmittelbare Änderung der nationalen Rechtsnormen. Insofern ist diese »auto-ejecutable« Norm lediglich als primärrechtlich die Staaten verpflichtend und nicht als im be-

---

und den Parteien konkrete Verpflichtungen auferlegen ohne die Notwendigkeit neuer Rechtsakte der Staaten«), (siehe Fn. 276).

894 *Samtleben*, Erster Schiedsspruch, in: Samtleben (Fn. 181), S. 263 (269), ist aber zuzustimmen, wenn dieser dem (ersten) Schiedsspruch »als Signal eine große Autorität und Präzedenzwirkung« zuspricht.

895 »Schiedsspruch Ad-Hoc N° 1/2001 »Export von Hühnern« – Brasilien/Argentinien«, Rn. 27, 114 ff., 117 ff., 123 f., 150, (siehe Fn. 276); vgl. bei *Klumpp* (Fn. 275), S. 53 (73); auf die im Schiedsspruch behandelte Problematik des Umsetzungserfordernisses nimmt auch Bezug *Samtleben*, Besprechung Fuders, RabelsZ 2012, S. 223 (227 f.).

896 »Schiedsspruch Ad-Hoc N° 3/2002 »Besteuerung von Zigaretten« – Paraguay/Uruguay«; Abschnitt »Considerando«, B i), (siehe Fn. 276); vgl. auch *Klumpp* (Fn. 275), S. 53 (68 f.).

schriebenen Sinne unmittelbar geltend zu verstehen. Dies gilt auch, wenn man unter dem Konzept »auto-ejecutabler« (»self-executing«) Normen solche versteht, die inhaltlich so präzise sind, dass sie nach ihrer Inkorporation ohne weitere Präzisierung durch Private geltend gemacht werden können.[897]

Das Schiedsgericht »Ad-Hoc N° 1/2003 »Industriefertigung von Wolle« – Argentinien/Uruguay« geht auf ein Parteivorbringen, wonach es Normen gebe, die »directamente operativas« und »exigibles«, also direkt funktionell und einklagbar seien, nicht weiter ein.[898]

Die unmittelbare Geltung wird in einem im Rahmen des Vorlageverfahrens zu erstattenden Rechtsgutachten des Revisionsgerichts zwar knapp als Charakteristikum von Gemeinschaftsrecht angesprochen, dann jedoch nicht weiter untersucht.[899] Es ist auch nicht ersichtlich, dass das Gericht die unmittelbare Geltung als ohne Weiteres gegeben versteht. Vielmehr wird dort betont, dass ein hier einschlägiger Rechtsakt von allen Staaten umgesetzt worden sei und ihm hiermit näher bestimmte Rechtsfolgen zukämen.[900] Diese Aussage setzt ein Festhalten am Erfordernis der Umsetzung und damit einen Ausschluss der unmittelbaren Geltung voraus. Sie bestätigt also das geltende System.

Eine unmittelbare Geltung besteht nach alldem im Recht des Mercosur nicht.[901]

---

897 Vgl. die Darstellung bei *Klumpp* (Fn. 275), S. 53 (68 f.).

898 »Schiedsspruch Ad-Hoc N° 1/2003 »Industriefertigung von Wolle« – Argentinien/Uruguay«, Rn. 27, (siehe Fn. 276).

899 »Opinión Consultiva N° 1/2007«, Abschnitt C. 1., (siehe Fn. 279).

900 »Opinión Consultiva N° 1/2007«, Abschnitt F. 1, (siehe Fn. 279); *Samtleben*, Erstes Vorlageverfahren, in: Samtleben (Fn. 181), S. 271 (274), zur Entscheidungsfindung im Rahmen dieses Schiedsspruchs.

901 Dies betont auch »Schiedsspruch Ad-Hoc N° 3/2002 »Besteuerung von Zigaretten« – Paraguay/Uruguay«, vgl. Abschnitt »Considerando – B – i)«, (siehe Fn. 276); ablehnend wie hier auch *Basaldúa* (Fn. 197), S. 653 f; *Wehner* (Fn. 111), S. 116; *Haller* (Fn. 120), S. 127; *Deluca* (Fn. 254), S. 74; *de Itapema Grau Kuntz* (Fn. 578), S. 12 f.; *EspluguesMota*, Instituciones del Comercio Internacional, in: Esplugues Mota (Hrsg.), Derecho del Comercio Internacional, 2006, S. 35; deutlich auch *Klumpp* (Fn. 275), S. 53 (65 ff.); *Fuders* (Fn. 98), S. 117. Vage verbleibt *Prada* (Fn. 253), S. 80. *Ramos* (Fn. 863), S. 21, spricht bezüglich des Primärrechts von unmittelbarer Geltung (Anwendbarkeit), ohne dies jedoch näher zu begründen; so grundsätzlich auch *Lehmann* (Fn. 254), S. 102. Andere Autoren sprechen dem Normentypus »Integrationsrecht« unmittelbare Geltung per se als unverzichtbares Wesensmerkmal zu. Auf diese Sichtweise verweist *Fuders* (Fn. 98), S. 108; eine unmittelbare Geltung des Sekundärrechts lehnt auch *Edler* (Fn. 143), S. 111 ff., ab.

e) Die Inkorporation in staatliches Recht durch Exekutive oder Legislative

Die mangels unmittelbarer Geltung erforderliche Inkorporation in staatliches Recht durch Legislative oder Exekutive unterliegt den nachfolgend dargestellten unterschiedlichen Anforderungen. Es ist dabei ein Verfahren zur Implementierung in die jeweilige nationale Rechtsordnung zu durchlaufen.[902] Eine solche Inkorporation kann zunächst durch einen Transformationsakt erfolgen, der den Völkerrechtsakt in innerstaatliches Recht umwandelt. Denkbar ist aber auch, dass ein innerstaatlicher Akt den Befehl zur rechtlichen Anwendung der Völkerrechtsnorm erteilt, welche dann innerstaatlich vollzogen werden kann.[903]

Da die Normen des Mercosur nicht auf das Umsetzungserfordernis verzichten, sind sie insoweit zu behandeln wie allgemeine völkervertragliche Rechtsakte. Objekt der Implementierung ist grundsätzlich allein der Anhang eines Rechtsakts, in welchem die materiellrechtlichen Regelungen enthalten sind.[904] Hiervon abzugrenzen sind die Erwägungsgründe sowie die Feststellung, dass überhaupt ein Beschluss durch das betreffende Organ gefasst wurde. Bei der Implementierung ist die – grundsätzlich vorgeschriebene – Frist zu wahren.[905]

In der Praxis erfolgt die Umsetzung von Sekundärrechtsakten meistens durch Akte der Exekutive. Für Rechtsakte, die aufgrund nationalgesetzlicher Kompetenzzuweisung in ihrer Umsetzung der legislativen Behandlung durch die nationalen Parlamente bedürfen, bestehen im Gegensatz zu Rechtsakten, die lediglich durch Handeln der Exekutive implementiert werden, die nachfolgend geschilderten zusätzlichen Anforderungen, darunter insbesondere die Mitwirkung des Mercosur-Parlaments.[906]

aa) Die Inkorporation durch die Exekutive

Bei Rechtsakten, welche durch Handlungen der Exekutive zu inkorporieren sind, ist der Umsetzungsprozess mittels eines jeweils einheitlich zuständigen Verwaltungsorgans in den Mitgliedstaaten zu koordinieren und zu beschleunigen.[907]

---

902 Das Erfordernis der Inkorporation in nationales Recht hebt auch die »Opinión Consultiva N° 1/2008«, Rn. 24 (siehe Fn. 279), hervor.

903 Vgl. bei *Baptista* (Fn. 578), S. 71 (74); vgl. auch *Ehlers* (Fn. 867), § 11 Rn. 35.

904 Art. 7 der Ratsentscheidung N° 31/04.

905 Art. 7 der Ratsentscheidung N° 23/00; Art. 2 Ratsentscheidung N° 22/04; Entschließung der Gruppe N° 23/98, Art. 4.

906 Vgl. *Baptista* (Fn. 197), S. 125 f.

907 Art. 14 der Ratsentscheidung N° 20/02. Der weitaus größte Teil der Mercosurrechtsakte wird durch Akte der Exekutive inkorporiert, vgl. *Antón*, Proceso de toma

Durch Ratsentscheidung N° 22/04 wurden hierfür Verfahrensgrundsätze festgelegt, nach denen das nationale Verfahren auszugestalten ist.[908] Die Implementierung wird vorgenommen durch das nach dem jeweiligen nationalen Recht zuständige Verwaltungsorgan, welches regelmäßig bereits in dem Rechtsakt selbst bezeichnet werden soll.[909] Der Mercosur-Rat beauftragte 2003 zwar die Gruppe mit der Untersuchung der Möglichkeit einer unmittelbaren Geltung von durch die Exekutive zu inkorporierenden Rechtsakten, doch führte auch dies nicht zu einer Abkehr von dem beschriebenen Mechanismus.[910]

bb) Die Inkorporation durch die Legislative unter Berücksichtigung des Mercosur-Parlaments

Für Rechtsakte, welche nach innerstaatlicher Kompetenzzuordnung durch ein Gesetz integriert werden müssen, gilt ein spezielles Verfahren. Hierbei spielt vor allem die Einbindung des Mercosurparlaments eine Rolle.[911] Die entscheidungsbefugten Organe des Mercosur sind verpflichtet, alle von den Mitgliedstaaten durch Gesetz umzusetzenden Rechtsakte noch vor deren Verabschiedung dem Mercosur-Parlament zuzuleiten. Dieses erarbeitet binnen 90 Tagen ein Gutachten zu dem entsprechenden Vorhaben des Mercosurorgans. Wenn die Verabschiedung

---

de decisiones en el Mercosur, in: Benecke/Loschky, Mercosur – desafío político, 2001, S. 151 (216 ff.).

908 In Ratsentscheidung N° 22/04 werden vor allem die vorherigen Konsultationen zur Sicherstellung der Vereinbarkeit mit dem nationalen Recht und die Veröffentlichung der umgesetzten Norm hervorgehoben.

909 Art. 1 Entschließung der Gruppe N° 91/93, ergänzt durch Art. 7 Entschließung der Gruppe N° 23/98; *Rocha de Mello Martins* (Fn. 411), S. 180, nennt die Entschließung der Gruppe N° 54/98.

910 Vgl. Art. 1 Ratsentscheidung N° 07/03: »Instruir al GMC para que [...] elabore un análisis sobre la aplicación directa en los ordenamientos jurídicos nacionales de la normativa MERCOSUR que no requiera tratamiento legislativo en los Estados Partes.« (»die Gruppe [...] anzuweisen, eine Untersuchung vorzunehmen über die unmittelbare Geltung solcher Mercosur-Normen in den nationalen Rechtsordnungen, die nicht einer Behandlung durch den Gesetzgeber bedürfen.«); vgl. auch Hinweis bei *Gari* (Fn. 196), S. 84, dort Fn. 277; und *Olivar Jimenez* (Fn. 311), S. 191 (199), die auf die nachfolgend verabschiedete Ratsentscheidung N° 22/04 verweist.

911 Bereits Art. 15 der Ratsentscheidung N° 20/02 sah für diesen Fall die – allerdings nicht weiter spezifizierte – Zusammenarbeit der Vertragsstaaten mit der Gemeinsamen Parlamentarischen Kommission vor; *Pallarés* (Fn. 873), S. 705, 725, weist auf die Gefahr einer Umgehung der Mitwirkungsrechte der nationalen Parlamente durch vorschnelles Handeln der Exekutive hin.

des Vorhabens im entscheidungsbefugten Organ dann nach Maßgabe dieses Gutachtens erfolgt, ist das Projekt innerhalb von 45 Tagen an die nationalen Parlamente weiterzuleiten. Sollte das entscheidungsbefugte Organ des Mercosur sich gegen eine Berücksichtigung des parlamentarischen Gutachtens entscheiden oder das Parlament ein solches nicht rechtzeitig anfertigen, erfolgt die Umsetzung dieser Norm auf herkömmlich institutionalisiertem Weg ohne besondere Frist.[912]

Um die Umsetzung solcher Normen, die mit dem Gutachten des Parlaments konform sind, zu beschleunigen, sind die nationalen Parlamente dann verpflichtet, ein gesondertes nationales Verfahren einzurichten, mittels dessen diese Rechtsakte den legislativen Prozess vorrangig durchlaufen. Dieses nationale Verfahren soll eine Umsetzung innerhalb von 180 Tagen nach Erhalt des Rechtsakts durch das nationale Parlament ermöglichen. Kommt es innerhalb dieses Zeitraums zu einer Zurückweisung des Rechtsakts durch das nationale Parlament, wird die Regierung des betreffenden Mitgliedstaates dem entscheidungsbefugten Mercosur-Organ diese Norm zur erneuten Behandlung vorlegen.[913] Eine tatsächliche Mitgestaltung kommt dem Mercosurparlament also insgesamt trotz seiner formalen Einbindung nicht zu.[914] Ist eine Einbindung des nationalen Parlaments erforderlich, wird regelmäßig alternativ ein Staatsvertrag geschlossen, an welchem das Parlament ohnehin beteiligt ist.[915]

cc) Fehlende Rechtsfolgen einer Nichtumsetzung

Unterbleibt die Umsetzung eines Rechtsakts durch Exekutive oder Legislative, erfolgt zwei Jahre nach Ablauf der Umsetzungsfrist eine erneute Beratung über den Rechtsakt im erlassenden Mercosurorgan.[916] Das weitere Vorgehen wird im

---

912 Art. 4 »Competencias« Nr. 12 I – III GP Parlament Mercosur; *Pallarés* (Fn. 873), S. 705 (727), spricht die zu beachtende Kompetenzverteilung zwischen Bundestaaten und einzelnen Provinzen an.

913 Art. 4 »Competencias« Nr. 12 VI – VI GP Parlament Mercosur. *Baptista* (Fn. 197), S. 123 f., weist auf ein brasilianisches Dekret 188 des Kongresses hin, welches das POP in nationales Recht umsetze, aber explizit den – eigentlich überflüssigen – Vorbehalt anmelde, dass jegliche Änderung dieses Protokolls erneuter parlamentarischer Genehmigung bedürfe. Dies gelte auch für die Auferlegung finanzieller Lasten und die Änderung bestehender parlamentarischer Gesetze; siehe zu diesem Dekret auch *Baptista* (Fn. 578), S. 71 (79).

914 Zu positiv bewerten diese Mitwirkung *Belén Olmos Giupponi* (Fn. 843), S. 57 (61 f.): »legislative functions«; und *Lixinski/de Andrade Correa* (Fn. 318), S. 413 (415).

915 *Samtleben* (Fn. 424), S. 51 (70 f.).

916 Oder fünf Jahre nach Verabschiedung der Norm, falls eine Frist nicht vorgesehen ist, vgl. Ratsentscheidung N° 35/08, Art. 1.

Einzelfall und in gemeinsamer Entscheidung aller Mitgliedstaaten beschlossen.[917] Unmittelbare Konsequenzen ergeben sich damit aus dem Mercosurrecht für fehlende Umsetzungen von Rechtsakten nicht.

Protokolle oder Abkommen zwischen den Mitgliedstaaten enthalten regelmäßig Regelungen zum Inkrafttreten dieser Verträge, welche von dem für Organakte geltenden Verfahren der gleichzeitigen Inkraftsetzung nach Art. 40 POP abweichen.[918] So tritt das Abkommen über die Handelsschiedsgerichtsbarkeit im Mercosur für die ersten beiden ratifizierenden Staaten zu einem früheren Zeitpunkt in Kraft als für alle nachfolgenden.[919] Als direkt zwischen den Mitgliedstaaten ausgehandeltes Primärrecht können diese Abkommen jedoch ein Verfahren vorsehen, das sich von der Vorgabe des Art. 40 POP unterscheidet. In der Regel werden solche Protokolle oder Abkommen durch den Rat entworfen und ergehen deshalb zunächst als Entscheidungen, an die sich der normale Ratifizierungsprozess anschließt.[920]

f) Zwischenergebnis: Keine unmittelbare Geltung, sondern Erfordernis der Inkorporation

Das Integrationsrecht des Mercosur entsteht wie völkerrechtliche Verträge. Das Mercosurrecht erreicht keine unmittelbare Änderung der innerstaatlichen Rechtsordnungen, sondern gibt Rechtsakte vor, welche als Muster für eine durch die Staaten vorzunehmende Rechtsangleichung funktionieren. Die Rechtsakte des Mercosur ähneln daher den Richtlinien im Recht der Europäischen Union.[921] Im Gegensatz zur Richtlinie tritt ein Mercosurrechtsakt jedoch erst in Kraft – und löst mit seinem Inkrafttreten wiederum erst das Inkrafttreten der nationalen Umsetzungsakte aus – wenn alle Mitgliedstaaten die Inkorporation in das nationale Recht vorgenommen haben. Eine europäische Richtlinie bedarf dieser Umsetzung lediglich zur Geltung im nationalen Rechtsrahmen, nicht aber zu ihrer eigenen Gültigkeit. Gültigkeit im Sinne einer Rechtsverbindlichkeit ab Inkrafttreten bis zur Aufhebung oder anderweitigen Erledigung des Rechtsaktes[922] kommt einem Mercosurakt

917 Ratsentscheidung N° 35/08, Art. 5.

918 Hierzu *Samtleben* (Fn. 424), S. 51 (64).

919 Art. 26 Abs. 1 des »Mercosurabkommens über die Handelsschiedsgerichtsbarkeit« (»Acuerdo sobre Arbitraje Comercial del Mercosur«) vom 23.7.1998; dies ist ähnlich der Fall beim »Protokoll von Montevideo über den Handel mit Dienstleistungen« (»Protocolo de Montevideo sobre el Comercio de Servicios del Mercosur«) als Anhang zur Ratsentscheidung N° 13/97, Art. 27 Abs. 1.

920 Vgl. zum Beispiel Ratsentscheidung N° 3/98.

921 Vgl. Art. 288 Abs. 3 AEUV. Auf diese Vergleichbarkeit verweist auch *Fuders* (Fn. 98), S. 141 f.

922 Vgl. *Ehlers* (Fn. 867), § 11 Rn. 3.

vielmehr schrittweise zu: Mit der Beschlussfassung im Organ entsteht eine gültige Umsetzungsverpflichtung für die Mitgliedstaaten.[923] Erst nach jeweils erfolgter Umsetzung und entsprechender Mitteilung an das Generalsekretariat tritt dann der materiellrechtliche Inhalt in Kraft, erlangen die konkreten Regelungen also Gültigkeit im genannten Sinne. Damit erfährt das Integrationsrecht im Mercosur dieselbe Behandlung wie jeder andere völkerrechtliche Rechtsakt auch.[924]

2. Wirkungen des Integrationsrechts im Mercosur – Innerstaatliche Rechtsfolgen nur nach Maßgabe einzelstaatlichen Zugeständnisses

Prägende Merkmale des europäischen Rechts sind die unmittelbare Anwendbarkeit und der Vorrang vor nationalem Recht:[925]

a) Keine unmittelbare Begründung von Rechten oder Pflichten für innerstaatliche Normadressaten

Eine Norm ist unmittelbar anwendbar, wenn sie innerstaatliche Rechtsadressaten ohne das Erfordernis eines weiteren Rechtsaktes direkt berechtigt oder verpflichtet.[926] Grundsätzlich kann eine Norm ihre innerstaatlichen Adressaten nur unmittelbar verpflichten, wenn sie auch unmittelbar Geltung erlangt, also ohne

---

923 Diese Umsetzungsverpflichtung betont auch *Klumpp* (Fn. 275), S. 53 (57), und bezeichnet sie als »ius cogens regional«.

924 *Kegel* (Fn. 410), S. 244 (257); *Olivar Jimenez* (Fn. 311), S. 191 (200), verweist auf eine »High Level Group for Institutional Reform«, welche sich mit der Möglichkeit einer unmittelbaren Geltung von Mercosurnormen in Verbindung zu Normen des nationalen Kommunalrechts beschäftige. Zu einem entgegensetzten Ergebnis kommt *Floh*, Direito Derivado do Mercosul: Natureza Jurídica e Integração aos Ordenamentos Jurídicos Internos, in: Basso (Fn. 208), S. 247 (266 f.), der das Sekundärrecht des Mercosur als »höhere Ebene des Völkerrechts« wertet und diesem auch unter Heranziehung des angeblich offensichtlichen Willens der Mitgliedstaaten unmittelbare Geltung zusprechen will.

925 *Ekmekdjian*, Hacia la República Latinoamericana, 1991, S. 60, betont die Unverzichtbarkeit dieser Wesensmerkmale für einen erfolgreichen Integrationsprozess.

926 Zum Begriff der »unmittelbaren Anwendbarkeit« siehe bei *Streinz* (Fn. 407), S. 153; *Schroeder* (Fn. 867), Art. 288 AEUV, Rn. 48 ff. Der Begriff der unmittelbaren Anwendbarkeit wird in der unionsrechtlichen Dogmatik zum Teil auch in einem weiteren Sinne dahingehend verstanden, dass von ihm die Verpflichtung der Mitgliedstaaten zur Umsetzung der Norm erfasst sei; vgl. *Ehlers* (Fn. 867), § 11 Rn. 8; und *Ehlers* (Fn. 776), § 7 Rn. 7, der auch hinweist auf ein engeres Verständnis: »Zumeist wird von unmittelbarer Wirkung respektive Anwendbarkeit des Gemeinschaftsrechts aber nur in einem engeren Sinne gesprochen. Danach soll es darauf ankommen, ob das Gemeinschaftsrecht den Unionsbürgern und sonstigen Privatpersonen Rechte verleiht oder Pflichten auferlegt.«. Nach dem beschriebenen, weiteren Verständnis ist auch die Richtlinie immer

nationalen Inkorporationsakt Rechtswirkungen im nationalen Recht entfaltet.[927] Rechte und Pflichten für innerstaatliche Normadressaten könnten nicht unmittelbar begründet werden, wenn stets das Erfordernis eines Umsetzungsakts zu wahren wäre. Der Mangel an unmittelbarer Geltung im Integrationsrecht des Mercosur führt also dazu, dass grundsätzlich eine unmittelbare Anwendbarkeit der Rechtsakte des Mercosur nicht in Betracht kommen kann.

Am Beispiel der Richtlinie im Unionsrecht zeigt sich jedoch, dass es nicht ausgeschlossen ist, eine unmittelbare Anwendbarkeit anzunehmen, selbst wenn es an einem eigentlich erforderlichen Umsetzungsakt fehlt. Eine solche unmittelbare Anwendbarkeit eines nicht umgesetzten Unionsrechtsakts ist vom EuGH, der diese erst durch Rechtsfortbildung ermöglichte, jedoch an strenge Voraussetzungen gebunden worden.[928] Von diesen konkreten Voraussetzungen abgesehen ist zweifelhaft, ob diese europarechtliche Besonderheit auf den Mercosur übertragen werden kann. Der EuGH gründete diese im Vertragstext nicht vorgesehene Ausnahme unter Berufung auf das Argument des »effet utile« maßgeblich auf die anderenfalls fehlende Wirksamkeit des Europäischen Rechts.[929]

Das Recht des Mercosur ist jedoch – anders als das europäische Recht – durch die beschriebene extreme Zurückhaltung der Mitgliedstaaten bezüglich der Aufgabe von Hoheitsrechten gekennzeichnet. Eine nicht nur für das konkrete Regelungsinstrument, sondern schon grundsätzlich ausdrücklich nicht zugestandene Annahme einer Rechtswirkung stellte hier eine Rechtsinterpretation dar, für die sich weder im Wortlaut, noch im Kontext oder der Systematik des Mercosur-Integrationsrechts eine Begründung finden ließe.[930] Damit führt die Zugrundelegung

---

unmittelbar anwendbar, weshalb nach diesem Ansatz das Fehlen unmittelbarer Geltung der begrifflichen Annahme unmittelbarer Anwendbarkeit nicht entgegenstehen kann.

927 Vgl. *Emmert*, Europarecht, 1996, § 15 Rn. 3; und *Bleckmann*, Europarecht, 6. Aufl., 1997, Rn. 1188; *Müller* (Fn. 785), S. 139 f.: »Die unmittelbare Geltung einer Norm kann als Voraussetzung ihrer unmittelbaren Anwendbarkeit gesehen werden.«. Im Zusammenhang mit dem Recht der Andengemeinschaft stellen auch *Rojas Arroyo/ Roth* (Fn. 396), S. 349 (359), fest, dass die unmittelbare Geltung Voraussetzung einer unmittelbaren Anwendbarkeit ist.

928 Siehe EuGH, Rs. C-8/81, Becker, Slg. 1982, S. 53 ff. Rn. 29; siehe auch BVerfGE 75, S. 223 (237 f.); *Streinz* (Fn. 407), S. 170 f.; zu den Voraussetzungen *Ruffert* (Fn. 842), Art. 288 AEUV Rn. 51 ff.

929 Siehe EuGH, Rs. C-8/81, Becker, Slg. 1982, S. 53 ff. Rn. 23; siehe *Ruffert* (Fn. 842), Art. 288 AEUV Rn. 48.

930 Auch *Haller* (Fn. 120), S. 130 f., lehnt die Übertragbarkeit der Rechtsprechung des EuGH im Ergebnis ab und führt dabei die Ratsentscheidung N° 8/93 als Beispiel für eine Norm an, die ihrem Wortlaut nach so konkret formuliert ist, dass sie anderenfalls für eine unmittelbare Anwendbarkeit in Betracht käme; siehe auch krit.

der europarechtlichen Dogmatik dazu, dass eine unmittelbare Begründung von Rechten und Pflichten für innerstaatliche Normadressaten im Mercosurrecht nicht angenommen werden kann. Integrationsrechtsakte des Mercosur sind nicht unmittelbar anwendbar.[931] Dennoch wird dies teilweise vertreten.[932]

Lehmann (Fn. 254), S. 119; ebenfalls ablehnend *Klumpp* (Fn. 275), S. 53 (72), die sich mit dem »Schiedsspruch TPR N° 1/2005, »wiederaufbereitete Reifen« – Uruguay/Argentinien« ausführlich auseinandersetzt. Für die Annahme einer unmittelbaren Anwendbarkeit nach Ablauf der Umsetzungsfrist einer hinreichend deutlich und individuell formulierten Norm plädiert *Gonzalez-Oldekop* (Fn. 271), S. 212, 219 f. *Pavón Piscitello/Schmidt*, Der EuGH als Vorbild: Erste Entscheidung des ständigen Mercosur-Gerichts, EuZW 2006, S. 301 ff., verdeutlichen, wie sich das TPR in seinem ersten Schiedsspruch ausdrücklich eng auf die Rechtsprechung des EuGH beruft.

931 Eine solche unmittelbare Begründung von Rechten und Pflichten für innerstaatliche Normadressaten – hier verstanden als »unmittelbare Anwendbarkeit« – lehnen auch ab: »Schiedsspruch Ad-Hoc N° 1/2001 »Export von Hühnern« – Brasilien/Argentinien«, Rn. 114. (Fn. 276); *Gonzalez-Oldekop* (Fn. 271), S. 203 f., die jedoch die Regelungen zur Handelsliberalisierung für zum Teil unmittelbar anwendbar hält (S. 202): »podrían considerarse como normas con *efectodirecto* algunos de los aspectos del programa de liberación comercial establecido en el Anexo I del mismo.«; *Haller* (Fn. 120), S. 128 f.; *Prada* (Fn. 253), S. 148, spricht in diesem Zusammenhang das Wettbewerbsschutzprotokoll des Mercosur an, welches Regelungen enthalte, die zwar ihrem Wortlaut nach unmittelbar anwendbar zu sein scheinen, wegen der Dogmatik des Mercosurrechts über diese Eigenschaft jedoch nicht verfügen könnten; *Alves de Oliveira* (Fn. 273), S. 97: »As normas [...] do Mercosul não são eficazes junto às pessoas, enquanto não sejam incorporadas ao direito nacional do Estado parte, isto é, devem converter-se em norma de direito interno, como lei ou decreto.« (»Die Mercosurnormen wirken nicht gegenüber Personen solange sie nicht in das nationale Recht des Mitgliedstaates inkorporiert sind, was bedeutet, dass sie als Gesetz oder Dekret in nationales Recht umgewandelt werden müssen.«); *Bloch*, La Construcción del Mercosur, 2003, S. 237, formuliert zugespitzt: »Der Mercosur bringt Geschäftsmöglichkeiten hervor, aber keine Rechte (für niemanden)« (»el Mercosur genera negocios [...] pero no genera derechos (para nadie).«); *Deluca* (Fn. 254), S. 74; *Porrata-Doria* (Fn. 429), S. 78; *Vervaele*, Mercosur and Regional Integration in South America, ICLQ 2005, S. 387 (393): »no direct effect whatsoever« (vgl. auch S. 397); auch *Floh* (Fn. 924), S. 247 (265), gelangt zu diesem Ergebnis nicht schon – wie hier – aufgrund der Eigenart des Integrationsrechts, sondern erst unter Heranziehung der nationalen Verfassungen. *Alvez Mesa* (Fn. 304), S. 28, stellt das Fehlen solcher Rechtswirkungen fest. Eine unmittelbare Berechtigung und Verpflichtung ergibt sich daher selbst dann nicht, wenn ein nicht inkorporierter Integrationsrechtsakt spezifische und präzise Bestimmungen im Sinne eines subjektiv-öffentlichen Rechts formuliert, vgl. *Gari* (Fn. 196), S. 220.

932 *Cassagne* (Fn. 888), S. 875 (883), will die unmittelbare Anwendbarkeit der Mercosurnormen auf den »effet utile« stützen: »bien podría sostenerse la existencia de una

regla inherente o resultante del propio Tratado, puesto que de lo contrario sus normas carecerían de toda utilidad.« (»es ist auszugehen von der Existenz einer dem Abkommen inhärenten oder aus ihm abgeleiteten Regel [bezüglich der unmittelbaren Anwendbarkeit], da anderenfalls seine Normen jeglichen Nutzens entbehrten.«). Es nimmt ohne weitere Begründung *de Azevedo Mercadante* (Fn. 578), S. 458 (497), bezüglich der Ratsentscheidung N° 18/94 an, dass diese durch Private unmittelbar geltend gemacht werden könne, was sich jedoch weder systematisch noch nach dem Wortlaut der Norm begründen lässt, und geht auch ganz grundsätzlich davon aus, dass Organnormen unmittelbar anwendbar sein können (S. 498). *Freeland López Lecube* (Fn. 848), S. 211 (271, 274 f.), will jedoch schon für Rechtsakte des Primärrechts eine unmittelbare Anwendbarkeit annehmen, sofern der Wortlaut der Norm dies aufgrund seiner Bestimmtheit zulasse und nennt hierfür insbesondere Art. 7 VvA als Beispiel (S. 270). *Pallarés*, La Incorporación de las Normas Mercosur a los Derechos Internos y la seguridad Jurídica, in: Lattuca/Ciuro Caldani (Hrsg.), Economia Globalizada y Mercosur, 1998, S. 55 (64), will eine unmittelbare Begründung von Rechten und Pflichten für innerstaatliche Normadressaten annehmen, wenn dies entweder ausdrücklich durch die Staaten bestimmt werde oder sich dies anhand folgender Merkmale faktisch aus der betreffenden Norm ableiten lasse: a) die Norm regelt eine dem Mercosur kompetenziell eindeutig zugeordnete Sachfrage, b) die Norm ist abschließend (»autosuficiente«), anwendbar (»operativa«) und benennt eindeutig Rechtsadressaten und materielle Rechte und Pflichten und c) es gelten keine dem entgegenstehenden nationalen Normen. Woher diese Kriterien gezogen werden, bleibt indes unklar. *Kleinheisterkamp*, Seguridad Jurídica en el Mercosur – La Interpretación Uniforme del Derecho Comúnitario, La Ley 2001, S. 371 (373), führt – jedenfalls missverständlich – aus, dass die Normen des Mercosur den Bürgern unmittelbar Rechte zugestehen und Pflichten auferlegten und durch den nationalen Richter anzuwenden seien, obwohl er zuvor feststellt, dass Rechtswirkungen sich nur in einem dem Völkervertragsrecht vergleichbarem Rahmen ergeben könnten (siehe auch dort S. 380); *Samtleben* (Fn. 424), S. 51 (63), leitet aus Art. 7 VvA und Regelungen zum Zollabbau eine unmittelbare Anwendbarkeit und nicht lediglich eine Verpflichtung der Staaten ab, spricht sich im Übrigen aber gegen eine unmittelbare Anwendbarkeit von Organrechtsakten aus (dort S. 68 f.) und, *Samtleben* (Fn. 181), S. 175 (184, 196 f.), stellt zum primärrechtlichen »unmittelbar anwendbar[en] rechtliche[n] Diskriminierungsverbot« in Art. 7 VvA fest, dass unmittelbare Anwendbarkeit dann gegeben sein könne, wenn »ein direkter Geltungswille« vorliege Auch *Rocha de Mello Martins* (Fn. 411), S. 181 f., erkennt Art. 7 VvA als unmittelbar anwendbar an; ebenso *Edler* (Fn. 143), S. 108 ff. Nicht begründet ist dagegen die apodiktische Feststellung bei *Guira* (Fn. 114), S. 80: »Mercosur law is directly applicable to private citizens in its content«; widersprüchlich, aber im Ergebnis wohl eine unmittelbare Anwendbarkeit bejahend *Olivares Tramón* (Fn. 111), S. 73, 85 f. *Floh* (Fn. 924), S. 247 (257 f.), geht recht weit, wenn er annimmt, dass die sekundären Akte im Mercosur zu Rechtswirkungen in den entsprechenden Rechtsordnungen führen: »É inegável o fato de o Direito Derivado

b) Keine Vermittlung von Vorrang durch das Integrationsrecht

Eine integrationsrechtliche Norm besitzt Vorrang vor einer nationalen Norm, wenn ihr bei inhaltlicher Unvereinbarkeit mit der nationalen Norm dennoch volle Rechtswirkung im innerstaatlichen Recht auf Kosten der Anwendbarkeit oder Geltung der nationalen Norm zukommt.[933] Die Frage nach dem Vorrang einer Integrationsnorm stellt sich nur, wenn es im Rechtssystem des Mercosur überhaupt zu einer Kollision zwischen einem Integrationsrechtsakt und einem nationalen Rechtsakt kommen kann.

Eine direkte Kollision wäre gegeben, wenn ein Mercosurrechtsakt und ein nationaler Rechtsakt für dieselbe Rechtsfrage in einem konkreten Sachverhalt unterschiedliche Rechtsfolgen anordnen.[934] Die parallele Anwendung beider Normen wäre hier logisch nicht möglich. Eine solche Kollisionslage mag dann entstehen, wenn eine Integrationsnorm keine Einbindung in das nationale Recht erfordert und mit Erlangung ihrer Gültigkeit in Konflikt treten kann. Im Falle des Mercosurrechts sind jedoch nur drei Konstellationen vorstellbar:

Bei einer – erstens – ordnungsgemäßen Integration durch nationalen Rechtsakt kann höchstens ein inhaltlicher Konflikt zwischen früherem nationalen und späterem nationalen Rechtsakt entstehen, welcher regelmäßig durch den Vorrang der zeitlich nachfolgenden Norm entschieden werden dürfte. Eine direkte Kollisionslage ist daher jedenfalls dann nicht vorstellbar, wenn der Integrationsrechtsakt ordnungsgemäß umgesetzt wird. Eine ordnungsgemäße Umsetzung ist im Mercosur auch nur dann gegeben, wenn zuvor nach Maßgabe des sekundären Rechts alle der umzusetzenden Norm entgegenstehenden rechtlichen Hindernisse beseitigt

---

ser uma norma formal que perpetua vontades dos membros da organização internacional [...], gerando, dessa maneira, efeitos jurídicos nos diversos ordenamentos jurídicos envolvidos.« (»Es ist eine unumstößliche Tatsache, dass das abgeleitete Recht eine formale Norm darstellt, die den Willen der Mitglieder der internationalen Organisation verkörpert [...], und auf diese Weise Rechtswirkungen in den verschiedenen beteiligten Rechtsordnungen herbeiführt.«). Ohne weitere Begründung nimmt *Belén Olmos Giupponi* (Fn. 843), S. 57 (60), jedoch eine unmittelbare Anwendbarkeit an: »On the other hand, these agreements [das Primärrecht des Mercosur] are also internally applicable to citizens.«, beziehungsweise S. 67: »certain norms are immediately applicable.«, und S. 69: »The sources of primary law [...] grant rights and impose duties directly on the citizens of the Member States.«.

933 Zum Vorrang des Unionsrechts *Streinz* (Fn. 407), S. 74 ff.; *Ehlers* (Fn. 867), § 11 Rn. 39; *Schroeder* (Fn. 867), Art. 288 AEUV, Rn. 40 ff.

934 Vgl. *Ehlers* (Fn. 867), § 11 Rn. 11; siehe dazu *Schroeder* (Fn. 867), Art. 288 AEUV, Rn. 42.

wurden. Ein Normwiderspruch ist dann ausgeschlossen. Ein Konflikt kann insoweit nicht vorliegen.

Unterbleibt – zweitens – eine Umsetzung durch nationalen Rechtsakt nach Maßgabe des durch Art. 40 POP vorgegebenen Verfahrens völlig, besteht mangels gültigen Integrationsrechtsakts ebenfalls keine Kollisionslage. Eine Ausnahme, wie sie im Recht der Europäischen Union hinsichtlich nicht umgesetzter Richtlinien gilt, kann aus den genannten Gründen im Mercosur nicht angenommen werden.

Drittens ist vorstellbar, dass ein nationaler Rechtsakt dem Mercosurrechtsakt zwar formell zur Gültigkeit verhilft, in seiner inhaltlichen Ausgestaltung tatsächlich aber hinter den Anforderungen zum Beispiel der Ratsentscheidung zurückbleibt. Da dem Mercosurrechtsakt jedoch keine über die Umsetzungsverpflichtung der Staaten hinausgehende Wirkung zukommt, es insbesondere an der Begründung von Rechten und Pflichten für die innerstaatlichen Normadressaten fehlt, kann auch hier eine Kollision zwischen Mercosurakt und inhaltlich falsch umsetzender nationaler Norm nicht denkbar sein. Es besteht hier zwar ein inhaltlicher Widerspruch zwischen zwei in Kraft getretenen Rechtsnormen, der jedoch aufgrund des unterschiedlichen Adressatenkreises – Staaten einerseits und innerstaatlich Rechtsverpflichtete andererseits – nicht zu einer Kollision in der Rechtsanwendung führt. Die konkreten Rechtsfolgen im nationalen Rechtskreis sind jedenfalls der nationalen Umsetzungsnorm zu entnehmen.

Es ist damit kein Fall einer direkten Kollision denkbar, der zu einem Vorrang des Integrationsrechts führen könnte.

Eine indirekte Kollision liegt bei jeder sonstigen Beeinträchtigung der Wirksamkeit des Integrationsrechtsaktes vor. Dies wäre insbesondere anzunehmen, wenn ein Integrationsrechtsakt einerseits und ein nationaler Akt andererseits zwar grundsätzlich verschiedene Materien regeln, es an ihren Berührungspunkten aber dennoch zu einem inhaltlichen Widerspruch zwischen den Normen kommt.[935] Auch in diesem Fall bestünde primär ein Widerspruch zwischen der hier einschlägigen nationalen Norm und dem nationalen Umsetzungsakt des inhaltlich entgegenstehenden Mercosuraktes. Eine Lösung wäre dann regelmäßig nach den Regeln der innerstaatlichen Normenhierarchie oder nach dem Vorrang des späteren Gesetzes sowie unter Anwendung der gängigen Auslegungsmethoden, nicht jedoch über Fragen der Normenkollision zu finden.

---

935 Vgl. *Ehlers* (Fn. 867), § 11 Rn. 11; siehe dazu auch *Schroeder* (Fn. 867), Art. 288 AEUV, Rn. 43.

Damit führt das unabdingbare Erfordernis der Umsetzung aller Mercosurnormen dazu, dass sich die Frage des Vorrangs einer Mercosurnorm gar nicht stellt.[936] Die Rechtswirksamkeit einer Integrationsnorm des Mercosur wird stets durch einen nationalen Rechtsakt begründet, welcher die konkrete Rechtsfolge im innerstaatlichen Rechtskreis setzt. Nur dieser Rechtsakt kann dann konkret mit einer anderen nationalen Norm in Konflikt treten, nicht indes der Mercosurakt selbst. Sofern man als Akte des Integrationsrechts – anders als in der vorliegenden Untersuchung – auch nationale Umsetzungsakte versteht, mag eine »Kollision« zwischen ursprünglicher nationaler Norm und zeitlich nachfolgendem Umsetzungsakt angenommen werden.[937] Diese Kollision wäre dann nach den allgemeinen Grundsätzen wie etwa dem Vorrang des ranghöheren oder des späteren Gesetzes aufzulösen.

Das Ständige Revisionsgericht nimmt teilweise einen Vorrang des Mercosurrechts an. Es unterstreicht dabei aber regelmäßig, dass dieses Recht bereits internalisiert, also umgesetzt sein müsse.[938] Eine vertragliche Verpflichtung der Mitgliedstaaten, die Wirksamkeit des Mercosurrechts zu fördern, findet sich zwar

---

936 Der Befund, dass eine Kollisionslage aufgrund der Spezifika des Mercosurrechts im Mercosur überhaupt nicht auftreten kann, unterstreicht die dogmatische Regel im Recht der Europäischen Union, dass sich Fragen des Vorrangs nur stellen, wenn eine Norm Rechtsfolgen für innerstaatliche Normadressaten unmittelbar anordnet, siehe dazu *Ehlers* (Fn. 867), § 11 Rn. 47. Vgl. dagegen den Untersuchungsansatz bei *Belén Olmos Giupponi* (Fn. 843), S. 57 (65 ff.).

937 *Hassemer*, Gewerbliche Schutzrechte im Mercosur, 2000, S. 22 f., behandelt die Kollision von in innerstaatliches Recht umgesetzten Mercosurnormen mit anderen Normen nationalen Rechts. Es sei dann eine Kollisionslage gegeben, die nach Maßgabe der nationalen Verfassungen zu behandeln sei. Dem Autor ist zuzustimmen, dass ein Normwiderspruch in diesem Fall gegeben sein kann. Es handelt sich dabei jedoch nicht mehr um die Kollision einer Integrationsnorm mit einer nationalen Norm, sofern man als Integrationsnormen die nationalen Umsetzungsakte – wie hier – nicht ansieht; *Gari* (Fn. 196), S. 81, betont ebenfalls die Rechtswirkungen eines inkorporierten Mercosuraktes als »now purely internal law«.

938 Das Ständige Revisionsgericht geht in der »Opinión Consultiva N° 1/2008« davon aus, dass eine Kollisionslage bestehen kann (Rn. 25) und bejaht auch grundsätzlich den Vorrang des Mercosurrechts (Rn. 34): »De modo general, el Tribunal afirma la primacia de la normativa del Mercosur desde su ratificación, incorporación o internalización, según sea el caso, respecto de toda disposición interna de los Estados Parte que le sea contrapuesta sobre materias de la competencia legislativa del Mercosur.« (»Ganz allgemein bestätigt das Tribunal den Vorrang der Normen des Mercosur ab ihrer – je nachdem – Ratifizierung, Inkorporation oder Umwandlung in nationales Recht gegenüber jeder innerstaatlichen Norm der Mitgliedstaaten, die ihnen

im POP (vgl. Art. 38 Abs. 1 POP), kann angesichts der beschriebenen Systematik des Mercosurrechts aber alleine nicht als Argument genügen, um einen Vorrang anzunehmen.

Im Verfahren »Ad-Hoc N° 3/2001 »Marktzugang für Fahrräder« – Uruguay/Argentinien« kam das Schiedsgericht jedoch zu dem Ergebnis, dass ein in Streit stehender Verwaltungsakt durch das Schiedsgericht selbst aufzuheben sei.[939] Das Tribunal rechtfertigte auf Nachfrage der unterlegenen Partei diesen unmittelbaren Eingriff in die Rechtsordnung des betroffenen Mitgliedstaats damit, dass lediglich ein Verwaltungsakt betroffen sei, die Geltung des zugrundeliegenden Gesetzes jedoch nicht berührt werde. Es führte als weiteres Argument die Schwere des festgestellten Verstoßes an, wegen derer der Verwaltungsakt keinen Bestand haben könne.[940]

Dieser einer normativen Grundlage entbehrenden Kompetenzüberschreitung des Schiedsgerichts folgten andere Tribunale jedoch nicht: Das Schiedsgericht »Ad-Hoc N° 3/2002 »Besteuerung von Zigaretten« – Paraguay/Uruguay« spricht dem Mercosurrecht in allgemeiner und vager Formulierung »zumindest Gesetzesrang« zu.[941] Dies kann aber nicht zu der absoluten Annahme führen, dass Mercosurrecht generell ein Rang über untergesetzlichen Normen zukomme.[942] Eine

---

widerspricht, sofern es sich hierbei um Materien handelt, in denen der Mercosur zur Gesetzgebung befugt ist.«); »Opinión Consultiva N° 1/2009«, Rn. 16, (siehe Fn. 279).

Die Ratsentscheidung N° 22/04 »Richtlinien für das Verfahren zur Inkraftsetzung von Mercosurnormen, die legislativer Behandlung nicht bedürfen« erweckt den Eindruck, einen Anwendungsvorrang zu beschreiben. Diese Ratsentscheidung trifft jedoch keine Aussage über das Mercosurrecht im Allgemeinen, sondern legt nur Grundsätze für das innerstaatliche Implementationsverfahren fest.

939 »Schiedsspruch Ad-Hoc N° 3/2001 »Marktzugang für Fahrräder« – Uruguay/Argentinien«, Abschnitt »IV – Decisión – Primero«, (siehe Fn. 276): »Se revoca y deja sin efecto la referida resolución« (»Die bezeichnete »Resolution« wird aufgehoben und verbleibt ohne Rechtswirkungen«); krit. auch *Lehmann* (Fn. 254), S. 119.

940 »Schiedsspruch Ad-Hoc N° 4/2001 »Marktzugang für Fahrräder« – Uruguay/Argentinien«, Rn. 6.3. (siehe Fn. 276); der Vorgehensweise des Schiedsgerichts verhalten zustimmend *Bertoni* (Fn. 280), S. 217: »La actuación de este Tribunal ha sido audaz y decidida y sentó un importante precedente« (»Die Vorgehensweise dieses Schiedsgerichts war kühn und entschlossen und markiert einen wichtigen Präzedenzfall.«).

941 »Schiedsspruch Ad-Hoc N° 3/2002 »Besteuerung von Zigaretten« – Paraguay/Uruguay«, nach »Considerando«, (siehe Fn. 276): »En el orden interno, tienen por lo menos el rango de la ley«.

942 So aber *Fuders* (Fn. 98), S. 132, der zuvor jedoch unmittelbare Geltung und Anwendbarkeit abgelehnt hat.

derartige Annahme gibt schon das Wesen eines Schiedsspruchs als normative Hilfserkenntnisquelle gegenüber den grundlegenden Verträgen nicht her. Unabhängig davon erscheint die zitierte Urteilspassage hier nicht intendiert und präzise genug, die Annahme solch weitreichender Folgerungen zu rechtfertigen. Das Ständige Revisionsgericht betonte vielmehr in einem nachfolgenden Verfahren, dass die Kompetenz der Schiedsgerichte auf die Feststellung einer Verletzung von Mercosurrecht beschränkt sei.[943]

Das Ständige Revisionsgericht befasste sich allerdings 2007 in einem im Rahmen des Vorlageverfahrens erstellten Rechtsgutachten ausführlich mit der Frage des Vorrangs des Mercosurrechts vor nationalem Recht.[944] Der Vorrang sei per se »perfekt vereinbar« mit dem Integrationsrecht. Dieser begründe sich in »Konzept, Wesen und Zweck« des Integrationsrechts.[945] Unter Berufung auf Rechtsprechung des EuGH und des Gerichtshofs der Andengemeinschaft behauptet das Ständige Revisionsgericht umstandslos das Bestehen eines Vorrangs.[946] Die Parallelen, die hier zum Recht der Europäischen Union gezogen werden, finden weder im Text der Verträge noch in der Systematik des Mercosurrechts eine Begründung. Präzise, über das »Wesen« des Mercosurrechts hinausgehende Argumentation lässt das Gericht vermissen, wenn es die Spezialität des Mercosurrechts vor dem allgemeinen Völkerrecht untersucht und feststellt, das Mercosurrecht sei als eine dem Europarecht vergleichbare, eigene Rechtsordnung zu verstehen.[947] Schwer nachvollziehbar ist die Folgerung, dass ein Vorrang gegeben sein solle, obwohl das Mercosurrecht noch kein »vollgültiges Gemeinschaftsrecht« darstelle, weil es unmittelbare Geltung und Anwendbarkeit nicht kenne.[948] Das Gericht geht durchweg von gemeinschaftsrechtlichen

---

943 »Opinión Consultiva N° 1/2008«, Rn. 33, (siehe Fn. 279); so auch der »Schiedsspruch Ad-Hoc vom 21.6.2006 »Brückensperrung« – Uruguay/Argentinien«, Rn. 168, 191, (siehe Fn. 277). Auch *de Magalhães*, Os Laudos Arbitrais Proferidos com Base no Protocolo de Brasília para a Solução de Controvérsias, in: Batista Martins/Rossani Garcez (Hrsg.), Reflexões sobre Arbitragem, 2002, S. 511 (518 f.), betont, dass der sich auf die Wirkungen des Schiedsspruchs berufende Private vor den nationalen Gerichten eine Unvereinbarkeit der beanstandeten Regelung mit der Rechtsordnung des Gaststaats geltend machen muss, sich diese Wirkungen aber nicht unmittelbar aus dem Schiedsspruch selbst ergeben.

944 »Opinión Consultiva N° 1/2007«, Rn. C., (siehe Fn. 279).

945 »Opinión Consultiva N° 1/2007«, Rn. C. 3, (siehe Fn. 279); vgl. auch bei *Olivar Jimenez* (Fn. 311), S. 191 (205 ff.).

946 »Opinión Consultiva N° 1/2007«, Rn. C. 6, (siehe Fn. 279); vgl. EuGH, Rs. 6/64, Costa-ENEL, Slg. 1964 S. 1251 ff.

947 »Opinión Consultiva N° 1/2007«, Rn. C., Rn. D., (siehe Fn. 279).

948 »Opinión Consultiva N° 1/2007«, Rn. C., Rn. D. 1., (siehe Fn. 279).

Prämissen aus, die jedoch erst in der Sache zu untersuchen und zu beweisen wären. Auf grundlegende Unterschiede zum Recht der Europäischen Union und prägende Charakteristika vor allem des Mercosur wird nicht eingegangen.[949]

Eine umgesetzte und damit auf überstaatlicher Ebene in Kraft getretene Mercosurrechtsnorm entfaltet auch keine Sperrwirkung gegenüber zeitlich nachfolgenden Änderungen durch nationale Rechtsakte. Eine nationale Verfassung ordnet der umgesetzten Mercosurnorm innerhalb der jeweiligen Normenhierarchie einen Stellenwert zu. Hierdurch drückt sie auch aus, dass durch eine spätere Norm gleichen oder höheren Ranges stets noch eine Änderung der Umsetzungsnorm in Betracht kommt. Anderenfalls stünde ein Umsetzungsakt gleichermaßen unantastbar außerhalb der staatlichen Normenhierarchie. Eine Änderung des Umsetzungsakts und die damit verbundene Herstellung einer Rechtslage, die mit dem Mercosurakt in Widerspruch steht, würde jedoch den Bruch einer völkerrechtlichen Verpflichtung bedeuten.[950]

Dem Recht des Mercosur kommt also insgesamt kein Vorrang vor nationalem Recht zu.[951] Teilweise wird dies aber vertreten.[952]

---

949 Der Vorrang des Mercosurrechts wird auch in einem Sondervotum herausgestellt (Sondervotum »Becerra« zur »Opinión Consultiva N° 1/2007«, Abschnitt »D«), (siehe Fn. 279). Ein weiteres Sondervotum spricht sich indes aus den oben angeführten Argumenten deutlich dagegen aus, im Falle des Mercosur von einem Vorrang des Integrationsrechts auszugehen (Sondervotum »Garcia« zur »Opinión Consultiva N° 1/2007«, Rn. 18); den Vorrang des Gemeinschafts-, jetzt Unionsrechts begründete der EuGH (Rs 6/64, Costa-ENEL, Slg. 1964 S. 1251 ff.) mit dem Charakter des gegebenen Integrationsrechts als eigener Rechtsordnung, welche durch die Übertragung weitreichender Kompetenzen und Hoheitsrechte zustande gekommen sei. Eine solche Übertragung fand im Mercosur jedoch schon nicht statt. Die Staaten sind hier gerade darauf bedacht, ihre Souveränität nicht einzuschränken, weshalb auch das Argument des EuGH, es fehle dem Gemeinschaftsrecht anderenfalls an Wirksamkeit, für den Fall des Mercosur nicht greifen kann. Dies anzunehmen, hieße, die Grundlagen des Vereinbarten zu überdehnen; *Haller* (Fn. 120), S. 138 ff., räumt die Übertragbarkeit des Effet-Utile-Gedankens ein, welcher alleine jedoch nicht ausreiche, um einen Vorrang zu rechtfertigen.

950 Vgl. Art. 27 S. 1 WVK.

951 *Porrata-Doria* (Fn. 429), S. 78, lehnt den Vorrang ab, begründet dies aber nicht weiter; so auch *Dreyzin de Klor*, Las iniciativas de integración: el Mercosur jurídico, in: von Bogdandy/Landa Arroyo/Morales Antoniazzi (Hrsg.), ¿Integración suramericana a través del Derecho? Un análisis interdisciplinario y multifocal, 2009, S. 441, (484 ff.).

952 *Cassagne* (Fn. 888), S. 875 (884), nimmt einen Vorrang der Mercosurnormen vor nationalem Recht an und stützt dies darauf, dass dem Mercosur-Rat eine weitreichende Kompetenz zum Erlass von Rechtsnormen zugestanden worden sei: »En este sentido, el T.A. [...] al haber prescripto, en su art. 10, que las competencias del Consejo se

c) *Zwischenergebnis: Rechtswirkungen lediglich als allgemeines Völkervertragsrecht*

Damit ergibt sich für das Recht des Mercosur eine Rechtswirkung lediglich aus der völkervertragsrechtlichen Ebene.[953] Ihm fehlen die auch für das Recht der

---

atribuyen con el fin de asegurar el cumplimiento de los objetivos del Mercosur, ha consagrado una amplia competencia sólo acotada por esa finalidad, la cual deberá interpretarse, en el futuro, conforme a la regla de la especialidad y al principio de supremacia. El efecto que produce este principo de la primacia es doble pues mientras, por una parte, torna inaplicable las disposiciones nacionales contrarias el [sic] derecho supraestatal, por la otra, afecta la validez de los actos legislativos posteriores que fueran incompatibles con dicho derecho.« (»In diesem Sinne hat der VvA, indem er in seinem Art. 10 festlegt, dass die Kompetenzen des Rats sich ergeben aus der Verpflichtungen, die Erreichung der Ziele des Mercosur sicherzustellen, eine breite Befugnis allein zu diesem Zweck geschaffen, die zukünftig nach Maßgabe des Prinzips des Vorrangs und der Überordnung zu verstehen sein wird. Die Wirkung, die sich aus diesem Prinzip des Vorrangs ergibt, ist doppelt, weil es einerseits zur Unanwendbarkeit der dem überstaatlichen Recht entgegenstehenden nationalen Vorschriften führt und weil es andererseits die Gültigkeit der nachfolgenden Rechtsakte beeinträchtigt, die diesem Recht entgegenstehen.«). Allein der Grundsatz, dass die sich aus dem Integrationsrecht ergebenden Verpflichtungen wechselseitig zwischen den Mitgliedstaaten gelten, kann keinen Vorrang des Mercosurrechts vor nationalem Recht begründen, *Assis de Almeida* (Fn. 582), S. 111 (119 ff.), legt dies aber nahe. *Kleinheisterkamp* (Fn. 932), S. 371 (376 f.), kommt zu dem Schluss: »la preeminencia del Derecho Comúnitario transformado está, por lo menos en la práctica, básicamente asegurada y hasta se observa una tendencia a reconocer su primacía general.« (»der Vorrang des transformierten Gemeinschaftsrechts ist, zumindest in der Praxis, grundsätzlich sichergestellt und es gibt auch eine Tendenz dahingehend, dass sein allgemeiner Vorrang anerkannt wird.«). Allein aus dem Vorliegen von Regelungskompetenzen schließt auf einen Vorrang des Integrationsrechts *Guira* (Fn. 114), S. 81: »Mercosur therefore may properly be perceived as, and in actual fact has been found to be, supreme to that of member states in areas where the »field of play« or governance has been left to it.«. Auf die angeführten Rechtsgutachten des Revisionsgerichts verweist – ohne eigene Stellungnahme – auch *Belén Olmos Giupponi* (Fn. 843), S. 57 (70).

953 So auch *Arbuet Vignali* (Fn. 891), S. 33 (50 f.); *Pallarés* (Fn. 932), S. 55 (60); *Kleinheisterkamp* (Fn. 932), S. 371 (373); *Rocha de Mello Martins* (Fn. 411), S. 51: »herkömmliches Völkerrecht«; *Teixeira Silveira* (Fn. 16), S. 27; *Cristaldo Montaner*, Integración: Mercosur también existe, 2003, S. 169; *Kühn* (Fn. 333), S. 262: »herkömmlicher völkerrechtlicher Natur«; und *Olivares Tramón* (Fn. 111), S. 73 f.; *Dörner* (Fn. 253), S. 20, lehnt dagegen einen »rein völkerrechtlichen Charakter« des Mercosurrechts ab und qualifiziert dieses als »Integrationsrecht«.

Europäischen Union prägendsten Merkmale.[954] Die Wirkung primärer Rechtsakte des Mercosur entspricht derjenigen anderer völkervertragsrechtlicher Normen.[955] Die Rechtswirkung der sekundärrechtlichen Akte ist aufgrund der stets vorausgesetzten Einigung zwischen den Mitgliedstaaten ebenfalls am ehesten als völkervertragsrechtlich einzuordnen.[956]

3. Kein Vorrang abzuleiten aus dem nationalen Verfassungsrecht der Mitgliedstaaten

Denkbar ist jedoch, dass das jeweilige nationale Verfassungsrecht – hier insbesondere das Recht Brasiliens – Normen des Integrationsrechts Vorrang gegenüber Normen des nationalen Rechts einräumt.[957]

Die Verfassung Brasiliens von 1988 trifft keine Aussage zum Mercosur. Nur vage wird die wirtschaftliche und politische Integration in Lateinamerika als Verfassungsprinzip benannt.[958] Eine Sonderstellung des Mercosurrechts (gegenüber

---

954 »Opinión Consultiva N° 1/2007«, Rn. B.3. (siehe Fn. 279), setzt die Begriffe des Gemeinschaftsrechts und des Integrationsrechts – zu weitgehend – gleich; allgemein zum »Derecho Comúnitário« *Pizzolo*, Globalización e Integración, 2002, S. 154 ff.

955 So urteilt auch *Floh* (Fn. 924), S. 247 (251).

956 So auch *Bischoff-Everding* (Fn. 862), S. 258; und *Böckel*, Einstweiliger Rechtsschutz im Mercosur, 2006, S. 184; *Olivar Jimenez* (Fn. 311), S. 191 (192): »the similarity between the law of Mercosur, particularly derivative law, and public international law is undeniable« (S. 197); *Floh* (Fn. 924), S. 247 (258 f.), bleibt wenig greifbar, wenn er das Sekundärrecht des Mercosur als »höhere Ebene des Völkerrechts« (»Estágio Superior de Direito Internacional Público«) beschreibt. *Nowrot* (Fn. 96), S. 61 (94 f.), verweist darauf, dass die grundsätzliche dogmatische Einordnung von Beschlüssen internationaler und supranationaler Organisationen noch umstritten ist und qualifiziert diese als »eine eigenständige Form der Fortbildung des Völkerrechts« und »selbständige Rechtsquelle«.

957 Siehe auch bei *Streinz* (Fn. 407), S. 78 f., der betont, dass sich ein Vorrang aus supranationalem Recht nur dann ergeben kann, wenn die nationalstaatliche Verfassung dazu ermächtigt, den integrationsrechtlichen Vorrang also explizit zugesteht; siehe auch *Ehlers* (Fn. 867), § 11 Rn. 15; siehe auch den Ansatz bei *Pallarés* (Fn. 932), S. 55 (67). Diesem Ansatz geht auch *Wehner* (Fn. 111), S. 117, zunächst nach, verfolgt ihn – nach der dortigen Fragestellung konsequent – jedoch nicht weiter. Auch *Bischoff-Everding* (Fn. 862), S. 256, 258, stellt auf die nationalen Verfassungen ab; siehe auch bei *Böckel* (Fn. 956), S. 184 f.; und *Belén Olmos Giupponi* (Fn. 843), S. 57 (65 ff.).

958 Art. 4 »Parágrafo único« Verfassung Brasiliens 1988: »A República Federativa do Brasil buscará a integração econômica, política, social e cultural dos povos da América Latina, visando à formação de uma comunidade latino-americana de nações.«

unterhalb der Verfassung anzusiedelnden Rechtsakten) kann diesen bloß allgemeinen Prinzipien zur Integration nicht entnommen werden.[959] Den Mercosurnormen steht damit in Brasilien in Übereinstimmung mit der Rechtsprechung des Obersten Gerichts höchstens der Rang eines einfachen Gesetzes zu.[960] Sofern der Transformationsakt ein Akt der Exekutive ist, kann dieser innerstaatliche Rang sogar noch geringer sein.[961] Andere Ansichten verorten die integrierten

---

(»Die Föderative Republik Brasilien strebt die wirtschaftliche, politische, soziale und kulturelle Integration der Völker Lateinamerikas an mit dem Ziel der Bildung einer Lateinamerikanischen Gemeinschaft der Nationen.«).

Teilweise wird in dieser Norm eine Ermächtigung zu supranationaler Integration gesehen. Hierzu im Speziellen *Rocha de Mello Martins* (Fn. 411), S. 58 ff.; *Martínez Puñal*, El Sistema Institucional del Mercosur: de la intergubernamentalidad hacia la supranacionalidad, 2005, S. 463 ff., verbleibt dazu kritisch und sieht für vertiefte Integration eine Reform als erforderlich an; so auch *Samtleben* (Fn. 181), S. 175 (195); vgl. *Bohomoletz de Abreu Dallari* (Fn. 577), S. 39 (46 f.). *Ribeiro Bastos/Gandra Martins*, Comentários à Constituição do Brasil, 1° Vol. Pré-constitucionalismo. O Estado. Constituição. Arts. 1° a 4°, 1988, S. 466, tendieren dazu, dass von dieser Norm die Integration in supranationale Organismen umfasst ist; so auch *de Azevedo Mercadante* (Fn. 578), S. 458 (490); und *Floh* (Fn. 924), S. 247, (261 f., 266).

959 *Assis de Almeida* (Fn. 582), S. 111 (121 f.); *Ceia* (Fn. 572), S. 39, verweist darauf, dass dies auch die Position des Obersten Gerichtshofs zu dieser Frage sei; siehe STF, Beschluss Carta Rog. N° 8279 vom 17.6.1998, in RTJ, Bd. 174, S. 463 (476): »conteúdo meramente programático« (»rein programmatischen Inhalts«).

960 Siehe dazu oben S. 159; siehe auch bei *Rocha de Mello Martins* (Fn. 411), S. 96, die den Grundsatz, dass einfache Gesetze transformierte völkerrechtliche Verträge abändern können, auch auf alle Rechtsakte des Mercosur erstreckt (S. 182 f.). Dies stellt auch *Bohomoletz de Abreu Dallari* (Fn. 577), S. 39 (43 f.), fest: »os tratados internacionais […] se equiparam […] às leis internas« und »se equiparando à lei nacional e por ela podendo ser superado« (»die internationalen Verträge stehen den nationalen Gesetzen gleich« und »da sie dem nationalen Gesetz gleichstehen, können sie auch durch dieses geändert werden«), verweist aber auch darauf, dass diese dualistische Betrachtungsweise in Brasilien Kritik erfährt (S. 44). *Klumpp* (Fn. 275), S. 53 (73 f.), nimmt dies an für die völkerrechtlichen Verträge, ist aber hinsichtlich des sekundären Rechts kritisch, da sie die nachträgliche Änderung durch Rechtsakte gleichen Ranges fürchtet. Zu dem hier vertretenen Ergebnis kommt auch *Belén Olmos Giupponi* (Fn. 843), S. 57 (65).

961 In die hier besprochene Richtung scheint auch *Kleinheisterkamp* (Fn. 932), S. 371 (375), zu tendieren: »La forma de transformación determinará el rango jerárquico de la norma comunitaria« (»Die Form der Umsetzung bestimmt den hierarchischen Rang der Gemeinschaftsnorm«); so ausdrücklich auch *Rocha de Mello Martins* (Fn. 411), S. 184 f.

Mercosurnormen auf anderen hierarchischen Ebenen.[962] Staatsverträge erfordern stets die Approbation durch den Kongress und die Ausfertigung durch den Präsidenten.[963]

Der Mitgliedschaft in einer supranationalen Organisation steht mangels entsprechender normativer Vorkehrungen – vergleichbar etwa Art. 23 GG – die brasilianische Verfassung entgegen.[964] Im Rahmen einer 1993 erfolgten Verfassungsreform war auch diskutiert worden, die Geltung völkerrechtlicher und sogar

---

Das brasilianische Recht unterscheidet zwischen einfachen Gesetzen und qualifizierten Gesetzen, sogenannte »Leis Orgânicas«. Für die parlamentarische Verabschiedung letzterer ist ein erhöhtes Stimmenquorum erforderlich, ihnen kommt jedoch auch Vorrang vor den einfachen Gesetzen zu. Sofern ein Mercosurrechtsakt in Brasilien unter das Erfordernis eines solchermaßen qualifizierten Gesetzes falle, könne er zwar wie ein internationaler Vertrag ratifiziert werden, damit er konkrete Rechtsfolgen entfalte, sei seine Verabschiedung jedoch unter dem erforderlichen Quorum unabdingbar, *Baptista* (Fn. 197), S. 69; siehe auch zu diesen »leis complementares« *Baptista* (Fn. 578), S. 71 (75), der auch die Inkorporation durch Maßnahmen der Exekutive (decretos und portarias) anspricht, ohne dabei deren ursprünglichen innerstaatlichen Rang anzuzweifeln (S. 79).

962 So *Hargain/Mihali* (Fn. 137), S. 179 f., die den Integrationsakten stets Gesetzesrang zusprechen. Es könne anderenfalls ein mercosur-hierarchisch höherer Rechtsakt im nationalen Rechtskreis möglicherweise mit geringerem Rang gelten als eine mercosur-hierarchisch niedrigere Norm; für einen identischen Rang aller Mercosurrechtsakte – auf Ebene der Staatsverträge – auch *Samtleben* (Fn. 424), S. 51 (77 f.); *Bischoff-Everding* (Fn. 862), S. 258 f., scheint indes allen Rechtsakten einen gleichen, vom konkreten Umsetzungsakt unabhängigen Rang zuzusprechen; *Vervaele* (Fn. 931), S. 387 (394), scheint dagegen alle Organnormen der Inkorporation durch Beteiligung des Gesetzgebers zu unterwerfen. Ohne konkretes Ergebnis verbleibt *Floh* (Fn. 924), S. 247 (262); für einen Vorrang der Mercosurakte vor zumindest untergesetzlichen Normen aber doch *Fuders* (Fn. 98), S. 132.

963 *Baptista* (Fn. 578), S. 71 (72 f.), beschreibt ausführlich das Verfahren der Ratifizierung internationaler Verträge nach brasilianischem Verfassungsrecht. *De Azevedo Mercadante* (Fn. 578), S. 458 (471 ff.), beschreibt das Procedere einer Verhandlung und Ratifizierung sowie Bekanntmachung völkerrechtlicher Verträge nach brasilianischem Recht; vgl. auch bei *Floh* (Fn. 924), S. 247 (261); siehe bei *Kegel* (Fn. 410), S. 244 (259). Wegen der Möglichkeit der Verkündung des Vertrags durch ein präsidiales Dekret, wodurch der Vertrag nicht in nationales Recht umgewandelt werde, ordnet *Ceia* (Fn. 572), S. 25 f., die brasilianische Rechtsordnung als eher monistisch geprägt ein.

964 *Sabsay*, La experiencia del Mercosur, in: Battis/Kunig/Pernice/Randelzhofer, Das Grundgesetz im Prozeß europäischer und globaler Verfassungsentwicklung, 2000, S. 139 (156), merkt an, dass die Verfassung gerade nicht ausdrücklich die Kompetenzübertragung auf supranationale Bündnisse erlaube.

organrechtlicher Normen internationaler Organisationen als Teil des brasilianischen Rechts unmittelbar festzuschreiben. Dieser monistische Ansatz fand schließlich keine Mehrheit.[965]

Die übrigen Verfassungen im Mercosur stellen sich demgegenüber teilweise als offener dar.[966] Im Ergebnis räumt aber keine der Verfassungen im Geltungsbereich

---

965 Auf diese Diskussion verweist *Bohomoletz de Abreu Dallari* (Fn. 577), S. 39 (47 f.), der auch den diskutierten Entwurf der Norm anführt: »As normas gerais ou comuns de Direito Internacional Público são parte integrante do ordenamento jurídico brasileiro; As normas emanadas dos orgãos competentes das organizações internacionais de que a República Federativa do Brasil seja parte vigoram na ordem interna, desde que expressamente estabelecido nos respectivos tratados constitutivos.« (»Die allgemeinen Grundsätze des Völkerrechts und das Gewohnheitsrecht sind Bestandteil des brasilianischen Rechts; Die von Organen solcher internationalen Organisationen, bei denen die Föderative Republik Brasilien Mitglied ist, erlassenen Rechtsakte gelten im innerstaatlichen Recht sofern die jeweiligen internationalen Gründungsverträge dies so vorsehen.«).

966 Zur Verortung der Mercosurnormen im nationalen Recht der Vertragsstaaten auch *Pallarés* (Fn. 932), S. 55 (63); zu den Verfassungen im Mercosur knapp *Lehmann* (Fn. 254), S. 103 f.; zum Verhältnis der nationalen Verfassungen zum Integrationsrecht ausführlich *Olivar Jimenez* (Fn. 311), S. 191 (201 ff.); zum Verhältnis völkerrechtlicher Verträge zum nationalen Recht nach Maßgabe der Verfassungen der Mercosurstaaten *Ceia* (Fn. 572), S. 37 ff.

Die Verfassung Argentiniens von 1994 (»Constitución de la Nacion Argentina« vom 22.8.1994) trifft zum innerstaatlichen Rang völkerrechtlicher Normen präzisere Aussagen, siehe dazu *Deluca* (Fn. 254), S. 67 f. Völkerrechtlichen Verträgen kommt hier ganz allgemein ein Rang »über den Gesetzen« (Art. 75 Nr. 22 Abs. 1 Verfassung Argentiniens 1994), Menschenrechtsverträgen Verfassungsrang zu (Art. 75 Nr. 22 Abs. 2 Verfassung Argentiniens 1994). Demzufolge sind die Erstgenannten zwischen Verfassung und einfachem Gesetz einzuordnen; so auch *Sabsay* (Fn. 964), S. 139 (155) und wohl auch *Edler* (Fn. 143), S. 126. Dies gilt für völkerrechtliche Verträge, also das Primärrecht des Mercosur, ebenso aber für dessen sekundäres Recht, vgl. bei *Haller* (Fn. 120), S. 144 f.; vgl. auch *Bidart Campos*, El artículo 75, inciso 22, de la Constitución y los derechos humanos, in: Abregú/Courtis (Hrsg.), La aplicación de los tratados sobre derechos humanos por los tribunales locales, 1998, S. 77 ff. Die Verfassung Argentiniens ist darüber hinaus prinzipiell der Zugehörigkeit zu einer supranationalen Organisation gegenüber offen ausgerichtet. Es ist ausdrücklich dem Kongress gestattet, unter Wahrung der Gegenseitigkeit und Gleichheit mit anderen Staaten Kompetenzen und Hoheitsrechte an überstaatliche Organisationen zu delegieren, sofern diese der Wahrung der Demokratie und der Achtung der Menschenrechte verpflichtet sind (Art. 75 Nr. 24 Abs. 1 Verfassung Argentiniens 1994). An die Ratifikation solcher Verträge stellt Art. 75 Nr. 24 Abs. 2 höchste Anforderungen. Durch eine solche Organisation erlassene Rechtsakte stehen ebenfalls »über den Gesetzen«; *Cassagne* (Fn. 888), S. 875 (878 ff.), weist darauf hin,

des Mercosur einer Norm des allgemeinen Völkervertragsrechts unbedingten Vorrang vor dem nationalen Recht ein. Dies gilt für alle der Umsetzung durch die Legislative bedürfenden Rechtsakte, handle es sich dabei um mercosurrechtliches Primär- oder Sekundärrecht. Integrationsrechtsakten, welche durch die Verwaltung selbst umgesetzt werden können, kommt indes der Rang des jeweils untergesetzlichen Umsetzungsakts zu. Wenn die nationale Verfassung, wie beschrieben, den Umsetzungsakten einen Rang zuspricht, so ist dies als maximal zugestandener Rang

---

dass Rechtsakte mit unmittelbarer Geltung und Anwendbarkeit sowie Vorrang mit der argentinischen Verfassung grundsätzlich vereinbar wären. *Freeland López Lecube* (Fn. 848), S. 267 f., stellt das Vorliegen eines »Vorrangs« des Integrationsrechts vor dem einfachen nationalen Recht für Argentinien fest. Unter Geltung der Verfassung Argentiniens von 1994 sind also Rechtsakte mit unmittelbarer Geltung, Anwendbarkeit und Vorrang denkbar. Dies betont *Vanossi*, Los tratados internacionales ante la reforma de 1994, in: Abregú/Courtis (a.a.O.), S. 105 (110 f.). Als supranationale Organisation nach Maßgabe der oben angeführten Kriterien kann der Mercosur heute jedoch, wie ausgeführt, noch nicht verstanden werden; so auch *Haller* (Fn. 120), S. 144; anders *Guira* (Fn. 114), S. 80; die besondere Offenheit der argentinischen Verfassung herausstellend auch *Hemmerling* (Fn. 452), S. 127 ff.

Der Verfassung Uruguays (Constitución de la República von 1967, zuletzt reformiert am 31.10.2004) lässt sich ein spezifischer Stellenwert des Mercosurrechts nicht entnehmen. Lediglich Art. 6 S. 2 der Verfassung trifft eine allgemeine Aussage zur Förderung lateinamerikanischer Integration. Laut *Sabsay* (Fn. 964), S. 139 (157), können Akte supranationaler Organisationen in Uruguay nicht unmittelbar Wirkung entfalten; vgl. auch *Belén Olmos Giupponi* (Fn. 843), S. 57 (66); nach *Olivar Jimenez* (Fn. 311), S. 191, (204), erkennen die Gerichte Uruguays jedoch spezifische Rechtswirkungen der Mercosurrechtsakte an. Für einen Vorrang jedenfalls der Mercosurverträge vor dem einfachen Recht *Edler* (Fn. 143), S. 131.

In Paraguay kommt ratifizierten völkerrechtlichen Verträgen jeder Art ein Rang zwischen Verfassung und einfachem Gesetz zu, vgl. Art. 141, 137 Abs. 1 Verfassung Paraguay vom 20.6.1992 (»Constitución Nacional de la República del Paraguay«); so auch *Edler* (Fn. 143), S. 130; zur Verfassung Paraguays *Borba Casella* (Fn. 848), S. 54 f.; *Belén Olmos Giupponi* (Fn. 843), S. 57, (66). Die Verfassung Paraguays ist, der argentinischen Verfassung ähnlich, der Teilhabe an einer supranationalen Rechtsordnung gegenüber aufgeschlossen (Art. 145 Verfassung Paraguay 1992). Die Norm stellt dabei keine so engen Anforderungen an die Ratifizierung wie die Verfassung Argentiniens 1994; zur Vergleichbarkeit beider Verfassungsnormen *Sabsay* (Fn. 964), S. 139 (149, 156 f.). Wenn auch die Verfassungen Argentiniens und Paraguays eine Öffnung gegenüber überstaatlichen Systemen vorsehen, so erfordern doch beide auch ein Element der Gegenseitigkeit, weshalb vertreten wird, dass eine Berufung für den Fall des Mercosur auf diese Verfassungsnormen erst in Betracht kommt, wenn auch in Brasilien und Uruguay solche Voraussetzungen geschaffen worden sind, vgl. *Kegel* (Fn. 410), S. 244 (258 f.).

innerhalb der nationalen Rechtsordnung zu verstehen. Dem steht nicht entgegen, dass einem Umsetzungsakt auch ein niederer Rang zukommen kann, wenn Kompetenzen des Gesetzgebers nicht betroffen sind und nicht geschützt werden müssen.

4. Zur mangelnden Durchsetzbarkeit des Mercosurrechts

Die effektive Wirksamkeit und praktische Relevanz des Mercosurrechts wäre größer, wenn dieses sich auch von den Betroffenen konkret einfordern, gerichtlich geltend machen ließe.[967] Wie gezeigt wurde, ist für den Privaten aber kein Verfahren vorgesehen, vor den Gerichten des Mercosur die Verletzung solcher Rechtsnormen vorzutragen.[968] Nationale Gerichte können lediglich die nationalen Rechtsakte – die auch Inkorporationsakte völkerrechtlicher Abkommen sein können – zugrunde legen.[969] Selbst wenn ein Gericht einen Umsetzungsakt beanstanden sollte, so hätte dies auf die Integrationsnorm keine Auswirkungen, würde insbesondere die mit ihr (nicht) verbundenen Rechtsfolgen nicht ändern.[970] Zur Auslegung einer nationalen

---

967 *Schmidt* (Fn. 184), S. 139 (141 f.), plädiert dafür, ein die nationalen Gerichte konkret einbindendes Vorlageverfahren zu entwickeln; siehe zur Geltendmachung vor nationalen Gerichten *Gari* (Fn. 196), S. 80 ff.

968 Das Fehlen eines solchen Kontrollmechanismus beklagt auch *Belén Olmos Giupponi* (Fn. 843), S. 57, (68); vgl. auch bei *Susani* (Fn. 230 [2]), S. 73 f. Dagegen ist die Feststellung *Guira*s (Fn. 114), S. 80: »private citizens have a right of action in the dispute resolution process. [...] Mercosur law has a built in self-monitoring component as private citizens seek to challenge the application of law.« mindestens missverständlich.

969 Siehe auch bei *Alves de Oliveira* (Fn. 273), S. 63. Wenn *Belén Olmos Giupponi* (Fn. 843), S. 57 (69), anführt, dass nationale Gerichte Mercosur-Sekundärrecht angewandt haben, bleibt unklar, ob damit der nationale Akt oder der Integrationsakt selbst gemeint ist. *Olivar Jimenez* (Fn. 311), S. 191 (206), bezieht sich dagegen ausdrücklich auf Fälle, in denen vor nationalen Gerichten die Unvereinbarkeit des nationalen Rechtsakts mit der Mercosurnorm, in der Sache also eine fehlerhafte Umsetzung, geltend gemacht wird. *Reinisch*, Introduction, in: Reinisch (Hrsg.), Challenging Acts of International Organizations before National Courts, 2010, S. 1 (7), führt am Beispiel des EuGH-Urteils Kadi (Rs. C-02/05, Kadi/Rat und Kommission, Slg. 2008, I-6351 ff.) aus, dass ein (nationales) Urteil über den Umsetzungsakt auch eine Aussage über die materielle Rechtmäßigkeit des völkerrechtlichen Aktes beinhalten könne. Es ergibt sich auch nichts Gegenteiliges zu der hier getroffenen Feststellung aus der Aufstellung nationaler Urteile in Secretaría del Mercosur/Konrad-Adenauer-Stiftung (Fn. 288).

970 *Dreyzin de Klor/Perotti* (Fn. 232), S. 99 ff., untersuchen ausführlich und unter Heranziehung dutzender Fallbeispiele die »Anwendung« des Mercosurrechts durch die obersten Gerichte der Mitgliedstaaten sowie durch untergeordnete Gerichte. Dabei ist nicht ersichtlich, dass in auch nur einem Fall die obersten Gerichte die unmittelbare

Norm kann allerdings auf den originären Integrationsakt abgestellt werden. Fehlt es daher an einem Umsetzungsakt im nationalen Recht, so bleibt das Mercosurrecht für den betroffenen Privaten ohne konkrete Wirkung.[971] Demgegenüber steht es den Staaten durchaus zu, im Rahmen des Streitbeilegungsverfahrens nach dem PvO einem anderen Mitgliedstaat die Verletzung von Primärrecht oder die Nichterfüllung eines Schiedsspruchs vorzuhalten.[972]

Geltendmachung subjektiver Rechte aus Normen des Mercosurrechts anerkannt hätten. Die behandelten Fälle stützen sich entweder auf nationale, die Mercosurnormen integrierende Rechtsakte oder behandeln Mercosurakte, die sich nach Inhalt und Zweck ohnehin nicht an Private wenden, sondern beispielsweise die behördliche oder gerichtliche Kooperation im Mercosur betreffen. Der brasilianische Oberste Gerichtshof wird vielmehr mit der Aussage zitiert, dass die brasilianische Verfassung einer unmittelbaren Geltung und Anwendbarkeit solcher Normen entgegenstehe (a.a.O. S. 123).

Dagegen haben untergeordnete argentinische Gerichte durchaus bereits nationale Normen verworfen, wenn diese im Widerspruch zu aus dem Mercosurrecht abgeleiteten Grundsätzen standen (vgl. a.a.O. S. 148 ff.). Dabei ist zu bedenken, dass internationale Verträge in Argentinien einen Rang zwischen einfachem Gesetz und Verfassung innehaben (siehe Fn. 966).

Bei der großen Anzahl von Verfahren, die Bezug auf Rechtsnormen des Mercosur nehmen (a.a.O. S. 158), – es werden allein knapp 600 Verfahren vor unteren brasilianischen Gerichten erwähnt – kann indes nicht ausgeschlossen werden, dass Gerichte Mercosurrecht unmittelbar anwenden und subjektive Rechte aus Integrationsnormen herleiten. Es wird ein Fall geschildert (a.a.O. S. 163), in dem ein brasilianisches Gericht einem brasilianischen Staatsangehörigen das aus dem Grundsatz des freien Warenverkehrs abgeleitete eigene Recht zuerkennt, ein Kraftfahrzeug ungehindert ein- und auszuführen. Hier wird durchaus aus dem allgemeinen Prinzip ein individuelles Recht abgeleitet, an dem sich die Auslegung untergeordneter Normen orientiert.

Mit der Dogmatik des Mercosurrechts ist es dagegen durchaus vereinbar, den Verstoß einer nationalen Norm gegen eine programmatische Norm zum Beispiel des VvA – etwa den Grundsatz des freien Warenverkehrs – geltend zu machen, da der VvA ordnungsgemäß inkorporierter Bestandteil der nationalen Rechtsordnung ist (vgl. a.a.O. S. 158 ff.).

971 Dennoch spricht *Kleinheisterkamp* (Fn. 932), S. 371 (377), von einer »deber del juez doméstico de aplicar el Derecho Comúnitario como Derecho interno en cuanto sus normas estén suficientemente determinadas y no dependan de otros actos estatales de transformación (»self-executing norm«).« (»Pflicht des nationalen Richters, das Gemeinschaftsrecht wie nationales Recht anzuwenden, wenn dessen Normen hinreichend bestimmt sind und nicht weitere nationale Transformationsakte erfordern (»self-executing norm«)«), betont jedoch auch den Normcharakter als internes, staatliches Recht; wie hier *Gari* (Fn. 196), S. 81.

972 *Gari* (Fn. 196), S. 82 f., 85 ff.

5. Ergebnis: Integration am Gängelband der Mitgliedstaaten

Das Recht des Mercosur ist von Elementen der Zwischenstaatlichkeit dominiert.[973] Der mangelnde Verzicht an Souveränität durch die Mitgliedstaaten verhindert die Annahme einer Supranationalität des Bündnisses und begründet das konsequent festgeschriebene und für das Verständnis des Mercosurrechts grundlegende Erfordernis der Umsetzung aller Normen in nationales Recht.[974] Das Recht des Mercosur begründet keine unmittelbaren Rechte und Pflichten für die innerstaatlichen Normadressaten.[975] Eine Kollision von nationalem Recht und Mercosurrecht ist ausgeschlossen. Dem Integrationsrecht kommt daher auch kein Vorrang zu. Als Gemeinschaftsrecht im Sinne einer verselbständigten Rechtsordnung vergleichbar dem heutigen Unionsrecht kann das Recht des Mercosur damit nicht verstanden werden.[976] Wenn mitunter sogar

---

973 *Hargain/Mihali* (Fn. 137), S. 172: »naturaleza decididamente intergubernamental« (»deutlich intergouvernementale Natur«); siehe auch *Belén Olmos Giupponi* (Fn. 843), S. 57 (71); vgl. auch *Dreyzin de Klor* (Fn. 182), S. 29 (35): »the adopted institutional structure is not that of a system of integration, it rather corresponds to a traditional intergovernmental organisation. The decision-making process is still typically intergovernmental, and the participants are accredited by their governments and consequently act and vote according to the instructions that they receive.«.

974 Zutreffend *Kleinheisterkamp*, Development of Comparative Law in Latin America, in: Reimann/Zimmermann (Hrsg.), The Oxford Handbook of Comparative Law, 2006, S. 261 (292 f.): »the legislative process is still dominated by political rather than legal issues«. *Freeland López Lecube* (Fn. 848), S. 269, spricht dagegen von einem Souveränitätsverzicht der Mitgliedstaaten, da diese nicht mehr berechtigt seien, den Außenzoll für alle Waren eigenständig festzulegen. *Menem* (Fn. 411), S. 33, spricht ebenfalls von einem Verzicht an Souveränität. Nicht nachvollziehbar ist die euphorische Feststellung bei *Guira* (Fn. 114), S. 80: »judging from official legislative documents of Mercosur itself and of the member states, Mercosur Acts clearly have been left to stand independently of the national legislature. This is a particularly significant legal concern. [...] Mercosur seeks to become an institution where law rather than power and discretion is the focal point of legal and institutional development.«.

975 *Prada* (Fn. 253), S. 76, bezeichnet die Rechtsordnung des Mercosur zu weitgehend als »unsystematisch und kaum verbindlich«. Ein (zu) hartes Urteil fällt auch *Bohomoletz de Abreu Dallari* (Fn. 577), S. 39 (50), der die Beschlüsse der Mercosurorgane nicht als Rechtsnormen ansieht, sondern lediglich als politische Zielvorgaben versteht: »as deliberações originadas de suas instancias não se constituem, por si sós, em normas jurídicas em sentido estrito, mas em determinações políticas que vinculam os Estados-Partes à promoção de adequações nos respectivos ordenamentos jurídicos internos.«.

976 So auch der »Schiedsspruch Ad-Hoc N° 1/2003 »Industriefertigung von Wolle« – Argentinien/Uruguay« Rn. 65 (siehe oben Fn. 276); eindeutig so auch »Schiedsspruch TPR N° 1/2005, »wiederaufbereitete Reifen« – Uruguay/Argentinien« Rn. 9 f. (Fn.

die Schiedsgerichte des Mercosur den Begriff des »Gemeinschaftsrechts« verwenden, impliziert dies regelmäßig nicht die Charakteristika des Europäischen Rechts.[977]

Mangels der Verleihung durchgreifender Rechtsetzungskompetenzen und einer Aufgabe von Hoheitsrechten durch die Staaten stellen die Organe nichts anderes dar als ständig eingerichtete Foren zur intergouvernementalen Verhandlung völkervertragsrechtlicher Fragen und zur schrittweisen Harmonisierung innerstaatlichen Rechts.[978] Der Mercosur stellt damit zwar eine internationale Organisation, keinesfalls jedoch eine supranationale Vereinigung dar.

Stellungnahmen zum Mercosurrecht sind häufig von der Ernüchterung geprägt, dass diesem nicht dieselben Rechtswirkungen zukommen wie dem Recht der Europäischen Union.[979] Hierbei wird einerseits der Jahrzehnte währende

278); und wohl auch »Schiedsspruch Ad-Hoc vom 21.6.2006 »Brückensperrung« – Uruguay/Argentinien«, Rn. 150 (Fn. 277); sowie das Sondervotum »Garcia« zur »Opinión Consultiva N° 1/2007« (Fn. 279), Rn. 18, 22; ablehnend auch *Basaldúa* (Fn. 197), S. 54; *Sabsay* (Fn. 964), S. 139 (146); *Pizzolo* (Fn. 954), S. 181 ff.; *Teixeira Silveira* (Fn. 16), S. 28; *Bischoff-Everding* (Fn. 862), S. 258; *Pallarés* (Fn. 873), S. 705 (726); *Olivares Tramón* (Fn. 111), S. 73 f. Das Bestehen eines »Gemeinschaftsrechts« lehnt auch ab *Motta*, Licitação Pública e Mercosul – análise da normativa do processo de integração e da legislação interna brasileira, in: Borba Casella/Viegas Liquidato (Fn. 578), S. 279 (288, 291). Den Begriff »Gemeinschaftsrecht« hält auch *Klumpp* (Fn. 275), S. 53 (91 f.) für falsch; »Integrationsrecht« und »Gemeinschaftsrecht« gleichsetzend *Ekmekdjian* (Fn. 925), S. 1; und *Ekmekdjian* (Fn. 135), S. 65 f., die Wesensmerkmale des Gemeinschaftsrechts untersuchend, deren Vorliegen im Mercosur ablehnend, aber an der Begrifflichkeit festhaltend. *Menem* (Fn. 411), S. 25, spricht jedoch ohne Weiteres von einem »Gemeinschaftsrecht« und einer »eigenen Rechtsordnung«, sogar von den Gründungsverträgen als einer »Gemeinschaftsverfassung«. *Kleinheisterkamp* (Fn. 932), S. 371 (373), verwendet den Begriff des »Derecho Comúnitario« nur mit Vorbehalten. Als »Gemeinschaftsrecht« versteht auch *Deluca* (Fn. 254), S. 63, das Mercosurrecht und begründet dies mit dessen Eigenart und Selbständigkeit; siehe auch *Meira Mattos* (Fn. 292), S. 338 (343); *Floh* (Fn. 924), S. 247 (248 ff.), trifft eine ungewöhnliche Differenzierung, wenn er Primär- und Sekundärrecht als Integrationsrecht, bei Vorliegen weiterer Umstände jedoch allein das Sekundärrecht als »Gemeinschaftsrecht« qualifiziert.

977 Siehe der »Schiedsspruch Ad-Hoc N° 2/2002 »Marktzugang für Pflanzenschutzmittel« – Argentinien/Brasilien«, Rn. 8.2, 8.5, (Fn. 276); sowie »Opinión Consultiva N° 1/2007«, etwa Rn. B. 3. f., (Fn. 279).

978 Den Gedanken der Harmonisierung stellt auch in den Vordergrund *Meira Mattos* (Fn. 292), S. 338 (343).

979 So etwa *Ekmekdjian* (Fn. 135), S. 353 f. Für eine Verfassungsänderung, die es Brasilien erlaubte, solche Rechtsakte von internationalen Organisationen zu akzeptieren, plädiert *Bohomoletz de Abreu Dallari* (Fn. 577), S. 39 (51).

Entwicklungsprozess des europäischen Rechts übersehen, andererseits dem Integrationsrecht des Mercosur eine Zielsetzung unterstellt, die ihm nicht innewohnt. Zwar mag der Mercosur mit der Schaffung eines Gemeinsamen Marktes ein wirtschaftliches und politisches Ziel verfolgen, welches auch in der EU verwirklicht worden ist, doch wurden im Rahmen von VvA und POP bewusst andere rechtliche Mittel gewählt als sie aus dem europäischen Beispiel bekannt waren. Die Harmonisierung der Rechtsordnungen sollte bei stetiger Wahrung der vollen Souveränität der Mitgliedstaaten stets nur so weit gehen, wie sie auch von dem integrationsunwilligsten Staat mitgetragen würde.[980] Aufgrund dieser mangelnden Vergleichbarkeit muss das Rechtssystem des Mercosur als zurückhaltend, aber den Zielen angemessen, keinesfalls jedoch als nach Maßgabe des europäischen Systems unzureichend verstanden werden.[981] Wirtschaftliche und politische Ziele hat der Mercosur teilweise erreichen können.[982] Berechtigt ist aber die Kritik am schwerfälligen und wenig transparenten sowie teilweise konfusen Verfahren zur Normsetzung im Mercosur.[983]

III. Kein wirksamer Investitionsschutz durch das Integrationsrecht des Mercosur

Den Schöpfern des Mercosur war von Beginn des gemeinsamen Projekts an bewusst, dass die beabsichtigte verstärkte wirtschaftliche Integration auch einen

---

980 Vgl. *Basedow*, Der Mercosur als Integrationsmodell, in: Basedow/Samtleben (Fn. 424), S. 9 (18).

981 An der tatsächlichen Ausgestaltung des Rechtssystems bleibt dennoch dessen Unübersichtlichkeit und mangelnde Kohärenz zu kritisieren, vgl. *Rocha de Mello Martins* (Fn. 411), S. 51. *Klumpp* (Fn. 275), S. 53 (75), stellt in der Rechtsprechung der Schiedsgerichte des Mercosur sogar die Entwicklung eines Grundsatzes »integrationsrechtsfreundlichen Verhaltens« (»El principio de lealtad con la integración«) fest. *Dreyzin de Klor* (Fn. 182), S. 29 (37 f.), sieht in der Übertragung von Hoheitsrechten an den Mercosur die einzige Möglichkeit einer effektiven Weiterentwicklung des Bündnisses. *Cason* (Fn. 102), S. 26, betont diese bewusst gewählte Flexibilität und bewertet den Integrationsprozess im Mercosur positiv, spricht aber von einer »vulnerable integration«.

982 Vgl. z.B. bei *Cason* (Fn. 102), S. 82; siehe auch oben S. 99.

983 Siehe *Klumpp* (Fn. 275), S. 53 (59 ff.); *Olivar Jimenez* (Fn. 311), S. 191 (207): »the ineffectiveness of the decision-making process and the implementation of norms appear to be hidden by a normative production process that gives a false impression of progress.«.

intensivierten Schutz der internationalen Investitionen erfordern würde.[984] Schon 1993 und 1994 wurden daher zwei zwischenstaatliche Protokolle verabschiedet, welche sich dieser Fragen annahmen: Das »Protokoll von Colonia zur gegenseitigen Förderung und zum Schutz von Investitionen im Mercosur«[985] behandelt zwischen den Mercosurstaaten getätigte Investitionen. Dahingegen sind Investitionen aus dritten Staaten in Mercosurstaaten Gegenstand des »Protokolls über die Förderung und den Schutz von Investitionen aus Nichtmitgliedstaaten des Mercosur«[986]. Die Investitionsschutzprotokolle des Mercosur sind allerdings bis heute mangels Ratifizierung durch die Mitgliedstaaten nicht in Kraft getreten. Unabhängig davon vermögen sie Aufschluss zu geben über Konzeption und Potenzial des Investitionsschutzes im Mercosur.

1. Die Investitionsschutzprotokolle von Colonia 1993 und von Buenos Aires 1994 – Schutzkonzepte ohne Rechtskraft

Die Vorarbeiten zu den Protokollen wurden durch Arbeitsgruppen der Mercosur-Gruppe erledigt.[987]

a) Primärrechtlicher Geltungsrang

Das Protokoll von Colonia und das Protokoll von Buenos Aires sind als Annexe zu Entscheidungen des Mercosur-Rates erlassen worden. Eine Rechtsverbindlichkeit im innerstaatlichen Rechtskreis entfalten diese Protokolle lediglich nach ihrer – wie beschrieben erforderlichen – Ratifikation. Das Protokoll von Colonia wurde bislang von keinem der Staaten ratifiziert, hinsichtlich des Protokolls von Buenos Aires fehlt allein noch die Ratifikation durch Brasilien.[988] Dennoch stellen diese Protokolle die

---

984 Bereits in Art. 48 VvM 1980 kommt dies zum Ausdruck; siehe auch *Cristini/Amal* (Fn. 314), S. 177.

985 Siehe oben Fn. 26.

986 Siehe oben Fn. 26.

987 Vgl. Entschließungen der Gruppe N° 20/92 und N° 39/94.

988 *Kalicki/Medeiros* (Fn. 563), S. 423 (434), (dort Fn. 45), verweisen darauf, dass das PvBA dem brasilianischen Kongress zur Annahme vorgelegt, diese Vorlage dann aber wieder zurückgezogen, das PvC dem Kongress dagegen niemals zugeleitet worden sei (dort Fn. 46). Die mangelnde Geltung scheint zu übersehen *Malanczuk* (Fn. 483), S. 417 ff. (419). Auch *Haller* (Fn. 120), S. 78, spricht von »Erste[n] Erfolge[n] in diesem Bereich«; siehe auch *Teplitzchi*, Protección de las Inversiones Extranjeras en el Mercosur – Necesidad de Consolidar el Derecho Comúnitario Mercosureño, in: Figueredo/Inchausti/Teplitzchi (Hrsg.), Mercosur y Empresas, 2002, S. 175 (202 ff.).

bislang wichtigsten Kodifizierungen zur Regulierung ausländischer Investitionen im Mercosur dar.[989] Den Protokollen kommt insofern eine herausgehobene Stellung im Rahmen des Integrationsrechts zu, als diese zum Bestand derjenigen Abkommen und Protokolle gehören, welchen als »Partes Integrantes« – also faktischen Bestandteilen des VvA – alle dem Mercosur neu hinzutretende Staaten zwingend beizutreten haben.[990] Ihrem Inhalt nach sind diese Protokolle trotz ihrer formalen Verabschiedung als Ratsentscheidungen also dem Primärrecht des Mercosur und nicht dessen Sekundärrecht zuzurechnen.[991] Zwar sollen diese Protokolle – wie für sekundäres Recht typisch – Zielsetzungen aus VvA und POP verwirklichen, doch muss hier die wörtliche Zuordnung zum Primärrecht entscheidend sein.[992] Im Übrigen ergeben sich die materiellen Wirkungen nicht aus dem Text der Ratsentscheidungen selbst, sondern aus den jeweiligen Annexen zu diesen Entscheidungen.

b) Zwei Regelungskonzepte für Investitionen unterschiedlicher Provenienz

Die genannten Protokolle unterscheiden sich – wie nachfolgend gezeigt werden wird – trotz ihres ähnlichen Titels in ihrem Inhalt und ihrer Regelungsfunktion und Systematik ganz wesentlich.[993]

Guira (Fn. 114), S. 205 ff., scheint von einer bereits erfolgten Umsetzung auszugehen. *Fuders* (Fn. 98), S. 311, spricht davon, dass die »Protokolle [...] ihre Wirkung nicht [...] verfehlen«, führt jedoch auf S. 320 f. an, dass die Protokolle noch nicht in Kraft getreten seien; *Betschinger*, International Trade and Investment Agreements and Foreign Direct Investment Activities in Developing and Emerging Economies, 2010, S. 40: »MERCOSUR [...] have relatively strong investment regimes in place.«; *Fuders*, Economic Freedoms in Mercosur, in: Toscano Franca Filho/Lixinski/Belén Olmos Giupponi (Fn. 182), S. 87 (122 f.): »Both Protocols seem to have achieved their goal«.

989 *Fraga Lerner* (Fn. 658), S. 277 (285).

990 Art. 12 Abs. 1 PvC benennt das PvC selbst als »parte integrante del Tratado de Asunción«; siehe auch Art. 4 Abs. 1, 2 PvBA.

991 So auch *Fuders* (Fn. 98), S. 312. Nach *Gari* (Fn. 196), S. 73, stellt diese – durchaus gängige – Verabschiedung von Primärrecht in Form von Organakten lediglich eine »unnecessary formality« dar.

992 Diese dem Sekundärrecht zuordnend aber *Ruiz Diaz Labrano* (Fn. 111), S. 522 f.; und *Deluca* (Fn. 254), S. 79 f.; zu diesem Ergebnis dürfte auch *Edler* (Fn. 143), S.104 f. gelangen, der sich aber auf Protokolle im Allgemeinen, nicht spezifisch auf PvC und PvBA bezieht.

993 Ausführlich *da Cunha*, Proteção e Promoção de Investimentos no Mercosul, in: Borba Casella (Fn. 578), S. 211 (222 ff.); auf die Unterschiede eingehend auch *Jardel/Barraza*, Mercosur – Aspectos Juridicos y Economicos, 1998, S. 140 ff.; dennoch bei

aa) Gewährung subjektiver Rechte nach Inkorporation – Das Protokoll von Colonia

Das Protokoll von Colonia orientiert sich hinsichtlich seiner Struktur und seines Inhalts im Wesentlichen an dem Muster moderner Investitionsschutzverträge.[994] Es trifft einzelne, genau bestimmte Rechtsregeln zur Zulassung und zum Schutz von Investitionen. Diese Regelungen sind derart konkret ausgestaltet, dass einem Investor nach Inkorporation in das nationale Recht vermittels Ratifizierung unmittelbar die Geltendmachung dieser Rechte möglich wäre.[995]

(1) Anwendungsbereich

Das PvC beschreibt eingangs seinen Anwendungsbereich durch Definition der Begriffe der »Investition«, des »Investors«, der »Erträge« und des »Territoriums«.[996] Geschützt sind sowohl die direkte als auch die – in dieser Untersuchung nicht weiter relevante – indirekte Investition, die von einem Investor aus einem der Unterzeichnerstaaten im Gebiet eines anderen Unterzeichnerstaats nach Maßgabe der gesetzlichen Regelungen des Letzteren getätigt wird.[997]

Hierbei wird – und das ist bedeutend für den deutschen Investor – nicht abgestellt auf das Kriterium der Staatsan- oder Staatszugehörigkeit des Investors.

Samtleben (Fn. 199), S. 202 (205), »parallel aufgebaut«; überblicksartig zu beiden Protokollen *Greiner* (Fn. 99), S. 96 ff. und *Edler* (Fn. 143), S. 180 ff.

994 Siehe bei *Grigera Naón* (Fn. 524), S. 59 (65): »heavily influenced by the pattern of bilateral investment treaties«, der für die Mercosur-Protokolle den Begriff der »minilateral treaties« verwendet (S. 69). Ein knapper Überblick über die Regelungen des PvC findet sich bei *Porrata-Doria* (Fn. 429), S. 114 ff.; vgl. auch *Jaeger Junior*, Liberdade de Concorrência na União Européia e no Mercosul, 2006, S. 595; vgl. den Hinweis bei *Schreuer u.a.* (Fn. 11), Art. 25 Rn. 147: »definitions [...] closely modelled on the definitions in modern BITs«.

995 *Escobar*, Investor-To-State Arbitration under Mercosur, in: Blackaby/Lindsey/Spinillo (Fn. 271), S. 281 (282). Dies legt wohl auch zugrunde *Teplitzchi* (Fn. 988), S. 175 (188 ff.).

996 In Art. 1 Abs. 1 a) – e) PvC werden konkrete Beispiele für solche Investitionen genannt; siehe auch Art. 1 Abs. 2 – 4 PvC. Den Anwendungsbereich des PvC bespricht auch *Escobar* (Fn. 995), S. 281 (285 ff.).

997 Art. 1 Abs. 1 PvC: »El término »inversión« designa todo tipo de activo invertido directa o indirectamente por inversores de una de las Partes Contratantes en el territorio de otra Parte Contratante, de acuerdo con las leyes y reglamentación de esta última.« (»Der Begriff »Investition« bezeichnet jede Art von Kapital, das direkt oder indirekt investiert wird durch Investoren eines der Mitgliedstaaten im Gebiet eines anderen Mitgliedstaats, in Übereinstimmung mit dessen Gesetzen und Vorschriften.«).

»Investor« ist zunächst jede natürliche Person, die einem der Unterzeichnerstaaten angehört oder in diesem nach den jeweiligen gesetzlichen Maßgaben dauerhaft lebt oder sich niederlässt.[998]

Hinsichtlich juristischer Personen ist erforderlich, dass diese nach Maßgabe der Gesetze eines Unterzeichnerstaats gegründet wurden und in diesem Staat auch ihren Sitz haben.[999] Erfasst sind aber ebenso juristische Personen, die erst in dem Staat gegründet werden, in welchem selbst die Investition erfolgt, sofern diese juristischen Personen direkt oder indirekt von einer wie beschrieben definierten natürlichen oder juristischen Person kontrolliert werden.[1000] Auch hierbei wird nicht abgestellt auf das Kriterium der Staatsan- oder -zugehörigkeit, werden Drittstaatler also nicht schon grundsätzlich ausgeschlossen. Dieses Kriterium wird einerseits nicht explizit aufgestellt, wäre andererseits aber auch nicht mit den übrigen Regelungen in Einklang zu bringen: Sollte die zweite Alternative »dauerhaft dort

998 Art. 1 Abs. 2 a) PvC: »toda persona física que sea nacional de una de las Partes Contratantes o resida en forma permanente o se domicilie en el territorio de ésta, de conformidad con su legislación. Las disposiciones de este Protocolo no se aplicarán a las inversiones realizadas por personas físicas que sean nacionales de una contratantes [sic] en el territorio de otra Parte Contratante, si tales personas, a la fecha de la inversión, residieren en forma permanente o se domiciliaren en esta última Parte Contratante, a menos que se pruebe que los recursos referidos a estas inversiones provienen del exterior.« (»[Der Begriff »Investor« bezeichnet] jede natürliche Person, die Staatsangehöriger eines der Mitgliedstaaten ist oder sich in dessen Gebiet in Übereinstimmung mit den Gesetzen dauerhaft aufhält oder dort lebt. Die Vorschriften dieses Protokolls finden keine Anwendung auf Investitionen, die von natürlichen Personen, die Angehörige eines Mitgliedstaats sind, im Gebiet eines anderen Mitgliedstaats vorgenommen werden, wenn diese Personen im Zeitpunkt der Vornahme der Investition im Gebiet dieses letztgenannten Mitgliedstaats leben, sofern nicht nachgewiesen wird, dass die investierten Mittel aus dem Ausland stammen.«).

999 Art. 1 II b) PvC: »toda persona jurídica constituida de conformidad con las leyes y reglamentaciones de una Parte Contratante y que tenga su sede en el territorio de dicha Parte Contratante.« (»[Der Begriff »Investor« bezeichnet] jede juristische Person, die nach Maßgabe der Gesetze und Vorschriften eines Mitgliedstaats verfasst ist und die ihren Sitz im Gebiet dieses Mitgliedstaats hat.«).

1000 Art. 1 II c) PvC: »las personas jurídicas constituidas en el territorio donde se realiza la inversión, efectivamente controladas, directa o indirectamente, por personas físicas o jurídicas definidas en a) y b).« (»[Der Begriff »Investor« bezeichnet] die juristischen Personen, die in dem Gebiet verfasst sind, in dem die Investition vorgenommen wird, und die effektiv kontrolliert werden, direkt oder indirekt, durch natürliche oder juristische Personen, wie sie in a) und b) definiert sind.«. *Schreuer u.a.* (Fn. 11), Art. 25 Rn. 810, weisen auf diese »slightly different technique« ausdrücklich hin.

lebend oder sich niederlassend« nicht auch Drittstaatler umfassen, wäre die Formulierung überflüssig. Insbesondere können deswegen nicht lediglich Angehörige eines Mercosurstaats gemeint sein, welche in einem anderen Mercosurstaat leben, da für diese Personen die Normen des PvC grundsätzlich gerade keine Anwendung finden sollen.[1001] Weiterer Beleg hierfür ist, dass ein drittstaatlicher Investor, der dauerhaft in einem Mercosurstaat lebt oder sich aufhält und in diesem Staat eine Investition vornimmt, sich auf die Grundsätze des PvBA nicht mehr berufen können soll.[1002]

Von dem Anwendungsbereich ausgenommen sind diejenigen Sach- und Wirtschaftsbereiche, welche sich die Unterzeichnerstaaten im Anhang zum PvC vorbehalten haben.[1003] In zeitlicher Hinsicht ist das PvC anwendbar auf alle vor oder nach seinem Inkrafttreten getätigten Investitionen, nicht jedoch auf solche

---

1001 Siehe Art. 1 II a) S. 2 PvC.

1002 Art. 2 A) II a) S. 2 PvBA: »toda persona física que sea nacional de un Estado Parte o del Tercer Estado, de conformidad con sus respectivas legislaciones. Las disposiciones de los convenios a celebrar no se aplicarán a las inversiones realizadas en el territorio de un Estado Parte por personas físicas que sean nacionales de Terceros Estados, si tales personas, a la fecha de la inversión, residieren o se domiciliaren, conforme a la legislación vigente, en forma permanente en dicho territorio, a menos que se pruebe que los recursos referidos a estas inversiones provienen del exterior.« (»[Der Begriff »Investor« bezeichnet] jede natürliche Person, die nach Maßgabe des jeweiligen Rechts Angehöriger eines Mitgliedstaats oder des dritten Staates ist. Die Bestimmungen der zu schließenden Abkommen finden keine Anwendung auf Investitionen, die vorgenommen werden im Gebiet eines Mitgliedstaats durch natürliche Personen, die Angehörige dritter Staaten sind, wenn diese Personen zum Zeitpunkt der Vornahme der Investition in diesem Gebiet in Übereinstimmung mit dem geltenden Recht leben oder sich dauerhaft dort aufhalten, sofern nicht bewiesen wird, dass die investierten Mittel aus dem Ausland stammen.«).

1003 In Brasilien gelten damit beispielsweise Ausnahmen vom Grundsatz der Inländerbehandlung im Bergbausektor, im Gesundheitswesen oder im Bankenwesen, vgl. Art. 1 III Annex zum PvC. Auflagen zur Ausgestaltung der Investition gelten zudem in Brasilien für den Automobilsektor, Art. 3 Annex zum PvC, *Porrata-Doria* (Fn. 429), S. 121, weist darauf hin, dass von diesen Ausnahmen gerade die attraktivsten Wirtschaftsbereiche betroffen seien; so auch *Fuders* (Fn. 98), S. 315. Grundsätzlich und unabhängig vom PvBA ist einem Ausländer die Investition nicht in allen Wirtschaftsbereichen in Brasilien gestattet: Erschwert beziehungsweise ganz untersagt sind nach der Verfassung von 1988 unter anderem gewisse Investitionen im Finanzsektor (Art. 192 i.V.m. Art. 52 der verfassungsrechtlichen Übergangsbestimmungen), im Gesundheitswesen (Art. 199 § 3) sowie der Erwerb von Liegenschaften, die sich in Nähe der Landesgrenzen befinden (Art. 190). Auch Beteiligungen an Medienunternehmen (Art. 222) unterliegen strengen Beschränkungen. Zu diesen

Streitigkeiten, die bereits vor diesem Zeitpunkt entstanden sind.[1004] Das PvC soll ab dem Zeitpunkt seines Inkrafttretens mindestens zehn Jahre lang gültig sein. Danach kann es von jedem Unterzeichnerstaat unter Wahrung einer zwölfmonatigen Frist gekündigt werden. In diesem Falle gelten seine Regelungen jedoch für die bereits getätigten Investitionen für 15 weitere Jahre.[1005]

(2) Einzelne Regelungen – Vergleichbarkeit mit bilateralen Schutzabkommen

Das PvC sieht vor, Investoren aus den Unterzeichnerstaaten im Sinne der »Meistbegünstigung« stets solchen Zugang zu gewähren, den ein Gaststaat auch allen anderen Investoren aus den übrigen Unterzeichnerstaaten oder Drittstaaten gewährt.[1006] Zugelassene Investitionen müssen nach besten Möglichkeiten gefördert und unterstützt werden.[1007] Bezüglich des Schutzes von Investitionen behandelt es die klassisch relevanten, aus den bilateralen Investitionsverträgen bekannten Aspekte:

(a) Enteignungsschutz

Verboten sind Enteignungen oder Verstaatlichungen von durch das PvC geschützten Investitionen, es sei denn, diese erfolgen zum öffentlichen Nutzen und ohne diskriminierend zu wirken, wobei das formelle Verfahren gewahrt bleiben muss. Mit der Enteignung oder Verstaatlichung muss direkt die Zahlung einer im Voraus zu gewährenden effektiven und angemessenen Entschädigung verbunden sein. Diese zu verzinsende Entschädigung bemisst sich stets nach dem tatsächlichen Wert der Investition vor der Bekanntgabe der Enteignung. Geregelt wird im Übrigen auch die Entschädigung im Falle außergewöhnlicher Ereignisse wie Kriegen oder Volksaufständen.[1008]

Beschränkungen in Brasilien knapp *de Moura Borges/Pereira Valadão/Ward Sá* (Fn. 588), S. 329 (359).

1004 Art. 10 PvC.

1005 Art. 11 Abs. 1 S. 2, Abs. 2 PvC.

1006 Art. 2 Abs. 1 PvC.

1007 Art. 2 Abs. 2 PvC.

1008 Art. 4 Abs. 1, 2 PvC: »medidas [...] tomadas por razones de utilidad pública, sobre una base no discriminatoria y bajo el debido proceso legal. Las medidas serán acompañadas de disposiciones para el pago de una compensación previa, adecuada y efectiva.« (»Maßnahmen zum Zweck des Allgemeinwohls, die nicht diskriminierend wirken und das formelle Verfahren wahren. Die Maßnahmen werden begleitet von Vorschriften zur Zahlung einer vorherigen, angemessenen und effektiven

(b) Zugang zur ICSID-Schiedsgerichtsbarkeit möglich

Das PvC behandelt auch den Kernbereich des Investorenschutzes, die Verfügbarkeit internationaler Investitionsschiedsgerichte. Die Regelungen zur Streitbeilegung betreffen sowohl den Streitfall zwischen Gast- und Heimatstaat des Investors als auch den direkten Streit zwischen Investor und Gaststaat.[1009]

Für zwischen zwei Unterzeichnerstaaten als Gast- und Heimatstaaten des Investors entstehende Streitigkeiten bezüglich des PvC gilt das im Protokoll von Olivos vorgesehene System zur Beilegung von Streitigkeiten.[1010]

Besonders differenzierte Berücksichtigung findet die Beilegung von Streitigkeiten zwischen Investor und Gaststaat in Bezug auf die Regelungen des PvC. Sofern solche Streitigkeiten nicht binnen sechs Monaten gütlich beigelegt werden können,[1011] stehen dem Investor drei Verfahrensoptionen zur Wahl: Der Investor kann entweder die Gerichte des Gaststaats anrufen, den Streit vor ein internationales Schiedsgericht bringen oder sich dem im Rahmen des Mercosur-Streitbeilegungssystems noch einzurichtenden Verfahren der Streitbeilegung für Individuen zuwenden.[1012] Eine einmal getroffene Wahl ist hierbei bindend und schließt die spätere Berufung auf eine der anderen Optionen aus.[1013]

Das PvC beschreibt die Verfügbarkeit der internationalen Schiedsgerichtsbarkeit noch näher: Es nennt ausdrücklich die Streitbeilegung nach der ICSID-Konvention[1014] als dem Investor zur Wahl stehende Option, stellt diese aber unter den Vorbehalt, dass alle (vier) Unterzeichnerstaaten des PvC dem Washingtoner Abkommen beigetreten sein müssen.[1015] Allerdings verweist das PvC den Investor bis zur Ratifizierung des Washingtoner Abkommens durch alle Unterzeichnerstaaten auf die Additional Facility Rules des ICSID-Abkommens, zu deren Anwendung sich die Unterzeichnerstaaten schon durch

Entschädigung.«). *Fraga Lerner* (Fn. 658), S. 277 (287 f.), weist darauf hin, dass hierdurch die sogenannte »Hull-Formel« Anwendung finde.

1009 Art. 8 und 9 PvC.

1010 Art. 8 PvC; siehe S. 83.

1011 Dies verlangt Art. 9 Abs. 1, 2 PvC.

1012 Art. 9 Abs. 2 i), ii (i.V.m. Abs. 4), iii) PvC.

1013 Art. 9 Abs. 3 PvC.

1014 Siehe den Verweis bei *Schreuer u.a.* (Fn. 11), Art. 25 Rn. 462.

1015 Art. 9 Abs. 4 a) S. 1 PvC: »cuando cada Estado Parte en el presente Protocolo haya adherido a aquél.« (»sobald sich jeder Mitgliedstaat ihm [dem ICSID-Abkommen, Anm. des Verf.] angeschlossen hat«); zum missverständlichen Wortlaut dieser Norm *Escobar* (Fn. 995), S. 281 (289 f.).

das PvC ausdrücklich bereit erklären.[1016] Damit stellt das PvC, sobald ratifiziert, eine Zustimmung zur Anwendung der Additional Facility Rules dar, die der gewöhnlich in BITs erteilten Zustimmung zur Schiedsgerichtsbarkeit unter ICSID ähnelt.[1017]

Als Alternative zur Streitbeilegung im Rahmen des ICSID führt das PvC die Regeln der UNCITRAL an.[1018] Ein hiernach zu errichtendes Ad-Hoc-Tribunal kann vom Investor ohne weitere Voraussetzungen angerufen werden. Für die Schiedsgerichte – nicht aber für die eigenen Gerichte des Gaststaats – gelten als in solchen Streitigkeiten anzuwendendes Recht das PvC selbst, das Recht des Gaststaats einschließlich dessen Kollisionsrecht, der zwischen dem Investor und dem Gaststaat möglicherweise geschlossene Investitionsvertrag sowie die Grundsätze des allgemeinen Völkerrechts.[1019] Die Regelungen zur Streitbeilegung schließen damit, dass den Schiedssprüchen Endgültigkeit und Bindungswirkung für die Parteien zugesprochen wird. Die Unterzeichnerstaaten verpflichten sich zu deren Vollstreckung nach Maßgabe ihres nationalen Rechts.[1020]

(c) Freier Kapitaltransfer

Regelungen zum Transfer von Kapital ergänzen das Schutzinstrumentarium des PvC. Die Investition selbst und die sich aus ihr ergebenden Erträge sollen frei übertragbar sein. Die im Einzelnen genauer spezifizierten Kapitalposten sollen dabei ohne Verzögerung, in frei konvertibler Währung und zum aktuell gültigen Umrechnungskurs, jedoch nach Maßgabe der jeweiligen nationalen Regelungen erfolgen.[1021]

1016 Dies legt der Wortlaut des Art. 9 Abs. 4 a) S. 2 des PvC nahe: »Mientras esta condición no se cumpla, cada Parte Contratante da su consentimiento para que la controversia sea sometida al arbitraje conforme con el reglamento del Mecanismo Complementario del C.I.A.D.I.« (»Solange diese Voraussetzung nicht erfüllt ist, erteilt jeder Mitgliedstaat sein Einverständnis dazu, dass die Streitigkeit den »ICSID Additional Facility Rules« unterworfen wird«); siehe auch bei *Jardel/Barraza* (Fn. 993), S. 143. Siehe oben S. 146.

1017 Auch *Escobar* (Fn. 995), S. 281 (287 f.), sieht in dieser Klausel wohl bereits die erforderliche Zustimmung des Mitgliedstaates; vgl. auch bei *Schreuer* (Fn. 681), S. 830 (851).

1018 Art. 9 Abs. 4 b) PvC; siehe Fn. 524.

1019 Art. 9 Abs. 5 PvC.

1020 Art. 9 Abs. 6 PvC.

1021 Art. 5 PvC.

(d) Behandlungsstandards

Das PvC regelt darüber hinaus den Umgang mit der Investition und legt gewisse Behandlungsstandards, darunter die beschriebenen Schutzmaßnahmen und Diskriminierungsverbote, fest. Die Unterzeichnerstaaten verpflichten sich dabei zu einer gerechten und angemessenen Behandlung im Sinne eines »fair and equitable treatment« und einer Anwendung der Meistbegünstigung hinsichtlich aller übrigen einheimischen oder fremden Investoren. Sie unterlassen die Schlechterstellung der Investition durch ungerechtfertigte oder diskriminierende Maßnahmen und gestehen vollen Rechtsschutz zu.[1022] Das PvC beschreibt in diesem Zusammenhang auch das Verbot sogenannter »performance requirements«.[1023] Insbesondere ist es verboten, Exportquoten aufzuerlegen oder den Erwerb von im Gastland produzierten Komponenten vorzuschreiben. Bezüglich der zugestandenen Inländerbehandlung sind diejenigen Ausnahmen zulässig, die der Anhang zum PvC benennt.[1024]

(e) Weitere Regelungen

Das PvC beinhaltet im Übrigen eine Regelung zur Anerkennung einer durch einen Unterzeichnerstaat geleisteten Garantie gegenüber dem Investor und eines sich aus dieser Garantie ergebenden Forderungsübergangs vom Investor auf den Heimatstaat. Garantie und Forderungsübergang werden von den unterzeichnenden Gaststaaten anerkannt und sollen einer Geltendmachung abgetretener Rechte durch den Heimatstaat des Investors nicht entgegenstehen.[1025]

Das PvC hält außerdem explizit fest, dass von den im Protokoll beschriebenen Standards zum Vorteil des Investors abgewichen werden kann, wenn dies sich aus dem Recht eines der Unterzeichnerstaaten, aus dem allgemeinen Völkerrecht oder einem Vertrag zwischen Investor und Gaststaat ergibt.[1026] Dies ist angesichts der im Nachfolgenden beschriebenen Normen des Protokolls von Buenos Aires besonders bemerkenswert.

1022 Zu den vier genannten Schutzelementen vgl. Art. 3 Abs. 1, 2 PvC.

1023 Art. 3 Abs. 4 PvC.

1024 *Teplitzchi* (Fn. 988), S. 175 ff. (192), sieht diese Ausnahmen als unproblematisch und die Funktionalität des Abkommens nicht gefährdend an.

1025 Art. 6 PvC.

1026 Art. 7 PvC.

(3) Zwischenergebnis: Besonderheiten des PvC

Wenn auch das PvC – vermutlich dauerhaft – nur ein theoretisches Konstrukt darstellt und mangels Inkorporation ins nationale Recht durch Ratifizierung noch keine Rechtsfolgen für den Einzelnen entfaltet, so stellt es doch eine Besonderheit im Rahmen der bekannten Rechtsinstrumente zum Schutz von Investitionen dar: In seiner Struktur und seinem Regelungsgehalt dem klassischen BIT vergleichbar, gilt es nicht nur zwischen zwei, sondern als gemeinsamer Standard für alle Investitionen zwischen den Unterzeichnerstaaten. Da es nicht auf die Nationalität oder Staatszugehörigkeit eines Investors abstellt, ist es auch einem Investor aus einem Drittstaat nicht grundsätzlich verschlossen.[1027] Ungeachtet seiner Nichtgeltung stellt es doch heute schon eine zwischen verschiedenen Staaten zum Schutz von Investitionen gemeinschaftlich ausgehandelte Rechtsbasis von im Ansatz multilateralem Charakter dar.

bb) Die Einschränkung staatlicher Regelungsbefugnis – Die Konzeption von Maximalbegünstigungen für den Investor: Das Protokoll von Buenos Aires

Das PvBA ist wie das PvC als Anhang zu einer Ratsentscheidung verabschiedet worden. Das Protokoll selbst ist in lediglich vier Artikel gegliedert. Art. 2 enthält unter den Absätzen A) – J) die eigentlichen materiellen Normen zur Behandlung des Investitionsschutzes.[1028]

(1) Kein unbegrenzter Wettbewerb um Investoren: Grenzen für nationalrechtliche Begünstigungen nach dem PvBA

Funktion und Zweck des PvBA unterscheiden sich vom PvC. Während die Regelungen des PvC einem Investor – nach der Inkorporation in das nationale Recht – aus einem nationalen Rechtsakt tatsächlich direkt subjektive Rechte zusprechen können,[1029] so ergeben sich hierfür schon aus dem Wortlaut des PvBA keine Anhaltspunkte. Vielmehr legen schon dessen Erwägungsgründe als Regelungsziel lediglich die Schaffung eines gemeinsamen Rechtsrahmens für den Umgang mit drittstaatlichen Investitionen fest.[1030]

1027 Siehe dazu S. 279.

1028 Vgl. *Porrata-Doria* (Fn. 429), S. 118 ff., für einen knappen Überblick zu diesen Inhalten.

1029 *Escobar* (Fn. 995), S. 281 (282); *Fuders* (Fn. 98), S. 320, lässt eine entsprechende Interpretation anklingen.

1030 3. Erwägungsgrund der Ratsentscheidung N° 11/94: »resulta conveniente establecer un marco jurídico común para el tratamiento a otorgar a terceros Estados en materia

Auch der einzige Artikel der Ratsentscheidung besagt wörtlich, dass im nachfolgenden Protokoll die Behandlung geregelt werde, die »anderen Staaten« in Investitionsfragen zugestanden werden solle.[1031] Hieraus ist zum einen zu entnehmen, dass die Staaten – und nicht Private – Adressaten der nachfolgenden Regelungen sein sollen und dass zum anderen aus dem Vorliegenden sich zum konkreten Zeitpunkt noch keine weiteren Rechtsfolgen für den privaten Investor ergeben. Dies soll dem Ziel dienen, unterschiedliche, den Fluss der Investitionen verzerrende Bedingungen und Widersprüche zwischen den nationalen Investitionsregelungen zu vermeiden.[1032] Im Übrigen wird in diesen Erwägungsgründen auch auf das Instrument der mit dritten Staaten zum Zwecke der Förderung und dem Schutz von Investitionen zu schließenden Verträgen, also BITs, verwiesen.[1033] Dies ist ein Indiz für die Annahme, dass die in den BITs klassischerweise zugestandenen Rechte sich trotz im Einzelnen missverständlicher Formulierungen aus dem PvBA selbst nicht ergeben sollen. Dementsprechend verweist das PvBA an vielen Stellen auch auf das jeweils einschlägige nationale Recht.[1034]

---

de Promoción y Protección de Inversiones.« (»[ist es] sinnvoll, einen gemeinsamen Rechtsrahmen zu schaffen für die Behandlung, die dritten Staaten im Bereich der Förderung und des Schutzes von Investitionen zukommen soll.«); so auch *Menem* (Fn. 411), S. 101 (203); *Grigera Naón* (Fn. 524), S. 59 (62 f.), der die Festschreibung solcher Maximalkonzessionen als typisch für regionale Wirtschaftskooperationen in den 1970er und 1980er Jahren kennzeichnet und sie als durch protektionistische Politiken inspiriertes Instrument identifiziert; *Escobar* (Fn. 995), S. 281 (282, 292); *Kleinheisterkamp* (Fn. 50), S. 156 (176 f.): »parâmetros màximos de concessões«; vgl. auch den Hinweis bei *Cristini/Amal* (Fn. 314), S. 178. Die Bedeutung dieses Ziels betont *Celli Junior*, O Impacto dos Acordos de Investimentos sobre os Estado-Membros do Mercosul, in: Basso (Fn. 208), S. 533 (545 f.); und wohl auch *Salacuse*, The Law of Investment Treaties, 2010, S. 99. *Teixeira Silveira* (Fn. 16), S. 151 ff., stellt dieses Merkmal dagegen nicht heraus. *Fuders* (Fn. 988), S. 87 (123), spricht sogar vom PvBA als »verbatim copy« des PvC.

1031 Art. 1 Ratsentscheidung N° 11/94: »tratamiento a otorgar a terceros Estados« (»die den dritten Staaten zuzugestehende Behandlung«).

1032 4. Erwägungsgrund des PvBA: »a los efectos de no crear condiciones diferenciales que distorsionen el flujo de inversiones« (»um keine Umstände zu schaffen, die den Fluss der Investitionen verfälschen«); vgl. auch *Colombi/Podrez*, Mercosur Protocols for Foreign Investment Promotion and Protection, in: OECD (Fn. 626), S. 115 f.

1033 5. Erwägungsgrund PvBA. Diesen Umstand stellt auch *Porrata-Doria* (Fn. 429), S. 122, heraus, der damit die Funktionsweise des PvBA im hier befürworteten Sinne einordnet.

1034 Vgl. etwa Art. 2 A Abs. 1 S. 1 PvBA: »de conformidad con las leyes y reglamentaciones del Estado Parte« (»in Übereinstimmung mit den Gesetzen und Vorschriften

Ginge man indessen davon aus, dass die im PvBA in Art. 2 enthaltenen Regelungsgrundsätze tatsächlich als – nach Umsetzung – konkret einen drittstaatlichen Investor berechtigende Normen zu verstehen sind, so stellte das PvBA ein wahrhaft revolutionäres Investitionsschutzinstrument dar.[1035] Die Staaten des Mercosur hätten dann untereinander ein multilaterales Investitionsabkommen vereinbart, in dessen Anwendungsbereich grundsätzlich jeder Investor eines Drittstaats fiele, ohne dass hierbei auch im Gegenzug dieselben Rechte durch das Heimatland dieses Investors den Investoren aus den Mercosurstaaten zugestanden worden wären. Dieser Verzicht auf das reziproke Element, welches eben den Kern aller bisher geschlossenen bilateralen Investitionsabkommen darstellt, erscheint jedoch so gewagt, dass dies die Staaten des Mercosur kaum beabsichtigt haben dürften. Die Motivation, durch eine derart großzügige Offerte Investitionen in die eigene Volkswirtschaft zu lenken, wäre jedoch nachvollziehbar. Zudem könnten die Mitgliedstaaten ein solches Abkommen bei Bedarf leichter modifizieren als bilaterale Abkommen mit dem Heimatstaat des Investors. Von solchen Erwägungen und dem Reiz eines solch revolutionären Ansatzes abgesehen findet sich aber im Wortlaut der gesamten Ratsentscheidung einschließlich des PvBA als deren Anhang kein Hinweis darauf, dass das PvBA als solches »offenes multilaterales Investitionsabkommen« gelten solle. Vielmehr ergibt sich die oben besprochene Funktion eindeutig aus Wortlaut und Systematik des Abkommens und der Ratsentscheidung N° 11/94. Zudem finden im

---

des Mitgliedstaats«) oder Art. 2 B Abs. 1 des PvBA: »conforme a sus leyes y reglamentaciones«.

1035 Hierzu scheinen *Robert/Sauvé/Steinfatt*, Negotiating Investment Rules: Possible Scenarios for an EU-Mercosur Agreement, in: Giordano (Hrsg.), An Integrated Approach to the European Union-Mercosur Association, 2002, S. 265 ff., zu tendieren. In diesem Sinne wohl *Teixeira Silveira* (Fn. 16), S. 151 ff.; so deutlich auch *Rubins* (Fn. 73), S. 1071 (1088): »in 1993 and 1994, the Mercosur Commission adopted two Protocols that – on paper – make the Mercosur Agreement the most extensive multilateral investment treaty in the world.« und S. 1089: »the Buenos Aires Protocol […] is unique in the annals of investment treaties. […] the Buenos Aires Protocol acts like a BIT extended simultaneously to *every country in the world without reciprocity.*«. Auch *Rubins/Kinsella*, International Investment, Political Risk and Dispute Resolution, 2005, S. 198, verstehen das PvBA als direkt den Investor berechtigend: »The Buenos Aires Protocol […] bestows […] rights upon investors«. Hiervon geht wohl auch *Fraga Lerner* (Fn. 658), S. 277 (289 f.), aus. Entgegen seiner Annahme sind bilaterale Verträge im Rahmen des PvBA als Schutzinstrument ja gerade vorgesehen; zu dem hier besprochenen theoretischen Ansatz – ohne Bezug zum PvBA – auch *Nowrot* (Fn. 169), S. 32, der jedoch auch betont, dass bei diesem Modell der Schutz eigener Investoren der Mitgliedstaaten in Drittstaaten vernachlässigt würde.

PvBA die verschiedentlich noch zu schließenden bilateralen Abkommen mit dritten Staaten Erwähnung, denen aber bei einem solchen Verständnis des PvBA keine Funktion mehr zukäme.

(2) Normative Reichweite

Demzufolge hat das PvBA auch nicht als solches einen »Anwendungsbereich«, der demjenigen des PvC vergleichbar sein könnte. Von einem tatsächlichen Anwendungsbereich der konkreten Normen wäre erst dann auszugehen, wenn auch deren Anwendung erfolgen könnte. Dies ist beim PvBA aber gerade nicht der Fall. Es beschreibt lediglich, welcher Sachbereich von den zu schaffenden Regelungen erfasst sein soll: Als Investition wird hier dem Regelungszweck des PvBA gemäß jede Art von in Einklang mit den gesetzlichen Bestimmungen direkt oder indirekt durch einen Investor aus einem dritten Staat in das Gebiet eines Mitgliedstaats verbrachten Kapitals verstanden.[1036] Als Investor gilt jede natürliche Person – sei diese Angehörige eines Mitglieds- oder eines dritten Staats.[1037] Erfasst sind außerdem juristische Personen, welche nach dem Recht eines Mitgliedstaats oder eines dritten Staats gegründet wurden und ihren Sitz in diesem Gründungsstaat haben.[1038] Daneben werden alle nach dem Recht irgendeines Staats verfassten juristischen Personen berücksichtigt, die von den vorgenannten natürlichen oder juristischen Personen tatsächlich kontrolliert werden.[1039] Die

1036 Art. 2 A Abs. 1 PvBA: »de conformidad con las leyes y reglamentaciones del Estado Parte en cuyo territorio se realice la inversión, todo tipo de activo invertido directa o indirectamente por inversores de un Tercer Estado en el territorio del Estado Parte, de acuerdo con la legislación de éste.« (»[Der Begriff »Investor« bezeichnet] in Übereinstimmung mit den Gesetzen und Vorschriften des Mitgliedstaats, in dessen Gebiet die Investition vorgenommen wird, jede Art von Kapital, das direkt oder indirekt von Investoren eines dritten Staats in dem Gebiet des Mitgliedstaats in Übereinstimmung mit dessen Recht investiert wird.«).

1037 Art. 2 A Abs. 2 a) S. 1 PvBA: »toda persona física que sea nacional de un Estado Parte o del Tercer Estado, de conformidad con sus respectivas legislaciones.« (»[Der Begriff »Investor« bezeichnet] jede natürliche Person, die Angehöriger eines Mitgliedstaates oder eines dritten Staates ist, in Übereinstimmung mit dessen jeweiligem Recht.«).

1038 Art. 2 A Abs. 2 b) S. 1 PvBA.

1039 Art. 2 A Abs. 2 c) des PvBA: »toda persona jurídica establecida de conformidad con la legislación de cualquier país que esté efectivamente controlada por personas físicas o jurídicas definidas en a) y b), de este numeral.« (»[Der Begriff »Investor« bezeichnet] jede juristische Person, die nach dem Recht irgendeines Staats verfasst ist und die effektiv kontrolliert wird durch natürliche oder juristische Personen wie sie in a) und b) dieses Absatzes beschrieben sind.«). Es gilt bezüglich natürlicher Personen indes der aus dem PvC bekannte Vorbehalt, dass vom Anwendungsbereich solche Staatsan-

Begriffsbestimmungen bezüglich der »Erträge« und des »Territoriums« decken sich mit denen des PvC.[1040]

(3) Einzelne Regelungen

Im Gegensatz zur in BITs fast immer anzutreffenden Verpflichtung, einem geschützten Investor keine schlechteren Bedingungen zu gewähren als Investoren des eigenen oder eines dritten Staats, findet sich im PvBA der Grundsatz, dass die Mitgliedstaaten Investoren aus dritten Staaten gerade keine Rechte gewähren sollen, welche über das im PvBA Vereinbarte zu deren Gunsten hinausgehen.[1041] Diese ungewöhnliche Regelung erklärt sich mit dem genannten Zweck des PvBA, eine Verzerrung des Wettbewerbs um Investitionen zwischen den Mercosurstaaten möglichst zu vermeiden.[1042] Die nachfolgend behandelten Rechte sollen den Investoren durch nationales Recht zugestanden werden können, aber gleichzeitig auch das einheitlich geltende Höchstmaß einer Begünstigung darstellen. Das PvBA stellt den Grundsatz auf, dass jeder Staat drittstaatliche Investitionen fördert und nach Maßgabe seiner nationalen Regelungen diese grundsätzlich zulässt. Einer zugelassenen Investition soll dabei die nötige Förderung zu ihrer bestmöglichen

gehörige dritter Staaten ausgeschlossen sein sollen, die in einem Vertragsstaat wohnen oder sich legal dauerhaft dort aufhalten, sofern nicht belegt ist, dass die konkrete Investition direkt aus dem Ausland stammt, vgl. Art. 2 A Abs. 2 a) S. 2 PvBA.

1040 Art. 2 A Abs. 3, 4 des PvBA.

1041 Art. 1 PvBA: »Los Estados Partes se comprometen a otorgar a las inversiones realizadas por inversores de Terceros Estados un tratamiento no más favorable que el que se establece en el presente Protocolo« (»Die Mitgliedstaaten verpflichten sich, Investitionen, die von Investoren aus dritten Staaten vorgenommen werden, keine vorteilhaftere Behandlung zukommen zu lassen als sie in diesem Protokoll vereinbart wird«); Art. 2 PvBA: »A los efectos indicados precedentemente, el tratamiento general a convenir por cada Estado Parte con Terceros Estados no reconocerá a éstos beneficios y derechos mayores que los reconocidos al inversor en las siguientes bases normativas:« (»Zu dem vorgehend bezeichneten Zweck wird eine zwischen einem Mitgliedstaat und einem dritten Staat vereinbarte Behandlung keine Vorteile und weitergehende Rechte zugestehen als für den Investor in den nachfolgenden Grundsätzen anerkannt werden:«); missverständlich hier *Porrata-Doria* (Fn. 429), S. 118: »It […] states that the member states agree to grant to investments made by investors from non-MERCOSUR member states treatment *no less favorable* than that which is established therein.« [Kursivstellung durch d. Verf.], später ergänzend: »The benefits granted […] will not exceed those set forth in the Protocol.« (S. 118).

1042 Dieses Kriterium betont besonders *Zavala*, Servicios Financieros en el Mercosur, in: Arbuet Vignali u.a. (Fn. 411), S. 309 (317).

Entfaltung gewährt werden.[1043] Das PvBA bringt des Weiteren zum Ausdruck, dass die Mercosurstaaten in Fragen der Investitionsförderung und des Schutzes von Investitionen eng kooperieren und sich über jegliche nationalen Regulierungen sowie Verhandlungen über bilaterale Investitionsabkommen frühzeitig verständigen wollen.[1044]

(a) Enteignungsschutz

Enteignungen oder Verstaatlichungen sowie Maßnahmen gleicher Wirkung gegenüber Investitionen von Drittstaatlern sind nach Maßgabe des Protokolls nur zulässig, wenn sie aus Gründen des öffentlichen Nutzens oder des sozialen Interesses erfolgen, nicht diskriminierend wirken und im Rahmen des vorgesehenen rechtlichen Verfahrens durchgeführt werden.[1045] Mit diesen Maßnahmen sind stets Vorschriften zu erlassen, welche die Auszahlung einer gerechten, angemessenen und sofortigen oder rechtzeitigen Entschädigung gewährleisten.[1046] Die Höhe dieser Entschädigung richtet sich dabei nach dem Wert der enteigneten Investition.[1047] Inländerbehandlung und Meistbegünstigung werden hinsichtlich des Umgangs mit Verlusten der Investition im Falle von zum Beispiel Krieg, Bürgerkrieg, nationalem Notstand oder Aufstand ausdrücklich festgeschrieben.[1048]

(b) Zugang zu Schiedsgerichten grundsätzlich möglich

Regelungen zur Streitbeilegung zwischen Gaststaat und Heimatstaat des Investors sowie zwischen Investor und Mitgliedstaat selbst sind ebenfalls im PvBA enthalten. Streitigkeiten zwischen Gast- und Heimatstaat eines Investors bezüglich noch zu schließender Abkommen sollen möglichst auf diplomatischem Wege,

1043 Art. 2 B PvBA.

1044 Art. 3 PvBA.

1045 Art. 2 D Abs. 1 S. 1 PvBA: »por razones de utilidad pública o de interés social, sobre una base no discriminatoria y bajo el debido proceso legal« (»aus Gründen des Allgemeinwohls oder des sozialen Interesses, ohne diskriminierend zu wirken und unter Wahrung des formalen Verfahrens«).

1046 Art. 2 D Abs. 1 S. 2 des PvBA: »Las medidas serán acompañadas de disposiciones para el pago de una compensación justa, adecuada y pronta u oportuna.« (»Die Maßnahmen werden begleitet von Vorschriften zur Zahlung einer gerechten, angemessenen, zügigen oder rechtzeitigen Entschädigung.«).

1047 Art. 2 D Abs. 1 S. 3 PvBA.

1048 Art. 2 D Abs. 2 PvBA.

anderenfalls mittels eines internationalen Schiedsverfahrens, das indes nicht weiter spezifiziert wird, beigelegt werden.[1049]

Direkt zwischen einem drittstaatlichen Investor und einem Mitgliedstaat entstehende Streitigkeiten über noch zu schließende bilaterale Investitionsförder- und -schutzabkommen sollen nach Möglichkeit durch Konsultationen beigelegt werden.[1050] Wenn dies binnen einer angemessenen Frist nicht zu einer Beilegung des Streits führt, kann nach Wahl des Investors entweder das innerstaatlich zuständige Gericht im Gaststaat angerufen oder auf die internationale Schiedsgerichtsbarkeit zurückgegriffen werden. Die einmal getroffene Wahl des Investors ist unwiderruflich. Im Rahmen der internationalen Schiedsgerichtsbarkeit kann der Investor ausdrücklich wählen zwischen Ad-Hoc-Schiedsgerichten oder einer institutionalisierten internationalen Schiedsorganisation, wobei der im PvC gegebene direkte Bezug zum ICSID im PvBA fehlt.[1051] Ein Schiedsgericht entschiede dann auf der Grundlage des bilateralen Abkommens zwischen Gast- und Heimatstaat, des Rechts des betroffenen Mitgliedstaats einschließlich seiner Normen des internationalen Kollisionsrechts sowie nach Maßgabe möglicherweise hinsichtlich der konkreten Investition geschlossener Verträge sowie unter Berücksichtigung der Prinzipien des einschlägigen internationalen Rechts.[1052] Die Schiedssprüche sollen für die Parteien endgültig und bindend sein. Der betroffene Mitgliedstaat soll diese in Übereinstimmung mit seinen Gesetzen vollstrecken.[1053]

1049 Art. 2 G PvBA.

1050 Art. 2 H Abs. 1 PvBA.

1051 Siehe Art. 2 H Abs. 2 UA 3 PvBA: »o bien al arbitraje internacional en las condiciones descriptas en el apartado 3« (»oder der internationalen Schiedsgerichtsbarkeit nach Maßgabe des Abs. 3«); Art. 2 H Abs. 3: »En caso de recurso al arbitraje internacional, la controversia podrá ser sometida, a elección del inversor, a un tribunal de arbitraje »ad hoc« o a una institución internacional de arbitraje« (»Im Fall der Anrufung der internationalen Schiedsgerichtsbarkeit kann die Streitigkeit nach Wahl des Investors einem Ad-Hoc-Schiedsgericht oder einer ständigen Schiedsinstitution vorgelegt werden.«). Angesichts der Eigenart des PvBA als Rahmenabkommen urteilt *Schreuer* (Fn. 681), S. 830 (851), sehr weitgehend: »The 1994 Colonia and Buenos Aires Investment Protocols of the Common Market of the Southern Cone (MERCOSUR) [...] offer consent to various forms of arbitration. «; *Fraga Lerner* (Fn. 658), S. 277 (289).

1052 Art. 2 H Abs. 4 PvBA.

1053 Art. 2 H Abs. 5 PvBA.

(c) Freier Transfer von Kapital

Jeder Mitgliedstaat verpflichtet sich nach dem PvBA, den drittstaatlichen Investoren den freien Transfer ihrer Investition und ihrer Gewinne zuzugestehen. Erfasst sind auch die dort beispielhaft aufgezählten Kapitalposten.[1054] Diese Transfers sind ohne Verzögerung und in frei konvertierbarer Währung zu ermöglichen.[1055]

(d) Behandlungsstandards

Unter dem Titel »Schutz von Investitionen« gewähren die Mitgliedstaaten eine gerechte und angemessene Behandlung der drittstaatlichen Investitionen und untersagen sich selbst eine Benachteiligung der Verwaltung, der Aufrechterhaltung, des Gebrauchs, der Nutznießung und der Verfügbarkeit der Investition durch ungerechtfertigte oder diskriminierende Maßnahmen. Es wird festgeschrieben, dass jeder Mitgliedstaat den besagten Investitionen vollen Rechtsschutz zusichert und diesen eine nicht weniger vorteilhafte Behandlung zugestehen kann, als sie seinen eigenen Investoren oder Investoren aus anderen Drittstaaten zuteil wird.[1056] Aus dem Wortlaut ergibt sich schon, dass die Herstellung einer Gleichbehandlung mit Inländern und anderen Drittstaatlern keine sich aus dem PvBA ergebende Pflicht der Staaten darstellt. Die im internationalen Investitionsschutzrecht etablierten Grundsätze der Inländerbehandlung und der Meistbegünstigung sieht das

---

1054 Art. 2 E Abs. 1 PvBA.

1055 Art. 2 E Abs. 2 PvBA: »Las transferencias serán efectuadas sin demora, en moneda libremente convertible.« (»Die Transfers werden ausgeführt ohne Verzögerungen und in frei konvertibler Währung.«).

1056 Zu den hier beschriebenen vier Elementen vgl. Art. 2 C Abs. 1 PvBA: »Cada Estado Parte asegurará un tratamiento justo y equitativo a las inversiones de inversores de Terceros Estados, y no perjudicará su gestión, mantenimiento, uso, goce o disposición a través de medidas injustificadas o discriminatorias.« (»Jeder Mitgliedstaat stellt eine gerechte und billige Behandlung der Investitionen aus dritten Staaten sicher und beeinträchtigt nicht ihre Verwaltung, ihre Unterhaltung, den Gebrauch, ihre Profitabilität oder Verfügbarkeit durch ungerechtfertigte oder diskriminierende Maßnahmen.«) und Art. 2 C Abs. 2 PvBA: »Cada Estado Parte concederá plena protección a tales inversiones y les podrá acordar un tratamiento no menos favorable que el otorgado a las inversiones de sus propios inversores nacionales o a las inversiones realizadas por inversores de otros estados.« (»Jeder Mitgliedstaat gesteht solchen Investitionen vollen Schutz zu und kann ihnen eine nicht weniger vorteilhafte Behandlung zuteilwerden lassen als diejenige, die Investitionen seiner eigenen nationalen Investoren zukommt oder den Investitionen, die durch Investoren aus anderen Staaten vorgenommen werden.«).

PvBA damit nur als Optionen, nicht als durch die Mitgliedstaaten zu gewährende Verpflichtungen an. Das Vorgenannte verbleibt unter dem Vorbehalt, dass Vergünstigungen oder Privilegierungen, die sich aus einer Freihandelszone, einer Zollunion, einem Gemeinsamen Markt oder einem ähnlichen regionalen Abkommen ergeben, nicht auf Investoren aus Drittstaaten ausgedehnt werden können. Dasselbe gilt für sich aus internationalen Abkommen ergebende Fragen der Besteuerung.[1057]

(e) Übrige Regelungen

Das PvBA regelt darüber hinaus, dass der Übergang einer Forderung eines Investors gegen einen Mercosurstaat auf dessen Heimatstaat anerkannt wird, wenn dieser Heimatstaat einen dem Investor entstandenen Schaden bereits ersetzt hat und nun seinerseits den Anspruch gegen den Gaststaat geltend zu machen versucht.[1058] Die in den noch zu schließenden bilateralen Abkommen enthaltenen Normen sollen zwar für alle vor oder nach deren Inkrafttreten getätigten Investitionen, nicht aber für bereits vor dem Inkrafttreten entstandene Streitigkeiten einschlägig sein.[1059] Die zu schließenden Abkommen sollen eine Mindestgültigkeit von zehn Jahren besitzen. Die Mitgliedstaaten können aber für vor Ablauf der Gültigkeit eines dieser Abkommen getätigte Investitionen eine Fortgeltung der Abkommen von bis zu fünfzehn Jahren zugestehen.[1060]

(4) Das Zusammenspiel von PvBA und nationalem Recht

Den Mitgliedstaaten steht es indes frei, diese Regelungen zum Nachteil des Investors zu unterschreiten. Das PvBA selbst verlangt seine Ratifizierung und damit die Festlegung verbindlicher Höchstgrenzen für die Begünstigung des Investors. Es ist jedoch weder aus seinem Wortlaut ersichtlich noch mit seinem Regelungszweck vereinbar, ihm auch eine dahingehende Begrenzung der gesetzgeberischen Gestaltungsfreiheit zu entnehmen, dass positiv bestimmte Regelungen zu erlassen wären oder spezifische Normen des PvBA bereits subjektive Rechte gewähren sollten. Das PvBA verbietet ein Überschreiten des von ihm festgelegten Schutzniveaus, untersagt aber nicht dessen Unterschreitung. Eine Ratifizierung des PvBA würde lediglich diese Verbindlichkeit schaffen, nicht aber – anders als das PvC – auch subjektive Rechte direkt aus dem PvBA für den Investor festschreiben. Dies bliebe weiteren Maßnahmen vorbehalten.

1057 Art. 2 C Abs. 3 a), b) PvBA.
1058 Art. 2 F PvBA.
1059 Art. 2 I) PvBA.
1060 Art. 2 J PvBA.

c) *Der deutsche Investor im Anwendungsbereich der Protokolle – Differenzierung nur nach Ursprung der Investition*

Das PvC als »Protokoll zur Förderung und zum gegenseitigen Schutz von Investitionen im Mercosur« und das PvBA als »Protokoll über die Förderung und den Schutz von aus Nichtmitgliedstaaten des Mercosur stammenden Investitionen« differenzieren – dies legt auch der jeweilige Titel schon nahe – nicht anhand des Kriteriums der Staatsangehörigkeit oder Staatszugehörigkeit. Grundsätzlich fällt sowohl der aus einem Mercosurstaat stammende Investor in den Anwendungsbereich des PvBA und wird der Drittstaatsinvestor normativ vom PvC erfasst. Die Protokolle knüpfen vielmehr an den Ursprung der Investition – Drittstaat oder Mercosurstaat – an und schützen entsprechend Investitionsströme im Mercosur selbst oder zwischen dem Mercosur und Drittstaaten.[1061] Die Regelungen des PvBA gelten daher für deutsche natürliche und juristische Personen, die ihren Wohn- oder Verwaltungssitz in Deutschland haben und auch für alle denkbaren, von diesen kontrollierten, nach Maßgabe anderer Rechtsordnungen verfassten juristischen Personen.[1062] Auf das PvC könnte sich der deutsche Direktinvestor berufen, wenn er nach dessen Maßgabe als »Investor« eine »Investition« vornimmt: Eine Investition ist nur dann gegeben, wenn ein Investor aus einem Mitgliedstaat – der auch deutscher Staatsangehörigkeit sein kann – in dem Gebiet eines anderen Mitgliedstaats tätig wird.[1063] Um dieses Kriterium der Grenzüberschreitung zu wahren, ist es also erforderlich, dass der betreffende deutsche Investor gerade nicht in Brasilien, sondern in einem der übrigen Mitgliedstaaten des Mercosur lebt oder sich dauerhaft aufhält. Wäre dies der Fall, könnte er – eine Ratifikation des Protokolls vorausgesetzt – von den durch das Protokoll vermittelten Rechtswirkungen profitieren. Denkbar wäre dann, dass er diese subjektiven Rechtspositionen geltend macht vor nationalen Gerichten oder einem internationalen Schiedsgericht.

d) *Zwischenergebnis und materieller Vergleich: Die Vorteile des PvC gegenüber dem PvBA für den deutschen Investor*

Der schon dogmatisch grundlegende Unterschied zwischen den Protokollen liegt darin, dass das PvC dem Investor aus einem Mercosurstaat nach seiner Inkorporation durch Ratifizierung die beschriebenen Rechte verschaffen soll, das PvBA jedoch nur für die Staaten verbindlich geltende Höchstgrenzen der Begünstigung

1061 Dieser Gedanke findet sich auch bei *Baptista* (Fn. 563), S. 61, in Bezug auf das nationale Recht Brasiliens.

1062 Vgl. Art. 2 A) Abs. 2 a) – c) PvBA.

1063 Vgl. Art. 1 Abs. 1 S. 1 PvC.

eines drittstaatlichen Investors etablieren will. Damit können nur die nach dem PvBA zulässigen Höchstbegünstigungen mit den Normen des PvC verglichen werden. Diese Höchstbegünstigungen können durch die Staaten – so Sinn und Zweck des PvBA – jedoch nach eigenem Ermessen unterlaufen werden.

Die Gegenüberstellung beider Protokolle zeigt erhebliche Unterschiede auf: Eine Enteignung ist nach dem PvC zulässig allein zum Wohle der Allgemeinheit. Das PvBA indes lässt solche Maßnahmen auch bereits aus »sozialem Interesse« zu.[1064] Unterschiede zeigen sich auch bezüglich der mit einer Enteignung verbundenen Entschädigung. Nach dem PvC ist eine »vorherige«, »angemessene« und »effektive« Entschädigung zu zahlen, deren Höhe sich nach dem »tatsächlichen Wert« der enteigneten Investition richtet. Es wird abgestellt auf den Wert, welcher der Investition unmittelbar vor Bekanntgabe der Maßnahme zukam. Dieser Wert ist bis zur Auszahlung zu verzinsen. Hierdurch wird der Inhalt der sogenannten »Hull-Formel« abgebildet.[1065] Das PvBA stellt diesbezüglich ab auf eine »gerechte«, »angemessene«, »unmittelbare« und »zweckmäßige« Entschädigung. Bezüglich der Höhe einer Entschädigung wird lediglich festgeschrieben, dass diese dem Wert der Investition entsprechen soll.[1066] Die »Hull-Formel« sollte offenbar gerade nicht Vorbild für diese Formulierung sein.[1067] Insbesondere hinsichtlich der Berechnung, aber auch zur Art der Entschädigung trifft das PvC damit präzisere und auch vorteilhaftere Regelungen für den Investor.[1068] Eine »vorherige« Entschädigung dürfte damit streng genommen keiner der Mitgliedstaaten einem drittstaatlichen Investor eigenmächtig zusprechen.

Streitigkeiten zwischen einem Investor und seinem Gaststaat können nach dem PvC der internationalen Schiedsgerichtsbarkeit zugeführt werden. Im PvC wird diesbezüglich explizit das ICSID erwähnt, wobei sich auch der Vorbehalt findet, dass, solange nicht alle Mitgliedstaaten das Washingtoner Abkommen ratifiziert haben, dieses keine Anwendung findet, sondern auf die »Additional Facility Rules« zurückgegriffen wird, zu deren Anwendung im PvC bereits die Zustimmung erteilt wird.[1069] Dieser Rückgriff auf die »Facility Rules« wird indes im PvBA schon nicht gewährt. Dort wird lediglich

---

1064 Art. 4 Abs. 1 S. 1 PvC: »utilidad pública«; Art. 2 D Abs. 1 S. 1 PvBA: »utilidad pública o de interés social«; siehe Fn. 1008 und 1045; vgl. dagegen *Teplitzchi* (Fn. 988), S. 175 (194).

1065 Art. 4 Abs. 1 S. 2, 3 PvC »una compensación previa, adecuada y efectiva«. *Fraga Lerner* (Fn. 658), S. 277 (287 f.).

1066 Art. 2 D Abs. 1 S. 2, 3 PvBA: »una compensación justa, adecuada y pronta u oportuna«; vgl. auch *Porrata-Doria* (Fn. 429), S. 119.

1067 *Fraga Lerner* (Fn. 658), S. 277 (288 f.).

1068 Vgl. auch *Teixeira Silveira* (Fn. 16), S. 160; *Fuders* (Fn. 98), S. 322.

1069 Art. 9 Abs. 4 a) PvC: »cada Parte Contratante da su consentimiento«; siehe Fn. 1016.

grundsätzlich die Möglichkeit eröffnet, ein Ad-Hoc-Tribunal oder eine Schiedsgerichtsinstitution anzurufen.[1070] Das Einverständnis zur Anwendung der »Additional Facility Rules« wäre hier also jeweils im Einzelfall durch den betreffenden Staat zu erklären, ist aber nicht bereits im Vorhinein gegeben wie dies im PvC ausdrücklich der Fall ist. Damit wird auch bezüglich des Zugangs zur Investitionsschiedsgerichtsbarkeit im PvBA ein effektiv niedrigerer Schutzstandard gewährt als durch das PvC.[1071]

Zum Themenkomplex des freien Kapitaltransfers findet sich im PvC die Bestimmung, dass der Transfer ohne Verzögerung, in frei konvertierbarer Währung, zum konkret geltenden Wechselkurs und nach den Regelungen des jeweiligen Gastlands durchgeführt werden muss, von diesen aber das Recht auf freien Transfer nicht substanziell beeinträchtigt werden darf.[1072] Das PvBA beschränkt sich diesbezüglich auf die Feststellung, dass ein Transfer ohne Verzögerung in frei konvertierbarer Währung durchzuführen sei.[1073] Damit liegt auch hier der durch das PvBA gewährte Schutzstandard unter dem des detaillierter ausformulierten PvC.[1074]

Die Behandlungsstandards werden im PvC ausführlich beschrieben. Gewährt werden die faire und angemessene Behandlung und der Schutz vor ungerechtfertigten oder diskriminierenden Maßnahmen.[1075] Umfasst sind auch explizit der vollumfängliche Rechtsschutz sowie die Gebote der Inländergleichbehandlung und der Meistbegünstigung gegenüber dritten Investoren.[1076] Ausdrücklich festgehalten ist auch das Verbot sogenannter »performance requirements«.[1077] Das PvBA kennt die Verpflichtung, getätigte Investitionen zu fördern und zu unterstützen.[1078] Es beinhaltet des Weiteren die Verpflichtung zur fairen und angemessenen Behandlung und zum Verzicht auf ungerechtfertigte oder diskriminierende Maßnahmen.[1079] Die Gewährung umfassenden Rechtsschutzes ist ebenfalls enthalten. Die Gewährung der Inländergleichbehandlung und der Meistbegünstigung gegenüber

---

1070 Art. 2 H Abs. 3 PvBA.

1071 *Teplitzchi* (Fn. 988), S. 175 (194), bewertet die Schutzmöglichkeiten im Rahmen des PvBA indes als weitergehender als im PvC.

1072 Art. 5 Abs. 2 PvC.

1073 Art. 2 E Abs. 2 PvBA; vgl. *Porrata-Doria* (Fn. 429), S. 119.

1074 *Reiter*, International Investment Rules, in: Woolcock (Hrsg.), Trade and Investment Rule-Making, 2006, S. 208 (219), betont, dass die Unterscheidung zwischen regionalen und drittstaatlichen Investoren der Förderung ersterer zu dienen bestimmt ist.

1075 Art. 3 Abs. 1 PvC.

1076 Art. 3 Abs. 2 PvC.

1077 Art. 3 Abs. 4 PvC.

1078 Art. 2 B Abs. 2 PvBA.

1079 Art. 2 C Abs. 1 PvBA.

anderen Investoren können den Investoren ebenfalls zugestanden werden.[1080] In der wörtlichen Unterscheidung, dass nach dem PvBA die Staaten einem Investor diese Rechtspositionen zugestehen »können« und diese nicht direkt verliehen werden wie durch das PvC, liegt insoweit auch der einzige Unterschied zwischen den beiden Protokollen. Dies steht jedoch in Übereinstimmung mit Sinn und Zweck des PvBA. Es fällt auf, dass im PvBA keine Regelungen zu »Performance Requirements« enthalten sind, welche üblicherweise ein Element des Investitionsschutzes sind.[1081] Dies bedeutet allerdings, dass es den Staaten freistehen soll, solche Erfordernisse aufzustellen.

Im Prinzip greift das PvBA – auch wenn es den umstrittenen Zugang zur Investitionsschiedsgerichtsbarkeit gewährt – das klassisch protektionistische Anliegen der Calvo-Doktrin auf, welches im Kern darin liegt, einem drittstaatlichen Investor nicht weitergehende Rechte zuzugestehen als solche, die für inländische Investoren gelten.[1082] Indem Maximalbegünstigungen normiert werden, ist aus Sicht der Mitgliedstaaten sichergestellt, dass kein anderer Mercosurstaat einem Drittstaatler Vergünstigungen einräumt, die ein Staat nicht selbst seinen eigenen Staatsangehörigen oder Drittstaatlern in Brasilien zugestehen könnte. Infolgedessen unterliegen Investitionen allein dem nationalen Recht und solchen völkerrechtlichen Verpflichtungen, die auch für Inländer gelten, da das Fremdenrecht und vor allem bilaterale Investitionsabkommen den Inländer nicht begünstigen. Insbesondere impliziert dies die Streitbeilegung vor nationalen Gerichten unter Zugrundelegung des Rechts des Gaststaats.[1083]

Die dargestellten Mängel der Protokolle geben Anlass zu Kritik und Verbesserungsvorschlägen. So wird eine verbesserte Koordination der nationalen Behörden gefordert, aber auch die vollständige Revision der Protokolle und insbesondere die Neugestaltung der Vorschriften zum Zugriff auf Schiedsgerichte verlangt.[1084]

1080 Art. 2 C Abs. 2 PvBA.

1081 Dies betonen auch *da Cunha* (Fn. 993), S. 211 (223); und *Robert/Sauvé/Steinfatt* (Fn. 1035), S. 265 (275).

1082 Entwicklung und Hintergründe der Calvo-Doktrin beschreibt *Zagel* (Fn. 101), S. 69 ff.

1083 *Zagel* (Fn. 101), S. 76, weist darauf hin, dass selbst die ICSID-Konvention auf Anliegen der Calvo-Doktrin teilweise Rücksicht nehme.

1084 Siehe bei *Flôres Junior*, Investimento Direto Estrangeiro no Mercosul: Uma Visão Geral, EE (598), 2005, S. 11, 15 f.: »ambos os textos originais se encontram desatualizados, novos itens, senão toda uma nova redação, necessitando ser incluidos.« (»beide originalen Texte sind nicht mehr aktuell und es ist erforderlich, sie zu erweitern, wenn nicht sogar eine vollständige Neuverfassung vorzunehmen«).

e) *Keine Übertragbarkeit europarechtlicher Rechtsprechung zur Nichtumsetzung von umsetzungsbedürftigen Integrationsrechtsakten*

Im Recht des Mercosur können aus einem nicht ordnungsgemäß umgesetzten Rechtsakt keine konkreten Rechtsfolgen abgeleitet werden.[1085] Selbst wenn man dies annehmen wollte, so führte dies jedenfalls im Falle des PvBA, welches keine subjektiven Rechte, sondern nur Richtlinien für die nationale Gesetzgebung formuliert, zu keinen anderen Ergebnissen. Ein subjektiver Anspruch auf Ratifizierung beziehungsweise Umsetzung der Integrationsnormen in nationales Recht kann sich aus dem Mercosurrecht selbst nicht ergeben. Dieser scheidet grundsätzlich schon nach dem Wesen des Mercosurrechts als die Staaten berechtigendes und verpflichtendes Recht aus. Selbst wenn man nach Maßgabe der jeweiligen nationalen Rechtsordnungen einen solchen Anspruch annehmen wollte,[1086] ergäbe sich keine direkte Anwendbarkeit.[1087]

2. Keine investitionsschützende Wirkung durch weitere Rechtsakte des Integrationsrechts

PvC und PvBA schließen es nicht aus, dass andere integrationsrechtliche Normen dem Investor Schutz gewähren.[1088] Auch im Recht der Europäischen Union erfährt

1085 Siehe oben S. 241.

1086 Auf entsprechende Ansichten verweist *Fuders* (Fn. 98), S. 117, S. 321.

1087 *Haller* (Fn. 120), S. 130 f., weist darauf hin, dass in diesem Fall der nationale Richter selbst zu entscheiden hätte, ob eine unmittelbare Anwendbarkeit gegeben sei, was das Risiko divergenter Entscheidungen mit sich bringe.

1088 Dieser Annahme steht nicht die Bestimmung des PvBA entgegen, dass die Mitgliedstaaten die Vorteile einer jeden Behandlung, Bevorzugung oder Privilegierung nicht auf drittstaatliche Investoren erstrecken werden, wenn diese Vorteile sich aus der Teilnahme an oder Assoziierung mit einer Freihandelszone, einer Zollunion, einem Gemeinsamen Markt oder einem ähnlichen regionalen Abkommen ergeben (Art. 2 C Abs. 3 a) des PvBA). Der Mercosur stellt nach derzeitigem Stand der Integration eine unvollständige Zollunion auf dem Weg zu einem möglichen Gemeinsamen Markt dar. Nach dem Wortlaut dieser Norm könnte es einem drittstaatlichen Investor daher untersagt sein, sich überhaupt auf irgendwelche sonst vorteilhaften Mercosurnormen zu berufen, da dies im Ergebnis eine Erstreckung der integrationsrechtlichen Vorteile auch auf ihn bedeuten würde. Solange das PvBA jedoch nicht rechtskräftig ist, gilt dieser Ausschluss von vornherein nicht. Im Übrigen steht dem entgegen, dass das PvBA hauptsächlich einen Rechtsrahmen zur Harmonisierung der nationalen Regelungen schaffen will. Es ist nicht weiter ersichtlich, dass übriges Mercosurrecht vom PvBA selbst verdrängt werden sollte. Hätten die Mitgliedstaaten dies beabsichtigt, so wäre es ein Leichtes gewesen, die betreffende Klausel nicht

der Investor Schutz nicht durch einen einheitlichen Kodex, sondern durch das Zusammenspiel unterschiedlicher Regelungen.

a) *Rechtsakte unter Einbindung dritter Staaten*

Die Staaten des Mercosur haben mit verschiedenen Drittstaaten Vereinbarungen über die Förderung des Handels und der Investitionen getroffen.[1089] Diese Vereinbarungen enthalten jedoch lediglich Absichtserklärungen, beispielsweise bezüglich regelmäßiger Konsultationen, gewähren jedoch darüber hinaus keine spezifischen Rechtspositionen.[1090]

Eine solche Vereinbarung besteht mit der Bundesrepublik oder mit der EU nicht. Das Rahmenabkommen aus dem Jahr 1995 zwischen der damaligen Europäischen Gemeinschaft und dem Mercosur enthält lediglich allgemeine Absichtserklärungen, die Entwicklung eines investitionsfreundlichen Umfelds beiderseits fördern zu wollen. Hierbei wird insbesondere auf bilaterale Investitionsschutz- und -förderabkommen verwiesen.[1091] Konkrete Rechtspositionen oder Schutzmechanismen, auf welche sich ein deutscher Investor berufen könnte, finden sich in dieser Vereinbarung nicht. Darüber hinaus wurden seitdem keine weiteren Abkommen zwischen EU und Mercosur geschlossen.

b) *Grundfreiheiten im Mercosur – Nicht der unionsrechtlichen Dogmatik vergleichbar*

Auch der VvA bekennt sich zur Gewährleistung des freien Verkehrs von Gütern, Dienstleistungen und Produktionsfaktoren: »Dieser Gemeinsame Markt umfasst: Den freien Verkehr von Gütern, Dienstleistungen und Produktionsfaktoren zwischen den Staaten mittels, unter anderem, einer Aufhebung der Zölle und der nichttarifären Beschränkungen bezüglich des Güterverkehrs sowie jeder anderen Maßnahme gleicher Wirkung.«[1092]

---

bloß in allgemeiner Form abzufassen, sondern zwecks eindeutiger Klarstellung so zu formulieren, dass die Nichtanwendbarkeit jeglichen anderen Mercosurrechts eindeutig namentlich bezeichnet würde.

1089 Vgl. etwa für die Kooperation mit Kanada die Ratsentscheidung N° 14/97.

1090 Siehe etwa Art. 2 Abs. 3 des Anhangs zur Ratsentscheidung N° 14/97.

1091 Art. 12 »Investitionsförderung« Rahmenabkommen Mercosur-EU 1995.

1092 Art. 1 Abs. 2 UA 1 VvA: »Este Mercado Común implica: – La libre circulación de bienes, servicios y factores productivos entre los países, a través, entre otros, de la eliminación de los derechos aduaneros y restricciones no arancelarias a la circulación de mercaderías y de cualquier otra medida equivalente«; *Baptista* (Fn. 202), S. 39 (42 ff.), stellt die Grundfreiheiten im Mercosur vor, beschreibt aber keine

Die Regelungen des AEUV zeigen sich im Vergleich zu den Normen des im Sinne eines noch ausfüllungsbedürftigen Rahmenvertrags formulierenden VvA als deutlich ausdifferenzierter. In der Dogmatik des europäischen Unionsrechts stellen sich die Grundfreiheiten – wie gezeigt – unter Annahme einer freiheitsrechtlichen Dimension zugleich als subjektiv geltend zu machende Grundrechte des Einzelnen dar.[1093] Es ist nicht ersichtlich, dass die Gewährleistungen im VvA nicht nur als objektiv-rechtliche Prinzipien, als Programm- und Umsetzungsvorgaben an die Mitgliedstaaten, sondern auch als solche subjektiv geltend zu machenden Rechtspositionen verstanden werden könnten.[1094] Den Grundfreiheiten im Mercosur kommt allein diejenige objektive Bedeutung zu, die auch die europäischen Grundfreiheiten anfänglich ausschließlich kannten.[1095] Dies steht im Einklang mit der Dogmatik des Mercosurrechts. Allein der Umstand, dass spezifische Regelungen zur Zollsenkung im Rahmen des im VvA enthaltenen Programms zur Handelsliberalisierung besonders detailliert ausgearbeitet sind und keiner weiteren Ergänzung bedürfen, führt noch nicht dazu, dass sich ein Privater auch unmittelbar auf diese Normen berufen kann.[1096] Vorstellbar ist aber, dass andere Integrationsrechtsakte diese Grundfreiheiten ausgestalten und dem Einzelnen – nach Umsetzung ins nationale Recht – subjektiv geltend zu machende Rechte zuschreiben. Dies setzt stets den Umsetzungsakt und die Formulierung der Rechtspositionen in einer Weise voraus, die das Zugeständnis als subjektives Recht auch erkennen lässt.

Rechtswirkungen, die über eine Harmonisierung der nationalen Gesetze im Sinne der Grundfreiheiten hinausgehen; zum Begriff der »Produktionsfaktoren«, welcher insbesondere auch »Kapital« erfasse *Jaeger Junior,* Mercosul e a livre circulação de pessoas, 2000, S. 116 f.; zu den Grundfreiheiten im Mercosur ausführlich *Fuders* (Fn. 98), S. 209 ff. *Meira Mattos* (Fn. 292), S. 338 (345), merkt an, dass eine der Arbeitnehmerfreizügigkeit vergleichbare Freiheit nicht ausdrücklich erfasst ist. Siehe zu den europäischen Grundfreiheiten oben S. 208.

1093 Siehe dazu Fn. 781.

1094 *Basaldúa* (Fn. 197), S. 113 ff., erörtert die »Grundfreiheiten« im Mercosur, spricht jedoch eine subjektive Perspektive nicht an; bei *Fuders* (Fn. 98), S. 209 ff., bleibt unklar, ob den Grundfreiheiten im Mercosur eine solche Dimension zukommt oder nicht.

1095 Vgl. zum europäischen Recht *Pache* (Fn. 777), § 10 Rn. 33.

1096 Anders – allein für den Bereich der Warenverkehrsfreiheit – *Basedow* (Fn. 980), S. 9 (21 f.), welcher aber auch die Geltendmachung der übrigen Freiheiten ablehnt; insofern missverständlich bei *Fuders* (Fn. 98), S. 226: »ist das Programm zur Handelsliberalisierung eine der wenigen Bestimmungen im sonst eher programmatisch angelegten Vertrag von Asunción, die keiner weiteren Konkretisierung bedarf und daher, nachdem alle Mitgliedstaaten den Vertrag von Asunción in nationales Recht überführt haben, unmittelbar anwendbar ist.«.

c) Die Grundfreiheiten konkretisierende Rechtsakte

Als die Grundfreiheiten konkretisierende Rechtsakte kommen das Protokoll von Montevideo über den Handel mit Dienstleistungen von 1997[1097] und die Ratsentscheidung N° 8/93[1098] zur Regulierung der Kapitalmärkte in Betracht.

aa) Das Protokoll von Montevideo über den Handel mit Dienstleistungen

Das Protokoll von Montevideo ist in Kraft getreten und entfaltet jedenfalls in Brasilien durch den nationalen Inkorporationsakt Rechtswirkung. Das Protokoll gestaltet den Bereich des Handels mit Dienstleistungen, damit auch der Dienstleistungsfreiheit, näher aus. Dabei ist es selbst ein Rahmenabkommen, in dessen Anwendungsbereich den Staaten erhebliche Gestaltungsmöglichkeiten durch spezifische Vereinbarungen zugestanden sind.[1099]

So findet sich zum einen ein Meistbegünstigungsgebot,[1100] zum anderen der Grundsatz der Inländerbehandlung.[1101] Unter das Gebot der gerechten und gleichmäßigen Behandlung sowie der Zusicherung des vollen Rechtsschutzes sind die Gewährungen zu fassen, dass alle Maßnahmen vernünftig, objektiv und unparteiisch getroffen werden und dass der betreffende Staat stets die Möglichkeit der rechtlichen Überprüfung der einschlägigen Rechtsakte gewährleistet.[1102] In seinen sachlichen Anwendungsbereich fallen auch solche Regelungen, welche die »Presencia Comercial«, die Handelsvertretung einer Person, berühren.[1103] Erfasst sind damit auch Schutzaspekte, die im Recht der Europäischen Union dem Bereich der Niederlassungsfreiheit und damit dem für den ausländischen Direktinvestor besonders relevanten Sachbereich zuzuordnen wären.[1104]

1097 Protocolo de Montevideo sobre el Comercio de Servicios del Mercosur, verabschiedet durch Ratsentscheidung N° 13/97 (i.F.: »Protokoll Dienstleistungshandel Mercosur«), in Kraft gesetzt in Brasilien durch Dekrete 335 vom 24.7.2003 und 926 vom 15.9.2005. Seit dem 7.12.2005 kommt dem Integrationsakt Rechtswirkung zu. Zum Protokoll von Montevideo auch *Porrata-Doria* (Fn. 429), S. 108 ff., der dessen Effektivität kritisch beurteilt (S. 113 f.); siehe auch *Gari* (Fn. 196), S. 105 ff.

1098 Ratsentscheidung N° 8/93 »Regulación Minima del Mercado de Capitales« (i.F.: »Ratsentscheidung N° 8/93«).

1099 Siehe die in Art. 7 Protokoll Dienstleistungshandel Mercosur beschriebenen »compromisos específicos«; dazu erläuternd *Samtleben* (Fn. 895) S. 226 f.

1100 Art. 3 Abs. 1 Protokoll Dienstleistungshandel Mercosur.

1101 Art. 5 Abs. 1 Protokoll Dienstleistungshandel Mercosur.

1102 Art. 10 Abs. 1, 2 Protokoll Dienstleistungshandel Mercosur.

1103 Art. 2 Abs. 1 iv) Protokoll Dienstleistungshandel Mercosur.

1104 Diese unscharfe Trennung kritisiert *Gari* (Fn. 196), S. 114 f.

Vom persönlichen Anwendungsbereich her wird nicht auf das Element der Staatsangehörigkeit oder -zugehörigkeit abgestellt. Vielmehr fallen all solche Dienstleistungen in den Anwendungsbereich des Abkommens, die einen grenzüberschreitenden Bezug zwischen zwei Mitgliedstaaten aufweisen.[1105] Sofern ein Drittstaatsangehöriger also bereits eine Niederlassung in einem der übrigen Mercosurstaaten betreibt, stünde auch ihm bezüglich seiner dienstleistungsbezogenen Aktivitäten in Brasilien die Berufung auf dieses Protokoll offen.[1106]

Um genau diesen Fall jedoch zu vermeiden – und den Schutz des Investors aus einem Drittstaat auf die spezifischen Investitionsregelungen zu beschränken – gesteht das Dienstleistungsprotokoll einem Mitgliedstaat das Recht zu, die sich aus dem Protokoll ergebenden Vorteile einem Dienstleister aus einem anderen Mitgliedstaat zu verweigern, wenn dieser tatsächlich einer Person aus einem Drittstaat zuzuordnen ist.[1107] Davon abgesehen konkretisiert das Protokoll zwar eine Grundfreiheit, nimmt diese Konkretisierung jedoch für den Bereich des Dienstleistungshandels vor und berührt die hier relevanten Direktinvestitionen damit nur am Rande.

bb) Der Vorschlag zur Minimalregulierung des Kapitalmarktes

Für den Bereich der Kapitalverkehrsfreiheit[1108] als Teil der »Produktionsfaktoren« war die Ratsentscheidung N° 8/93 der erste Ansatz der Mercosurstaaten zur Harmonisierung der Kapitalmärkte und damit auch zur sekundärrechtlichen Ausgestaltung der primärrechtlichen Kapitalverkehrsfreiheit.[1109] Die Normen regeln zum Beispiel die Emission von Aktien, Informationspflichten oder die Registrierung

---

1105 Art. 2 Abs. 2 Protokoll Dienstleistungshandel Mercosur.

1106 Siehe auch den vergleichbaren Gedanken auf S. 211.

1107 Art. 17 Protokoll Dienstleistungshandel Mercosur: »Un Estado Parte podrá denegar los beneficios derivados de este Protocolo a un prestador de servicios de otro Estado Parte, previa notificación y realización de consultas, cuando aquel Estado Parte demuestre que el servicio está siendo prestado por una persona de un país que no es Estado Parte del MERCOSUR« (»Ein Mitgliedstaat kann die Vergünstigungen dieses Protokolls einem Dienstleister aus einem anderen Mitgliedstaat nach vorheriger Benachrichtigung und Konsultation versagen, wenn dieser Staat darlegt, dass die Dienstleistung tatsächlich erbracht wird von einer Person aus einem Land, das nicht Mitgliedstaat des Mercosur ist.«); so auch *Gari* (Fn. 196), S. 115 f.

1108 Für den Mercosur *Basaldúa* (Fn. 197), S. 146 ff.

1109 Ergänzt durch Ratsentscheidungen N° 13/94 (widerrufen durch Art. 2 Ratsentscheidung N° 31/10) und Ratsentscheidung N° 31/10. Eine nähere Untersuchung dieser Norm findet sich bei *Porrata-Doria* (Fn. 429), S. 95 ff.

von Unternehmen.[1110] Zwar werden Rechte von Aktionären formuliert, doch beschränken sich diese auf den Zugang zu Informationen, das Recht auf Vorzugserwerb bei Neuemissionen oder den Rückzug aus besonderem Anlass.[1111] Aus dieser Entscheidung sollten sich jedoch keine unmittelbaren Rechte oder Pflichten ergeben, sondern vielmehr ein gemeinsamer Mindeststandard formuliert werden, dem die Staaten je nach ihren jeweiligen »Möglichkeiten und wirtschaftlichen Realitäten« durch nationale Rechtsetzung nachkommen sollten.[1112]

Die Ratsentscheidung N° 8/93 gewährt also keine Rechte, die im hier untersuchten Sinne investitionsschutzrechtlich relevant sind.

d) Keine normative Verpflichtung zum Schutz der Menschenrechte im Mercosur

Eine institutionelle Bindung des Mercosur an einen bestimmten Grundrechtekodex, wie dies beispielsweise in Art. 6 Abs. 2 EUV für die Europäische Union bezüglich der Europäischen Grundrechtecharta oder durch den beabsichtigten Beitritt der Union zur EMRK mit entsprechenden Folgen auch für den drittstaatlichen Investor der Fall ist, besteht nicht. Im Mercosur wurden allerdings verschiedene Rechtsakte als Protokolle zu speziellen Themen oder für eng beschriebene Anwendungsfälle verabschiedet, die auch – zum Teil sehr deutlichen – menschenrechtlichen Bezug aufweisen[1113] Für den Themenkomplex der

1110 Siehe Abschnitte 1.1, 1.2, 1.3 Ratsentscheidung N° 8/93.

1111 Punkt 1.4. »Derechos de los Accionistas« Ratsentscheidung N° 8/93; *Porrata-Doria* (Fn. 429), S. 97.

1112 Präambel Ratsentscheidung N° 8/93: »es conveniente adoptar una Regulación Mínima del Mercado de Capitales consistente con los principios de regulación establecidos por los Estados Partes.« (»[dass es] sinnvoll ist, in Übereinstimmung mit den durch die Staaten getroffenen Grundsätzen eine Minimalregulierung des Kapitalmarktes vorzunehmen.«).

1113 »Declaración Socio-Laboral del Mercosur«, vom 10.12.1998; »Acuerdo sobre Regularización Migratoria Interna de Ciudadanos del Mercosur«, vom 5.12.2002, Ratsentscheidung N° 28/02; »Acuerdo contra el tráfico ilícito de Migrantes entre los Estados Partes del Mercosur«, vom 16.12.2004, Ratsentscheidung N° 37/04; »Acuerdo entre los Estados Partes del Mercosur y Estados Asociados sobre Cooperacion Regional para la Protección de los Derechos de Niños, Niñas y Adolescentes en Situación de Vulnerabilidad, vom 30.6.2008, Ratsentscheidung N° 25/08. Bei Störungen der demokratischen Ordnung in einem der Staaten des Mercosur findet Anwendung das »Protocolo de Ushuaia sobre Compromiso Democrático en el Mercosur« vom 24.7.1998, welches Konsultationen mit und Sanktionen gegen den betreffenden Staat vorsieht und das »Protocolo de Montevideo sobre Compromiso con la Democracia en el Mercosur (Ushuaia II)« vom 20.12.2011, Ratsentscheidung N° 27/11 (siehe auch Fn. 189). In ähnlicher

Auslandsinvestitionen sind diese jedoch ohne Belang. Ob eine laufende Initiative zur Schaffung einer Grundrechtecharta des Mercosur langfristig zu rechtlich verbindlichen Ergebnissen führen wird, bleibt abzuwarten.[1114]

Mit dem Mercosurparlament und auch dem Wirtschafts- und Sozialforum bestehen im Mercosur jedenfalls zwei Organe, die explizit dem Schutz und der Förderung der Menschenrechte verpflichtet sind.[1115] Aus einer solchen rein formalen Verpflichtung erwächst dem Investor schon angesichts der faktisch nicht vorhandenen Kompetenzen dieser Institutionen kein unmittelbarer Vorteil.

Damit findet sich im Hinblick auf die Menschenrechte kein spezifischer Rechtsakt und keine Bindung an eine bestehende Kodifizierung der Menschenrechte, auf welche sich ein deutscher Investor im Mercosur berufen könnte.[1116]

e) *Das Protokoll über die Schiedsgerichtsbarkeit im Mercosur – ohne Wirkung für den Investor*

Im investitionsrechtlich so bedeutsamen Bereich der Streitbeilegung hat der Mercosur Aktivitäten hinsichtlich der Handelsschiedsgerichtsbarkeit entfaltet.

Das Abkommen über die Internationale Handelsschiedsgerichtsbarkeit im Mercosur[1117] umfasst solche Streitigkeiten, die zwischen natürlichen Personen oder

---

Weise trifft das »Protocolo de Asunción sobre Compromiso con la Promoción y Protección de los Derechos Humanos del Mercosur« vom 20.6.2005, Ratsentscheidung N° 17/05, Regelungen für den Fall schwerwiegender und systematischer Menschenrechtsverletzungen in einem der Mercosurstaaten; vgl. auch Ratsentscheidung N° 40/04; (alle abrufbar unter www.mercosur.int, zuletzt geprüft am 30.12.2011); zu diesen Instrumenten knapp *Lixinski*, Human Rights in Mercosur, in: Toscano Franca Filho/Lixinski/Belén Olmos Giupponi (Fn. 182), S. 351 (354 ff.) und *Edler* (Fn. 143), S. 199 ff.

1114 Vgl. Erklärung 23/2008 des VI. Foro de Cortes Supremas del Mercosur, siehe dazu Fn. 232; und Hinweise bei *Hummer* (Fn. 154), S. 100 (109 f.); und *Lixinski* (Fn. 1113), S. 351 (354).

1115 Siehe etwa Art. 4 Abs. 2, 3 GP Parlament Mercosur; vgl. auch *de Carvalho Ramos*, Direitos Humanos e o Mercosul, in: Borba Casella (Fn. 397), S. 867 (886).

1116 Allein in der Präambel des »Protocolo de Asunción sobre Compromiso con la Promoción y Protección de los Derechos Humanos del Mercosur« vom 20.6.2005 finden sich allgemeine Verweise auf beispielsweise die AMRK. Entsprechende Anhaltspunkte finden sich auch nicht in der ausführlichen Darstellung bei *Lorenzetti Marques*, Direitos Humanos no Mercosul, in: Borba Casella (Fn. 397), S. 529 ff.

1117 »Acuerdo sobre Arbitraje Comercial Internacional del Mercosur« vom 23.7.1998, Ratsentscheidung N° 3/98, in Kraft seit dem 9.10.2002 (i.F.: »Abkommen Handelsschiedsgerichtsbarkeit Mercosur«).

juristischen Personen des Privatrechts entstehen.[1118] Die Beteiligung drittstaatlicher Privater ist ausdrücklich möglich.[1119] Die Streitigkeit eines drittstaatlichen Investors mit seinem Gastland kann hiervon also allein dann erfasst werden, wenn ihm der Gaststaat in Form einer juristischen Person des Privatrechts gegenübertritt.[1120] Gegenstand eines solchen Streits wäre aber dann kaum vorstellbar eines der klassischen investitionsschutzrechtlichen Anliegen wie die Enteignung oder der Verstoß gegen einen Behandlungsstandard. Eine solche Beeinträchtigung könnte von einer staatlich kontrollierten, nicht hoheitlich handelnden juristischen Person des Privatrechts nicht ausgehen. Wegen der Beschränkung auf »contratos comerciales« sind allein rein zivilrechtliche Streitigkeiten mit einer solchen vorstellbar.[1121] Ein allgemeines Recht auf Zugang zu einem (Investitions-)Schiedsgericht ergibt sich aus dem Protokoll nicht. Dem steht die noch stets erforderliche

---

1118 Art. 1 Abkommen Handelsschiedsgerichtsbarkeit Mercosur: »El presente Acuerdo tiene por objeto regular el arbitraje como medio alternativo privado de solución de controversias, surgidas de contratos comerciales internacionales entre personas físicas o jurídicas de derecho privado.« (»Das vorliegende Abkommen regelt die Schiedsgerichtsbarkeit als private Alternative zur Beilegung von Streitigkeiten, die sich aus internationalen Handelsverträgen zwischen natürlichen oder juristischen Personen des Privatrechts ergeben.«); siehe auch *Noodt Taquela*, Arbitraje Internacional en el Mercosur, 1999, S. 22, 34; *Lindsey/Spinillo*, International Commercial Arbitration in Mercosur, in: Blackaby/Lindsey/Spinillo (Fn. 271), S. 257 ff.; *Pucci*, Acordo sobre Arbitragem Comercial Internacional do Mercosul, in: Basso (Fn. 208), S. 319 (321 ff.).

1119 Siehe Art. 1, 3 Abkommen Handelsschiedsgerichtsbarkeit Mercosur; vgl. auch *Pucci* (Fn. 1118), S. 319 (324 ff.), die den weiten sachlichen Anwendungsbereich des Abkommens kritisiert (S. 325).

1120 Siehe auch bei *Lindsey/Spinillo* (Fn. 1118), S. 257 (261); *Kleinheisterkamp* (Fn. 50), S. 156 (178); *Leathley* (Fn. 120), S. 178 (dort Fn. 6); *Pucci* (Fn. 1118), S. 319 (323): »ficaram fora do âmbito de abrangência do tratado os contratos comerciais internacionais dos quais sejam partes entidades de direito público, tais como os Estados, empresas públicas e sociedades de economia mista.« (»nicht vom Anwendungsbereich des Abkommens erfasst sind die internationalen Wirtschaftsabkommen unter Beteiligung von Personen des öffentlichen Rechts, wie Staaten, öffentlichen und gemischten Unternehmen.«); auf den bewusst vorgenommenen Ausschluss von Personen des öffentlichen Rechts verweist *Perugini Zanetti*, Arbitraje Comercial Internacional en el Mercosur, in: Kleinheisterkamp/Lorenzo Idiarte (Fn. 271), S. 633 (638).

1121 Vgl. Art. 1 Abkommen Handelsschiedsgerichtsbarkeit Mercosur. Für ein sehr weitgehendes Verständnis des Begriffes plädieren *Lindsey/Spinillo* (Fn. 1118), S. 257 (260); hierzu auch *Pucci* (Fn. 1118), S. 319 (321 f.).

Einverständniserklärung mit dem Schiedsverfahren, welche von beiden Parteien individuell abzugeben ist, entgegen.

Mit dem aus einem BIT regelmäßig direkt erwachsenden Anspruch auf Zugang zu einem Schiedsgericht ist die Rechtslage nach dem Mercosur-Schiedsrechtsabkommen also keinesfalls zu vergleichen. Eine strukturelle Schwäche des Mercosur-Schiedsabkommens zeigt sich in dem nicht eindeutig geklärten Verhältnis zu anderen internationalen Konventionen im Bereich der Schiedsgerichtsbarkeit und der Vollstreckung von Schiedssprüchen.[1122]

f) Die ineffektiven Streitbeilegungsverfahren vor der Mercosur-Gruppe und der Handelskommission

Die beschriebene Einbindung von Privaten in die Verfahren zur Streitbeilegung vor der Gruppe oder der Handelskommission gewähren dem Investor keinen effektiven Schutz.[1123] Diese Verfahren setzen zudem voraus, dass der betreffende Private seinen Wohnsitz oder seinen Geschäftssitz in einem der Mitgliedstaaten hat.[1124]

g) Zwischenergebnis: Kein Schutz

Auch Rechtsakte, die nicht wie die Protokolle von Colonia und Buenos Aires explizit dem Bereich des Investitionsschutzes zuzuordnen sind, gewähren dem drittstaatlichen Investor keinen zusätzlichen Schutz.

3. Ergebnis zur Rechtslage von nationalem Recht und Mercosurrecht: Kein zusätzlicher Schutz durch das Integrationsrecht

Soweit die hier untersuchten klassischen Aspekte des Investitionsschutzes in Frage stehen, hat der in Brasilien tätige deutsche Investor keinen ersichtlichen rechtlichen Vorteil von der Existenz des Mercosur.[1125] Außer Zweifel steht, dass sich ihm

---

1122 *Leathley* (Fn. 120), S. 186 ff., beschreibt das unklare Verhältnis zu den in Fn. 529 genannten Abkommen. Diese Konflikte beschreibt auch *Kleinheisterkamp* (Fn. 598), S. 667 (687 ff.); krit. dazu auch *Grigera Naón* (Fn. 608), S. 127 (169 f.); *Kleinheisterkamp* (Fn. 605), S. 47 ff. Kritik erfährt das Abkommen auch wegen sonstiger begrifflicher Unklarheiten, vgl. bei *Pucci* (Fn. 1118), S. 319 (334 f.), die sogar von seiner Verwendung ganz abrät.

1123 Siehe oben S. 90 und 98.

1124 Art. 40 Abs. 1 PvO; vgl. auch bei *Baptista/Accioly* (Fn. 264), S. 125 (139 f.).

1125 *Jardel/Barraza* (Fn. 993), S. 149, kommen dennoch nach Untersuchung von PvBA und PvC zu dem Schluss, es sei sicher, im Mercosur zu investieren: (»es seguro invertir en el Mercosur.«). *Wachendorfer* (Fn. 309), S. 3, benennt den Streit um eine

ein beträchtlich erweiterter Absatzmarkt für seine Güter oder Leistungen bietet und damit ein wirtschaftlicher Vorteil gegeben ist,[1126] doch profitiert er vom Integrationsrecht des Mercosur weder hinsichtlich des Schutzes vor Enteignungen, noch gewährt ihm dieses Recht Zugang zu Investitionsschiedsgerichten oder spezifische Behandlungsstandards beziehungsweise Rechte bezüglich des Transfers seines Kapitals.

Das Rechtsumfeld wäre jedoch ein vollständig anderes, wenn sich die Mercosurstaaten zur Umsetzung von PvBA und PvC entschließen könnten. Der brasilianische Widerstand gegen die Umsetzung des PvBA ist nur teilweise nachvollziehbar. Insbesondere würde kein Staat zur Ausschöpfung der vereinbarten Maximalbegünstigungen verpflichtet, müsste vor allem nicht Zugang zu Schiedsgerichten gewähren.[1127] Gerade der Zugang zu Schiedsgerichten stellt aber das zentrale Hindernis der Ratifikation dar.[1128] Denkbar ist nur, dass Brasilien sich nicht die Freiheit nehmen lassen will, nach eigenem Ermessen Drittstaatlern Vorteile zu gewähren und nicht seine Politik der generellen Ablehnung von Investitionsschiedsgerichten selbst unterlaufen will.[1129] Im Wettbewerb um Auslandsinvestitionen kann die größte Volkswirtschaft Lateinamerikas ohnehin Vorteile zugestehen, welche die übrigen Mercosurstaaten nicht einräumen könnten.[1130] Ein umgesetztes PvBA stellte damit eher einen Vorteil für diese als für Brasilien selbst dar. Mit einer Umsetzung und dadurch mit einer grundlegenden Umgestaltung des Investitionsumfeldes im Mercosur ist auch zukünftig nicht zu rechnen.[1131]

Zellulosefabrik am urugayischen Ufer des Rio Uruguay zwischen Uruguay und Argentinien als exemplarisch für das Fehlen bindender Regelungen zum Umgang mit Auslandsinvestitionen im Mercosur (siehe Fn. 301).

1126 *Chudnovsky/López*, La inversión extranjera directa en el Mercosur: un análisis comparativo, in: Chudnovsky (Fn. 13), S. 1 (44).

1127 Deutlich so auch *Kleinheisterkamp* (Fn. 50), S. 156 (184).

1128 Vgl. bei *Kleinheisterkamp* (Fn. 50), S. 156 (180).

1129 Vgl. *Kleinheisterkamp* (Fn. 50), S. 156 (184).

1130 Die Präferenz ausländischer Investoren für die größte Volkswirtschaft im Mercosur deutet auch an *Flôres Junior* (Fn. 1084), S. 10. *Reiter* (Fn. 1074), S. 208 (235), benennt Brasilien als ein Beispiel für einen Investitionsstandort, an dem aufgrund des ohnehin gegebenen Wachstums die Etablierung verbesserter Investitionsschutzregelungen unwahrscheinlich sei.

1131 Sehr optimistisch erscheint daher die Prognose bei *Rubins* (Fn. 73), S. 1071 (1090): »Should Mercosur's investment protocols ever take effect, […] they could well catapult Brazil to the forefront of investment protection in Latin America.«.

IV. Das Integrationsrecht der Andengemeinschaft – Ungenutzte rechtliche Möglichkeiten

Das Integrationsrecht der Andengemeinschaft weckt Hoffnungen, ein dem drittstaatlichen Investor günstigeres Regelungsumfeld gewähren zu können.

1. Struktur und Wirkungsweise des Integrationsrechts in der Andengemeinschaft – Deutliche Parallelen zum Recht der Europäischen Union

Das Rechtssystem der Andengemeinschaft unterscheidet sich in wichtigen Punkten von der Rechtsordnung des Mercosur. Es kennt – wie im Folgenden gezeigt werden wird – unmittelbar geltende Rechtsakte, die innerstaatlichen Rechtsadressaten unmittelbar Rechte und Pflichten verschaffen können und Vorrang haben vor nationalem Recht.

a) Rechtsquellen der Andengemeinschaft

Der Gründungsvertrag des Andengerichtshofs benennt explizit eine »Rechtsordnung der Andengemeinschaft«[1132] und führt deren Rechtsquellen an. Diese sind das Abkommen von Cartagena, dessen Protokolle und Zusatzinstrumente, der Gründungsvertrag über den Andengerichtshof und dessen Änderungsprotokolle, alle Entscheidungen des Rats der Außenminister und der Kommission der Andengemeinschaft, alle Entschließungen des Generalsekretariats sowie die Abkommen zur Industriellen Ergänzung und andere Abkommen, welche die Mitgliedstaaten im Zuge des andinen Integrationsprozesses abschließen.[1133] Die Rechtsprechung des Andengerichtshofs und allgemeines internationales Recht bleiben in dieser Aufzählung zwar unerwähnt, finden jedoch bei der Auslegung und Anwendung der genannten Normen Berücksichtigung.[1134]

b) Systematisierung der Rechtsakte des Integrationsrechts

Die Systematik des andinen Rechts ähnelt derjenigen des Mercosurrechts.

1132 »Ordenamiento jurídico de la Comunidad Andina«, Art. 1 GVAG.

1133 Siehe Art. 1 a) – e) GVAG.

1134 So auch *Kühn* (Fn. 333), S. 200.

aa) Einteilung in Primärrecht und Sekundärrecht

Das Recht der Andengemeinschaft folgt der aus Europäischer Union und Mercosur vertrauten Differenzierung zwischen primärem und sekundärem Recht.[1135] Das Statut des Andengerichtshofs führt eine solche Differenzierung ausdrücklich an.[1136] Zum Primärrecht der Andengemeinschaft gehören hiernach die zwischenstaatlichen Integrationsverträge sowie deren Zusatz- und Änderungsprotokolle. Das Sekundärrecht bilden die Entscheidungen von Außenministerrat und Kommission, die Entschließungen des Generalsekretariats sowie die Abkommen über Industrielle Ergänzung. Diese Aufzählung ist nicht abschließend, sondern umfasst auch alle anderen Organnormen.[1137]

bb) Vorliegen einer Normenhierarchie

Die primärrechtlichen Normen des andinen Rechts stehen als zeitlich aufeinanderfolgende Staatsverträge auf derselben Stufe, weshalb hierbei der Grundsatz vom Vorrang des späteren Gesetzes Anwendung findet. Mitunter wird eine Überordnung von AvC und GVAG gegenüber anderen Verträgen und Protokollen angenommen,[1138] was sich aus diesen heraus jedoch nicht begründen lässt.

Die sekundärrechtlichen Akte der andinen Gemeinschaftsorgane stehen zueinander in einem Verhältnis, das sich an der Hierarchie der Organe selbst orientiert. Die Richtlinien des Präsidentenrats stehen damit über den Entscheidungen von Kommission und Rat der Außenminister. Deren Entscheidungen stehen auf derselben Ebene, aber wiederum über den Entschließungen des Generalsekretariats.[1139] Eine solche Hierarchie legt schon die personelle Besetzung dieser Gremien nahe. Es ist auch keine normative Aussage ersichtlich, die dieser Annahme entgegenstehen könnte.

1135 Siehe etwa *Prada* (Fn. 253), S. 41 f.; so auch *Böttcher*, Kartell- und Lauterkeitsrecht in den Ländern der Andengemeinschaft, 2004, S. 33 ff.

1136 Art. 2 Statut des Gerichtshofs.

1137 *Frischhut* (Fn. 333), S. 227 f.; *Toledo* (Fn. 351), S. 110 (115).

1138 *Toledo* (Fn. 351), S. 110 (117).

1139 Zur Hierarchie der Organe siehe S. 115. Wie hier auch *Prada* (Fn. 253), S. 42; *Kühn* (Fn. 333), S. 200, lässt die Frage nach einer Hierarchie von »Decisiones« und »Resoluciones« unter Verweis auf eine fehlende explizite Aussage im AvC unbeantwortet.

Alle Normen des primären Rechts sind dabei aus den genannten Gründen den sekundären Akten übergeordnet.[1140] Anlass für Zweifel an dieser Ordnung besteht hier, anders als im Mercosur, nicht.

c) Die Entstehung einer Integrationsnorm

Primärrechtliche Normen entstehen in der Andengemeinschaft – wie in anderen Integrationsbündnissen auch – durch direkte Vereinbarungen zwischen den Mitgliedstaaten, sekundäre Normen werden von den entscheidungsbefugten Organen nach Maßgabe ihrer Geschäftsordnungen verabschiedet.[1141]

d) Unmittelbare Geltung und die unmittelbare Begründung von Rechten und Pflichten für innerstaatliche Normadressaten – Kontraste zum Mercosur

Der GVAG bestimmt in Art. 2, dass die von Kommission und Rat der Außenminister erlassenen Rechtsakte die Mitgliedstaaten mit dem Zeitpunkt ihrer Annahme »verpflichten«.[1142] Diese »Verpflichtung« wird nicht näher bestimmt. Eine den Staaten auferlegte Verpflichtung dürfte aber dem ersten Anschein nach – wie im Mercosur – als solche zur Umsetzung zu verstehen sein.[1143]

Der GVAG versteht unter dieser »Verpflichtung« jedoch mehr: Die eben genannten Rechtsakte sowie die Entschließungen des Generalsekretariats sind »directamente aplicables en los Países Miembros« ab dem Zeitpunkt ihrer Verkündung im Amtsblatt der Gemeinschaft oder ab einem spezifisch bestimmten

---

1140 So auch *Unterguggenberger* (Fn. 324), S. 39; und *Markowski* (Fn. 403), S. 28 f.; siehe zur Hierarchie der andinen Normen im hier beschriebenen Sinne auch *Rojas Arroyo/Roth* (Fn. 396), S. 349 (357). Eine Hierarchie verdeutlicht auch Art. 12 a) des »Reglamento de Procedimientos Administrativos de la Secretaría General de la Comúnidad Andina«, Entscheidung der Kommission N° 425, der eine Nichtigkeit für Resolutionen des Generalsekretariats bei Widerspruch mit dem Rest der Andenrechtsordnung annimmt.

1141 Vgl. »Reglamento Interno« der Kommission, Entscheidungen N° 471 und N° 508 der Kommission; »Reglamento Interno« des Generalsekretariats, Entscheidungen N° 409 und N° 426 des Außenministerrats; »Reglamento« des Außenministerrats, Entscheidung N° 407 des Außenministerrats.

1142 Art. 2 GVAG: »Las Decisiones obligan a los Países Miembros desde la fecha en que sean aprobadas por el Consejo Andino de Ministros de Relaciones Exteriores o por la Comisión de la Comunidad Andina« (»Die Entscheidungen verpflichten die Mitgliedstaaten ab dem Zeitpunkt, in dem sie durch den Außenministerrat oder die Kommission der Andengemeinschaft angenommen werden.«).

1143 Vgl. *Marwege* (Fn. 341), S. 96.

späteren Zeitpunkt.[1144] Unter »aplicación directa« ist die unmittelbare Begründung von Rechten und Pflichten für innerstaatliche Normadressaten, nach europarechtlicher Dogmatik also die unmittelbare Anwendbarkeit, zu verstehen. Eine solche setzt eine unmittelbare Geltung voraus.[1145] Die erwähnte »Verpflichtung« der Mitgliedstaaten kann also keine zur Inkorporation in das nationale Recht sein, da dies eben für die genannten Akte grundsätzlich nicht erforderlich ist. Vielmehr ist die Verpflichtung gemeint, Rechtspositionen aus Integrationsrechtsakten anzuerkennen und eigene konkrete Pflichten wahrzunehmen. Das Statut des Andengerichtshofs bestimmt in diesem Sinne, dass die Normen des Gemeinschaftsrechts auf dem Gebiet der Mitgliedstaaten für all deren Bewohner Anwendung finden.[1146] Jedenfalls die genannten sekundären Rechtsakte gelten im innerstaatlichen Rechtskreis, ohne eines nationalen Umsetzungsakts zu bedürfen und begründen auch Rechte und Pflichten für innerstaatliche Normadressaten.[1147] Die erwähnte »Verpflichtung« der Mitgliedstaaten stellt allein den

1144 Art. 3 Abs. 1 GVAG: »Las Decisiones del Consejo Andino de Ministros de Relaciones Exteriores o de la Comisión y las Resoluciones de la Secretaría General serán directamente aplicables en los Países Miembros a partir de la fecha de su publicación en la Gaceta Oficial del Acuerdo, a menos que las mismas señalen una fecha posterior.« (»Die Entscheidungen des Außenministerrats oder der Kommission und die Entschließungen des Generalsekretariats sind unmittelbar anwendbar in den Mitgliedstaaten ab dem Zeitpunkt ihrer Publikation im Amtsblatt des Abkommens, sofern sie nicht selbst einen späteren Zeitpunkt bestimmen.«).

1145 Siehe dazu S. 240 f.

1146 Art. 3 des Statuts des Gerichtshofs: »Las normas del ordenamiento jurídico de la Comunidad Andina se aplican en el territorio de los Países Miembros a todos sus habitantes.« (»Die Normen der Rechtsordnung der Andengemeinschaft finden Anwendung in dem Gebiet der Mitgliedstaaten für all deren Bewohner«); vgl. auch *Frischhut* (Fn. 333), S. 257.

1147 Siehe die Entscheidung des Gerichtshofs 2-IP-88 vom 25.5.1988, Gaceta Oficial N° 33 vom 26.7.1988, dort unter »2.«, abrufbar unter www.comunidadandina.org (zuletzt geprüft am 30.12.2011); so auch *Calle y Calle* (Fn. 415), S. 53 ff. (64); *Fronatura*, El Derecho de la Integración en la Comúnidad Andina, in: Secretaría General de la Comúnidad Andina y Programa de Cooperación Andina a Bolivia (Fn. 136), S. 73 (74 f.); und knapp *Prada* (Fn. 253), S. 41 f.; *Tangarife Torres*, Sistema Jurisdiccional en el Proceso Andino, in: Secretaría General de la Comúnidad Andina y Programa de Cooperación Andina a Bolivia (Fn. 136), S. 157 (159, 163 ff.). *Kühn* (Fn. 333), S. 201 f., verweist auf die Entstehungsgeschichte der Art. 1 – 4 GVAG, welche eine solche unmittelbare Geltung (und Anwendbarkeit) nahelegt; sowie *Frischhut* (Fn. 333), S. 227; siehe auch *Steinhaus*, Neuere Entwicklungen im Urheberrecht der Andengemeinschaft unter besonderer Berücksichtigung der

Zeitpunkt der Gültigkeit einer Organnorm und die Verbindlichkeit für die Mitgliedstaaten fest.[1148]

Zu diesem Grundsatz benennt der GVAG auch eine Ausnahme: Einer »Inkorporation« bedürfen Entscheidungen, wenn diese Entsprechendes selbst bestimmen.[1149] Der Begriff der »Inkorporation« ist zunächst unklar. Zu bedenken ist aber, dass die Rechtsordnung der Andengemeinschaft am Vorbild der Europäischen Union geschaffen wurde und wie diese eine Harmonisierung derjenigen Rechtsgebiete anstrebt, welche ihr zur Regelung übertragen worden sind. Der Andengemeinschaft fehlt es jedoch an einem Regelungsinstrument, das zwar eine Harmonisierung eines Rechtsgebiets vorschreibt, hierbei jedoch in jeweils angemessener Form nationalrechtliche Besonderheiten berücksichtigt.[1150] Es stehen nur einerseits die Richtlinien des Präsidentenrats als allgemeine politische Orientierungsvorgaben und andererseits die unmittelbar geltenden Entscheidungen von Außenministerrat und Kommission zur Verfügung. Ein der europäischen Richtlinie vergleichbares, nationalrechtliche Gestaltungsspielräume gewährendes Instrument ist nicht vorhanden. Vor diesem Hintergrund könnte unter »Inkorporation« zu verstehen sein, dass es den Staaten freistehen soll, unter Berücksichtigung nationaler Besonderheiten Ausführungs- und Durchsetzungsbestimmungen zu erlassen, welche nicht erst die Gültigkeit der Integrationsnorm herbeiführen, sondern nur ihre innerstaatliche Ausführung und

---

Rechtsprechung des Andengerichtshofs, GRUR Int., 2003, S. 301. Eine unmittelbare Geltung und Anwendbarkeit bejaht auch *Lehmann* (Fn. 254), S. 149 f.; so im Ergebnis auch *Markowski* (Fn. 403), S. 29, mit Verweis auf Rechtsprechung des Gerichtshofs; *Then de Lammerskötter* (Fn. 304), S. 64 f.; *Moya Domínguez* (Fn. 330), S. 202, 206; vgl. auch *Fuentes Hernández/Alegrett Salazar*, Comunidad Andina: bases jurídico-institucionales y funcionamiento de su sistema de cumplimiento de compromisos, in: von Bogdandy/Landa Arroyo/Morales Antoniazzi (Fn. 951), S. 359, (369 ff.); siehe zur unmittelbaren Geltung und Anwendbarkeit des andinen Rechts auch *Rojas Arroyo/Roth* (Fn. 396), S. 349 (358 ff.); *Bohn* (Fn. 304), S. 118.

1148 *Böttcher* (Fn. 1135), S. 35.

1149 Art. 3 Abs. 2 GVAG. »Cuando su texto así lo disponga, las Decisiones requerirán de incorporación al derecho interno, mediante acto expreso en el cual si indicará la fecha de su entrada en vigor en cada País Miembro.« (»Wenn ihr Wortlaut dies anordnet, dann erfordern die Entscheidungen die Inkorporation in das nationale Recht mittels eines ausdrücklichen Rechtsakts, der den Zeitpunkt des Inkrafttretens in jedem Mitgliedstaat festlegt.«).

1150 Vgl. auch bei *Kühn* (Fn. 333), S. 202 f.; und *Lehmann* (Fn. 254), S. 150.

Anwendung präzisieren sollen.[1151] Ein solches Verständnis wäre auch nicht angesichts der aus Art. 4 Abs. 1 und 2 GVAG ohnehin bestehenden Verpflichtung der Staaten, Umsetzung und Durchsetzung des Integrationsrechts zu fördern, überflüssig,[1152] da es hier gerade nicht um eine Umsetzung zwecks Geltungserlangung geht. Die »Inkorporation« führt vielmehr die wegen fehlender subjektiv-rechtlicher Ausgestaltung im Detail noch nicht gegebene Anwendbarkeit einer bereits unmittelbar geltenden Norm herbei.[1153]

e) *Nach Maßgabe des Integrationsrechts bestehender Vorrang*

Im Falle des Mercosur ist aufgrund des ausnahmslos geltenden Umsetzungserfordernisses eine Kollision zwischen nationalem Rechtsakt und Integrationsnorm schon nicht vorstellbar. Die Frage nach einem Vorrang stellt sich dort daher gar nicht.[1154]

Die unmittelbar anwendbaren Rechtsakte von Kommission und Außenministerrat sowie auch des Generalsekretariats der Andengemeinschaft entfalten ihre

---

1151 *Unterguggenberger* (Fn. 324), S. 42, betont, dass die Integrationsrechtsakte nicht immer so formuliert seien, dass sie unmittelbar subjektive Rechtspositionen zusprechen. Sei dies nicht der Fall, dann könne auch erst durch die Inkorporation eine subjektive Rechtsposition begründet werden; wie hier auch *Kühn* (Fn. 333), S. 204, und *Lehmann* (Fn. 254), S. 149; krit. jedoch *Marwege* (Fn. 341), S. 102: »Die Interpretation des Begriffs der »incorporación« als bloße Notwendigkeit der Verabschiedung von verwaltungsvollziehenden oder ergänzenden innerstaatlichen Maßnahmen erscheint ein wenig gewollt.«.

1152 Art. 4 Abs. 1 GVAG: »Los Países Miembros están obligados a adoptar las medidas que sean necesarias para segurar el cumplimiento de las normas que conforman el ordenamiento jurídico de la Comunidad Andina.« (»Die Mitgliedstaaten sind verpflichtet, die Maßnahmen zu ergreifen, die erforderlich sind, um die Erfüllung der Normen sicherzustellen, die die Rechtsordnung der Andengemeinschaft bilden.«); Art. 4 Abs. 2 GVAG: »Se comprometen, asimismo, a no adoptar ni emplear medida alguna que sea contraria a dichas normas o que de algún modo obstaculice su aplicación.« (»Sie verpflichten sich gleichermaßen, keine Maßnahmen zu ergreifen, die zu diesen Normen in Widerspruch stehen oder die in irgendeiner Weise ihre Anwendung behindern.«).

1153 Eine dennoch häufig vorgenommene zusätzliche Rezeption der Integrationsakte in das nationale Recht ist, sofern hiermit nicht der Ausnahme in Art. 3 Abs. 2 GVAG entsprochen wird, strenggenommen überflüssig. Hierauf verweisen *Steinhaus* (Fn. 1147), S. 301; und *Bucher*, Der Schutz von genetischen Ressourcen und indigenem Wissen in Lateinamerika, 2008, S. 112.

1154 Siehe dazu S. 244 ff.

Wirkung im innerstaatlichen Rechtskreis grundsätzlich ohne dass ein Umsetzungsakt erforderlich wäre. Eine Kollisionslage mit nationalem Recht ist also vorstellbar. Wenn ein andiner Integrationsakt wie beschrieben eine »Inkorporation« erfordert, gilt dieser dennoch unmittelbar im innerstaatlichen Rechtskreis. Die Rechtswirkungen können sich jedoch dann erst aus dem nationalen Inkorporationsakt ergeben. Ist dies der Fall, so findet das spätere Gesetz Anwendung.

Der GVAG beschreibt die erwähnte Verpflichtung der Mitgliedstaaten, »keine Maßnahmen zu ergreifen, die zu diesen Normen in Widerspruch stehen oder die in irgendeiner Weise ihre Anwendung behindern«.[1155] Dieser Verpflichtung kann ein Mitgliedstaat nur nachkommen, wenn eine innerstaatliche Norm – egal welcher Hierarchie – der Anwendung eines integrationsrechtlichen Rechtsakts nicht entgegenstehen kann, letzterer also Vorrang zukommt.[1156] Der Andengerichtshof selbst hat verschiedentlich das Prinzip des Vorrangs als Wesensmerkmal des andinen Integrationsrechts betont.[1157] Diesen leitet er neben einer Berufung auf die entsprechende Argumentation des EuGH auch aus der expliziten Kompetenzübertragung an die Gemeinschaft her: Wo der Andengemeinschaft Regelungskompetenz zugestanden worden sei, müsse auch ausschließlich das von ihr gesetzte Recht gelten.[1158]

1155 Siehe Fn. 1152.

1156 Siehe die Entscheidung des Gerichtshofs 2-IP-88 vom 25.5.1988, Gaceta Oficial N° 33 vom 26.7.1988, dort unter »1., 2.«, abrufbar unter www.comunidadandina.org (zuletzt geprüft am 30.12.2011); so auch *Unterguggenberger* (Fn. 324), S. 43. Explizit wird ein Vorrang dagegen nicht als solcher bezeichnet, vgl. *Frischhut* (Fn. 333), S. 228 f.; *Steinhaus* (Fn. 1147), S. 301; *Toledo* (Fn. 351), S. 110 (117); und *Böttcher* (Fn. 1135), S. 35 f.; siehe auch *Lehmann* (Fn. 254), S. 151; *Markowski* (Fn. 403), S. 29; feststellend auch *Bucher* (Fn. 1153), S. 112; *Fuentes Hernández/Alegrett Salazar* (Fn. 1147), S. 359, (370 ff.); siehe auch bei *Rojas Arroyo/Roth* (Fn. 396), S. 349 (360); siehe bei *Bohn* (Fn. 304), S. 118.

1157 Siehe etwa die Entscheidung des Gerichtshofs 1-IP-87 vom 3.12.1987, Gaceta Oficial N° 28 vom 15.2.1988, dort unter »2.«, abrufbar unter www.comunidadandina.org (zuletzt geprüft am 30.12.2011); siehe auch *Calle y Calle* (Fn. 415), S. 53 ff. (61), der auf das Verfahren 2-IP-88 verweist.

1158 Vgl. Entscheidung des Gerichtshofs 2-IP-88 vom 25.5.1988, Gaceta Oficial N° 33 vom 26.7.1988, dort unter »1.«. Auf diese Interpretation verweist *Kühn* (Fn. 333), S. 217, und nennt als Beispiel auch die Entscheidung des Gerichtshofs 6-IP-93 vom 25.2.1994, Gaceta Oficial N° 150 vom 25.3.1994, dort unter »Alcance del artículo 5 del Tratado de Creación del Tribunal«, beide Entscheidungen abrufbar unter www.comunidadandina.org (zuletzt geprüft am 30.12.2011).

2. Annahme des Vorrangs durch die andinen Verfassungen

Die festgestellte unmittelbare Begründung von Rechten und Pflichten für Adressaten des innerstaatlichen Rechtskreises sowie der Vorrang vor nationalen Normen kommen nur dann in Betracht, wenn die nationalen Verfassungen eine solche Kompetenzübertragung und Rechtswirkung auch selbst zulassen.

Im Rahmen der bolivianischen Verfassung von 2009 sind die Rechtsakte des Integrationsrechts der Andengemeinschaft als »Gemeinschaftsrecht« Bestandteil des »Bloque de Constitucionalidad«.[1159] Damit stehen sie auf einer Stufe mit der Verfassung Boliviens (und menschenrechtlichen Verträgen). Art. 2 S. 2 der Verfassung spricht zwar nur von durch den Staat ratifizierten Abkommen und Normen des Gemeinschaftsrechts, doch kann dieses Erfordernis der Ratifikation lediglich für Akte des Primärrechts gelten. Es stünde im Widerspruch zu geltendem Recht und würde die Wirksamkeit sekundären Integrationsrechts vereiteln, wenn man hierunter auch ein Erfordernis der »Umsetzung« ebenso für die unmittelbar geltenden und anwendbaren Sekundärrechtsakte bestünde.[1160]

Eine Gleichstufigkeit von Verfassungsnormen und Integrationsnormen könnte im Kollisionsfall jedoch ein Hindernis für einen umfassend geltenden Vorrang der Integrationsnorm darstellen. Eine solche Kollision ließe sich lediglich über eine Unterscheidung nach der Spezialität der Norm lösen.[1161] Zu bedenken ist dabei, dass die Gewährung von im Integrationsrecht bestimmtem Vorrang schon deswegen sichergestellt sein muss, weil ansonsten durch die Verletzung des Gebots des Vorrangs auch eine Verletzung einer Norm des »bloque de constitucionalidad«, also der Verfassung selbst, vorläge.[1162] Daher wird der Vorrang des Integrationsrechts grundsätzlich immer auch von der bolivianischen Verfassung angenommen sein.

Die Verfassung zeigt sich im Übrigen aufgeschlossen hinsichtlich der Übertragung von Kompetenzen auf supranationale »Organismen«, welche aber einer Bestätigung durch Volksabstimmung bedarf.[1163]

Die Betrachtung der übrigen andinen Verfassungen ergibt ein im Wesentlichen einheitliches Bild. Diese bekennen sich zur lateinamerikanischen Integration

---

1159 Siehe dazu S. 191.

1160 So auch *Andaluz* (Fn. 710), S. 455 (471 ff.), der herausstellt, dass es allein auf die Vorgaben im zwischenstaatlich vereinbarten Primärrecht ankomme.

1161 Vgl. *Andaluz* (Fn. 710), S. 455 (469), in Bezug auf die menschenrechtlichen Verträge (S. 470 f.), Art. 256 Abs. 1 der Verfassung als Beispiel für eine solche Spezialität nennend.

1162 So argumentiert auch *Andaluz* (Fn. 710), S. 455 (472).

1163 Art. 257 Abs. 2 Nr. 4 Verfassung Boliviens 2009.

als einem ihrer Ziele.[1164] Zu dessen Förderung sehen sie zum Teil die Übertragung von Kompetenzen an internationale, teils explizit auch supranationale Organisationen vor.[1165] Stets sprechen sie der Verfassung die Stellung als höchster aller Normen zu.[1166] Eine explizite Aussage zur Verortung des Integrationsrechts der Andengemeinschaft in der nationalen Rechtsordnung findet sich in keiner der Verfassungen. Seit 1999 sind allerdings der beschriebene Vorrang, die unmittelbare Geltung und die unmittelbare Anwendbarkeit der benannten Integrationsrechtsakte etabliert. Wäre dies mit den Grundsätzen des nationalen Rechts unvereinbar, so hätte mittlerweile ohne Weiteres eine Klarstellung in der Verfassung oder eine Änderung des andinen Rechts erfolgen können. Dies wird dadurch unterstrichen, dass die Verfassungen sich teilweise direkt auf andere Aspekte des andinen Rechts beziehen wie beispielsweise die Wahlen zum Andenparlament.[1167] Es ist daher anzunehmen, dass die beschriebenen Rechtswirkungen des Integrationsrechts von keiner der nationalen Verfassungen in Frage gestellt werden.

3. Ergebnis: Weitreichendes rechtliches Potenzial vorhanden

Das Recht der Andengemeinschaft kann Rechtsakte mit unmittelbarer Geltung und Anwendbarkeit hervorbringen. Diesen Rechtsakten kommt dann auch Vorrang vor dem nationalen Recht zu.[1168] In Bolivien, dessen Verfassung als einzige ausdrücklich dem Integrationsrecht einen spezifischen Rang in der nationalen Normenhierarchie zuweist, stehen diese Rechtsakte als Akte des Gemeinschaftsrechts im Rang der Verfassung, sind Teil des »Verfassungsblocks«.

1164 Art. 227, 9 Abs. 2 der »Constitución Política de Colombia« von 1991, Gaceta Constitucional N° 116 vom 20.7.1991 (i.F.: »Verfassung Kolumbien 1991«); Art. 423 der »Constitución de la República del Ecuador«, Registro Oficial vom 20.10.2008 (i.F.: »Verfassung Ecuador 2008«); Art. 44 Abs. 2 der »Constitución Política del Perú« 1993 (i.F.: »Verfassung Peru 1993«).

1165 Art. 150 Nr. 16 Verfassung Kolumbien 1991; Art. 419 Nr. 7 Verfassung Ecuador 2008.

1166 Art. 4 Abs. 1 S. 1 Verfassung Kolumbien 1991; Art. 424, 425 Verfassung Ecuador 2008; Art. 51, 138 Abs. 2 Verfassung Peru 1993.

1167 Art 3 ff. des »Régimen de Transición« Verfassung Ecuador 2008; Art. 227 S. 2 Verfassung Kolumbien 1991.

1168 *Marwege* (Fn. 341), S. 86 ff., beschreibt die verworrene Rechtslage vor Inkrafttreten der Art. 2 ff. GVAG im Rahmen der erwähnten Reform aus dem Jahr 1996.

4. Zwischenstaatlichkeit und Supranationalität – Die jeweiligen Auswirkungen des Integrationsrechts von Mercosur und Andengemeinschaft auf das nationale Recht – ein Zwischenergebnis

Mercosur und Andengemeinschaft stellen zwei grundlegend unterschiedliche rechtliche Systeme dar. Allein in der Andengemeinschaft begründet die Übertragung der Kompetenzen zum Erlass von unmittelbar geltenden Rechtsakten Supranationalität. Die dazu befugten Organe der Andengemeinschaft können unmittelbar auf die Rechtsordnungen der Mitgliedstaaten einwirken. Die Beschlussfassung in diesen Organen ist grundsätzlich von staatlicher Willensbildung unabhängig.

Eine solche Möglichkeit zu direkter Einflussnahme besteht im Mercosur nicht. Jegliche Normgeltung im innerstaatlichen Rechtsgefüge setzt nationalen Zustimmungsakt voraus.

Im Vergleich zum Mercosur haben die Mitgliedstaaten der Andengemeinschaft eine Integrationsmethode gewählt, die tatsächlich auch mit der Teilübertragung von staatlicher Souveränität verbunden ist. Rechtsdogmatisch ist dieser Integrationsansatz aufgrund der somit geschaffenen eigenen Kompetenzen der Gemeinschaft dem Mercosur überlegen. Auch im Rahmen der supranational geprägten Andengemeinschaft bleiben die nationalstaatlichen Interessen so deutlich ausgeprägt, dass dem Bündnis bislang – auch aufgrund der wirtschaftlichen Schwäche seiner Mitgliedstaaten – wenig praktischer Erfolg beschieden war.

Da in kürzlich erfolgten Verhandlungen zwischen Andengemeinschaft und Europäischer Union erstere nicht in der Lage war, ein gemeinsames Verhandlungsangebot bezüglich der Einrichtung einer Freihandelszone abzugeben, muss bezweifelt werden, dass ein wirklicher Wille zur Integration tatsächlich vorhanden und für das gemeinsame Handeln prägend ist.[1169]

Im Mercosur ist auch auf lange Sicht die Entwicklung eines Integrationsrechtssystems mit der Andengemeinschaft oder der Europäischen Union vergleichbaren eigenen Kompetenzen nicht vorstellbar. Während in Andengemeinschaft und EU die nationalen Interessen und Volkswirtschaften homogener sind, fehlt im Mercosur diese Vergleichbarkeit völlig. Die wirtschaftlichen Interessen des Schwergewichts Brasilien stehen häufig im Gegensatz zu den Interessen der Gemeinschaft.

Die beschriebene Vielzahl an süd- oder lateinamerikanischen Integrationsbündnissen offenbart gleichzeitig eine Schwäche, die den bisherigen Projekten gemeinsam ist. Unnötig wäre es, ständig neue Integrationsbemühungen zu unternehmen,

---

1169 Siehe dazu S. 134 f.

wenn sich die Staaten zu einer Übertragung tatsächlicher Souveränität durchringen könnten. Solange jedoch die intergouvernementalen Elemente, wie besonders im Mercosur, die supranationalen Elemente deutlich überwiegen und nationale Stellen als letztentscheidende Instanzen fortbestehen, sind die Aussichten auf eine erfolgreiche politische, rechtliche und wirtschaftliche Integration gering.[1170]

V. Kein effektiver Investitionsschutz durch das Integrationsrecht der Andengemeinschaft

Wie sich nachfolgend zeigen wird, ergeben sich aus dem andinen Recht nur begrenzte Möglichkeiten zum Schutz eines deutschen Direktinvestors.

Einer der wesentlichen Gründe für die Verselbständigung des andinen Integrationsprojekts aus dem Rahmen der ALALC war der kontrovers diskutierte rechtliche Umgang mit ausländischen Investitionen: Drei – nachfolgend dargestellte – Entscheidungen der Kommission markierten dabei die unterschiedlichen Entwicklungsstufen dieser Thematik. Wenn auch im Folgenden die Darstellung des rechtlichen Inhalts dieser Normen im Vordergrund steht, so sind mit deren Erläuterung doch untrennbar auch wirtschaftspolitische Hintergründe verbunden, die auszusparen die Problematik unzureichend zu behandeln bedeuten würde:

1. Die Entwicklung des Investitions(schutz)rechts der Andengemeinschaft – Vom Protektionismus zur faktischen Nichtregulierung

Bedingt durch die Erkenntnis, dass der Großteil der durch die Schaffung der ALALC angezogenen Kapitalströme Argentinien, Brasilien und Mexiko, nicht aber den weniger entwickelten und zudem geographisch benachteiligten Andenstaaten zugutekam, entschieden sich letztere zur Gründung des Andenpaktes.[1171] Bereits das AvC von 1969

1170 Mitunter wird bezweifelt, dass überhaupt von einer »politischen Integration« der Staaten gesprochen werden könne, vgl. *Birle* (Fn. 105), S. 75, der auch das Beharren auf staatlicher Souveränität als wesentlichen Grund für das Scheitern der bisherigen Bemühungen anmerkt (S. 95).

1171 Siehe oben S. 104 f.; vgl. auch *Oswald*, Die ausländischen Direktinvestitionen in der Industrialisierungspolitik des Andenpaktes«, 1977, S. 2 f.; *Broszehl*, Ausländische Direktinvestitionen und Technologietransfer im Andenpakt, 1986, S. 23, bewertet die Regelung zum Umgang mit ausländischen Investitionen konsequent als »wichtigsten Bestandteil der andinen Integrationsgemeinschaft«; Zagel (Fn. 101), S. 90 f.

zeigte Bezug auf die ausländischen Investitionen, indem es die Staaten zum Erlass eines gemeinsamen Investitionsregimes verpflichtete.[1172] Auch im mehrfach geänderten und konsolidierten AvC ist diese und die Verpflichtung, ein Regime bezüglich der »andinen multinationalen Unternehmen« zu erlassen, enthalten.[1173] Im Laufe der Zeit war das andine Investitionsregime jedoch erheblichen Veränderungen unterworfen.[1174]

a) *Die »Entscheidung N° 24« von 1970 – Offene Diskriminierung des ausländischen Investors*

Die Entscheidung N° 24 der Kommission vom Dezember 1970 als »Gemeinsames Regime für die Behandlung ausländischen Kapitals, Marken, Patenten, Lizenzen und Royalties« (i.F.: »Entscheidung N° 24«) steht für einen streng protektionistischen Umgang mit ausländischen Investoren:[1175]

Nach ihrem Sinn und Regelungszweck war die Entscheidung N° 24 dem PvBA vergleichbar. Auch sie beabsichtigte die Vorgabe eines Rahmens von Maximalgewährungen für ausländische Investoren.[1176] Darüber hinaus enthielt die Entscheidung N° 24 eine Vielzahl von Regelungen, die nicht das Schutzniveau für den Investor definierten, sondern ganz allgemein den Umgang mit der Investition beschrieben. Der Erlass restriktiverer Vorschriften blieb den Mitgliedstaaten unbelassen.[1177]

Die Regelungen trafen eine Unterscheidung zwischen nationalen, gemischten und ausländischen Unternehmen. Dabei war der Erwerb von Anteilen inländischer Unternehmen prinzipiell untersagt und es widerfuhr den ausländischen Unternehmen grundsätzlich eine benachteiligende Behandlung.[1178] Die Regelungen zielten

1172 Art. 27 Abs. 1 AvC von 1969, siehe in 8 ILM (1969), S. 910 ff.

1173 Art. 55 f. AvC.

1174 Einen knappen Überblick liefert *Arcaya Smith*, Treatment of Investment in the Andean Group, in: OECD (Fn. 626), S. 107 (111 f.); *Reiter* (Fn. 1074), S. 208 (218 ff.), stellt knapp die Entwicklung des Umgangs mit ausländischen Investitionen in verschiedenen regionalen Investitionsbündnissen in der zweiten Hälfte des 20. Jhds. dar.

1175 Kommissionsentscheidung N° 24 vom 31.12.1970 »Régimen Común de Tratamiento a los Capitales Extranjeros y sobre Marcas, Patentes, Licencias, Regalías«, 10 ILM (1971), S. 152 (i.F.: »Entscheidung N° 24«); siehe auch *Foeth* (Fn. 103), S. 47 ff.; auf dem Stand von 1982 hierzu ausführlich *Cabanellas*, Derecho de las Inversiones Extranjeras, 1982, S. 367 ff.; und *Hummer* (Fn. 331), S. 561 (574 ff.).

1176 Art. 33 der Entscheidung N° 24; vgl. auch *Cabanellas* (Fn. 1175), S. 368.

1177 Hierauf verweist auch *Zagel* (Fn. 101), S. 92.

1178 Siehe 1. Erklärung zu Beginn der Entscheidung N° 24; Art. 1; 3 Abs. 3 und 4 der Entscheidung N° 24. Ausschlaggebend ist der Anteil der von inländischen Investoren

im Allgemeinen auf eine Steuerung und Überwachung des ausländischen Kapitals, beispielsweise durch Registrierungserfordernisse und durch die Zulassung nach dem Kriterium einer »Ergänzung der nationalen Industrie«.[1179] Anders als das PvBA schrieb die Entscheidung N° 24 dem Investor jedoch schon nach ihrem Wortlaut – und gemäß der Möglichkeiten des andinen Rechts – auch subjektive Rechte zu.[1180]

Ihr Inhalt bestand allerdings weniger aus Gewährleistungen als vielmehr aus Beschränkungen von Rechten. Hintergrund der Entscheidung N° 24 war in erster Linie die Stärkung der einheimischen Industrien, wozu das durch ausländische Investoren eingebrachte Kapital als Mittel zum Zweck erachtet wurde.[1181] Hiermit steht in Einklang, dass die Entscheidung 24 Regelungen vorsah, denen zufolge ein kontinuierlicher Abbau der ausländischen Beteiligung an bestehenden Unternehmen bis zur Herstellung einer Anteilsmehrheit durch nationales Kapital (sogenanntes »gemischtes Unternehmen«) erfolgen sollte, wenn das betreffende Unternehmen die Vorteile des Gemeinsamen Marktes zu nutzen beabsichtigte.[1182] Bereits bestehende ausländische Unternehmen in besonders sensiblen Sektoren wie dem Banken- oder dem Medienwesen beabsichtigte die Entscheidung N° 24 im Laufe einer gewissen Übergangszeit ganz aus dem heimischen Markt zu verdrängen.[1183] Für alle fortan zu gründenden ausländischen Unternehmen war vorgeschrieben, dass bereits mit deren Gründung die Transformation in gemischte Unternehmen

gehaltenen Unternehmensanteile; vgl. Art. 27 ff. der Entscheidung N° 24, welcher die Vorteile der Handelsliberalisierung für die ausländischen Unternehmen grundsätzlich ausschließt oder Art. 38 ff., welche den Zugang ausländischer Unternehmen zu spezifischen Sektoren der Wirtschaft regulieren.

1179 Art. 3 Abs. 1, 5, 6 der Entscheidung N° 24.

1180 Vgl. Art. 37 der Entscheidung N° 24.

1181 Vgl. den ersten, dritten und den vierten Erwägungsgrund sowie 5. Erklärung zu Beginn der Entscheidung N° 24. Die Hintergründe beschreibt *Zagel* (Fn. 101), S. 93 ff.

1182 7. Erklärung zu Beginn der Entscheidung N° 24, Art. 27, 28 Entscheidung N° 24; *Broszehl* (Fn. 1171), S. 106 ff., zu den bereits bestehenden Unternehmen, den hier fakultativen Charakter der Transformation betonend. Die hierdurch für Investoren entstehende Belastung betont auch *Peters*, Die Reformierung der Entscheidung 24 – Rückschritt für die Andenintegration?, in: Lachmann, Andenpakt und Europäische Gemeinschaft, 1990, S. 85 (88).

1183 Art. 42 und 43 der Entscheidung N° 24. *Broszehl* (Fn. 1171), S. 110 ff., misst diesen Bestimmungen »Enteignungscharakter« zu, stellt den hier obligatorischen Charakter der Transformation heraus und beschreibt die praktischen Schwierigkeiten bei der Umsetzung dieser Transformationen (S. 189 ff.).

zu vereinbaren sei.[1184] Diese Programme zur Umwandlung ausländischer Unternehmen dienten primär dem Ziel, eine Fremdbestimmung durch multinationale Unternehmen weitgehend auszuschließen. Diese wurden empfunden als Bedrohung auch der nationalen Souveränität und als Teilursache für die fortbestehende Unterentwicklung.[1185] Es ist daher nur konsequent, wenn die heute als zentrale Schutzaspekte anerkannten Fragen zum Eigentumsschutz, zum Zugang zur Schiedsgerichtsbarkeit, zum freien Kapitaltransfer und zu gewährleistenden Behandlungsstandards in der Entscheidung N° 24 keine für den Investor vorteilhafte Erwähnung fanden.

Der Schutz von Eigentum wurde nicht thematisiert – was angesichts des Programms zur Umwandlung von ausländischen in inländische Investitionen ohnehin ein konzeptioneller Widerspruch gewesen wäre – und die Verhandlung einer Streitigkeit außerhalb der Gerichtsbarkeit und Zuständigkeit des Gaststaats war ausdrücklich untersagt.[1186] Es waren also allein die staatlichen Gerichte unter explizitem Ausschluss der Anrufung eines Investitionsschiedsgerichts zur Streitbeilegung vorgesehen.

Der Transfer von mehr als 14 Prozent des jährlichen Nettogewinns aus einer Investition war dem Investor grundsätzlich untersagt[1187] und die Veräußerung von Anteilen seiner Investition war teilweise strengen Genehmigungsvorbehalten unterworfen.[1188]

Die Entscheidung untersagte – in der Tradition der Calvo-Doktrin – jegliche Besserstellung eines ausländischen Investors gegenüber einem inländischen Kapitalgeber.[1189] Entsprechend wurde die Entscheidung N° 24 bei ihrem Erlass von westlichen Industriestaaten und internationalen Einrichtungen heftig kritisiert.[1190] Die mit der Entscheidung N° 24 verfolgten Ziele wurden indes nicht erreicht. Dies ist teilweise auf ihre unpräzisen Vorgaben und Begrifflichkeiten und die bezüglich der Umsetzung den Staaten verbleibenden Spielräume

---

1184 Art. 30 der Entscheidung N° 24.

1185 *Broszehl* (Fn. 1171), S. 36 ff., 64 ff.

1186 Art. 51 Abs. 1 der Entscheidung N° 24; dazu auch *Broszehl* (Fn. 1171), S. 127 ff.; siehe auch *Samtleben* (Fn. 738), S. 505 (507).

1187 Art. 37 der Entscheidung N° 24; vgl. auch *Broszehl* (Fn. 1171), S. 119 ff.

1188 Art. 7 Abs. 2 der Entscheidung N° 24.

1189 4. Erklärung zu Beginn der Entscheidung N° 24 sowie Art. 50 der Entscheidung N° 24; *Broszehl* (Fn. 1171), S. 33 f., weist darauf hin, dass diese Betonung des gültigen Behandlungsstandards bereits die Nichtverfügbarkeit von Schiedsgerichten und den Verweis auf nationale Gerichtsbarkeit implizierte.

1190 Hierauf weist *da Cunha* (Fn. 993), S. 211 (215), hin.

zurückzuführen, was die Schaffung des beabsichtigten einheitlichen Rechtsrahmens erheblich erschwerte.[1191]

b) *Die »Entscheidung N° 220« von 1987 – Abkehr vom protektionistischen Regime*

Als – auch im Zuge der weltweiten Rezession im Nachgang zur Ölkrise in den 1970er Jahren – Kapitalinvestitionen im Ausland weltweit weniger getätigt wurden und die in fast allen Andenstaaten zur damaligen Zeit bestehenden Militärregimes ein Klima politischer und rechtlicher Unzuverlässigkeit und Willkür prägten, wurden die Unzulänglichkeiten des bestehenden Investitionsregimes immer deutlicher.[1192] Chile entschloss sich als erstes der Andenländer zur Reform seines Investitionsgesetzes, was zu leichten integrationsrechtlichen Zugeständnissen[1193] durch die übrigen Staaten des Andenpaktes führte, aber den schließlich 1976 vollzogenen Austritt Chiles aus dem Integrationsbündnis nicht

1191 *Broszehl* (Fn. 1171), S. 182 f., verweist darauf, dass die gegebenen Spielräume gerade unter Rücksicht auf die jeweiligen nationalen Interessen der Mitgliedstaaten vorgesehen wurden. Im Folgenden seien diese Spielräume wegen Unzulänglichkeiten in den nationalen Verwaltungen allerdings nicht effizient genutzt worden; vgl. *Zagel* (Fn. 101), S. 94 f.

1192 Vgl. bei *Zagel* (Fn. 101), S. 95 f. Ausschlaggebend war dabei auch, dass die durchweg diskriminierenden Regelungen der Entscheidung N° 24 auf potenzielle Investoren geradezu abschreckend wirken konnten, vgl. den Hinweis bei *Peters* (Fn. 1182), S. 85 (90 f.).

1193 Die Kommissionsentscheidung N° 103 vom 30.10.1976 erhöhte zum Beispiel den Prozentsatz des jährlich rückführbaren Gewinns, Art. 10, und schuf vorteilhaftere Regelungen für »subregionale«, also aus anderen Mitgliedstaaten stammende Investoren, vgl. Art. 1 a). Die Entscheidung N° 109 vom 30.11.1976 traf, in Nachfolge auch zur Entscheidung N° 103, im Wesentlichen Regelungen zum sogenannten »neutralen Kapital«, Staatsbeteiligungen an Unternehmen; hierzu auch *Zagel* (Fn. 101), S. 95 f. Geringfügige Änderungen brachten auch die Entscheidungen N° 37 vom 24.6.1971, N° 37A vom 17.7.1971, N° 47 vom 18.12.1971, N° 48 vom 18.12.1971, Art. 33 – 35 der Entscheidung N° 70 vom 13.2.1973 zum Beitritt Venezuelas, Entscheidung N° 110 vom 30.11.1976, N° 110 vom 29.4.1977, Entscheidung N° 124 vom 16.12.1977 zum Umgang mit »neutralem Kapital«, auch behandelt durch Entscheidung N° 125 vom 16.12.1977, welche der Deutschen Gesellschaft für Wirtschaftliche Zusammenarbeit (DEG) den privilegierten Status eines Investors »neutralen Kapitals« zuerkennt, Entscheidung N° 144 vom 23.7.1979 sowie schließlich Entscheidung N° 189 vom 30.9.1983. Einen Überblick hierzu gewährt auch *Leathley* (Fn. 120), S. 116 ff.

verhindern konnte.[1194] Obwohl der durch die Entscheidung beabsichtigte einheitliche Rechtsrahmen den Wettbewerb um Investitionen gerade hatte verhindern sollen, war durch diesen einseitigen Schritt Chiles der Wettbewerb um ausländisches Kapital eröffnet. Nachdem die Staaten jeweils individuell auf liberalen Ansätzen basierende Rechtsvorteile für Investoren eingeräumt hatten,[1195] wurde auch das gemeinsame andenrechtliche Konzept reformiert:

1987 wurde die Entscheidung N° 220 der Kommission (i.F.: »Entscheidung N° 220«)[1196] als die Entscheidung N° 24 ersetzender Rechtsakt verabschiedet. Diese Reform versinnbildlichte auch die Abkehr von der bislang verfolgten Politik der Importsubstitution.[1197] Im Gegensatz zum strengen und weitgehend zwingenden Reglement der Entscheidung N° 24 beließ die Entscheidung N° 220 den Staaten beträchtliche Freiräume für die Umsetzung ihrer Grundsätze.[1198] Wie die Entscheidung N° 24 war sie als Rechtsrahmen für maximal den Investoren zuzugestehende Vergünstigungen konzipiert.[1199] Sie hielt daran fest, ausländische Investitionen als Instrument zur Stärkung der Wettbewerbsfähigkeit der eigenen – nach wie vor mit Privilegien ausgestatteten – Wirtschaft zu verstehen,[1200] erkannte jedoch auch ausdrücklich an, dass ausländischen Investitionen Stabilitätsgewährungen, also effektiver Schutz, eingeräumt werden müssten.[1201] Dennoch verabschiedete man auch mit dieser Entscheidung noch nicht das System der progressiven Übertragung

---

1194 Das Erlöschen der Rechte und Pflichten Chiles nach dem AvC stellt die Kommissionsentscheidung N° 102 vom 30.10.1976 fest.

1195 Hierauf verweist *Zagel* (Fn. 101), S. 96.

1196 Kommissionsentscheidung Decisión N° 220 vom 11.4.1987, 27 ILM (1988), S. 987 ff. Die Entscheidung N° 220 ersetzte ausdrücklich die Entscheidung N° 24 einschließlich aller bis dato ergangenen Änderungen derselben, vgl. »Decide« vor »Capítulo I« der Entscheidung N° 220.

1197 Zu diesem Wandlungsprozess auch *Garcia*, All the other dirty little secrets: Investment treaties, Latin America, and the necessary evil of investor-state arbitration, FJIL 2004, S. 301 (318 f.); siehe den Hinweis bei *Grigera Naón* (Fn. 608), S. 127 (145); und *García-Bolívar* (Fn. 6), S. 464 (467 f.): »In the 1980's the antagonism towards foreign investment evaporated. As if it were a pendulum, the Latin American public policies on foreign investment swung to the other extreme.«.

1198 Siehe *da Cunha* (Fn. 993), S. 211 (216), und *Zagel* (Fn. 101), S. 96.

1199 Art. 16 Entscheidung N° 220.

1200 Vgl. Entscheidung N° 220, »Declara 4.« und »Declara 5.«.

1201 Vgl. die Erwägungsgründe der Entscheidung N° 220: »la inversión de capitales y [...] deben recibir seguridades de estabilidad« (»die Investition von Kapital und [...] müssen Stabilitätsgarantien erhalten.«).

der Unternehmensanteile auf nationale Investoren[1202] und hielt ebenso an einem System der kontrollierten Zulassung und der Überwachung ausländischer Investitionen fest.[1203] Nach Maßgabe der nationalen Gesetze wurde im Gegensatz zur Entscheidung N° 24 der Erwerb von Anteilen an nationalen oder subregionalen Unternehmen durch drittstaatliche Investoren für zulässig erklärt.[1204]

Enteignungen wurden nicht thematisiert. Der Zugang zu Schiedsgerichten war nach den Regelungen der sehr allgemein gehaltenen und für alle Streitigkeiten in Bezug auf ausländische Direktinvestitionen lediglich auf die einzelstaatlichen Regelungen verweisenden Norm grundsätzlich möglich.[1205] Eine solche nationalrechtliche Ermöglichung des Zugangs zu einem Investitionsschiedsgericht durfte jedoch nicht in einer – ganz allgemein verbotenen – Schlechterstellung des nationalen Investors resultieren,[1206] was jedenfalls hinsichtlich der ICSID-Konvention, die von einer Nichtzugehörigkeit des Investors zum Gaststaat gerade ausgeht, zu Schwierigkeiten führen konnte.

Die Entscheidung enthielt rein ausländischen Unternehmen zudem Begünstigungen vor, in deren Genuss nationale und sich im Prozess der Übertragung auf nationale Investoren befindliche Unternehmen kamen.[1207] Der Transfer von Gewinnen war nach der Entscheidung N° 220 nur beschränkt möglich und richtete sich im Einzelnen nach nationalem Recht.[1208] Die Rückführung des zur Vornahme der Investition eingebrachten Kapitals war an Bedingungen geknüpft.[1209]

Die im Vergleich zur Entscheidung N° 24 weniger strikten Regeln der Entscheidung N° 220 führten zu einer Verbesserung des Investitionsklimas und zu einem vermehrten Zufluss ausländischen Kapitals in die Andenstaaten.[1210]

1202 Vgl. Entscheidung N° 220, »Declara 7.« und Art. 25 ff.

1203 Art. 2, 3, 6 Entscheidung N° 220.

1204 Art. 4 Entscheidung N° 220.

1205 Art. 34 Entscheidung N° 220: »En la solución de las controversias o conflictos derivados de las inversiones extranjeras directas o de la transferencia de tecnologia extranjera, los Países Miembros aplicarán lo dispuesto en sus legislaciones internas.« (»In der Beilegung von Streitigkeiten oder Konflikten, die aus ausländischen Direktinvestitionen oder aus dem Transfer ausländischer Technologie entstehen, verfahren die Mitgliedstaaten nach Maßgabe ihres nationalen Rechts.«); dazu auch *Samtleben* (Fn. 738), S. 505 (507).

1206 »Declara 4.« und Art. 33 Entscheidung N° 220.

1207 Art. 25 ff. der Entscheidung N° 220.

1208 Art. 15 der Entscheidung N° 220.

1209 Art. 7 f. der Entscheidung N° 220.

1210 Siehe bei *Hummer* (Fn. 331), S. 561 (579).

2. Die heute geltende Entscheidung N° 291 von 1991 – Bewusste Nichtregulierung

Zum Ende der 1970 er Jahre hatten sich die Andenstaaten aufgrund billig verfügbarer Kredite erheblich verschuldet.[1211] Sie waren damit umso mehr auf die Stärkung der eigenen Volkswirtschaften durch Zufluss ausländischen Kapitals angewiesen. Mit der Entscheidung N° 291 erfolgte 1991 in diesem Umfeld die endgültige Abkehr vom Konzept der Entscheidung N° 24.[1212]

a) Der Regelungsgehalt der Entscheidung N° 291 von 1991 – Die Auswirkungen durchgehender Vorbehalte der Regelung durch nationales Recht

Ausdrücklich verfolgt die Entscheidung N° 291 das Ziel, der ausländischen Investition entgegenstehende Hindernisse auszuräumen und den freien Verkehr subregionalen Kapitals zu gewährleisten.[1213] Explizit spricht die Entscheidung von »neuen Politiken bezüglich der ausländischen Investitionen«.[1214]

Die Entscheidung N° 291 ist im Vergleich zu ihren Vorgängerinnen auffallend knapp gestaltet. Die Vorschriften zur Überführung ausländischen Kapitals an inländische Investoren, welche zentraler Bestandteil des vorherigen Systems gewesen

1211 Die Schuldenkrise der lateinamerikanischen Staaten beschreibt *Schvarzer*, La Larga Crisis de la Deuda en América Latina, in: López Villafañe/Di Masi (Fn. 121), S. 59 ff.; siehe auch den entsprechenden Hinweis bei *Rojas Arroyo/Roth* (Fn. 396), S. 349 (350).

1212 Entscheidung der Kommission N° 291 »Régimen Común de Tratamiento a los Capitales Extranjeros y sobre Marcas, Patentes, Licencias y Regalías« vom 22.3.1991, 30 ILM (1991), S. 1288 (i.F. »Entscheidung N° 291«); *Arcaya Smith* (Fn. 1174), S. 107, spricht von einem »Promotion Approach« im Gegensatz zum vorherigen »Protection Approach«; siehe den Hinweis bei *Zagel* (Fn. 101), S. 97 f.: »völlige Abkehr von der Politik der staatlichen Kontrolle, des Protektionismus und der Importsubstitution«.

1213 2. Erwägungsgrund der Entscheidung N° 291: »acordaron remover los obstáculos para la inversión extranjera e incentivar la libre circulación de capitales subregionales.« (»[haben sie] beschlossen, die Hindernisse für ausländische Investitionen zu beseitigen und den freien Verkehr subregionalen Kapitals zu fördern.«).

1214 3. Erwägungsgrund der Entscheidung N° 291: »Que las nuevas políticas de inversiones extranjeras imperantes en la Subregión hacen indispensable revisar y actualizar las normas comunitarias« (»dass die neuen, in der Subregion herrschenden Politiken zu den ausländischen Investitionen es unverzichtbar machen, die gemeinschaftlichen Normen zu überarbeiten und zu aktualisieren.«). Über den Inhalt der Entscheidung N° 291 gibt einen kurzen Überblick *Leathley* (Fn. 120), S. 118 ff.

waren, finden keine Erwähnung mehr.[1215] Anwendung findet die Entscheidung für ausländische Direktinvestitionen, welche als aus dem Ausland stammende, einem Unternehmen zuteilwerdende Kapitalzuflüsse aus dem Besitz natürlicher oder juristischer Personen in frei konvertierbarer Währung oder in (beispielhaft aufgezählten) Sachmitteln verstanden werden und auch Reinvestitionen umfassen.[1216] Die Entscheidung differenziert zwischen nationalen, subregionalen und ausländischen Investoren, wie dies auch zuvor bereits etabliert war. Der nationale Investor ist dabei sowohl der Staat als auch jede natürliche oder juristische Person mit Staatsan- oder -zugehörigkeit eines Mitgliedstaats, wobei auch natürliche Personen anderer Staatsangehörigkeit erfasst sind, sofern diese mindestens seit einem Jahr einen Wohnsitz im betreffenden Staat haben und darüber hinaus auf das Recht verzichten, Kapital und Erträge ins Ausland zu verbringen.[1217] Den Staaten steht es jedoch frei, diese Anforderungen gegenüber Ausländern weniger restriktiv zu handhaben und zum Beispiel von dem Wohnsitzerfordernis abzusehen. Subregionaler Investor ist ein solcher aus einem anderen Mitgliedstaat, als ausländischer Investor gilt jeder drittstaatliche Staatsan- oder -zugehörige.[1218] Diese Differenzierung setzt sich für den Anwendungsbereich des Protokolls fort, wenn zwischen nationalen, gemischten und ausländischen Unternehmen unterschieden wird.[1219]

1215 Die »Disposicíon Transitoria Primera« der Entscheidung N° 291 sieht ausdrücklich vor, dass noch bestehende Transformationsprozesse außer Kraft gesetzt werden.

1216 Vgl. Art. 1 der Entscheidung N° 291.

1217 Art. 1 Abs. 2 UA 2 der Entscheidung N° 291.

1218 Art. 1 Abs. 3 und 4 der Entscheidung N° 291.

1219 Als nationales gilt das im Gaststaat verfasste Unternehmen, dessen Kapital zu mehr als 80 Prozent nationalen Investoren im genannten Sinne zuzuordnen ist, wobei hiermit ein entsprechender Lenkungseinfluss auf das Unternehmen verbunden sein muss (Art. 1 Abs. 5 der Entscheidung N° 291). Gemischte Unternehmen sind solche, an denen nationale Investoren zu mindestens 51 (und höchstens 80) Prozent beteiligt sind und entsprechend Einfluss auf die Führung des Unternehmens besitzen sowie solche Unternehmen, an denen der Staat direkt oder mittelbar zu mindestens 30 Prozent beteiligt ist und über Lenkungsmacht verfügt (Art. 1 Abs. 6 der Entscheidung N° 291). Als staatliche Stellen oder Staatsunternehmen werden wiederum solche verstanden, die im Gastland verfasst sind und an denen der Gaststaat zu mehr als 80 Prozent mit entsprechendem Lenkungseinfluss beteiligt ist. Daraus folgend ist das ausländische Unternehmen dasjenige, an welchem zu weniger als 51 Prozent inländische Investoren beteiligt sind oder inländische Investoren bei einer höheren Beteiligung jedenfalls nicht über entsprechenden Einfluss und Kontrolle verfügen (Art. 1 Abs. 7 der Entscheidung N° 291.). Die Entscheidung kennt noch das neutrale Kapital, welches weder dem nationalen noch dem ausländischen Kapital

Das mit »Rechte und Pflichten der ausländischen Investoren« betitelte Kapitel der Entscheidung N° 291 trifft – wie auch alle übrigen Kapitel – keine Aussage zum Umgang mit Enteignungen.

Eine konkrete eigene Regelung fehlt auch hinsichtlich der Verfügbarkeit von Schiedsverfahren. Die Entscheidung postuliert lediglich, dass diesbezüglich allein das jeweilige Recht des Mitgliedstaats ausschlaggebend sei.[1220]

Der Transfer von Gewinnen ist grundsätzlich in frei konvertierbarer Währung garantiert, unterliegt im Einzelnen aber ebenfalls den jeweiligen nationalen Regelungen.[1221] Frei ist ebenfalls die Rückübertragung von Kapital bei der teilweisen oder vollständigen Veräußerung der Investition. Diese unterliegt jedoch dem Vorbehalt der vorherigen Zahlung hierfür nach nationaler Maßgabe anfallender Steuern.[1222]

Grundsätzlich schreibt die Entscheidung N° 291 dem ausländischen Investor dieselben Rechte und Pflichten zu, die auch für inländische Investoren gelten, lässt aber auch diese Garantie erneut nur nach Maßgabe des nationalen Rechts Wirkung entfalten.[1223] Vorgeschrieben ist für alle ausländischen Direktinvestitionen

---

zugerechnet wird und solches ist, das von öffentlichen Einrichtungen stammt (Art. 1 Abs. 8 der Entscheidung N° 291).

1220 Art. 10 der Entscheidung N° 291: »En la solucíon de las controversias o conflictos derivados de las inversiones extranjeras directas o de inversionistas subregionales o de la transferencia de tecnología extranjera, los Países Miembros aplicarán lo dispuesto en sus legislaciones internas.« (»In der Beilegung von Streitigkeiten oder Konflikten im Zusammenhang mit Direktinvestitionen oder subregionalen Investoren oder mit der Übertragung ausländischer Technologie verfahren die Mitgliedstaaten nach Maßgabe ihrer nationalen Gesetze.«. *Samtleben* (Fn. 738), S. 505 (507): »Die [...] Entscheidung 291 [...] sieht [...] keinerlei Kontrolle von Schiedsvereinbarungen mehr vor.«).

1221 Art. 4 Abs. 1 der Entscheidung N° 291: »Los propietarios de una inversión extranjera directa, y los inversionistas subregionales, tendrán derecho a transferir al exterior, en divisas libremente convertibles, en los términos previstos en la legislación de cada País Miembro, las utilidades netas comprobadas que provengan de su inversión extranjera directa.« (»Die Eigentümer einer ausländischen Direktinvestition und die subregionalen Investoren haben das Recht, nach Maßgabe des nationalen Rechts jedes Mitgliedstaates in frei konvertierbaren Devisen die Erlöse aus ihrer ausländischen Direktinvestition ins Ausland zu übertragen.«).

1222 Art. 5 Abs. 1 der Entscheidung N° 291. Nach Art. 5 Abs. 2 ist bei Veräußerungen zwischen ausländischen Investoren eine Registrierung erforderlich.

1223 Art. 2 der Entscheidung 291: »Los inversionistas extranjeros tendrán los mismos derechos y obligaciones a los que se sujetan los inversionistas nacionales, salvo lo dispuesto en las legislaciones de cada País Miembro.« (»Die ausländischen Investoren

auch die Registrierung bei der zuständigen nationalen Stelle.[1224] Weitere vorherige Autorisierungen einer Investition sind jedoch heute nicht mehr erforderlich.[1225] Die Entscheidung N° 291 sieht vor, dass die Mitgliedstaaten für die Erfüllung der den Investoren obliegenden Pflichten zuständige Stellen einrichten, macht hierzu jedoch keine näheren Ausführungen.[1226] Im Übrigen trifft die Entscheidung N° 291 Regelungen zum Transfer von Technologie und zur Behandlung des dem nationalen Kapital gleichgestellten »neutralen Kapitals«.[1227]

b) Bewertung der Entscheidung N° 291 von 1991: Ungenutztes Potenzial

Die Entscheidung N° 291 trifft also kaum selbst verbindliche Regelungen, sondern überantwortet alle wesentlichen Schutzaspekte der näheren Regulierung durch nationales Recht.[1228] Von dem ehemals beabsichtigten gemeinsamen Regelungsgefüge zur Behandlung ausländischer Investitionen ist damit nicht mehr viel verblieben.[1229] Faktisch steht es den Mitgliedstaaten fast vollständig frei, nach eigenem Ermessen über die Behandlung ausländischer Investitionen zu entscheiden. Hinreichend konkret formulierte subjektive Rechte beschreibt die Entscheidung nicht, spricht vielmehr nur Grundsätze aus, welche weiterer Konkretisierung erst bedürfen. Als Anreiz für den Zufluss weiterer Investitionen wird die Entscheidung N° 291 dennoch positiv bewertet.[1230] In der Rechtsprechung des Andengerichtshofs findet sich bis auf ein Verfahren, welches lediglich unterschiedliche Formen der Investition zum Gegenstand hatte, kein Bezug auf investitionsrechtliche Fragen.[1231]

Die Andengemeinschaft verfügt über das rechtliche Potenzial, unmittelbar geltende, unmittelbar anwendbare Rechtsakte zu erlassen. Insbesondere im Bereich

haben dieselben Rechte und Pflichten, die auch für nationale Investoren gelten, mit Ausnahme des in den Rechtsordnungen jedes Mitgliedstaats Festgelegten.«).

1224 Art. 3 der Entscheidung N° 291.

1225 Siehe auch *Arcaya Smith* (Fn. 1174), S. 107 (111).

1226 Art. 11 der Entscheidung N° 291.

1227 Art. 12–18 der Entscheidung N° 291.

1228 *Betschinger* (Fn. 988), S. 36, 40, benennt diese Schwäche.

1229 So auch *Hummer* (Fn. 331), S. 561 (580): »With Decision 291, the Andean countries basically abandoned the notion of establishing common norms for foreign investment«.

1230 *Hummer* (Fn. 331), S. 561 (580): »the current regime may be considered absolutely positive with regard to foreign capital.«.

1231 Urteil des Gerichtshofs vom 26.10.1989, 5-IP-1989 »Pachón Munoz«, Gaceta Oficial N° 50 vom 17.10.1989 (abrufbar unter www.comunidadandina.org, zuletzt geprüft am 31.12.2011).

des Schutzes drittstaatlicher Investoren, welche Rechtssicherheit unabhängig vom jeweiligen Willen ihres Gaststaates suchen, liegt in diesen Möglichkeiten ein rechtliches Instrument, dessen Effektivität sich kaum überschätzen lässt. Tatsächlich jedoch macht die Andengemeinschaft von diesen Möglichkeiten faktisch keinen Gebrauch. Statt eines Investitionsregimes, das effektiven Schutz für den ausländischen Investor garantiert, erschöpfen sich die gegenwärtigen Regelungen in der Formulierung allgemeiner Grundsätze, die in ihrer konkreten Ausgestaltung stets dem nationalen Recht vorbehalten bleiben. Für den Direktinvestor ist das andine Investitionsregime – trotz des großen Potenzials des andinen Rechtssystems – faktisch nutzlos, da es einklagbare Rechtspositionen nicht gewährt.

3. Kein Schutz durch übrige Rechtsakte des geltenden andinen Integrationsrechts

Neben der Entscheidung N° 291 von 1991 als zentralem Rechtsakt zum Schutze von ausländischen Investoren kommen nur wenige weitere Normen überhaupt als einschlägig in Betracht.

Die Kommissionsentscheidung N° 292[1232] normiert das »Andine Multinationale Unternehmen« (»Empresa Multinacional Andina«) als in einem der Mitgliedstaaten ansässiges und von Investoren aus mehr als einem Mitgliedstaat zu insgesamt mehr als 60 Prozent gehaltenes Unternehmen. Diesem kommt hinsichtlich der Eröffnung seiner Betätigung und des Schutzes seiner Aktivitäten eine mindestens den nationalen Investoren identische Behandlung zu.[1233] Zielgruppe dieser Unternehmensform sind daher eher subregionale als drittstaatliche Investoren, die nur in beschränktem Umfang an solchen Unternehmen beteiligt sein können.[1234] Aussagen zu den hier untersuchten Schutzaspekten enthält die Norm – abgesehen von der genannten teilweisen Gleichstellung mit rein nationalen Investoren – nicht. Unabhängig von etwaigen Vorteilen dieses Modells ist es in der Praxis nur selten in Anspruch genommen worden, heute also kaum von tatsächlicher Bedeutung.[1235]

1232 Kommissionsentscheidung N° 292 vom 22.3.1991, »Régimen Uniforme para Empresas Multinacionales Andinas«, 30 ILM (1991), S. 1295 (i.F.: »Entscheidung N° 292«).

1233 Vgl. Art. 9, 10, 14, 21 der Entscheidung N° 292; hierzu knapp *Arcaya Smith* (Fn. 1174), S. 107 (112); und bei *Hummer* (Fn. 331), S. 561 (583 ff.).

1234 *Hummer* (Fn. 331), S. 561 (585).

1235 So bei *Hummer* (Fn. 331), S. 561 (586).

Hinsichtlich des Schutzes von Menschenrechten in der Andengemeinschaft ist die »Andine Charta für die Förderung und den Schutz der Menschenrechte«[1236] die grundlegend maßgebliche Kodifizierung. Eine Aussage zum Schutz des Eigentums enthält sie nicht, beschreibt indes ein allgemeines Recht auf rechtliches Gehör und benennt Grundsätze zur Verbesserung des Rechtsschutzes im Allgemeinen.[1237] Unmittelbar anwendbar ist die Charta nicht.[1238]

Das zwischen der damaligen Europäischen Gemeinschaft und der Andengemeinschaft 2003 geschlossene Abkommen zum Politischen Dialog und über Wirtschaftliche Zusammenarbeit enthält keine konkreteren Regelungen als lediglich einen Hinweis, Investitionsschutz- und -förderverträge abschließen zu wollen.[1239]

Im GVAG ist nicht ersichtlich, dass drittstaatliche Kläger wegen ihrer Staatsan- oder -zugehörigkeit von Verfahren vor dem Andengerichtshof ausgeschlossen sind. Grundsätzlich könnte ein deutscher Investor also im Rahmen des Nichtigkeitsverfahrens oder des Vertragsverletzungsverfahrens sowie des Untätigkeitsverfahrens den Gerichtshof anrufen.[1240] Stets ist für solche Klagen jedoch die Geltendmachung einer Verletzung subjektiven Rechts oder des legitimen Interesses erforderlich.[1241] Aus dem zum Schutze von Investoren bestimmten andinen Recht lassen sich nach dem Gesagten solche Rechtspositionen gerade nicht ableiten. Die durchgängigen Vorbehalte einer weiteren Regelung nach nationalem Recht stehen der Annahme entgegen, dass dieser Integrationsrechtsakt dazu bestimmt sein solle, dem drittstaatlichen Direktinvestor subjektive Rechte zu verleihen. Ebenso wenig wird in der Regel die Verletzung eines legitimen

---

1236 Carta Andina para la Promoción y Protección de los Derechos Humanos vom 26.7.2002 (abrufbar unter www.comunidadandina.org, zuletzt geprüft am 31.12.2011); eingehend dazu *Hummer/Frischhut*, Unterschiedliche Konzeptionen des Menschenrechtsschutzes in der lateinamerikanischen und europäischen Integration: Die »Andine Menschenrechts-Charta« 2002, VRÜ (36) 2003, S. 405 ff. (Teil 1 des Beitrags), S. 519 ff. (Teil 2 des Beitrags), einschließlich des Abdrucks der englischsprachigen Version der Charta, (S. 441 ff.).

1237 Art. 9, 64 ff. der Carta Andina para la Promoción y Protección de los Derechos Humanos.

1238 Die Charta ist als völkerrechtliches Abkommen vielmehr durch nationale Akte ins jeweilige staatliche Recht einzufügen. In diesem Rahmen sieht die Charta diverse Programme zur Förderung der in ihr verbürgten Garantien vor, vgl. Art. 63, 86 ff. der Carta Andina para la Promoción y Protección de los Derechos Humanos vom 26.7.2002.

1239 Art. 31 Abs. 2 (b) Abkommen EU-Andengemeinschaft 2003, siehe Fn. 469.

1240 Siehe dazu S. 110.

1241 Siehe Art. 19, 25 Abs. 1, 37 Abs. 1 GVAG.

Interesses angenommen werden können, wenn ein Mitgliedstaat ausdrücklich zu weitergehender Regulierung befugt ist.

Soweit der Andengerichtshof auch als Schiedsgericht tätig ist,[1242] unterfallen Streitigkeiten zwischen Investor und Gaststaat, bei denen die Verletzung eines Rechts aus einem Investitionsabkommen oder -vertrag geltend gemacht wird, schon wegen der Beschränkung auf »Private« und »privatrechtliche Verträge« nicht dessen Zuständigkeit.[1243] Der Andengerichtshof stellt also im Ergebnis aus Sicht des drittstaatlichen Investors keinen Ersatz für ein internationales Schiedsgericht dar. Der Befund, dass dem drittstaatlichen Investor aus dem Integrationsrecht der Andengemeinschaft hinsichtlich des Schutzes seiner Investition kein spezifischer Vorteil erwächst, wird auch schon dadurch unterstrichen, dass die Andenstaaten noch nach Gründung der Gemeinschaft untereinander zahlreiche bilaterale Investitionsabkommen abgeschlossen haben.[1244] Das Recht der Gemeinschaft ist offensichtlich selbst für die Mitgliedstaaten kein Garant hinreichenden Schutzes – weniger also noch für Investoren aus dritten Staaten.

Über die genannten hinaus sind keine Rechtsakte ersichtlich, die als integrationsrechtliche Normen dem deutschen Direktinvestor einen unmittelbaren Vorteil hinsichtlich Fragen des Eigentumsschutzes, des Zugangs zu Schiedsgerichten, des freien Transfers von Kapital oder der Gewährung spezifischer Behandlungsstandards gewähren könnten.

4. Die Vereinbarkeit der bolivianischen Verfassung von 2009 mit dem Investitionsschutzrecht der Andengemeinschaft

Die Entscheidung N° 291 wurde – als heute einzige rechtlich relevante Norm im investitionsschutzrechtlichen Kontext – erlassen im Zusammenhang mit einer Abkehr vom Protektionismus und einer Hinwendung zu einer Öffnung der nationalen Volkswirtschaften auch für ausländisches, selbst drittstaatliches Kapital. Die Verfassung Boliviens von 2009 entstand dagegen in einem politischen Klima, das deutlich geprägt war von dem Willen, die Rohstoffressourcen des Landes dem Zugriff ausländischer Investoren zu entziehen und die Gewinne aus deren

1242 Siehe oben S. 113. Dies führt aus: *Samtleben* (Fn. 738), S. 505 (508).

1243 Vgl. Art. 38 Abs. 2 GVAG.

1244 Es bestehen zumindest folgende Abkommen: Bolivien-Ecuador (25.5.1995); Bolivien-Peru (30.7.1993); Ecuador-Peru (7.4.1999); Ecuador-Venezuela (18.11.1993); Kolumbien-Peru (26.4.1999); Peru-Venezuela (12.1.1996) vgl. http://icsid.worldbank.org, (zuletzt geprüft am 4.1.2012).

Ausbeutung verstärkt dem Staat selbst zukommen zu lassen.[1245] Aus diesen konträren Grundausrichtungen können sich rechtliche Unstimmigkeiten und Widersprüche ergeben. Aufgrund der unmittelbaren Anwendbarkeit und des Vorrangs des andinen Rechts könnten sich Unterschiede zur vorhergehend dargestellten alleinigen Geltung nationalen Rechts zeigen:

Die Entscheidung 291 trifft keine Bestimmungen zu Fragen der Enteignung. Insofern ist vollständig zurückzugreifen auf die Regelungen aus der Verfassung von 2009.[1246]

Da auch konkrete Regelungen zur Zulässigkeit von Schiedsverfahren fehlen und die Entscheidung lediglich auf die nationalen Regelungen verweist und ein Verbot der internationalen Schiedsgerichtsbarkeit ihrerseits nicht untersagt, kann auch hier ein materieller Konflikt nicht vorliegen.[1247]

Hinsichtlich der Zulässigkeit des Transfers von Gewinnen oder Kapital ins Heimatland des Investors findet sich keine Regelung in der bolivianischen Verfassung, so dass ein Regelungskonflikt auch hier ausgeschlossen ist.[1248]

Zudem enthalten die einschlägigen Normen aus der Entscheidung N° 291 auch zu Fragen des Kapitaltransfers einen Verweis auf Einzelregelungen des nationalen Rechts.

Die bolivianische Verfassung bestimmt ausdrücklich, dass die bolivianische Investition stets zu bevorzugen ist und verbietet eine Benachteiligung bolivianischer Unternehmen gegenüber ihren ausländischen Konkurrenten.[1249] Die Entscheidung N° 291 spricht den ausländischen Investoren zwar im Grundsatz dieselben Rechte und Pflichten zu wie sie für nationale Investoren gelten, doch gilt auch dies nur nach Maßgabe des nationalen Rechts.[1250]

Damit verkehrt die bolivianische Verfassung die Aussage der Entscheidung N° 291 in ihr Gegenteil. Nach dem andinen Recht, insbesondere der Entscheidung N° 291 selbst, ist dies nicht unzulässig. Zwar liegt hierin eine Schwächung der Effektivität des gemeinschaftlichen Rechtsakts, doch enthält eben dieser Rechtsakt die Vorbehaltsklausel, derzufolge diese Schwächung gemeinschaftsrechtskonform ist. Gerade die Gegenüberstellung mit den Normen der Verfassung Boliviens von 2009 offenbart jedoch die Ineffektivität des Investitionsschutzsystems

1245 Siehe S. 192.
1246 Siehe S. 194.
1247 Siehe S. 195.
1248 Siehe S. 198.
1249 Siehe S. 198.
1250 Siehe Fn. 1223.

der Andengemeinschaft. Für ein derart weitgehendes Verständnis dieser Norm spricht auch die grundsätzliche Wahrung der nationalstaatlichen Souveränität. Damit besteht im Ergebnis kein Konflikt zwischen den Regelungen der Verfassung Boliviens von 2009 und der Entscheidung N° 291. Damit sind zudem die von der Verfassung nur abgeleiteten Regelungen im Entwurf des Investitionsgesetzes vom Januar 2013 mit der Entscheidung N° 291 vereinbar.

B. Zwei unterschiedliche Integrationssysteme – Dasselbe ernüchternde Resultat: Zum Ergebnis der bisherigen Untersuchung

Das geltende Integrationsrecht in Mercosur und Andengemeinschaft ist nunmehr dargestellt und die für den deutschen Direktinvestor einschlägigen Rechtsakte sind untersucht. Die vergleichende Betrachtung der Normen vor dem Hintergrund des Rechts der Europäischen Union führt zu folgender Erkenntnis: Sowohl Mercosur als auch Andengemeinschaft sind als Integrationssysteme zum Erlass eigener Rechtsakte in der Lage. Deutlich unterscheidet sich das Zusammenspiel dieser Rechtsakte mit dem nationalen Recht. Eine strukturelle Überlagerung des nationalen Rechts durch das Integrationsrecht ist wegen der im Mercosur nicht gegebenen Merkmale der unmittelbaren Geltung und Anwendbarkeit sowie des Vorrangs nur in der Andengemeinschaft denkbar.

Beide Integrationssysteme haben spezifische Rechtsakte zum Schutz ausländischer Investitionen verabschiedet. Die Protokolle von Buenos Aires und Colonia sind im Mercosur jedoch noch nicht in Kraft getreten. Das für drittstaatliche Investitionen konzipierte PvBA soll dabei einen gemeinsamen Rechtsrahmen für von den Mitgliedstaaten zu erlassende Investitionsgesetze und mit Drittstaaten zu schließende Investitionsabkommen schaffen. Es ist nicht dazu bestimmt, nach einer Ratifizierung unmittelbar auch subjektive Rechte zuzugestehen und deren Durchsetzung zu ermöglichen. Diese Funktion kommt jedoch der andinen Entscheidung N° 291 zu. Sie formuliert investitionsspezifische Rechtspositionen für den ausländischen Investor, die auch grundsätzlich unmittelbar geltend gemacht werden könnten. Praktisch verbleibt die Entscheidung N° 291 jedoch wirkungslos, da sie die Ausgestaltung jeder dieser Rechtspositionen vollständig den Mitgliedstaaten überlässt. Die Gegenüberstellung der rein nationalen Regelungen mit dem Gesamtgefüge aus Integrationsrecht und nationalem Recht macht dies – ähnlich auch im Mercosur – deutlich. Im Falle Boliviens führt dies dazu, dass die restriktiven Bestimmungen der Verfassung von 2009 die im andinen Recht vorgesehenen

Schutzpositionen leerlaufen lassen. Im Ergebnis ähneln sich beide Rechtsakte: Sie benennen das Mögliche, gestehen den Mitgliedstaaten aber dessen Unterschreitung nach eigenem Ermessen und zum Nachteil des Investors zu.

Des Weiteren ist die Erkenntnis gewonnen, dass sowohl in der Andengemeinschaft als auch im Mercosur auch keine übrigen Rechtsakte dem Investor Schutz zu vermitteln in der Lage sind. Einziger Zugewinn durch das Integrationsrecht ist die im andinen Recht gegebene Möglichkeit, den Andengerichtshof anzurufen, sofern eine Verletzung andinen Rechts zu beklagen wäre.

Kapitel 5: Integrationsrechtlicher Investitionsschutz – Potenzial und Perspektiven

In keinem der beiden hier untersuchten Integrationsbündnisse besteht derzeit ein Investitionsregime, welches dem deutschen Direktinvestor tatsächlich einen selbständig effektiven Schutz gewährleisten kann. Beide Integrationsbündnisse stellen jedoch auf ihre jeweils eigene Art Erfolgsgeschichten im Kontext lateinamerikanischer Integrationsbemühungen dar. Ständig sind sie Gegenstand öffentlicher und fachlicher Diskussion, befinden sich damit in stetiger Entwicklung und Vertiefung.

Im Folgenden soll daher in den Blick genommen werden, welches Potenzial zum Schutz eines drittstaatlichen Direktinvestors den Rechtssystemen von Mercosur und Andengemeinschaft innewohnt. Auf Grundlage der nunmehr feststehenden Defizite beider Integrationssysteme sollen aktuelle Entwicklungen und Reformbestrebungen herausgestellt und soll abschließend nach denkbaren, unter Beachtung der Eigenarten des andinen und des Mercosurrechts realistischen Perspektiven gefragt werden. Dabei steht im Mittelpunkt die Möglichkeit eines Investitionsschutzabkommens auf interregionaler Ebene zwischen der Europäischen Union und dem Mercosur beziehungsweise der Andengemeinschaft.

A. Aktuelle Entwicklungen – Ein Rechtsgebiet in Bewegung?

In beiden hier untersuchten Bündnissen sowie in der – insoweit hier zur Ergänzung der Betrachtung heranzuziehenden – Unasur zeigen sich in jüngster Zeit Entwicklungen im Bereich des Schutzes drittstaatlicher Investoren.

I. Das geplante neue Investitionsprotokoll im Mercosur

Nach 16-jähriger Untätigkeit im Bereich des Investitionsschutzes wurde die Thematik durch die Mitgliedstaaten des Mercosur zum Ende des Jahres 2010 auf der 40. regulären Sitzung des Mercosur-Rates wieder aufgegriffen. Offenbar geleitet von der Erkenntnis, dass die bislang anhängigen Regelungsvorhaben zum

Investitionsschutz im Mercosur in der Praxis nicht umsetzbar sind, wurde ein alternativer Ansatz auf den Weg gebracht:

Mit der Ratsentscheidung N° 30/10 wurden »Richtlinien zur Schaffung eines Investitionsabkommens im Mercosur« verabschiedet.[1251] Bei diesen handelt es sich weder um ein ausformuliertes Abkommen noch um eine konkrete Regulierung spezifischer Rechtsfragen. Die Ratsentscheidung hält in ihrem auf zehn Punkte beschränkten, knappen Anhang lediglich Grundsätze fest, auf deren Grundlage ein solches Abkommen bis zur 42. regulären Sitzung des Mercosur-Rats im Dezember 2011 von einer der Mercosur-Gruppe zugeordneten Arbeitsgruppe entwickelt werden solle.[1252]

Diese Grundsätze lassen indes noch keine klaren Konturen des zu schaffenden Abkommens erkennen. So ist schon nicht eindeutig ersichtlich, für welche Investitionen das Abkommen gelten soll. Als Anwendungsbereich ist einerseits die »Ausländische Direktinvestition durch Güter« beschrieben,[1253] was auch Investitionen aus Drittstaaten zu erfassen und Portfolioinvestitionen auszuschließen scheint.[1254] Dies legt auch der Umstand nahe, dass sowohl das PvC als auch das PvBA samt zugehörigen Ratsentscheidungen mit Abschluss des neuen Abkommens aufgehoben werden sollen.[1255] Andererseits wird in den Erwägungsgründen zur Ratsentscheidung ausdrücklich auf die »Investitionen und Investoren aus jedem der Mitgliedstaaten auf dem Gebiet der übrigen (Mitgliedstaaten)« Bezug genommen, was Drittstaatler ausschließt, sofern hiermit ein Bezug zur Staatsan- oder Staatszugehörigkeit hergestellt werden soll.[1256] Als hauptsächliche Verpflichtungen werden

1251 Ratsentscheidung N° 30/10 vom 16.12.2010: »Directrices para la Celebración de un Acuerdo de Inversiones en el Mercosur« (»Richtlinien für den Abschluss eines Investitionsabkommens im Mercosur«).

1252 Vgl. hierzu die Art. 1-3 der Ratsentscheidung N° 30/10.

1253 Nr. 1 der Grundsätze zur Schaffung eines Investitionsabkommens im Mercosur als Anhang zur Ratsentscheidung N° 30/10 (i.F.: »Annex zu Ratsentscheidung N° 30/10«): »Ámbito de aplicación: inversion extranjera directa en bienes.« (»Anwendungsbereich: Ausländische Direktinvestition durch Güter«).

1254 Den in dieser Weise beschriebenen Anwendungsbereich kritisieren *Fry/Stampalija* (Fn. 221) S. 556 (563), weil es zu Unklarheiten in Bezug auf Investitionen im Dienstleistungsbereich kommen könne.

1255 Nr. 10 Annex zu Ratsentscheidung N° 30/10: »Derogar las Decisiones N° 11/93 y N° 11/94 y sus respectivos Acuerdos« (»Außerkraftsetzen der Ratsentscheidung N° 11/93 und N° 11/94«).

1256 2. Erwägungsgrund der Ratsentscheidung N° 30/10: »Que la creación de las condiciones favorables para las inversiones y los inversores de cada uno de los Estados Partes en el território de los demás intensificará la cooperación económica y acelerará

die Inländerbehandlung, Transparenz, die Wahrung nationaler Regelungskompetenzen und die Behandlung von Schlüsselpersonal angeführt.[1257] Es sollen darüber hinaus auch Fragen der Enteignung behandelt werden, wobei jegliche Konkretisierung hier noch fehlt.[1258] Auffälligstes Merkmal dieser Grundsätze ist jedoch, dass Fragen der Streitbeilegung auf zwischenstaatliche Verfahren nach Maßgabe des Protokolls von Olivos beschränkt bleiben und Investor-Streit-Verfahren damit keinen Eingang finden sollen.[1259] Es sollen zudem die »Voraussetzungen für den freien Kapitalverkehr« geregelt werden.[1260] Im Gegensatz zu PvC und PvBA, die erst dann hätten in Kraft treten können, wenn sie durch alle vier Mercosurstaaten ratifiziert worden wären, wird hier nun die bilaterale Inkraftsetzung angestrebt.[1261] Dies erscheint nach den Erfahrungen mit den bisherigen Protokollen, welche bis heute keine innerstaatliche Rechtskraft erlangt haben, auch die einzig praktisch

---

el proceso de integración.« (»[In der Annahme], dass die Schaffung von günstigen Voraussetzungen für Investitionen und Investoren aus jedem der Mitgliedstaaten in dem Gebiet der übrigen die wirtschaftliche Zusammenarbeit intensiviert und den Integrationsprozess beschleunigt.«).

1257 Nr. 2 Annex zu Ratsentscheidung N° 30/10: »Obligaciones principales: tratamiento nacional, transparencia, reglamentacion nacional, personal-clave.« (»Hauptsächliche Verpflichtungen: Inländerbehandlung, Transparenz, nationalrechtliche Regelung, Schlüsselpersonal«); *Fry/Stampalija* (Fn. 221), S. 556 (565), heben hervor, dass es ungewöhnlich sei, die Meistbegünstigung zu verweigern, aber die aus Sicht des Gaststaates komplexere und sensiblere Inländerbehandlung zu gewähren, plädieren aber wegen der Einbindung aller Mercosurstaaten für ein enges Verständnis der Inländerbehandlung, das beispielsweise die Gewährung einer den Inländern gewährten Meistbegünstigung ausschließt (S. 566). Auf S. 564 ff. unterbreiten die Autoren Vorschläge zur weiteren Ausgestaltung der in der Ratsentscheidung N° 30/10 enthaltenen Grundsätze.

1258 Nr. 3 Annex zu Ratsentscheidung N° 30/10: »Disciplinas de protección: Se determinará el alcance de disciplinas relativas a la protección en materia de expropriación.« (»Schutzregelungen: Der Umfang der Regelungen hinsichtlich Enteignungsfragen ist zu bestimmen.«); ausführlich dazu *Fry/Stampalija* (Fn. 221), S. 556 (573 ff.), die insbesondere eine Regulierung der indirekten Enteignungen anregen.

1259 Nr. 7 Annex zu Ratsentscheidung N° 30/10: »Solución de controversias: Estado – Estado, con base en el Protocolo de Olivos.« (»Streitbeilegung: Staat – Staat, auf Grundlage des Protokolls von Olivos.«).

1260 Nr. 8 Annex zu Ratsentscheidung N° 30/10: »Transferencia de capitales: Se acordarán las condiciones para la libre transferencia de capitales.« (»Kapitaltransfer: Es sind die Voraussetzungen für den freien Verkehr von Kapital zu bestimmen.«).

1261 Nr. 9 Annex zu Ratsentscheidung N° 30/10: »Entrada en vigor: Se preverá la vigencia bilateral.« (»Inkrafttreten: Vorgesehen wird die bilaterale Geltung.«).

gangbare – und dabei dem Mercosurrecht nicht unbekannte[1262] – Lösung zu sein. Die übrigen Grundsätze betreffen Verfahrens- und Formfragen hinsichtlich Vereinbarungen zwischen Staat und Investor.[1263] Es fällt auf, dass einige bedeutende Aspekte des modernen Investitionsschutzes, wie beispielsweise die »fair and equitable treatment«-Klausel oder der Grundsatz der Meistbegünstigung nicht erwähnt werden.[1264] Ob diese Aspekte im Rahmen der Ausgestaltung des Abkommens Eingang finden, bleibt einstweilen offen, ist aber zweifelhaft.

Grundsätzlich erscheinen die Erfolgsaussichten dieses neuen, weniger liberalen, sondern im Vergleich zu PvBA und PvC restriktiver ausgestalteten Ansatzes jedoch beträchtlich. Es ist anzunehmen – und auch durch das Fehlen der Investor-Staat-Schiedsverfahren ersichtlich, dass die Erfahrungen mit den letzten Regelungsvorhaben und die Vorbehalte vor allem Brasiliens in die Ausarbeitung dieser Grundsätze eingeflossen sind. Sollte hieraus tatsächlich ein Abkommen erwachsen, so ist weiterer Widerstand von Seiten des brasilianischen Gesetzgebers unwahrscheinlich, aber nicht ausgeschlossen. Immerhin waren die bislang »gültigen« Protokolle auch durch die Exekutive vermittels der Mercosurorgane verhandelt worden.

Die fast 20 Jahre alten Protokolle dürften auch heute nicht mehr dem Interesse Argentiniens entsprechen, das in der Nachfolge der Wirtschafts- und Finanzkrise Anfang des Jahrtausends dutzendfach (oft erfolgreich) vor internationalen Schiedsgerichten verklagt wurde.

1262 Siehe etwa Art. XXVII Abs. 1 Protokoll Dienstleistungshandel Mercosur, siehe Fn. 1097; siehe auch den Hinweis bei *Fry/Stampalija* (Fn. 221), S. 556 (588).

1263 Nr. 4-6 Annex zu Ratsentscheidung N° 30/10: »Nr. 4 Modalidad de consignación de compromisos: Se definirá el tipo de modalidad para la consignación de compromisos; Nr. 5 Liberalización: Se definirá una modalidad de liberalización de las restricciones consignadas en la lista; Nr. 6 Clasificación: Se acordará una clasificación común para la consignación de compromisos« (»Nr. 4 Verfahren hinsichtlich spezifischer Vereinbarungen: Es ist ein Verfahren für den Abschluss spezifischer Vereinbarungen festzulegen; Nr. 5 Befreiungen: Es ist festzulegen, wie von auf der Liste bezeichneten Beschränkungen befreit werden kann; Nr. 6: Klassifizierung: Eine allgemeine Klassifizierung für den Abschluss spezifischer Vereinbarungen ist festzulegen.«). *Fry/Stampalija* (Fn. 221), S. 556 (577 ff.), kritisieren diese Regelungstechnik, die den Regelungen zum Dienstleistungshandel entlehnt sei und es erlaube, den durch ein Abkommen garantierten Schutz zu unterlaufen. Siehe dazu auch S. 286.

1264 Dazu *Fry/Stampalija* (Fn. 221), S. 556 (558): »it would appear that Mercosur does not plan on creating a regional investment treaty that provides such protections, which is troubling«.

Eine restriktive Regulierung der ausländischen Direktinvestitionen – wie sie die Ratsentscheidung N° 30/10 nahelegt, dürfte auch im Interesse des neuen Mitgliedstaates Venezuela sein.[1265]

Das dringende Handlungsbedürfnis auf diesem Gebiet belegt außerdem die steigende Bedeutung von ausländischen Investitionen in den Mercosurstaaten.[1266] Ein positives Indiz ist zudem, dass in der jüngeren Vergangenheit sich vor allem Brasilien verstärkt dem Mercosur wieder zugewandt hat, so dass auch vor dem Hintergrund der Eingliederung Venezuelas und der damit gerade aus brasilianischer Sicht steigenden Bedeutung des bislang auf den südlichsten Teil des Kontinents beschränkten Integrationsprojekts es nicht unmöglich erscheint, solche auch grundlegenden Veränderungen im Mercosur anzunehmen.[1267]

Aus investitionsschutzrechtlicher Sicht ist die Abkehr von den genannten Protokollen bedauerlich. Ein multilaterales Abkommen wie das PvC, das selbst Drittstaatsangehörige in seinen Anwendungsbereich einbezogen hätte, wäre ein rechtliches Novum gewesen und hätte die beteiligten Staaten in den Fokus des internationalen Interesses gerückt. Ob das im Entstehen begriffene neue Abkommen ohne Gewährung des Zugangs zu Investitionsschiedsgerichten dem Investor tatsächlich Vorteile zu vermitteln vermag, erscheint sehr zweifelhaft.[1268] Unklar bleibt einstweilen, ob das zu schaffende Abkommen nach Art des PvBA lediglich Höchststandards definieren oder dem PvC vergleichbar durch die nationale Umsetzung vermittelte, subjektiv geltend zu machende Rechte für den Investor einräumen soll. Für Letzteres spricht der ohnehin schon stark begrenzte Umfang der umfassten Rechtspositionen, dagegen ist jedenfalls anzuführen das Fehlen des Zugangs zur Investitionsschiedsgerichtsbarkeit. Insgesamt, dies verdeutlicht auch der explizite, an die Ausgestaltung der andinen Entscheidung N° 291 erinnernde Vorbehalt einer nationalen Regulierung, zeigt sich ein sehr konservativer Ansatz

---

1265 Auf die genannten Veränderungen in den genannten Staaten weist *Fraga Lerner* (Fn. 658), S. 277 (289 f.), deutlich hin.

1266 So flossen nach Angaben der Weltbank (Quelle: http://data.worldbank.org, zuletzt geprüft am 29.10.2013) Argentinien 2010 noch 7, 8 Mrd. US-Dollar an Direktinvestitionen zu, 2012 dagegen bereits 12, 5 Mrd. US-Dollar. Die Direktinvestitionen in Brasilien stiegen in diesem Zeitraum sogar von ca. 53, 3 Mrd. US-Dollar auf etwa 76, 1 Mrd. US-Dollar.

1267 Vgl. etwa *Coronado/Gratius* (Fn. 317), S. 207 (208 ff.), zu den Interessen Brasiliens im Mercosur, auch hinweisend auf die Bedeutung einer Stärkung der institutionellen Struktur gerade für die kleinen Staaten Paraguay und Uruguay (S. 218, 233 f.).

1268 Kritisch auch *Fry/Stampalija* (Fn. 221), S. 556 (582 ff.), die aber betonen, dass entsprechende Regelungen kaum durchsetzbar wären (S. 584).

zum Umgang mit der Thematik. Kritik erfahren die Grundsätze der Ratsentscheidung N° 30/10 auch, weil sie dem Recht des Dienstleistungshandels näher stünden als dem Recht des Investitionsschutzes.[1269]

Auf der 42. Sitzung des Mercosur-Rats im Dezember 2011 wurde entgegen der Zielsetzung der Ratsentscheidung N° 30/10 das neue Regelungsinstrument nicht wie geplant beschlossen.[1270] Einziges Ergebnis dieser Zusammenkunft im Beisein der Staatspräsidenten war in Fragen des Investitionsschutzes eine gemeinsame Erklärung, dass es sinnvoll sei, ein entsprechendes Abkommen zu schaffen.[1271]

Damit zeigt sich, dass durchgreifende Gewährleistungen auch zukünftig nicht zu erwarten sind und der gesamte Regelungsbereich des Investitionsschutzes im Mercosur auch weiterhin durch das Instrument des bilateralen Investitionsabkommens geregelt – beziehungsweise in dessen Ermangelung nicht geregelt – werden wird.[1272]

1269 So *Fry/Stampalija* (Fn. 221), S. 556 (558, 564 f.).

1270 Skeptisch auch *Fry/Stampalija* (Fn. 221), S. 556 (557): »no indications as to when that draft might be available«.

1271 Siehe Abs. 16 des »Comunicado Conjunto de los Presidentes de los Estados Partes del Mercosur« vom 20.12.2011, abrufbar unter www.mercosur.int (zuletzt geprüft am 31.12.2011): »Reiteraron la importancia de contar con un Acuerdo de Inversiones en el Mercosur, como instrumento fundamental para el desarrollo de las economías de los Estados Partes y la progresiva conformación del Mercado Común« (»Sie bekräftigten, dass es wichtig sei, ein Abkommen über Investitionen im Mercosur zu schaffen als ein grundlegendes Instrument zur Weiterentwicklung der Volkswirtschaften der Mitgliedstaaten und der Bildung des Gemeinsamen Marktes.«).

1272 Korrekt weist aber *Teixeira Silveira* (Fn. 16), S. 216 f., darauf hin, dass selbst die Annahme eines wie auch immer gestalteten Mercosurprotokolls nicht das Ende aller Regelungsunterschiede zwischen den Mitgliedstaaten bedeutete, da diese dem inkorporierten völkerrechtlichen Vertrag in der nationalen Rechtsordnung einen unterschiedlichen Rang zumessen und sich daraus für die Investoren ein jeweils unterschiedliches Schutzniveau ergebe. Verhalten optimistisch äußert sich aber *Guira* (Fn. 114), S. 254: »Further Reform as to non member state investor protection is likely to be an area left to the member state in bilateral treaties, rather than Mercosur itself. [...] It has only a limited but potentially increasing role to play in foreign investment«; auch *García-Bolívar* (Fn. 6), S. 464 (478), betont, dass die steigenden Auslandsinvestitionen von Unternehmen aus der Region zu einem veränderten Schutzbedürfnis führten. *Fraga Lerner* (Fn. 658), S. 277 (289 f.), hebt hervor, dass die zunehmenden Investitionen der Mercosurländer in dritten Staaten ein Bedürfnis nach Schutz durch bilaterale Abkommen wecken würden: »FDI that is dangerously

II. Stillstand in der Andengemeinschaft

Das beschriebene, heute geltende Investitionsregime ist seit bereits 20 Jahren in Kraft. Wenn es sich auch als praktikabel erwiesen hat, so stellt es doch kein kohärentes System zum Umgang mit ausländischen Investitionen oder deren effektivem Schutz dar.

Die letzten konkreten Reformbemühungen liegen fast zehn Jahre zurück und zeigen sich in zwei Dokumenten des Generalsekretariats:

So wurde 2003 durch das Generalsekretariat der Andengemeinschaft ein Arbeitstreffen zur Ausgestaltung eines neuen Investitionsregimes abgehalten, infolge dessen im Zusammenwirken mit der UNCTAD eine neue »Andine Strategie zur Förderung von Investitionen« verabschiedet werden konnte.[1273] Diese beruht auf einer Förderung des Technologietransfers, des Ausbaus der Infrastruktur, der Verbesserung des unternehmerischen Klimas und einer verstärkten Außendarstellung der Investitionsmöglichkeiten in der Andengemeinschaft.[1274]

2004 wurden ebenfalls vom Generalsekretariat ein Entwurf für ein neues Investitionsregime und ein Reformpapier zum Thema Investitionen vorgelegt (i.F.: »Reformpapier«).[1275] Zur Begründung einer Reform des andinen Investitionsregimes führte das Generalsekretariat an, dass die sehr liberalen Regelungen der Entscheidung N° 291 ausländischen Investitionen kaum Grenzen setzten und ein Bedürfnis bestehe, den sich aus nationalem, gemeinschaftlichem und durch bilaterale Abkommen

---

subject to nothing more than the national laws and the jurisdiction of each host state where it is located.«.

1273 »Estrategía Andina de Promoción de Inversiones« in: Documentos de Trabajo – Secretaría General de la Comúnidad Andina vom 1.12.2003, SG/RT.EAPI/dt 4, abrufbar unter www.comunidadandina.org (zuletzt geprüft am 2.1.2012). Diesen Prozess beschreibt auch *Hummer* (Fn. 331), S. 561 (587 ff.).

1274 »Estrategía Andina de Promoción de Inversiones«, S. 6 ff., 23.

1275 »Informe de la Secretaría General sobre el Tema de Inversiones al Mes de Febrero de 2004« in: Documentos Informativos – Secretaría General de la Comúnidad Andina vom 24. Februar 2004, SG/di304/Rev. 1. Bereits seit 1998 war die Aktualisierung des Investitionsregimes in der Andengemeinschaft thematisiert worden (siehe hierzu »Antecedentes 1.« des »Informe de la Secretaría General sobre el Tema de Inversiones al Mes de Febrero de 2004«) und zwischenzeitlich sogar ein Entwurf für eine neue Regulierung als »Anteproyecto de Decisión« vorgelegt, welcher jedoch auf Betreiben der Mitgliedstaaten nicht weiter verfolgt wurde (vgl. den Hinweis in »Antecedentes 4.« des »Informe de la Secretaría General sobre el Tema de Inversiones al Mes de Febrero de 2004«); alle hier genannten Dokumente abrufbar unter www.comunidadandina.org (zuletzt geprüft am 2.1.2012).

zusammensetzenden Rechtsrahmen auch zum Vorteil des Investors zu harmonisieren. Erforderlich sei zudem ein Abbau noch bestehender Zugangsbeschränkungen für subregionale Investoren in einzelnen Mitgliedstaaten und eine Ausweitung des Investitionsregimes auch auf Portfolioinvestitionen, welche von der Entscheidung N° 291 nicht erfasst sind, und auf Fragen des Umgangs mit ausländischem Personal. Es sei auch zu überlegen, ob das Investitionsregime sich grundsätzlich stärker Schutzanliegen der Investoren zuwenden solle.[1276] Das Generalsekretariat wirft die Frage auf, ob eine Unterscheidung zwischen subregionalen und drittstaatlichen Investoren weiterhin vorgenommen werden sollte und wie Vorteile für subregionale Investoren allein auf diese beschränkt bleiben könnten. Es bestehe auch die Möglichkeit, ein eigenes Regime für aus Drittstaaten zugeflossene Investitionen zu schaffen, wobei der Grundsatz zu wahren sei, dass nationale Investoren nicht schlechter behandelt werden dürften als Investoren aus dritten Staaten.[1277] Für die weitere Behandlung der Thematik schlägt das Generalsekretariat den Mitgliedstaaten vor, die Unterscheidung zwischen subregionalem und drittstaatlichem Investor aufrechtzuerhalten, jedenfalls für erstere auch Portfolioinvestitionen einzubeziehen und unbeschränkte Inländerbehandlung festzuschreiben. Für Drittstaatler sollten darüber hinaus Pre-Establishment-Regelungen (also Regelungen zum Marktzugang), steuerliche Gleichbehandlung und die Zulassung von Personal nicht gewährt, dagegen jedoch Durchführungsanforderungen (performance-requirements) beschrieben werden können. Wenn den Staaten auch Freiheiten bezüglich einer vorteilhafteren Behandlung der drittstaatlichen Investoren verbleiben sollten, so müsse doch stets das Verbot einer Schlechterstellung der nationalen Investoren gelten.[1278]

Der konkret ausformulierte und als Annex dem Reformpapier angefügte Vorschlag einer umfassenden Neuregelung des Investitionsregimes[1279] widmet sich lediglich den subregionalen Investitionen und nimmt keinen direkten Bezug auf drittstaatliche Investoren. Diese können nur dann erfasst werden, wenn sie in einem der Mitgliedsländer niedergelassen sind und in einem der anderen

1276 Die hier angeführten Gründe werden benannt in »La Necesidad de Actualizar la Normativa Andina 10. – 18.« der »Informe de la Secretaría General sobre el Tema de Inversiones al Mes de Febrero de 2004«.

1277 Die genannten Aspekte werden angeführt in »Las Relaciones con Países Extra-Subregionales 20. – 29.« der »Informe de la Secretaría General sobre el Tema de Inversiones al Mes de Febrero de 2004«.

1278 »Líneas de Acción« der »Informe de la Secretaría General sobre el Tema de Inversiones al Mes de Febrero de 2004«.

1279 »Anexo 2 – Anteproyecto de Decisión Régimen General de Inversiones« zum »Informe de la Secretaría General sobre el Tema de Inversiones al Mes de Febrero de 2004«.

Mitgliedsstaaten zu investieren beabsichtigen.[1280] Materiell sieht dieser Vorschlag weitgehende und moderne Begünstigungen vor, nennt beispielsweise die Inländerbehandlung, eine (beschränkte) Meistbegünstigungsklausel, den Grundsatz einer gerechten und billigen Behandlung, das Verbot von Performance Requirements, einen freien Transfer von Kapital, Entschädigungsregelungen für Fälle der Enteignung sowie einer Streitbeilegung auch unter Einbindung des ICSID.[1281]

Für den Umgang mit spezifisch drittstaatlichen Investitionen ist darüber hinaus keine aktuelle Entwicklung erkennbar.

All diese Initiativen sind bislang trotz der Unterstützung durch die UNCTAD ergebnislos verlaufen.[1282] Es besteht angesichts der überaus restriktiven Haltung der bolivianischen Regierung auch kaum Aussicht darauf, dass die Andengemeinschaft die Schutzinteressen eines ausländischen Investors berücksichtigende Regelungen zu schaffen in der Lage sein könnte. Neben der bolivianischen Regierung nimmt auch die Regierung Ecuadors unter Präsident Rafael Correa eine ähnliche Haltung ein. Eine Einigung mit den liberaler eingestellten Andenstaaten Kolumbien und Peru scheint bei dieser Problematik derzeit kaum vorstellbar. Angesichts dessen erscheint auch das auf höchster Ebene in der Andengemeinschaft noch Anfang 2010 erneuerte Bekenntnis, im Rahmen einer »Strategischen Andinen Agenda« auch die andinen Normen zur Förderung und zum Schutz von Investitionen einer Überprüfung unterziehen zu wollen, als wenig konkret und erfolgversprechend.[1283]

III. Vage Initiativen im Rahmen der Unasur

Im Rahmen der Unasur sind erste Aktivitäten im Bereich des Investitionsschutzes zu beobachten. In ihrem institutionellen Rahmen ist eine Arbeitsgruppe gebildet

---

1280 Vgl. Art. 5 Abs. 1 i.V.m. Art. 3 des »Anteproyecto de Decisión – Régimen General de Inversiones« als Annex 2 des »Informe de la Secretaría General sobre el Tema de Inversiones al Mes de Febrero de 2004«.

1281 Art. 9, 11, 13, 15-17, 22-24, 25-27, 36 ff. des »Anteproyecto de Decisión – Régimen General de Inversiones« als Annex 2 des »Informe de la Secretaría General sobre el Tema de Inversiones al Mes de Febrero de 2004«.

1282 So *Hummer* (Fn. 331), S. 561 (588).

1283 Siehe Punkt 3.3 der »Principios Orientadores y Agenda Estratégica Andina – Documento Aprobado por el Consejo Andino de Ministros de Relaciones Exteriores en Forma Ampliada con la Comisión de la Comúnidad Andina« vom 5.2.2010: »Evaluar la norma común andina en materia de protección y promoción de inversiones« (»[es ist zu] evaluieren das Gemeinschaftsrecht zu Fragen des Schutzes und der Förderung von Investitionen«) abrufbar unter www.comunidadandina.org (zuletzt geprüft am 2.1.2012).

worden, die sich ausdrücklich mit Fragen der Investitionsschiedsgerichtsbarkeit auseinandersetzt.[1284] In der Diskussion stehen dabei die Schaffung eines Südamerikanischen Streitbeilegungszentrums (»Centro Sudamericano de Solución de Controversias«), eines Unasur-Schiedszentrums (»Centro de Arbitraje Unasur«) sowie eines Beratungszentrums für Investitionsstreitigkeiten (»Centro de Asesoria Legal para Controversías en Materia de Inversiones«).[1285] Die genannte Arbeitsgruppe hat im Frühjahr 2013 einen Entwurf eines »Gründungsprotokolls des Zentrums für Mediation und Streitbeilegung der Union Südamerikanischer Staaten (Unasur) in Investitionsfragen« vorgelegt.[1286] Der Entwurf zeigt lediglich Grundlinien eines zukünftigen Streitbeilegungszentrums auf. Näheres bleibt einer noch zu schaffenden Verfahrensordnung vorbehalten.[1287] Der Entwurf bestimmt aber, dass das Zentrum für Investitionsstreitigkeiten gelten soll, die entweder zwischen Mitgliedstaaten der Unasur oder zwischen Mitgliedstaaten und Investoren aus anderen Mitgliedstaaten entstehen.[1288] Dafür ist aber sowohl

---

1284 Vgl. Hinweise bei *Cabrera-Diaz* (Fn. 169 [2]). Die Rede ist dabei von einem »Centro Suramericano de Solución de Controversías«, dessen Gründung auf einem Treffen der Arbeitsgruppe im Juni 2011 beschlossen worden sein soll.

1285 Siehe Nr. 15 der »Declaración Final de la Reunión Extraordinaria del Consejo de jefes y jefas de Estado de la Unión de Naciones Suramericanas« vom 4.5.2010 sowie Nr. 20 der »Declaración del Consejo de jefas y jefes de Estado y de Gobierno de la Unión de Naciones Suramericanas« vom 26.11.2010 (abrufbar unter www.comunidadandina.org/unasur, zuletzt geprüft am 16.10.2013). Auf solche Aktivitäten weist auch *García-Bolívar* (Fn. 6), S. 464 (485), hin; siehe auch bei *Nowrot* (Fn. 169), S. 8 und bei *Fiezzoni*, The Challenge of Unasur Member Countries to replace ICSID Arbitration, BLR 2011, S. 134 (139 ff.).

1286 Der Entwurf des »Protocolo Constitutivo del Centro de Mediación y Arbitraje de la Unión de Naciones Suramericanas (Unasur) en materia de inversiones« vom 22.4.2013 ist – mit dem Hinweis versehen »El documento no ha sido aprobado de forma oficial« (»Das Dokument ist noch nicht formal in Kraft gesetzt«) – auf der Seite www.unasursg.org (zuletzt geprüft am 15.10.2013) verfügbar.

1287 Die »Clausula Décima« des Entwurfes eines Gründungsprotokolls des Streitbeilegungszentrums der Unasur verweist auf das beabsichtigte »Reglamento de Funcionamiento del Centro de Mediación y Arbitraje de la Unión de Naciones Sudamericana«.

1288 Die »Clausula Segunda« des Entwurfes eines Gründungsprotokolls des Streitbeilegungszentrums der Unasur bestimmt in Abs. 1: »Ámbito de Competencia: El Centro facilitará la solución de controversias en materia de inversiones que pudieran originarse entre los Estados Miembros de Unasur que sean parte del Centro, así como también entre Estados e Inversionistas« (»Anwendungsbereich: Das Zentrum fördert die Beilegung von Investitionsstreitigkeiten, die zwischen Mitgliedstaaten entstehen können, welche Mitglieder des Zentrums sind, sowie zwischen Staaten

erforderlich, dass der betreffende Staat dem Zentrum beigetreten ist als auch, dass zwischen den Parteien Einigkeit besteht, die Streitigkeit dem Zentrum vorzulegen.[1289] Der Entwurf sieht ein Leitungsgremium vor und beauftragt das Unasur-Generalsekretariat mit der Verwaltung.[1290] Der Entwurf legt ferner fest, dass andere in internationalen Abkommen enthaltene Streitbeilegungsoptionen durch das Unasur-Zentrum nicht beeinträchtigt werden und macht außerdem deutlich, dass das Gründungsprotokoll keine von der expliziten Zustimmung unabhängige Verpflichtung der Mitgliedstaaten enthält, eine konkrete Streitigkeit dem Zentrum vorzulegen.[1291] Es bleibt abzuwarten, ob dieser Entwurf tatsächlich in dieser Form verabschiedet wird.

---

und Investoren.«), in Abs. 2: »El Centro facilitará la solución de controversias en materia de inversiones, que pudieran originarse entre sus Miembros en la aplicación de Acuerdos Internacionales en materia de inversiones que sean parte, siempre y cuando estos hayan consentido en someter su controversia al mecanismo establecido en el ámbito del Centro« (»Das Zentrum fördert die Beilegung von Investitionsstreitigkeiten, die zwischen seinen Mitgliedern hinsichtlich der Anwendung von internationalen Investitionsabkommen entstehen können, immer dann, wenn diese zugestimmt haben, diese Streitigkeit dem im Anwendungsbereich des Zentrums eingerichteten Verfahren zu unterbreiten.«) sowie in Abs. 3: »Así mismo podrá facilitar la solucíon de controversias en materia de inversiones, de inversionistas nacionales de los Estados Miembros del Centro con otros estados miembros del mismo, previo consentimiento de las partes« (»Ebenso kann es die Beilegung von Investitionsstreitigkeiten zwischen Investoren aus den Mitgliedstaaten und anderen Mitgliedstaaten fördern, sofern sich die Parteien hierüber einig sind.«).

1289 Siehe Fn. 1288.

1290 Die »Clausula Tercera« des Entwurfes eines Gründungsprotokolls des Streitbeilegungszentrums der Unasur benennt in Abs. 2 die »Junta Directiva« und bezieht sich in Abs. 4 auf die »Secretaria del Centro«.

1291 Siehe die »Clausula Quinta« des Entwurfes eines Gründungsprotokolls des Streitbeilegungszentrums der Unasur: »Las disposiciones del presente Protocolo no afectarán de modo alguno en la aplicación de los mecanismos de solución de controversias y demás compromisos contenidos en Instrumentos Internacionales en materia de inversiones, de los que sean parte cualquiera de los Estados Miembros. Ser parte de este Protocolo Adicional por parte de los Estados Miembros de Unasur, no se reputará que constituye una obligación de someter ninguna diferencia determinada a conciliación o arbitraje, a no ser que medie el consentimiento de dicho Estado.« (»Die Bestimmungen des vorliegenden Protokolls beeinträchtigen in keiner Weise die Anwendbarkeit von Regelungen zur Streitbeilegung und anderen Bestimmungen aus internationalen Investitionsschutzinstrumenten, nach denen irgendeiner der Mitgliedstaaten verpflichtet ist. Als Mitgliedstaat der Unasur dieses Zusatzprotokoll anzunehmen, bedeutet nicht, dass eine Verpflichtung bestehe, irgendeine bestimmte

B. Investitionsschutz auf der interregionalen Ebene – Gestaltungsmöglichkeiten mit Potenzial?

Bislang wurde der Schutz ausländischer Direktinvestitionen auf den Ebenen des nationalen Rechts, des Völkerrechts, unter Einbindung bilateraler Schutzabkommen sowie durch innerhalb eines Integrationsbündnisses geltendes Integrationsrecht[1292] untersucht. Zum Schutz grenzüberschreitender Investitionen bietet sich zusätzlich die interregionale Rechtsebene an. Das Integrationsrecht könnte eine investitionsschützende Wirkung nicht nur in der bislang behandelten Innenperspektive entfalten, sondern als »Brücke« zwischen zwei Wirtschaftsbündnissen – hier der Europäischen Union einerseits und dem Mercosur beziehungsweise der Andengemeinschaft andererseits – fungieren.

Im Folgenden ist dabei zunächst im Sinne einer Bestandsaufnahme festzuhalten, ob und in welcher Weise die drei Bündnisse Direktinvestitionen in ihren außenwirtschaftlichen Beziehungen behandeln. Im Anschluss daran sollen die Möglichkeiten beleuchtet werden, nach denen das Integrationsrecht des Mercosur und der Andengemeinschaft in Verbindung mit dem Recht der EU den Schutz des deutschen Direktinvestors in Brasilien beziehungsweise Bolivien fördern kann.

I. Bestandsaufnahme – Derzeit nur sehr beschränkter Investitionsschutz in den Außenbeziehungen der Integrationsbündnisse

Alle drei im Folgenden dargestellten Bündnisse behandeln in ihren Außenbeziehungen Fragen des Investitionsschutzes bislang nur unzureichend:

1. Derzeit kaum verwirklichter Investitionsschutz in den Außenrechtsbeziehungen der Europäischen Union

Seit Jahrzehnten war der Abschluss bilateraler Investitionsförder- und -schutzabkommen Angelegenheit der einzelnen Mitgliedstaaten der Europäischen Union. Außenkompetenzen kamen der Union auch schon vor Inkrafttreten des

Streitigkeit der Mediation oder Streitbeilegung zu unterwerfen, es sei denn, es liegt eine ausdrückliche Zustimmung des Staates vor.«).

1292 Die Einrichtung eines »Regional Investment Agreement« und eines ständigen »Latin American Court of Investment Law schlägt vor *Nowrot* (Fn. 169), S. 42 ff.

Lissabonvertrags im Bereich der heutigen Art. 216, 218, 220 AEUV zu.[1293] Zum 1. Dezember 2009 wurde durch Art. 207 Abs. 1 AEUV eine eigenständige Unionskompetenz für den Umgang mit ausländischen Direktinvestitionen begründet. Einzelfragen zum Umgang mit dieser weitreichenden neuen Kompetenz sind – wie angesprochen – noch ungeklärt.[1294] Jedenfalls im Zusammenwirken mit den Einzelstaaten könnte die EU heute – dies steht außer Frage – ein umfassendes Investitionsschutzabkommen schaffen. Jedenfalls gegenwärtig scheint dies jedoch nicht im Mittelpunkt der außenhandelsrechtlichen Bemühungen der Union zu stehen:

Seit 1996 betreibt die Union verstärkt eine Politik der gegenseitigen Marktöffnung im Verhältnis zu dritten Staaten oder Verbindungen von Staaten.[1295] Eines der wichtigsten wirtschaftspolitischen Instrumente der EU sind dabei – wie im Folgenden dargestellt – umfassende bi- und multilaterale Abkommen über den Freihandel von Gütern und Dienstleistungen.

Da zwischen Aspekten des Freihandels, also der Marktöffnung für Güter und Kapital einerseits sowie dem Schutz dieser Investitionen andererseits eine enge sachliche Verbindung besteht, liegt die Frage nahe, inwiefern solche Freihandelsabkommen Bezug auf den Schutz von Direktinvestitionen nehmen. Das 2011 geschlossene Abkommen zwischen der EU und den Andenstaaten Kolumbien und Peru ist eines der jüngsten Beispiele.[1296] Es benennt als wesentliche Ziele die Vertiefung und Liberalisierung des Warenhandels sowie die Schaffung eines verlässlichen Rechtsrahmens für alle Handels- und Investitionsbeziehungen.[1297] Sein

---

1293 Zu den heutigen Außenbeziehungen siehe *Schmalenbach*, in: Calliess/Ruffert (Fn. 61), Art. 216, 218, 220 AEUV.

1294 Siehe S. 214; *Dimopoulos* (Fn.790), S. 121, betont die Bedeutung des Art. 207 AEUV in der Abgrenzung zu Art. 117 AEUV, sofern spezifische Investitions- und nicht allgemeine Assoziationsabkommen in Rede stehen.

1295 *Reiter* (Fn. 1074), S. 208 (224 f.), beschreibt die Bezüge auf Investitionen in EU-Abkommen mit Drittstaaten als »strikingly weak«, begründet das aber auch mit der (bis vor Kurzem) fehlenden Kompetenz der Union. *Cremona*, The European Union and Regional Trade Agreements, in: Herrmann/Terhechte (Fn. 73), S. 245 (250 ff.), unterscheidet dabei Abkommen mit (potenziellen) Beitrittskandidaten, Nachbarstaaten und dritten Staaten.

1296 Siehe Fn. 471.

1297 Vgl. Präambel des Abkommens EU-Kolumbien/Peru: »by liberalising and expanding trade and investment […], […] determined to establish clear and mutually advantageous rules governing their trade and to foster trade and investment […], […] providing […] a predictable legal framework for their trade and investment relations«; siehe auch Art. 4 »Objectives« Abs. 1 Abkommen EU-Kolumbien/Peru.

Schwerpunkt liegt insgesamt jedoch auf der Ausgestaltung der Marktzugänge und der Beseitigung von Handelsbeschränkungen, nicht auf dem Schutz einer Investition nach dem Muster klassischer Investitionsschutzverträge.[1298]

Das zeigt sich strukturell schon daran, dass kein Kapitel explizit dem Schutz von Investitionen gewidmet ist. Deutlich wird dies auch durch die Ausgestaltung des »Chapter 2: Establishment« (»Niederlassung«) im »Title IV: Trade in Services, Establishment and Electronic Commerce«: In einer Fußnote zu Art. 111 »Scope of application« wird dort ausdrücklich der Ausschluss des Investitionsschutzes festgeschrieben:

»For greater certainty, and without prejudice to the obligations set out therein, this Chapter does not cover provisions on investment protection, such as provisions specifically relating to expropriation and fair and equitable treatment, nor does it cover investor-State dispute settlement procedures.«[1299]

Soweit im Übrigen Behandlungsstandards formuliert werden, gelten diese entsprechend für den Zugang des Investors zum Markt, nicht für dessen Schutz in der fremden Jurisdiktion.[1300]

Dennoch greift das Freihandelsabkommen an anderer Stelle einen auch für Direktinvestoren zentralen Aspekt auf: Ausdrücklich geschützt sind im Zusammenhang mit einer Direktinvestition vorgenommene Kapitalbewegungen, namentlich die Rückführung des einmal eingebrachten Kapitals sowie aller aus der Investition gezogenen Profite.[1301] Sofern das Abkommen Regelungen zur Streitbeilegung

---

1298 Vgl. *Brown* (Fn. 809), S. 297 (299 ff.), zu dem ähnlich ausgestalteten Freihandelsabkommen zwischen der EU und Südkorea.

1299 Siehe Fn. 25 zu Art. 111 »scope of application« im »Chapter 2 – Establishment« des Abkommens EU-Kolumbien/Peru.

1300 Art. 112 Abs. 1 Abkommen EU-Kolumbien/Peru: »With respect to market access through establishment, each Party shall accord to establishments and investors of another Party treatment no less favourable than that provided for in the specific commitments contained in Annex VII« und Art. 113 Abs. 1 Abkommen EU-Kolumbien/Peru: »Colombia shall grant to estalishments and investors of the EU, with respect to all measures affecting establishment, treatment no less favourable than that it accords to its own like establishments and investors.«. Diese Begrenzung ist zurückzuführen auf die vor Inkrafttreten des Lissabon-Vertrags limitierten Kompetenzen der damaligen EG, vgl. dazu *Bungenberg* (Fn. 817 [1]), S. 195 (208).

1301 Siehe Art. 169 »Capital Account« im »Title V – Current Payments and Movement of Capital« des Abkommens EU-Kolumbien/Peru: »With regard to transactions on the capital and financial account of balance of payments, following the entry into force of this Agreement, the Parties shall ensure the free movement of capital relating to direct investments made in juridical persons constituted in accordance with the laws

trifft, gelten diese nur für das Verhältnis zwischen den Vertragsparteien, nicht für Private.[1302] Das Freihandelsabkommen macht an verschiedenen Stellen deutlich, dass Fragen des Umgangs mit Investitionen auch erst noch zu schließenden Abkommen vorbehalten bleiben sollen.[1303]

Das Freihandelsabkommen mit Kolumbien und Peru ist damit kein Investitionsschutzabkommen. Es berührt Fragen des Investitionsschutzes nur am Rande. Ein ebenfalls 2011 zwischen der EU und Südkorea geschlossenes Freihandelsabkommen ist in dieser Hinsicht seiner Struktur und seinem Inhalt nach sehr

---

of the host country and investments and other transactions made in accordance with the provisions of Title IV (Trade in Services, Establishment, and Electronic Commerce), as well as the liquidation and repatriation of these investments and of any profit stemming therefrom.

1302 Vgl. Art. 298 »Objective« des Chapter 1 »Objectives, scope of application and definitions« im »Title XII – Dispute Settlement« des Abkommens EU-Kolumbien/Peru: »The objective of this Title ist to prevent and settle any dispute between the Parties« und Art. 300 »Definitions« des Chapter 1 »Objectives, scope of application and definitions« im »Title XII – Dispute Settlement«: »For the purposes of this Title, «party to the dispute« [...] means a Party [...] to this Agreement.«. Speziell für Investitionsstreitigkeiten, die das »Chapter 2: Establishment« im »Title IV – Trade in Services, Establishment and Electronic Commerce« berühren, schließt das Abkommen sogar aus, dass diese vor anderen Streitbelegungsmechanismen geltend gemacht werden können, vgl. Art. 115 »Other Agreements«: »any dispute settlement mechanism established under any existing or future international agreement relating to investment to which [...] the EU, an EU Member State or a signatory Andean Country is a party shall not be applicable to alleged breaches of this Chapter.«.

1303 Vgl. Art. 115 Abs. 1 »Other Agreements« des Abkommens EU-Kolumbien/Peru: »Nothing in this Title shall be construed as limiting the rights and obligations of the Parties and of their investors established in any existing or future international agreement relating to investment to which an EU Member State and a signatory Andean Country are parties.« sowie Art. 116 Abs. 1 »Investment promotion and review«: »With a view to a progressive liberalisation of investments, the EU and the signatory Andean Countries shall seek to promote an environment attractive for reciprocal investment within their respective spheres of competence« und Abs. 2: »The promotion referred to in paragraph 1 shall lead to a cooperation that shall include, among others, the review of the investment legal framework, the investment environment and the flow of investments between the Parties, consistent with their commitments under international agreements« und Art. 171 »Final Provisions«: »With the aim of supporting a stable and secure framework for long-term investment, the Parties shall consult with a view to facilitating the movement of capital between them.«.

ähnlich.[1304] Dies verdeutlicht, dass die EU bislang bei der Ausgestaltung solcher außenhandelsrechtlicher Abkommen bewusst die Trennung zwischen Handel und Investitionsschutz vornimmt.[1305]

1304 »Free Trade Agreement between the European Union and its Member States, of the one part, and the Republic of Korea, of the other part«, in Kraft seit dem 1.7.2011, Abl. der EU L/127 vom 14.5.2011, S. 6 ff., (i.F.: »FTA EU-Südkorea«); zudem Abkommen mit Südkorea ausführlich *Brown* (Fn. 809), S. 297 (299 ff.); zu den Zielen des Abkommens vgl. Art. 1.1 II (a), (b), (h) FTA EU-Südkorea und Art. 1.1 II (h) FTA EU-Südkorea: »to promote foreign direct investment« und 3. Erwägungsgrund der Präambel zum FTA EU-Südkorea: »this Agreement will create a stable and predictable environment for investment«. Den Ausschluss des klassischen Investitionsschutzes macht – insofern auch systematisch mit dem Abkommen EU-Kolumbien/Peru vergleichbar – Fn. 14 zu Art. 7.10 (»With a view to improving the investment environment, and in particular the conditions of establishment between the Parties, this Section applies to measures by the Parties affecting establishment in all economic activities with the exception of [...]«) FTA EU-Südkorea deutlich: »Investment Protection, other than the treatment deriving from Article 7.12, including investor-state dispute settlement procedures, is not covered by this Chapter.« oder vgl. Art. 7.14 Abs. 1 FTA EU-Südkorea: »With respect to any measures covered by this Section affecting establishment, unless otherwise provided for in this Article, each Party shall accord to establishments and investors of the other Party treatment no less favourable than that it accords to like establishments and investors of any third country in the context of an economic integration agreement signed after the entry into force of this Agreement.« und dazu Fn. 21: »The obligation contained in this paragraph does not extend to the investment protection provisions not covered by this Chapter, including provisions relating to investor-state dispute settlement procedures.«; zu einer Revision des investitionsrechtlichen Rechtsrahmens zu einem späteren Zeitpunkt vgl. Art. 7.16 FTA EU-Südkorea: »Review of the Investment Legal Framework – Abs. 1: With a view to progressively liberalising investments, the Parties shall review the investment legal framework, the investment environment and the flow of investment between them consistently with their commitments in international agreements no later than three years after the entry into force of this Agreement and at regular intervals thereafter: Abs. 2: In the context of the review referred to in paragraph 1, the Parties shall assess any obstacles to investment that have been encountered and shall undertake negotiations to address such obstacles, with a view to deepening the provisions of this Chapter, including with respect to general principles of investment protection.«; zu dieser »review clause« *Brown* (Fn. 809), S. 297 (302). Die Gewährung des freien Kapitaltransfers und der Liquidation und Rückführung des Kapitals und der gezogenen Profite regelt Art. 8.2 Abs. 1 des Abkommens.

1305 Ältere Abkommen bleiben – schon mangels eigenständiger Kompetenz der Union – hinter diesem Ergebnis noch zurück: So enthält das 2000 geschlossene »Abkommen

Die EU-Kommission hat sich in ihrer Mitteilung 343 vom 7. Juli 2010 zur Wahrnehmung der Kompetenz aus Art. 207 Abs. 1 AEUV geäußert. Aus dieser wird deutlich, dass die Union bei der Wahrnehmung ihrer Kompetenz auf eine Kooperation und Abstimmung mit den Mitgliedstaaten zu setzen beabsichtigt.[1306] Kurzfristig plant sie, anders als es – wie gezeigt – bislang verwirklicht werden konnte, investitionsschützende Regelungen im Zusammenhang mit Freihandelsabkommen zu verwirklichen, wobei auch die laufenden Verhandlungen mit dem Mercosur als Beispiel genannt werden.[1307] Mittelfristig sei auch der Abschluss

---

über wirtschaftliche Partnerschaft, politische Koordinierung und Zusammenarbeit zwischen der Europäischen Gemeinschaft und ihren Mitgliedstaaten einerseits und den Vereinigten mexikanischen Staaten andererseits« hinsichtlich des Umgangs mit Investitionen nur allgemeine Grundsätze und Zielsetzungen, Abl. der EG Nr. L/276 vom 28.10.00, S. 45 ff., vgl. Art. 15, 8; vgl. auch *Robert/Sauvé/Steinfatt* (Fn. 1035), S. 265 (281), die zumindest die Regelungen zum Kapitaltransfer positiv bewerten. Das 2002 geschaffene Abkommen zwischen der EU und Chile formuliert zwar konkreter, erreicht aber ebenfalls nicht die Regelungsdichte und den Regelungsumfang bilateraler Investitionsabkommen (»Abkommen zur Gründung einer Assoziation zwischen der Europäischen Gemeinschaft und ihren Mitgliedstaaten einerseits und der Republik Chile andererseits«, Abl. der EG Nr. L/352 vom 30.12.2002, S. 3 ff.). Es formuliert jedoch ausdrücklich das Ziel, die Rahmenbedingungen für Investitionen, insbesondere der Bedingungen für die Niederlassung, auf der Grundlage des Diskriminierungsverbots zu verbessern (Art. 94 Abs. 2). Es postuliert den Grundsatz der Inländerbehandlung für Fragen der Niederlassung (Art. 132: »In den in Anhang X aufgeführten Sektoren gewähren die Vertragsparteien unter den darin festgelegten Bedingungen und Voraussetzungen den juristischen und natürlichen Personen der anderen Vertragspartei hinsichtlich der Niederlassung eine Behandlung, die nicht weniger günstig ist als die Behandlung, die sie ihren eigenen juristischen und natürlichen Personen gewähren.«) und schreibt fest, dass im Zusammenhang mit Direktinvestitionen vorgenommene Kapitaltransfers frei getätigt werden dürfen, insbesondere das eingebrachte Kapital zurück- und Gewinne abgeführt werden können (Art. 165 Abkommen EU-Chile: »Hinsichtlich der Kapitaltransaktionen genehmigen die Vertragsparteien ab Inkrafttreten des Abkommens den freien Kapitalverkehr im Zusammenhang mit nach den Rechtsvorschriften des Aufnahmestaates getätigten Direktinvestitionen und nach den Bestimmungen von Titel III dieses Teils getätigten Investitionen sowie die Liquidation oder Rückführung dieses Kapitals und daraus resultierender Gewinne.«); zu dem Abkommen EU-Chile betonen *Heydon/Woolcock*, The Rise of Bilateralism, 2009, S. 112, dass erstmals die EU überhaupt explizit Investitionsregelungen mit einem Drittstaat vereinbarte.

1306 KOM(2010)343, S. 8.

1307 KOM(2010)343, S. 8; siehe auch den Hinweis von *Brown* (Fn. 471), S. 445 (448). Derzeit befindet sich die Union in Freihandelsverhandlungen mit Kanada, Indien,

eigenständiger Investitionsabkommen nach klassischem Grundmuster denkbar.[1308] In den besprochenen Abkommen findet dieser Ansatz dabei noch keinen Niederschlag. Ein »Einheitsmodell für Investitionsabkommen mit Drittländern« beabsichtigt die EU dabei nicht. Vielmehr soll der jeweils »konkrete Verhandlungskontext« berücksichtigt werden.[1309] Insbesondere Fragen der Investor-Staats-Schiedsgerichtsbarkeit will sich die Kommission verstärkt zuwenden, um das bestehende Schutzniveau auf Grundlage der bilateralen Abkommen zu wahren.[1310]

2. Kein Investitionsschutz in den Außenbeziehungen des Mercosur verwirklicht, aber denkbar

Der Mercosur besitzt die zum Abschluss völkerrechtlicher Abkommen notwendige eigene Rechtspersönlichkeit.[1311] Im Rahmen seiner Ziele und Funktionen ist er auch befugt, solche Abkommen zu schließen.[1312] Grundsätzlich ist hierfür der Rat zuständig. Er kann diese Aufgabe jedoch an die Gruppe und diese sie wiederum

---

Singapur, Japan und Malaysia. Investitionsschützende Regelungen soll auch das zukünftige Abkommen zwischen der EU und Kanada enthalten, siehe den Absatz »Investment« des Memo/13/911 vom 18.10.2013 der Europäischen Kommission (abrufbar unter http://europa.eu/rapid/press-release_MEMO-13-911_en.htm – zuletzt geprüft am 22.10.2013); das nahezu abschließend verhandelte Freihandelsabkommen mit Singapur soll ein eigenes Kapitel »Investment Protection« enthalten, siehe Pressemitteilung der Europäischen Kommission IP/13/849 vom 20.9.2013 (abrufbar unter http://europa.eu/rapid/press-release_IP-13-849_en.htm, zuletzt geprüft am 22.10.2013).

1308 Genannt werden hier insbesondere China und Russland, KOM(2010)343, S. 8; siehe auch die Pressemitteilungen der Europäischen Kommission IP/13/458 vom 23.5.2013 (abrufbar unter http://europa.eu/rapid/press-release_IP-13-458_en.htm) sowie vom 18.10.2013 (verfügbar unter http://trade.ec.europa.eu/doclib/press/index.cfm?id=975, jeweils zuletzt geprüft am 22.10.2013).

1309 KOM(2010)343, S.7.

1310 Vgl. KOM(2010)343, S. 6 f., 11 f.; vgl. *Mestmäcker* (Fn. 816), 2011, S. 34 f.

1311 Art. 34 POP; vgl. auch *Toscano Franca Filho* (Fn. 455), S. 147 (148); zur Behandlung der Außenbeziehungen vor dem Inkrafttreten des POP, *Samtleben* (Fn. 181), S. 175 (189 ff.).

1312 Art. 35 POP; siehe auch ausführlich bei *Olivar* (Fn. 426), S. 339 (354 ff., 357 ff.). Hierauf verweist *Toscano Franca Filho* (Fn. 455), S. 147 (148), sowie darauf, dass Ratsentscheidung N° 32/00 (dort Art. 1) ausdrücklich die gemeinschaftliche Verhandlung von Handelsabkommen vorschreibt.

an die Handelskommission delegieren.[1313] Aufgrund der strikt paritätischen Besetzung aller Organe verbleibt die Verhandlungsführung stets unter direkter Kontrolle der Mitgliedstaaten.[1314] Auswärtige Verträge werden grundsätzlich durch den Mercosur und die Mitgliedstaaten gemeinschaftlich in Form eines gemischten Abkommens geschlossen.[1315]

In den Außenbeziehungen des Mercosur kommt dem Investitionsschutz bislang keine Bedeutung zu. Der Mercosur hat in den bald 20 Jahren seines Bestehens lediglich ein einziges Freihandelsabkommen mit einem dritten, nicht der ALADI zugehörigen Staat geschlossen und tatsächlich in Kraft gesetzt:[1316] Dies ist das Freihandelsabkommen mit Israel.[1317] Ein Ziel dieses Abkommens ist es, gegenseitige Investitionen zu fördern.[1318] Die Postulation des »National Treatment« sowie des freien Zahlungsverkehrs gilt nur für den Warenhandel.[1319] Deutlich werden diese

---

1313 Art. 8 Abs. 4; 14 Abs. 7 POP; vgl. bei *Toscano Franca Filho* (Fn. 455), S. 147 (149), die auch verweist auf eine Ad-Hoc-Gruppe zu auswärtigen Beziehungen und positiv bewertet, dass die Verhandlungsführung dabei der Vorsitzende der Kommission der Ständigen Vertreter übernehmen kann, vgl. Art. 5 Ratsentscheidung N° 11/03, (S. 150). Durch Ratsentscheidung N° 22/11 wurde zudem eine »Ad-Hoc-Gruppe Auswärtige Beziehungen« (»Grupo Ad Hoc de Relacionamiento Externo«) geschaffen, deren Aufgabe es ist, wirtschaftliche Verhandlungen mit dritten Staaten zu koordinieren und zu unterstützen.

1314 *Toscano Franca Filho* (Fn. 455), S. 147 (149).

1315 Eingehend *Haller* (Fn. 120), S. 262 f., 399 f.; und *Toscano Franca Filho* (Fn. 455), S. 147 (149).

1316 *Toscano Franca Filho* (Fn. 455), S. 147 (160), zu den mit ALADI-Staaten geschlossenen Freihandelsabkommen; siehe den Kommentar *Amadeos*(Fn. 312), S. 17: »magro resultado de un solo acuerdo […] que implica un porcentaje mínimo del comercio de ambos firmantes.« (»mageres Ergebnis in Form nur eines Abkommens, das nur einen Bruchteil des Handels zwischen den Parteien erfasst.«). Ein Freihandelsabkommen mit Ägypten wurde am 2.8.2010 zwar unterzeichnet, jedoch von keinem Mercosurstaat bislang ratifiziert, vgl. »Tratado de Libre Comercio entre el Mercosur y la República Árabe de Egipto«, Ratsentscheidung N° 26/10.

1317 »Tratado de Libre Comercio entre el Mercosur y el Estado de Israel« vom 18.12.2007, vgl. Ratsentscheidung N° 50/07, umfassend in Kraft seit dem 8.10.2011 (i.F.: »Abkommen Mercosur-Israel«). Es besteht außerdem ein Freihandelsabkommen mit dem »Staat Palästina«, das aber noch nicht in Kraft ist (»Tratado de Libre Comercio entre el Mercosur y el Estado de Palestina« vom 20.12.2011, vgl. Ratsentscheidungen N° 35/11 sowie N° 40/10).

1318 Kap. I, Art. 3 Nr. 3 Abkommen Mercosur-Israel: »increase substantially investment oportunities in the territories of the Parties«.

1319 Vgl. Kap. II, Art. 1 Abs. 1, 6 Abs. 1 Abkommen Mercosur-Israel.

Vorbehalte auch darin, dass das Abkommen für Investitionen und den Handel mit Dienstleistungen lediglich zukünftige Gespräche und Vertiefungen benennt, aber keinerlei konkrete Bindungen trifft.[1320] Direktinvestitionen liegen damit außerhalb des Fokus dieses Handelsabkommens. Ein zur Vorbereitung des Freihandelsabkommens 2005 bereits geschlossenes Rahmenabkommen zwischen dem Mercosur und Israel legt nichts anderes nahe.[1321] Daneben besteht die beschriebene Freihandelszone zwischen den Staaten des Mercosur und den Staaten der Andengemeinschaft.[1322] Schutz von Direktinvestitionen ist jedoch nicht deren Gegenstand. Weitere konkrete Untersuchungsobjekte kann der Mercosur – abgesehen von Rahmenvereinbarungen über Handelsvorteile oder über zukünftig zu schließende Abkommen – nicht liefern.[1323]

3. Investitionsschutz in den Außenbeziehungen der Andengemeinschaft möglich, aber unverwirklicht

Die Kompetenz zum Abschluss von Abkommen mit dritten Staaten besitzt in der Andengemeinschaft der Außenministerrat.[1324] Die Entscheidung N° 598 von Außenministerrat und Kommission erlaubt es jedoch den Mitgliedstaaten, umfassende bilaterale Wirtschaftsabkommen mit dritten Staaten zu schließen, wenn eine Verhandlung auf Ebene der Gemeinschaft nicht möglich ist.[1325]

Die Andengemeinschaft hat in ihren Außenbeziehungen jedoch bislang keine Vereinbarungen zum Schutz von Investitionen getroffen.

4. Ein Gegenbeispiel: Investitionsschutz in US-amerikanischen Freihandelsabkommen

Das Beispiel der Vereinigten Staaten zeigt allerdings, dass die Einbindung von Investitionsschutzregelungen in Freihandelsabkommen durchaus praktikabel ist.

1320 Kap. II, Art. 9 FTA Abkommen Mercosur-Israel.

1321 »Acuerdo Marco de Comercio entre el Mercosur y el Estado de Israel« vom 8.12.2005, Ratsentscheidung N° 22/05.

1322 Siehe S. 125.

1323 Siehe den »Acuerdo marco para la creación de un área de libre comercio entre el Mercosur y la República Árabe de Siria«, als Rahmenabkommen mit Syrien vom 16.12.2010, Ratsentscheidung N° 34/10. *Toscano Franca Filho* (Fn. 455), S. 147 (159 ff.), verweist auf diverse auswärtige Verhandlungen des Mercosur. *Wachendorfer* (Fn. 309), S. 2, spricht von Handelsverträgen mit »zahlreichen Ländern«, denen nur »wenig ökonomische Relevanz« zukomme, präzisiert dies aber nicht weiter.

1324 Art. 16 a), d) AvC.

1325 Entscheidung N° 598 »Relaciones Comerciales con Terceros Países« vom 11.7.2004.

So weist das Abkommen mit Südkorea ein vollständiges Kapitel zur Behandlung und zum Schutz von Investitionen auf.[1326] Hierin finden sich alle Merkmale klassischer Investitionsschutzabkommen wie Regelungen zum Umgang mit Enteignungen, Vereinbarungen zur Anrufung von Schiedsgerichten und zum Kapitaltransfer. Die Inländerbehandlung und das Gebot der Meistbegünstigung sind ebenfalls Bestandteil des Kapitels.

Ausführliche Regelungen zu diesen Fragen und speziell zur Streitbeilegung enthält auch das Nordamerikanische Freihandelsabkommen NAFTA.[1327]

5. Zwischenergebnis: Ungenutztes Potenzial

Keines der hier untersuchten Integrationsbündnisse vereinbart derzeit im Rahmen seiner Außenbeziehungen effektive Schutzmaßnahmen für Investoren. Die EU schließt solche Maßnahmen auch fast vier Jahre nachdem ihr eine dahingehende Kompetenz erwachsen ist, in den geltenden Abkommen explizit aus. In zukünftigen Abkommen sind allerdings Änderungen zu erwarten und konkrete Überlegungen zu einem eigenständigen Investitionsschutzabkommen mit China bestehen bereits. Es zeigt auch der Blick in die Praxis der Vereinigten Staaten, dass durchaus bereits heute Freihandelsabkommen schließende Staaten sich gleichzeitig auf Regelungen zum Investitionsschutz verständigen.

II. Die interregionale Rechtsebene als Instrument des Investitionsschutzes

Daran anschließend spricht vieles dafür, die interregionale Rechtsebene für den Schutz von Investoren zwischen Europäischer Union und Mercosur beziehungsweise Andengemeinschaft nutzbar zu machen.[1328] Auf dieser interregionalen Ebene hat die Europäische Union bislang zwei Abkommen geschlossen. So wurde 2008 ein Partnerschaftsabkommen mit dem Bündnis Cariforum geschlossen[1329] sowie 2010 ein Assoziierungsabkommen mit dem Zentralamerikanischen

---

1326 Kapitel 11 des United States-Korea Free Trade Agreement vom 30.6.2007, noch nicht in Kraft.

1327 Kapitel 11 des »North American Free Trade Agreement«, 32 ILM (1993), S. 289 ff.

1328 Diese Frage werfen auch *Hindelang/Maydell* (Fn. 786), S. 11 (80), auf – allerdings ohne Bezug zu den hier angesprochenen Gemeinschaften.

1329 Mitglieder des Cariforum sind fünfzehn karibische Staaten. Das »Economic Partnership Agreement between the Cariforum States, of the one part, and the European

Integrationssystem SICA vereinbart.[1330] Auf dieser Ebene sollte aus den nachfolgend dargestellten Gründen ein ausschließliches Investitionsabkommen ohne auch den Freihandel umfassende Normen geschaffen werden.

1. Die interregionale Rechtsebene – Vorteile und praktische Komplikationen

Der größte Vorteil eines interregionalen Abkommens wäre der Zugewinn an Rechtssicherheit. Ein einmal geschlossenes Abkommen wäre nur dann wieder abzuändern, wenn die zuständigen Organe der Gemeinschaften, gegebenenfalls sogar nur unter weiterer Einbindung der Mitgliedstaaten, im Konsens Abstand nähmen von den getroffenen Regelungen. Je mehr Staaten jedoch – direkt oder indirekt – in ein solches Abkommen involviert wären, desto schwieriger gestaltete sich die Aufhebung oder Änderung des Abkommens. Für den durch das Abkommen begünstigten Investor wäre dies ein Zugewinn an Rechtssicherheit.

Günstig wäre ebenfalls der Umstand, dass durch Einbindung zweier Integrationsbündnisse unmittelbar eine Vielzahl von Staaten eingebunden würde. In all diesen Staaten gälte dann ein vereinheitlichter Schutzstandard. Investitionsentscheidungen des Investors würden hierdurch deutlich vereinfacht.

Des Weiteren wäre zu erwarten, dass ein solches interregionales Abkommen zwischen hochentwickelten Industriestaaten in der Union und aufstrebenden Schwellen- und Entwicklungsländern in Lateinamerika einen erheblichen Beitrag zur Fortbildung des nach wie vor uneinheitlichen Rechts des internationalen Investitionsschutzes liefern könnte.[1331] Den derart kodifizierten Rechtsansichten von mehr als 30 Staaten käme zwangsläufig ein erhebliches Gewicht zu.

Community and its Member States, of the other part«, Abl. der EU, L 289/1/3 vom 30.10.2008, wurde geschlossen am 15.10.2008. Es ist bislang nicht in Kraft getreten.

1330 Mitglieder der SICA sind die zentralamerikanischen Staaten Costa Rica, Salvador, Guatemala, Honduras, Nicaragua und Panama. Das »Agreement establishing an Association between Central America, on the one hand, and the European Union and ist Member States, on the other« wurde unterzeichnet am 29.6.2011. Es ist noch nicht in Kraft getreten und nicht im Amtsblatt veröffentlicht, aber abrufbar unter (www.trade.ec.europa.eu, zuletzt geprüft am 17.10.2013). Diese Abkommen ansprechend und näher auf das Abkommen mit dem SICA eingehend *Tuis/Brown* (Fn. 471) S. 253 (254 f.).

1331 *Griebel/Kim*, Zwischen Aufbruch, Stillstand und Rückschritt – Überlegungen zur Zukunft des internationalen Investitionsrechts, SchiedsVZ 2007, S. 186 (187 ff.), gehen auf bestehende Rechtsunsicherheiten im internationalen Investitionsschutzrecht ein.

Darüber hinaus könnte nur ein interregionales Abkommen sicherstellen, dass auch die Interessen kleinerer, weniger wirtschaftsstarker Staaten angemessen vertreten würden. Im Verbund mit anderen Volkswirtschaften ließen sich ausgeglichenere Abkommen schaffen, die den Interessen beider Parteien entsprechen könnten. Das könnte Bedenken ausräumen, dass ein solches Investitionsabkommen primär den Interessen der kapitalexportierenden Industriestaaten diene.

Der wohl gravierendste Nachteil einer Instrumentalisierung der interregionalen Rechtsebene zeigt sich darin, dass dem ICSID-Abkommen lediglich Staaten beitreten können.[1332] Den Bündnissen EU, Mercosur oder Andengemeinschaft ist dies – vorbehaltlich einer Änderung der Konvention – nicht möglich. Es stellt sich also die Frage, ob in einem solchen interregionalen Abkommen der Zugang zu ICSID-Schiedsgerichtsbarkeit auf anderem Wege vereinbart werden könnte oder ob auf übrige institutionalisierte Schiedsgerichte zurückgegriffen werden müsste. Das etablierteste Forum zur Beilegung von Investitionsstreitigkeiten könnte heute jedenfalls keine Anwendung finden.

So vorteilhaft die Verbindlichkeit eines solch interregionalen Abkommens aus dem Gesichtspunkt der Rechtssicherheit wäre, so stellte sich diese Rigidität dann als Nachteil heraus, wenn eine Reform des Rechtsakts erfolgen sollte, sich ein Vertragsstaat der Überarbeitung jedoch verweigerte. Eine zuvor erzielte Balance unterschiedlicher Interessen könnte dabei zum Vorteil nur eines Beteiligten zerstört werden.

Der Abschluss eines interregionalen Abkommens wäre außerdem – anders als bei Abkommen zwischen Staaten – mit dem Risiko behaftet, dass einer der Vertragspartner nicht fortbestehen und die Verbindlichkeit der Rechtsnormen damit in Frage gestellt sein könnte. Dieses Risiko ist – das zeigt auch der gegenwärtige Zustand der Andengemeinschaft – nicht rein theoretisch.

Neben diesen Nachteilen ist zu befürchten, dass der Abschluss eines solchen Abkommens dann mit extremen Schwierigkeiten verbunden wäre, wenn nicht beide Seiten auf überstaatlicher Ebene verhandeln und das Abkommen in Kraft setzen könnten, sondern stets die jeweiligen Mitgliedstaaten einzubinden wären. Gerade dies ist aber jedenfalls im Mercosur und angesichts der nicht abschließend geklärten Reichweite der Kompetenz aus Art. 207 AEUV möglicherweise auch in der Europäischen Union der Fall.

1332 Siehe Fn. 832. Auf diesen Nachteil verweist auch *Bungenberg* (Fn. 817 [1]), S. 195 (210).

2. Vorteile isolierter Investitionsabkommen gegenüber der Integration in Freihandelsabkommen

Es stellt sich des Weiteren die Frage, in welcher Form Investitionsschutznormen auf der interregionalen Ebene vereinbart werden könnten. Wie bereits angesprochen, ist es einerseits möglich, solche Regelungen in Freihandelsabkommen zu integrieren.[1333] Andererseits könnte der Schutz von Investoren auch – vergleichbar dem klassischen zwischenstaatlichen BIT – Gegenstand eines eigenständigen interregionalen Investitionsschutzabkommens sein.[1334]

Für eine normative Integration des Investitionsschutzes in Freihandelsabkommen sprechen neben rechtlichen auch wirtschaftliche und politische Gründe. Von vornherein besteht eine enge sachliche Nähe zwischen Handel und Investitionen. Dies unterstreicht schon die Tatsache, dass die historischen zwischenstaatlichen Commerce-Friendship-and-Navigation-Verträge als Vorläufer heutiger Wirtschaftsabkommen ebenfalls Handelsfragen und Investitionsbelange umfassten.[1335] So sind zum Beispiel die Grundsätze der Inländerbehandlung und der Meistbegünstigung ebenso für beide Sachbereiche von zentraler Bedeutung wie der Grundsatz des freien Kapitalverkehrs.

Für eine Kombination beider Themenbereiche in einem umfassenden Abkommen spricht auch, dass die Verhandlungsmaterie in dem Sinne erweitert würde, dass handelsrechtliche Zugeständnisse der einen Seite nicht nur durch ein Entgegenkommen der anderen Seite in Handelsfragen, sondern alternativ durch deren Nachgeben in Angelegenheiten des Investitionsschutzes erreicht werden könnte.[1336] Die Wahrscheinlichkeit einer Einigung wäre damit erheblich größer.

1333 *Robert/Sauvé/Steinfatt* (Fn. 1035), S. 265 (280 ff.), stellen verschiedene Typisierungen von investitionsschützenden und investitions- beziehungsweise handelsfördernden Maßnahmen vor. *Heydon/Woolcock* (Fn. 1305), S. 121, benennen eine globale Tendenz, Freihandels- und Investitionsregelungen zu kombinieren. Bei Abschluss einer Freihandelszone zwischen der EU und Mercosur beziehungsweise Andengemeinschaft wäre diese in Übereinstimmung mit den Regelungen der WTO zu gestalten, vgl. bei *Nowrot* (Fn. 96), S. 61, (129 ff.); zur Vereinbarkeit von regionalen Handelsabkommen mit WTO-Recht auch *Then de Lammerskötter* (Fn. 304), S. 130 ff., S. 159 ff.

1334 Vgl. Fn. 1328.

1335 Zum völkerrechtlichen Charakter und materiellen Inhalt dieser Handels- und Schifffahrtsverträge *Prüser* (Fn. 73), S. 72 ff.; *Banz* (Fn. 21), S. 19 ff.; siehe auch den Hinweis bei *Häde* (Fn. 27), S. 181 (191); siehe auch bei *Markert* (Fn. 23), S. 44 f.

1336 Dieser Gedanke findet sich auch bei *Heydon/Woolcock* (Fn. 1305), S. 89, im Zusammenhang mit multilateralen WTO-Verhandlungen; siehe auch *Markert* (Fn. 23), S. 67.

Andererseits könnte ein separates Abkommen gerade wegen der Beschränkung der zu regelnden Materie leichter erfolgreich abzuschließen und gegebenenfalls später anzupassen sein.

Zudem wäre es denkbar, dass – solange wegen der beschriebenen Differenzen zwischen Mercosur und EU zu den Marktzugängen für Industrie- und Agrarprodukte ein umfassendes Freihandelsabkommen undenkbar bleibt – ein isoliertes Investitionsschutzabkommen als »Türöffner« für eine weitergehende Einigung wirken könnte. Es könnte als Beispiel für eine gelungene Kooperation und Verhandlung weitere Abkommen begünstigen.

Die Abkommen mit Peru und Kolumbien sowie Südkorea belegen, dass die EU diesen Weg heute noch nicht beschreitet. Im Zusammenhang mit dem geplanten Abkommen mit dem Mercosur sind Regelungen zu Investitionen geplant, doch scheinen sich diese einstweilen nicht auf Schutzaspekte zu erstrecken, sondern vor allem den Marktzugang in den Vordergrund zu stellen.[1337]

Das belegt auch das Abkommen EU-Cariforum.[1338] Dieses enthält zwar Regelungen, die auch ausländische Direktinvestitionen berühren, doch liegt deren Schwerpunkt überwiegend nicht auf dem Schutz eines Investors.[1339] Einige Vorschriften des Abkommens stehen jedoch durchaus in engerem Zusammenhang auch mit Schutzinteressen des Investors.[1340] Das Abkommen enthält aber einen

---

1337 Siehe das »Mercosur Regional Strategy Paper 2007 – 2013« der Europäischen Kommission vom 2.8.2007, Dokument E/2007/1640, welche als eine von »drei Säulen« des geplanten Abkommens benennt, S. 21: »A trade chapter, which includes not only an FTA (Free Trade Agreement) in goods and services but also covers, among other things, market access and rules on government procurement, investment, intellectual property rights, competition policies, sanitary and phyto-sanitary issues, technical barriers to trade, protection of geographical indications, business facilitation, trade defence instruments, a dispute settlement mechanism, etc.«; vgl. *Toscano Franca Filho* (Fn. 455), S. 147 (157).

1338 Siehe Fn. 1329.

1339 Siehe Art. 1 (b), (e), (f); insbesondere Art. 60 ff., 65 (b), (c); Art. 67 zum Marktzugang (»a treatment no less favourable«), Art. 68 zum diesbezüglichen »national treatment« sowie den bemerkenswerten Art. 72 Abkommen EU-Cariforum zur »Behaviour of investors«, der Verhaltensregeln für Investoren enthält, und Art. 188 sowie 193 Abkommen EU-Cariforum.

1340 Das gilt insbesondere für Art. 70 zum »most-favoured-nation treatment«, der Bezug nimmt auf »any measures affecting commercial presence« sowie Art. 123 Abs. 1 Abkommen EU-Cariforum »Capital Movements: With regard to transactions on the capital account of balance of payments, the Signatory Cariforum States and the EC Party undertake to impose no restrictions on the free movement of capital relating to

Vorbehalt, der Bezug nimmt auf den möglichen späteren Abschluss eines entsprechenden Investitionsabkommens.[1341] Das Abkommen EU-SICA[1342] macht dagegen explizit deutlich, dass Schutzaspekte nicht erfasst sind.[1343]

Der Abschluss eines reinen Investitionsabkommens mit dem Mercosur würde diesem im Integrationsrecht des Mercosur zur Geltung auf einer Stufe zwischen Primär- und Sekundärrecht verhelfen.[1344] Dies ist auch der Fall im Recht der Europäischen Union.[1345] In der Andengemeinschaft dürfte Vergleichbares gelten.[1346] Von der EU zu schließende Abkommen müssten wegen der in Art. 21 EUV angeführten allgemeinen Ziele stets auch unter anderem soziale, menschenrechtliche und ökologische Kriterien einbeziehen.[1347] Dies steht auch in Einklang mit den Grundsätzen der erwähnten »Global-Europe«-Initiative.[1348]

3. Zwischenergebnis

Sowohl im Kontext des Mercosur als auch im Zusammenhang mit der Andengemeinschaft scheint es angesichts der beschriebenen rechtlichen und politischen Vorbehalte wenig aussichtsreich, auf einen Abschluss von Investitionsvereinbarungen in Verbindung mit noch zu schaffenden Freihandelsabkommen zu hoffen. Eine solche umfassende Regelung brächte zwar die genannten Vorteile mit sich, ist nach derzeitigem Stand jedoch illusorisch. Der Ausstieg Boliviens aus den mit der Andengemeinschaft als Ganzem begonnenen Verhandlungen über das letztlich

---

direct investments made in accordance with the laws of the host country and investments established in accordance with the provisions of Title II, and the liquidation and repatriation of these capitals and of any profit stemming therefrom.«.

1341 Art. 71 Abkommen EU-Cariforum; siehe auch Art. 62 Abkommen EU-Cariforum zu »Future Liberalisation«.

1342 Siehe Fn. 1330.

1343 Siehe Fn. 12 zu Art. 163 Abkommen EU-SICA: »Investment protection, other than the treatment deriving from Article 165, including investor-state dispute settlement procedures, is not covered by this Chapter«, Art. 165 Abkommen EU-SICA bezieht sich auf »National Treatment«.

1344 Dies legt die Aufzählung in Art. 41 Abs. 1-3 POP nahe; siehe auch *Freeland López Lecube* (Fn. 848), S. 214 f.

1345 Siehe zum Rang völkerrechtlicher Verträge im Unionsrecht *Schmalenbach* (Fn. 1293), Art. 216 AEUV Rn. 50 ff.

1346 AvC und GVAG treffen hierzu keine Aussage.

1347 *Bungenberg* (Fn. 809), S. 123 (149); *Braun* (Fn. 808), S. 95 (102), vgl. auch KOM(2010)343, S. 10.

1348 *Cremona* (Fn. 1295), S. 245 (246 f.).

nur mit Kolumbien und Peru geschlossene Freihandelsabkommen aus dem Jahr 2011 zeigt deutlich, dass gerade auch im Bereich des Freihandels und des Zugangs zu nationalen Märkten Uneinigkeit zwischen diesem Staat und der Union besteht. Ähnliches gilt für Brasilien: Nachdem 2010 mit viel Zuversicht die zuvor seit Jahren stagnierenden Gespräche über ein EU-Mercosur-Freihandelsabkommen wieder aufgenommen worden waren, zeigte sich schon bald, dass die bekannten wirtschaftspolitischen Differenzen über die rechtliche Zusicherung des Marktzugangs für Agrar- und Industrieprodukte fortbestehen. Bis heute konnte hier keine Lösung gefunden werden.

Wegen dieser derzeit gegebenen Unmöglichkeit eines umfassenden Freihandelsabkommens erscheint es – bei allen diesbezüglich verbleibenden inhaltlichen Schwierigkeiten – einzig realistisch, den Abschluss eines eigenständigen interregionalen Investitionsschutzabkommens zu verfolgen. Darüber hinaus sprechen auch die genannten Vorteile schon für ein solches isoliertes Abkommen.

III. Die interregionale Rechtsebene zwischen Europäischer Union, Mercosur und Andengemeinschaft: Die Hürde »Investitionsschiedsgerichtsbarkeit« und denkbare rechtliche Maßnahmen zu deren Überwindung

Jegliche Vereinbarung von interregionalen Investitionsregelungen mit den behandelten südamerikanischen Bündnissen verbleibt aber illusorisch, wenn nicht die beschriebenen Vorbehalte Brasiliens und Boliviens gegen die heute geltenden Muster zum internationalen Investitionsschutz aufgegriffen und einer Lösung zugeführt werden. Das zentrale Problem stellt der Zugang zur internationalen Investitionsschiedsgerichtsbarkeit dar, welcher beide Staaten – wie andere Länder der genannten Bündnisse auch – äußerst kritisch gegenüberstehen.[1349] Ohne dem individuell betroffenen Investor den Zugang zu solchen Schiedsgerichten einzuräumen, verbliebe ein denkbares Abkommen der beschriebenen Art jedoch ineffektiv. Eine die entgegenstehenden Interessen berücksichtigende Lösung ist daher unabdingbar.

Um in dieser zentralen Frage eine Annäherung zu ermöglichen, müsste – sofern man nicht davon ausgeht, dass in absehbarer Zeit sich die Position Brasiliens

1349 *Markert* (Fn. 23), S. 62 f., stellt heraus, dass auch bezüglich anderer Staaten eine wachsende Zurückhaltung hinsichtlich Investor-Staats-Schiedsverfahren feststellbar ist.

wegen des Zuwachses eigener Auslandsinvestitionen ohnehin verändert – den südamerikanischen Bedenken Rechnung getragen werden. Grundsätzlich ist der Europäischen Union der Gedanke, in außenhandelsrechtlichen Abkommen Asymmetrien zu berücksichtigen und Partnerländern auch weitgehende wirtschaftliche Zugeständnisse zu machen, nicht fremd.[1350]

Die bekannten schiedsgerichtlichen Verfahren müssten rechtlich derart modifiziert werden, dass sich Brasilien und Bolivien – sei es auch nur versuchsweise – auf das Experiment »Investitionsschiedsgerichtsbarkeit« (wieder) einließen.[1351]

Die Bedenken Boliviens und Brasiliens gründen sich in erster Linie darauf, dass der Staat die ihm gegebene Souveränität aufgäbe, wenn er auf Augenhöhe mit einem ausländischen Investor vor einem Schiedsgericht verhandle. Es liege in der Durchführung eines solchen Schiedsverfahrens zudem ein Verstoß gegen das Gebot des gesetzlichen Richters. Schließlich wird eingewandt, dass eine solche Ungleichbehandlung im Vergleich zu inländischen Investoren nicht zu rechtfertigen sei.[1352]

Um diesen Bedenken entgegenzutreten, sind Modifikationen denkbar auf verfahrens- und materiellrechtlicher Ebene sowie im Bereich der Vollstreckung von Schiedsurteilen. Solche Modifikationen könnten endgültig und dauerhaft oder lediglich für eine Übergangszeit gelten, während derer den beteiligten Staaten die Möglichkeit gegeben wäre, Vertrauen in die institutionalisierte Schiedsgerichtsbarkeit zu fassen.

In verfahrensrechtlicher Hinsicht könnte für Investor-Staat-Verfahren das Verfahrensrecht des jeweils betroffenen Staats vorgeschrieben sein. Statt der Verfahrensregeln etwa des ICSID ließe sich der Gaststaat also lediglich auf ein Schiedsverfahren ein, welches nach seinen nationalen Normen verhandelt würde. Eine solche Maßnahme hätte jedenfalls souveränitätsschonenden Charakter. Um allerdings einen Ausgleich zu schaffen zwischen dem Bedürfnis des Investors nach

---

1350 Siehe etwa Art. 25 Abs. 3; 329 f. des Vierten AKP-EG-Abkommens vom 15.12.1989, Abl. der EG Nr. L/229, S. 3 ff.; siehe auch bei *Mendoza Nava* (Fn. 399), S. 71 ff.

1351 *Kleinheisterkamp* (Fn. 50), S. 156 (159 f.), führt Zugeständnisse auf, die den an der Calvo-Doktrin orientierten Staaten Lateinamerikas bereits bei Abfassung der ICSID-Konvention gemacht wurden und nennt den Verzicht auf diplomatischen Schutz, die Möglichkeit des Erfordernisses einer Erschöpfung des innerstaatlichen Rechtswegs vor Anrufung des Zentrums, die absolute Nichtverbindlichkeit der Ratifizierung der Konvention ohne Zustimmung zum konkreten Rechtsstreit, die Möglichkeit, materielle Vorbehalte zu erklären sowie die Einschlägigkeit materiellen Rechts bei Fehlen anderer Vereinbarungen.

1352 Siehe dazu oben S. 154.

Rechtssicherheit und Schutz vor Willkür einerseits und andererseits dem Interesse des Gaststaats, sich zwecks Schutzes seiner Souveränität nicht fremdem materiellen Recht zu unterwerfen,[1353] wäre es zwingend erforderlich, das zum Zeitpunkt der Vornahme der Investition geltende und dem Investor bekannte Recht auch bei späteren Rechtsänderungen im Schiedsverfahren anzuerkennen. Zu diesem Zweck könnten Stabilisierungsklauseln Anwendung finden.[1354]

Denkbar ist auch, die Zusammensetzung des Schiedsgerichts mit einer parlamentarischen Zustimmung zu verbinden. Es müsste keinen Nachteil für den Investor darstellen, wenn in regelmäßigen Abständen das Parlament des Gastlands eine – möglichst umfangreiche – Liste mit möglichen, somit parlamentarisch akzeptierten, Schiedsrichtern erstellte, aus der die Parteien dann jedenfalls einen Teil der Schiedsrichter des Schiedsgerichts wählen könnten.[1355]

Demokratische Legitimation gewönne ein schiedsrechtliches Verfahren auch schon durch völlige Transparenz seiner Regeln und Abläufe sowie durch die Veröffentlichung aller Schiedssprüche.[1356] Dabei könnte allerdings das Bedürfnis der Parteien nach Diskretion beeinträchtigt werden.

Den Befürchtungen vor einer Klagewelle durch Investoren könnte durch ein erweitertes Klagerecht des Gaststaats, möglicherweise auch von durch die Investition mittelbar Betroffenen, wie beispielsweise Anwohnern, entgegengetreten werden.[1357] Hiermit könnten jedoch auch erhebliche Verzögerungen der Streitbeilegung verbunden sein.

1353 Hierhinter steht letztlich die Frage nach der Abwägung privater und öffentlicher Interessen, welche eines der Grundprobleme im internationalen Investitionsrecht darstellt, vgl. bei *Nowrot* (Fn. 169), S. 18: »the central challenge lawmakers and arbitrators are as of today ever more faced with is to provide for an appropriate and thus acceptable balance between the legally protected economic interests of foreign investors on the one side and the domestic steering capacity of host states für the protection and promotion of public interest concerns on the other side«, der auch vorschlägt, im Rahmen einer Weiterentwicklung des bestehenden Investitionsschutzregimes insbesondere auf die Sicherstellung des genannten Interessenausgleichs zu achten (S. 33).

1354 Siehe dazu in Fn. 653.

1355 Vgl. den ähnlichen Vorschlag für die Zusammensetzung eines »Latin American Court of Investment Law« bei *Nowrot* (Fn. 169), S. 44.

1356 Die Bedeutung der Transparenz solcher Verfahren hebt auch *Kleinheisterkamp* (Fn. 50), S. 156 (188 f.), hervor. Mehr Transparenz im Rahmen von ICSID-Verfahren regen auch an *Amarasinha/Kokott* (Fn. 745), S. 119 (150). Siehe auch bei *Nowrot* (Fn. 169), S. 44.

1357 Diese Anregung findet sich bei *Amarasinha/Kokott* (Fn. 745), S. 119 (148 f.).

Beschränkungen sind auch in materieller Sicht denkbar. So könnte etwa eine Vereinbarung getroffen werden, dass besonders souveränitätssensible Wirtschaftsbereiche – wie etwa der Energiesektor – von vornherein der Investitionsschiedsgerichtsbarkeit entzogen bleiben.

Vorstellbar ist zudem, dass lediglich Ansprüche in einer bestimmten Höhe geltend gemacht werden dürften, womit exorbitante Forderungen gegen den Gaststaat per se ausgeschlossen wären. Das wäre für einen deutschen Investor wohl nur dann akzeptabel, wenn seine den Grenzbetrag übersteigenden Forderungen durch Investitionsabsicherungen der Bundesrepublik gedeckt wären. Anderenfalls müsste er sich auch im Falle rechtswidriger Beeinträchtigungen damit abfinden, dass er einen Teil seines Schadens selbst zu tragen hätte.

Auf die Bedenken der südamerikanischen Staaten könnte auch Rücksicht genommen werden, indem diesen eine gewisse Flexibilität hinsichtlich der Behandlungsstandards für ausländische Investitionen eingeräumt werden könnte. Diese Vorgehensweise praktiziert die Europäische Union bereits seit Längerem etwa in Bezug auf afrikanische und karibische Staaten.[1358]

Vorstellbar wäre im Übrigen eine dahingehende Vereinbarung, dass Investitionsschiedsgerichte ausschließlich materielles Recht des Gaststaates anwenden dürften. Damit könnten Bedenken ausgeräumt werden, durch die Anwendung ausländischen Rechts sich massiven Nachteilen aussetzen zu müssen. Hierbei wäre aber – wie bereits zum Verfahrensrecht angesprochen – die Geltung des zu einem konkreten Zeitpunkt bestehenden Rechts durch Stabilisierungsklauseln festzuschreiben.

Schließlich sind Konzessionen auf der Ebene der Vollstreckung eines Schiedsspruchs denkbar. So könnte sogar auf die Vollstreckbarkeit eines Schiedsspruches ganz verzichtet werden. Diese extreme Maßnahme, deren Nutzen sich für den Investor erst erweisen müsste, stellt allerdings den grundlegenden Vorteil eines Schiedsverfahrens bereits in Frage. Sie nähme jedoch jeglichen Bedenken der Gaststaaten den Grund und könnte sich trotzdem als auch für den Investor wirkungsvoll erweisen, wenn die (verurteilten) Gaststaaten aufgrund internationalen Drucks und befürchteter Nachteile für ihre Reputation einen Schiedsspruch freiwillig erfüllten. Erforderlich wären in diesem Falle jedoch absolute Transparenz und Offenheit des gesamten Verfahrens.

Des Weiteren könnte man einen grundsätzlich vollstreckbaren Schiedsspruch etwa einer Prüfung durch eine zweite Instanz oder sogar ein spezielles nationales Gericht vorbehalten.

1358 Siehe oben Fn. 1350.

Die Maßnahmen würden mehrheitlich wohl kurzfristig bis mittelfristig zum Nachteil der in Brasilien und Bolivien tätigen Investoren beitragen, doch ist vorstellbar, dass durch solche Zugeständnisse langfristig Brasilien und Bolivien ihre Haltung zu investitionsschutzrechtlichen Schiedsgerichten ändern und entsprechenden Klauseln in internationalen Abkommen zustimmen könnten. Dem deutschen Investor wäre zudem mit einer beschränkten Schiedsgerichtsbarkeit noch eher gedient als wenn er – wie derzeit – völlig auf diese verzichten müsste.

IV. Alternative Vorschläge: Ein offenes Investitionsabkommen im Rahmen der Europäischen Union

Alternativ wird diskutiert, ein auf europäischem Recht basierendes, zunächst lediglich zwischen EU-Mitgliedstaaten zu vereinbarendes multilaterales Investitionsabkommen zu schaffen, dem andere Staaten sich nach und nach anschließen könnten.[1359] Neben anderen Vorteilen böte ein solches Abkommen – auf der rein innerregionalen Ebene – Gestaltungsmöglichkeiten auch dahingehend, dass der EU selbst die Teilnahme an Schiedsverfahren zugestanden werden könnte. Zudem könnten verfahrensrechtliche und materielle Fragen nach den Standards der Europäischen Union in Kraft gesetzt werden.

Es erscheint derzeit jedoch wenig wahrscheinlich, dass sich das auf vollständige Wahrung seiner Souveränität bedachte Brasilien oder das der internationalen Schiedsgerichtsbarkeit ohnehin abgeneigte Bolivien einem solchen Abkommen anschließen könnten. Hierfür spricht auch der Umstand, dass ein solches europäisches Abkommen als oktroyiert, als von den kapitalexportierenden Staaten der Union aufgedrängt verstanden werden könnte. Entsprechende Zugeständnisse in Form von formellen Vorbehalten Brasiliens oder Boliviens könnten die Kohärenz und Glaubhaftigkeit eines solchen Abkommens in Zweifel ziehen.

1359 *Griebel* (Fn. 833), S. 469 (472 ff.); *Griebel*, The New Great Challenge After the Entry Into Force of the Treaty of Lisbon: Bringing About a Multilateral EU-Investment Treaty, in: Bungenberg/Griebel/Hindelang (Fn. 783), S. 139 f.; *Griebel*, Die neue EU-Kompetenz für ausländische Direktinvestitionen – Chance für einen multilateralen Ansatz im Internationalen Investitionsrecht, in: Bungenberg/Griebel/Hindelang (Fn. 786), S. 211 (218 ff.), und Hinweis bei *Bungenberg* (Fn. 817 [2]), S. 29 (42).

C. Vorschläge für die Weiterentwicklung des investitionsschützenden Integrationsrechts in Mercosur und Andengemeinschaft sowie für die Ausgestaltung des interregionalen Verhältnisses mit der Europäischen Union

Im Rahmen dieser Untersuchung sind Defizite im Integrationsrecht von Mercosur und Andengemeinschaft hervorgetreten und ist das bestehende interregionale Verhältnis zwischen diesen und der Europäischen Union betrachtet worden. Ausgehend von den gewonnenen Erkenntnissen über Wesen und Funktionsweise des andinen und des Integrationsrechts im Mercosur, der gegebenen Einstellung Brasiliens und Boliviens zu heute geltenden Standards im Investitionsschutzrecht und dem Entwicklungstand der Beziehungen zwischen EU und Mercosur sowie Andengemeinschaft können folgende Anregungen formuliert werden:

I. In Bezug auf das investitionsschützende Integrationsrecht des Mercosur

Erstens: Die Staaten des Mercosur sollten das geltende Integrationsrecht in einer Weise fortentwickeln, die es den Organen des Mercosur ermöglicht, selbständig in eng definierten Kompetenzbereichen für drittstaatliche Direktinvestitionen geltende Rechtsakte zu erlassen, denen ohne weiteren nationalen Umsetzungsakt Rechtswirkung im nationalen Rechtskreis zukommt.

Zweitens: Soweit die nationalen Verfassungen eine solche Fortentwicklung bislang nicht zulassen, sollten diese entsprechend modifiziert werden.

Drittens: Diese Rechtsakte sollten so ausgestaltet werden, dass Einzelne, darunter Drittstaatler, diese selbst vor nationalen Gerichten oder durch das Integrationsrecht geschaffenen Spruchkörpern geltend machten können.

Viertens: Zur Durchsetzung dieser Rechtspositionen sollte ein vollwertiger Zugang für Private zu einem überstaatlichen Rechtsprechungsorgan oder einem mit Investitionsfragen zu befassenden Schiedsgericht geschaffen werden.

Fünftens: In der Ausgestaltung der materiellen Investitionsregelungen sollten keine Vorbehalte einer anderweitigen Regelung nach Maßgabe nationalen Rechts enthalten sein.

Sechstens: Materiell sollten diese Rechtsakte gewährleisten, dass eine Schlechterstellung des ausländischen Investors gegenüber dem Inländer verhindert, vielmehr entgegen der Calvo-Doktrin sogar seine Besserstellung grundsätzlich ermöglicht wird.

Siebtens: Begrüßenswert wäre die Schaffung eines einheitlichen Investitionskodex für Investitionen aus Mercosur- und Drittstaaten und damit eine Abkehr vom durch PvC und PvBA verkörperten Modell.

Achtens: Bemühungen um einen verbesserten Investitionsschutz durch das Recht des Mercosur sollten die entstehenden Ansätze im Recht der Unasur entsprechend berücksichtigen und einbinden.

II. In Bezug auf das investitionsschützende Integrationsrecht der Andengemeinschaft

Erstens: Die Staaten der Andengemeinschaft sollten das geltende Investitionsregime dahingehend weiterentwickeln, dass dieses von den bestehenden Vorbehalten andersweitiger Regelung im nationalen Recht befreit wird.

Zweitens: Eine Weiterentwicklung des bestehenden Regimes sollte das große Potenzial des andinen Rechts, welches die unmittelbare Geltung und Anwendbarkeit von gemeinschaftlichen Rechtsakten kennt, nutzen.

Drittens: Es sollten daher Rechtsakte formuliert werden, die subjektiv geltend zu machende Rechte der drittstaatlichen Investoren formulieren und in ihrer Ausgestaltung nicht hinter dem geltenden internationalen Schutzstandard zurückstehen.

Viertens: Insbesondere sollte dabei dem drittstaatlichen Direktinvestor ein Recht auf Zugang zu einem Investitionsschiedsgericht eingeräumt werden.

Fünftens: Im Zusammenwirken mit dem Mercosur sollte auf die Initiativen im Rahmen der Unasur hinreichend Rücksicht genommen werden.

III. In Bezug auf das interregionale Verhältnis

Erstens: Es sollten im Rahmen des interregionalen Verhältnisses zwischen der EU und dem Mercosur beziehungsweise der Andengemeinschaft Regelungen über den Schutz von Direktinvestitionen getroffen werden.

Zweitens: Diese Regelungen sollten im Rahmen eines eigenständigen Investitionsschutzabkommens zwischen der EU und dem Mercosur sowie zwischen der EU und der Andengemeinschaft und nicht erst im Zusammenhang mit einem noch zu schließenden Freihandelsabkommen getroffen werden.

Drittens: Dieses Abkommen sollte angemessen Rücksicht nehmen auf die Vorbehalte Brasiliens und Boliviens hinsichtlich des Zugangs zu Investitionsschiedsgerichten.

Viertens: Diese Rücksicht könnte sich darin zeigen, dass die besprochenen Modifikationen auf materiellrechtlicher Ebene, aber auch hinsichtlich des Verfahrens und der Vollstreckung von Schiedssprüchen in die Ausgestaltung eingebunden werden.

Literatur

Abregú, Martin / Courtis, Christian (Hrsg.), La aplicación de los tratados sobre derechos humanos por los tribunales locales, Buenos Aires 1998.

Abreu Bonilla, Sergio, Mercosur – una década de integración, Montevideo 2000.

Acconci, Pia, Most-Favoured-Nation Treatment, in: Muchlinski/Ortino/Schreuer (Hrsg.), The Oxford Handbook of International Investment Law, 2009, S. 363.

Aguirre B. Fernando, Bolivia, in: Hamilton/García-Bolívar/Otero, Latin American Investment Protections, 2012, S. 53.

Alvez Mesa, Verena, Der Zollkodex des Mercosur, Münster 2009.

Amadeo, Eduardo, ¿Quo vadis, Mercosur?, in: La Nación, Buenos Aires, 20. Mai 2008, S. 17.

Amarasinha, Stefan D./Kokott, Juliane, Multilateral Investment Rules revisited, in: Muchlinski/Ortino/Schreuer (Hrsg.), The Oxford Handbook of International Investment Law, 2008, S. 119.

Amrhein-Hofmann, Christine, Monismus und Dualismus in den Völkerrechtslehren, Berlin 2003.

Andaluz, Horacio, La Estructura del Sistema Jurídico Boliviano y las Relaciones entre las Fuentes de su Derecho según la »Constitución« Vigente, in: Revista de Derecho de la Pontífica Universidad Católica de Valparaíso (RDPU), XXXIII 2009, S. 455.

Antón, Romeo Pérez, Proceso de toma de decisiones en el Mercosur, in: Benecke/ Loschky, Mercosur – desafío político, 2001, S. 151.

Arbuet Vignali, Heber/Garre Copello, Belter/Piperno, Jaime/Rivanera de Pais, Elsa/Rippe, Siegbert/Tellechea Bergman, Eduardo (Hrsg.), Mercosur – Balance y Perspectivas, Montevideo 1996.

Arbuet Vignali, Heber, El Protocolo de Ouro Preto – Una excusa para hablar de integración, in: Arbuet Vignali u.a. (Hrsg.), Mercosur – Balance y Perspectivas, 1996, S. 33.

Arcaya Smith, Rodrigo, Treatment of Investment in the Andean Group, in: OECD (Hrsg.), OECD Proceedings – Investment Policies in Latin America and Multilateral Rules on Investment, 1997, S. 107.

Arnauld, Andreas von, Völkerrecht, Heidelberg u.a. 2012.

Assis de Almeida, José Gabriel, As Normas do Mercosul e a Ordem Jurídica Brasileira, in: Estoup/Reyes (Hrsg.), Derecho Vigente del Mercosur, 2001, S. 111.

Ayuso, Anna, Integración con equidad: instrumentos para el tratamiento de las asimetrías en América del Sur, in: Cienfuegos/Sanahuja (Hrsg.), Una región en construcción, 2010, S. 137.

Bacaria Colom, Jordi, Fines integracionistas y posibilidades financieras del Banco del Sur, in: Cienfuegos/Sanahuja (Hrsg.), Una región en construcción, 2010, S. 245.

Banz, Michael, Völkerrechtlicher Eigentumsschutz durch Investitionsabkommen – Insbesondere die Praxis der Bundesrepublik Deutschland seit 1959, Berlin 1988.

Baptista, Luiz Olavo, O Impacto do Mercosul sobre o Sistema Legislativo Brasileiro, in: Revista dos Tribunais (RT), Bd. 690, April 1993, S. 39 ff.

Baptista, Luiz Olavo, Inserção dos tratados no direito brasileiro, in: Revista de informação legislativa (RIL), Jahrgang 33, No. 132 Oktober/Dezember 1996, S. 71.

Baptista, Luiz Olavo, Os Investimentos Internacionais no Direito Comparado e Brasileiro, Porto Alegre 1998.

Baptista, Luiz Olavo, Le Mercosul – Ses institutions et son ordonnancement juridique, Paris 2001.

Baptista, Luiz Olavo/Accioly, Elizabeth, Solução de Divergências no Mercosul, in: Basso (Hrsg.), Mercosul – Mercosur, 2007, S. 125.

Barbosa, Rubens A. (Hrsg.), Mercosul – quinze anos, São Paulo 2007.

Basaldúa, Ricardo Xavier, Mercosur y Derecho de la Integración, Buenos Aires 1999.

Basedow, Jürgen, Der Mercosur als Integrationsmodell, in: Basedow/Samtleben (Hrsg.), Wirtschaftsrecht des Mercosur – Horizont 2000, 2001, S. 9.

Basedow, Jürgen/Samtleben, Jürgen (Hrsg.), Wirtschaftsrecht des Mercosur – Horizont 2000, Baden-Baden 2001.

Basso, Maristela (Hrsg.), Mercosul – Mercosur, São Paulo, 2007.

Basso, Maristela, Mercosul: do Passado ao Futuro, in: Basso (Hrsg.), Mercosul – Mercosur, 2007, S. 23.

Batista Martins, Pedro A., Apontamentos sobre a Lei de Arbitragem, Rio de Janeiro 2008.

Batista Martins, Pedro A./Rossani Garcez, José Maria (Hrsg.), Reflexões sobre Arbitragem – In memoriam do Desembargador Cláudio Vianna de Lima, São Paulo, 2002.

Battis, Ulrich/Kunig, Philip/Pernice, Ingolf/Randelzhofer, Albrecht (Hrsg.), Das Grundgesetz im Prozeß europäischer und globaler Verfassungsentwicklung – Internationales Symposium zum 50-jährigen Bestehen des Grundgesetzes, Baden-Baden 2000.

Baur, Jürgen F./Hobe, Stephan (Hrsg.), Rechtsprobleme von Auslandsinvestitionen – Konzessionen, Vertragsanpassung, Vergabeverfahren, Baden-Baden 2003.

Becker, Ulrich, Arbeitnehmerfreizügigkeit, in: Ehlers (Hrsg.), Europäische Grundrechte und Grundfreiheiten, 3. Aufl. 2009, § 9.

Belén Olmos Giupponi, María, Sources of Law in Mercosur, in: Toscano Franca Filho/Lixinski/Belén Olmos Giupponi (Hrsg.), The Law of Mercosur, 2010, S. 57.

Benecke, Dieter W./Loschky, Alexander (Hrsg.), Mercosur – Desafío político, Buenos Aires, 2001.

Benevenuto, Rachel, Recognition and Enforcement of Foreign Arbitral Awards in Brazil – A Comparative Study with Switzerland, Zürich u.a. 2010.

Bennett, Jackson, The Union of South American Nations: The New(est) Regionalism in Latin America, in: Suffolk Transnational Law Review (STLR), Heft 1, 32. Jahrgang 2008–2009, S. 103.

Berndt, Uwe, Die Organisation Amerikanischer Staaten (OAS): Von der Legitimationskrise zur Wiederbelebung als Regime zur Staatsstreichprävention, Freiburg i. Br. 2006.

Bernuth, Johann Mathias von, Lauterkeitsrecht, Kartellrecht und Verbraucherschutz in den Ländern des Mercosul, Baden-Baden 2001.

Bertoni, Liliana, Laudos Arbitrales en el Mercosur, Buenos Aires, Madrid 2006.

Besch, Morris, Schutz von Auslandsinvestitionen – Risikovorsorge durch Investitionsverträge, Frankfurt a.M. 2008.

Betschinger, Marie-Ann, International Trade and Investment Agreements and Foreign Direct Investment Activities in Developing and Emerging Economies – Evidence from Japanese Multinational Companies, Hamburg 2010.

Bidart Campos, Germán J., El artículo 75, inciso 22, de la Constitución y los derechos humanos, in: Abregú/Courtis (Hrsg.), La aplicación de los tratados sobre derechos humanos por los tribunales locales, 1998, S. 77.

Bickel, Matthias, Die Argentinien-Krise aus ökonomischer Sicht: Herausforderungen an Finanzsystem und Kapitalmarkt, in: Beiträge zum Transnationalen Wirtschaftsrecht (BTW), Heft 38, März 2005.

Binder, Christina/Kriebaum, Ursula/Reinisch, August/Wittich, Stephan (Hrsg.), International Investment Law for the 21st Century – Essays in Honour of Christoph Schreuer, Oxford 2009.

Birle, Peter (Hrsg.), Lateinamerika im Wandel, Baden-Baden 2010.

Birle Peter, Zwischen Integration und Fragmentierung: Regionale Zusammenarbeit in Lateinamerika, in: Birle (Hrsg.), Lateinamerika im Wandel, 2010, S. 75.

Bischoff-Everding, Peter, Wettbewerbsrecht im Mercosur, Baden-Baden 2003.

Bithiah de Azevedo, Déborah, Os Acordos para a Promoção e a Proteção Recíproca de Investimentos assinados pelo Brasil, Studie Mai 2001, veröffentlicht durch die Biblioteca Digital da Câmara de Deputados, Brasília, Brasilien, 2001.

Bjorklund, Andrea K., National Treatment, in: Reinisch (Hrsg.), Standards of Investment Protection, 2008, S. 29.

Blackaby, Nigel/Lindsey, David/Spinillo, Alessandro (Hrsg.), International Arbitration in Latin America, Den Haag 2002.

Bleckmann, Albert, Europarecht – Das Recht der Europäischen Union und der Europäischen Gemeinschaften, 6. Aufl., Köln u.a. 1997.

Bleckmann, Albert, Völkerrecht, Baden-Baden 2001.

Bloch, Roberto/Iglesias, Daniel O., Solución de Controversias en el Mercosur, Buenos Aires 1995.

Bloch, Roberto D., La Construcción del Mercosur – La Evolución de un Nuevo Actor en las Relaciones Internacionales, Ramos Mejía 2003.

Blome, Kerstin, Wie erfolgversprechend ist die Reproduktion institutionellen Designs? Individualbeschwerden im Kontext des Inter-Amerikanischen Menschenrechtssystems sowie des juristischen Systems der Andengemeinschaft, in: TranState Working Papers Nr. 144, Bremen 2011.

Bloomberg Nachrichtenagentur, Brasilien schafft Steuer für Investoren ab, in: Frankfurter Allgemeine Zeitung (FAZ) vom 6.6.2013, S. 19.

Böckel, Margret, Einstweiliger Rechtsschutz im Mercosur, Baden-Baden 2006.

Bogdandy, Armin von/Landa Arroyo, César/Morales Antoniazzi, Mariela (Hrsg.), ¿Integración suramericana a través del Derecho? Un análisis interdisciplinario y multifocal, Madrid 2009.

Bohn, Patricia, Parallelimportregelungen im Patent- und Markenrecht in Lateinamerika, Baden-Baden 2010.

Bohomoletz de Abreu Dallari, Pedro, O Mercosul perante o Sistema Constitucional Brasileiro, in: Basso (Hrsg.), Mercosul – Mercosur, 2007, S. 39.

Borba Casella, Paulo, Mercosul: Exigências e Perspectivas – Integração e consolidação de espaço econômico (1995 – 2001 – 2006), São Paulo 1996.

Borba Casella, Paulo (Hrsg.), Contratos Internacionais e Direito Econômico no Mercosul após o Término do Período de Transição, São Paulo 1996.

Borba Casella, Paulo (Hrsg.), Arbitragem – Lei Brasileira e Praxe Internacional, 2. Aufl., São Paulo 1999.

Borba Casella, Paulo (Hrsg.), Mercosul: Integração Regional e Globalização, Rio de Janeiro, São Paulo 2000.

Borba Casella, Paulo, Integração nas Américas: uma visão de conjunto, in: Borba Casella (Hrsg.), Mercosul: Integração Regional e Globalização, 2000, S. 235.

Borba Casella, Paulo/Viegas Liquidato/Vera Lúcia (Hrsg.), Direito da Integração, São Paulo 2006.

Borba Casella, Paulo/Celli Junior, Umberto/de Almeida Meirelles, Elizabeth/Bertini Pasquot Polido, Fabrício (Hrsg.), Direito Internacional, Humanismo e Globalidade – Guido Fernando Silva Soares – Amicorum Discipulorum Liber, São Paulo 2008.

Bosco Lee, João, Brazil, in: Blackaby/Lindsey/Spinillo (Hrsg.), International Arbitration in Latin America, 2002, S. 61.

Bouzas, Roberto, Mercosur's External Trade Negotiations: Dealing with a Congested Agenda, in: Roett (Hrsg.), Mercosur – Regional Integration, World Markets, 1999, S. 81.

Bouzas, Roberto/Gratius, Susanne/Soltz, Hernán/Sberro, Stephan, Teoría y práctica de las instituciones y procesos de decisión, in: Gratius (Hrsg.), Mercosur y NAFTA, 2008, S. 33.

Böttcher, Georg, Kartell- und Lauterkeitsrecht in den Ländern der Andengemeinschaft, Baden-Baden 2004.

Bradlow, Daniel D./Escher, Alfred, Legal Aspects of Foreign Direct Investment, Den Haag 1999.

Braun, Tillmann Rudolf, Investment Protection under WTO Law – New Developments in the Aftermath of Cancún, in: Tietje (Hrsg.), International Investment Protection and Arbitration – Theoretical and Practical Perspectives, 2008, S. 65.

Braun, Tillmann Rudolf, Ausprägungen der Globalisierung: Der Investor als partielles Subjekt im Internationalen Investitionsrecht – Qualität und Grenzen dieser Wirkungseinheit, Baden-Baden 2012.

Brockhaus, F.A., Brockhaus – Die Enzyklopädie in 30 Bänden, Leipzig, Mannheim, 21. Aufl. 2005/2006.

Bröhmer, Jürgen, Art. 63 AEUV, in: Calliess/Ruffert (Hrsg.), EUV/AEUV – Das Verfassungsrecht der Europäischen Union mit Europäischer Grundrechtecharta – Kommentar, 4. Aufl., München 2011.

Broszehl, Detlev, Ausländische Direktinvestitionen und Technologietransfer im Andenpakt – Die Regelungen Venezuelas, Stuttgart, Wien 1986.

Brown, Colin M., The European Union and Regional Trade Agreements: A Case Study of the EU-Korea FTA, in: Herrmann/Terhechte (Hrsg.), European Yearbook of International Economic Law, 2011, S. 297.

Brown, Colin M., The European Union and Regional Trade Agreements, in: Herrmann/Terhechte (Hrsg.), European Yearbook of International Economic Law, 2012, S. 445.

Bucher, Stephanie, Der Schutz von genetischen Ressourcen und indigenem Wissen in Lateinamerika – Eine Untersuchung am Beispiel der Andengemeinschaft, Brasiliens und Costa Ricas, Baden-Baden 2008.

Bundesministerium für Wirtschaft und Technologie/ PricewaterhouseCoopers (Hrsg.), Jahresbericht 2010 – Investitionsgarantien der Bundesrepublik Deutschland (Direktinvestitionen Ausland), Berlin, Hamburg 2011.

Bungenberg, Marc, Außenbeziehungen und Außenhandelspolitik, in: Schwarze/ Hatje (Hrsg.), EuR-Beih. 1 2009, S. 195.

Bungenberg, Marc, Going Global? The EU Common Commercial Policy After Lisbon, in: Herrmann/Terhechte (Hrsg.), European Yearbook of International Economic Law, 2010, S. 123.

Bungenberg, Marc, The Division of Competences Between the EU and Its Member States in the Area of Investment Politics, in: Bungenberg/Griebel/Hindelang (Hrsg.), European Yearbook of International Economic Law – Special Issue: International Investment Law and EU Law, 2011, S. 29.

Bungenberg, Marc/Griebel, Jörn/Hindelang, Steffen (Hrsg.), Internationaler Investitionsschutz und Europarecht, Baden-Baden 2010.

Bungenberg, Marc/Griebel, Jörn/Hindelang, Steffen (Hrsg.), European Yearbook of International Economic Law – Special Issue: International Investment Law and EU Law, Berlin, Heidelberg 2011.

Bungenberg, Marc/Reinisch, August/Tietje, Christian (Hrsg.), EU and Investment Agreements – Open Questions and Remaining Challenges, Baden-Baden 2013.

Burghardt, Peter, Salziges Gold, in: Süddeutsche Zeitung (SZ) vom 21.2.2009, S. 1.

Burgstaller, Markus, European Law and Investment Treaties, in: Journal of International Arbitration (JIA), 2009 (26-2), S. 181.

Burgstaller, Markus, The Future of Bilateral Investment Treaties of EU Member States, in: Bungenberg/Griebel/Hindelang (Hrsg.), European Yearbook of International Economic Law – Special Issue: International Investment Law and EU Law, 2011, S. 55.

Cabanellas, Guillermo, Derecho de las Inversiones Extranjeras – Legislación Argentina y Pacto Andino, 2. Aufl., Buenos Aires 1982.

Cabrera Diaz, Fernando, South American alternative to ICSID in the works as governments create an Energy Treaty, in: Internetquelle Investment Treaty News (ITN) des International Institute for Sustainable Development vom 1.9.2008, S. 7 (abrufbar unter www.iisd.org/itn, zuletzt geprüft am 29.10.2013).

Cabrera Diaz, Fernando, ALBA moves forward with plan to create regional investment arbitration alternative to ICSID at 7th summit, in: Internetquelle Investment Treaty News (ITN) des International Institute for Sustainable Development vom November 2009, S. 3 f. (abrufbar unter www.iisd.org/itn, zuletzt geprüft am 29.10.2013).

Cabrera Diaz, Fernando, Bolivia expounds on reasons for withdrawing from ICSID arbitration system, in: Internetquelle Investment Treaty News (ITN) des International Institute for Sustainable Development vom 27.5.2007, S. 14 f. (abrufbar unter www.iisd.org/itn, zuletzt geprüft am 29.10.2013).

Cabrera Diaz, Fernando, Ecuador continues exit from ICSID, in: Internetquelle Investment Treaty News (ITN) des International Institute for Sustainable Development vom Juni 2009, S. 3 (abrufbar unter www.iisd.org/itn, zuletzt geprüft am 29.10.2013).

Caetano, Gerardo (Hrsg.), La reforma institucional del Mercosur – Del diagnóstico a las propuestas, Montevideo 2009.

Caetano, Gerardo/Vásquez, Mariana/Ventura, Deisy, Reforma institucional del Mercosur. Análisis de un reto, in: Caetano (Hrsg.), La reforma institucional del Mercosur, 2009, S. 21.

Calderón Vico de Della Savia, Lilia María del Carmen/Molina, María Victoria/Villa, Santiago Miguel, El Arbitraje en el Mercosur – Breves Reflexiones, Paraná 2004.

Calle y Calle, Juan José, La Supranacionalidad y la Jurisdicción del Tribunal de Justicia de la Comúnidad Andina, in: Revista Peruana de Derecho Internacional (RPDI), Juli 2000, S. 53.

Calliess, Christian, Eigentumsgrundrecht, in: Ehlers (Hrsg.), Europäische Grundrechte und Grundfreiheiten, 3. Aufl. 2009, § 16.4.

Calliess, Christian/Ruffert, Matthias (Hrsg.), EUV/AEUV – Das Verfassungsrecht der Europäischen Union mit Europäischer Grundrechtecharta – Kommentar, 4. Aufl., München 2011.

Calvo, Luz María, Die bolivianische Umwelt- und Ressourcenpolitik, in: Ernst/Schmalz (Hrsg.), Die Neugründung Boliviens? – Die Regierung Morales, 2009, S. 155.

Cason, Jeffrey, W., The Political Economy of Integration, New York 2011.

Cassagne, Juan Carlos, El Mercosur y las relaciones con el derecho interno, in: La Ley, 1995-C, S. 875.

Ceia, Eleonora Mesquita, Die verfassungsgerichtliche Kontrolle völkerrechtlicher Verträge, Baden-Baden 2011.

Celli Junior, Umberto, O Impacto dos Acordos de Investimentos sobre os Estado-Membros do Mercosul, in: Basso (Hrsg.), Mercosul – Mercosur, 2007, S. 533.

Chudnovsky, Daniel (Hrsg.), El boom de inversión extranjera directa en el Mercosur, Buenos Aires 2001.

Chudnovsky, Daniel/López, Andrés, La inversión extranjera directa en el Mercosur: un análisis comparativo, in: Chudnovsky (Hrsg.), El boom de inversión extranjera directa en el Mercosur, 2001, S. 1.

Cienfuegos Mateo, Manuel, ¿Es la Unión de Naciones Sudamericanas un proyecto viable?, in: Drnas de Clément/Hummer (Hrsg.), Segundas Jornadas Científicas de EULATIN II, 2008, S. 101.

Cienfuegos, Manuel/Sanahuja, José Antonio (Hrsg.), Una región en construcción – UNASUR y la integración en América del Sur, Barcelona 2010.

Cienfuegos, Matteo, Comercio, inversiones y los otros pilares de las relaciones eurosuramericanas: ¿hacia un espacio común de integración?, in: Cienfuegos, Manuel/Sanahuja, José Antonio (Hrsg.), Una región en construcción – UNASUR y la integración en América del Sur, 2010, S. 275.

Colombi, Pedro/Podrez, Javier, Mercosur Protocols for Foreign Investment Promotion and Protection, in: OECD (Hrsg.), OECD Proceedings – Investment Policies in Latin America and Multilateral Rules on Investment, 1997, S. 115.

Comision Económica para América Latina y el Caribe (CEPAL) (Hrsg.), El regionalismo abierto en América Latina y el Caribe, Santiago de Chile 1994.

Cordero Moss, Giuditta, Full Protection and Security, in: Reinisch (Hrsg.), Standards of Investment Protection, 2008, S. 131.

Cordero Moss, Giuditta, Commercial Arbitration and Investment Arbitration: Fertile Soil for False Friends?, in: Binder/Kriebaum/Reinisch/Wittich (Hrsg.), International Investment Law for the 21st Century, 2009, S. 782.

Coronado, Horacio/Gratius, Susanne, Las Asimetrías de Poder entre Países Pequenos y Grandes: Intereses, Alianzas y Conflictos, in: Gratius (Hrsg.), Mercosur y NAFTA, 2008, S. 207.

Costa Sousa Cherem, Mônica Teresa/Di Sena Júnior, Roberto (Hrsg.), Comércio Internacional e Desenvolvimento: uma perspectiva brasileira, São Paulo 2004.

Crawford, James, Brownlie's Principles of Public International Law, 8. Aufl., Oxford 2012.

Cremer, Hans-Joachim, Art. 263 AEUV, in: Calliess/Ruffert (Hrsg.), EUV/AEUV – Das Verfassungsrecht der Europäischen Union mit Europäischer Grundrechtecharta – Kommentar, 4. Aufl. 2011.

Cremona, Marise, The European Union and Regional Trade Agreements, in: Herrmann/Terhechte (Hrsg.), European Yearbook of International Economic Law, 2010, S. 245.

Cristaldo Montaner, Jorge Darío, Integración: Mercosur también existe, Asunción 2003.

Cristini, Marcela, Mercosur – Europäische Union, Grundlagen und Perspektiven der Verhandlungen, Reihe »Europa – América Latina«, Nr. 12, Rio de Janeiro 2003.

Cristini, Marcela/Amal, Mohamed (Hrsg.), Inversión Extranjera Directa en el Mercosur: el papel de Europa, Buenos Aires 2006.

Czar de Zalduendo, Susana, La Reglamentación de las Opiniones Consultivas en el Mercosur, in: Basso (Hrsg.), Mercosul – Mercosur, 2007, S. 99.

da Cunha, Ricardo Tomazinho, Proteção e Promoção de Investimentos no Mercosul, in: Borba Casella (Hrsg.), Contratos Internacionais e Direito Econômico no Mercosul após o Término do Período de Transição, 1996, S. 211.

da Cunha, Ricardo Tomazinho, A Arbitragem como Método de Solução de Controvérsias sobre Investimentos Estrangeiros, in: Borba Casella (Hrsg.), Arbitragem – Lei Brasileira e Praxe Internacional, 1999, S. 453.

de Almeida Medeiros, Marcelo/Leitão, Natália, Bridge over trouble [sic] waters: Brasil, Mercosul e União Europeia (1980–2008), in: de Rezende/Martins (Hrsg.), Brasil – União Europeia – América do Sul, 2009, S. 12.

de Araújo, Nadia, A Arbitragem Internacional nos Contextos Interamericano e Brasileiro, in: Fernández Arroyo/Opertti Badán (Hrsg.), Liber Amicorum en Homenaje al Profesor Dr. Didier Opertti Baldán, 2005, S. 97.

de Azevedo Mercadante, Araminta, A »Processualística dos Atos Internacionais«: Constituição de 1988 e Mercosul, in: Borba Casella (Hrsg.), Contratos Internacionais e Direito Econômico no Mercosul após o Término do Período de Transição, 1996, S. 458.

de Carvalho Ramos, André, Direitos Humanos e o Mercosul, in: Borba Casella (Hrsg.), Mercosul: Integração Regional e Globalização, 2000, S. 867.
de Magalhães, José Carlos, Os Laudos Arbitrais Proferidos com Base no Protocolo de Brasília para a Solução de Controvérsias, in: Batista Martins/ Rossani Garcez (Hrsg.), Reflexões sobre Arbitragem, 2002, S. 511.
de Moura Borges, Antonio/Pereira Valadão, Marcos Aurélio Ward Sá, Natacha, The BRIC Context in a Globalized World and Foreign Direct Investment in Brazil, in: Law and Business Review of the Americas, 18. Jahrgang, 2012, S. 329.
de Santis Basso, Larissa, As Decisões Arbitrais do Mercosul e os Princípios da Integração no Bloco, in: Basso (Hrsg.), Mercosul – Mercosur, 2007, S. 207.
Delaume, Georges R., The ICSID and the Banker, in: International Financial Law Review (IFLR) 1983, 2. Jahrgang, Nr. 9, S. 9.
Delpiazzo, Carlos E., Fuentes del Derecho de la Integración, in: Gros Espiell/ Delpiazzo/Rotondo/Vásquez/Brito (Hrsg.), El Derecho de la Integración del Mercosur, 1999, S. 67.
Deluca, Santiago, Unión Europea y Mercosur – Los efectos del derecho comunitario sobre las legislaciones nacionales, Buenos Aires 2003.
Deutsch-Brasilianische Industrie- und Handelskammer, Acreditando no Brasil – Von Brasilien überzeugt, São Paulo 2011.
Diehl, Alexandra, The Core Standard of International Investment Protection – Fair and Equitable Treatment, Alphen aan den Rijn 2012.
Di Filippo, Armando, La Comúnidad Sudamericana de Naciones como Proyecto de Largo Plazo, in: Fairlie (Hrsg.), Países Andinos frente al TLC y la Comúnidad Sudamericana de Naciones, 2006, S. 141.
Di Masi, Jorge Rafael, La Contribución del Mercosur a un Proyecto de Integración Regional en América Latina, in: López Villafañe/Di Masi (Hrsg.), Del TLC al Mercosur, 2002, S. 259.
Dimopoulos, Angelos, EU Foreign Investment Law, Oxford, New York 2011.
Doehring, Karl, Handelt es sich bei einem Recht, das durch diplomatischen Schutz eingefordert wird, um ein solches, das dem die Protektion ausübenden Staat zusteht, oder geht es um die Erzwingung von Rechten des betroffenen Individuums?, in: Ress/Stein (Hrsg.), Der diplomatische Schutz im Völker- und Europarecht, 1996, S. 13.
Dolzer, Rudolf, Eigentum, Enteignung und Entschädigung im geltenden Völkerrecht, Berlin u.a. 1985.

Dolzer, Rudolf/Schreuer, Christoph, Principles of International Investment Law, 2. Aufl., Oxford 2012.

Dörner, Ulf, Der Vertragsgerichtsstand nach dem Protokoll von Buenos Aires, Frankfurt a.M. 2004.

do Vale de Almeida Guilherme, Luiz Fernando, As Novas Formas de Atuação do Advogado no Mundo Globalizado Empresarial – A Arbitragem no Mercado de Capitais, in: Rocha do Bomfim/Ferreira de Menezes (Hrsg.), Dez Anos da Lei de Arbitragem, 2007, S. 103.

Dreier, Horst (Hrsg.), Grundgesetz – Kommentar, Bd. II Artikel 20 – 82, 2. Aufl., Tübingen 2006.

Dreyzin de Klor, Adriana, Las iniciativas de integración: el Mercosur jurídico, in: von Bogdandy/Landa Arroyo/Morales Antoniazzi (Hrsg.), ¿Integración suramericana a través del Derecho? Un análisis interdisciplinario y multifocal, 2009, S. 441.

Dreyzin de Klor, Adriana/Perotti, Alejandro Daniel, El Rol de los Tribunales Nacionales de los Estados del Mercosur, Córdoba 2009.

Dreyzin de Klor, Adriana, The Legal-Institutional Structure of Mercosur, in: Toscano Franca Filho/Lixinski/Belén Olmos Giupponi (Hrsg.), The Law of Mercosur, 2010, S. 29.

Drnas de Clément, Zlata/Hummer, Waldemar (Hrsg.), Segundas Jornadas Científicas de EULATIN II, Cordoba 2008.

Drnas de Clément, Zlata, El Transregionalismo en las Relaciones Unión Europea-Mercosur, in: Drnas de Clément/Hummer (Hrsg.), Segundas Jornadas Científicas de EULATIN II, 2008, S. 65.

Dromi, Roberto/Molina del Pozo, Carlos, Acuerdo Mercosur – Unión Europea, Buenos Aires, Argentinien, 1996.

Due, Ole/Lutter, Marcus/Schwarze, Jürgen (Hrsg.), Festschrift für Ulrich Everling, Bd. II, Baden-Baden 1995.

Duina, Francesco, The Social Construction of Free Trade – The European Union, NAFTA and Mercosur, Princeton 2006.

Early, Edwin F., Toward the Economic Union of Argentina, Brazil, Paraguay, and Uruguay, in: Gustafson (Hrsg.), Economic Development under Democratic Regimes, 1994, S. 169.

Edler, Christoph, Die Integration der südamerikanischen Staaten durch den Mercosur, München 2013.

Ehlers, Dirk/Schoch, Friedrich (Hrsg.), Rechtsschutz im Öffentlichen Recht, Berlin 2009.

Ehlers, Dirk (Hrsg.), Europäische Grundrechte und Grundfreiheiten, 3. Aufl., Berlin 2009.

Ehlers, Dirk, Allgemeine Lehren der EMRK, in: Ehlers (Hrsg.), Europäische Grundrechte und Grundfreiheiten, 3. Aufl. 2009, § 2.

Ehlers, Dirk, Allgemeine Lehren, in: Ehlers (Hrsg.), Europäische Grundrechte und Grundfreiheiten, 3. Aufl. 2009, § 7.

Ehlers, Dirk, Allgemeine Lehren der Unionsgrundrechte, in: Ehlers (Hrsg.), Europäische Grundrechte und Grundfreiheiten, 3. Aufl. 2009, § 14.

Ehlers, Dirk, in: Schulze/Zuleeg/Kadelbach (Hrsg.), Europarecht – Handbuch für die deutsche Rechtspraxis, 2. Aufl. 2010, § 11.

Ehlers, Dirk/Wolffgang, Hans-Michael/Schröder, Ulrich Jan (Hrsg.), Rechtsfragen internationaler Investitionen, Frankfurt a.M. 2009.

Ekmekdjian, Miguel Ángel, Hacia la República Latinoamericana, Buenos Aires 1991.

Ekmekdjian, Miguel Ángel, Introducción al Derecho Comúnitario Latinoamericano – con especial referencia al Mercosur, Buenos Aires 1994.

Emberland, Marius, The European Convention of Human Rights as a Means for the Protection of Foreign Direct Investment: A Look at Sovtransavto Holding v. Ukraine, in: Tietje (Hrsg.), International Investment Protection and Arbitration – Theoretical and Practical Perspectives, 2008, S. 107.

Emmert, Frank, Europarecht, München 1996.

Epiney, Astrid, Art. 6 EUV, in: Calliess/Ruffert (Hrsg.), EUV/AEUV – Das Verfassungsrecht der Europäischen Union mit Europäischer Grundrechtecharta – Kommentar, 4. Aufl. 2011.

Ernst, Tanja/Schmalz, Stefan (Hrsg.), Die Neugründung Boliviens? – Die Regierung Morales, Baden-Baden 2009.

Escher, Alfred, Investitionsschiedsverfahren: Grundstrukturen und aktuelle Herausforderungen, in: Tietje (Hrsg.), International Investment Protection and Arbitration – Theoretical and Practical Perspectives, 2008, S. 35.

Escobar, Alejandro, Investor-To-State Arbitration under Mercosur, in: Blackaby/Lindsey/Spinillo (Hrsg.), International Arbitration in Latin America, 2002, S. 281.

Escobar Riaño, Carmen Dora, La Integración financiera en la Comúnidad Andina – ¿Una utopía? – ¿Una real opción a futuro?, Bogotá 2007.

Esplugues Mota, Carlos (Hrsg.), Derecho del Comercio Internacional, 2. Aufl., València 2006.

Esplugues Mota, Carlos, Instituciones del Comercio Internacional, in: Esplugues Mota (Hrsg.), Derecho del Comercio Internacional, 2006, S. 35.

Estoup, Luis Alejandro/Reyes, Jorge Fernández (Hrsg.), Derecho Vigente del Mercosur – Normativa incorporada por los estados partes; laudos arbitrales – normas técnicas; circulación de capitales y servicios, Buenos Aires 2001.

Fairlie, Alan (Hrsg.), Países Andinos frente al TLC y la Comúnidad Sudamericana de Naciones, Lima 2006.

Fechner, Heiner, Die Bolivarianische Allianz ALBA und die sozialen Bewegungen, in: Kritische Justiz (KJ), Heft 2 2010, S. 46.

Feder, Berta, El Protocolo de Olivos: Profundización Institucional y Régimen Renovado de Solución de Controversias en el Mercosur, in: Fernández Arroyo/Opertti Badán (Hrsg.), Liber Amicorum en Homenaje al Profesor Dr. Didier Opertti Baldán, 2005, S. 835.

Fernández Arroyo, Diego P./Opertti Badán, Didier (Hrsg.), Liber Amicorum en Homenaje al Profesor Dr. Didier Opertti Baldán, Montevideo 2005.

Fiezzoni, Silvia Karina, The Challenge of Unasur Member Countries to replace ICSID Arbitration, in: Beijing Law Review (BLR) 2011, S. 134.

Figueredo, Julio/Inchausti, Juan Ignacio/Teplitzchi, Eduardo (Hrsg.), Mercosur y Empresas, Buenos Aires – Madrid 2002.

Fischer, Peter/Karollus, Margit Maria/Stadlmeier, Sigmar (Hrsg.), Die Welt im Spannungsfeld zwischen Regionalisierung und Globalisierung, Wien 2009.

Floh, Fábio, Direito Derivado do Mercosul: Natureza Jurídica e Integração aos Ordenamentos Jurídicos Internos, in: Basso (Hrsg.), Mercosul – Mercosur, 2007, S. 247.

Flôres Junior, Renato G., Investimento Direto Estrangeiro no Mercosul: Uma Visão Geral, in: Ensaios Econômicos (EE) – Escola de Pós Graduação em Economia da Fundação Getulio Vargas, Nr. 598, August 2005.

Foeth, Giselher, Investitionen in Lateinamerika – Internationale Verträge und nationale Bestimmungen, Frankfurt a.M. 1979.

Fouret, Julien, Denunciation of the Washington Convention and Non-Contractual Investment Arbitration: »Manufacturing Consent« to ICSID-Arbitration?, in: Journal of International Arbitration (JIA), 25. Jahrgang, Heft 1 2008, S. 71.

Fraga Lerner, Diego, The Protection of Foreign Direct Investment in Mercosur, in: Toscano Franca Filho/Lixinski/Belén Olmos Giupponi (Hrsg.), The Law of Mercosur, 2010, S. 277.

Freeland López Lecube, Alejandro, Manual de derecho comunitario – Análisis comparativo de la Unión Europea y el Mercosur, Buenos Aires 1996.

Frick, Helmut, Bilateraler Investitionsschutz in Entwicklungsländern – Ein Vergleich der Vertragssysteme der Vereinigten Staaten von Amerika und der Bundesrepublik Deutschland, Berlin 1975.

Frischhut, Markus, Die Rolle der Judikative in der Ausformung der Verbandsgewalt supranationaler Organisationen – EuGH, Andengerichtshof, Supreme Court und Conseil Constitutionnel im Vergleich, Frankfurt a.M. 2003.

Fronatura, El Derecho de la Integración en la Comúnidad Andina, in: Secretaría General de la Comúnidad Andina y Programa de Cooperación Andina a Bolivia (Hrsg.), Integración y Supranacionalidad – Soberanía y Derecho Comúnitario en los Países Andinos, 2001, S. 73.

Fry, James D./Stampalija, Juan Ignacio, Towards an Agreement on Investment in Mercosur, in: The Journal of World Investment (JWI), Bd. 13, Heft 4 2012, S. 556.

Fuders, Felix, Die Wirtschaftsverfassung des Mercosur – Eine rechtsvergleichende Darstellung unter besonderer Berücksichtigung des Rechts der Europäischen Union, Berlin 2008.

Fuders, Felix, Economic Freedoms in Mercosur, in: Toscano Franca Filho/Lixinski/Belén Olmos Giupponi (Hrsg.), The Law of Mercosur, 2010, S. 87.

Fuentes Hernández, Alfredo/Alegrett Salazar, Adriana, Comunidad Andina: bases jurídico-institucionales y funcionamiento de su sistema de cumplimiento de compromisos, in: von Bogdandy/Landa Arroyo/Morales Antoniazzi (Hrsg.), ¿Integración suramericana a través del Derecho? Un análisis interdisciplinario y multifocal, 2009, S. 359.

Gaillard, Emmanuel, The Denunciation of the ICSID-Convention, in: New York Law Journal (NYLJ) Vol. 237 – Nr. 122 vom 26. Juni 2007.

Gaillard, Emmanuel, Establishing Jurisdiction Through a Most-Favored-Nation Clause, in: New York Law Journal (NYLJ) Vol. 233 – Nr. 105 vom 2. Juni 2005.

Gajate, Rita Marcela, Hacia la Construcción de la Unasul – Institucionalidad y Convergencia, in: Drnas de Clément/Hummer (Hrsg.), Segundas Jornadas Científicas de EULATIN II, 2008, S. 139.

Gama Sá Cabral, Jeanine/Lucarelli de Salvio, Gabriela Giovanna, Considerations on the Mercosur Dispute Settlement Mechanism and the Impact of its Decisions in the WTO Dispute Resolution System, in: Journal of World Trade (JWT), Vol. 42 No. 6 (2008), S. 1013.

Garcia, Carlos G., All the other dirty little secrets: Investment treaties, Latin America, and the necessary evil of investor-state arbitration, in: Florida Journal of International Law (FJIL), 16. Jahrgang 2004, S. 301.

Garcia, Jean-René, La Bolivie – Histoire Constitutionnelle et Ambivalence du Pouvoir Exécutif, Paris 2010.

García-Bolívar, Omar E., Sovereignty vs. Investment Protection: Back to Calvo?, in: ICSID Review: Foreign Investment Law Journal (ICSID Review), (2) 2009, S. 464.

Gardini, Gian Luca, The Origins of Mercosur – Democracy and Regionalization in South America, New York 2010.

Gari, Gabriel, The Liberalisation of Trade in Services in Mercosur, London 2009.

Garibaldi, Oscar M., On the Denunciation of the ICSID Convention, Consent to ICSID Jurisdiction, and the Limits of the Contract Analogy, in: Transnational Dispute Management (TDM), March 2009, Vol. 6 Issue 1.

Giordano, Paolo (Hrsg.), An Integrated Approach to the European Union-Mercosur Association, Paris 2002.

Giusti, Gilberto/Drummond D. Trindade, Adriano, As Arbitragens Internacionais Relacionadas a Investimentos: a Convenção de Washington, o ICSID e a Posição do Brasil, in: Revista de Arbitragem e Mediação (RAM) Bd. 7, 2005, S. 49.

Gomm-Santos, Mauricio, Arbitration: Brazil swimming against the tide, in: Revista de Arbitragem e Mediação (RAM) Bd. 17, 2008, S. 164.

Gonzalez-Oldekop, Florencia, La Integración y Sus Instituciones – Los Casos de la Comúnidad Europea y el Mercosur, Buenos Aires 1997.

Gornig, Gilbert-Hanno, Äußerungsfreiheit und Informationsfreiheit als Menschenrechte – Die Verankerung der Äußerungs-, Informations-, Presse- und Rundfunkfreiheit sowie des Zensurverbots in völkerrechtlichen Übereinkommen und in den Rechtsordnungen der KSZE-Staaten unter besonderer Berücksichtigung rechtsphilosophischer und rechtsgeschichtlicher Hintergründe, Berlin 1988.

Görs, Benjamin, Internationales Investitionsrecht – Vom völkerrechtlichen Enteignungsschutz zum Europäischen Binnenmarkt, Frankfurt a.M. 2004.

Graf Vitzthum, Wolfgang (Hrsg.), Völkerrecht, 5. Aufl., Berlin 2010.

Graf Vitzthum, Wolfgang, Begriff, Geschichte und Rechtsquellen des Völkerrechts, in: Graf Vitzthum (Hrsg.), Völkerrecht, 5. Aufl., 2010, S. 1.

Gratius, Susanne, Mercosur y NAFTA – Instituciones y mecanismos de decisión en procesos de integración asimétricos, Madrid, Frankfurt a.M. 2008.

Gratius, Susanne, Posibilidades y Límites para Profundizar la Integración, in: Gratius (Hrsg.), Mercosur y NAFTA, 2008, S. 301.

Gratius, Susanne, La Unión Europea y Brasil: entre el biregionalismo y el bilateralismo, in: de Rezende/Martins (Hrsg.), Brasil – União Europeia – América do Sul, 2009, S. 40.

Greiner, Walter, Die Interregionale Assoziierung zwischen der Europäischen Union und dem Mercosur – Ein Modell für die Kooperation zwischen mehreren Freihandelszonen im Rahmen der Welthandelsordnung, Frankfurt a. M. u.a. 2004.

Griebel, Jörn, Internationales Investitionsrecht, München 2008.

Griebel, Jörn, Überlegungen zur Wahrnehmung der neuen EU-Kompetenz für ausländische Direktinvestitionen nach Inkrafttreten des Vertrags von Lissabon, in: Recht der Internationalen Wirtschaft (RIW), Heft 7 2009, S. 469.

Griebel, Jörn, Die neue EU-Kompetenz für ausländische Direktinvestitionen – Chance für einen multilateralen Ansatz im Internationalen Investitionsrecht, in: Bungenberg/Griebel/Hindelang (Hrsg.), Internationaler Investitionsschutz und Europarecht, 2010, S. 211.

Griebel, Jörn, The New Great Challenge After the Entry Into Force of the Treaty of Lisbon: Bringing About a Multilateral EU-Investment Treaty, in: Bungenberg/Griebel/Hindelang (Hrsg.), European Yearbook of International Economic Law – Special Issue: International Investment Law and EU Law, 2011, S. 139.

Griebel, Jörn/Kim, Yun-I, Zwischen Aufbruch, Stillstand und Rückschritt – Überlegungen zur Zukunft des internationalen Investitionsrechts, in: Zeitschrift für Schiedsverfahren (SchiedsVZ) 2007, S. 186.

Grierson-Weiler, Todd/Laird, Ian A., Standards of Treatment, in: Muchlinski/Ortino/Schreuer (Hrsg.), The Oxford Handbook of International Investment Law, 2009, S. 259.

Grigera Naón, Horacio A., The Settlement of Investment Disputes between States and Private Parties – An Overview from the Perspective of the ICC, in: The Journal of World Investment (JWI), Bd. 1, Juli 2000, S. 59.

Grigera Naón, Horacio A., Arbitration and Latin America: Progress and Setbacks, in: Arbitration International (AI), Vol. 21 No. 2 (2005), S. 127.

Gros Espiell, Héctor/Delpiazzo, Carlos E./Rotondo, Felipe/Vásquez, Cristina/Brito, Mariano (Hrsg.), El Derecho de la Integración del Mercosur, Montevideo 1999.

Gros Espiell, Héctor, Naturaleza Jurídica del Tratado de Asunción y de sus Protocolos, in: Gros Espiell/Delpiazzo/Rotondo/Vásquez/Brito (Hrsg.), El Derecho de la Integración del Mercosur, 1999, S. 35.

Grzeszick, Bernd, Rechte des Einzelnen im Völkerrecht – Chancen und Gefahren völkerrechtlicher Entwicklungstrends am Beispiel der Individualrechte im allgemeinen Völkerrecht, in: Archiv des Völkerrechts (AVR), Bd. 43, 2005, S. 312.

Guira, Jorge, Mercosur: The Emergence of a Working System of Dispute Resolution, in: NAFTA: Law and Business Review of the Americas (NAFTA LBRA), Heft 2 2000, S. 255.

Guira, Jorge, State-to-State Arbitration under Mercosur, in: Blackaby/Lindsey/Spinillo (Hrsg.), International Arbitration in Latin America, 2002, S. 295.

Guira, Jorge, Mercosur – Trade and Investment Amid Financial Crisis, Den Haag 2003.

Gundel, Jörg, Vom diplomatischen Schutz zum Recht der Investitionsschutzabkommen: Offene Fragen und alternative Wege beim Auslandsschutz privater Vermögensinteressen, in: Archiv des Völkerrechts (AVR), 51. Jahrgang, 2013, S. 108.

Gustafson, Lowell S. (Hrsg.), Economic Development under Democratic Regimes – Neoliberalism in Latin America, Westport u.a. 1994.

Häde, Ulrich, Der völkerrechtliche Schutz von Direktinvestitionen im Ausland – Vom Fremdenrecht zum Multilateralen Investitionsabkommen, in: Archiv des Völkerrechts (AVR), 35. Jahrgang, 1997, S. 181.

Hahn, Michael J., Art. 207 AEUV, in: Calliess/Ruffert (Hrsg.), EUV/AEUV – Das Verfassungsrecht der Europäischen Union mit Europäischer Grundrechtecharta – Kommentar, 4. Aufl. 2011.

Hailbronner, Kay (Hrsg.), Die allgemeinen Regeln des völkerrechtlichen Fremdenrechts – Bilanz und Ausblick an der Jahrtausendwende, Heidelberg 2000.

Hailbronner, Kay/Kau, Marcel, Der Staat und der Einzelne als Völkerrechtssubjekte, in: Graf Vitzthum (Hrsg.), Völkerrecht, 5. Aufl., 2010, S. 227.

Haller, Arnd, Mercosur – Rechtliche Würdigung der außenwirtschaftlichen Beziehungen und Vereinbarkeit mit dem Welthandelssystem, Münster, Köln 2001.

Hamilton, Jonathan C./García-Bolívar, Omar E./Otero, Hernando (Hrsg.), Latin American Investment Protections – Comparative Perspectives on Laws, Treaties, and Disputes for Investors, States, and Counsel, Leiden, Boston 2012.

Hargain, Daniel/Mihali, Gabriel, Circulación de Bienes en el Mercosur, Montevideo, Buenos Aires 1998.

Hassemer, Michael, Gewerbliche Schutzrechte im Mercosur – Patent-, Muster-, Sorten- und Kennzeichenschutz in Argentinien, Brasilien, Paraguay und Uruguay, Baden-Baden 2000.

Hemmerling, Mario, Vergangenheitsaufarbeitung im postautoritären Argentinien – Ein Beitrag zur Reaktion des Verfassungsrechts und der Verfassungsgerichtsbarkeit auf staatlich gesteuertes Unrecht im Lichte völkerrechtlicher Verpflichtungen, Baden-Baden 2011.

Herdegen, Matthias, Investitionsschutz in Lateinamerika – Neuere Entwicklungen im Verfassungs- und Völkervertragsrecht, in: Zeitschrift für Vergleichende Rechtswissenschaft (ZVglRWiss), Jahrgang 94 (1995), S. 341.

Herdegen, Matthias, Der »Fremde« im Völkerrecht – Wandlungen eines Begriffs, in: Hailbronner (Hrsg.), Die allgemeinen Regeln des völkerrechtlichen Fremdenrechts, 2000, S. 11.

Herdegen, Matthias, Rechtsprobleme des internationalen Konzessionswesens – inbesondere aus völkerrechtlicher Sicht, in: Baur/Hobe (Hrsg.), Rechtsprobleme von Auslandsinvestitionen, 2003, S. 13.

Herdegen, Matthias, Europarecht, 15. Aufl., München 2013.

Herdegen, Matthias, Völkerrecht, 12. Aufl., München 2013.

Herrera Bertone Gussi, Evandro, Soberania e Supranacionalidade, in: Borba Casella/Viegas Liquidato (Hrsg.), Direito da Integração, 2006, S. 107.

Herrmann, Christoph, Die gemeinsame Handelspolitik der Europäischen Union im Lissabon-Urteil, in: Europarecht (EuR) Beiheft 1 2010, S. 193.

Herrmann, Christoph, Die Zukunft der mitgliedstaatlichen Investitionspolitik nach dem Vertrag von Lissabon, in: Europäische Zeitschrift für Wirtschaftsrecht (EuZW), 2010, S. 207.

Herrmann, Christoph/Krajewski, Markus/Terhechte, Jörg Philipp (Hrsg.), European Yearbook of International Economic Law, Berlin, Heidelberg 2013.

Herrmann, Christoph/Terhechte, Jörg Philipp (Hrsg.), European Yearbook of International Economic Law 2010, Berlin, Heidelberg, 2010.

Herrmann, Christoph/Terhechte, Jörg Philipp (Hrsg.), European Yearbook of International Economic Law 2011, Berlin, Heidelberg 2011.

Herrmann, Christoph/Terhechte, Jörg Philipp (Hrsg.), European Yearbook of International Economic Law, Berlin, Heidelberg 2012.

Heydon, Kenneth/Woolcock, Stephen (Hrsg.), The Rise of Bilateralism – Comparing American, European and Asian Approaches to Preferential Trade Agreements, Tokyo u.a. 2009.

Hindelang, Steffen, Direktinvestitionen und die Europäische Kapitalverkehrsfreiheit im Drittstaatenverhältnis, in: Juristenzeitung (JZ), Heft 17 2009, S. 829.

Hindelang, Steffen, The Free Movement of Capital and Foreign Direct Investment – The Scope of Protection in EU Law, Oxford 2009.

Hindelang, Steffen, Wie viel Freiheit wagen? Das Verhältnis von EG Kapitalverkehrs- und Niederlassungsfreiheit und die Reglementierung von Direktinvestitionen in und aus Drittstaaten, in: Reinisch/Knahr (Hrsg.), Aktuelle Probleme und Entwicklungen im Internationalen Investitionsrecht, 2008, S. 79.

Hindelang, Steffen/Maydell, Niklas, The EU's Common Investment Policy – Connecting the Dots, in: Bungenberg/Griebel/Hindelang (Hrsg.), European Yearbook of International Economic Law – Special Issue: International Investment Law and EU Law, 2011, S. 1.

Hindelang, Steffen/Maydell, Niklas, Die Gemeinsame Europäische Investitionspolitik – Alter Wein in neuen Schläuchen?, in: Bungenberg/Griebel/Hindelang (Hrsg.), Internationaler Investitionsschutz und Europarecht, 2010, S. 11.

Hobér, Kaj, MFN Clauses and Dispute Resolution in Investment Treaties: Have We Reached the End of the Road?, in: Binder/Kriebaum/Reinisch/Wittich (Hrsg.), International Investment Law for the 21st Century, 2009, S. 31.

Hoffmann, Anne K., Indirect Expropriation, in: Reinisch (Hrsg.), Standards of Investment Protection, 2008, S. 151.

Hoffmeister, Frank/Ünüvar, Günes, From BITS and Pieces towards European Investment Agreements, in: Bungenberg/Reinisch/Tietje (Hrsg.), EU and Investment Agreements, 2013, S. 57.

Hofmann, Rainer/Tams, Christian J. (Hrsg.), The International Convention on the Settlement of Investment Disputes (ICSID) – Taking Stock after 40 Years, Baden-Baden 2007.

Hummer, Waldemar/Frischhut, Markus, Unterschiedliche Konzeptionen des Menschenrechtsschutzes in der lateinamerikanischen und europäischen Integration: Die »Andine Menschenrechts-Charta« 2002, in: Verfassung und Recht in Übersee (VRÜ) Bd. 36, 2003, S. 405 (Teil 1), S. 519 (Teil 2).

Hummer, Waldemar, Rechtsfragen aus Anlaß der Sukzession der ALALC durch die ALADI, in: Lüke/Ress/Will (Hrsg.), Rechtsvergleichung, Europarecht und Staatenintegration, 1983, S. 259.

Hummer, Waldemar, Von der »Gemeinschaft« zur »Union« Südamerikanischer Nationen, in: Verfassung und Recht in Übersee (VRÜ), Bd. 42, 2009, S. 7.

Hummer, Waldemar, Die »Union Südamerikanischer Staaten«/»Unión de Naciones Suramericanas« (UNASUR), in: Fischer/Karollus/Stadlmeier (Hrsg.), Die Welt im Spannungsfeld zwischen Regionalisierung und Globalisierung, 2009, S. 399.

Hummer, Waldemar, Investment Rules in Regional Integration Agreements in Latin America: The Case of the Andean Pact/Andean Community, in:

Binder/Kriebaum/Reinisch/Wittich (Hrsg.), International Investment Law for the 21st Century, 2009, S. 561.

Hummer, Waldemar, Zur Fortentwicklung des lateinamerikanischen Integrationsrechts an der Schwelle einer neuen Dekade, in: Verfassung und Recht in Übersee (VRÜ), Bd. 43, 2010, S. 100.

Hüpers, Frank (Hrsg.), Wirtschaft und Verwaltung – Vierteljahresbeilage zum Gewerbearchiv (WiVerw), Heft 1 »Internationales Investitionsschutzrecht« 2009.

Hynes, V., Bilateral Investment Treaty-based Investment Arbitration against Argentina following the Argentina Economic Crisis, in: Transnational Dispute Management (TDM), July 2004, Vol. 1 Issue 3.

International Monetary Fund (Hrsg.), Balance of Payments and International Investment Position Manual, 6. Aufl., Washington D.C. 2009.

Ipsen, Knut, Völkerrecht, 5. Aufl., München 2004.

Itapema Grau Kuntz, Karin de, Urheberrecht in den Ländern des Mercosul, München 2005.

Jaeger Junior, Augusto, Mercosul e a livre circulação de pessoas, São Paulo 2000.

Jaeger Junior, Augusto, Liberdade de Concorrência na União Européia e no Mercosul, São Paulo 2006.

Jaguaribe, Helio, Problemas e Perspectivas do Mercosul, in: Basso (Hrsg.), Mercosul – Mercosur, 2007, S. 3.

Jardel, Silvia/Barraza, Alejandro, Mercosur – Aspectos Juridicos y Economicos, Buenos Aires 1998.

Johannsen, Sven Leif Erik, Die Kompetenz der Europäischen Union für ausländische Direktinvestitionen nach dem Vertrag von Lissabon, in: Beiträge zum Transnationalen Wirtschaftsrecht (BTW), Heft 90, August 2009.

Jost, Stefan, Kritische Anmerkungen zum bolivianischen Verfassungsgebungsprozess, in: Ernst/Schmalz (Hrsg.), Die Neugründung Boliviens? – Die Regierung Morales, 2009, S. 33.

Jost, Stefan, Wahlen und Parteiensystem in Bolivien zwischen 1982 und 2005, in: Birle (Hrsg.), Lateinamerika im Wandel, 2010, S. 189.

Junqueira Ferreira, Wolgran, Comentários à Constituição de 1988 – Volume 1, São Paulo 1989.

Kadelbach, Stefan, Rechtsschutz durch den Europäischen Gerichtshof für Menschenrechte, in: Ehlers/Schoch (Hrsg.), Rechtsschutz im Öffentlichen Recht, 2009, § 5.

Kalicki, Jean/Medeiros, Suzana, Investment Arbitration in Brazil – Revisiting Brazil's Traditional Reluctance Towards ICSID, BITs and Investor-State Arbitration, in: Arbitration International (AI), Vol. 24 No. 3 (2008), S. 423.

Karl, Joachim, Das Multilaterale Investitionsabkommen (MAI), in: Recht der Internationalen Wirtschaft (RIW), Heft 6 1998, S. 432.

Kegel, Patrícia Luíza, Estado e condicionantes constitucionais nos processos de integração regional, in: de Rezende/Martins (Hrsg.), Brasil – União Europeia – América do Sul, 2009, S. 244.

Kempen, Bernhard, Eigentum: ein universelles Menschenrecht?, in: Hüpers (Hrsg.), Internationales Investitionsschutzrecht, WiVerw, (1) 2009, S. 19.

Kingreen, Thorsten, Art. 6 EUV, in: Calliess/Ruffert (Hrsg.), EUV/AEUV – Das Verfassungsrecht der Europäischen Union mit Europäischer Grundrechtecharta – Kommentar, 4. Aufl. 2011.

Kläger, Roland, Die Entwicklung des allgemeinen völkerrechtlichen Fremdenrechts – unter besonderer Berücksichtigung seiner Wechselwirkungen mit dem internationalen Investitionsschutzrecht, in: Beiträge zum Europa- und Völkerrecht (BEV), Heft 6, Juli 2011.

Kläger, Roland, »Fair and Equitable Treatment« in International Investment Law, Cambridge 2011.

Klamert, Marcus/Maydell, Niklas, Rechtsfragen der impliziten Außenkompetenz der EG illustriert am Beispiel der Dienstleistungsrichtlinie und der Minimum Platform on Investment, in: Europarecht (EuR), Heft 4 2008, S. 589.

Klein, Eckart/Schmahl, Stefanie, Die Internationalen und die Supranationalen Organisationen, in: Graf Vitzthum (Hrsg.), Völkerrecht, 5. Aufl. 2010, S. 263.

Kleinheisterkamp, Jan, Seguridad Jurídica en el Mercosur – La Interpretación Uniforme del Derecho Comúnitario, in: La Ley – Revista Juridica Paraguaya, 2001, S. 371.

Kleinheisterkamp, Jan, O Brasil e as disputas com investidores estrangeiros, in: Costa Sousa Cherem/Di Sena Júnior, Comércio Internacional e Desenvolvimento: uma perspectiva brasileira, 2004, S. 156.

Kleinheisterkamp, Jan, International Commercial Arbitration in Latin America, New York 2005.

Kleinheisterkamp, Jan, Development of Comparative Law in Latin America, in: Reimann/Zimmermann (Hrsg.), The Oxford Handbook of Comparative Law, 2006, S. 261.

Kleinheisterkamp, Jan/Lorenzo Idiarte, Gonzalo A. (Hrsg.), Avances del Derecho Internacional Privado en América Latina – Liber Amicorum Jürgen Samtleben, Montevideo 2002.

Kleinheisterkamp, Jan, Conflict of Treaties in International Arbitration in the Southern Cone, in: Kleinheisterkamp/Lorenzo Idiarte (Hrsg.), Avances del Derecho Internacional Privado en América Latina, 2002, S. 667.

Klumpp, Marianne, La Efectividad del Sistema Jurídico del Mercosur, in: Basso (Hrsg.), Mercosul – Mercosur, 2007, S. 53.

Knahr, Christina, Indirect Expropriation in Recent Investment Arbitration, in: Transnational Dispute Management (TDM), March 2009, Vol. 6 Issue 1.

Kokott, Juliane, Das interamerikanische System zum Schutz der Menschenrechte, Berlin u.a. 1986.

Kolo, Abba/Wälde, Thomas, Capital Transfer Restrictions under Modern Investment Treaties, in: Reinisch (Hrsg.), Standards of Investment Protection, 2008, S. 205.

Krajewski, Markus/Ceyssens, Jan, Internationaler Investitionsschutz und innerstaatliche Regulierung – Eine Untersuchung anhand der bilateralen Investitionsabkommen Deutschlands, in: Archiv des Völkerrechts (AVR), Bd. 45, 2007, S. 180.

Kreindler, Richard H., Inconsistent ICSID Awards – Is There a Need for an Appellate Structure?, in: Hofmann/Tams (Hrsg.) The International Convention on the Settlement of Investment Disputes (ICSID), 2007, S. 255.

Kriebaum, Ursula, Privatizing Human Rights – The Interface between International Investment Protection and Human Rights, in: Reinisch/Kriebaum (Hrsg.), The Law of International Relations, 2007, S. 165.

Kriebaum, Ursula, Eigentumsschutz im Völkerrecht – Eine vergleichende Untersuchung zum internationalen Investitionsrecht sowie zum Menschenrechtsschutz, Berlin 2008.

Kühn, Werner Miguel, Die Andengemeinschaft – Juristische Aspekte der internationalen Beziehungen zwischen der Europäischen Union und lateinamerikanischen Integrationssystemen im Zeitalter des Neuen Regionalismus, Aachen 2003.

Kuhs, Wencke, EU-Mercosur: Größte Freihandelszone der Welt, in: Außenwirtschaftliche Praxis – Zeitschrift für Außenwirtschaft in Recht und Praxis (AW-Prax) Heft 2 2011, S. 39.

Kunig, Philip, Völkerrecht und staatliches Recht, in: Graf Vitzthum (Hrsg.), Völkerrecht, 5. Aufl., 2010, S. 73.

Küttner, Niels-Jakob W., Zur Zukunft des Mercosur – Sechs Typen rechtlicher Staatenintegration, Baden-Baden 2013.

Lachmann, Werner (Hrsg.), Andenpakt und Europäische Gemeinschaft, Frankfurt a.M. u.a. 1990.

Laplane, Mariano/Sarti, Fernando/Hiratuka, Célio/Sabbatini, Rodrigo, El caso brasileño, in: Chudnovsky (Hrsg.), El boom de inversión extranjera directa en el Mercosur, 2001, S. 123.

Lattuca, Ada/Ciuro Caldani, Miguel A. (Hrsg.), Economía Globalizada y Mercosur, Buenos Aires 1998.

Leathley, Christian, International Dispute Resolution in Latin America – An Institutional Overview, Alphen aan den Rijn 2007.

Lehmann, Julia, Neues von der Schiedsgerichtsbarkeit des Mercosur – ein Integrationsmotor à la Luxemburg?, in: Europäische Zeitschrift für Wirtschaftsrecht (EuZW) 2001, S. 622.

Lehmann, Julia, Wirtschaftsintegration und Streitbeilegung außerhalb Europas, Baden-Baden 2004.

Lindsey, David/Spinillo, Alessandro, International Commercial Arbitration in Mercosur, in: Blackaby/Lindsey/Spinillo (Hrsg.), International Arbitration in Latin America, 2002, S. 257.

Lixinski, Lucas, Human Rights in Mercosur, in: Toscano Franca Filho/Lixinski/Belén Olmos Giupponi (Hrsg.), The Law of Mercosur, 2010, S. 351.

Lixinski, Lucas/de Andrade Correa, Fabiano, The Legal Future of Mercosur, in: Toscano Franca Filho/Lixinski/Belén Olmos Giupponi (Hrsg.), The Law of Mercosur, 2010, S. 413.

López Villafañe, Víctor/Di Masi, Jorge Rafael (Hrsg.), Del TLC al Mercosur – Integración y diversidades en América Latina, México D.F., Buenos Aires 2002.

Lorenzetti Marques, Eduardo, Direitos Humanos no Mercosul, in: Borba Casella (Hrsg.), Mercosul: Integração Regional e Globalização, 2000, S. 529.

Lüke, Gerhard/Ress, Georg/Will, Michael R. (Hrsg.), Rechtsvergleichung, Europarecht und Staatenintegration – Gedächtnisschrift für Léontin-Jean Constantinesco, Köln u.a. 1983.

Magarinos, Gustavo, El Derecho de la Integración en la ALADI, in: Secretaría General de la Comúnidad Andina y Programa de Cooperación Andina a Bolivia (Hrsg.), Integración y Supranacionalidad – Soberanía y Derecho Comúnitario en los Países Andinos, 2001, S. 88.

Magnoli, Demétrio/Jácome, Francine/Puente, Jose Manuel/Rios, Sandra/Maduro, Lucia, Venezuelas Beitritt zum Mercosur, Reihe »Europa – América Latina«, Nr. 24, Rio de Janeiro 2007.

Malanczuk, Peter, State-State and Investor-State Dispute Settlement in the OECD Draft Multilateral Investment Agreement, in: Journal of International Economic Law (JIEL), 2000, S. 417.

Manili, Pablo Luis, El Bloque de Constitucionalidad – La Recepción del Derecho Internacional de los Derechos Humanos en el Derecho Constitucional Argentino, Buenos Aires 2003.

Mansi, Ariel R., El Relacionamiento Externo del Mercosur, in: Anuario Argentino de Derecho Internacional (AADI), IX, 1999, S. 123.

Marcondes de Carvalho, José Antônio/Benjamin, Daniela, Supranacionalidade ou Efetividade? A dimensão Jurídico Institucional do Mercosul, in: Barbosa (Hrsg.), Mercosul – quinze anos, 2007, S. 101.

Markert, Lars, Streitschlichtungsklauseln in Investitionsschutzabkommen, Baden-Baden 2010.

Markowski, Andreas, Der gewerbliche Rechtsschutz in den Ländern der Andengemeinschaft, Baden-Baden 2004.

Martínez Puñal, Antonio, El Sistema Institucional del Mercosur: de la intergubernamentalidad hacia la supranacionalidad, Santiago de Compostela 2005.

Martínez Puñal, Antonio, En Torno a las Normas del Mercosur: Clasificación y Jerarquía, Incorporación, Vigencia, (Simultánea) y Dificultades Constitucionales, in: Drnas de Clément/Hummer (Hrsg.), Segundas Jornadas Científicas de EULATIN II, 2008, S. 223.

Marwege, Renata, Der Andengerichtshof – Das Rechtsschutzsystem des Andenpaktes mit vergleichenden Bezügen zum Recht der Europäischen Gemeinschaft, Berlin 1995.

Masi, Fernando/Terra, María Inés (Hrsg.), Asimetrías en el Mercosur – ¿Impedimento para el crecimiento?, Montevideo 2008.

Mason, Paul E./Gomm-Santos, Mauricio, New Keys to Arbitration in Latin America, in: Journal of International Arbitration (JIA), 25. Jahrgang, Heft 1 2008, S. 31.

Mayorga Lorca, Roberto, Foreign Investment Regimes in the Americas – Legal Challenges, in: OECD (Hrsg.), OECD Proceedings – Investment Policies in Latin America and Multilateral Rules on Investment, 1997, S. 45.

Meier, Carsten, ALCA – Stand und Perspektiven panamerikanischer Integration unter besonderer Berücksichtigung der Subregionen und der Konformität mit dem Welthandelssystem, München 2006.

Meira Mattos, Adherbal, Reflexões sobre o Mercosul, in: Borba Casella/Celli Junior/de Almeida Meirelles/Bertini Pasquot Polido (Hrsg.), Direito Internacional, Humanismo e Globalidade, 2008, S. 338.

Mendoza Nava, Armando, TLC: Blindando la Inversión Extranjera – Tratamiento de las Inversiones en el TLC y Acuerdo de Asociación Comúnidad Andina-Unión Europea, Lima 2008.

Menem, Carlos Saúl, ¿Qué es el Mercosur?, Buenos Aires 1996.

Messerlin, Patrick, The Mercosur-EU Preferential Trade Agreement – A view from Europe, CEPS Working Document No. 377, Brüssel 2013.

Mestmäcker, Ernst-Joachim, Die Wirtschaftsverfassung der EU im globalen Systemwettbewerb, in: Beiträge zum Transnationalen Wirtschaftsrecht (BTW), Heft 100, März 2011.

Moavro, Horacio/Orieta, Pedro W./Parera, Ricardo G., Las instituciones del Mercosur, Documento de Trabajo N° 3/1997, Buenos Aires 1997.

Montanes, Marco Tulio, Introductory Note to Bolivia's Denunciation of the Convention on the Settlement of Investment Disputes between States and Nationals of other States, in: International Legal Materials (ILM), (46) 2007, S. 969.

Motta, Fabrício, Licitação Pública e Mercosul – análise da normativa do processo de integração e da legislação interna brasileira, in: Borba Casella/Viegas Liquidato (Hrsg.), Direito da Integração, 2006, S. 279.

Moraes, Alexande de, Direito Constitucional, 27. Aufl., São Paulo 2011.

Moses, Carl, Südamerikas Handelsverband ist wirtschaftlich abgehängt, in: Frankfurter Allgemeine Zeitung (FAZ) vom 14.8.2013, S. 10.

Moses, Carl/Kafsack, Hendrik, Brasilien dringt auf Freihandel zwischen Europa und Mercosur, in: Frankfurter Allgemeine Zeitung (FAZ) vom 13.8.2013, S. 11.

Moses, Carl/Wieland, Leo, Iberdrola in Bolivien verstaatlicht, in: Frankfurter Allgemeine Zeitung (FAZ) vom 31.12.2012, S. 13.

Moses, Carl, Argentinien verstaatlicht Repsol-Gesellschaft YPF, in: Frankfurter Allgemeine Zeitung (FAZ) vom 18.4.2012, S. 11.

Moses, Carl, Ölmacht Brasilien, in: Frankfurter Allgemeine Zeitung (FAZ) vom 3.9.2009, S. 11.

Mourre, Alexis, Perspectives of International Arbitration in Latin America, in: The American Review of International Arbitration (ARIA), (17) 2006, S. 597.

Moya Domínguez, María Teresa, Derecho de la Integración – Mercosur: instituciones y fuentes; – Unión Europea y Comúnidad Andina: estudio comparado, Buenos Aires 2006.

Muchlinski, Peter/Ortino, Federico/Schreuer, Christoph (Hrsg.), The Oxford Handbook of International Investment Law, Oxford 2008.

Muchlinski, Peter, Corporate Social Responsibility, in: Muchlinski/Ortino/Schreuer (Hrsg.), The Oxford Handbook of International Investment Law, 2009, S. 637.

Müller, Johannes C. W., Kapitalverkehrsfreiheit in der Europäischen Union – Bedeutung, Inhalt und Umfang, Weiterentwicklung, Auswirkung auf Völkerrecht und nationales Recht, Berlin 2000.

Nacimiento, Grace, Die Amerikanische Deklaration der Rechte und Pflichten des Menschen, Berlin u.a. 1997.

Niaradi, George, Investimentos Estrangeiros Diretos no Brasil – Cartilha – Análise da Legislação Aplicada, Campinas 2008.

Nolan, Michael D./Sourgens, Frédéric G., The Interplay Between State Consent to ICSID Arbitration and Denunciation of the ICSID Convention: The (Possible) Venezuela Case Study, in: Transnational Dispute Management (TDM), September 2007.

Noodt Taquela, Maria Blanca, Arbitraje Internacional en el Mercosur, Buenos Aires 1999.

Nowrot, Karsten, International Investment Law and the Republic of Ecuador: From Arbitral Bilaterism to Judicial Regionalism, in: Beiträge zum Transnationalen Wirtschaftsrecht (BTW), Heft 96, Mai 2010.

Nowrot, Karsten, Steuerungssubjekte und -mechanismen im Internationalen Wirtschaftsrecht (einschließlich regionale Wirtschaftsintegration), in: Tietje (Hrsg.), Internationales Wirtschaftsrecht, 2009, S. 61.

Oehrlein, Josef, Der sanfte Putsch, in: Frankfurter Allgemeine Zeitung (FAZ) vom 27.6.2012, S. 8.

Oehrlein, Josef, Zutritt für Chávez, in: Frankfurter Allgemeine Zeitung (FAZ) vom 31.7.2012, S. 6.

Oehrlein, Josef, Kolumbiens Militär tötet weiteren Farc-Führer, in: Frankfurter Allgemeine Zeitung (FAZ) vom 8.8.2008, S. 7.

Oehrlein, Josef, Ein Putsch streng nach Verfassung, in: Frankfurter Allgemeine Zeitung (FAZ) vom 25.6.2012, S. 6.

Oehrlein, Josef, Mercosur nimmt Venezuela auf, in: Frankfurter Allgemeine Zeitung (FAZ) vom 2.7.2012, S. 5.

Oehrlein, Josef, Die Nöte des kleinen Nachbarn, in: Frankfurter Allgemeine Zeitung (FAZ) vom 19.10.2013, S. 7.

Olivar, Martha Lucía, El Perfeccionamiento del Mercosur como Condición Esencial de la Relación con la Unión Europea, in: Basso (Hrsg.), Mercosul – Mercosur, 2007, S. 339.

Olivares Tramón, José Miguel, Das Vorabentscheidungsverfahren des EuGH als Vorbild des Mercosur – Die Förderung einer effektiveren Gerichtsbarkeit im Mercosur, Baden-Baden 2006.

Olivar Jimenez, Martha Lucia, The Law of Mercosur and International Law: The Struggle for Independence, in: Toscano Franca Filho/Lixinski/Belén Olmos Giupponi (Hrsg.), The Law of Mercosur, 2010, S. 191.

Opertti Badán, Didier, Sistema de Solución de Controversias en el Mercosur, in: Kleinheisterkamp/Lorenzo Idiarte (Hrsg.), Avances del Derecho Internacional Privado en América Latina, 2002, S. 457.

Organisation for Economic Co-Operation and Development (OECD) (Hrsg.), OECD Proceedings – Investment Policies in Latin America and Multilateral Rules on Investment, Paris 1997.

Organisation for Economic Co-Operation and Development (OECD) (Hrsg.), OECD Benchmark Definition of Foreign Direct Investment, 4. Aufl., Paris 2008.

Oschmann, Friedrich, Calvo-Doktrin und Calvo-Klauseln, Heidelberg 1993.

Oswald, Hans, Die ausländischen Direktinvestitionen in der Industrialisierungspolitik des Andenpaktes, Diessenhofen 1977.

Ott, Andra/Vos, Ellen (Hrsg.), Fifty Years of European Integration: Foundations and Perspectives, Den Haag 2009.

Pache, Eckhard, Allgemeine Lehren der EMRK, in: Ehlers (Hrsg.), Europäische Grundrechte und Grundfreiheiten, 3. Aufl. 2009, § 11.

Pache, Eckhard, Grundfreiheiten, in: Schulze/Zuleeg/Kadelbach (Hrsg.), Europarecht – Handbuch für die deutsche Rechtspraxis, 2. Aufl. 2010, § 10.

Pallarés, Beatriz, La Incorporación de las Normas Mercosur a los Derechos Internos y la seguridad Jurídica, in: Lattuca/Ciuro Caldani (Hrsg.), Economia Globalizada y Mercosur, 1998, S. 55.

Pallarés, Beatriz, Interrogantes acerca de las Relaciones entre el Derecho Interno y el Derecho Internacional, la Soberanía y la Seguridad Jurídica, in: Fernández Arroyo/Opertti Badán (Hrsg.), Liber Amicorum en Homenaje al Profesor Dr. Didier Opertti Baldán, 2005, S. 705.

Paul, Wolf (Hrsg.), Die Brasilianische Verfassung von 1988 – Ihre Bedeutung für Rechtsordnung und Gerichtsverfassung Brasiliens, Frankfurt a.M. u.a. 1989.

Pavón Piscitello, Daniel/Schmidt, Jan Peter, Der EuGH als Vorbild: Erste Entscheidung des ständigen Mercosur-Gerichts, in: Europäische Zeitschrift für Wirtschaftsrecht (EuZW), 2006, S. 301.

Peña, Felix, La integración del espacio sudamericano – ¿La Unasur y el Mercosur pueden complementarse?, in: Nueva Sociedad, N° 219, Januar/Februar 2009, S. 46.

Peña, Felix, Integración regional y estabilidad sistémica en Suramérica, in: Cienfuegos/Sanahuja (Hrsg.), Una región en construcción, 2010, S. 23.

Perkams, Markus/ Secomb, Anne, Der Schutz deutscher Auslandsinvestitionen in Lateinamerika, in: Hüpers (Hrsg.), Internationales Investitionsschutzrecht, WiVerw, (1) 2009, S. 31.

Pernice, Ingolf, Art. 25, in: Dreier (Hrsg.), Grundgesetz, Bd. II, 2. Aufl. 2006.
Perotti, Alejandro Daniel, Elementos básicos para la constitución de un Tribunal de Justicia del Mercosur, in: Caetano (Hrsg.), La reforma institucional del Mercosur, 2009, S. 199.
Perugini Zanetti, Alicia, Arbitraje Comercial Internacional en el Mercosur, in: Kleinheisterkamp/Lorenzo Idiarte (Hrsg.), Avances del Derecho Internacional Privado en América Latina, 2002, S. 633.
Peters, Joachim, Die Reformierung der Entscheidung 24 – Rückschritt für die Andenintegration?, in: Lachmann, Andenpakt und Europäische Gemeinschaft, 1990, S. 85.
Peterson, Luke Eric, Ecuador will denounce at least nine bilateral investment treaties, in: Internetquelle Investment Treaty News (ITN) des International Institute for Sustainable Development vom 5.2.2008, S. 5 f. (abrufbar unter www.iisd.org/itn, zuletzt geprüft am 29.10.2013).
Pfaff, Christina, Investment Protection by Other Mechanism: The Role of Human Rights Institutions and the WTO, in: Hofmann/Tams (Hrsg.) The International Convention on the Settlement of Investment Disputes (ICSID), 2007, S. 267.
Pfaff, Christina, Investitionsschutz durch regionalen menschenrechtlichen Eigentumsschutz am Beispiel der Europäischen Menschenrechtskonvention (EMRK), in: Reinisch/Knahr (Hrsg.), Aktuelle Probleme und Entwicklungen im Internationalen Investitionsrecht, 2008, S. 163.
Piana, Ricardo Sebastián, Unasur u otro intento fallido? Sobre las políticas de (no) integración en Sudamérica, in: Studi sull'integrazione europea (SIE), 4. Jahrgang, No. 2, 2009, S. 369.
Pinheiro Neto, J. M., Die Rechte der Ausländer in Brasilien und die Tendenzen der neuen Verfassung, in: Paul (Hrsg.), Die Brasilianische Verfassung von 1988, 1989, S. 71.
Pizzolo, Calogero, Globalización e Integración – Ensayo de una Teoría General; Comúnidad Andina – Mercosur – Unión Europea – Sica, Buenos Aires 2002.
Pizzolo, Calogero, Sistema Interamericano – La Denuncia ante la Comisión Interamericana de Derechos Humanos; El Proceso ante la Corte Interamericana de Derechos Humanos; Informes y Jurisprudencia, Buenos Aires 2007.
Pizzolo, Calogero, Sistema de Solución de Controversías – Mercosur, Buenos Aires 2008.
Porrata-Doria, Rafael A. (Jr.), Mercosur – The Common Market of the Southern Cone, Durham 2005.

Prada, Alejandro, Wettbewerbspolitik und Wirtschaftsintegration in den Amerikas, Baden-Baden 2001.

Prechtl, Tilmann, Investitionsabsicherung des Bundes, in: Ehlers/Wolffgang/Schröder (Hrsg.), Rechtsfragen internationaler Investitionen, 2009, S. 131.

Preusse, Heinz G., Consecuencias de la Salida de Venezuela de la CAN y su Entrada en el Mercosur, in: Drnas de Clément/Hummer (Hrsg.), Segundas Jornadas Científicas de EULATIN II, 2008, S. 181.

Prüser, Jürgen, Die Handelsverträge der Hansestädte Lübeck, Bremen und Hamburg mit überseeischen Staaten im 19. Jahrhundert, Bremen 1962.

Pucci, Adriana Noemi, Arbitragem e Investimentos Estrangeiros, in: Revista Brasileira de Arbitragem (RBA), Heft 2 (April-Juni) 2004, S. 7.

Pucci, Adriana Noemi, Acordo sobre Arbitragem Comercial Internacional do Mercosul, in: Basso (Hrsg.), Mercosul – Mercosur, 2007, S. 319.

Qureshi, Asif H., A Development Perspective to the Introduction of an Appellate Process in International Investment Arbitration, in: Hofmann/Tams (Hrsg.) The International Convention on the Settlement of Investment Disputes (ICSID), 2007, S. 251.

Radhuber, Isabella Margerita, Staatliche Reorganisation und Erdgaspolitik, in: Ernst/Schmalz (Hrsg.), Die Neugründung Boliviens? – Die Regierung Morales, 2009, S. 109.

Ramos, Dante Marcelo, Das Wettbewerbsschutz-Protokoll des Mercosur – Eine Darstellung anhand der Wettbewerbsordnungen Argentiniens und Brasiliens und im Vergleich mit der Europäischen Gemeinschaft, Frankfurt a.M. 2000.

Reed, Lucy/Paulsson, Jan/Blackaby, Nigel, Guide To ICSID Arbitration, Den Haag 2004.

Reimann, Mathias/Zimmermann, Reinhard (Hrsg.), The Oxford Handbook of Comparative Law, Oxford, New York 2006.

Reinisch, August (Hrsg.), Standards of Investment Protection, Oxford 2008.

Reinisch, August, Legality of Expropriations, in: Reinisch (Hrsg.), Standards of Investment Protection, 2008, S. 171.

Reinisch, August, Expropriation, in: Muchlinski/Ortino/Schreuer (Hrsg.), The Oxford Handbook of International Investment Law, 2008, S. 407.

Reinisch, August, Die Beilegung von Investitionsstreitigkeiten, in: Tietje (Hrsg.), Internationales Wirtschaftsrecht, 2009, S. 801.

Reinisch, August, Internationales Investitionsschutzrecht, in: Tietje (Hrsg.), Internationales Wirtschaftsrecht, 2009, S. 356.

Reinisch, August, Challenging Acts of International Organizations before National Courts, Oxford u.a. 2010.

Reinisch, August, Introduction, in: Reinisch (Hrsg.), Challenging Acts of International Organizations before National Courts, 2010, S. 1.

Reinisch, August, The Division of Powers Between the EU and Its Member States »After Lisbon«, in: Bungenberg/Griebel/Hindelang (Hrsg.), European Yearbook of International Economic Law – Special Issue: International Investment Law and EU Law, 2011, S. 43.

Reinisch, August/Kriebaum, Ursula (Hrsg.), The Law of International Relations – Liber Amicorum Hanspeter Neuhold, Utrecht 2007.

Reinisch, August/Knahr, Christina (Hrsg.), Aktuelle Probleme und Entwicklungen im Internationalen Investitionsrecht, Stuttgart u.a. 2008.

Reinisch, August/Knahr, Christina (Hrsg.), International Investment Law in Context, Utrecht 2008.

Reiter, Joakim, International Investment Rules, in: Woolcock (Hrsg.), Trade and Investment Rule-Making, 2006, S. 208.

Ress, Georg/Stein, Torsten (Hrsg.), Der diplomatische Schutz im Völker- und Europarecht – Aktuelle Probleme und Entwicklungstendenzen, Baden-Baden 1996.

Rezende Martins, Estevão C. de/Gomes Saraiva, Miriam (Hrsg.), Brasil – União Europeia – América do Sul; anos 2010 – 2020, Rio de Janeiro 2009.

Ribeiro Bastos, Celso, Art. 5, in: Ribeiro Bastos/Gandra Martins (Hrsg.), Comentários à Constituição do Brasil, 2° Vol. Arts. 5° a 17, 1989.

Ribeiro Bastos, Celso, Art. 170, Art. 172, Art. 182, Art. 184, in: Ribeiro Bastos/Gandra Martins (Hrsg.), Comentários à Constituição do Brasil, 7° Vol. Arts. 170 a 192, 1990.

Ribeiro Bastos, Celso/Gandra Martins, Ives (Hrsg.), Comentários à Constituição do Brasil (Promulgada em 5 de Outubro de 1988), 1° Vol. Pré-constitucionalismo. O Estado. Constituição. Arts. 1° a 4°, São Paulo 1988.

Ribeiro Bastos, Celso/Gandra Martins, Ives (Hrsg.), Comentários à Constituição do Brasil (Promulgada em 5 de Outubro de 1988), 2° Vol. Arts. 5° a 17, São Paulo 1989.

Ribeiro Bastos, Celso/Gandra Martins, Ives (Hrsg.), Comentários à Constituição do Brasil (Promulgada em 5 de Outubro de 1988), 7° Vol. Arts. 170 a 192, São Paulo 1990.

Rimoldi de Ladmann, Eve (Hrsg.), Mercosur y Comúnidad Europea, Buenos Aires 1995.

Rimoldi de Ladmann, Eve, La estructura institucional a partir del protocolo de Ouro Preto, in: Rimoldi de Ladmann (Hrsg.), Mercosur y Comúnidad Europea, Buenos Aires 1995, S. 205.

Robert, Maryse/Sauvé, Pierre/Steinfatt, Karsten, Negotiating Investment Rules: Possible Scenarios for an EU-Mercosur Agreement, in: Giordano (Hrsg.), An Integrated Approach to the European Union-Mercosur Association, 2002, S. 265.

Rocha de Mello Martins, Renata, Verfassungskonformität des Mercosur in Brasilien, Baden-Baden 2002.

Rocha do Bomfim, Ana Paula/Ferreira de Menezes, Hellen Monique (Hrsg.), Dez Anos da Lei de Arbitragem – Aspectos Atuais e Perspectivas para o Instituto, Rio de Janeiro 2007.

Rodner, James Otis/Martínz Estévez, Jaime, The Effectiveness of ICSID Jurisdiction after the ICSID Convention has been Denounced, in: Journal of International Arbitration (JIA), 29. Jahrgang, Heft 4 2012, S. 437.

Roett, Riordan (Hrsg.), Mercosur – Regional Integration, World Markets, London 1999.

Rojas Arroyo, Santiago/Roth, Andrew Samuel, The History and Development of the Andean Community, in: Ott/Vos (Hrsg.), Fifty Years of European Integration: Foundations and Perspectives, 2009, S. 349.

Rubins, Noah, Investment Arbitration in Brazil, in: The Journal of World Investment (JWI), Vol. 4 No. 6 (2003), S. 1071.

Rubins, Noah/Kinsella, N. Stephan, International Investment, Political Risk and Dispute Resolution – A Practitioner's Guide«, Oxford 2005.

Ruffert, Matthias, Art. 288 AEUV, in: Calliess/Ruffert (Hrsg.), EUV/AEUV – Das Verfassungsrecht der Europäischen Union mit Europäischer Grundrechtecharta – Kommentar, 4. Aufl. 2011.

Ruiz Díaz Labrano, Roberto, Naturaleza Juridica del Mercosur, in: Arbuet Vignali u.a. (Hrsg.), Mercosur – Balance y Perspectivas, 1996, S. 13.

Ruiz Diaz Labrano, Roberto, Mercosur – Integración y Derecho, Buenos Aires 1998.

Sabsay, Daniel Alberto, La experiencia del Mercosur, in: Battis/Kunig/Pernice/Randelzhofer, Das Grundgesetz im Prozeß europäischer und globaler Verfassungsentwicklung, 2000, S. 139.

Sachs, Michael (Hrsg.), Grundgesetz – Kommentar, 6. Aufl., München 2011.

Salacuse, Jeswald W., The Law of Investment Treaties, Oxford 2010.

Samtleben, Jürgen, Der Südamerikanische Gemeinsame Markt (MERCOSUR) und seine neue Verfassung, in: Wertpapiermitteilungen (WM), Heft 44 1996, S. 1997.

Samtleben, Jürgen, Der Mercosur als Rechtssystem, in: Basedow/Samtleben (Hrsg.), Wirtschaftsrecht des Mercosur – Horizont 2000, 2001, S. 51.

Samtleben, Jürgen, La Solución de Controversias en la Union Europea y en el Mercosur, in: Fernández Arroyo/Opertti Badán (Hrsg.), Liber Amicorum en Homenaje al Profesor Dr. Didier Opertti Badán, 2005, S. 947.

Samtleben, Jürgen, Zur Anerkennung ausländischer Schiedssprüche in Brasilien?, in: Zeitschrift für Schiedsverfahren (SchiedsVZ) 2009, S. 109.

Samtleben, Jürgen (Hrsg.), Rechtspraxis und Rechtskultur in Brasilien und Lateinamerika – Beiträge aus internationaler und regionaler Perspektive, Aachen 2010.

Samtleben, Jürgen, Schiedsgerichtsbarkeit, in: Samtleben (Hrsg.), Rechtspraxis und Rechtskultur in Brasilien und Lateinamerika, 2010, S. 61.

Samtleben, Jürgen, Zur Anerkennung ausländischer Schiedssprüche in Brasilien, in: Samtleben (Hrsg.), Rechtspraxis und Rechtskultur in Brasilien und Lateinamerika, 2010, S. 67.

Samtleben, Jürgen, Mercosur und Europa, in: Samtleben (Hrsg.), Rechtspraxis und Rechtskultur in Brasilien und Lateinamerika, 2010, S. 173.

Samtleben, Jürgen, Vertrag von Asunción, in: Samtleben (Hrsg.), Rechtspraxis und Rechtskultur in Brasilien und Lateinamerika, 2010, S. 175.

Samtleben, Jürgen, Protokoll von Ouro Preto, in: Samtleben (Hrsg.), Rechtspraxis und Rechtskultur in Brasilien und Lateinamerika, 2010, S. 202.

Samtleben, Jürgen, Erster Schiedsspruch, in: Samtleben (Hrsg.), Rechtspraxis und Rechtskultur in Brasilien und Lateinamerika, 2010, S. 263.

Samtleben, Jürgen, Erstes Vorlageverfahren, in: Samtleben (Hrsg.), Rechtspraxis und Rechtskultur in Brasilien und Lateinamerika, 2010, S. 271.

Samtleben, Jürgen, Die Reform der Schiedsgerichtsbarkeit in den Mitgliedstaaten der Andengemeinschaft, in: Samtleben (Hrsg.), Rechtspraxis und Rechtskultur in Brasilien und Lateinamerika, 2010, S. 505.

Samtleben, Jürgen, Besprechung zu Felix Fuders »Wirtschaftsverfassung des Mercosur«, 2008, in: Rabels Zeitschrift für ausländisches und internationales Privatrecht (RabelsZ), Bd. 1 2012, S. 223.

Sanahuja, José Antonio, La construcción de una región: Suramérica y el regionalismo posliberal, in: Cienfuegos/Sanahuja (Hrsg.), Una región en construcción, 2010, S. 87.

Sangmeister, Hartmut, Vorwärts in die Vergangenheit? Lateinamerikas Positionsbestimmung in der Weltwirtschaft des 21. Jahrhunderts, in: Birle (Hrsg.), Lateinamerika im Wandel, 2010, S. 59.

Sauvé, Pierre, Trade and investment rules: Latin American perspectives, Serie Comercio Internacional Nr. 66 (CEPAL), United Nations Publication, Santiago de Chile 2006.

Schernbeck, Andrea, Der Fair and Equitable Treatment Standard in internationalen Investitionsschutzabkommen, Baden-Baden 2013.

Schilling-Vacaflor, Almut, Recht als umkämpftes Terrain – Die neue Verfassung und indigene Völker in Bolivien, Baden-Baden 2010.

Schlemmer, Engela, Investment, Investor, Nationality, and Shareholders, in: Muchlinski/Ortino/Schreuer (Hrsg.), The Oxford Handbook of International Investment Law, 2008, S. 49.

Schlemmer-Schulte, Sabine, The World Bank Guidelines on the Treatment of Foreign Direct Investment, in: Bradlow/Escher, Legal Aspects of Foreign Direct Investment, 1999, S. 87.

Schmalenbach, Kirsten, Art. 216, 218, 220 AEUV, in: Calliess/Ruffert (Hrsg.), EUV/AEUV – Das Verfassungsrecht der Europäischen Union mit Europäischer Grundrechtecharta – Kommentar, 4. Aufl. 2011.

Schmidt, Carsten, Prozessuale Meistbegünstigung im völkerrechtlichen Investitionsschutz, Frankfurt a.M. 2008.

Schmidt, Hanna Maria Elisabeth, Der Enteignungsschutz im internationalen Investitionsschutzrecht in Hinblick auf das europäische Umweltrecht, Frankfurt a.M. 2012.

Schmidt, Jan Peter, Neue Impulse durch institutionelle Reformen – der Mercosur ist wieder auf Kurs, in: Europäische Zeitschrift für Wirtschaftsrecht (EuZW), 2005, S. 139.

Schmitt, Ramona, Die Kompetenzen der Europäischen Union für ausländische Investitionen in und aus Drittstaaten, München 2012.

Schnabl, Marco E./Bédard, Julie, The wrong kind of »interesting«, in: The National Law Journal (NLJ), 30. Juli 2007, S. 31.

Schöbener, Burkhard, Der Rechtsrahmen des Internationalen Investitionsrechts: Ein Überblick zu den bilateralen Investitionsschutzabkommen, in: Hüpers (Hrsg.), Internationales Investitionsschutzrecht, WiVerw, (1) 2009, S. 3.

Schreiber, Till, Das argentinische Gesetz 25.156 zum Schutz des Wettbewerbs, Frankfurt a.M. 2003.

Schreuer, Christoph/Malintoppi, Loretta/Reinisch, August/Sinclair, Anthony, The ICSID Convention: A Commentary, 2. Aufl., Cambridge u.a. 2009.

Schreuer, Christoph, Consent to Arbitration, in: Muchlinski/Ortino/Schreuer (Hrsg.), The Oxford Handbook of International Investment Law, 2009, S. 830.

Schreuer, Christoph, Introduction: Interrelationship of Standards, in: Reinisch (Hrsg.), Standards of Investment Protection, 2008, S. 1.

Schreuer, Christoph, Fair and Equitable Treatment (FET): Interactions with other Standards, in: Transnational Dispute Management (TDM), September 2007, Vol. 4 Issue 5.

Schroeder, Werner, Art. 288 AEUV, in: Streinz (Hrsg.), EUV/AEUV, 2. Aufl. 2011.

Schulze Zumkley, Georg, Das Projekt einer panamerikanischen Freihandelszone ALCA/FTAA, in: Verfassung und Recht in Übersee (VRÜ), Bd. 35, 2002, S. 108.

Schulze, Reiner/Zuleeg, Manfred/Kadelbach, Stefan (Hrsg.), Europarecht – Handbuch für die deutsche Rechtspraxis, 2. Aufl., Baden-Baden 2010.

Schvarzer, Jorge, La Larga Crisis de la Deuda en América Latina, in: López Villafañe/Di Masi (Hrsg.), Del TLC al Mercosur, 2002, S. 59.

Schwartmann, Rolf, Private im Wirtschaftsvölkerrecht, Tübingen 2005.

Schwarze, Jürgen/Hatje, Armin (Hrsg.), Der Reformvertrag von Lissabon, Europarecht (EuR) – Beiheft 1, Baden-Baden 2009.

Schweitzer, Michael/Hummer, Waldemar/Obwexer, Walter, Europarecht – Das Recht der Europäischen Union, Wien 2007.

Secretaría del Mercosur/Konrad-Adenauer-Stiftung, Tercer Informe sobre la Aplicación del Derecho del Mercosur por los Tribunales Nacionales, Montevideo 2010.

Secretaria General de la Comúnidad Andina y Programa de Cooperación Andina a Bolivia (Hrsg.) Integración y Supranacionalidad – Soberanía y Derecho Comúnitario en los Países Andinos, Lima 2001.

Seidl-Hohenveldern, Ignaz, Der diplomatische Schutz für juristische Personen und Aktionäre, in: Ress/Stein (Hrsg.), Der diplomatische Schutz im Völker- und Europarecht, 1996, S. 115.

Seidl-Hohenveldern, Ignaz/Loibl, Gerhard, Das Recht der Internationalen Organisationen einschließlich der Supranationalen Gemeinschaften, 7. Aufl., Köln u.a. 2000.

Sester, Peter, Institutionelle Reformen in heranreifenden Kapitalmärkten: Der brasilianische Aktienmarkt – Eine institutionenökonomische Analyse zu Internationalen Standards, Regulierung und Selbstregulierung, Berlin 2009.

Sester, Peter, Brasilianisches Handels- und Wirtschaftsrecht, Frankfurt a.M. 2010.

Shea, Donald R., The Calvo Clause – A Problem of Inter-American and International Law and Diplomacy, Minneapolis 1955.

Sola, Juan Vicente, La jerarquía de las leyes y reglamentos nacionales con las normas del Mercosur, in: La Ley, 1996-E, S. 739.

Sornarajah, Muthucumaraswamy, The International Law on Foreign Investment, 3. Aufl., Cambridge 2010.

Spenrath, Christoph J., Die Vertragsgestaltung bei der Beteiligung deutscher Investoren an Unternehmen in Entwicklungsländern, Berlin 2000.

Stein, Torsten/von Buttlar, Christian, Völkerrecht, 13. Aufl., München 2012.

Steinhaus, Thorsten, Neuere Entwicklungen im Urheberrecht der Andengemeinschaft unter besonderer Berücksichtigung der Rechtsprechung des Andengerichtshofs, in: Gewerblicher Rechtsschutz und Urheberrecht – Internationaler Teil (GRUR Int.) 2003, S. 301.

Streinz, Rudolf, Der »effet utile« in der Rechtsprechung des Gerichtshofs der Europäischen Gemeinschaften, in: Due/Lutter/Schwarze (Hrsg.), Festschrift Everling, 1995, Bd. II, S. 1491.

Streinz, Rudolf, Art. 25, in: Sachs (Hrsg.), Grundgesetz, 6. Aufl. 2011.

Streinz, Rudolf, Europarecht, 9. Aufl., Heidelberg u.a. 2012.

Streinz, Rudolf (Hrsg.), EUV/AEUV – Vertrag über die Europäische Union und Vertrag über die Arbeitsweise der Europäischen Union, 2. Aufl., München 2012.

Susani, Nadine, El Alcance del Procedimiento de Opiniones Consultivas establecido por el Reglamento del Protocolo de Olivos, in: Revista de Derecho Internacional y del Mercosur (RDIM) Heft 1 2004, S. 66.

Susani, Nadine, Dispute Settlement, in: Toscano Franca Filho/Lixinski/Belén Olmos Giupponi (Hrsg.), The Law of Mercosur, 2010, S. 73.

Taalouch, Karim, Der Außenhandel des Mercosur – eine empirische Überprüfung aus integrationstheoretischer Perspektive, Heidelberg 2007.

Tams, Christian J., Is There A Need for an ICSID Appellate Structure?, in: Hofmann/Tams (Hrsg.) The International Convention on the Settlement of Investment Disputes (ICSID), 2007, S. 223.

Tangarife Torres, Marcel, Sistema Jurisdiccional en el Proceso Andino, in: Secretaría General de la Comúnidad Andina y Programa de Cooperación Andina a Bolivia (Hrsg.), Integración y Supranacionalidad – Soberanía y Derecho Comúnitario en los Países Andinos, 2001, 157.

Tawil, Guido Santiago, Most Favoured Nation Clauses and Jurisdictional Clauses in Investment Treaty Arbitration, in: Binder/Kriebaum/Reinisch/Wittich (Hrsg.), International Investment Law for the 21st Century, 2009, S. 9.

Teixeira Silveira, Eduardo, A Disciplina Jurídica do Investimento Estrangeiro no Brasil e no Direito Internacional, São Paulo 2002.

Tellechea Bergman, Eduardo, La Cooperación Juridica Internacional en el Mercosur – El Protocolo de Las Leñas sobre Cooperación y Asistencia Jurisdiccional en Materia Civil, Comercial, Laboral y Administrativa, in: Arbuet Vignali u.a. (Hrsg.), Mercosur – Balance y Perspectivas, 1996, S. 111.

Teplitzchi, Eduardo, Protección de las Inversiones Extranjeras en el Mercosur – Necesidad de Consolidar el Derecho Comúnitario Mercosureño, in: Figueredo/Inchausti/Teplitzchi (Hrsg.), Mercosur y Empresas, 2002, S. 175.

Terhechte, Jörg Philipp, Art. 351 TFEU, the Principle of Loyalty and the Future Role of the Member States' Bilateral Investment Treaties, in: Bungenberg/Griebel/Hindelang (Hrsg.), European Yearbook of International Economic Law – Special Issue: International Investment Law and EU Law, 2011, S. 79.

Terra, María Inés, Asimetrías en el Mercosur: ¿Un Obstáculo para el Crecimiento?, in: Masi/Terra (Hrsg.), Asimetrías en el Mercosur, 2008, S. 12.

Teshima, Márcia, Investimentos no Mercosul & Sua Proteção, Curitiba 2003.

Then de Lammerskötter, Rosario, WTO und Regional Trade Agreements (RTAs) – Artikel XXIV und die enabling clause im Lichte eines idealen Regulierungssystems, Münster 2004.

Tietje, Christian, Die Außenwirtschaftsverfassung der EU nach dem Vertrag von Lissabon, in: Beiträge zum Transnationalen Wirtschaftsrecht (BTW), Heft 83, Januar 2009.

Tietje, Christian, Internationaler Investitionsrechtsschutz, in: Ehlers/Schoch (Hrsg.), Rechtsschutz im Öffentlichen Recht, 2009, § 4.

Tietje, Christian, Niederlassungsfreiheit, in: Ehlers (Hrsg.), Europäische Grundrechte und Grundfreiheiten, 3. Aufl. 2009, § 10.

Tietje, Christian/Nowrot, Karsten/Wackernagel, Clemens, Once and Forever? The Legal Effects of a Denunciation of ICSID, in: Beiträge zum Transnationalen Wirtschaftsrecht (BTW), März 2008, Heft 74.

Tietje, Christian, EU-Investitionsschutz und -förderung zwischen Übergangsregelungen und umfassender europäischer Auslandsinvestitionspolitik, in: Europäische Zeitschrift für Wirtschaftsrecht (EuZW), 2010, S. 647.

Tietje, Christian (Hrsg.), International Investment Protection and Arbitration – Theoretical and Practical Perspectives, Berlin 2008.

Tietje, Christian (Hrsg.), Internationales Wirtschaftsrecht, Berlin 2009.

Tietje, Christian, WTO und Recht des Warenhandels, in: Tietje (Hrsg.), Internationales Wirtschaftsrecht, 2009, S. 145.

Toledo, Ricardo Vigil, El Ordenamiento Jurídico de la Comúnidad Andina y la Declaración del Derecho Comúnitario, in: Revista Peruana de Derecho Internacional (RPDI), Bd. 56, 2003, S. 110.

Tondl, Gabriele/Bass, Timo, Integration in Latin America, in: Herrmann/Terhechte (Hrsg.), European Yearbook of International Economic Law, 2010, S. 313.

Torres, Jorge José, El concepto »Integración Latinoamericana«: – contenido, reformulaciones y continuidades, Buenos Aires 2008.

Toscano Franca Filho, Marcílio/Lixinski, Lucas/Belén Olmos Giupponi, María (Hrsg.), The Law of Mercosur, Oxford 2010.

Toscano Franca Filho, Marcílio, External Relations, in: Toscano Franca Filho/Lixinski/Belén Olmos Giupponi (Hrsg.), The Law of Mercosur, 2010, S. 147.

Tuis, Lucrezia/Brown, Colin M., The European Union and Regional Trade Agreements, in: Herrmann/Krajewski/Terhechte (Hrsg.), European Yearbook of International Economic Law, 2013, S. 253.

Unterguggenberger, Tobias, Das Urheberrecht in der Andengemeinschaft, Baden-Baden 1999.

Vacchino, Juan Mario, Integración Latinoamericana – De la ALALC a la ALADI, Buenos Aires 1983.

Vaillant, Marcel, Objetivos, Resultados y Restricciones de la Negociación Común con Terceros en el Mercosur, in: Barbosa (Hrsg.), Mercosul – quinze anos, 2007, S. 179.

Valença Filho, Clávio/Bosco Lee, João, Brazil's New Public-Private Partnership Law: One Step Forward, Two Steps Back, in: Journal of International Arbitration (JIA), 22. Jahrgang, Heft 5 2005, S. 419.

Vanossi, Jorge R., Los tratados internacionales ante la reforma de 1994, in: Abregú/Courtis (Hrsg.), La aplicación de los tratados sobre derechos humanos por los tribunales locales, 1998, S. 105.

Vega, Oscar, Wege zum guten Leben. Der bolivianische Verfassungsgebungsprozess, in: Ernst/Schmalz (Hrsg.), Die Neugründung Boliviens? – Die Regierung Morales, 2009, S. 17.

Vervaele, John A., Mercosur and Regional Integration in South America, in: The International and Comparative Law Quarterly (ICLQ), 54. Jahrgang, April 2005, S. 387.

Vis-Dunbar, Damon/Peterson, Luke Eric/Cabrera Diaz, Fernando, Bolivia notifies World Bank of withdrawal from ICSID, pursues BIT revisions, in: Internetquelle Investment Treaty News (ITN) des International Institute for Sustainable Development vom 9.5.2007, S. 1 ff. (abrufbar unter www.iisd.org/itn, zuletzt geprüft am 29.10.2013).

Vis-Dunbar, Damon/Peterson, Luke Eric, Bolivian water dispute settled, Bechtel forgoes compensation, in: Internetquelle Investment Treaty News (ITN) des International Institute for Sustainable Development vom 20.1.2006, S. 1 ff. (abrufbar unter www.iisd.org/itn, zuletzt geprüft am 29.10.2013).

Vis-Dunbar, Damon/Peterson, Luke Eric/Cabrera Diaz, Fernando, ICSID registers arbitration claim in face of Bolivian objections, in: Internetquelle Investment Treaty News (ITN) des International Institute for Sustainable Development vom 15.11.2007, S. 1 ff., (abrufbar unter www.iisd.org/itn, zuletzt geprüft am 29.10.2013).

Wachendorfer, Achim, Der Mercosur in der Ära progressiver Regierungen, in: Kurzberichte aus der internationalen Entwicklungszusammenarbeit (KiE) – Lateinamerika und Karibik, März 2007.

Wald, Arnoldo/Schellenberg, Patrick/Rosenn, Keith S., Some Controversial Aspects of the New Brazilian Arbitration Law, in: The University of Miami Inter-American Law Review (UMIALR), 31. Jahrgang, Heft 2 2000, S. 223.

Wald, Arnoldo/Kalicki, Jean, The Settlement of Disputes between the Public Administration and Private Companies by Arbitration under Brazilian Law, in: Journal of International Arbitration (JIA), 26. Jahrgang, Heft 4 2009, S. 557.

Wegener, Bernhard W., Art. 19 EUV, in: Calliess/Ruffert (Hrsg.), EUV/AEUV – Das Verfassungsrecht der Europäischen Union mit Europäischer Grundrechtecharta – Kommentar, 4. Aufl., München 2011.

Wehner, Ulrich, Der Mercosur – Rechtsfragen und Funktionsfähigkeit eines neuartigen Integrationsprojektes und die Erfolgsaussichten der interregionalen Kooperation mit der Europäischen Union, Baden-Baden 1999.

Weiss, Friedl, Trade and Investment, in: Muchlinski/Ortino/Schreuer (Hrsg.), The Oxford Handbook of International Investment Law, 2008, S. 182.

Weiss, Friedl, Internationaler Dienstleistungshandel, in: Tietje (Hrsg.), Internationales Wirtschaftsrecht, 2009, S. 215.

Wilmowsky, Peter v., Freiheit des Kapital- und Zahlungsverkehrs, in: Ehlers (Hrsg.), Europäische Grundrechte und Grundfreiheiten, 3. Aufl. 2009, § 12.

Wolf, Sebastian, The Regulation of Foreign Direct Investment under Selected WTO Agreements – Is there still a Case for a Multilateral Agreement on Investment?, in: Tietje (Hrsg.), International Investment Protection and Arbitration – Theoretical and Practical Perspectives, 2008, S. 71.

Wolff, Jonas, Boliviens neue Verfassung: Ein demokratietheoretischer Kommentar, in: Ernst/Schmalz (Hrsg.), Die Neugründung Boliviens? – Die Regierung Morales, 2009, S. 47.

Wolff, Jonas, Umbruch in Bolivien. Vom Zusammenbruch der »paktierten Demokratie« zur Regierung Morales, in: Birle (Hrsg.), Lateinamerika im Wandel, 2010, S. 211.

Wolff, Jonas, Postneoliberal verfasst? – Ein vergleichender Blick auf die neuen Verfassungen in Bolivien und Ecuador, in: Kritische Justiz (KJ) Nr. 4, 2010, S. 407.

Woolcock, Stephen (Hrsg.), Trade and Investment Rule-Making – The Role of Regional and Bilateral Agreements, Tokyo u.a. 2006.

Yannaca-Small, Catherine, Fair and Equitable Treatment Standard: Recent Developments, in: Reinisch (Hrsg.), Standards of Investment Protection, 2008, S. 111.

Zagel, Gudrun, Auslandsinvestitionen in Lateinamerika – Völkerrechtliche und staatliche Regelungen zwischen Protektionismus und Neoliberalismus, Berlin 1999.

Zavala, Diego, Servicios Financieros en el Mercosur, in: Arbuet Vignali u.a. (Hrsg.), Mercosur – Balance y Perspectivas, 1996, S. 309.

Ziegler, Andreas R., Multilateraler Investitionsschutz im Wirtschaftsrecht, in: Ehlers/Wolffgang/Schröder (Hrsg.), Rechtsfragen internationaler Investitionen, 2009, S. 63.

Ziegler, Andreas R., The Nascent International Law on Most-Favoured-Nation (MFN) Clauses in Bilateral Investment Treaties (BITs), in: Herrmann/Terhechte (Hrsg.), European Yearbook of International Economic Law, 2010, S. 77.

Stichwortverzeichnis (Verweise auf Seitenzahlen)

www.ingramcontent.com/pod-product-compliance
Ingram Content Group UK Ltd.
Pitfield, Milton Keynes, MK11 3LW, UK
UKHW021918290926
8980IPUK00015B/1333

9 783631 650646